Georg Schäfer, Rupert Martin, Ingrid Moeslein-Teising (Hg.)
Zeitdiagnosen!?

D as Anliegen der Buchreihe BIBLIOTHEK DER PSYCHOANALYSE besteht darin, ein Forum der Auseinandersetzung zu schaffen, das der Psychoanalyse als Grundlagenwissenschaft, als Human- und Kulturwissenschaft sowie als klinische Theorie und Praxis neue Impulse verleiht. Die verschiedenen Strömungen innerhalb der Psychoanalyse sollen zu Wort kommen, und der kritische Dialog mit den Nachbarwissenschaften soll intensiviert werden. Bislang haben sich folgende Themenschwerpunkte herauskristallisiert: Die Wiederentdeckung lange vergriffener Klassiker der Psychoanalyse – beispielsweise der Werke von Otto Fenichel, Karl Abraham, Siegfried Bernfeld, W. R. D. Fairbairn, Sándor Ferenczi und Otto Rank – soll die gemeinsamen Wurzeln der von Zersplitterung bedrohten psychoanalytischen Bewegung stärken. Einen weiteren Baustein psychoanalytischer Identität bildet die Beschäftigung mit dem Werk und der Person Sigmund Freuds und den Diskussionen und Konflikten in der Frühgeschichte der psychoanalytischen Bewegung.

Im Zuge ihrer Etablierung als medizinisch-psychologisches Heilverfahren hat die Psychoanalyse ihre geisteswissenschaftlichen, kulturanalytischen und politischen Bezüge vernachlässigt. Indem der Dialog mit den Nachbarwissenschaften wieder aufgenommen wird, soll das kultur- und gesellschaftskritische Erbe der Psychoanalyse wiederbelebt und weiterentwickelt werden.

Die Psychoanalyse steht in Konkurrenz zu benachbarten Psychotherapieverfahren und der biologisch-naturwissenschaftlichen Psychiatrie. Als das ambitionierteste unter den psychotherapeutischen Verfahren sollte sich die Psychoanalyse der Überprüfung ihrer Verfahrensweisen und ihrer Therapieerfolge durch die empirischen Wissenschaften stellen, aber auch eigene Kriterien und Verfahren zur Erfolgskontrolle entwickeln. In diesem Zusammenhang gehört auch die Wiederaufnahme der Diskussion über den besonderen wissenschaftstheoretischen Status der Psychoanalyse.

Hundert Jahre nach ihrer Schöpfung durch Sigmund Freud sieht sich die Psychoanalyse vor neue Herausforderungen gestellt, die sie nur bewältigen kann, wenn sie sich auf ihr kritisches Potenzial besinnt.

BIBLIOTHEK DER PSYCHOANALYSE
HERAUSGEGEBEN VON HANS-JÜRGEN WIRTH

Georg Schäfer, Rupert Martin,
Ingrid Moeslein-Teising (Hg.)

Zeitdiagnosen!?

Mit Beiträgen von Lothar Bayer, Thomas C. Bender,
Cord Benecke, Manfred E. Beutel, Jonas Bolduan,
Gudrun Brockhaus, Micha Brumlik, Michael B. Buchholz,
Karin A. Dittrich, Natalia Erazo, Mareike Ernst,
Rüdiger Eschmann, Klemens Färber, Jeremy Gaines,
Benigna Gerisch, Alf Gerlach, Delaram Habibi-Kohlen,
Bernd Heimerl, Ewa Kobylinska-Dehe, Berthold König,
Helga Krüger-Kirn, Kerstin Sischka, Wilhelm A. Skogstad,
Annabelle Starck, Martin Teising, Christoph Türcke,
Daniel Weimer, Heinz Weiß, Susen Werner, Herbert Will,
Hans-Jürgen Wirth und Ralf Zwiebel

Psychosozial-Verlag

Bibliografische Information der Deutschen Nationalbibliothek
Die Deutsche Nationalbibliothek verzeichnet diese Publikation in der Deutschen
Nationalbibliografie; detaillierte bibliografische Daten sind im Internet über
http://dnb.d-nb.de abrufbar.

Originalausgabe
© 2022 Psychosozial-Verlag GmbH & Co. KG, Gießen
E-Mail: info@psychosozial-verlag.de
www.psychosozial-verlag.de
Umschlagabbildung: Paul Klee, *Nekropolis*, 1929
Umschlaggestaltung & Innenlayout nach Entwürfen von Hanspeter Ludwig, Wetzlar
Satz: metiTec-Software, www.me-ti.de
ISBN 978-3-8379-3155-6 (Print)
ISBN 978-3-8379-7880-3 (E-Book-PDF)

Inhalt

Demokratie in der Bewährung

Gesellschaftliche Umbrüche im Spiegel der klinischen Praxis

Bedrohungen der Lebenswelt und ihre Verleugnung

Einleitung

Dieses Buch ist in einer außergewöhnlichen Epoche entstanden. Eine weltweite Pandemie hat das soziale, kulturelle und berufliche Leben massiv verändert, teilweise existenziell bedroht. Die Welt war und ist weiterhin erfasst von Verunsicherungen und gesundheitlichen Bedrohungen, es sind Kolleginnen und Kollegen, Freundinnen und Freunde, Angehörige schwer erkrankt oder gar gestorben. Viele Menschen haben Erfahrungen mit Isolation und Quarantäne gemacht, haben Kontaktbeschränkungen, Abstandsregeln und umfangreiche Infektionsschutzvorschriften in ihr Leben integrieren müssen.

Schon die Pandemie selbst gibt Anlass, das Zeitgeschehen zu analysieren. Die Pandemie ist aber zugleich Katalysator der zeitgeschichtlichen Betrachtung und wird in vielen Themenfeldern Zeitdiagnosen in ein neues Licht stellen oder bestätigen. So erklären sich auch die beiden Interpunktionen, ein Ausrufezeichen und ein Fragezeichen, die wir im Titel dieses Bandes an das Ende gestellt haben. Damit verweisen wir zum einen auf den Fortbestand und die Gültigkeit einzelner Zeitdiagnosen auch in Zeiten der Pandemie. Wir verweisen aber auch auf Infragestellungen, Veränderungen und Neuakzentuierungen, die sich bei einzelnen Zeitdiagnosen im Kontext der Pandemie ergeben haben.

Was ist aber nun mit *Zeitdiagnosen* gemeint und was macht *Zeitdiagnosen* aus psychoanalytischer Sicht so spannend? Zeitdiagnosen finden wir im Kontext vieler Fachdisziplinen, der Soziologie, der Politik-, der Geschichts- und der Kulturwissenschaften. Zeitdiagnosen nehmen die Gegenwart in den Blick und fordern ein Verständnis der Gegenwart aus den Entwicklungen der Vergangenheit heraus, das ist dem psychoanalytischen Denken durchaus vertraut. Auf der Grundlage ihres Gegenwartsverständnisses unternehmen Zeitdiagnosen zugleich den Versuch, in die Zukunft zu blicken. Die psychoanalytische Zeitdiagnose ist dabei ein Spezifikum, da sie auf das Unbewusste rekurriert, auf unbewusste Konflikte, Ängste und Motive, auf Abwehrvorgänge und Kompromissbildungen, so wie sich diese auch in gesellschaftlichen Kollektiven manifestieren können. Psychoanalytische Zeitdiagnosen suchen ein Sinnverstehen, das erst unter Berücksichtigung dynamisch unbewusster Wirkfaktoren gelingen kann. Karola Brede, die sich mit dem Genre der psychoanalytischen Zeitdiagnose intensiv befasst hat,[1] beschreibt die Zeitdiagnose als eine Form der psychoanalytischen Kulturkritik, die Bewusstwerdung und Bewusstseinswandel fordert.

Die Verwendung der psychoanalytischen Methode für das Verständnis gesellschaftlicher, sozialer, kultureller und politischer Entwicklungen und Phänomene hat Sigmund Freud schon sehr früh als wichtiges Anwendungsfeld der Psychoanalyse beschrieben. Viele Arbeiten Freuds sind als psychoanalytische Gesellschafts- und Kulturtheorie einzuordnen und beinhalten immer auch zeitdiagnostische Einschätzungen, so z. B. seine Arbeit »Die ›kulturelle‹ Sexualmoral und die moderne Nervosität« aus dem Jahre 1908 oder *Zeitgemäßes über Krieg und Tod* aus dem Jahre 1915. Hier könnten wir noch viele weitere Arbeiten nennen. In der Nachfolge Freuds ist das Genre der psychoanalytischen Zeitdiagnosen von vielen Autoren weitergeführt worden, so z. B. durch Wilhelm Reichs *Massenpsychologie des Faschismus* aus dem Jahre 1933 etwa oder Arbeiten von Margarete und Alexander Mitscherlich: *Die Unfähigkeit zu trauern* stellt einen Klassiker der psychoanalytischen Zeitdiagnose dar.

Welchen Stellenwert hat die psychoanalytische Gesellschafts- und Kulturtheorie aber heute? Steht sie gleichrangig neben der Klinischen Theorie und der klinischen Anwendung der Psychoanalyse? So wünschenswert dies wäre, ist es leider nicht festzustellen. Dies gilt zumindest für die öffentliche Wahrnehmung psychoanalytischer Konzeptualisierungen des Zeitgeschehens, die auf den psychoanalytischen Fachtagungen aber durchaus vertreten sind.

Wir beobachten aktuell eine Vielzahl gesellschaftlicher, politischer, sozialer und ökologischer Umbrüche in unserer Lebenswelt. So erleben wir in vielen Ländern Europas ein Erstarken nationaler Kräfte, eine Renaissance der Demagogie und die Bereitstellung »alternativer Fakten«, die Wiedererrichtung von überwunden geglaubten Grenzen bis hin zum Brexit. Wir erleben eine beschleunigte Digitalisierung in allen Lebensbereichen, die unsere Kommunikationsstrukturen grundlegend verändert. Es entstehen neue Abhängigkeiten von technischen Ressourcen. Die Digitalisierung präsentiert neue Kontroll- und Bewertungssysteme bis hin zum *social scoring*, der Bewertung des einzelnen Menschen selbst. Zugleich wird die Vereinsamung auch in der digitalen Welt ein wachsendes Problem. Bemühungen um Selbstoptimierung unterwandern die Bindung in der Gemeinschaft und die Strukturen der Gemeinschaft. Nicht zuletzt stehen wir vor den Herausforderungen des Klimawandels und beobachten seine Verleugnung.

All diese Themenstellungen greift dieses Buch in neun Kapiteln auf. Das *erste Kapitel* spricht die Brüche im gesellschaftlichen Zusammenhalt an, so wie sich diese beispielhaft in den Spaltungsprozessen der Wutbürger oder der narzisstischen Ver-

---

1   Siehe Brede, Karola (1999). Die Zeitdiagnose als Form psychoanalytischer Kulturkritik. In W. Glatzer (Hrsg.), *Ansichten der Gesellschaft* (S. 400–412). Opladen: Leske und Budrich.

führung des Brexits abbilden. Das *zweite Kapitel* thematisiert die Umbrüche durch Digitalisierung und Technisierung, die das zwischenmenschliche und gesellschaftliche Leben zunehmend bestimmen, aber auch neue Chancen bereitstellen. Im *dritten Kapitel* wird die Staatsform der Demokratie Gegenstand zeitdiagnostischer Betrachtung und ihre vielfältigen Bedrohungen werden aufgezeigt. Es verwundert nicht, dass sich die Umbrüche in der Gesellschaft auch in der klinischen Praxis abbilden. Dies wird im *vierten Kapitel* näher beleuchtet. Die Klimakrise als aktuelle Herausforderung und Bedrohung unserer Lebenswelt und der auf diese bezogene Abwehrvorgang der Verleugnung werden im *fünften Kapitel* thematisiert. Natürlich findet sich auch ein Abschnitt zu den Spiegelbildern der pandemischen Entwicklung in diesem Buch: Das *sechste Kapitel* greift Aspekte der sich ausbreitenden Einsamkeit, von Distanzierung, aber auch von Verschwörungsdenken im Pandemiegeschehen auf. Die Flucht ins Zählen, Messen und Optimieren und der zu beschreibenden psychodynamischen Kontexte werden Gegenstand des nachfolgenden *siebten Kapitels*. Kapitel *Acht* greift dann Umbrüche auf, die sich auf die Labilisierung der geschlechtlichen Ordnung beziehen. Die Neubestimmung der Geschlechtsidentität berührt basale Bausteine psychodynamischen Geschehens. Nicht zuletzt ist auch die Psychoanalyse selbst herausgefordert, sich zu behaupten, sich neu zu bestimmen und sich dabei im Zeitgeist behavioraler Beziehungsangebote in der Psychotherapie nicht zu verlieren. Dies wird im abschließenden *Kapitel Neun* thematisiert.

Die vielfältigen Beiträge der Psychoanalyse zum Verständnis gesellschaftlicher Phänomene gehören in die politische Diskussion und werden dort mancherorts auch vermisst. Es wäre wünschenswert, dass die wertvollen Beiträge aus der psychoanalytischen Gesellschafts- und Kulturtheorie wieder stärker in die öffentliche Debatte einfließen. Wir hoffen mit diesem Buch sichtbar machen zu können, wie substanziell die Psychoanalyse zum Verständnis sozialer, kultureller, gesellschaftlicher und politischer Entwicklungen beitragen und helfen kann, das Zeitgeschehen auch in seinen unbewussten Implikationen zu erfassen.

Bei der Konzeption dieses Buches hatte der Krieg in der Ukraine noch nicht begonnen. An einen solchen Zivilisationsbruch in Form eines Angriffskrieges in Europa hatte niemand zu denken gewagt. Manche der in diesem Buch dargestellten Aspekte der gesellschaftlichen und kulturellen Polarisierung und affektiven Aufladung können vielleicht auch hier zum Verständnis beitragen.

In diesem Sinne wünschen wir Ihnen eine anregende und spannende Lektüre der nachfolgend in einem breiten Themenfeld aufgestellten Beiträge zu psychoanalytischen Zeitdiagnosen.

Georg Schäfer, Rupert Martin & Ingrid Moeslein-Teising

Brüche
im gesellschaftlichen Zusammenhalt

Politik der Wut

Micha Brumlik

Die große Gereiztheit

Angst ist der Schlüssel – und nicht nur Angst, sondern ebenso ihre Geschwister: Zorn, Wut und Hass. So erfahren heute diejenigen Buchtitel eine besondere Aufmerksamkeit, die sich dieser Gefühle annehmen und von denen drei genannt seien: Der Filmemacher Alexander Kluge publiziert zusammen mit dem Maler und Zeichner Georg Baselitz ein Japan gewidmetes Buch mit dem Titel *Weltverändernder Zorn* (2017); der indische Politologe Pankaj Mishra veröffentlicht ein kritisch gegen Rousseau gerichtetes Buch, das er *Das Zeitalter des Zorns* (2017) nennt; der Emotionshistoriker Uffa Jensen – er wirkt am Berliner Zentrum für Antisemitismusforschung – legt eine Studie zum Antisemitismus mit dem Titel *Zornpolitik* (2017) vor. Doch ist all dies nicht nur ein Produkt der Medien und des Diskurses, nein, es reflektiert lediglich einen typischen Zug der sozialen und gesellschaftlichen Wirklichkeit – etwa in Frankreich. So heißt es in der Besprechung eines neuen Romans der französischen Autorin Christine Angot über die Lage auf den Straßen von Paris:

> »Und dazwischen knallt in böser Regelmäßigkeit die Gewalt in den Alltag. Wer im Sommer abends durch die Straßen des Marais spazierte, konnte in eine Flut aus schreienden, tretenden und schubsenden Jugendlichen geraten, die dem Kapitalismus den Tod wünschten und diesen Wunsch mit Baseballschlägern bekräftigten, die sie in jede dritte Schaufensterscheibe vom Boulevard Voltaire bis runter zur Bastille krachen ließen. Der Hass auf die Polizei und die Bourgeoisie kommt aus den Vorstädten, der Banlieu, wo Polizisten den 22-jährigen Schwarzen ›Theo‹ bespuckten, beleidigten, ihm einen Schlagstock in den After rammten und die Straftat als Unfall verkauften« (Klute, 2017).

Doch geht es mit Blick auf dieses Thema keineswegs nur um Frankreich. Ein gleichsam neutraler, mithin mehr oder minder objektiv berichtender Schweizer Journalist, Dominique Eigenmann, berichtet am 9. September 2017 im bürgerlichen Schweizer *Tagesanzeiger* über eine Straßenszene in Torgau im deutschen Bundesland Sachsen.

»>Widerstand<, >Volksverräterin!<, >Merkel muss weg!<. Wütende Männer und Frauen streckten Plakate mit vielen Ausrufezeichen in die Höhe, dazu buhten sie oder schrien >Hau ab!<, hupten oder bliesen so ohrenbetäubend in Trillerpfeifen, dass die Lautsprecheranlage kaum dagegen ankam« (Eigenmann, 2017).

Nein, gut ist sie nicht, die politische Großwetterlage im Westen: Islamistischer Terror und Flüchtlingskrise stellen die politische Ordnung – jedenfalls in Europa – in einer Weise infrage, wie noch nicht einmal 1989. Damals, 1989, schloss einfach der östliche Teil Europas, durchaus revolutionär, zum Westen auf, ohne dass damit dessen politische Ordnung fragwürdig wurde – im Gegenteil. Heute bemühen sich Leitartikler und politische Experten darum, »Flüchtlingskrise« und islamistischen Terror zu erklären und damit beidem den beunruhigenden, ja angsterregenden Charakter zu nehmen. Dabei scheint es nicht möglich, genaue Ursachen zu benennen.

Dies beweist die von professionellen Zeitanalytikern gewählte Begrifflichkeit: So beschwört der Sozialphilosoph Axel Honneth in seinem anregenden Langessay *Die Idee des Sozialismus* (2015) ein »Unbehagen über den sozioökonomischen Zustand« bzw. ein Fehlen »geschichtlichen Gespürs«, während der Soziologe Heinz Bude (2016) einen Band zum Thema Gefühle und Stimmungen sowie deren Macht vorlegt. Der Soziologe Hartmut Rosa (2016) wiederum, bisher als Kritiker einer universellen Beschleunigung bekannt, liefert eine voluminöse Studie zu einer »Soziologie der Weltbeziehung« unter dem Titel *Resonanz*.

»Unbehagen«, »Gespür«, »Stimmung«, »Gefühl« und »Resonanz« – das sind zunächst diffus wirkende Begriffe, Begriffe, die man so in einer auf harten und klaren Begriffen aufbauenden Gesellschaftstheorie nicht kannte; das sind Kategorien, die ebenso unscharf wirken wie das, was sie mindestens beschreiben, wenn nicht gar erklären sollen: den gegenwärtigen gesellschaftlichen Zustand jedenfalls im »westlichen« Teil der Welt. Dies lädt zu weiteren Assoziationen ein.

Bereits vor längerer Zeit, 2016, war im Literaturhaus der Stadt München im Frühsommer 2016 eine umfangreiche Ausstellung zu Thomas Manns epochalem Roman *Der Zauberberg* zu sehen. Die Ausstellung dokumentierte den sozialen und geografischen Ort des »Zauberbergs«, eines Lungensanatoriums in den Schweizer Alpen – einschließlich seiner Liegestühle, seiner Röntgenapparate und chirurgischen Folterwerkzeuge. Anlässlich eines Aufenthalts seiner Frau in Davos im Jahre 1913 begonnen, musste Thomas Mann die Arbeit am Text zunächst unterbrechen, um ihn schließlich nach dem Ersten Weltkrieg fertigzustellen. Das vorletzte Kapitel des 1924, nach den Schrecken des Ersten Weltkrieges publizierten Romans trägt die Überschrift »Die große Gereiztheit« und gibt ihr Ausdruck:

»Was gab es denn? Was lag in der Luft? Zanksucht. Kriselnde Gereiztheit. Namenlose Ungeduld. Eine allgemeine Neigung zu giftigem Wortwechsel, zum Wutausbruch, ja zum Handgemenge. Erbitterter Streit, zügelloses Hin- und Hergeschrei entsprang alle Tage zwischen einzelnen und Gruppen, und das Kennzeichnende war, daß die Nichtbeteiligten, statt von dem Zustande der gerade Ergriffenen abgestoßen zu sein oder sich ins Mittel zu legen, vielmehr und sich dem Taumel innerlich ebenfalls überließen. [...] Man beneidete die eben Aktiven um das Recht, den Anlaß zu schreien. Eine zerrende Lust, es ihnen gleichzutun, peinigte Leib und Seele, und wer nicht die Kraft zur Flucht in die Einsamkeit besaß, wurde unrettbar in den Strudel gezogen« (Mann, 1950, S. 973).

Dies war zwar im Rückblick, aus der Situation der frühen Jahre der Weimarer Republik heraus geschrieben, traf aber das Lebensgefühl der letzten Jahre des alten Europa präzise. Stefan Zweig hat in seinem zu Beginn des Zweiten Weltkriegs verfassten autobiografischen Rückblick *Die Welt von gestern. Erinnerungen eines Europäers* dasselbe geschildert:

»Es war noch keine Panik, aber doch eine ständige Unruhe; immer fühlten wir ein leises Unbehagen, wenn vom Balkan her die Schüsse knatterten [...]« (Zweig, 2003, S ??9)

Auch hier: »Unruhe«, »Unbehagen«, »Gereiztheit« ... Man mag sich fragen, was es bedeutet, dass die gegenwärtige Sozialwissenschaft sich solcher Begriffe bedient, sie also nicht mehr in der Lage zu sein scheint, die Ursachen dessen, was sie kategorial zu erfassen versucht, begrifflich zu erklären. Von der soziologischen Systemtheorie ist zu erfahren, dass die Soziologie auch nur ein Teil dessen ist, was sie zu verstehen versucht: der Gesellschaft. Womöglich drückt sich in den unscharfen Kategorien aber auch ein – was immer das sein mag –, unscharfer gesamtgesellschaftlicher Zustand aus. Dann aber ist zu vermuten, dass sich hinter all diesen Begriffen – vom »Unbehagen« über die »Stimmung« bis hin zur »Resonanz« – eine gemeinsame Ahnung verbirgt, nämlich die, dass Europa, das Europa der zweiten Hälfte des 20. Jahrhunderts, mitsamt seinen Hoffnungen ebenso seinem Ende entgegengeht, wie das alte Europa des 19. Jahrhunderts lange vor 1914 am Ende war, ohne dies jedoch begreifen zu können.

Philosophie der Gefühle

Wo soziologische Erklärungen zunächst nicht ausreichen, ist es unerlässlich, sich mit Grundbegriffen und Phänomenen reflexiv auseinanderzusetzen, d. h. Begriffsklärungen vorzunehmen und damit immer auch Philosophie zu betreiben. Dann aber – und das ist die leitende Annahme dieses Versuchs – gilt es, den Gedanken zu verfolgen, dass Gefühle hervorgerufen, gelenkt und bewusst eingesetzt werden können, mit ihnen also Politik betrieben werden kann.

Seit Längerem schon ist die Philosophie bemüht, diesem unklaren Phänomen begrifflich auf die Spur zu kommen (Demmerling & Landweer, 2007; Nussbaum, 2017). Ich verstehe unter »Gefühlen« *intentionale, zunächst spontane und holistische, immer bewertende, meist reaktive Stellungnahmen von einzelnen oder mehreren Menschen zu Personen, Dingen sowie inneren und äußeren Zuständen.*

Im Unterschied zu Gedanken oder Argumenten treten Gefühle meist, nicht immer, plötzlich auf; dass sie stets bewertende Stellungnahmen darstellen, muss nicht eigens betont werden, wohl aber, dass sie holistischen, d.h. ganzheitlichen Charakters sind. Gefühle sind intentional – sie richten sich stets auf etwas in Bezug auf etwas oder jemanden anderen. So ist man wütend auf jemanden, weil ..., ist man zornig über jemanden, weil ..., ist traurig über ... oder lüstern in Bezug auf ...

Der Phänomenologe Aurel Kolnai hat am Beispiel des Ekels sechs Züge von Abwehrgefühlen herausgearbeitet: ihren Gegenstandsbereich, ihre Intentionalität, ihre Zuständlichkeit, ihre Unmittelbarkeit oder Ursprünglichkeit, ihre Leibgebundenheit sowie ihren Antwortcharakter (2007, S. 8f.).

Die These, die ich im Folgenden weiter zu entfalten versuche, lautet daher, dass Gefühle – da sie als leibgebundene Ausdrucksphänomene ansteckend sind – bewusst erzeugt und mit einer Intention verbunden werden können – und zwar so, dass die so erzeugten reaktiven Abwehrhaltungen einer argumentativen Überprüfung der Richtigkeit ihres intentionalen Gehaltes nicht mehr zugänglich sind, abschottend wirken.

Zunächst aber sind die Bandbreiten, Gemeinsamkeiten, Ähnlichkeiten sowie der innere Zusammenhang jener Gefühle zu erörtern, in denen sich derzeit das Politische ausdrückt.

Dazu ist eine aus der Psychologie der Gefühle bekannte Grundunterscheidung zu berücksichtigen – diejenige zwischen »Affekt« und »Emotion«: Als »Affekte« gelten unmittelbare, spontan und ohne vorherige Überlegungen auftretende, sofort spürbare, immer auch körperliche Befindlichkeitsänderungen; halten diese Befindlichkeitsänderungen länger an und werden bewusst als solche wahrgenommen, spricht jedenfalls die Schulpsychologie von »Emotionen« – die freilich auch wieder aus dem Bewusstsein verdrängt werden können (Ciompi, 1997; Hülshoff, 1999).

In diesem Sinne ist der Ur-Affekt aller negativ gegen andere gerichteten Affekte die »Wut«, die – zu Bewusstsein gebracht – zum »Zorn« werden, der wiederum – fehlt die je subjektive Betroffenheit – in »Empörung« umschlagen kann. Im »Zorn« aber, der sich stets auf die Handlungen Anderer, nicht auf deren Wesen erstreckt, drückt sich der Wille aus, Vergeltung wider empfundenes Unrecht zu üben. Diese Vergeltung – so die Philosophin Martha Nussbaum (2017) – kann drei Formen annehmen:

1. die Schädigung eines Verursachers, also die Rache, durch die der zugefügte Schaden in aller Regel nicht wieder geheilt wird;

2. eine Beeinträchtigung des öffentlichen Status jener Personen, die Übel zugefügt haben – also Maßnahmen, die begrenzt ausgleichend wirken, aber letztlich begrenzt bleiben; sowie
3. Maßnahmen – etwa im Sinne der strafrechtlichen Generalprävention –, die eine Wiederholung von Übeltaten unterbinden.

Formen und Grenzen der Beeinträchtigung des öffentlichen Status von Personen hat die Emotionshistorikerin Ute Frevert das Buch *Die Politik der Demütigung. Schauplätze von Macht und Ohnmacht* (2017) gewidmet.

Länger andauernder subjektiver »Zorn« (Demmerling & Landweer, 2007, S. 287f.) richtet sich gegen Menschen oder Zustände und kann sich, sofern auf bestimmte Personen bezogen, als stets bewusster »Hass« (Kolnai, 2007) äußern, der wiederum, wenn die Möglichkeit zum Ausleben nicht gegeben und auf Dauer gestellt ist, mit einer gewissen Abschwächung in das umschlagen kann, was seit Nietzsche als »Ressentiment« bezeichnet wird. Peter Sloterdijk hat dieses Gefühl in seinem vor einigen Jahren erstmals publizierten, zu wenig beachteten Buch *Zorn und Zeit* (2006) so beschrieben:

> »Dieses beginnt sich zu formieren, wenn der rächerische Zorn am Direktausdruck gehindert wird und den Weg über einen Aufschub, eine Verinnerlichung, eine Übersetzung, eine Entstellung nehmen muß. Überall dort, wo Rückschlagsgefühle dem Zwang zur Vertagung, Zensurierung und Metaphorisierung unterworfen sind, bilden sich lokale Zornspeicher, deren Inhalt allein zu späterer Ausleerung und Rückübersetzung aufbewahrt wird« (ebd., S. 132).

Politik der Gefühle

In diesem Sinne nimmt die sogenannte »identitäre Bewegung« die daraus resultierende, von Peter Sloterdijk (2006) philosophisch begründete, von seinem ehemaligen Assistenten Marc Jongen (2016) politisch gewendete Forderung auf, intensive Emotionen im politischen Diskurs gegen vermeintlich abgeklärte Nüchternheit und damit auch Langeweile zu rehabilitieren. Mehr noch: Das stets schwelende Ressentiment muss sich wieder in Wut und Zorn entsublimieren; unter Rückgriff auf den altgriechischen Begriff *thymos* fordert Sloterdijk eine »thymotische« Politik. Dieser Idee folgen derzeit der österreichische Aktivist der identitären Bewegung Martin Sellner und sein deutscher Counterpart Walter Spatz (2015) in ihren Gesprächen zum Thema »Gelassen in den Widerstand«:

> »›Unser Ziel ist die geistige Verschärfung. Wir wollen die Herzen in Brand setzen, etwas in Bewegung bringen, die entscheidenden Fragen erneut, tiefer und mit politi-

schen Folgen stellen. Die geistige Unruhe, der schlafende Furor teutonicus, das ewig unzivilisierbare, urdeutsche Fieber, das uns aus germanischen Urwäldern wie aus gotischen Kathedralen entgegenstrahlt, versammelt sich in uns. Unsere Gegner wissen das, und sie haben Angst. Sie wissen von der Möglichkeit der spontanen Eruption und Regeneration. Und sie wissen, dass wir nicht mehr in ihre Fallen laufen, dass wir ihren Schablonen und Gängelbändern entwachsen sind. Ich glaube‹, so beschließt Sellner dieses politische Glaubensbekenntnis, ›wir leben in einer Zeit der Entscheidung. Ich glaube, dass unsere Arbeit als Kreis, im Denken und Hören auf das Sein, organisch in den politischen Kampf einer Massenbewegung, in die politische Arbeit einer Partei eingebunden ist‹« (ebd., S. 90).

Als gesichert kann allenfalls gelten, dass diese politischen Strömungen nicht wieder von heute auf morgen verschwinden werden, sondern sie eine beinahe notwendige Begleiterscheinung von Globalisierung und Digitalisierung und damit des unwiderruflichen Niedergangs der Arbeiterklasse in westlichen Industriestaaten sind, wie sie der Soziologe Andreas Reckwitz in seinem Werk *Gesellschaft der Singularitäten* (2017) analysiert hat.

Soziologische Hinweise

Gewiss, es waren keineswegs nur Mitglieder der US-amerikanischen weißen Arbeiterklasse, die Donald Trump an die Macht brachten. Und doch waren es auch und nicht zuletzt eben jene Arbeiter und Arbeitslosen – und genau liegt hier das eigentliche Erschrecken für die Linke: Mit Trumps seinerzeit historischem Erfolg, dem glücklich vermiedenen Wahlsieg Norbert Hofers bei den österreichischen Präsidentschaftswahlen sowie dem jedenfalls nicht völlig chancenlosen Vorhaben Marine Le Pens, französische Präsidentin zu werden, wird deutlich, dass wesentliche Teile nicht nur der industriellen Arbeiterschaft ihr Heil heute nicht mehr in internationalistisch orientierten sozialistischen oder sozialdemokratischen Parteien suchen, sondern in abgeschotteten Nationalstaaten, in Fremdenfeindlichkeit und Protektionismus. Somit signalisiert Trumps Sieg das diesmal wirklich unwiderrufliche Ende einer politischen Utopie, die kein geringerer als Karl Marx vor gut 150 Jahren verkündet hatte. Neben einer illusionslosen, beinahe jubelnden Einschätzung des Sieges der Bourgeoisie verkündete Marx eine politische Hoffnung, die den Kommunisten – als der Avantgarde der Arbeiterklasse – die Rolle einer endgültigen Aufhebung allen Unrechts zuschrieb:

> »Indem wir die allgemeinsten Phasen der Entwicklung des Proletariats zeichneten, verfolgten wir den mehr oder minder versteckten Bürgerkrieg innerhalb der bestehenden Gesellschaft bis zu dem Punkt, wo er in eine offene Revolution ausbricht und

durch den gewaltsamen Sturz der Bourgeoisie das Proletariat seine Herrschaft begründet<,

so Karl Marx und sein Mitstreiter Friedrich Engels im *Kommunistischen Manifest*. »Der Fortschritt der Industrie«, so fuhren sie fort,

> »dessen willenloser und widerstandsloser Träger die Bourgeoisie ist, setzt an die Stelle der Isolirung der Arbeiter durch die Konkurrenz ihre revolutionäre Vereinigung durch die Association. Mit der Entwicklung der großen Industrie wird also unter den Füßen der Bourgeoisie die Grundlage selbst weggezogen worauf sie produzirt und die Produkte sich aneignet. Sie produzirt vor Allem ihre eigenen Todtengräber. Ihr Untergang und der Sieg des Proletariats sind gleich unvermeidlich« (Marx, 2004, S. 607).

Soweit die zu ihrer Zeit optimistische Prognose von Marx und Engels, die allerdings von der Gegenwart konterkariert wird: Heute ist zu beobachten, dass die von Marx und Engels zur Revolution berufene Klasse – die Arbeiterklasse – selbst zum Kern jener politischen Kräfte geworden ist, die Marx und Engels im Manifest als »Reaktionäre« bezeichnet hatten. Dies zeigen nicht nur die Wahlergebnisse von den Niederlanden bis nach Ungarn und Polen, von Baden-Württemberg (wo ein überdurchschnittlich hoher Anteil von Gewerkschaftsmitgliedern AfD gewählt hat) bis zum Freistaat Sachsen (wo zuletzt 25 Prozent der Wahlberechtigten zu Protokoll geben, AfD wählen zu wollen, und die AfD bei der Bundestagswahl die stärkste Partei wurde). Ob man nach Frankreich oder in die Niederlande, nach Österreich oder eben nach Ostdeutschland blickt: Es scheint, als seien die Rechtspopulisten die eigentliche Arbeiterpartei.

Fragt man nach den Ursachen, kann die vieldiskutierte, ebenso anrührende wie analytisch hellsichtige Autobiografie des französischen Intellektuellen Didier Eribon *Rückkehr nach Reims* (2016) eine Antwort geben: Sie schildert das Leben eines Mannes, der zum Intellektuellen wurde und seiner der französischen Arbeiterschaft angehörigen, kommunistischen Familie im Glamour der Hauptstadt den Rücken kehrte, um nach dem Tode des Vaters – 20 Jahre später – wieder mit Mutter und Geschwistern in Kontakt zu treten. Politisch trifft ihn dies *rencontre* wie ein Schlag: Alle, die sich früher der Kommunistischen Partei Frankreichs verbunden fühlten, gaben jetzt zu Protokoll, den rechtsextremen Front National der Familie Le Pen zu wählen. Der inzwischen etwas gebremste Aufstieg des Front National markiert daher auch die Endstation des auf die Arbeiterschaft setzenden Parteikommunismus – Endstation einer Entwicklung allerdings, die sich schon lange, seit bald einem Jahrhundert abzeichnete.

All das beweist ein weiteres Mal, dass der Strukturtheoretiker Marx gegen den Revolutionstheoretiker Marx mehr Recht behält, als ihm lieb sein konnte. Gleichwohl gilt seine strukturelle Einsicht über den prozessierenden Widerspruch von Produktionsverhältnissen und Produktivkräften ungebrochen: Versteht man unter »Produktionsverhältnissen« die Globalisierung und unter »Produktivkräften« die Digitalisierung, so ist es genau diese Spannung, die zum agonalen Ende der industriellen Arbeiterklasse jedenfalls des Westens führen muss – einer Arbeiterklasse, die ihr Heil derzeit in einem semifaschistischen Bonapartismus sucht. In Verbindung mit den regelmäßig wiederkehrenden Krisen des Finanzkapitalismus und einer Wertschöpfung, die immer weniger auf der Aneignung von Mehrwert beruht, sondern auf Transaktionsgewinnen, und so einen »Postwachstumskapitalismus« hervorgebracht hat, entsteht so das, was der Frankfurter Soziologe Oliver Nachtwey als »Abstiegsgesellschaft« (2016) bezeichnet und in der Metapher einer nach unten fahrenden Rolltreppe gefasst hat – im Gegensatz zu der noch optimistischen Metapher Ulrich Becks, der die sozialstaatlich geregelten Gesellschaften des Westens mit Aufzügen verglich, in denen bei größter Unterschiedenheit der Fahrenden dennoch alle nach oben fahren. In »Abstiegsgesellschaften« aber lassen sich einige apathisch nach unten fahren, während andere rücksichtslos in Panik nach oben rennen, um dennoch unwiderruflich nach unten gefahren zu werden. Dies scheint ein globales, auf jeden Fall aber ein Problem für die weltweit die Industriearbeiterschaft ersetzenden Mittelschichten zu sein.

Unter der Überschrift »Stirbt der Kapitalismus?« (2014) haben fünf makrosoziologisch und historisch arbeitende Forscher, Immanuel Wallerstein, Randall Collins, Michael Mann, Georgi Derlugian und Craig Calhoun, verschiedene Szenarien für gesellschaftliche Entwicklungen in den nächsten vier Jahrzehnten entwickelt, die eine grundlegende Umformung der kapitalistischen Basis gegenwärtiger Gesellschaften jedenfalls nicht für völlig unmöglich halten. In unserem Zusammenhang – der Frage nach möglichen Kräften der Veränderung, früher sprach man vom »revolutionären Subjekt« – sind insbesondere die Überlegungen Randall Collins' von besonderem Interesse:

> »›Da durch die Mechanisierung‹, so Collins, ›die Arbeiterklasse schrumpfte, wurde der Kapitalismus gerettet durch den Aufstieg der Mittelschicht. Heute dezimieren Computerisierung, das Internet und die Flut neuer mikroelektronischer Geräte die Mittelschicht. Kann‹, so fragt Collins, ›diesen zweiten technologischen Rationalisierungsschub überstehen?« (S. 51)

Hier ist nicht der Ort, um Collins' sorgfältige Krisenanalyse im Einzelnen zu überprüfen. Im Zusammenhang gesellschaftlicher Bewusstwerdung ist freilich sein Szenario »Ausweg«, um den Kapitalismus zu retten, von besonderem Interesse: die Inflation von Bildungstiteln und andere, verdeckte Formen des Keynesianismus. Der wachsende Anteil an Bildungszertifikaten, die kurzfristige Entlastungen des Arbeitsmarktes bewirken, zeitigt freilich eine eigene, dialektische Dynamik:

»Schul- und Hochschulabschlüsse sind eine Währung, die das Sozialprestige bewertet und als Zugang zu Arbeitsplätzen gehandelt wird. Wie jede Währung führt sie zu inflationierten Preisen [...] – in diesem Fall auf ein immer stärker umkämpftes an Angebot an oberen Mittelschichtjobs. Die Inflationierung der Bildung hat eine Eigendynamik; für den einzelnen Absolventen besteht die beste Antwort auf ihren absinkenden Wert im Erwerb von noch mehr Bildung« (ebd., S. 67).

Extremismus der Mitte

Die politische Theorie kennt seit Seymour M. Lipsets 1960 publiziertem Buch *Political Man* das Phänomen eines »Extremismus der Mitte«, der – wie die zeitgeschichtliche Forschung nachweisen konnte – eine entscheidende Rolle beim Aufstieg der NSDAP spielte. Was damals der Antisemitismus war, ist heute die Islamophobie. Um keine Missverständnisse aufkommen zu lassen: Antisemitismus hier und Islamophobie dort sind keineswegs dasselbe, sie entstammen verschiedenen historisch-kulturellen Ausgangslagen und haben ganz unterschiedlich materielle Gewalt angenommen. Das beweist die Singularität der nationalsozialistischen Ermordung von sechs Millionen europäischen Juden. So verschieden Antisemitismus und Islamophobie jedoch sind, so sehr nehmen sie auf der Seite jener, die einer Form »gruppenbezogener Menschenfeindlichkeit« (Wilhelm Heitmeyer) anhängen, dieselbe Funktion einer scheinbar rationalen Begründung von Ressentiment und schierem Hass ein: »Der Islam«, so das im April 2017 beschlossene Wahlprogramm der AfD, »gehört nicht zu Deutschland. In der Ausbreitung des Islam und der Präsenz von über 5 Millionen Muslimen, deren Zahl ständig wächst, sieht die AfD eine große Gefahr für unseren Staat, unsere Gesellschaft und unsere Werteordnung« (Wahlprogramm der AfD vom April 2017).

Konsequent fordert die AfD daher die Abschaffung islamtheologischer Lehrstühle an deutschen Universitäten sowie das Verbot von Muezzin-Ruf und Minaretten, weil sie Ausdruck eines islamischen Imperialismus seien. Gelegentlich wird darauf hingewiesen, dass der Antisemitismus nie auf ein dem islamistischen Terror – der sehr wohl etwas mit dem Islam zu tun hat –, vergleichbares Phänomen habe hinweisen können; dem ist freilich entgegenzuhalten, dass sich die antisemitische Propaganda seit dem Kaiserreich nicht nur gegen jüdische Einwanderer wandte, sondern stets auf den Umstand hinwies, dass sich unter den Führungskräften der gefürchteten Bolschewiki überdurchschnittlich viele Juden befanden.

So sehr also AfD und ihre Wählerschaft Ausdruck einer gesamtwesteuropäischen Stimmung sind, so sehr beerben sie doch auch den in der politischen Kultur Deutschlands tief verwurzelten Rassismus – und das angesichts einer Geschichte, die gerade der Bevölkerung Ostdeutschlands kaum Gelegenheit zum Erfahren einer liberalen Kultur ließ. Tatsächlich gab es in den östlichen Landesteilen seit

Gründung des Deutschen Reiches 1871 nur 14 Jahre, in denen die Demokratie gelebt werden konnte: zwischen 1919 und 1933. Vorher, von 1871 bis 1919, lebten die Ostdeutschen im autoritären Staat des Kaiserreichs, von 1933 bis 1945 unter dem NS-Staat, anschließend, von 1945 bis 1989, unter einer kommunistischen Parteidiktatur. Erst seit knapp 30 Jahren, seit der Wende, leben sie unter Umständen, die überhaupt »demokratisch« zu nennen sind – und das angesichts von Verlust- und Enteignungserfahrungen, die viele die Wiederkehr autoritärer Verhältnisse ersehnen lassen. Demgegenüber ist jedoch darauf hinzuweisen, dass es trotz dieses Fehlens einer liberalen Kultur zumal im Herbst 1989 zu einem bewundernswerten basisdemokratischen Aufbegehren keineswegs nur in den Metropolen Berlin und Leipzig, sondern auch etwa in der Provinz in Plauen kam.

Die AfD erweist sich somit strukturell als ein zeitgemäß modifizierter Wiedergänger der NSDAP. Das gilt nicht für all ihre Mitglieder, vielleicht nicht einmal für deren Mehrheit, aber: im Falle der AfD gilt, dass sie als Partei allemal mehr ist als die Summe ihrer Teile. Sie ist eine Partei, die anstelle des Antisemitismus die Islamophobie und anstelle des hierzulande – anders in Polen und Ungarn – diskreditierten Führerprinzips eine plebiszitäre, totalitäre Demokratie einführen will.

Noch einmal: Politik der Gefühle

»Zornpolitik«, so Uffa Jensen, »erschöpft sich jedoch keineswegs im strategischen Einsatz von Gefühlen gegen andere. Die grundlegende Schwierigkeit betrifft die Bedeutung von Gefühlen in der Politik insgesamt: Mit welchen Gefühlen betreiben wir Politik? Wie reagieren wir wann emotional auf Politik?« (2017, S. 10)

Ein treffendes Beispiel für den politischen Einsatz von Gefühlen lieferten nach der Bundestagswahl 2017 die Grünen. Robert Habeck gab am 30. September 2017 in der *taz* zu Protokoll: »Linksliberale stemmen sich seit jeher dagegen, die Leute im Gefühl zu erreichen. Wir sind die Vernünftigen. Aber Vernunft kann eben auch schnell zu verkopft wirken.« Kaum ein Zufall dürfte es sein, dass die Partei in derselben Ausgabe eine Anzeige mit dem Bild Petra Kellys schaltete, auf der sie zitiert wurde: »Wir müssen nicht nur mit dem Intellekt, sondern auch mit dem Herzen handeln.«

Freilich liegt zumal einer mehr oder minder, im weitesten Sinne »linken« Öffentlichkeit alles daran, einen Teil der öffentlich gezeigten Wut vor dem Vorwurf des Irrationalismus in Schutz zu nehmen – insbesondere dann, wenn es um das Ursprungsphänomen jener deutschen »Politik der Gefühle«, um den von *SPIEGEL*-Redakteur Dirk Kurbjuweit erstmals sogenannten »Wutbürger« geht. Dessen Idealtyp ist nach Untersuchungen des von Franz Walter (2013) geleiteten Göttinger Zentrums für Demokratieforschung der pensionierte Diplom-Ingenieur. Laut Bernhard Shaw – so etwa Ansgar Lange in einem Gespräch mit Franz Walter –

»sind alte Männer besonders gefährlich, weil ihnen die Zukunft egal« ist. Dies traf offenbar auch auf jene deutsche Protestbewegung zu, die vornehmlich im Milieu der Kinderlosen oder inzwischen den Sorgen der Kindererziehung entbundenen älteren Bürgerinnen und Bürger stattfindet. Bürger, die viel Tagesfreizeit haben, können sich die Aufrechterhaltung und Kultivierung ihrer Wut sowie ihrer Institutionalisierung als Zorn leisten – haben sie doch viel Tagesfreizeit. So finden sich in der Riege der Erregten besonders viele Hausmänner, Teilzeitangestellte, Freiberufler, Schüler, Pastoren und Lehrer, aber auch – siehe Shaw – eine Vielzahl an Vorruheständlern, Pensionären und Rentnern: »Bezeichnenderweise aber setzen sich die ironischen Betrachter des Politischen ganz überwiegend zusammen aus Männern, alleinlebend, ohne Kinder, mit beruflich ungewöhnlich großen Freiflächen«, so Walter (2011) bündig.

Engagierte Mitglieder der Zivilgesellschaft – jedenfalls der Stuttgarter – wiederum versuchten »Wutbürger« vor derlei skeptischen Beobachtungen zu schützen. So publizierte Jürgen Lessat am 7. Oktober 2017 in der Printausgabe der Wochenzeitung *Kontext* einen langen Beitrag, in dem er abwog, ob gegenwärtige rechtspopulistische Hetzer in den »Stuttgart 21« Protesten ihren Ursprung fanden. Gerd Landsberg jedenfalls, der Hauptgeschäftsführer des Deutschen Städte und Gemeindebundes, war dieser Ansicht – war doch der Ruf »Lügenpack« auch in Stuttgart immer wieder zu hören. Der Bewegungsforscher Dieter Rucht jedenfalls war der Überzeugung, dass es gelte, zwischen reaktionären und aufgeklärten Varianten von Wutbürgern einschließlich Mischformen zu unterscheiden (Lessat, 2017).

Wenn das zutrifft, erweisen sich die genannten »negativen« Gefühle als wertende Stellungnahmen mit einem nachvollziehbaren, normativ-kognitiven Gehalt, parallel zu den Analysen von Gefühlen, die Martha Nussbaum (2001) mit ihrem »neostoischen« Konzept vertritt. Dass »Bewertungen« und »Valorisierungen« zumal im Bereich der Kultur geradezu eine neue Formation der gesellschaftlichen Entwicklungen ausmachen, vertritt ebenso – wie oben bereits angedeutet – der Soziologe Andreas Reckwitz (2017).

Wiederkunft der Ehre?

Nun hat sich mindestens bei den medial vermittelten Wut-Demonstrationen gegen Angela Merkel in Torgau und anderswo in Ostdeutschland gezeigt, dass es keineswegs nur Männer mit höheren Abschlüssen sind, die ihren Zorn demonstrativ auf die Straße trugen. Auch wenn sich dort viele Frauen unter den Protestierenden fanden, gilt doch, dass es sich in aller Regel um Personen jenseits der Lebensmitte, jenseits der 50, handelte.

Gefühle sind ansteckend, und eine Politik des Zorns kann – unabhängig von den jeweils vertretenen Motiven – von Stuttgart 21 bis zum Protest gegen die

Flüchtlingspolitik Angela Merkels an das anknüpfen, was die »Philosophie der Gefühle« als »ursprüngliche Verankerung« eines Gefühls ansieht, eine »Verankerung«, die später »verdichtet« wird. Sofern die bereits erwähnte Vermutung Andreas Reckwitz' zutrifft, dass singuläre Bewertungen eine immer stärkere Rolle spielen als kollektive Normierungen, werden auch Selbstbilder und Selbstbewertungen bzw. -entwertungen zu einem immer bedeutenderen Thema. Jahrzehnte wurde diese Thematik in Fortführung der Hegel-Lektüre von Jürgen Habermas speziell von Axel Honneth im Rahmen einer Theorie des »Kampfes um Anerkennung« (1992) erörtert. Zuletzt nun hat die Kritische Gesellschaftstheorie diese »Kampferfahrungen« tiefer gelegt, etwa in Hartmut Rosas Theorie der Resonanz (2016). Leiden die »Wutbürger« unter zu wenig Resonanz? In gewisser Weise ja – es käme aber darauf an, diese Form mangelnder Resonanz näher zu spezifizieren. Nimmt man zu heuristischen Zwecken den von Franz Walter postulierten Idealtyp des pensionierten Diplom-Ingenieurs als Beispiel, so wird neben dem in jedem Fall kritischen Lebensereignis der Pensionierung, dem allmählichen Nachlassen der Kräfte sowie erotischer Attraktivität und sexueller Aktivität, auch der auf das politische System bezogene Eindruck entstehen, dass Regierende vermeintlich unbezweifelbares Expertenwissen nicht zu schätzen wissen und mithin alleine dadurch Zurücksetzungen und Kränkungen auslösen. In seinem Buch *Zorn und Zeit* (2006) hatte Sloterdijk die Verdrängung thymotischer Regungen festgestellt – emotionaler Grundlagen der jedenfalls abendländischen Kultur, die bis in die Antike, bis zu dem von Homer besungenen Zorn des Achilles zurückreichen. Ein anderer, neuerer Versuch, vergessene antike Konzeptionen zu reaktualisieren, liegt in Form der Studie des Direktors des »Zentrums für politische Schönheit«, Philipp Ruch, vor: In seinem Buch *Ehre und Rache. Eine Gefühlsgeschichte des antiken Rechts* (2017) zeigt sich nicht weniger als der Versuch, auf die grundlegende, bis heute aktuelle Bedeutung verschiedenster Ehrbegriffe hinzuweisen. In Verbindung mit Reckwitz' Analyse einer Wiederkunft von Singularitäten und damit Valorisierungen auch individueller Existenz tritt damit das Motiv der »Kränkung« als gesellschaftlicher Größe ins soziologische Bewusstsein. Und mit ihr die Frage nicht nur des Kampfes um Anerkennung, sondern um das Ertragen vermeintlicher oder wirklicher Demütigungen – und es ist kein Zufall, dass neuere Studien einer Geschichte der Emotionen sich eben dieses Themas annehmen: Ute Freverts schon angedeutete Untersuchung (2017) stellt – ganz im Einklang mit Reckwitz – fest, dass Demütigungen und Beschämungen in letzter Zeit keineswegs signifikant zugenommen hätten, jedoch:

> »Was sich vielmehr geändert hat, ist die öffentliche und private Empfindlichkeit. Dort, wo sie noch vorkommt, wird Beschämung als Akt psychischer oder physischer Gewalt mit einem moralisch-justitiellen Bann belegt. Ob sich jemand konkret beschämt oder gedemütigt fühlt, spielt dafür keine Rolle. Was eine Demütigung ist,

erschließt sich stattdessen aus den symbolischen Codes und kulturellen Deutungssystemen einer Gesellschaft oder einer sozialen Gruppe« (ebd., S. 232).

Die Politik der Wut, des Zorns und des Ressentiments besteht mithin darin, an den jeweiligen Verankerungen bestehender Schamgefühle anzuschließen und sie systematisch, ansteckend und inter-attraktiv zu verdichten.[1]

Zum Zeitpunkt der Endredaktion dieses Beitrages tobt in der Ukraine ein Angriffskrieg, den der russische Präsident Putin aus mindestens großrussischen, imperialistischen Motiven heraus vom Zaun gebrochen hat – ein Krieg, der in ungeahnter Weise vor allem die ukrainische Zivilbevölkerung – Kinder, Frauen und alte Menschen – tötet oder doch zumindest verletzt und obdachlos macht. In diesem Zusammenhang ist viel über des mörderischen Präsidenten psychische Befindlichkeit spekuliert worden, was an dieser Stelle nicht weitergeführt werden soll. Gleichwohl – und diese abschließende Vermutung sei gestattet – hat das in meinem Beitrag postulierte Zeitalter der Wut, also des frühen 21. Jahrhunderts – in und mit diesem genozidalen russischen Angriffskrieg seinen nun auch geschichtsnotorischen Ausdruck gefunden. Auch äußerliche Gefasstheit, wie sie in des russischen Präsidenten Gesichtszügen an den Tag gelegt wird, kann nicht verbergen, dass und wie äußerste Gereiztheit zu einem Grundton dieses Jahrhunderts geworden ist und sich weiter verschärft.

Literatur

Baselitz, G. & Kluge, A. (2017). *Weltverändernder Zorn*. Berlin: Suhrkamp.

Brumlik, M. (2002). *Bildung und Glück. Versuch einer Theorie der Tugenden*. Berlin, Wien: Philo.

Bude, H. (2016). *Das Gefühl der Welt. Über die Macht von Stimmungen*. München: Carl Hanser.

Ciompi, L. (1997). *Die emotionalen Grundlagen des Denkens. Entwurf einer fraktalen Affektlogik*. Göttingen: Vandenhoeck & Ruprecht.

Demmerling, C. & Landweer, H. (2007). *Philosophie der Gefühle. Von Achtung bis Zorn*. Stuttgart: Metzler.

Eigenmann, D. (2017, 9. September). Brüllen und pfeifen gegen Angela Merkel. *Tagesanzeiger*. https://www.tagesanzeiger.ch/ausland/europa/bruellen-und-pfeifen-gegen-angela-merkel/story/30956642 (18.02.2022).

Eribon, D. (2016). *Rückkehr nach Reims*. Berlin: Suhrkamp.

Frevert, U. (2017). *Die Politik der Demütigung. Schauplätze von Macht und Ohnmacht*. Frankfurt a. M.: S. Fischer.

Habeck, R. (2017, 30. September).»Weniger Masse, mehr Hirn«. Interview. *taz*. https://taz.de/Gruener-Robert-Habeck-im-taz-Interview/!5448682/ (06.04.2022).

Honneth, A. (1992). *Kampf um Anerkennung. Zur moralischen Grammatik sozialer Konflikte*. Frankfurt a. M.: Suhrkamp.

Honneth, A. (2015). *Die Idee des Sozialismus*. Berlin: Suhrkamp.

---

1 Siehe zur Scham Brumlik (2002), S. 65–81.

Hülshoff, T. (1999). *Emotionen*. München, Basel: Ernst Reinhardt.

Jensen, U. (2017). *Zornpolitik*. Berlin: Suhrkamp.

Jongen, M. (2016, 25. Mai).»Man macht sich zum Knecht« – Interview mit Jens Jessen und Ijoma Mangold. *ZEIT*. http://www.zeit.de/2016/23/marc-jongen-afd-karlsruhe-philosophie -asylpolitik (18.02.2022).

Klute, H. (2017, 9. Oktober). *Süddeutsche Zeitung*.

Kolnai, A. (2007). *Ekel Hochmut Maß. Zur Phänomenologie feindlicher Gefühle*. Frankfurt a.M.: Suhrkamp.

Lessat, J. (2017, 4. Oktober). Wut ist nicht gleich Wut. *Kontext Wochenzeitung*. https://www. kontextwochenzeitung.de/gesellschaft/340/wut-ist-nicht-gleich-wut-4628.html (18.02.2022).

Lipset, S.M. (1960). *Political Man. The Social Bases of Politics*. New York: Doubleday & Company.

Mann, T. (1950). *Der Zauberberg*. Frankfurt a.M., Berlin: S. Fischer.

Marx, K. (2004). *Die Frühschriften* (7. Aufl.). Herausgegeben von Siegfried Landshut. Stuttgart: Kröner.

Mishra, P. (2017). *Das Zeitalter des Zorns. Eine Geschichte der Gegenwart*. Frankfurt a.M.: S. Fischer.

Nachtwey, O. (2016). *Die Abstiegsgesellschaft. Über das Aufbegehren in der regressiven Moderne*. Berlin: Suhrkamp.

Nussbaum, M. (2001). *Upheavals of Thought. The Intelligence of Emotions*. Cambridge: Cambridge University Press.

Nussbaum, M. (2017). *Zorn und Vergebung. Plädoyer für eine Kultur der Gelassenheit*. Darmstadt: Wissenschaftliche Buchgesellschaft.

Reckwitz, A. (2017). *Die Gesellschaft der Singularitäten. Zum Strukturwandel der Moderne*. Berlin: Suhrkamp.

Rosa, H. (2016). *Resonanz. Eine Soziologie der Weltbeziehung*. Berlin: Suhrkamp.

Ruch, P. (2017). *Ehre und Rache. Eine Gefühlsgeschichte des antiken Rechts*. Frankfurt a.M.: Campus.

Sellner, M. & Spatz, W. (2015). *Gelassen in den Widerstand. Ein Gespräch über Heidegger*. Schnellroda: Verlag Antaios.

Sloterdijk, P. (2006). *Zorn und Zeit. Politisch-psychologischer Versuch*. Frankfurt a.M.: Suhrkamp.

Wallerstein, I., Collins, R., Mann, M., Derluguian & Calhoun, C.J. (2014). *Stirbt der Kapitalismus? Fünf Szenarien für das 21. Jahrhundert*. Frankfurt a.M.: Campus.

Walter, F. (2011, 8. September). Alt, stur, egoistisch. *SPIEGEL*. https://www.spiegel.de/politik/ deutschland/studie-ueber-wutbuerger-alt-stur-egoistisch-a-784664.html (18.02.2022).

Walter, F. (2013). *Die neue Macht der Bürger. Was motiviert die Protestbewegungen*. Reinbek b.H.: Rowohlt.

Zweig, S. (2003). *Die Welt von gestern. Erinnerungen eines Europäers*. Frankfurt a.M.: S. Fischer.

Der Autor

Micha Brumlik, Dr. phil, Jahrgang 1947, Senior Advisor am Selma-Stern-Zentrum für Jüdische Studien Berlin/Brandenburg, emeritierter Professor für Erziehungswissenschaft der Goethe-Universität Frankfurt a.M., 2000 bis 2005 Leiter des Fritz-Bauer-Instituts, Studien- und Dokumentationszentrum zur Geschichte des Holocaust und seiner Wirkung. Letzte Publikationen: *Antisemitismus. 100 Seiten* (Ditzingen, 2020); *Postkolonialer Antisemitismus? Achille Mbembe, die palästinensische BDS Bewegung und andere Aufreger* (Berlin, 2021).

Kontakt per E-Mail: kilmurb@t-online.de

Ist die Welt aus den Fugen geraten?

Psychoanalyse für eine überforderte Gesellschaft

Ewa Kobylinska-Dehe

Lassen Sie mich mit einer Anmerkung bezüglich des Sinns oder Unsinns von Zeitdiagnosen beginnen. Seit jeher interpretieren die Menschen die Welt, in der sie leben – im Alltag, in den Medien, in der Politik, in den Wissenschaften, die wiederum unterschiedliche Methodologien für ihre zeitdiagnostischen Zwecke nutzen. Die Exaktheit kennt verschiedene Modi. Der eine Modus ist sicherlich derjenige des Messens und des Rechnens, der andere – nicht weniger präzise – ist derjenige der Narration, auf der jede individualisierte Wissenschaft basiert (Hampe, Schneider & Strassberg, 2016, S. 14). Hinter den Theorien verbirgt sich ein bestimmtes Menschen- und Weltbild. Letzten Endes sind auch die wissenschaftlichen Zeitdiagnosen normativ verankert und haben kein Deutungsmonopol.

Ich möchte jedoch drei kritische Punkte hervorheben, die sich insbesondere auf psychoanalytische Zeitdiagnosen beziehen, weil sie oft auftreten:
1. die Vermischung von objektiven mit subjektiven Prozessen, von Strukturen und Akteuren[1];
2. die Verwechselung der Konstrukte mit der Realität;
3. häufige Zirkelschlüsse, bei denen von vornherein angenommen wird, was erst zu beweisen ist.

Freud hat Begriffe von überall her geliehen und Diskurse vermischt, ohne sich darum allzu sehr zu kümmern. Vielleicht könnte man in der Psychoanalyse eine Art *travelling science* sehen, in der sich quer durch die obsolet gewordene Aufteilung in Erklären und Verstehen, in Natur- und Geisteswissenschaften neue Verzahnungen zwischen Natur und Kultur bilden, was die Psychoanalyse dazu befähigt, produktive Allianzen sowohl mit der Biologie und Neurowissenschaft als auch mit der Literatur, Philosophie oder Soziologie zu schließen.

---

1 Ich verwende im vorliegenden Text das generische Maskulinum; dabei sind jeweils alle anderen Geschlechter mitgemeint.

Mein Fazit lautet: Man darf Zeitdiagnosen erstellen und man tut es ununterbrochen. Man darf sie kritisieren und man darf sicher sein, dass sie ein Verfallsdatum haben.

Nun gehe ich *in medias res* und beginne mit einigen klinischen Vignetten aus der vorpandemischen Zeit.

Klinische Vignetten

»Es ist mir alles zu viel und der Tag hat nicht einmal begonnen« – eine junge Patientin wirft sich um acht Uhr morgens auf die Couch und schlägt mit der Faust dagegen. Sie fühle sich wie eine Arbeitsmaschine. Die nächste Patientin fasst sich an den Kopf, weil dieser zu platzen droht. »Es rattert dort ununterbrochen«, weint sie. Am liebsten würde sie sich bei mir auf den Boden setzen. Sie bittet mich, mit ihr nicht zu sprechen. Die dritte Patientin, eine junge Kirgisin, kommt in voller Montur, ausgestattet mit den Insignien der westlichen Welt, an die sie sich klammert. In einer Hand hält sie das neueste iPhone, in der anderen einen Kaffeepappbecher, aus dem sie nie trinkt. Auch sie darf ich nicht *ansprechen*, so groß ist ihre Angst, wenn irgendetwas an dieser Inszenierung hinterfragt würde, *falle sie raus*. Ein Börsianer schläft immer wieder ein auf meiner Couch und ist mir dankbar, dass ich ihn nicht wecke, weil er sonst nirgendwo einschlafen kann. Ein Wirtschaftsanwalt fragt mich, ob er auch sonntags um 22 Uhr kommen könnte, weil er dann Pause von seiner Arbeit mache. Er arbeitet von Frankfurt aus für den asiatischen Raum. Ein anderer *new cosmopolitain* kann sich von seinem permanenten Jetlag nicht mehr erholen und zeigt eine erstaunliche Desorientierung in meiner Praxis – immer geht er in eine falsche Richtung. Jemand, der seit seiner Kindheit in mehreren Ländern lebte, weiß nicht mehr, wo er hingehört. Eine Jugendliche hat sich in verschiedenen Formen der Sexualität, die sie auf der *Suche nach sich selbst* ausprobierte, verloren und weiß nicht mehr, was sie braucht und fühlt: *Cool sein* – das sei der neue Totalitarismus, klagt sie. Überfordert vom *freien Spiel des Begehrens* zieht sie eine Hormonbehandlung in Erwägung, die ihr ein übereifriger Arzt vorgeschlagen hat.

Diese Patienten sind Kinder unserer Zeit. Sie teilen mir eine verzweifelte Überforderung mit. Manchmal ist der Druck ihrer Realitäten zu groß, als dass sie sich mit der inneren Welt beschäftigen könnten.

Die in der psychoanalytischen Sitzung beobachtbaren Phänomene haben – neben ihrer jeweiligen individuellen Geschichte und klinischen Relevanz – auch eine kulturelle und soziale Dimension. Die gesellschaftlichen Strukturen und die innerpsychischen Konflikte beeinflussen sich gegenseitig. Das, was wir in der therapeutischen Sitzung wahrnehmen, sagt nicht nur etwas über unsere Patienten aus, sondern auch über die Welt, in der wir leben. Und in welcher Welt leben wir?

Mit Hamlet'scher Geste des *time is out of joint* beschreibt Peter Sloterdijk (2014) jenes *zu viel, zu schnell, zu enthemmt* und *zu zersplittert* angesichts der individuellen und gesellschaftlichen Möglichkeiten, dies zu verarbeiten. »Es werden mehr Wünsche, Ansprüche, Mobilitäten, Kredite und Schulden freigesetzt als sie integriert werden können [...]. Es werden im Gang der Modernisierung mehr existentielle Optionen erschlossen, als sie sich je in Konstrukte persönlicher und kollektiver Identität integrieren lassen« (ebd., S. 87, 89), so der Philosoph.

Ohne zu »hamletisieren«, möchte ich im Folgenden

➢   zuerst die psychosozialen Schwierigkeiten aufzeigen, mit denen die Menschen in der globalisierten Welt konfrontiert werden,

➢   dann zu erklären versuchen, warum sie häufig nach regressiven Antworten greifen, und

➢   schließlich darüber nachdenken, inwieweit das in Psychoanalysen entwickelte Wissen über das Innenleben uns helfen kann, die Wandlungen der Subjektivität in der spätmodernen Gesellschaft zu verstehen.

Vor diesem Hintergrund habe ich drei psychoanalytische Begriffe gewählt: »Containment« (Bion), »Regression« (Freud) und »Übergangsraum« (Winnicott).

Containment und Decontainment

Das Bion'sche »Containment« ist ein komplexer Begriff. Ich benutze ihn zunächst im alltäglichen Sinne des »Haltens«, »Begrenzens« und »Beschützens«. Später werde ich ihn anreichern mit solchen Elementen wie Träumen, Denken, Verdauen und Verwandeln, um schließlich zu zeigen, wie sich das *Decontainment der Welt mit dem Verlust des Übergangsraums verbindet.*

Angesichts der zunehmenden *Erosion* der Containerfunktion, die Kulturen, Religionen, Öffentlichkeiten und Lebenswelten einst erfüllten, wird es nötig sein, Formen zu finden, die den Herausforderungen der Globalisierung gewachsen sein können. Anstatt zukunftsorientierte Szenarien zu entwickeln und über die Möglichkeiten der Solidarität in der globalen Dimension nachzudenken, beobachten wir – im Gegenteil – eine Tendenz zur Regression zu ethnischen Gemeinschaften, Herkunftsgruppen und geschlossenen Kulturen. Die Möglichkeit einer Rückkehr in die »alten Zeiten«, die es eigentlich so nie gab, ist ebenso illusionär wie die Vorstellung, dass der entfesselte neoliberale Kapitalismus (als Wirtschafts- aber auch als Lebensform) alternativlos ist.

Die regressiven Sehnsüchte konfrontieren uns jedoch mit der Tatsache, dass wir weder psychisch noch kulturell noch institutionell auf die Probleme der Globalisierung vorbereitet sind.

Die enorme Beschleunigung auf dem Gebiet der Informationstechnologie gepaart mit der Fragmentierung der Öffentlichkeit, kultureller Dissoziation, der Dominanz von konstruktivistischen Machbarkeitsdiskursen, dem Übergriff vom ökonomischen Wachstumsimperativ auf viele Lebensbereiche (u. a. das Einzwängen der Psychoanalyse in ein zweckrationales Korsett) und zugleich der unzureichende Schutz durch die herkömmlichen Container, symbolischen Ordnungen und Lebensformen, haben unsere Welt destabilisiert. Das löst Ängste, Unsicherheiten und Überforderungen aus.

Deswegen ist es an der Zeit, über die psychosozialen Folgen der Schwächung von traditionellen Containern und über die Abkürzung von Übergangsprozessen nachzudenken. Es kommt zu einem Bruch der Lebenskontinuität – um mit Winnicott zu sprechen –, wenn wir die Verankerung im Vertrauten zu abrupt verlieren – und damit eine der Kraftquellen, die wir brauchen, um dem Neuen zu begegnen. Dabei will ich keineswegs die Lebenswelten und ihre Containerfunktion idealisieren. Die lebensweltlichen Erfahrungen sind nicht statisch, sie amalgamieren mit den neu gewonnenen Erkenntnissen. Dennoch wird heutzutage die Struktur der Lebenswelt, in der wir leiblich präsent sind und die wir miteinander teilen, durch (vor allem) ökonomische Totalisierungsversuche angegriffen. Die Erfahrung reduziert sich zu »Daten und Informationen, Gebrauchsdinge zu Waren, der Wohnraum zur Kapitalanlage, die arbeitenden Menschen zum Humankapital« (Waldenfels, 2020, S. 15), das Denken zur rein instrumentellen Vernunft, die Patienten zu Klienten.

Um darüber nachdenken zu können, wie die angemessenen Bedingungen – aus psychoanalytischer Sicht – aussehen könnten, um die Welt zu einem ausreichend guten Ort zum Leben zu gestalten, ist es durchaus lohnenswert, sich einzuhören in das, was sich hinter den regressiven Sehnsüchten der von Populisten aufgeheizten Menschen und ihrem Hauptaffekt der Wut verbirgt. An dieser Stelle möchte ich drei Fronten nennen, an denen die rechtspopulistische »Revolte« agiert:

1. gegen das Ausmaß an Liberalität in der zivilen Gesellschaft,
2. gegen die Vernachlässigung der sozialen Frage und
3. gegen die Entfremdung der (politischen) Eliten (Dörre, 2019, S. 215).

Bevor ich mich mit dem Konzept des »Übergangsraums« als einem möglichen »Wohnort« befasse, werde ich zunächst auf die regressiven Antworten und ihre Gründe eingehen.

Regressive Antworten

Freud versteht unter »Regression« den Rückzug der Psyche in einen primitiveren, undifferenzierteren und unterkomplexen Zustand in einer Situation von Bedrohung und Überforderung. Einen der Gründe – neben der verstärkten Angst und dem aggressiveren Triebdruck – sieht er in der Schwächung der Gegenbesetzung der Kultur. Nicht nur Freud, sondern auch der moderne Soziologe Niklas Luhmann sieht in der Reduktion von Komplexität einen allgemeinen Aspekt des Funktionierens von sozialen Systemen als Schutz vor Reiz- und Informationsüberflutung, die nicht mehr verarbeitet werden kann.

Ähnliche Gedanken über die Situation unserer Zeit äußern u. a. solche Philosophen und Soziologen wie Nancy Fraser, Wolfgang Streck, Oliver Nachtwey, Klaus Dörre oder Hartmut Rosa. Bei allen Differenzen beschreiben sie einen Prozess, den Oliver Nachtwey als »regressive Modernisierung« (Nachtwey, 2017) im Sammelband *Die große Regression* bezeichnet hat. Im Vorwort zu diesem Band zählt der Herausgeber Heinrich Geiselberger solche Symptome des regressiven Rückfalls auf: Sehnsucht nach Deglobalisierung, Entstehen der identitären Bewegungen in Europa, zunehmende Fremdenfeindlichkeit und Islamophobie, Hasskriminalität, Aufstieg autoritärer Demagogen, Hysterisierung und Verrohung des öffentlichen Diskurses (ebd., S. 9).

Einerseits erleben wir ein nie zuvor auftretendes Ausmaß an zivilgesellschaftlicher Liberalität mit Blick auf sexuelle Orientierungen, religiöse Überzeugungen und verschiedene Formen bürgerschaftlichen Engagements (Dörre, 2019, S. 214), andererseits gehen die kulturelle und rechtliche Gleichstellung sowie der technische Fortschritt mit neuen Ungleichheiten und Diskriminierungen einher. Die Hauptgewinner des expansiven Wachstums sind die vermögenden Eliten, Verlierer sind Industriearbeiter und wachsendes internationales Dienstleistungsproletariat, das disparat bleibt und im prekären, vom Arbeitsrecht nicht-geschützen Status gehalten wird. Neben neuen Inklusionen entstehen also neue Exklusionen (ebd., S. 38).

Eine der Ursachen für die Hinwendung von Wählern zu rechten Parteien sehen die von mir erwähnten Autoren im »Bündnis« zwischen neoliberalem Kapitalismus und neuen Emanzipationsbewegungen bzw. intellektuellen Eliten, die ihm »Charme und Charisma« verleihen (Fraser, 2017, S. 79). Diese Allianz trägt – so Wolfgang Streck (2017, S. 253) – zu der Vorstellung in der Öffentlichkeit bei, dass es tatsächlich keine wirkliche Alternative zwischen dem progressiven Neoliberalismus und dem reaktionären Populismus gibt. Das Neue ist, dass der bisherige zivilgesellschaftliche Konsens über die Alternativlosigkeit zu bröckeln beginnt. Es wächst das Bewusstsein für Ressourcenknappheit, Umweltzerstörung und negative Folgen des Massenkonsums.

Bereits vor 30 Jahren warnte Jürgen Habermas vor den damals beginnenden Gefahren der Kolonialisierung der Lebenswelten durch die neoliberalen Systemzwänge. Der nicht zum Psychologisieren neigende Philosoph sprach überraschend oft von der destruktiven Kraft der narzisstischen Wut und davon, dass der liberale Mainstream die reale Verlusterfahrung einer durch radikal beschleunigte Modernisierungsprozesse aus ihren kulturellen Traditionen herausgerissenen Bevölkerung nicht ausreichend wahrgenommen habe. Die fortschreitende Kolonialisierung der

Lebenswelten hat die Desintegrations- und Spaltungsdynamiken zwischen Individuen, Familien und Regionen, zwischen Städten und Provinz, zwischen den meritokratischen Eliten und den nicht mehr Gebrauchten in Gang gesetzt und beschleunigt. Dabei wurde unterschätzt, dass die Lebenswelten nicht nur Rückzugsräume vor dem gesellschaftlichen Druck boten, sondern auch Orte sozialer Einbettung waren, die für entlastende Deutungen sorgten. Die Arbeitslosigkeit konnte z. B. als geteiltes Schicksal und nicht als individuelles Versagen gedeutet werden (Nachtwey, 2017, S. 221).

Dies gilt insbesondere für die Transformationsprozesse der osteuropäischen Gesellschaften, in deren Menschen von quasi-symbiotischen Bindungen, die in den Ländern des Staatssozialismus als Parallelwelten funktioniert haben, plötzlich herauskatapultiert wurden. Sie hingen am Ideal der westlichen Demokratie und wurden mit deren brutalem neoliberalen Gesicht konfrontiert. Die Akteure der polnischen Solidaritätsbewegung, die zum Fall des Kommunismus sowjetischer Art wesentlich beigetragen haben, erlebten sich als Verlierer. Einer von ihnen sagt: »In vielen Rechnungen steht für Polen unter dem Strich ein Plus [...] aber für mich und meinesgleichen bedeutet Polen Ablehnung, Verbitterung, ein verlorenes Leben [...]. Wir haben sofort den Sprung in die Zukunft vollzogen« (Hugo-Bader, 2016, S. 144). Viele von ihnen wurden zu den Wählern der rechtsnationalen PiS-Partei. Es fehlten Narrationen, die den damaligen Akteuren ihre Subjekthaftigkeit zurückgeben konnten, d. h. das symbolische Kapital und die soziale Anerkennung. Die von Norbert Elias und Max Scheler beschriebenen Auswirkungen von sozialer Degradierung äußern sich in Gefühlen der Demütigung, Neid und Hass. Wenn diese Gefühle zu lange anhalten, verwandeln sie sich zum Ressentiment, in dem Max Scheler das Paradoxon der modernen Demokratie sah: auf der einen Seite formale Gleichheit, auf der anderen Seite große Unterschiede im Bildung-, Sozial-, und Finanzstatus, die solche Gefühle auslösen. Die aus gekränktem Stolz und dem Gefühl der Scham resultierende narzisstische Wut treibt die Wähler in die Arme populistischer Parteien. Auf die Repulsivität der Globalisierung reagieren diejenigen, die dabei etwas für sie Wesentliches verloren haben, mit Ressentiments und spielen ihre Ohnmacht als Macht aus. Die eigenen Verluste werden verleugnet durch Bekämpfung des Fremden. Ressentiments sind eine mächtige Waffe, die dem Aufbau einer Scheinmoral dienen, um damit die tiefen Verletzungen in den Griff zu bekommen. Niemand hat das hellsichtiger durchleuchtet als Freud in seiner Arbeit *Das Unbehagen in der Kultur* (siehe dazu Waldenfels, 2020, S. 15).

Der Übergangsraum

Aus psychoanalytischer Sicht kann ein »Übergangsraum« als Schutz vor »populistischer« Regression einerseits und vor »neoliberaler Manie« (also narzisstischem

Größenwahn) andererseits verstanden werden. Dies ist natürlich eine Metapher, ein Gedankensprung, doch betrachten wir genauer, was Winnicott uns sagen wollte und was davon sich für das Nachdenken nicht nur über Individuen, sondern auch über Gesellschaften als nützlich erweisen könnte. Mit dem Begriff des »Übergangsraums« bezeichnet er den Prozess des Übergangs von der symbiotisch-abhängigen Bindung an das primäre Objekt zu einem eigenen, realitätstüchtigen Leben. Übergangsräume erleichtern dem Kind die sukzessive Akzeptanz der von ihm unabhängigen Wirklichkeit ohne allzu heftigen und niemals endgültigen Verlust des Glaubens an Illusionen. In der psychoanalytischen Literatur wird meist der defensive, kompensatorische oder pathologische Gebrauch von Idealbildern als Illusionen betont.

Wie das Kind muss auch der Erwachsene den Weg in die Realität finden. Diese Realität muss jedoch auf persönliche, einzigartige Art und Weise kreiert werden, damit sie angenommen werden kann. Eine gesunde Entwicklung ist nicht einfach Anpassung, sondern ein komplexes Aushandeln, das es uns erlaubt, den Kontakt mit dem Kernselbst durch die Trennungsprozesse hindurch aufrechtzuerhalten. Übergangsphänomene sind Brücken zwischen der inneren und der äußeren Welt, die uns sowohl vor übermäßiger Durchlässigkeit als auch vor Überimmunisierung schützen.

Mithilfe dieses Konzepts, das sich primär auf die kindliche Entwicklung bezieht, hat Winnicott eine Kultur- und Zivilisationstheorie entworfen. Denn die ursprünglichen Besetzungen gehen nie endgültig unter, sondern werden fortwährend transformiert und umfassen schließlich die ganze Bandbreite der Kultur, Kunst und Religion.

Durch unser ganzes Leben hindurch versuchen wir, die fragile Balance zu wahren zwischen dem Raum der Illusionen, indem wir uns als lebendig und wirkmächtig empfinden können, und der psychischen Fähigkeit zur Akzeptanz der von uns unabhängigen Außenwelt. So wie eine ausreichend gute Mutter ihr Kind nicht fragt, ob es ein bedeutsames Objekt gefunden oder erfunden hat, können Kulturen nur überleben, wenn der ontologische Status der Glaubensobjekte nicht infrage gestellt wird. Kunst und Religion stellen einen solchen nicht-hinterfragbaren Erfahrungsbereich dar.

Winnicott reduziert sein Kulturkonzept nicht auf ein protektives Moment. Dies alleine würde nicht reichen, denn eine Schutzfunktion könnte ebenso gut von geschlossenen Gemeinschaften erfüllt werden. Im Falle einer derartigen Überimmunisierung könnten wir niemals die ursprüngliche Bindung verlassen und ein eigenes Leben führen. Deshalb kommt eine weitere Voraussetzung hinzu: Uns schützten eine Beheimatung höherer Ordnung, d.h. die symbolischen Praktiken, die Kultur, die den Charakter eines dynamischen Übergangsraums annehmen muss, um uns zu helfen, die Verwundbarkeit durch das Schicksal mehr oder weniger gut zu bewältigen und das Heimisch-Werden in der Welt zu erleichtern. Der Einzug in das Haus der symbolischen Ordnungen bleibt immer eine labile Operation, die psychische Arbeit erfordert. Um Weltbürger zu werden, so Sloterdijk, müssen die das »Haus-Verlassenden« durch den Prozess der »Entwurzelung aus den bisherigen Behausungen durchgehen« (Sloterdijk, 2016, S. 52). Aus der ursprünglichen Identifikation mit den primären Objekten entwickelt sich allmählich eine Fähigkeit, diese in sich zu repräsentieren und ein Objekt durch ein anderes zu ersetzen, d. h. eine Behausung zweites Grades. Dies wiederum bedeutet eine vertikale Bewegung ins Offene und Ungewisse, ein Überschreiten.

Eine Idee der Transzendenz ins Offene ist bei den interessanten postszientistischen Psychoanalytikern zu finden. Neben Winnicott entwickelten auch Bion und Lacan ihre Konzepte unter metaphysisch-religiösen Anleihen. Alle drei Autoren zeigen die irreduzible Ko-Präsenz verschiedener Erfahrungsordnungen im psychischen Leben jeweils in ihrem eigenen Recht.

Bei allen dreien werden Religion und Glaube nicht mehr als Massenneurose verstanden, sondern als etwas, was mit mentaler Gesundheit zu tun hat. Die Figur des Glaubens in »O« (das »Wahrheit« oder »Unendlichkeit« repräsentiert), ein *no-thing* (worin man die Absage an die Verdinglichung sehen kann) bildet für Bion einen unerkennbaren, aber wirkenden Hintergrund des psychischen Lebens. Im »Glauben« sieht auch Winnicott die Fähigkeit, bei dem Unerkennbaren zu verweilen, sich verlassen können, sich ansprechen lassen, ohne wissen zu müssen. Übergangsphänomene sind nicht in erster Linie Beruhigungsmittel, sondern haben mit der öffnenden, kreativen Aktivität zu tun.

Auch der *große Andere* von Lacan weist auf die Notwendigkeit einer Öffnung hin, ohne die Kluft mit konkreten Inhalten füllen zu wollen. Für Lacan ist es das Symbolische, das das geschlossene System der introjektiv-projektiven Welt des Subjekts sprengt und einen Ausweg aus der Selbsteinkapselung bietet, indem sich das Subjekt dem lebendigen Spiel der Bedeutung hingibt, das sein Beherrschungsbedürfnis und sein Fassungsvermögen stets übersteigt.

Jene unruhigen Schöpfungen wie Übergangsphänomene, der Glaube in »O« oder die Kluft sind Figuren der Öffnung, der Wahrheitssuche und des emotionalen Wachstums. Sie sind wackelige Antworten auf die Weltoffenheit, die in ihrer doppelten Schutz- und Öffnungsfunktion dazu beitragen, die Welt bewohnbarer zu machen. Nur in einer Welt, die *contained* ist im Sinne des Übergangsraumes, ist beides möglich: Halten und Öffnen, wodurch sich der Einzelne den Herausforderungen und Widerfahrnissen, dem Leiden und der Angst, aber auch der Lust und Zerstörung stellen kann.

Winnicott und Forrester sprechen im ähnlichen Sinne von der heilenden und haltenden Funktion der Metapher: Das symbolische Halten ist gerade dadurch wirksam, weil es kein physisches Halten ist. Freud leitet die Kraft der Psychoanalyse, zu transformieren, von der Übertragung ab. Winnicott ist der Überzeugung, sie komme vom *holding*. »Übertragen« ist das deutsche Wort für das griechische *me-*

ta-pherein, »hinüber tragen«, »an das andere, fremde Ufer übersetzen«. Im Herz der Analyse steht die Übertragung, also die Metapher, die hält. Ihr Ziel könnte sein – so Forrester (2017, S. 104) –, die Metapher in ihrer Metaphorizität zu reetablieren, d. h. in ihrer Fähigkeit, zu halten.

Dasselbe gilt für die Kultur: Angesprochen ist hier jeweils die Möglichkeit des Heraustretens aus dem geschlossenen Kreis der Immanenz in Richtung der ungesättigten Bedeutungen und des metaphorischen Denkens. Es ist ein Übergangsraum zwischen Fantasie und Wirklichkeit, der die Existenz in ein kreatives Leben verwandeln kann. Fantasie und Wirklichkeit stehen in einem dialektischen Verhältnis zueinander – und nicht im Gegensatz. Dabei geht es nicht um die Fantasien, auf die verzichtet werden muss (Loewald, 1986, S. 363), sondern um die Fantasien, die für die Entfaltung von Objektliebe unerlässlich sind. Das meint Winnicott mit einer dritten »variablen« träumerischen Realität, die er sowohl der nackten Realität (den Fakten) als auch dem zwanghaften Fantasieren gegenüberstellt, also zwei »Orten«, an denen sich unsere Leistungsgesellschaft am liebsten aufhält. Der Übergangsraum ist ein Ort der Erholung vor dem Druck der Realität, und gleichsam ein Weg zur Realitätstüchtigkeit. Durch ihre unscharfen Grenzen, die ein Mehr oder Weniger an Nähe und Ferne zulassen, bilden die Übergangsräume keine Mauer, sondern Schwellen, die Eigenes und Fremdes sowohl trennen als auch verbinden (Waldenfels, 2020, S. 20).

An dieser Stelle dürfte klarer werden, was ich mit *decontainment* der Welt meine: Es handelt sich um den *Verlust des Übergangscharakters unserer Erfahrungen*. Die Lern- und Wachstumsprozesse, die ohne Herkunftsfragen und öffnende Horizonte nicht denkbar sind, werden – mindestens tendenziell – durch Optimierungen ersetzt. Die Welt wird immer mehr zu einer mit sich selbst gesättigten Welt und nicht mehr zu einem Übergangsraum, wo das Sichtbare mit dem Unsichtbaren durchsetzt ist, das Hörbare mit dem Ungehörten, das Vertraute mit dem Unheimlichen, das Nahe mit dem Fernen, das Gewusste mit dem Unbewussten, das Sprechen mit dem Unausgesprochenen. Das Winnicott'sche Übergangsobjekt ersetzt nicht die Mutter, sondern wird mit der An- und Abwesenheit, einem »Fort-da« der Mutter durchsetzt. Nur so können wir den Zugang zur Kultur finden, d. h. zu Objekten, die nicht gesättigt sind mit unseren Wünschen, sondern durchtränkt mit der Ferne, dem Unsichtbaren und dem Fremden, die an uns appellieren und uns heimsuchen.

Aus Übergangsobjekten, die von der Transzendenzbewegung, von der grundsätzlichen Unbestimmtheit leben, werden heute tendenziell Fetische, die geschlossene Kreise drehen. Oft werden sie mit dem regressiven Wunsch der Rückkehr in das erste Containment, die ethnische Gemeinschaft, homogene Kultur oder symbiotische Beziehung, verbunden. Die »transzendentale Obdachlosigkeit«, die nach Lukács die bürgerliche Welt auszeichnete, »verwandelt sich in der globalisierten Welt in ganz und gar untragische Formen von Funktionalität und Dysfunktionalität« (ebd., S. 12). Der Vorzug der Globalisierung liegt in der Vervielfältigung der Möglichkeiten. Jedoch geht eine entgrenzte Steigerung der Möglichkeiten auf Kosten der Wirklichkeit, und droht mit einer Entwirklichung und Entpersönlichung der Erfahrung.

Die Bewohner der flüchtigen Moderne

Freuds typische Patienten wurden vom verdrängten Begehren und allzu starren Grenzen erdrückt. Die Patienten unserer Zeit scheinen Anker und Kompass verloren zu haben, sie können in der »flüchtigen Moderne« den Hafen nicht finden. Es sind paradoxe Subjekte, einerseits getrieben vom Wachstums- und Optimierungsimperativ, andererseits eigentümlich verloren in ihren Alltagspraktiken und Wertvorstellungen.

Carlo Strenger (2016, S. 83) beschreibt seine klinische Arbeit mit einer Gruppe von Menschen, die er als »globale Kosmopoliten« bezeichnet. Er schildert ihre Angst vor dem spurlosen Vergehen. Drei Faktoren mildern diese Angst: Bindungen, Selbstwertgefühl und ein bedeutsames Leben. All diese Faktoren sind mit unserer kulturellen Umgebung, mit unserer Lebenswelt korreliert. Früher waren Schulklasse, Gruppe, Dorf, Stadt oder Land die Bezugspunkte. Für die von Strenger beschriebene Gruppe ist der Bezugspunkt die ganze Welt. Globale Welt bedeutet auch den globalen Vergleich, was diese Menschen auf Dauer unter einen krankmachenden Druck setzt.

Wie antwortet die Psychoanalyse auf die Wandlungen der Subjektivität? Psychoanalyse basiert nicht auf einem essenzialistischen Identitätskonzept – im Gegenteil: Sie beschreibt Prozesse der intrapsychischen und dynamischen »Pluralisierung« des Einzelnen aufgrund unterschiedlicher Identifikationen. Die Dynamik von Prägung und Wandelbarkeit, die Freud das »Triebschicksal« nannte, konstituiert die Subjektivität. Freuds große Leistung war die Trennung der Identität mit ihrem sexuellen Kern von der sozialen Rolle. Aber sie verkennt nicht die Unverfügbarkeit des leiblichen Menschen und führt nicht zur Illusion von unbegrenzten Möglichkeiten und willkürlichen Konstruktionen. Eros und Unbewusstes stehen nicht zur Disposition. Das bedeutet, dass ich nicht beliebig über meinen Körper und mein Begehren verfügen kann. Die Körpermanipulation hat jedoch inzwischen überfordernde Ausmaße angenommen. Die Versprechen der Schönheitsprothetik sowie der operativen, genetischen und hormonellen Manipulationen wecken infantile Allmachtsfantasien von sofortiger Verfügbarkeit und der Möglichkeit, ein Anderer zu sein, als man ist, was zu einer narzisstischen Überforderung führt (Küchenhoff, 2005, S. 173). Hier wird versucht, die Widerständigkeit des Körpers durch die medizinische Technik zu umgehen.

Menschliche Sexualität ist weder nur biologisch gegeben, noch gänzlich und beliebig konstruiert. Das wusste Freud mit seinem Triebkonzept, das weder naturalistisch noch kulturalistisch reduzierbar ist. Die menschlichen Triebe werden erst aus der Geschichte mit den primären Objekten geboren. Sie haben ihr Schicksal, das jedoch den Rahmen des biologischen Musters sprengt.

Freud unterscheidet die Wunscherfüllung von der Triebbefriedigung, indem er Mangel, Abwesenheit und Verlust im strukturellen Kern der Libido verortet – nicht die Spannung, die abgeführt werden kann, bildet die Struktur des Wunsches, sondern seine »ungesättigte Konstitution« (Ricœur). Es ist dieser ungesättigte Zustand, so Ricœur, der den Wunsch zum Sprechen bringt. Könnte der Wunsch sich jedoch endgültig äußern, würde dem Menschen die Fähigkeit zur Symbolisierung verlorengehen (Ricœur, 1974). Der Mangel regt die Sinnproduktion an. Gerade deshalb gewinnt das Objekt des Begehrens eine phantasmatische Aura.

In unserem abstrakten Bewohner der flüchtigen Moderne wird der Mangel nicht Phantasie und Sehnsucht wecken und mit ihr die psychische Kraft, den Unterschied zwischen dem Gesuchten und dem Gefundenen zu ertragen, sondern er könnte im Gegenteil Gier und Angst verstärken, die auf sofortige Befriedigung und Beruhigung drängen. Aus Sehnsucht wird Sucht. Es sind die Fetische, die eine solche Beruhigung ermöglichen: Im Fetischismus zerbricht die offene Struktur des Begehrens, die Freud entdeckt hat. Um sich vor der Erfahrung des Mangels und der Endlichkeit zu schützen, mobilisiert der moderne Mensch Fetische, die sein prekäres narzisstisches Gleichgewicht zu regulieren haben (Kobylinska-Dehe, 2012, S. 714).

Die Schwächung des ödipalen Gesetzes, in dem die Fähigkeit, Mangel, Verlust, Fehler und Frustration zu ertragen, eingeschrieben ist, scheint eine der großen Herausforderungen der Gegenwart zu sein. Die von Freud entdeckte Dynamik der Verinnerlichung verwandelt das äußere Verbot in die Stimme des eigenen Gewissens. Das Verbot hört auf, bloßer Zwang zu sein, sondern wird zu einer Stimme, auf die jemand hört. Dagegen erhöht die Schrankenlosigkeit paradoxerweise nicht den Lustgewinn, sondern zerstört ihn, indem sich die Lust in einen Zwang-zum-Genießen verwandelt. Es ist nicht mehr das Verbot, sondern die Pathologie des Ich-Ideals, die die Bühne der Spätmoderne zu besetzen scheint. Die innere Stimme ruft: »Du kannst alles werden« und *just do it*, wenn Du aber nicht alles wirst, dann hast Du versagt und fällst endgültig raus. Deswegen bittet mich meine Patientin, sie nicht *anzusprechen*. Sie hat Angst, vor eine solche Wahl gestellt zu werden. Es fehlt ihr die Vorstellung der Vielstimmigkeit einer Anrufung (Lacan), die verbietet, aber auch appelliert, die gehört werden möchte und auf eine Antwort hofft.

Die symbolischen Anrufungen generieren immer ein »Zuviel«, einen Überschuss, den die Psyche nicht restlos verdauen kann, weswegen sich das Unbewusste bildet. Jener Überschuss steht für Unheimlichkeit, Fremdheit, Alterität, die meinen Sinneshorizont durchqueren und eine beunruhigende Wirkung haben, indem sie meine Möglichkeiten des Erfassens übersteigen. Etwas widerfährt uns, affiziert uns und entzieht sich zugleich.

Durch den heutigen Kollaps der symbolischen Anrufungen wird der Einzelne schutzloser und stärker dem Befehl ausgesetzt, zu genießen und fit zu sein. Die Distanzierung zum Genießen, wenn es zu überwältigen droht, wird nicht mehr in der Sublimierung aufgehoben. Die nicht mehr nach dem Anderen strebende Psyche verfängt sich im geschlossenen Kreis von Spannung und Entspannung. Das Begehren verschwindet darin. Im desymbolisierten Raum wird der phantasmatische Leib wieder zum erregten und erschöpften Körper: »Ich habe Abendbrot gegessen, Zähne geputzt, onaniert und bin eingeschlafen«, sagt mein Patient mit einer atemberaubenden Selbstverständlichkeit. Es geht nicht mehr um die Lust, sondern darum, einschlafen zu können.

Akedia, »Trägheit«, hieß der antike Dämon, der die Seele mit Gleichgültigkeit ansteckte. Heute nennt man ihn »Müdigkeit«. Es ist die Antwort auf den omnipräsenten Leistungsimperativ, der alles durchtränkt: Genuss, Nachdenken oder Entspannung – mit der Unerbittlichkeit des inneren Befehls. Alles, was meine Patientin für sich in der Behandlung entdeckt, verarbeitet sie mit einem Arbeitswahn. »Mein Tag ist zu Ende, bevor er begonnen hat«, klagt sie. Tatsächlich: In der chronischen Erschöpfung erwartet sie von ihrem Tag nichts Anderes als einen repetitiven Ablauf, einen Wettlauf gegen die mechanisch tickende Zeit. Hinter der Arbeitswut lauern ein toter Zustand und die Unmöglichkeit, einen Entwurf zu haben. In der Selbstausbeutung verliert meine Patientin jegliche Distanz. Sie stürzt sich in die Arbeit wie in eine Sucht und schaltet sich aus, um sich in dieser paradoxen Weise sowohl vor der Reizüberflutung als auch vor der depressiven Leere zu schützen.

Ich habe mich oft gefragt: Woran leidet eigentlich meine Patientin, wenn sie sagt: »Es ist mir zuviel.« Es geht offenbar nicht nur um das »Zuviel« an Reizen, die sie zu überwältigen drohen; die Angst, aus der Welt herauszufallen, kann zur Implantation eines destruktiven Introjekts im Selbst (und zu seiner libidinösen Besetzung) führen. Es entsteht eine totale und pervertierte Welt, deren mafiösen Charakter John Steiner beeindruckend beschrieben hat. Der Totalität der Arbeitsmaschine steht meiner Patientin ihre Unfähigkeit gegenüber, sich dem »Zuviel« eines rätselhaften Anderen zu öffnen.

Statt von Überbringern der rätselhaften Botschaft wird die Moderne von allgegenwärtigen Experten bevölkert. Sie bieten uns eher »Lösungen« mit technischen Vorteilen als seelische Verwandlungen an. Die Psychoanalyse ist die einzige Psychotherapie, in der der zur Behandlung Kommende noch »Patient« heißt. In anderen Therapien ist er längst zum »Klienten« geworden. Nicht nur in der Therapie, sondern auch in der Welt wird der Mensch zum Klienten, von beschaffbaren Dingen, nach Schnäppchen suchend, stimuliert. Die geistige Übung wird zum Training und die Form zur Fitness. Im trainierten Körper hält sich das moderne Subjekt wie ein ausgesetztes Waisenkind auf, das keinen Halt mehr in der symbolischen Ordnung findet. In einem zunehmend desymbolisierten Raum kommt es oft zu blindem Agieren ohne Botschaft. Die Gewalttat fühlt sich real an, schreibt

Winnicott, angesichts der unerträglichen Leichtigkeit des Seins, die die Gefahr der Depersonalisierung mit sich bringt.

Die Verwandlung der Menschen in Konsumenten scheint die utopische Sehnsucht, dass etwas fehlt, auszulöschen. Gerade weil es keine leere Stelle mehr gibt und keinen Übergangsraum, entsteht Panik. Um sie aufzufangen, hält man sich an seinem iPhone und seinem Coffee to go fest, die uns paradoxerweise das Gefühl der Freiheit versprochen haben.

Abschließende Anmerkungen über Psychoanalyse in Zeiten der Pandemie

Die dargestellten Gedanken haben durch die Pandemie eine zusätzliche Pointe bekommen, die uns noch radikaler mit brennenden Fragen konfrontiert: Stehen wir am Beginn eines zivilisatorischen und sozialen Wandels? Ist die Universalisierung des ökonomischen Denkens an seine Grenzen gestoßen? Wird es zu einer »Regression« kommen oder zu einer driftenden *longue durée* mit Schadenbegrenzungen – bis zur nächsten Katastrophe?

Die individualistischen und atomistischen Strategien sind angesichts der Pandemien und des Klimawandels ohnmächtig. Beide machen uns eindringlich bewusst, dass wir eine gemeinsame Welt haben, in der alles mit allem durch Netze von Interdependenzen verbunden ist. Die Sphären der menschlichen Gesundheit, der sozialen Gerechtigkeit und des tierischen Lebens lassen sich nicht scharf voneinander trennen, so die französische Philosophin Corine Pelluchon (2020). In der Tradition von Horkheimer und Adorno plädiert sie für die Vernunft, die dazu fähig wäre, den Teufelskreis einer Moderne zu durchbrechen, die allzu sehr auf menschlicher Selbstüberschätzung und Fantasie von Machbarkeit gründet. Ganz konkret ist sie davon überzeugt, die Menschenrechte müssen ergänzt werden, indem wir auf unseren Verpflichtungen gegenüber zukünftigen Generationen und anderen Arten bestehen und für einen verantwortungsvollen Umgang mit Technologie eintreten. Dies sei der Sinn der ökologischen Aufklärung. Diesem Projekt würde der Soziologe Klaus Dörre wahrscheinlich zustimmen. Auch er plädiert für die verfassungsrechtliche Verankerung von allgemeinen Überlebensinteressen wie dem Zugang zu sauberer Luft, Wasser, Nahrung, Bildung und Wohnraum.

Dabei stellt sich die Grundfrage, ob der Zustand einer globalen Inklusion überhaupt möglich ist. Der Anspruch und die Rechte der Ausgeschlossenen lassen den Druck wachsen. Gepaart mit der allgemeinen Mobilisierung und dem aggressiven Konsumismus konfrontieren sie uns mit einem bis dato unbekannten Ausmaß der neuen Völkerwanderung, die auch unter dem Aspekt der individuellen und sozialen Integrationsfähigkeit reflektiert werden müsste (Sloterdijk, 2014, S. 484). Wie lässt sich das *containen*?

Bisher kannten wie nur Gesellschaften, die mehr oder weniger auf Kosten der Ausgeschlossenen und Enteigneten gelebt haben, angefangen mit der griechischen Polis, die ihre Demokratie auf dem Sklaventum im Inneren und Abgrenzungen im Äußeren (Angst vor den Barbaren) aufgebaut hatte. Der Kapitalismus, wie wir ihn kennen, lebte von seinen Peripherien und einer rücksichtslosen Ausbeutung der Natur. Neu ist, dass die Peripherie ins Zentrum gerückt ist und die Naturausbeutung eine Grenze erreicht hat.

Vermehrt kreisen heutzutage die Stimmen der Intellektuellen um das Konzept der globalen Solidarität, was mehr als ein Zweckbündnis wäre. Heinz Bude hat ein Buch über Solidarität als Grundkategorie der Gegenwart geschrieben, die auf Verwundbarkeit basiert und uns alle betrifft. Sloterdijk hat noch vor der Pandemie von einem »Koimmunitarismus« als dem gegenseitigen Schutz in globaler Dimension gesprochen. Träumereien – könnte man sagen. Wie man auf globale und derart existenzielle Herausforderungen wirklich reagieren könnte, wie sich die Ideen in (Geo-)Politik, Institutionen und Handlungsoptionen umsetzen ließen, weiß niemand so recht. Dennoch brauchen wir einen normativen Rahmen, um den Zustand der Gesellschaft überhaupt reflektieren zu können, wie etwa eine kontrafaktische Argumentationsgemeinschaft (Habermas) oder resonante Demokratie (Rosa) oder transformative Demokratie (Dörre), die einen signifikanten Unterschied zwischen Sein und Sollen markieren.

Bei diesen, aber auch anderen Soziologen, Philosophen und Publizisten kehren die substanziellen Kategorien und existenziellen Fragen zurück: Was ist ein gutes Leben? Wie soll der öffentliche Raum aussehen? Wie wollen wir unsere Beziehungen gestalten? Wie können wir die Ansprüche der Nicht-Person, der Natur, anerkennen?

In Bezug auf drei Grunddimensionen unseres In-der-Welt-Seins, Beziehung, Natur und Zeit, führt Harmut Rosa die Kategorie der Resonanz ein, die natürlich Dissonanzen und Konflikte nicht ausschließt, sondern – im Gegenteil – sie hörbar macht. Eine resonante Demokratie wäre eine Lebensform im Zeichen der regulativen Idee, sich von dem Anderen ansprechen zu lassen, einander zuzuhören, sich mit der eigenen Stimme einzubringen und der Bereitschaft, sich zu verändern (Rosa, 2019, S. 161–167). Sein Konzept der Resonanz distanziert sich von tradierten Werten, also von der – wenn man so will – symbiotischen, tribalen und familiären Solidarität zugunsten einer Öffnung auf fremde Ansprüche, zu denen man in einem konstitutiven Antwortverhältnis steht (ebd., S. 172). Ein solches Konzept der Solidarität könnte ebenso gut von der Psychoanalyse kommen, in der resonantes Zuhören und Responsivität erst den Weg zu genealogischen Aufdeckungen erschließen. Im Gegensatz jedoch zum Konzept von Rosa ignoriert die Psychoanalyse nicht das radikal Böse und Zerstörerische im Menschen und reduziert es nicht auf soziale Verhältnisse. Sie hat die unaufhebbare Dimension der psychischen Grausamkeit entdeckt – auch im Herzen des wie auch immer gemeinten Guten. Sie hat erkannt, dass die Destruktivität nicht nur als solche in Erscheinung tritt, sondern und zwar meistens in einer schönen Verkleidung. Wie Nietzsche wusste Freud, dass das Böse keinen Gegensatz kennt, weil es mit dem Leben und dem Willen zur Macht verbunden ist. Freuds »Politik« war es, einen Kompromiss mit der psychischen Grausamkeit zu verhandeln. Er war unermüdlich darin, die Anti-Ökonomie der Grausamkeit zu integrieren und nicht zu schnell auf das Pedal der Moral zu treten.

Unsere Patienten sind oft sensible Seismografen der tektonischen Bewegungen in der Gesellschaft, auch wenn die Psychoanalyse keine besseren Antworten auf die Fragen unserer Zeit hat als andere Wissenschaften und Humanities. Durch das Aufzeigen der Abhängigkeiten, der Verwundbarkeiten und Grenzen des Menschen, sowie durch ihr Wissen über die Macht des destruktiven Potenzials und der regressiven, spaltenden Abwehr in überfordernden Situationen, aber auch um die Möglichkeit der psychischen Arbeit, kann sie zum Projekt einer »Neuen Aufklärung« beitragen und sich selbst dabei kritisch in den Blick nehmen.

Literatur

Dörre, K. (2019). Ein Gespräch zwischen Klaus Dörre, Nancy Fraser, Stephan Lessenich, Hartmut Rosa, Karina Becker und Hanna Ketterer. In H. Ketterer & K. Becker (Hrsg.), *Was stimmt nicht mit der Demokratie?* (S. 21–51). Berlin: Suhrkamp.

Forrester, J. (2017). *Thinking in Cases*. Cambridge: Polity Press.

Fraser, N. (2017). Vom Regen des progressiven Neoliberalismus in die Traufe des reaktionären Populismus. In H. Geiselberger (Hrsg.), *Die große Regression* (S. 77–91). Berlin: Suhrkamp.

Geiselberger, H. (2017). Vorwort. In ders. (Hrsg.), *Die große Regression* (S. 7–15). Berlin: Suhrkamp.

Hampe, M., Schneider, P. & Strassberg, D. (2016). *Im Medium des Unbewussten. Zur Theorie der Psychoanalyse*. Stuttgart: Kohlhammer.

Hugo-Bader, J. (2016). *Skucha*. Wołowiec: Czarne.

Kobylinska-Dehe, E. (2012). Freud und die flüchtige Moderne. *Psyche – Z Psychoanal, 66*(8), 702–727.

Küchenhoff, J. (2005). *Die Achtung vor dem Anderen*. Weilerswist: Velbrück.

Loewald, H. W. (1986). *Psychoanalyse. Aufsätze aus den Jahren 1951–1979*. Stuttgart: Klett-Cotta.

Nachtwey, O. (2017). Entzivilisierung. Über regressive Tendenzen in westlichern Gesellschaften. In H. Geiselberger (Hrsg.), *Die große Regression* (S. 215–231). Berlin: Suhrkamp.

Pelluchon, C. (2020). *Wovon wie leben*. Darmstadt: Wissenschaftliche Buchgesellschaft.

Ricœur, P. (1974). *Die Interpretation. Ein Versuch über Freud*. Frankfurt a. M.: Suhrkamp.

Rosa, H. (2019). Demokratie und Gemeinwohl: Versuch einer resonanztheoretischen Neubestimmung. In H. Ketterer & K. Becker (Hrsg.), *Was stimmt nicht mit der Demokratie?* (S. 160–188). Berlin: Suhrkamp.

Sloterdijk, P. (2014). *Die schrecklichen Kinder der Neuzeit*. Berlin: Suhrkamp.

Sloterdijk, P. (2016). *Was geschah im 20. Jahrhundert?* Berlin: Suhrkamp.

Streeck, W. (2017). Die Wiederkehr des Verdrängten als Anfang vom Ende des neoliberalen Kapitalismus. In H. Geiselberger (Hrsg.), *Die große Regression* (S. 253–273). Berlin: Suhrkamp.

Strenger, C. (2016). *Freud's Legacy in the Global Era*. New York: Routledge.

Waldenfels, B. (2020). Europa unter dem Druck der Globalisierung. *Information Philosophie 1/2020*, 8–23.

Die Autorin

Ewa Kobylinska-Dehe ist niedergelassene Psychoanalytikerin DPV), Dozentin und Supervisorin im Frankfurter Psychoanalytischen Institut, Lehranalytikerin am Anna-Freud-Institut in Frankfurt, Ehrenmitglied der Polnischen Psychoanalytischen Gesellschaft (IPA). Sie ist Professorin für Philosophie und theoretische Psychoanalyse an der Polnischen Akademie der Wissenschaften in Warschau und Gastwissenschaftlerin an der IPU in Berlin. Seit 2020 ist sie die stellvertretende Direktorin des interdisziplinären Zentrums für Psychoanalytisches Denken in Warschau, das sie mitgegründet hatte. Forschungsinteressen: Psychoanalyse und Philosophie, Psychoanalyse und Diskurse der kulturellen Moderne, Leiblichkeit und psychoanalytische Technik, Konzeptforschung, Geschichte der Psychoanalyse.

Kontakt per E-Mail: ewakob@icloud.com

Brexit – narzisstische Verführung und Selbstschädigung

Wilhelm A. Skogstad

Einführung

Als ich 1993 mit meiner Familie nach London zog, konnten wir dies problemlos tun. Wir konnten ein Haus kaufen und unseren Hausstand nach London schaffen. Meine medizinische und psychiatrische Qualifikation galt auch hier, und so konnte ich eine Stelle in einem psychoanalytischen Krankenhaus annehmen und dort bald zum Oberarzt aufsteigen. Niemand legte mir größere Steine in den Weg.

Wie anders ist es heute! Wollte ich jetzt nach London umziehen, bräuchte ich ein Visum, das ich gewöhnlich nur bekäme, wenn ich bereits eine Stelle hätte und diese einen bestimmten Mindestlohn einbrächte. Den würden Ärzte leicht erreichen, nicht aber die dringend nötigen Pflegekräfte, Kellner oder Obstpflücker. Visa werden nach einem Punktesystem vergeben, damit – in Theresa Mays Worten – nur »die Klügsten und Besten« ins Land kommen – als bräuchte ein Land nur diese! Ohne Visum könnte ich abgeschoben werden. Ich müsste vorher eine Sprachprüfung ablegen und meine Qualifikationen anerkennen lassen. Den Hausstand über die Grenze zu bringen, ginge nur unter äußerst komplizierten Zollformalitäten.[1] Wollte ich eine Wohnung mieten, müsste der Vermieter erst meine Papiere prüfen und sicherstellen, dass mein Immigrationsstatus rechtens ist, sonst würde er sich strafbar machen.

Zwischen beiden Zeitpunkten – 1993 und heute – gab es vieles, das auf ein weltoffenes und liberales Land hindeutete: So kam es 1998 nach einem langwierigen Prozess, einem Meisterstück der Diplomatie, zum Karfreitagsabkommen, das nach drei Jahrzehnten tödlichen Konflikts Frieden in Nordirland brachte. Damit konnten sich die Menschen dort unter dem gemeinsamen Dach der EU zu Irland oder Großbritannien zugehörig fühlen und deren Staatsbürger sein, ohne sich für das eine oder andere entscheiden zu müssen; Iren beider Länder konnten nun ohne

---

1 Ein Journalist der *Süddeutschen Zeitung* hat die umständlichen Formalitäten anschaulich beschrieben (Neudecker, 2021).

Grenze miteinander leben. Und 2012 fanden die Olympischen Spiele in London statt: Die einfallsreiche, teils selbstironische Eröffnungszeremonie zeigte ein Land, das mit sich im Reinen schien, den multikulturellen Charakter seiner Gesellschaft voll annahm und stolz auf seine Errungenschaften war.

Wie kommt es, dass dieses weltoffene Land einen so extremen Weg eingeschlagen hat?

Erste Eindrücke

Als ich mich in England eingewöhnte, fiel mir manches auf, was mir heute für die Entwicklung zum Brexit wichtig erscheint.

Wenn Leute davon sprachen, wohin sie im Sommer fahren würden, nach Frankreich, Spanien oder Italien, sagten sie oft, sie reisten »nach Europa«. Ganz unmittelbar zeigte dies, dass man sich in England nicht wirklich als zu Europa gehörig verstand. Europa war etwas da »draußen«, wo man hinreisen konnte – nicht etwas, wovon man Teil war.

Immer wieder hörte ich – besonders von Politikern – Großbritannien sei »führend in der Welt«, *world leading*, und wenn nicht schon jetzt, dann bald: Ob das NHS (das britische Gesundheitswesen) durch die Blair-Regierung wieder »zum Neid der Welt«, ob London zur »fahrradfreundlichsten Stadt der Welt« werden sollte, ob Johnson das »weltbeste« Test-and-Trace-System ankündigte,[2] oder ob ein Freund meinte, das Land habe den »besten Beamtenapparat der Welt«: Es schien nie genug, bloß gut zu sein; man musste an der Spitze der Welt stehen, ob dies nun stimmte oder pure Anmaßung war.

Mir fiel die massive Ungleichheit in der Gesellschaft auf: Das Haus, das wir kauften, steht in einer mittelständischen Gegend Londons. Unweit nach Westen ist eine der wohlhabendsten Straßen der Welt, Bishops Avenue, die »Milliardärszeile«. Nicht weit nach Osten sind Stadtteile, wie Tottenham, wo nur ein Viertel der Bevölkerung weiß ist und viel Armut herrscht. Rasch waren wir auch damit konfrontiert, welche Schule wir für unseren Sohn wählen sollten: Sollte es besser eine Privatschule sein, auch wenn sie noch so teuer wäre? Damit wären die späteren Chancen eines Kindes einfach weit besser.

Mich erstaunte, welch große Rolle die beiden Weltkriege im öffentlichen Leben spielen: Jedes Jahr im November trägt man allgemein *poppies* am Revers – sie stehen für die Mohnblumen, die auf Flanderns Schlachtfeldern blühten – in Erinnerung an die toten Soldaten aus den Kriegen, in denen Großbritannien gekämpft hat. Am 11. November finden die Feierlichkeiten des »Remembrance Day« statt;

---

2   Das System verschlang dann 37 Milliarden Pfund und versagte über lange Zeit bitterlich.

mir schienen diese nie nur eine Erinnerung an die Opfer, sondern immer auch ein Zelebrieren militärischer Macht.

Empire, Narzissmus und Brexit

Dass es für Briten so wichtig ist, »führend in der Welt« zu sein, ist, meine ich, nicht nur eine der englischen Merkwürdigkeiten, die man belächeln mag. Es ist Ausdruck einer omnipotenten Phantasie, die ohne die Geschichte des Empire undenkbar wäre. Sie zeigt, wie tief das Empire weiterhin in der Gesellschaft verankert ist und wie wenig dessen Verlust verarbeitet wurde (Dorling & Tomlinson, 2020; Sanghera, 2021).

Das British Empire, das kurz nach 1600 begann, reichte eine Zeit lang über die ganze Welt, ein »Reich, in dem die Sonne nie unterging«. Auch wenn 1783 die amerikanischen Kolonien verlorengingen, konnte Großbritannien seine Macht weiter ausbauen, in Australien, Asien und Afrika. Vor dem Ersten Weltkrieg umfasste das Empire schließlich knapp ein Viertel der Menschheit und der Landmasse der Erde. Damals führte Großbritannien wirklich die Welt an.

Doch dann begann sich das Blatt zu wenden: 1922 wurde Ägypten unabhängig, 1932 der Irak. Nach dem Zweiten Weltkrieg, aus dem Großbritannien, trotz des Sieges, geschwächt und bankrott hervorging, fiel das Empire rapide auseinander: 1947 wurden Indien und Pakistan, 1948 Sri Lanka unabhängig, ab 1957 folgten die afrikanischen Länder. Innerhalb von 20 Jahren, von 1945 bis 1965, sank die Zahl der Menschen unter britischer Herrschaft außerhalb des Königreichs von 700 Millionen auf fünf Millionen!

Deutlich wurde der Verlust globaler Macht auch 1956 mit der Suezkrise. England versuchte damals, den von Ägypten in Beschlag genommenen Suezkanal zurückzuerobern, musste dann aber nachgeben und seine Truppen zurückziehen – dies war eine beschämende Niederlage, die langwierig tiefe Spuren hinterließ.

Dies alles geschah zu einer Zeit, als sich die Europäische Gemeinschaft zu formen begann und die zentraleuropäischen Länder, einschließlich Deutschland, wirtschaftlich immer mehr erstarkten. Diese Diskrepanz verstärkte wohl noch die tiefe Beschämung. In den 1960er und 1970er Jahren wurde Großbritannien manchmal gar »der kranke Mann von Europa« genannt!

Der Verlust des Empire hatte nämlich massive ökonomische Folgen. Solange es bestand, mussten die Kolonien britische Waren kaufen, und konnte Großbritannien Waren billig aus den Kolonien einführen – es musste sich nicht, wie andere europäische Länder, dem internationalen Wettbewerb stellen. Stattdessen konnte es einen Reichtum genießen, der nicht auf erbrachter Leistung, sondern auf der Ausbeutung der Kolonien beruhte. Kaum einer, der heute die sehenswerten Herrenhäuser in England besucht, weiß, wie viele ihre Pracht der Ausbeutung der Kolonien oder dem Sklavenhandel verdanken (Sanghera, 2021).

Mit dem Empire entstand die Idee vom britischen Exzeptionalismus, die Vorstellung, Briten seien besser als der Rest der Welt und hätten einen natürlichen Anspruch auf Macht und Reichtum. Mit einem tiefen Gefühl der Überlegenheit blickten viele auf die Einheimischen in den Kolonien herab.[3] Das Weiterbestehen dieser Haltung zeigte sich an den vielen rassistischen Bemerkungen Prinz Philips, oder an so manchen Äußerungen Boris Johnsons. Dieser schrieb 2002, nachdem Tony Blair Afrika als »Schandfleck auf unserem Gewissen« bezeichnet hatte: »Der Kontinent mag ein Schandfleck sein, aber nicht ein Schandfleck auf unserem Gewissen. Das Problem ist nicht, dass wir mal die Macht hatten, sondern dass wir sie nicht mehr haben« (Johnson, 2002)[4].

Diese Arroganz spiegelt wider, was ich als »kollektive narzisstisch-omnipotente Fantasie« bezeichnen möchte. Auch wenn sich individuelle Pathologie nicht einfach auf eine Gesellschaft übertragen lässt, gibt es doch viele Charakteristika, die uns aus der Psychoanalyse von Individuen bekannt sind. Eine narzisstische Organisation (Steiner, 1993) hat massive Abwehrfunktionen: Schwaches und Vulnerables wird in andere projiziert, um so die eigene Stärke zu festigen. Sobald man mit der Realität eigener Schwäche konfrontiert ist und die Scham unerträglich wird, werden die Größenfantasien erneut verstärkt.

Dies geschah in England, als das Ende des Empire und die Suezkrise den Machtniedergang beschämend vor Augen führten. Da rettete man sich in Fantasien imperialer Größe. So wurde auch der Sieg im Zweiten Weltkrieg narzisstisch überhöht: Es entstand der Mythos, Großbritannien habe ganz allein Hitler widerstanden. Historisch eine Verzerrung (Lowe, 2019), griff er dennoch weit um sich.[5] Vor dem Brexit-Referendum tauchte der Mythos wieder besonders stark auf, und es wurde getönt: »Wenn wir damals alleine gegen Hitler standen, können wir es doch auch heute allein, ohne die EU, schaffen«. So kamen gerade damals auch

---

3   Dorling und Tomlinson (2020) zeigen, wie im 19. Jahrhundert Darwins Theorie, allen voran von Francis Galton, benutzt wurde, um eine biologisch-genetische Überlegenheit der britischen »Rasse« zu begründen. Die Autoren verbinden dies direkt mit der bis heute tief verwurzelten Anspruchshaltung der englischen Oberklasse, die ihren Reichtum und ihre privilegierte Stellung in der Gesellschaft als ein natürliches Recht ansieht, weil sie sich für besser als die weniger privilegierten Schichten hält.

4   Bei allen Zitaten aus englischen Quellen erfolgt die deutsche Übersetzung von Wilhelm Skogstad.

5   Während dieser Mythos oft den ganzen Weltkrieg umfasst, bezieht sich die Behauptung eigentlich auf die Zeit zwischen Juni 1940 und Juni 1941. Aber selbst dafür stimmt sie nicht: Allein ein Drittel der Soldaten im britischen Heer kamen damals aus Indien, Kanada, Australien, Südafrika und anderen Kolonien. Die britische Marine wurde sehr stark von Norwegen sowie von den Niederlanden und Frankreich unterstützt. Und in der im Kampf so wichtigen britischen Luftwaffe waren Piloten aus 15 anderen Ländern, u. a. ein ganzes polnisches Geschwader (Lowe, 2019).

manche Filme heraus, die Großbritanniens Rolle im Krieg feierten, wie *Dunkirk* und *Darkest Hour*.

In einem narzisstischen Zustand ist Abhängigkeit unerträglich. Dies hat immer wieder zum Hass auf Europa geführt: gegenseitige Abhängigkeit und Einordnung in eine Gemeinschaft waren mit dem Selbstverständnis als Weltmacht unvereinbar. Die Vorstellung von gesunder gegenseitiger Abhängigkeit tauchte bei Brexit-Ideologen nie auf. Im narzisstischen Erleben gibt es nur totale Unabhängigkeit oder verachtenswerte Abhängigkeit. Wenn Großmachtfantasien projiziert werden, gibt es nur Unterdrücker und Unterdrückte, Kolonialherren und Kolonialisierte. So wurde Großbritannien, wie für Jacob Rees-Mogg, zum »Vasallenstaat« der EU. Und Boris Johnson sagte gar in einem Interview 2016, die EU »folge dem Weg von Adolf Hitler und Napoleon, indem sie versuche, einen europäischen Superstaat zu schaffen.« Die EU sei lediglich »ein Versuch, dies mit anderen Mitteln zu tun« (Staples, 2016).

Als sich um 1950 die ersten europäischen Institutionen zu formen begannen,[6] gab es auf britischer Seite eine völlige Überschätzung der eigenen Bedeutung: Man meinte, die Beteiligung Großbritanniens sei den anderen Ländern so wichtig, dass es die Bedingungen mehr oder weniger diktieren könnte (O'Rourke, 2019, S. 64). Eine ähnliche narzisstische Fehleinschätzung tauchte wieder im Brexit-Prozess auf: Hier erklärten Brexiteers, die EU brauche Großbritannien mehr als Großbritannien die EU, deshalb werde sie den Briten schon zugestehen, was sie wollten. Als die EU aber fest bei ihrer Position blieb, hieß es – wie im paranoiden Erleben einer narzisstischen Störung –, sie wolle Großbritannien »bestrafen«.

Beim Abschlusskonzert der Proms wird jedes Jahr unter Schwenken Tausender britischer Flaggen *Rule Britannia, Britannia rule the waves* gesungen. Dieses Lied spiegelt den Anspruch der Vormachtstellung einer globalen Seemacht wider, die Britannien 1740, als es entstand, tatsächlich war. Die Vorstellung wirkt aber bis heute weiter. So kündigte Johnson kürzlich den Bau eines neuen nationalen Flaggschiffs an; dieses werde Großbritanniens »aufstrebende Rolle als große, unabhängige Seehandelsnation widerspiegeln« (Devlin, 2021).

Dem *Britannia rule the waves* folgt in der nächsten Zeile des Lieds *Britons never will be slaves*, »Briten werden niemals Sklaven sein«. Man kann darin die unbewusste Angst sehen, zu Sklaven gemacht zu werden, die wohl aus der tiefen Schuld durch den Sklavenhandel erwachsen ist: 3,1 Millionen Menschen hat Großbritannien als Sklaven aus Afrika verschifft und war damit tatsächlich »führend in der Welt«. Man rühmt sich heute gerne der zentralen Rolle in der Abschaffung der

---

6   Damals entstand die Europäische Gemeinschaft für Kohle und Stahl, die »Montanunion«. Großbritannien hätte sich zwar einen Zusammenschluss unabhängiger, souveräner Staaten vorstellen können, nicht aber, sich einer staatsübergreifenden Institution unterzuordnen, was die Bedingung war.

Sklaverei im 19. Jahrhundert, verdrängt aber die Verantwortung für die millionen-fache Grausamkeit, die dem vorausgegangen,[7] und für den Reichtum, der aus der Sklaverei erwachsen ist.

Vor diesem Hintergrund erklärt sich, dass Theresa May vom *Global Britain* sprach, das der Brexit herbeiführen werde, »eine große, globale Handelsnation, die weltweit respektiert wird und zuhause stark, selbstbewusst und vereint ist« (May, 2017). Wie sehr dies vom Empire geprägt war, zeigte sich allein daran, dass die Län-der, mit denen man in der Zukunft so viel bessere Handelsverträge eingehen würde, alle ehemalige Kolonien waren. Regierungsbeamte nannten diese Pläne spöttisch »Empire 2.0«. So wie ein Narzisst im anderen nur sieht, was er in ihn projiziert, machte man sich nicht klar, dass diese Länder die Geschichte ganz anders sehen und inzwischen ihre eigenen Beziehungen entwickelt haben.[8] Der Historiker Da-vid Olusoga schreibt:

> »Empire 2.0 ist eine versponnene Vision einer Zukunft, die auf einer verzerrten Fehl-erinnerung der Vergangenheit beruht. Es ist eine Einbildung und kann uns, wie alle Einbildungen, in ein falsches Gefühl von Sicherheit locken und uns dazu bringen, schlechte Entscheidungen zu treffen« (Olusoga, 2017).

Tiefe Ungleichheit

Die tiefe Ungleichheit in der Gesellschaft geht noch viel weiter, als mir anfangs deutlich wurde. Als es zum Referendum kam, war Großbritannien das Land mit der höchsten einkommensbezogenen Ungleichheit in Europa.[9] Das war nicht im-mer so: Nach dem Zweiten Weltkrieg wurde eine soziale Politik betrieben, z. B. mit der Gründung des NHS, die die Ungleichheit in der Gesellschaft deutlich verrin-gerte, sodass Großbritannien, als es 1973 der EG beitrat, zu den Ländern mit der

---

7   In ähnlicher Weise wird gerne der positive Einfluss Großbritanniens in der Welt betont, dabei aber verdrängt, wie viel mörderische Unterdrückung es im Empire gab und wie viel Zerstörung es erst in jüngster Zeit, wie im Irak, angerichtet hat. So trägt eines der erfolgreichsten Bücher über das British Empire den Titel *Empire: How Britain made the Modern World* (Ferguson, 2003). Und Außenminister Dominic Raab veröffentlichte 2019 einen Artikel mit der Überschrift »Global Britain is leading the world as a force for good« (Raab, 2019).

8   Kanada und USA sind nun in der NAFTA, Australien und Neuseeland haben heute die stärksten Handelsbeziehungen mit Asien, und Afrika mit China.

9   Laut Angaben des Equality Trust besaßen im Jahr 2010 die reichsten zehn Prozent 45 Pro-zent des Vermögens und bekamen 31 Prozent des Einkommens, während die ärmsten zehn Prozent gerade einmal ein Prozent des Vermögens besaßen und ein Prozent des Einkom-mens erhielten (https://equalitytrust.org.uk/how-has-inequality-changed [20.04.2022]).

geringsten Ungleichheit gehörte (Dorling & Tomlinson, 2020). Ab 1979 aber, mit Margaret Thatcher, änderte sich dies; sie und ihre Nachfolger, bis hin zu David Cameron, betrieben eine Politik, die die Kluft zwischen Arm und Reich immer stärker vertiefte. Und trotz aller vollmundigen Rhetorik von Boris Johnson wird diese auch jetzt fortgesetzt.[10]

Kurz vor dem Brexit-Referendum gab es im Fernsehen Reportagen von Städten in Englands Mitte und Norden: Das Ausmaß an Armut, Arbeitslosigkeit und Hoffnungslosigkeit, das dort herrschte, die trostlosen, heruntergekommenen Städte und der massive Mangel an sozialer Versorgung waren erschreckend. Als jemand, der in London lebt und gelegentlich schöne Gegenden in England besucht, hatte ich das selbst nie direkt gesehen.

Die Ungleichheit greift tief hinein in Lebensqualität und Gesundheit. So liegt die Lebenserwartung in den ärmsten Gegenden Großbritanniens 20 Jahre unter der in den reichsten (Marmot, 2015). Dass Großbritannien eine so hohe Rate an CO-VID-19-Toten hat,[11] hängt nicht nur mit verfehlten politischen Entscheidungen während der Pandemie zusammen, sondern gerade auch mit dieser Ungleichheit, etwa durch die vielen Vorerkrankungen, die in ärmeren Schichten weit stärker verbreitet sind (Marmot et al., 2020).

Die tiefe Ungleichheit ist auch im Rahmen des Schulsystems zu sehen, das gespalten ist zwischen privatem und staatlichem System. Während nur etwa sechs Prozent auf Privatschulen gehen, sind es unter Studenten in Oxford und Cambridge 40 Prozent – und in Boris Johnsons Kabinett gar zwei Drittel. Seit 250 Jahren fast unverändert ging ein Drittel der Premierminister (so auch Cameron und Johnson) in Eton zur Schule, und studierten drei Viertel von ihnen in Oxford oder Cambridge.[12] Eton ist, so ein ehemaliger Schüler, der Platz, wo »Schamlosigkeit perfektioniert« (Okwonga, 2021), wo ruchloses Anspruchsdenken, fernab von

---

10 Johnson spricht gerne vom *levelling up*, womit gemeint ist, dass benachteiligte Regionen auf das gleiche Niveau gebracht werden wie die besser gestellten. Wie anders die Realität aussieht, zeigt z.B., dass ein für benachteiligte Städte gedachter »Towns Fund« von einer Milliarde Pfund zu fast 90 Prozent an Wahlkreise mit Tory-Abgeordneten geht. Und die kürzlich beschlossene Kürzung des wöchentlichen Zuschusses von 20 Pfund zu den Sozialleistungen wird nach Berechnungen 800.000 mehr Menschen in die Armut treiben (Ryan, 2021).

11 Bis zum 1. Oktober 2021 war die Zahl der an COVID-19 Gestorbenen im Vereinigten Königreich auf 136.789 gestiegen, was 2.002 pro eine Million Einwohner entsprach (zum Vergleich Deutschland: 94.254 bzw. 1.120 pro eine Million Einwohner) (Zahlen von www.worldometers.info).

12 Von den 55 Premierministern seit 1721 gingen 20 in Eton zur Schule und studierten 43 in Oxford oder Cambridge. Von den 15 Premierministern seit dem Zweiten Weltkrieg gingen fünf in Eton zur Schule und studierten elf in Oxford (https://en.wikipedia.org/wiki/List_of_prime_ministers_of_the_United_Kingdom_by_education [20.04.2022]).

jedem Sinn sozialer Verantwortung, kultiviert wird. Dieses elitäre Denken einer privilegierten Schicht hat die britische Politik zutiefst beeinflusst. Dies war besonders seit 2010 der Fall, als die Konservativen wieder an die Regierung kamen. Die Bankenkrise 2008, die das vom Finanzwesen stark abhängige Großbritannien besonders schwer traf, hatte riesige Staatsschulden hinterlassen. Während David Cameron und sein Finanzminister George Osborne unentwegt betonten, »we're all in this together« – »wir stecken alle gemeinsam drin« –, betrieben sie eine brutale Spar- und Kürzungspolitik, die die soziale Versorgung unterhöhlte und besonders die Benachteiligten traf, während die Reicheren kaum Federn lassen mussten. Der Sozialstaat wurde auf destruktive Weise attackiert. Selbst Berufstätige wurden abhängig von *food banks*, und Kinderarmut stieg zum höchsten Stand seit der Zeit vor dem Zweiten Weltkrieg.[13]

Wie sehr dies der arroganten Haltung Privilegierter entsprang, zeigt die Sprache von Politikern wie George Osborne (Jowit, 2013). Da wurden Arbeitslose und von Sozialleistungen Abhängige als »Drückeberger« oder »Schmarotzer« bezeichnet, und den »Bemühten« und »hart arbeitenden Familien«[14] gegenübergestellt. Da wurde Hass geschürt auf die, die auf staatliche Hilfe angewiesen waren, während ihnen gleichzeitig diese Hilfe mehr und mehr entzogen wurde. Eine destruktiv-narzisstische Haltung, die Abhängigkeit und Schwäche zutiefst hasst und solche Aspekte dauernd projiziert, wurde geradezu zur Staatsräson.

Die tiefe Ungleichheit und das Ausmaß, in dem sie in den Jahren vor dem Referendum zugenommen hatte, sind ein wesentlicher Grund für den Erfolg, den die Brexit-Propaganda vor dem Referendum hatte: Sie nutzte bewusst die starke und weitverbreitete Unzufriedenheit mit dieser Situation und versprach einen Weg heraus aus dem Tal.

Aktive Verführung

Die Propaganda hatte aber nicht erst mit der Kampagne zum Referendum begonnen. Die britische Bevölkerung war jahrzehntelang von den rechten Medien mit anti-europäischer Nahrung gefüttert worden. Eine besondere Rolle spielte dabei Boris Johnson: Als Brüsseler Korrespondent beim *Daily Telegraph* schrieb er ab

---

13 Der 2018 verfasste Bericht des »UN-Sonderberichterstatters zu extremer Armut und Menschenrechten«, Philip Alston, enthält eine vernichtende Analyse der Situation und Entwicklung seit der Bankenkrise in Großbritannien. Danach leben 14 Millionen Briten, ein Fünftel der Bevölkerung, in Armut, und 1,5 Millionen können sich nicht einmal die basalen Dinge des Lebens leisten (Alston, 2018).

14 Osborne und andere sprachen einerseits von *shirkers* und *scroungers*, andererseits von *strivers* und *hard working families* (Jowit, 2013).

1989 jahrelang einflussreiche Kolumnen, die die EG in den Dreck zogen und lächerlich machten, teils Tatsachen grotesk verfälschend, teils Dinge erfindend.[15] Es entstand eine politische Kultur, die die EG bzw. die EU zum Sündenbock machte, oftmals für hausgemachte Probleme. »Brüssel« wurde zum Apparat nicht-legitimierter Bürokraten, die das Leben der Briten bestimmen, ihre Freiheit beschneiden und ihr Geld abschöpfen. Die tiefgreifende Wirkung dessen zeigte sich auch darin, dass Politiker in der Folge kaum je Gutes über die EU sagten. Selbst europafreundliche Protagonisten wie Tony Blair schienen dies kaum zu wagen. Dabei war es wohl auch sehr wichtig, dass man an Projekten, die die EU gefördert oder finanziert hatte, anders als in anderen Ländern, nie das EU-Emblem sah. So konnte keiner direkt sehen, welchen unmittelbaren guten Einfluss die EU hatte, gerade auch in von der eigenen Regierung vernachlässigten Regionen.

Dass Cameron meinte, er könne dieses langwirkende Gift in einer Kampagne neutralisieren, war entweder ungeheure Hybris oder höchste Naivität.

Die Kampagne selbst wurde auf der *Leave*-Seite viel gerissener und koordinierter geführt. Der schamlose Dominic Cummings führte sie mit einer Brillanz und Durchschlagskraft, die der *Remain*-Kampagne fehlte. So suggerierte der Slogan »Take Back Control«, zugleich griffig und vage, was immer sich Leute vorstellen wollten: Rückkehr zu einer besseren Zeit, Selbstbestimmung statt machtloser Unterwerfung, Wohlstand statt Armut. Die einflussreichste Lüge fuhr in großen Lettern auf dem Kampagnenbus durchs Land und wurde tausendfach wiederholt: »Wir schicken der EU jede Woche 350 Millionen Pfund. Lasst uns stattdessen unser NHS finanzieren!« Der Betrag war völlig überzogen, die Behauptung voller Verzerrungen und Halbwahrheiten (Henley, 2016), aber der Spruch wirkte. Da konnte die Lüge noch so viel entlarvt werden, die Wirkung blieb.

Die *Remain*-Kampagne konzentrierte sich weitgehend darauf, zu sagen, wie schädlich und gefährlich der Ausstieg wäre. Diese Einwände wurden dann als »Projekt Angst« abgetan und fantastische Bilder von Wohlstand und Macht dagegengestellt. Was die tiefe Ambivalenz gegenüber der EU widerspiegelte, war das Fehlen einer positiven Botschaft: Selbst auf der *Remain*-Seite hörte man kaum, wie viel Gutes die EU bringe. In der EU zu bleiben, schien einfach das kleinere Übel. Erst viel später, als Millionen auf die Straße gingen, um ein zweites Referendum zu fordern, waren leidenschaftliche Stimmen für Europa laut zu hören.

Die fantastischen, Aufschwung, Souveränität und nationales Selbstbewusstsein versprechenden Botschaften der *Leave*-Kampagne hatten etwas von der verführeri-

---

15 So schrieb Johnson 1991, dass die EU eine Entscheidung über die Größe von Kondomen gefällt habe, nachdem die italienische Industrie kleinere Kondome habe herstellen wollen, weil Italiener kleinere Penisse hätten. Nichts davon stimmte; es gab zwar tatsächlich Entscheidungen der EU über Kondome, diese drehten sich aber ausschließlich um die Sicherheit von Kondomen.

schen inneren Propaganda einer narzisstischen Organisation, die einem einflüstert, welches Ideal man erreichen kann. Eine solche Kraft hatte sie dann auch bei denen, die, etwa durch ihre Benachteiligung, besonders verführbar waren. Dagegen hatten die negativen Bilder der Remainers kaum Chancen, wie eben auch innerlich beängstigende Realität abgewehrt wird. Narzisstische Identifikation mit Größe und Macht, wie etwa mit dem Königshaus, bietet in diesem Land oft Kompensation für Armut und Benachteiligung.

Ich frage mich, ob die, die eine glorreiche Zukunft versprachen, selbst dieser Verführung erlegen waren oder ob sie dies taten, um eigenen Interessen zu nützen. Viele waren wohl selbst, oft aus erstaunlicher Ignoranz, der Verführung erlegen. Aber dass die Kampagne von Milliardären in Millionenhöhe unterstützt wurde[16] und dass manche Brexiteers rasch ihre Geschäfte ins Ausland verlegten,[17] lässt den Verdacht aufkommen, dass manche vorwiegend aus Eigennutz handelten. Boris Johnson, ohne dessen populäre Stimme das Referendum vermutlich anders ausgegangen wäre, ging es dabei wohl im Wesentlichen um die eigene Karriere.

Narzisstische Omnipotenz ist nur aufrechtzuerhalten, wenn fortlaufend Schwaches nach außen projiziert wird. Hier waren die Immigranten ein begehrtes Ziel. Immer wieder wurde vermittelt, dass Einwanderer, besonders aus Osteuropa, das Land überschwemmen, Arbeitsplätze wegnehmen, das Sozialsystem ausbeuten und die Krankenhausbetten belegen. Dabei wurde von Nigel Farage und Boris Johnson sogar das Schreckensbild an die Wand gemalt, dass demnächst 80 Millionen Türken vor der Tür stünden, wenn man in der EU bliebe.

Der Verhandlungsprozess

Wie sich nach dem Referendum zeigte, hatte keiner derer, die dafür gekämpft hatten, wirklich eine Vorstellung, wie der Brexit real aussehen sollte. Man hatte sich von Fantasien und Schlagworten leiten lassen, nie aber die Komplexität der wirtschaftlichen, politischen und rechtlichen Verknüpfungen mit der EU angeschaut. In den Tagen nach dem Referendum gab es auf Google Millionen von Klicks mit der Frage »Was ist die EU?«, weil viele für den Brexit gestimmt hatten, ohne recht zu wissen, was die EU ist – geschweige denn, welche Folgen ein Austritt hätte.

---

16 Der ultrareiche Geschäftsmann Arron Banks unterstützte die extrem antieuropäische Ukip und gründete Leave.EU; der Finanzgeschäftsmann Peter Hargreaves spendete 3,2 Millionen Pfund an Leave.EU und schrieb an 15 Millionen britische Haushalte, um für den Brexit zu werben.

17 Z. B. verlegte die Investment-Firma, die einer der führenden Brexit-Ideologen, Jacob Rees-Mogg, gegründet hatte, ihren Sitz nach Dublin; und der Milliardär James Dyson verlegte die Zentrale seiner weltweit erfolgreichen Firma Dyson nach Singapur.

Als die Verhandlungen endlich begannen, zeigte sich zum Entsetzen des Hauptverhandlers der EU, Michel Barnier, dass selbst die Politiker, die nun an der Regierung waren, keine Ahnung von den Realitäten und Komplexitäten hatten. So saß der Brexit-Minister David Davis in der ersten Verhandlung unvorbereitet und ohne Papiere kompetenten EU-Repräsentanten mit Bergen von Dokumenten gegenüber (Grey, 2021, S. 102). Selbst ein Jahr nach dem Referendum meinte der Handelsminister Liam Fox, ein Freihandelsabkommen mit der EU würde »eines der leichtesten in der Geschichte der Menschheit« (Weaver, 2017) sein.

Nun tauchten Begriffe wie »Zollunion« und »Binnenmarkt« auf, die Aspekte der EU beschrieben, von denen vorher kaum jemand gesprochen hatte. So wurden allmählich die Folgen eines Austritts deutlicher. Es zeigte sich, dass der Brexit ganz verschiedene Formen annehmen könnte – »weich« oder »hart«, im »Norwegen-« oder »Kanada-Stil« –, die alle ihre besonderen Nachteile mit sich bringen würden. Von solchen Details hatte angesichts der Idealfantasien keiner der Brexiteers je gesprochen, schon gar nicht von Nachteilen.

Im März 2017, als die britische Regierung Artikel 50 auslöste, schrieb Fintan O'Toole:

> »Der großen Geste nationalen Selbstbewusstseins muss schließlich die schmerzliche Versöhnung mit der Realität folgen. Auf die Verzückung folgt die Abrechnung. Nationalstaaten steigen nicht wirklich in den Himmel auf – sie kommen zur Erde zurück. Diesen Abstieg zu führen ist der größte Test politischer Fähigkeit, moralischen Mutes und echten Patriotismus. Englands Tragödie ist, dass es kein Anzeichen dafür gibt, dass irgend jemand an der Macht solche Eigenschaften besitzt« (O'Toole, 2020, S. 51).

Steiner (2011) beschreibt die Scham, die man empfindet, wenn man aus dem seelischen Rückzugsort heraustritt. Ist diese nicht auszuhalten, flüchtet man sich wieder in den pathologischen Rückzugsort. Leider ist es genau das, was letztlich im quälenden, dreieinhalb Jahre andauernden Brexit-Prozess geschah. Dieser Prozess könnte ein ganzes Buch füllen;[18] ich kann nur einige Aspekte herausgreifen.

Das Ergebnis des Referendums zeigte eine tiefe Spaltung im Land an: Eine knappe Mehrheit hatte für den Brexit gestimmt,[19] fast die Hälfte dagegen; in England und Wales hatte eine Mehrheit dafür, in Schottland und Nordirland dagegen gestimmt; das EU-freundliche London stand dem großen Rest Englands gegenüber. Die Mehrheit der Alten war für den Brexit, die der Jungen dagegen. Und

---

18 Es gibt bereits einige Bücher darüber, z. B. Barnier, 2021; Grey, 2021; McQueen, 2020; O'Toole, 2020.

19 52 Prozent der abgegebenen Stimmen waren für den Brexit; bei einer Wahlbeteiligung von 72 Prozent entsprach aber selbst diese knappe Mehrheit nur 37 Prozent der Wahlberechtigten.

die drei Millionen in EU-Ländern lebenden Briten hatten ebensowenig abstimmen dürfen wie die fünf Millionen in Großbritannien lebenden EU-Bürger.

Ein Politiker mit der Reife und dem Mut, wie sie sich O'Toole wünschte, hätte die tiefe Ambivalenz im Lande anerkannt und alles daran gesetzt, die Spaltung zu überwinden, Brücken zu bauen und einen Kompromiss zu finden, mit dem beide Seiten hätten leben können. Darauf hofften viele anfangs – und dass Theresa May ihr Kabinett paritätisch aus Brexiteers und Remainers zusammenstellte, schien solche Hoffnungen zu bestätigen.

Doch stellte sich das Gegenteil ein: Bevor überhaupt die Verhandlungen begannen, schlug May sich auf die Seite der äußersten Rechten und verkündete eine extreme Form des Brexits (May, 2017). Statt einen breiten Dialog anzustoßen, der Ambivalenz zulassen und zu einer Integration führen könnte, wurde der Brexit zum »Volkswillen« *(the will of the people)* erklärt, der einzig und allein Gültigkeit hätte. Als am Anfang des Prozesses das Höchste Gericht entschied, es sei Sache des Parlaments, zu bestimmen, ob und wann der Brexit eingeleitet würde, beschimpfte die *Daily Mail* die Richter als »Volksfeinde« (Slack, 2016). Die Regierung trat solcher Diffamierung nicht entgegen, manche Politiker förderten sie noch. So wurde die Spaltung immer tiefer; es war nicht mehr die Spannung zwischen unterschiedlichen Meinungen, es stand der »Volkswille« gegen das Jammern von »Remoaners«[20], wie sie abwertend genannt wurden.

Immer mehr Menschen forderten ein zweites Referendum: Wenn die Realität des Brexits deutlich würde, müssten Bürger das Recht haben, ihre Entscheidung nochmal zu überdenken, schließlich waren die Folgen vor der Abstimmung völlig unklar gewesen. Dagegen kämpften aber die Brexiteers. Es wurde ein Kampf zwischen Anerkennung der Realität und narzisstischen Fantasien. Dabei waren es nicht nur die Bedenken der Remainers, die gegen die Brexit-Fantasien standen. Wie Chris Grey (2021) zeigt, war es die Realisierung des Brexits selbst: »Solange Brexit undefiniert blieb, konnte es bedeuten, was immer man sich darunter vorstellen wollte. Sobald aber eine tatsächliche Form von Brexit formuliert [...] wurde, sah es eine Gruppe von Brexiters als ›Verrat am wirklichen Brexit‹ an« (Grey, 2021, S. 13). Konfrontiert mit der praktischen Realität, »zogen sie sich in neue Phantasien zurück« (ebd., S. 248). Diese entsprachen dann eher narzisstischen Fantasien, die keine Beschränkung, keinen Schmerz kennen. In der Realität bewirkte dies aber den Druck zu einem immer härteren Brexit.

Wo die Fantasien auf eine unumstößliche Realität prallten, war Irland. Wie man es auch drehte und wendete, mit dem Brexit musste es entweder eine Grenze zwischen der Republik Irland und Nordirland geben, was das Karfreitagsabkommen untergraben und den Frieden in Irland gefährden würde, oder eine Grenze zwischen Nordirland und Großbritannien, was den Zusammenhalt des Vereinig-

---

20 Der Ausdruck ist eine Zusammensetzung aus *remain* und *to moan* (»jammern«).

ten Königreichs in Gefahr bringen würde. Davon hatte vor dem Referendum kaum jemand gesprochen.[21] Nun wurde jeder Versuch, die Realität der irischen Situation anzuerkennen, wie Mays *backstop* (der die Lösung im Grunde in eine ferne Zukunft verlegte), bitterlich bekämpft.

Als nach Mays Rücktritt Boris Johnson Premierminister wurde, wurde jede Anerkennung der komplexen Realität, jede Ambivalenz, aus dem Fenster geworfen. Johnson versprach, Großbritannien zum »besten Ort der Erde« zu machen (Morrison, 2019). In sein Kabinett kam nur, wer seiner extremen Form des Brexits zustimmte. Die Tory-Abgeordneten, die im September 2019 versuchten, einen »No-Deal-Brexit« zu verhindern, wurden aus der Fraktion geworfen, unter ihnen hoch respektierte und erfahrene Politiker.[22] Das unlösbare irische Problem wurde mit Ignoranz oder Lügen vom Tisch gewischt.[23] Im Wahlkampf Ende 2019 stand neben »Get Brexit Done« der Spruch »Unleash Britain's Potential«, »Entfesselt Großbritanniens Potenzial« – als ob die EU Großbritannien daran gehindert hätte, seine wahre Größe zu erreichen, und der Brexit dies nun ermöglichen würde.

So siegte die narzisstische Propaganda, die ein Ideal ohne Schmerz und Angst suggerierte. Als im Oktober 2019 die Regierung im Parlament gedrängt wurde, vor der Abstimmung ihre Untersuchungen der Auswirkungen des Brexits zu veröffentlichen, antwortete Rees-Mogg für die Regierung:

> »Lassen Sie mich Ihnen meine Beurteilung geben, wenn wir die Europäische Union verlassen: Es wird ein Goldenes Zeitalter für das Vereinigte Königreich, wenn wir frei sein werden von dem schweren Joch der Europäischen Union, das uns für Generationen niedergedrückt hat und uns weniger wettbewerbsfähig, weniger effizient und teurer gemacht hat. All das wird verschwunden sein und wir werden Hallelujah singen« (O'Toole, 2020, S. XIII).

Diese Antwort ist charakteristisch für den ganzen Prozess. Wenn es darum ging, die Realität anzuschauen, weigerten sich die Brexit-Ideologen und griffen zu immer

---

21 Die ehemaligen Premierminister John Major (Conservative) und Tony Blair (Labour), die für den Friedensprozess in Nordirland verantwortlich waren, hatten davor gewarnt, diese Warnungen aber wurden auf der Brexit-Seite völlig ignoriert und auf der *Remain*-Seite erstaunlich wenig aufgegriffen.

22 Darunter Kenneth Clarke, der 49 Jahre lang Abgeordneter war und 18 Jahre lang Ministerposten innehatte, und Philipp Hammond, der 22 Jahre Abgeordneter und Finanzminister in Theresa Mays Kabinett war.

23 Boris Johnson versprach Geschäftsleuten im November 2019, es werde für Waren zwischen Großbritannien und Nordirland »keine Formulare, keine Kontrollen, keine Schranken irgendwelcher Art« geben; sie könnten Zollformulare einfach in den Papierkorb werfen. Mit dem Abkommen, das er unterzeichnet hat, gibt es nun aber eine Grenze in der Irischen See, die im Handel mit Nordirland Zollformulare nötig macht.

stärker übersteigerten Fantasien. Hausgemachte Probleme, wie die geringe Effizienz, wurden in ein Objekt projiziert, von dem man sich befreien konnte. Dies funktioniert auf Dauer nicht wirklich im Individuum, und genauso wenig auf nationaler Ebene.

Schlussbemerkung

Der Schaden, den die omnipotente Verleugnung der Realität dem Land gebracht hat, wird nun immer deutlicher. Der bisher ungehinderte Handel mit der EU ist komplizierter und teurer geworden, mit Formularen, Zollkontrollen, Verzögerungen usw., sodass Import und Export mit der EU um 23 Prozent gesunken sind.[24] Lebensmittel sind um 17 Prozent teurer geworden. Der wirtschaftlich äußerst wichtige Finanzsektor hat bereits zehn Prozent des Vermögens außer Landes geschafft (Toynbee, 2021). Mit dem Verlust der Freizügigkeit fehlen Restaurants die Kellner, der Landwirtschaft 20 Prozent der Saisonarbeiter, den Krankenhäusern Schwestern und Pfleger, und den Transportfirmen 100.000 Lastwagenfahrer. Die essenziellen Lieferketten funktionieren nicht mehr, sodass an Tankstellen Benzin fehlt, in den Supermärkten Regale leer sind. Musiker und Künstler, die vorher innerhalb Europas einen regen Austausch hatten und überall auftreten konnten, sind nun praktisch abgeschnitten von der EU (Jenkins, 2021). Die verleugneten Probleme mit Nordirland sind tatsächlich eingetreten; nun droht die Regierung, die Verträge, die sie selbst unterschrieben haben, zu brechen, und untergräbt damit weltweit das Vertrauen in das Land. Statt international an Status zu gewinnen, hat Großbritannien an Einfluss verloren. Der nationale Narzissmus hat eine tiefe Selbstschädigung zur Folge.

Literatur

Alston, P. (2018). Statement on Visit to the United Kingdom, by Prof Philip Alston, United Nations Special Rapporteur on extreme poverty and human rights. London, 16. November 2018. https://www.ohchr.org/sites/default/files/Documents/Issues/Poverty/EOM_GB_16Nov2018.pdf (06.04.2022).
Barnier, M. (2021). *My Secret Brexit Diary: A Glorious Illusion.* Cambridge: Polity Press.
Devlin, K. (2021, 30. Mai) Boris Johnson to get new flagship but it may not rule the waves until 2025. *Independent.* https://www.independent.co.uk/news/uk/politics/flagship-boris-johnson-britannia-philip-b1856329.html (20.04.2022).
Dorling, D. & Tomlinson, S. (2020). *Rule Britannia – Brexit and the End of Empire.* London: Biteback Publishing.

---

24 Dies ist eine offiziell von der Regierung herausgegebene Zahl; in der gleichen Zeit sank der Handel mit Nicht-EU-Ländern nur um 0,8 Prozent. Siehe https://www.ons.gov.uk/business industryandtrade/internationaltrade/articles/theimpactsofeuexitandthecoronaviruson uktradeingoods/2021-05-25 (22.02.2022).

Ferguson, N. (2003). *Empire – How Britain Made the Modern World*. London: Penguin.

Grey, C. (2021). *Brexit Unfolded: How no one got what they wanted (and why they were never going to)*. London: Biteback Publishing.

Henley, J. (2016, 10. Juni). Why Vote Leave's £350m weekly EU cost claim is wrong. *The Guardian*. https://www.theguardian.com/politics/reality-check/2016/may/23/does-the-eu-really-cost-the-uk-350m-a-week (06.04.2022).

Jenkins, S. (2021, 6. September). Boris Johnson's biggest lie about Europe is finally coming home to roost. *The Guardian*. https://www.theguardian.com/commentisfree/2021/sep/06/boris-johnsons-biggest-lie-europe-coming-home-single-market (06.04.2022).

Johnson, B. (2002, 2. Februar). Africa is a mess, but we can't blame colonialism. *The Spectator*. https://www.spectator.co.uk/article/the-boris-archive-africa-is-a-mess-but-we-can-t-blame-colonialism (06.04.2022).

Jowit, J. (2013, 8. Januar). Strivers v shirkers: the language of the welfare debate. *The Guardian*. https://www.theguardian.com/politics/2013/jan/08/strivers-shirkers-language-welfare (06.04.2022).

Lowe, K. (2019, 24. Juni). WW2: When Britain stood (not quite) alone. *History Extra*. https://www.historyextra.com/period/second-world-war/britain-stood-alone-ww2-myths-brexit-debate/ (22.02.2022).

Marmot, M. (2015, 11. September). The richer you are, the better your health – and how this can be changed. *The Guardian*. https://www.theguardian.com/books/2015/sep/11/health-inequality-affects-us-all-michael-marmot (06.04.2022).

Marmot, M., Allen, J., Goldblatt, P., Herd, E. & Morrison, J. (2020). *Build Back Fairer: The Covid-19 Marmot Review. The Pandemic, Socioeconomic and Health Inequalities in England*. The Health Foundation.

May, T. (2017, 17. Januar). Lancaster House Speech. *Time*. https://time.com/4636141/theresa-may-brexit-speech-transcript/ (22.02.2022).

McQueen, P. (2020). *Brexit Exposed: Seven Years of Hell*. Oldham: Graystone.

Morrison, S. (2019, 5. Juli). Boris Johnson vows to make Britain »greatest place on earth« if he wins battle for Number 10. *Evening Standard*. https://www.standard.co.uk/news/politics/boris-johnson-vows-to-make-britain-greatest-place-on-earth-if-he-wins-battle-for-number-10-a4182881.html (06.04.2022).

Neudecker, M. (2021, 13. August). »Bringen Sie das in Ordnung. Und dann rufen Sie wieder an.« *Süddeutsche Zeitung*. https://www.sueddeutsche.de/leben/brexit-boris-johnson-visum-grossbritannien-uk-london-1.5380794 (06.04.2022).

Oborne, P. (2021). *The Assault on Truth. Boris Johnson, Donald Trump and the Emergence of a New Moral Barbarism*. London: Simon & Schuster.

Okwonga, M. (2021). *One of Them: An Eton College Memoir*. London: Unbound.

Olusoga, D. (2017, 18. März). Empire 2.0 is a dangerous nostalgia for something that never existed. *The Guardian*. https://www.theguardian.com/commentisfree/2017/mar/19/empire-20-is-dangerous-nostalgia-for-something-that-never-existed (06.04.2022).

O'Rourke, K. (2019). *A Short History of Brexit*. London: Penguin.

O'Toole, F. (2018). *Heroic Failure. Brexit and the Politics of Pain*. London: Head of Zeus.

O'Toole, F. (2020). *Three Years in Hell. The Brexit Chronicles*. London: Head of Zeus.

Raab, D. (2019, 22. September). Global Britain is leading the world as a force for good. *Sunday Telegraph*. https://www.gov.uk/government/speeches/global-britain-is-leading-the-world-as-a-force-for-good-article-by-dominic-raab (06.04.2022).

Ross, T. (2016, 15. Mai). Boris Johnson: The EU wants a superstate, just as Hitler did. *The Telegraph*. https://www.telegraph.co.uk/news/2016/05/14/boris-johnson-the-eu-wants-a-superstate-just-as-hitler-did/ (06.04.2022).

Ryan, F. (2021, 22. September). The universal credit cut is outrageous, but this callousness is nothing new. *The Guardian*. https://www.theguardian.com/commentisfree/2021/sep/22/universal-credit-cut-bedroom-tax-esa-reductions-policy (06.04.2022).

Sanghera, S. (2021). *Empireland – How Imperialism Has Shaped Modern Britain*. London: Viking.

Slack, J. (2016, 4. November). Enemies of the People. *Daily Mail*. https://www.dailymail.co.uk/news/article-3903436/Enemies-people-Fury-touch-judges-defied-17-4m-Brexit-voters-trigger-constitutional-crisis.html (06.04.2022).

Staples, D. (2016, 14. Mai) Boris Johnson: The EU Wants A Superstate, Just As Hitler Did. *Huffpost*. https://www.huffpost.com/entry/boris-johnson-eu-wants-a-superstate-just-as-hitler-did_n_57379ab8e4b077d4d6f34766 (20.04.2022).

Steiner, J. (1993). *Psychic Retreats: Pathological Organizations in Psychotic, Neurotic and Borderline Patients*. London: Taylor & Francis.

Steiner, J. (2011). *Seeing and Being Seen: Emerging from a Psychic Retreat*. Hove: Routledge.

Toynbee, P. (2021, 24. Juni). Five years on, we finally know what Brexit means: a worse deal for everyone. *The Guardian*. https://www.theguardian.com/commentisfree/2021/jun/24/five-years-brexit-calamity-uk (06.04.2022).

Weaver, M. (2017, 20. Juli) Liam Fox: EU trade deal after Brexit should be »easiest in history« to get. *The Guardian*. https://www.theguardian.com/politics/2017/jul/20/liam-fox-uk-eu-trade-deal-after-brexit-easiest-human-history (20.04.2022).

Der Autor

Wilhelm Skogstad, Dr., ist Psychiater und Psychoanalytiker in privater Praxis in London. Er ist Lehr- und Kontrollanalytiker am Londoner Psychoanalytischen Institut. Er hat über eine Reihe von psychoanalytischen Themen auf Englisch und Deutsch veröffentlicht und unterrichtet regelmäßig in Deutschland.

Kontakt per E-Mail: w.skogstad@me.com

Erschöpfte Strukturen: Über Spaltung und Integration

Klemens Färber

Ich möchte mit einer Vorbemerkung zum Thema dieses Tagungsbandes beginnen: Es scheint mir vom Anspruch ein wenig vermessen zu sein: »Wir diagnostizieren unser Zeitalter ...« Doch ist die Psychoanalyse dafür die geeignete Diagnosevorrichtung? Ist es erlaubt, unsere Methoden, die am hilfesuchenden Individuum wohlerprobt sind, auf noch komplexere Gegenstände anzuwenden? Vom Setting einmal ganz abgesehen. Ob der Zeitgeist noch willens wäre, zwecks Begutachtung »auf unserer Couch« Platz zu nehmen? Es darf inzwischen bezweifelt werden.

Allerdings: Das Thema reizt auch zur Wortmeldung – wenn man sich der begrenzten Tragweite von *Analogieschlüssen* bewusst bleibt, die vor allem Hypothesen erzeugen oder nur Gedankenspiele sind. Oder könnten sie doch mehr sein? Zumal auch andere »Zeitdiagnostiker«[1] zuweilen in recht engen Laboren praktizieren oder die Stichprobe ihrer Studenten für den Inbegriff der Welt halten. Außerdem: Durch das moderne Paradigma der Intersubjektivität (Jaenicke, 2006) hat sich unser Blick ohnehin ein wenig verschoben – weg von der Person, hinein in den interpersonellen Zwischenraum.

Die *drei Begriffe*, die ich hier zur Debatte stellen will, sind schon solche Begriffe des Zwischenraums: »Struktur«, »Integration«, »Spaltung«. Die Psychologie hat sie nicht hervorgebracht, sondern eher adoptiert. Dabei scheint es erst teilweise gelungen zu sein, sie in die klinische Terminologie einzupassen. Und trotzdem sind sie alle bereits zu psychologischen Begriffen geworden, gleichwohl zu solchen, deren Herkunft bestimmte Analogien und Bilder assoziativ bereits mitliefert. Denn wer von einer »Struktur« psychoanalytisch spricht, wird unbewusst ein wenig die *Materialkunde* mitdenken müssen. Und wo von »Spaltung« die Rede ist, wird im Hintergrund der Schlag der Axt nachhallen, wie er das Holz zerteilt: Es ist kein sanftes Geräusch!

Meine *Verdachtsdiagnose*, die ich zu den »Zeitdiagnosen« beisteuern möchte, ist, dass inzwischen allzu viele *Strukturen überfordert* werden und (um es technisch

---

1 Hier und im Weiteren steht die unmarkierte Form zugleich für männlich, weiblich und divers.

zu sagen) an »Materialermüdung« leiden. Wer denkt da nicht an den Corona-Lockdown, an die Erschöpfung der Familienstrukturen und der individuellen Selbstorganisation währenddessen? Doch auch ohne diese: Überstrapaziert sind auch die Infrastrukturen, also z. B. Brücken und Schultoiletten, oder die Sozial-Etats und Versicherungen. Gleiches gilt für die Gerichte und die Polizei, inzwischen sogar auch für die deutsche Sprache. Drei Faktoren, die zu dieser Erschöpfung beitragen, sollen etwas näher betrachtet werden:

1. Viele dieser Strukturen sind *in ihren Ursprüngen alt*, wie auch unser Frühkindliches »alt« ist, im eigenen Empfinden. Vieles Alte ist anfällig, dabei aber sehr hoch entwickelt.

2. Die *Ansprüche an die Tragfähigkeit* der Strukturen wachsen stetig. Dabei scheint es jedoch, als sei das idealistische Maß des Wünschenswerten für die neuen Ansprüche entscheidend, nicht dagegen das realistische Maß des Möglichen, zum Beispiel in Form der Kosten.

3. Für die *Statik der Strukturen*, für deren »Wartung« und »Pflege«, gibt es zu wenig Interesse. Zwar sind es erfreulicherweise viele junge Leute, die sich für neue Formen der Landwirtschaft oder der Energieerzeugung interessieren, allerdings nur politisch oder als Verbraucher. Dagegen gibt es viel zu wenige Azubis, die Elektriker oder Landwirt werden wollen, oder auch nur fähig dazu wären.

Die kritische Auseinandersetzung mit den Strukturen erfolgt zunehmend von einer hohen, quasi *supervisorischen* Position aus: dabei oft ohne nähere Kenntnis der konkreten Details, und manchmal ohne hinreichenden Respekt vor der Leistung und der Geschichte, die in den alten, gewachsenen Strukturen steckt. Sind also Strukturen wirklich nur das bloße »Weiter-so«? Sind sie Widerstandsapparate gegen den Fortschritt, in denen obendrein noch so manches alte Übel konserviert ist, etwa jenes einer »strukturellen Diskriminierung«? Lassen sich Strukturen vielleicht »umerziehen« oder sind sie nicht ohnehin dem Untergang geweiht?

Nun, zunächst einmal sind Strukturen *einfach da*, so wie sie eben sind, scheinbar selbstverständlich. Und sie werden in Anspruch genommen, dabei gleichzeitig oft entwertet oder beklagt.

Strukturentwicklung und Integration

Fast alle lebendigen Strukturen sind in steter Veränderung begriffen. Sie haben ihre Eigenheiten und Qualitäten auf den Zweck hin entwickelt, sowohl *sicher* als auch *bewegungsfähig* zu sein.

Der *statische* Aspekt von Struktur und der *dynamische* Aspekt *bedingen einander*, gelegentlich behindern sie einander auch. Strukturen drohen irgendwann einmal zu erstarren, nicht selten aber auch im Zuge von Veränderungen zu kollabieren. Um beides einmal in ein Bild zu bringen: Es lässt sich ohne *gepackten Koffer* nicht besonders gut reisen.

Daher folgt auf eine gelungene Phase der Sortierung (die den Koffer »tragfähig« macht) eine umso bessere Phase der Bewegung: weil sie nicht von Nothalten zwecks Umsortierung oder Ballastabwurf unterbrochen werden muss. Struktur wäre (in diesem Bild) sowohl der Koffer (als *einschließender Rahmen*), *aus dem* nichts so einfach herausfallen kann und *in dem* so leicht nichts Schaden nimmt. Struktur ist zugleich auch das *ökonomische Gebot* des knappen Raumes und das *Sortierprinzip*: was aufgenommen und was beiseitegelassen wird, also die innere Ordnung. Solch ein Koffer wäre eine höchst *integrative Struktur*: wie eine Fabrik oder wie der Verdauungstrakt, oder wie unser Bewusstsein oder *wie das Ich*.

Was weiß die Psychoanalyse heute über das Ich und dessen Struktur? Noch in seinem posthum veröffentlichten »Abriss der Psychoanalyse« (2019 [1938]) sah Freud das Ich vor allem als eine Art Ausgründung aus dem Es. Spätere Autoren haben dies ergänzt und relativiert, haben das Ich relational in die frühe Dyade eingebettet und dabei seine genetischen Anteile sowie die kulturellen und transgenerationalen Bedingtheiten aufgezeigt.

Laplanche und Pontalis sehen für das Ich vor allem *zwei strukturelle Funktionen*: aus ökonomischer Sicht, »ein *Bindungsfaktor* der psychischen Vorgänge« zu sein, zugleich aber ein »*Abwehrpol* der Persönlichkeit« (1994, S. 184, Kursivierungen K. F.). Beides scheint mir gerade auch statisch wichtig zu sein, im Sinne der Kohärenz dessen, was zu integrieren ist. Auch Hartmanns Ich-Psychologie sah ein »Misstrauen des Ichs gegen die Triebansprüche« (1960, S. 87). Im Internetzeitalter wäre unter die Triebansprüche wohl auch die *Neugier* einzureihen, die die Neuaufnahme von Reizen und Informationen begünstigt, dabei die Integration erschwert, also die synthetische Funktion des Ichs gefährdet. Doch eben die war für Hartmann von besonderer Wichtigkeit, um eine »allgemeine Psychologie des Handelns« in die Psychoanalyse zu integrieren (ebd., S. 82). Im Rückblick scheinen Struktur und Integration vor allem für die künftigen Emigranten ein analytisches Thema gewesen zu sein. Sie waren in den 1930er Jahren gezwungen, nicht nur »den theoretischen Koffer« aufzuräumen, um *handlungsfähig* zu sein.

Das heutige Strukturmodell innerhalb der Operationalisierten Psychodynamischen Diagnostik (OPD-2) steht, wie ich meine, auch in dieser Tradition. Der »psychische Apparat« wird darin nach seinen »strukturellen Fähigkeiten« qualitativ aufgeschlüsselt. Damit lässt sich im Einzelfall quantitativ abschätzen, inwieweit einzelne Strukturfunktionen in dieser Struktur *vorhanden* und *integriert* sind.

Autoren wie Rudolf (2008, S. 141) sehen ein vorrangiges Therapieziel darin, die Entwicklung der psychischen Struktur da zu fördern, wo einzelne Funktionen defizitär sind. Drei solcher *strukturellen Funktionen* seien hier als Beispiel genannt:

➢ die Selbst-Objekt-Differenzierung, um eigene Bedürfnisse von denen Anderer zu unterscheiden;

➢ den Selbstwert zu regulieren und sich von Kränkungen zu distanzieren;

➢ emotional positive Selbst- und Objektbesetzungen aufzubauen und zu erhalten (Internalisierung).

Ich habe aus der Liste der OPD-Strukturmerkmale diese drei ausgewählt, weil sie einem besonderen Zeitphänomen nahestehen, auf das wir noch zu sprechen kommen. Es ist eines, das zur Erschöpfung der Strukturen aus meiner Sicht wesentlich beiträgt: *die Zunahme von Empfindlichkeiten*. Inwieweit können oder müssen sie kulturell berücksichtigt werden? Oder gehören sie mehr in die Eigenverantwortung und damit gegebenenfalls auch in unsere *therapeutische Zuständigkeit*? Und wie kommt dieses Zeitphänomen, falls es denn richtig beobachtet ist, überhaupt zustande?

Die schwierige Reifung der Strukturen

Das psychologisch wesentliche Beispiel für die *Reifung* von Strukturen ist die Adoleszenz. Sie vollzieht sich anknüpfend an frühe Beziehungserfahrungen und Konfliktlösungen – doch nun auf einer neuen Ebene, die man mit einer »Einwanderung in die Erwachsenenwelt« vergleichen kann (Färber, 2021). Die Welt der Erwachsenen wird dabei ihre Tore keineswegs gleich freudig aufreißen. Oft scheint sogar das Gegenteil der Fall zu sein, wobei manche Türen gar nicht entdeckt, und andere nicht für wert befunden werden, sie zu durchschreiten – nicht einmal probeweise. Das Ganze läuft noch deutlich irrationaler ab, als es hier klingt. Aber im gegenseitigen Befremden von Alt und Jung, im zähen Ringen um den neuen Modus des Miteinanders findet letztlich manches Progressive und viel Zwangläufiges statt: ein *Umbruch von Strukturen* und eine *Festlegung*, einschließlich des Verzichts auf das meiste von dem, was im Leben sonst noch hätte möglich sein können (Seiffge-Krenke, 2012).

Wie verändert sich nun dieser Prozess, wenn die Adoleszenten *nicht mehr* auf »Einheimische« im Erwachsensein treffen, die selbstbewusst ihre Werte verteidigen wollen oder sich nicht stark genug fühlen, dies wenigstens zu versuchen? Sondern wenn sie nur einer *erschöpften Struktur des Etablierten* begegnen, einer, die Konflikte eher vermeidet – und die diese Vermeidung verleugnet, mittels regressiver Identifizierungen, einschließlich der *Verleugnung des eigenen Angegriffen-Seins*?

Wenn dem so ist, dann bleiben die notwendigen Beiträge zur Strukturreifung defizitär: vermiedene Stresstests, ausgebliebene Realitätsprüfungen, dazu das unterschwellige Entwertungs-Signal, dass man den Heranreifenden die Konfrontation mit ihren Widersprüchen wohl nicht einmal zumuten könne. Wenn wir psychoanalytisch den Konflikt noch als »Motor der Entwicklung« anerkennen, dann müssten wir aus einem solchen Befund heraus eine *Tendenz der strukturellen Schwächung* prognostizieren. Die wird zwar weiterhin unsere Praxen füllen, wichtige Positionen mit struktureller Verantwortung aber immer öfter vakant bleiben lassen.

Die klinischen Manifestationen dessen sind zahlreich: Denn Konflikte, die im sozialen Raum vermieden wurden, verlagern sich alsbald nach innen. Aus einem zu wenig belastungserprobten Selbstwertgefühl werden etwa Zögerlichkeit oder Prokrastination – gewissermaßen das »Verweile doch, Du bist so easy« einer *prolongierten Adoleszenz.*

Die vitalere Variante tritt zutage, wenn der Eltern-Ebene ein Wertekonflikt »von unten« aufgezwungen wird: etwa als asketisch-anorektisches Gegen-Ideal zu den vermeintlichen Wohlstandswerten. Allerdings findet das Ganze fast nie ohne *trianguläre Rückendeckung* statt. Gerade in Adoleszenzkonflikten gibt es oft *heimliche und unheimliche Verbündete,* die z. B. eine Entwertung des Mutterobjekts fördern, um daraus einen eigenen, oft missbräuchlichen Nutzen zu ziehen. Auch im Rahmen von Maos Kulturrevolution wurde der *Generationenkonflikt* gegen die Alten und das Alte *manipulativ entfesselt* und zugleich politisch genutzt, eine Orgie der strukturellen Zerstörung begann: gegen das Individuum, die Menschenwürde, das Kulturerbe und gegen die Familie. Diese »Revolution« hatte gerade in den progressiven Kreisen des Westens erstaunlich viele Bewunderer (Aly, 2009, S. 104ff.).

Die Adoleszenz ist ein Zustand der phasenweisen strukturellen Überforderung – und zwar für alle Beteiligten. Zum Glück geht diese Zeit vorüber, sobald die Prozesse der Integration hinreichend gut gelingen: zum einen

➤ das aktive Sich-Integrieren *in die Struktur* und zum anderen
➤ das passive Integriert-Werden *durch die Struktur,* gemäß ihrer jeweiligen integrativen Qualität.

Beides greift natürlich ineinander: Wer neu in eine Struktur eintritt, verändert sie – und wird zugleich von ihr verändert werden: Nehmen wir als Beispiel dafür eine höchst komplexe Struktur: die *Sprache.*

Die Überforderung von Strukturen

Es gibt in der frühen Sprachentwicklung ein besonderes Problemwort: »Ich« – ein Wort, das alle verwenden, mit dem aber jeder etwas anderes meint. Zweijährige verstehen das kaum und zögern, neben die Ichs der Anderen noch ihr eigenes Ich zu stellen. Für den Spracherwerb ist das eine echte strukturelle Stolperstelle, das

System Sprache kommt dem Eindeutigkeitsbedürfnis der kleinen Sprachentdecker wahrlich nicht entgegen. Doch diese Leistung, *die Integration des Befremdlichen*, lohnt! Denn nach Überwindung dieser Hürde *öffnen sich emotionale und logische Türen*, beginnen auch Fortschritte in der Mentalisierung. Leider ist dieses »Ich« auch die Lieblingsvokabel der Egoisten. Dies könnte den Wortgebrauch noch einmal schwierig werden lassen, in Zeiten der moralischen Optimierungskampagnen. Doch wahrscheinlich ist das »Ich« zu tief im Fundament der Sprachen verbaut und könnte somit dem Zugriff etwaiger Reformer entzogen bleiben.

Integration kann aber auch *von der Struktur* selbst *eingefordert* werden, von der Familie zum Beispiel: Die Mutter ruft zum Abendessen, der halbwüchsige Sohn reagiert nicht. Die Mutter meldet sich erneut. Sie sagt: »Fühlst Du Dich nicht angesprochen? Du warst auch gemeint!«

Die Erwartungen der Mutter werden sehr deutlich: Sie will die Familienstruktur an einem ihrer Kernelemente (der gemeinsamen Mahlzeit) weder vernachlässigen, noch beschädigen oder missachten lassen. Sie sagt dem Sohn gewissermaßen »Integriere Dich!«, und signalisiert damit auch, dass sie ihm die Mitverantwortung für sein Angesprochen-Sein zutraut und zumutet. Sie will ihm das nicht weiterhin abnehmen müssen. Deshalb meint sie: »Eine Extra-Einladung kriegst Du nicht!«

In diesem Punkt denkt die Psychotherapie etwas anders als resolute Mütter. Wir »holen die Patienten ab« – und das ist (meistens) auch gut so. Aber: Verändern wir zu diesem Zwecke unser Setting, unsere Methode, unsere Berufsordnung oder unsere Grammatik? Natürlich nicht! Oder irre ich mich da inzwischen?

Unserer *Muttersprache* wird längst der Vorwurf gemacht, nicht *geschlechtergerecht* zu sein. Dergleichen ist keineswegs neu. Schon *die Geschlechter* der Habsburger oder Hohenzollern haben alltagssprachliche Anreden (wie »Damen und Herren«) *nicht* als *ihrer Identität gerecht werdend* empfunden. Entsprechend hielt man damals eine höfische Elitensprache für nötig, die für Beamte und Dienstboten übrigens verbindlich war. Wir kennen sie heute fast nur noch aus der literarischen Karikatur, etwa aus Heinrich Manns *Untertan* (1976). Es gab gestelzte Bezeichnungen wie »Ihre Durchlaucht« oder »Seine Majestät«; die damals offizielle Abkürzung dafür (S. M.) wäre heute missverständlich.

Der Begriff »Identitätspolitik« war damals noch nicht erfunden, er passt aber ziemlich genau. Nur die Identitätsthemen sind andere gewesen, waren also nicht »geschlechtlich« im heutigen Wortsinn. Vielmehr ging es um die *Familien*, deren »Blaublütigkeit« oder gefühltes Gottesgnadentum. Doch hat solch eine *sprachliche Respektsymbolik* den Edelleuten wirklich nachhaltigen Respekt gesichert? Oder den »Genossen« in der DDR, die für sich ebenfalls gern eine *Sonderanrede* erzwungen haben?

Manche intersexuellen und nicht-binären Menschen leiden unter einer inadäquaten Eingruppierung, nicht nur unter der sprachlichen. Es darf heute aber auch bezweifelt werden, ob jede Bäuerin oder jede Polizistin sich als »Dame« richtig tituliert findet, auch ob die Mehrheit der Männer sich wirklich noch als »Herren« fühlt, falls man solche Begriffe überhaupt noch so *konkretistisch* verstehen will. Roman Jakobson (2017 [1978], S. 535f.) beschreibt z. B. die Bemühung Zweijähriger, Worte mit weiblichem Genus nur für Mädchen zu verwenden oder »männliche« Worte im Bezug zu Mädchen dann eben weiblich umzuformen. Doch solche konkretistischen Angleichungsversuche werden bald aufgegeben.

Lassen sich reale und gefühlte Ungleichheiten in der Sprache durch neue Begriffe oder Sonderzeichen heilen? Kann die Sprache, neben ihren zahllosen Strukturfunktionen, überhaupt die Funktion übernehmen, jede neue Gerechtigkeitslücke zu schließen? Scheinbar haben die Meisten das Gefühl, dass dergleichen *die Sprache als Struktur überfordert*, denn mehrere Umfragen (siehe z. B. *FAZ*, 2021) ergaben große Mehrheiten gegen die Gendersprache. Sie kommt bei den Meisten nicht an: mit ihren falsch verwendeten Partizipien, mit ihrem Rückfall in eine (nun symbolische) Geschlechtertrennung, die so pedantisch gehandhabt wird, als müsse man Geschlechter wie verschiedene Spezies auseinanderhalten. All das macht die Sprache komplizierter und ärmer. Denn für ihre Präzision, ihre Poesie und für ihren Mutterwitz ist kein Platz mehr in den Sprachleitfäden der Bürokraten.

Aber was ist mit dem erklärten *Integrationsziel des Genderns*: Der Zwang, immer alle anzusprechen, hat als Nebenwirkung neue Sprachbarrieren aufgetürmt: für Nicht-Muttersprachler und Nicht-Abiturienten, für verbal Gehemmte, Stotterer oder für Hirngeschädigte. Erreicht wurde außerdem eine Spaltung der Sprachgemeinschaft – alle werden sich sprachlich entscheiden müssen, so oder so.

Übrigens: Auch Freud musste zu Beginn seines Wirkens eine Sprach-Entscheidung treffen – und das tat er! Freud hat die *deutsche Umgangssprache* zu seinem Medium gemacht, also nicht das abgehoben klingende Fachchinesisch der alten Psychiatrie. Ich meine: Das war der entscheidende Faktor für diese unglaubliche Erfolgsgeschichte, die die Psychotherapie inzwischen schreiben konnte: *mit* den Leuten reden, *in ihrer* Sprache! Wobei das Heil eben nicht in vermeintlich präzisen Begriffen gesucht wurde, sondern in einer *Anfangsverständlichkeit* (die z.B. der »Abwehr« oder »Verschiebung«, dem »Ich« und dem »Es« innewohnt). Aus dieser ersten Verständlichkeit kann in empathischer Feinabstimmung mit dem Gegenüber schrittweise mehr Klarheit entstehen. Es kann sich notfalls ein »dyadischer Duden« für diese eine Beziehung entwickeln, für sehr spezielle Dinge. Dass es sprachliche Missverständnisse gibt, ist eben zumeist *keine Komplikation*, sondern ein gemeinsames Erleben. Daraus kann Material für Deutungsprozesse werden oder etwas anderes, das dann die Beziehung klärt oder vertieft.

Doch was erklärt diese Gendersprach-Euphorie unter vielen unserer Berufsvertreter? Ich meine, es ist auch ein *defizitäres Bewusstsein für den integrativen Wert der eigenen Muttersprache*.

In einem Gedicht des jungen Hofmannsthal (1975 [1896], S. 13) heißt es:

>»Den Erben lass verschwenden
An Adler, Lamm und Pfau
Das Salböl aus den Händen
Der toten alten Frau!«

»Salböl« könnte eine Metapher sein für die soziale Funktion von Muttersprachen: fließend, verbindend, geschmeidig – und kostbar genug, »das Öl« am Ende doch nicht zu verschwenden, sondern nachhaltig damit umzugehen. Die Sprache, die die Mütter und Väter der Psychotherapie gesprochen haben, mag strukturelle Merkwürdigkeiten und Mängel haben. Doch sie ist weder ungerecht, noch ein toxisches Objekt, das verletzt!

Allerdings: Beherrschend ist im ganzen Westen derzeit der Drang, jedes erdenkliche sprachliche Missverständnis im Vorhinein abzuräumen – und es dem Gegenüber damit zu ersparen. Weshalb? *Welches Bild vom Anderen* bleibt in diesem Agieren möglicherweise *eingekapselt*? Das hyperempfindliche, das paranoische, das rachsüchtige? Und welche Züge des Selbstbilds? Vielleicht jene, hinter denen sich die eigenen Ressentiments verbergen? Deren *Abspaltung* (oder Projektion) könnten die *neuen Sprachrituale* schließlich ebenfalls dienen. Höchstens unvollständig abgewehrt ist aber die Ängstlichkeit, mit der Affekte und spontane Einfälle erst einmal in Quarantäne geschickt werden. Dieser hemmende Impuls ergibt bei uns Psychoanalytikern erst einmal Sinn. Doch generell? Die schwindende Integration der Affekte und die geschwächte Identifizierung mit Herkunft und Kultur erzeugt eben auch dies: eine chronische *strukturelle Unsicherheit im Basalen*.

Spaltungen – Notstruktur oder Sackgasse?

Ob man »Spaltung« als psychoanalytischen Begriff oder als politische Metapher verwendet, meist wird damit eine Funktionsstörung gemeint sein, die die betroffene Struktur weiter zu schwächen oder zu schädigen droht – selbst dann, wenn diese Art Störung einen Klärungs- oder Rettungsversuch enthält. Zumindest einer der vier Spaltungsbegriffe, die Rachel Blass (2013) aufgelistet hat, betont diesen Aspekt von »Spaltung der Objektvorstellungen infolge einer Ichschwäche« (S. 113). Die Struktur ist also »innerlich zu schwach [...], um die ambivalente Beschaffenheit der Welt in uns selbst zu integrieren« (ebd., S. 115). Spaltung ist also zugleich *unvollständige Abwehr* und *Abwehr-Exzess*.

Schon Freud hatte in seinen Vorüberlegungen zum späteren Spaltungsbegriff die Struktur-Schwäche im Auge. Er sah sie z. B. in einer »Entzweiung des Ichs« mit dem System der Wahrnehmung (1916–1917f [1915], S. 190), wodurch die Realitätsprüfung unmöglich wird. Ebenfalls zur Strukturschwäche, nämlich zum Verlust der Selbstachtung, kann nach Freud eine »vom Ich abgespaltene kritische

Instanz« beitragen, die sich in moralischem Missfallen dem anderen Teil des Ichs gegenüberstellt (1916–1917g [1915], S. 201).

Es lohnt, solche Überlegungen auch auf die *Spaltung sozialer Systeme* anzuwenden, etwa auf die Spaltung der Sprachgemeinschaft, von der vorhin schon die Rede war. Sprachregulatoren hängen der Illusion an, durch eine »Reinigung« der Sprache die reale Welt zu verbessern. Sie etablieren dabei aber vielmehr das *spaltungstypische Gut-Böse-Schema* in immer alltäglicheren Bereichen. Wer von sich behauptet, eine »gerechte Sprache« zu sprechen, weist jenen, die sich herkömmlich ausdrücken, das *Merkmal des Ungerechten* zu. Damit müssen die so Bezeichneten umgehen. Aber wie? Indem sie sich der moralischen Forderung unterwerfen? Oder durch Annehmen des Unterstellten, etwa durch trotzige Radikalisierung? Oder durch Wut gegen die Selbstermächtigung einer Minderheit?

Sicher: Wer auf *moralische Abwertung* mit *Kränkungswut* reagiert, ist vielleicht deshalb in der aggressiven Abwehr, weil er den Vorwurf zwar als unerträglich, aber *nicht* als völlig als unzutreffend erlebt. Manches Schuldgefühl, manche Schuldangst lässt sich nicht verdrängen, höchstens abspalten.

Die *Dynamik der moralischen Anmaßung* ist dem, von den Motiven her, ähnlich, aber komplizierter! Moralische Vorwürfe werden oft innerlich vorweggenommen, noch ehe sie erhoben worden sind. Die Abwehr erfolgt hier z. B. über die Identifizierung mit potenziellen Klägern; und sie wird schnell wirksam, noch ehe echte Schuldgefühle entstehen oder quälend werden. Man reiht sich selber unter die Klageberechtigten oder entwickelt sogar »anwaltliche Rollenfantasien«. Für die braucht es aber dringend Schuldige und klagebereite Benachteiligte, sonst handelten die »Anwälte« ja ohne Mandat.

So ging es zwei *taz*-Journalistinnen, die den in Vietnam geborenen Philipp Rösler in einem Interview zum Zeugen gegen deutschen Rassismus machen wollten. Rösler hatte das Interview nach 16 Fragen mit ethnischem Bezug schließlich nicht autorisiert und wurde dann durch Abdruck der Fragen und von weißen Flecken anstelle der Antworten gewissermaßen als Aussageverweigerer angeprangert. Die Anmaßung der Interviewerinnen, über seinen angeblich »erlebten Hass« besser Bescheid zu wissen als der Interviewte (Topçu, 2013), ist ihnen freilich im Nachgang selbst als rassistisch interpretiert worden: *Anti-Rassismus als Wiederkehr des Rassistischen* in Form eines Spaltungsprodukts. Denn auf die Idee, mit einem, der es in Deutschland immerhin zum Minister gebracht hatte, über seine guten Heimat-Erfahrungen zu sprechen, war die *taz* offenbar nicht gekommen.

Wie Spaltungen in der Selbst-Struktur Einzelner sich auch im sozialen Raum ausbreiten können und dann das Gegenüber erfassen, wird über das Konzept der projektiven Identifizierung beschrieben. Dabei werden, wie Steiner (2015, S. 72) meint, jene Aspekte des Objekts ignoriert, »welche nicht in die Projektion passen«. Solch eine »interpersonale Abwehr« (Mentzos, 1998) enthält den Versuch, eigene Schwächen oder Affekte bei Anderen *projektiv zu erzeugen,* in der unbewussten Hoffnung, die entstehende Szene werde die innere Gespaltenheit irgendwie zu überwinden helfen. Doch was in der Adoleszenz *als temporäre Notstruktur* noch funktioniert (und nötig ist), wird später oft zur Sackgasse. Soziale Strukturen, persönliche Netze und Hilfsangebote werden gerade von jenen oft entwertet und beschädigt, die am stärksten von ihnen abhängig sind.

Zurück »ins Offene«

Romantiker (wie Hölderlin), Adoleszente und Rebellen, selbst »Salon-Revolutionäre« neigen dazu, besonders die starken und etablierten Strukturen als Zwangseinrichtungen zu verstehen. Auf Gefängnisse und manches mehr trifft das natürlich zu. Andererseits gibt es Freiheiten und Entwicklungsräume nur innerhalb von Strukturen, die halbwegs funktionieren und die sich gegen ein Übermaß von Ansprüchen und Begehrlichkeiten abzugrenzen vermögen. Christian Wallners Wortspiel, wer *für alles offen* ist, könne ja wohl *nicht ganz dicht* sein, ironisiert zwar den zur Floskel gewordenen »Psycho-Slang«, ist aber selber Psychologie – und zwar höchst pointierte: jedenfalls ein Beispiel dafür, was Sprache an *Verdichtung* leisten kann, und damit auch an Integration.

Strukturen bleiben dann auf nachhaltige Weise zu Öffnung und Integration fähig, wenn sie sich *nicht* schon *im Prozess des Aufnehmens chronisch überfordern*: Das gilt für den süchtigen Informationskonsum, für die Etablierungsversuche immer neuer Begriffe, für die Migrationspolitik und auch für die Patienten-Neuaufnahme in den psychotherapeutischen Praxen. Wirklich offene Strukturen *reduzieren ihre Abwehrreflexe* (allergische, ausgrenzende) auch dadurch, indem sie zwischen der Neuaufnahme einerseits und den Integrationsfortschritten andererseits einen funktionalen Zusammenhang aufrechtzuerhalten suchen – oder indem sie diesen nach einer Krise wieder neu herstellen. Denn die Abwehraktivitäten werden – besonders im Falle der Spaltung – oft *zum eigentlichen Pathologischen* und stellen dabei das ursprüngliche Leiden in den Schatten. Doch darf dadurch der *ursprüngliche Zweck der Abwehr* nicht gänzlich aus dem Blick geraten. Und: Offenbleibende Strukturen lassen *keine Vereinseitigung ihrer Austauschprozesse* zu. Solch eine Vereinseitigung ist durch Suchmaschinen-Algorithmen seit längerem stark begünstigt, noch länger durch Arbeitsteilung und Spezialisierung. Dass aber die Universitäten insbesondere in unseren Bereichen sich zu kommunikativen Blasen entwickeln, die sprachlich eine demonstrative Abwendung vollziehen von den Themen jener einfachen Leute, die letztlich von Strukturwandel und Integrationsprozessen am stärksten betroffen sind, *das* halte ich für einen traurigen Vorgang der strukturellen Desintegration – und für eine Selbstbeschädigung der psychosozialen Branche.

Vielleicht kann die Psychoanalyse in dieser Spaltungs-Ära der Gesellschaft einen Dienst tun, wenn sie das halb ausrangierte Neutralitätskonzept (Plassmann,

2019, S. 163) sich noch einmal vor Augen führt – auf seinen ursprünglichen Sinn und seine mögliche Wiederverwendbarkeit.

Was wird aus der Psychotherapie werden, wenn die aktivistischen Impulse in Teilen des eigenen Nachwuchses nicht deutlicher hinterfragt werden? Was gewinnt die Psychotherapie dabei? In jedem Falle hat sie *weitaus mehr zu verlieren.*

In Teilen des Journalismus wird gerade das professionelle Selbstverständnis aufgegeben, neutral und unparteiisch zu berichten, also Nachrichten und Kommentare nicht miteinander zu vermischen. Manchem in den Medien scheint der Unterschied zwischen beidem kaum noch plausibel zu sein. Wahrscheinlich ist das *moralische Triumphgefühl,* die Stimme für »die gute Sache« zu erheben, heute schon *allzu verführerisch.*

Wie um das *Recht und Privileg der neutralen Position* einst gerungen wurde, hat Ricarda Huch (2019 [1914]) auf zeitlose Weise beschrieben, an einem Streitgespräch aus dem Dreißigjährigen Krieg: Den mit einem Heer anrückenden Schwedenkönig versucht ein Frankfurter Ratsherr aufzuhalten, indem er ihn auf die *Neutralität* seiner Stadt verweist. Diese sei ihr *als Wahl- und Krönungsstadt* der deutschen Kaiser von Alters her verbrieft. Gustav Adolf fragt höchst befremdet zurück, was denn das für ein Ding sei, die Neutralität: Es sei »nicht kalt, nicht warm [...] nicht gut, nicht böse; ein unaufrichtiger, unbrauchbarer Zwitter, damit wolle er sich nicht abgeben«. Der Ratsherr versucht es noch einmal, indem er Gustav Adolf den *kaiserlichen Krönungsmantel* im Rathaus zeigt. Doch den Schweden beeindruckt das gar nicht, er nennt den Krönungsmantel einen alten, »staubigen Trödel«, höchstens gut genug, eine Vogelscheuche auszustaffieren. Der Ratsherr steht nun mit dem Rücken zur Wand, gerade so, wie es in Diktaturen auch Richtern, Ärzten und Gelehrten noch heute ergeht. Und was sagt dieser Mann nun, um gegen den Spott dieses Übermächtigen *seinen* Krönungsmantel (und den Neutralitätsbrief) zu verteidigen? Er sagt: »Gerade weil er alt ist, ist er uns heilig« (ebd., S. 557).

Für viele in meiner Generation, die auf ein halbes Leben in der Diktatur zurückblicken, ist die heutige Preisgabe der Neutralität ein heftiges Déjà-vu. Schon die frühe DDR hatte alle *neutralen Strukturen* (in Justiz, Medien, Wissenschaft) behindert oder beseitigt. Immer sollte dies höheren Zwecken dienen, »dem Weltfrieden« und »der lichten Zukunft der Menschheit« – damit stand es jenseits jeglicher Kritik. Doch hat eben dies direkt in die »strukturelle Erblindung« des damaligen Systems geführt, somit *in ein Defizit* mit letztlich infauster Prognose. Bei alledem konnte aber zumindest die Psychotherapie im Osten eine halbwegs neutrale Insel bleiben – aus verschiedenen Gründen. Die meisten Therapeuten haben sich letztlich nicht zum Instrument der Umerziehung machen lassen, um etwa die Entwicklung der »sozialistischen Persönlichkeit« therapeutisch zu forcieren.

Und heute? Gerade in Zeiten der Spaltung werden neutrale Inseln gebraucht: in der Wissenschaft, den Medien, in der Therapie. Denn im neutralen Raum sind erschöpfte Strukturen vorerst entlastet, auch von dem Druck und den Zumutungen, die echte oder vermeintliche Fortschritte oft mit sich bringen. So wird die Chance gewahrt, aus dem Modus von Rückzug und Abschottung langsam zurückzukehren: die Chance, sich neu zu integrieren und wieder offen zu sein, gerade auch für Neues oder Fremdes.

Psychotherapeuten bemessen den Wert ihrer Arbeit zumeist nach den erreichten Fortschritten. Denn es würde nicht ausreichen, den prämorbiden Zustand einfach nur zu restaurieren. Folglich wird eine *neue Stabilität im Wege der Weiterentwicklung* gesucht. Doch die kann auch scheitern und manchmal gleich in neue Krisen münden, etwa bei illusionären Zielen oder bei anhaltender Verkennung der Realität.

Der Blick auf die Strukturen, wie wir ihn hier versucht haben, führt deshalb auch zum *konservativen Aspekt des therapeutischen Tuns.* Wir Therapeuten sollten das Wagnis eingehen, dieses Konservative etwas weniger verschämt zu betrachten.

Literatur

Aly, G. (2009). *Unser Kampf. 1968 – ein irritierter Blick zurück.* Frankfurt a.M.: S. Fischer.

Blass, R.B. (2013). Über verschiedene Bedeutungen von Spaltung. *Psyche – Z Psychoanal, 67*(2), 97–119.

Färber, K. (2016). Das Fremde und der Konflikt um die Identität. In S. Waltz-Pawlitta, B. Unruh & B. Janta (Hrsg.), *Identitäten* (S. 279–292). Gießen: Psychosozial-Verlag.

Färber, K. (2021). Konflikt, Verinnerlichung, Identität. Unveröffentlicher Vortrag auf der 45. Potsdamer Psychotherapie-Tagung.

FAZ (2021, 23. Mai). Die Bürger wollen keine Gendersprache. *FAZ.* https://www.faz.net/aktuell/ feuilleton/debatten/grosse-mehrheit-laut-umfrage-gegen-gendersprache-17355174. html (30.05.2021).

Freud, S. (1916–1917f [1915]). Metapsychologische Ergänzung zur Traumtheorie. *SA III,* S. 175, 179–191.

Freud, S. (1916–1917g [1915]). Trauer und Melancholie. *SA III,* S. 193, 197–212.

Freud, S. (2019 [1938]). *Abriss der Psychoanalyse. Einführende Darstellungen.* Frankfurt a.M.: S. Fischer.

Hartmann, H. (1960). *Ich-Psychologie und Anpassungsproblem.* Stuttgart: Ernst Klett.

Huch, R. (2019 [1914]). *Der dreißigjährige Krieg.* Köln: Anaconda.

Jaenicke, C. (2006). *Das Risiko der Verbundenheit. Intersubjektivitätstheorie in der Praxis.* Stuttgart: Klett-Cotta.

Jakobson, R. (2017 [1978]). Über die linguistische Einstellung zum Problem des Bewusstseins und des Unbewussten. In ders., *Semiotik. Ausgewählte Texte* (S. 535f.). Frankfurt a.M.: Suhrkamp.

Laplanche, J. & Pontalis, J.-B. (1994). *Das Vokabular der Psychoanalyse.* Frankfurt a.M.: Suhrkamp.

Mann, H. (1976). *Der Untertan.* Berlin, Weimar: BDW-Aufbau.

Mentzos, S. (1998). *Interpersonale und institutionelle Abwehr.* Frankfurt a.M.: Suhrkamp.

Plassmann, R. (2019). *Psychotherapie der Emotionen. Die Bedeutung von Emotionen für die Entstehung und Behandlung von Krankheiten.* Gießen: Psychosozial-Verlag.

Rudolf, G. (2008). *Strukturbezogene Psychotherapie. Leitfaden zur psychodynamischen Therapie struktureller Störungen* (2. Aufl.). Stuttgart: Schattauer.

Seiffge-Krenke, I. (2012). *Therapieziel: Identität. Veränderte Beziehungsbilder, Krankheitsbilder und Therapie.* Stuttgart: Klett-Cotta.

Steiner, J. (2015). *Orte des seelischen Rückzugs. Pathologische Organisationen bei psychotischen, neurotischen und Borderline-Patienten.* Stuttgart: Klett-Cotta.

Topçu, Ö. (2013, 11. September). Rösler und die taz: Paternalismus von Links. *ZEIT.* https:// www.zeit.de/kultur/2013-09/philipp-roesler-taz-interview (06.06.2021).

von Hofmannsthal, H. (1975 [1896]). Lebenslied. In ders., *Ausgewählte Werke* (S. 13f.). Leipzig: Insel.

Winnicott, D. W. (2002 [1962]). Ich-Integration in der Entwicklung des Kindes. In ders., *Reifungsprozesse und fördernde Umwelt* (S. 72–81). Gießen: Psychosozial-Verlag.

Der Autor

Klemens Färber, Dr. phil., aus Thüringen stammend, Agrotechniker, Hilfskrankenpfleger, Abendschul-Abitur, Wehrdienst, Psychologiestudium an der HU Berlin, Promotion in Saarbrücken, langjährig stationär tätig, in Potsdam niedergelassen. DGPT-Lehranalytiker und Dozent (an Instituten in Berlin, Leipzig und Potsdam). Veröffentlichungen zuletzt: *Das Geheimnis in der Psychotherapie* (mit S. Alder, 2017) sowie »Machtkämpfe und Liebesspiele: Fünf Sätze aus dem Heidenröslein« (in *Geschlechter-Spannungen,* hrsg. von I. Moeslein-Teising, G. Schäfer & R. Martin, 2019).

Kontakt per E-Mail: klemensfaerber@aol.com

Umbrüche durch Digitalisierung und Technisierung

Digitale Gefolgschaft

Christoph Türcke

Seit zweieinhalb Jahrtausenden gibt es Vorstellungen von Demokratie. Aber wo hat je das Volk geherrscht? Günstigstenfalls herrschten von ihm gewählte Repräsentanten. Deren Aktionsraum ist die Öffentlichkeit. Doch darin tummeln sich auch die Massenmedien. Auch sie sind Repräsentanten. Aber wen oder was repräsentieren sie? Gewählte Volksvertreter haben zumindest ein politisches Mandat. Aber was haben die Betreiber von Zeitungen, Rundfunk- und Fernsehsendern, die Redakteure und Lektoren, die alle Einfluss auf die öffentliche Meinung nehmen? Sie haben Unternehmen gegründet oder sind eingestellt worden, aber demokratisch gewählt sind sie nicht.

Das Internet schien nun sämtliche Mandats- und Repräsentationsfragen mit einem Schlag gegenstandslos zu machen. Jeder kann mit ein paar Klicks ganze Datensätze »ins Netz stellen« und sich direkt öffentlich artikulieren – vorbei an allen Volksvertretungen, Regierungen, Zeitungen, Rundfunk und Fernsehen, vorbei an allen Repräsentanten und Vormündern, die sich für entscheidungsbefugt darüber halten, ob das, was öffentlich artikuliert wird, auch öffentlichkeitswürdig ist. Erst die ungefilterte Öffentlichkeit bringt direkte Demokratie; hier erst wird Freiheit konkret, jauchzten die Internet-Pioniere, legten wie besessen Glasfaserkabel und knüpften Algorithmen zwischen allem, was sich verlinken lässt. Das vermeintliche neue Reich der Freiheit war freilich schon Mitte der 1990er Jahre ein Dschungel, gegen dessen Wuchern nur noch eines half: Suchmaschinen. Weil sie Retter in der Not waren, sah man ihnen nicht sogleich an, in welch schwindelerregendem Maße sie sich zu neuen Vormündern aufbauen würden.

Den Suchmaschinenwettlauf entschied die Idee eines Informatikstudenten: Larry Page. Von seinen Professoren hatten einige es nötig, sich ständig die eigene Wichtigkeit zu beweisen, indem sie pedantisch nachzählten, wie oft sie in den Publikationen anderer zitiert wurden. Das inspirierte Page zu einem Suchsystem nach »Relevanz«. Je öfter ein Fund auch von Anderen gesucht, gefunden, zitiert wird, desto »relevanter« ist er, desto mehr »Stimmen« hat er, desto höher steht er im Ranking. PageRank: Das war der Geniestreich von Google. Jede Google-Suche löst aber nicht nur eine Stimmenauszählung aus. Sie gibt auch eine Stimme ab.

Die Nutzung der Suchmaschine ist ein ständiges Plebiszit. Mit jeder Anfrage ändern sich zugleich die Stimmenverhältnisse. Man wählt nicht mehr Volksvertreter, Parteien oder Repräsentanten, sondern direkt das, was einen gerade interessiert: Dosenöffner, Pornos, Boykottaufrufe oder was es auch sei. Die Wahl läuft und läuft, ohne irgend zu verbindlichen gemeinsamen Statements oder Beschlüssen zu führen. Praktiziert wird unablässige Basisdemokratie ohne *res publica* (öffentliche gemeinsame Angelegenheit).

Und weil jede Suchanfrage auch gespeichert wird, bekommt man alsbald zuerst die Suchergebnisse angezeigt, die am ehesten zum eigenen Suchverhalten zu passen scheinen. Geben etwa erklärte Umweltschützer die Ölfirma BP ein, so kommen Meldungen über von BP verursachte Ölkatastrophen. Politisch unauffälligere Nutzer erhalten Hinweise auf BP-Aktien. Jeder bekommt »seine« Informationen: diejenigen, die ihm gut tun, seine Sicht bestätigen, sein Weltbild festigen und alles davon Abweichende nach und nach ausblenden – und zwar durch eine schleichende, sich unmerklich selbst verstärkende Filterung. So lullen sich die Nutzer allmählich in eine digital erzeugte Wunschwelt ein: eine »Blase«, in der sie ähnlich befangen sind wie Narziss in seinem Spiegelbild. Alles was stören könnte, wird erst gar nicht mehr angeklickt.

Auch Facebook basiert auf strukturellem Narzissmus. Und auch hier gab es eine Urszene. Der Student Mark Zuckerberg hatte je zwei Gesichtsfotos einer Studentin ins Netz gestellt – ohne Erlaubnis der Fotografierten. Durch einen Like-Button sollte man dasjenige anzeigen, das einem besser gefiel. Die Beteiligung an diesem Spielchen war überwältigend. Über andere ein Geschmacksurteil abgeben zu dürfen, das nicht begründet werden muss und den Urteilenden für einen Augenblick zum unangefochtenen Mitglied einer netzöffentlichen Jury erhöht, – das kitzelte das Selbstgefühl dermaßen, dass Zuckerberg eine Plattform zur weltweiten Vernetzung all derer einrichtete, die irgendetwas »mögen«. Facebook soll jeden zu den Leuten, Meinungen, Einstellungen, Nachrichten führen, die er »mag«. Doch die Like-Blasen, die so entstehen, sind kaum stabiler als Seifenblasen. Damit sie platzen, muss nur ein Reizwort fallen (z. B. »Unterschicht«, »Krankheit«, »Behinderung«, »Zurückgebliebenheit«, vom »N-Wort« und »R-Wort« gar nicht zu reden). Dann wird über den hergefallen, der es gepostet hat, und zwar um so hemmungsloser, je anonymer man es tun kann. Shitstorms sind kein Missbrauch des Internets. Sie gehören zu seinen Gestehungskosten. Je mehr die Gemeinschaftsbildung die Gestalt digitaler Blasenbildung annimmt, desto blanker liegen die Nerven, desto gereizter wird die Reaktion auf alles, was nicht voller Konsens ist. Es wird zum störenden oder bedrohlichen Außen.

Like-Button und Suchmaschine sind eigentlich bloß eine weltweit bereitgestellte Infrastruktur. Es sind die Nutzer, die den Button drücken. *Sie* geben ihre Anfragen, Wünsche, Interessen in die Suchmaschine ein. Diese konfiguriert daraus lediglich ihr Profil und verwaltet es für sie. Das jeweilige Profil ist ein digitales

Wunschbild. Es registriert alle Wünsche, die Nutzer X bis zum jetzigen Augenblick in die Suchmaschine eingegeben hat. Es zeigt aber nicht bloß den Kontostand der bisher geäußerten an, sondern gibt damit zugleich ein Leitbild für alle künftigen. Als algorithmisch ermittelter Inbegriff des individuellen Wunschlebens hat das digitale Wunschbild den einzelnen, oft unstet-diffusen Wunschregungen etwas Entscheidendes voraus: eine Struktur. Es wirkt als höhere, orientierende Instanz.

Die aber verdient größte psychoanalytische Aufmerksamkeit. Schon früh war Freud klar, dass Menschen sich nicht einfach wahrnehmen, wie sie sind, sondern immer auch so, wie sie zu sein wünschen. Kronzeuge dafür ist der Traum. Nahezu jeder Mensch träumt im Schlaf und produziert dabei Wunschszenarien, die im Wachzustand von den Realitätsprüfungskräften nicht zugelassen werden. Allerdings hört die tiefenseelische Wunschdynamik im Wachzustand nicht auf, das Ich mit einem Wunsch-Ich zu überwölben. Freud sprach zunächst vom »Ideal-Ich«, das die Person größer, schöner, besser erscheinen lässt, als sie ist. Doch schon die frühesten, elementarsten Wünsche, also die kindlichen, sind nicht nur innere Regungen, sondern reagieren immer auch schon auf das, was überlegene äußere Kräfte – vornehmlich Eltern und Pflegepersonen – dem Kind vorleben und von ihm erwarten. Es versucht sie zu imitieren und ihre Erwartungen zu seinen zu machen. In diesen Erwartungen aber stecken die Regeln und Normen von Familie und Gesellschaft, die die kindlichen Triebregungen einzudämmen und sozial verträglich zu machen trachten. Dieses Regelset nannte Freud später »Über-Ich«. Ohne sich an seinen Vorgaben zu orientieren, kann sich überhaupt kein Ich bilden. Ich-Bildung ist immer auch Verformung von Triebregungen: ihre Angleichung ans Über-Ich.

Von dieser Verformung ist das digitale Wunsch-Ich weitgehend befreit. Es wird nicht durch Regeln und Normen eingedämmt, sondern durch Angebote entfesselt, und zwar durch diejenigen, die genau seinem algorithmisch ermittelten Ist-Stand entsprechen. Der ehemalige Google-Chef Eric Schmidt pointierte das so: Die Nutzer »erwarten von Google, dass es ihnen sagt, was sie als Nächstes tun sollen. Die Technologie ist so gut, dass es sehr schwierig für die Leute wird, irgendetwas anzusehen oder zu konsumieren, das nicht passgenau auf sie zugeschnitten ist« (zit. n. Keese, 2014, S. 226). Das geht nur, weil die Suchmaschine das Wunschleben sieht. Sie arbeitet die Wünsche heraus, die sie bedient, und sie bedient nur Wünsche nach algorithmisch darstellbaren Informationen und Konsumgütern. Aber sie verschleiert, wie sehr sie damit das Wunschleben beschneidet: wie ein Gärtner, der durch Schrägschnitt die Triebe nur noch nach einer Seite hin wachsen lässt. Dem beschnittenen Wunschleben allerdings willfährt sie auf eine Weise, die die Nutzer in ein Hochgefühl versetzt. Sie eröffnet ihnen mit wenigen Klicks ein ganzes Datenuniversum. Sie macht sie zu Herren einer eigenen Welt. Wer den Honig dieser Schmeichelei einsaugt und das Gefühl der eigenen Übergröße, das daraus folgt, in seinen seelischen Haushalt einziehen lässt, hat es schwer, davon wieder wegzukommen.

Und genau damit lockt die Suchmaschine. Sie kommt als dienstbarer Geist daher. Ihre Nutzer sind ihre Chefs. Sie erteilen ihr Suchbefehle. Doch dadurch werden sie angefixt. Sie schwelgen in dem Hochgefühl, im Nu über Unmengen von Daten zu verfügen. Aber das macht sie von der Maschine abhängig. Je mehr sie ihnen ihre Suchwünsche erfüllt, desto mehr geschieht das zu den Konditionen der Maschine. Es baut sich Suchtverhalten auf, nicht anders als bei Alkohol oder Heroin. Wenn der Schnaps dem Trinker seinen Willen vollständig erfüllt, hat er keinen eigenen mehr. Wenn die Suchmaschine den Willen der Nutzer verwaltet und ausführt, ist sie es, die »ihnen sagt, was sie als Nächstes tun sollen«. Das ist der Ernstfall dessen, was Immanuel Kant »selbstverschuldete Unmündigkeit« (Kant, 1968 [1784], S. 53) genannt hat. Die Nutzer stellen sie selbst her: basisdemokratisch. Sie werden nicht direkt indoktriniert. Jeder von ihnen bekommt lediglich die Produkte und Ansichten dargeboten, die so sehr »seine« sind, dass er sich kaum mehr eigens für sie entscheiden muss. Der dienstbare Geist, der sie vorschlägt, bekommt das Ansehen eines höheren Wesens. Aber dies Höhere ist nur die maschinisierte eigene Wunschdynamik.

Das herkömmliche Verhältnis von Ich und Über-Ich ist ein Spannungsverhältnis. Ein Ich kann sich nur bilden, sofern es an einem Über-Ich emporwächst, sich dann von ihm aber auch abstößt. Andererseits drückt sich das Über-Ich nicht einfach ins Seeleninnere ein wie der Stempel ins Wachs. Es muss verinnerlicht werden, und das ist selbst schon eine Ich-Leistung. So verdankt sich nicht nur das Ich dem Über-Ich, sondern das Über-Ich wiederum einer Ich-Tätigkeit. Das digitale Wunsch-Ich braucht diese Wechselspannung nicht. Die Plattform ist ihm ebenso Wunscherfüllungsgehilfe wie regulierendes höheres Wesen, ebenso Lustspender wie Norm. Und Norm nicht nur in dem Sinne, dass sie Nutzungsregeln vorgibt, sondern zunächst einmal so, dass sie das Wunschleben der Nutzer normiert. Durch kostenlose Dienstleistung zieht sie ihm ihre algorithmischen Strukturen ein. Damit wird die Suchmaschine zur Wunschmaschine, die das Wunschleben eines jeden Nutzers zu ihrem Bestandteil macht – deshalb die Intensität, mit der sie in kurzer Zeit Milliarden von Menschen symbiotisch an sich gebunden hat. Google oder Facebook bräuchten nur einmal 24 Stunden lang sämtliche Dienste auszusetzen. Weltweit würde es umgehend zu Panikattacken kommen, mit Schweißausbrüchen, Herzrasen, Übersprungshandlungen, also all dem, was man beim Absetzen von Drogen »Entzugserscheinungen« nennt. Daran zeigt sich, wie weit die Symbiose reicht. Sie hat Suchtcharakter. Wir können nicht mehr ohne die Plattformen. Sie lassen ersehntes Wunsch-Ich und konditionierendes Über-Ich ineinanderfallen. Und ihre Nutzungsbedingungen machen das Akzeptieren leicht. Sie kommen nicht als Befehle daher, sondern als faires Tauschangebot auf Augenhöhe: Du darfst gratis unsere Dienstleistung nutzen, wir nutzen dafür gratis deine Daten. Das ist dem Pakt, den Chamissos Peter Schlemihl mit einer undurchsichtigen höheren Macht eingeht, verblüffend ähnlich: Du bekommst Reichtum und Glanz, ich will dafür lediglich deinen Schatten haben. In Plattformsprache: Du bekommst das Hochgefühl der Verfügung über ein Universum von Daten und Kommunikationsverbindungen, wir wollen dafür lediglich dein Wunschprofil nutzen, welches du durch ständiges Updating freundlicherweise selbst wartest.

Die Wartung besteht in permanenter Generierung neuer Daten. Deren Verkauf ist es, der Google und Facebook so unerhört reich und mächtig gemacht hat: der Datenverkauf an Firmen, an Versicherungen, an offizielle und inoffizielle staatliche Stellen. Das Wunsch-Ich, das sich aus diesen Daten zusammensetzt, ist ein in hohem Maße aussagekräftiges Persönlichkeitsmosaik, und jeder Mosaikstein ein geldwertes Ausspähmaterial. Wie es genutzt wird, bleibt nicht nur für die Datenlieferanten undurchsichtig. Auch den Staaten, die gesetzliche Nutzungsbeschränkungen erlassen, fehlt das Know-how, um zu überprüfen, wohin die erhobenen Daten tatsächlich gelangen. Zudem mangelt es ihnen an politischer Durchsetzungskraft dazu. Der politische Diskurs ist längst auf Facebook und Twitter angewiesen. Die Daten der Körperkameras der deutschen Polizei werden von Amazon verwaltet, nicht vom Innenministerium. Abhängig von den großen Plattformen ist nicht mehr bloß die Triebstruktur der Individuen, sondern der Zusammenhalt des Gemeinwesens.

Es ist in diesem Zusammenhang sehr erhellend, dass sich im Englischen an das Wort *platform* zielsicher das Wort *follower* geknüpft hat. Seither sind beide Worte ein Paar. Ein Blog oder ein Twitter-Account ohne Follower ist so gut wie inexistent; er wird nicht wahrgenommen. »Follower« sind, wörtlich übersetzt, »Folgende«. Aber folgen kann man ganz Verschiedenem: einem Fliehenden, einer Spur, einem Text, einem Rat, einem Befehl, einem Führer. Die Follower eines Blogs etwa müssen nicht dessen Fans sein. Sie können seine Berichterstattung durchaus skeptisch oder ablehnend verfolgen.

Doch diese Art des Folgens ist bereits eine hochdifferenzierte Spätform: Das Verb *follow* kommt hingegen aus vormodernen Stammes- und Sakralverhältnissen, wo »Folgen« das Gegenstück zu »Befehlen« war und es noch keine klaren Unterschiede gab zwischen der Folge, die einem Stammeshäuptling, einem Stammeskult oder einer Stammesgottheit geleistet wurde. Follower waren die Gefolgsleute, auf die sakrale oder militärische Führer sich im Ernstfall verlassen konnten. *Folc* (»Volk«), das war die Schar, die zusammenströmte, wenn der »Slogan« *(sluagh gairm)* ertönte, was im Altgälischen so viel hieß wie »Volk-Ruf«, »Sammelruf«, »Schlachtruf« (Mühlpfordt, 2016, S. 65). Plattformen lösen eine ähnliche Wirkung aus wie die alten Slogans: Sie ziehen Scharen zusammen. Sie konstituieren auf hochtechnologische Weise Gefolgschaften. Besonders offenkundig geschieht das bei jenen (meist sehr jungen) YouTubern, die hemmungslose Selbstdarstellung betreiben – und durch ihre exhibitionistische Art, ihre privaten Ansichten, Bilder, Hobbies, Wohnungen, Klamotten, Musikvorlieben zur Schau zu stellen, eine unfassbar große Schar rekrutieren, die durch millionenfache Likes kundtut, dass sie liebend gern selbst so hemmungslos auftreten würde wie ihr Vorbild.

Aber auch jeder seriöse Blog zur Aufdeckung von Verstößen gegen Menschenrechte, jeder Twitter-Account zur Erörterung von Themen, die im Mainstream kein Gehör finden, braucht selbstverständlich einen Grundstock von Followern, die den Betreiber als Leitfigur wahrnehmen und ihn durch ihre Reaktionen ermuntern, weiterzumachen. Daran ist nichts auszusetzen. Nur dass Blogger so gut wie alles selbst machen müssen: ihre eigenen politischen oder kulturellen Anliegen nicht nur artikulieren, sondern auch in die optimalen Kanäle lancieren; Follower nicht nur rekrutieren, sondern auch bei Laune halten; also ständig Netzverbindungen herstellen, Pointen zünden, Aufmerksamkeit erregen, damit der Blog den Ablenkungskräften des Internet nicht erliegt. So leisten sie ihrerseits den Zwängen des Mediums Gefolgschaft, während sie Follower um sich scharen und bei der Stange zu halten versuchen. Davon bleiben auch die besten Aufklärungs- und Politisierungsabsichten nicht ganz unberührt.

Aber erst in der globalen Makrodimension kommt die hochtechnologische Wiederbelebung archaischer Gefolgschaftsmentalität voll zum Tragen. Google und Facebook haben Milliarden von Menschen im Schlepptau. Entstanden ist diese Gefolgschaft durch Schwarmsog. Wo es die Anderen hinzieht, da muss ich auch hin, sonst bin ich abgehängt. Doch eigentlich sind Schwärme unstet und flüchtig – es sei denn, man weiß sie im Zustand des Schwarms festzuhalten. Google vermochte das durch die stupende Qualität seiner Suchmaschine. Wer sie nutzte, wollte ihre Bequemlichkeit und das Hochgefühl, von ihr kostenlos die Welt zu Füßen gelegt zu bekommen, nicht mehr missen. Um dagegen aufzukommen, müssen die Konkurrenten mit anderen Bequemlichkeiten locken. Facebook etwa bietet denen, die ihre privaten und beruflichen Kontakte über seine Plattform laufen lassen, permanent zusätzliche Informations- und Recherchedienste. Und alle großen Plattformen arbeiten an ihrer Entwicklung zum Allroundservice, der nicht nur den gesamten Informations- und Kommunikationsbedarf deckt, sondern auch eine umfassende Verkehrslogistik bietet, in die der gesamte Fahrzeug-, Straßen- und Schienenbau eingebunden ist; eine Gesundheitsversorgung, die sämtliche medizinischen Dienst- und Versicherungsleistungen umfasst; eine Bildungscloud, die vom Kindergarten bis zum Hochschulabschluss alle Lernprozesse strukturiert; eine Sicherheitslogistik, die das Zusammenspiel zwischen staatlichen und privaten Sicherheitsdiensten optimal koordiniert; und eigene Währungen, die den ganzen dabei anfallenden Zahlungsverkehr bargeldlos abwickeln. Und alle werben damit, wie bequem es doch sei, wenn man all das in Anspruch nehmen kann, ohne die Plattform zu verlassen.

Nun ist es zwar tatsächlich entschieden bequemer, durch eine einzige Suchworteingabe bei Google im Nu herauszubekommen, was bei einer Bibliotheksrecherche Stunden dauern würde. Aber warum sollen die wenigen Tastenanschläge, die erforderlich sind, um von einer Plattform zur anderen zu wechseln, so viel unbequemer sein als die vielen Tastenanschläge innerhalb einer Plattform? Das ist ebenso fadenscheinig wie die Behauptung, an der Supermarktkasse sei das Hervorziehen von

Bargeld lästig, das einer Scheckkarte aber bequem. Das Wort »Bequemlichkeit« kaschiert hier lediglich, worum es eigentlich geht. Die konkurrierenden Plattformen suchen noch einmal die narzisstischen Potenziale zu mobilisieren, die Google und Facebook einst so unwiderstehlich machten: das Hochgefühl, die gesamte Welt der Information frei Haus geliefert zu bekommen (Google); das Hochgefühl, der großen Jury anzugehören, die ohne jede Rechenschaftspflicht öffentlich bekunden darf, was ihr »gefällt« und was nicht (Facebook).

Lustvoll ist weniger, dass man sich ein paar Anschläge und Klicks erspart, wenn man auf der Plattform bleibt, als das Hochgefühl, das einem, sozusagen als Treuebonus, fürs Bleiben zuteil wird. Wer auf verschiedenen Plattformen unterwegs ist, ist auf jeder nur zu Besuch. Wer alles auf einer erledigt, ist auf ihr vergleichsweise zu Hause und verfügt dabei auch noch über ein zusammenhängendes »Reich« – frei nach Goethe: »Hier bin ich *King*, hier darf ich's sein.« Das ist der Kitzel, der so ungemein bestechend wirkt, zumal er – anders als der Kick, den herkömmliche Drogen wie Heroin oder Alkohol verschaffen – ein hohes soziales Ansehen genießt. Er markiert die Spitze des Fortschritts. Deshalb hat er es vergleichsweise leicht, Nutzer an eine bestimmte Plattform zu fixieren – sie im genauen Sinn des Wortes »anzufixen«.

Für angefixte Nutzer ist die Plattform, die ihnen einen ganzen *way of life* bietet, mehr als nur ein nützliches Werkzeug und strategischer Orientierungspunkt. Sie gerät in die Rolle eines seelischen, um nicht zu sagen *existenziellen* Halts. Suchtverhältnisse haben ihre eigene Autoritätsstruktur. Süchtige werden nicht durch äußeren Befehl abhängig, sie sind es durch eigenen inneren Drang. Ein bestimmtes Suchtobjekt verschafft ihnen Verschnauf- und Genussphasen, ohne die sie ihren Alltag je länger, desto weniger aushalten. Insofern empfinden sie das Suchtobjekt als rettend. Sucht hat eine eigene Physio-Theologie. Das Suchtobjekt fungiert darin als die rettende höhere Macht. Der Abhängige »glaubt« an sie, wenn er sich die nächste Dosis Heroin verabreicht oder nach dem Aufwachen sogleich das Smartphone einschaltet. Andererseits weiß oder spürt er, dass diese Macht ihn nicht rettet, sondern nur abhängiger von ihr macht. Insofern ist Sucht ein von Unglauben durchsetzter Glaube: ein tiefenseelischer, um nicht zu sagen *physiologischer* Fundamentalismus (Türcke, 2019, S. 185ff., 2010, S. 253ff.).

So ist das auch bei den globalen Plattformen: Keine von ihnen ist Gott, keine hat die Welt geschaffen, vergibt Sünden oder sorgt für ewige Seligkeit. Das wissen die Follower. Dennoch sind Plattformen, die einen Riesenschwarm von Menschen ansaugen und ihm einen ganzen *way of life* bieten, entschieden mehr als ein algorithmisches Hilfsmittel. Sie erretten davon, nirgends hinzugehören und in jener unerschwinglichen Zwischenwelt zu leben, wo es all ihre Vergünstigungen nicht gibt. Die Plattform drängt sich als gelobtes Land auf; als Wunschmaschine, die das Wunschleben ihrer Nutzer optimal aufbewahrt und es eins mit ihr werden lässt. Die mystische Vereinigung, die die Theologie zwischen Seele und Gott lediglich imaginiert hat – hier ereignet sie sich real, ohne dass auch nur ein einziges theologisches Wort fallen muss. Plattform-Mystik ist suchtbasierter symbiotischer Ineinanderfall von Wunsch-Ich und Über-Ich, worin Begehren und Identifikation eins werden. Plattformen sind überall und nirgends. Viele Firmen und Institutionen funktionieren längst so, dass sie keinen zentralen Ort mehr brauchen. Ihre Mitarbeiter sitzen zu Hause oder sonstwo und werden bei Bedarf online zusammengeschaltet. Dieser Trend hat durch die Corona-Pandemie einen mächtigen Schub bekommen. Plötzlich sind die Plattformen nicht mehr nur Spitze des Fortschritts, sondern auch Retter in der Not. Was tun, wenn Unterricht, Büroarbeit, Konferenzen, Aufführungen, Ausstellungen und nicht zuletzt Psychotherapien nicht mehr am dafür vorgesehenen Ort stattfinden können? Sogleich sind Online-Formate zur Stelle. Zunächst als Überbrückungen. Eine Überbrückung ist ein Notbehelf. Sie tritt an die Stelle von etwas, was sie nicht ersetzen kann. Aber sie ist besser als nichts. Besser den Unterricht, die Konferenz, die Aufführung, die Therapie online durchführen als überhaupt nicht, ist die Devise.

Dagegen ist schwer etwas einzuwenden. Und zur Anfangsphase von solchen Notbehelfen gehört, dass sie noch ganz unter dem Eindruck dessen stehen, was ihnen fehlt. Man erlebt in ihnen ständig das mit, was sie vorenthalten: die Atmosphäre, die in einem gemeinsamen Raum durch körperliche Nähe, Blickkontakte, direkte Interaktion entsteht. Man erlebt dieses Fehlende als etwas Unersetzliches. Genau das macht Trauer aus. In erster Linie beziehen wir dieses Wort auf Personen. Eine geliebte Person ist nicht mehr da. Das schmerzt, aber man will den Schmerz auch. Man will die Lücke nicht gleich stopfen, denn man fühlt die abwesende Person weiterhin als präsent. Nun weiß man von Freud, dass er Trauer als etwas wahrnahm, was man durchmachen, worüber man aber auch hinwegkommen muss. Wer sich in sie verbeißt – so sein Verdacht –, der hat sich gar nicht ernstlich ans Durchmachen begeben. Freilich gibt es auch das Entgegengesetzte: dass man allzu schnell darüber hinwegkommt, weil man sich das Durchmachen erspart.

Dieser Trend ist beim neuen Corona-bedingten Online-Boom offensichtlich: Fast jede Einrichtung eines Online-Formats anstelle physischer Zusammenkünfte ist von der Beteuerung begleitet, dass die physische Zusammenkunft selbstredend durch nichts zu ersetzen sei. In vielen Fällen ist das kaum mehr als eine Freud'sche Verneinung: ein Verleugnen oder Nicht-Wahrhaben-Wollen, dass man längst dabei ist, sich mit dem Ersatz zu arrangieren – mit dem Tenor: Ja, es ist zwar nicht dasselbe wie physisch zusammenzukommen, aber es geht zur Not auch so. Und diese Not wird zunehmend geringer, je mehr die Erinnerung daran verblasst, wie die Formate lebendigen physischen Zusammenseins tickten; je mehr man das, was durch ihren Ausfall verlorengeht, gegen alles das aufzurechnen beginnt, was er einem erspart: das Sich-Präparieren für das Verlassen der eigenen Wohnung und die damit verbundene Haushalts- und Familienlogistik, lästige Anfahrtswege, die Unterhaltung von Büro- und Praxisräumen, und vor allem: viel Zeit.

Je symbiotischer das Verhältnis zu den Plattformen, desto größer die Neigung, sich durch solche Aufrechnungen über den Verlust von Live-Formaten hinwegzutrösten. Man könnte darin Anzeichen gelingender Trauerarbeit sehen: dass man die lebendigen Zusammenkünfte, die man zunächst sehr vermisste, allmählich verschmerzen lernt. Nur gibt es da einen entscheidenden Unterschied: Der Ernstfall der Trauer gilt einem unwiederbringlich Verlorenen. Hier jedoch hat man es lediglich mit Stillgelegtem tun, das durchaus wiederherstellbar wäre, sobald die Pandemie nachlässt. Und bestimmte Großformate – etwa der massenhafte Besuch von Sport-, Theater-, Musikevents – werden mächtig wieder aufblühen, im Gegensatz allerdings zu vielen mittleren oder Kleinformaten. So manche Firmenbelegschaft wird nicht wieder in die gemeinsamen Büros zurückkehren können, weil die inzwischen eingespart wurden. Es ging ja auch ohne sie. Ein beträchtlicher Teil von Theatern und Konzerthäusern wird nicht wieder öffnen. Man kommt ja auch mit weniger aus – genauso, wie man mit weniger universitären Präsenzveranstaltungen und mit weniger Präsenztagen in den Schulen auskommt. Die Zahl von gestreamten Aufführungen, von Online-Vorlesungen und -vorträgen, von online unterstützten Heimarbeitstagen der Schulpflichtigen wird dafür signifikant steigen. Und die Telefon- und Online-Notbehelfe der Psychotherapie werden zu Dauerbestandteilen einer Mischtherapie aufsteigen, die als neue Vielfalt gepriesen werden wird, mit der Folge, dass sich der Prozentsatz unerlässlicher Live-Zusammenkünfte stetig verringert. Es geht immer auch noch mit ein bisschen weniger.

Der schwer greifbare, aber tiefenseelisch hochwirksame Druck, der dabei stattfindet, kommt womöglich gar nicht in den Blick. In der Anfangsphase einer Online-Behandlung, die Therapeuten und Patienten als puren Notbehelf empfinden, sind sie vereint im gemeinsamen Widerwillen gegen die Online-Standards. Umso präsenter ist ihnen das, was sie gemeinsam schmerzlich vermissen. Es wird ständig mitimaginiert. Solange das geschieht, verschafft die gemeinsame Trauer der Therapie eine Intensität, die Online-Standards von sich aus nicht erreichen. Wenn allerdings Umfragen in dieser Phase erfolgen und ergeben, dass die Therapieresultate recht »zufriedenstellend« seien und Online-Formate »gar nicht so schlecht« wie befürchtet, so geht davon zugleich die Botschaft aus: Lasst ab von der Trauer. Sie ist doch bloß Technikfeindschaft. Akzeptiert die Online-Behandlung als passable neue Therapieform. Schwindet aber der Widerwille gegen sie, so schwindet gerade dasjenige, was ihr eine gewisse Intensität verschaffte: das anstrengende Mit-Imaginieren des vermissten Abwesenden. Man beginnt sich mit dem Flachbild der Bildschirme zu begnügen, mit der Verflachung der Übertragungs- und Assoziationsprozesse. In Einzelfällen kann diese Verflachung temporär sogar etwas Gutes haben. Es gibt stark gestörte Patienten, die in der Corona-bedingten Online-Therapie unversehens aufatmeten und beträchtlich vorankamen, weil sie den Druck, den das geschlossene Behandlungszimmer und die physische Nähe des Therapeuten auf sie ausübten, erst einmal los waren. Womöglich kann man daraus lernen, in stagnierende Therapien wohldosierte Online-Phasen einzuschalten. Allerdings dürften deren

Erfolge bald wieder verfliegen, wenn sie nicht durch Rückkehr zur physischen Nähe und Übertragungsintensität im Behandlungszimmer dauerhaft geerdet werden. Andernfalls droht auch die Psychotherapie einer schleichenden Identifizierung mit dem Angreifer zu verfallen: dem Sog der immer raffinierter und effizienter werdenden Online-Formate und deren Blasenbildungs- und Verflachungskräften.

Dass nach der Pandemie nicht alles sein wird wie zuvor, ist für sich genommen nicht dramatisch. Das Frühere ist ja nicht automatisch das Bessere. Eine ganze Menge von Dienstreisen und physischen Zusammenkünften, die vor zwei Jahren noch selbstverständlich waren, erweisen sich jetzt schon als unnötiger Aktivismus. Aber der Gesamttrend – weg vom Live-Meeting hin zum Plattform-Meeting – ist um so bedenklicher. Ehe man ans Abwägen von Vor- und Nachteilen einer Online-Psychotherapie geht, wäre erst einmal der weltweite Peter-Schlemihl-Pakt ins Bewusstsein zu heben: das suchtbasierte Bündnis, das die Nutzer in globalem Ausmaß mit den Plattformen unterhalten. Es bildet den tiefenseelischen Fundus, zu dessen Konditionen sich die heutigen psychosomatischen Krankheitsbilder und ihre Therapien formieren. Der Sog zu den Plattformen hin hat durch die Pandemie nur zusätzliche Intensität bekommen. Aber er wird auch nach ihrem Abebben fortdauern. Die Versuchung, diesen Sog als übermächtiges Schicksal hinzunehmen, wird wachsen. Dabei ist dieses Schicksal ein Triebschicksal. Es wird durch das digitale Wunsch-Ich aufrechterhalten. Dessen Durcharbeitung ist eine erstrangige psychoanalytische Aufgabe. Streng genommen müsste sie in jeder Individual- oder Gruppentherapie mit auf dem Programm stehen.

Literatur

Kant, I. (1968 [1784]). *Beantwortung der Frage: Was ist Aufklärung? Werke Band XI.* Herausgegeben von Wilhelm Weischedel. Frankfurt a. M.: Suhrkamp.
Keese, C. (2016). *Silicon Valley.* München: Knaus.
Mühlpfordt, M. (2016). *Der Slogan als Abkömmling des Zauberspruchs.* Berlin: LIT.
Türcke, C. (2010). *Erregte Gesellschaft. Philosophie der Sensation* (2. Aufl.). München: C. H. Beck.
Türcke, C. (2019). *Digitale Gefolgschaft. Auf dem Weg in eine neue Stammesgesellschaft.* München: C. H. Beck.

Der Autor

Christoph Türcke, Jahrgang 1948, war Professor für Philosophie an der Hochschule für Grafik und Buchkunst in Leipzig. Erster Träger des Sigmund-Freud-Kulturpreises (2009). Hauptwerke: *Erregte Gesellschaft. Philosophie der Sensation* (München, 2002); *Philosophie des Traums* (München, 2008); *Mehr! Philosophie des Geldes* (München, 2015); *Digitale Gefolgschaft* (München, 2019); *Natur und Gender* (München, 2021)

Kontakt per E-Mail: ctuercke@hgb-leipzig.de

Der Verlust der Intimität –
social scoring im autoritären Staat, *self-disclosure* im Internet

Alf Gerlach

Zum Handwerkszeug des Psychoanalytikers[1] gehört das Angebot eines geschütz-ten Raumes, in dem auch das Intime des Patienten, das wir als schützenswer-tes Eigenes verstehen können, zu Gehör kommen kann. Das geschieht in oft ungewohnter und für Patienten wie Analytiker überraschender Weise, wenn Abkömmlinge des Unbewussten ins Sprechen und Handeln drängen. Der not-wendige Schutz wird dabei durch den äußeren Rahmen, aber auch durch die abstinente Haltung des Analytikers garantiert. Deshalb verträgt die analytische Situation keine Einmischung eines äußeren Dritten, und es erfordert die Anstren-gung beider Beteiligter, auch die Zensur des »inneren Dritten« in Schach zu halten.

Neue digitale Möglichkeiten verändern diesen Raum: Das *social scoring* autori-tärer Staaten droht den Raum des Intimen bei jedem Einzelnen einzuengen, erlaubt den kontrollierenden Zugriff auf Aspekte des Fühlens, Denkens und Handelns der Subjekte. Zugleich wirken neue soziale Medien als geheime Verführer, Aspekte des eigenen Selbst zu enthüllen, sich auf den neuen Bühnen der virtuellen Realität zu zeigen. Diese Entwicklungen können auch den Bereich des »Intimen« verändern und Wirkungen bis in den analytischen Raum zeigen.

Nicht umsonst habe ich bei der Formulierung meines Themas zwei englisch-sprachige Begriffe verwandt, *social scoring* und *self-disclosure*, weil wir die Verände-rungen, die hier zu diskutieren sind, nur in einem internationalen, weltumfassenden Rahmen diskutieren können. Es geht um Prozesse, die weltweit zu beobachten sind und unsere analytische Haltung auf die Probe stellen. Meine Beobachtungen, die ich hier diskutiere, basieren allerdings vor allem auf meinen Erfahrungen als Psychoanalytiker mit Praxis in Deutschland und meinen Ausbildungstätigkeiten in psychodynamischer Psychotherapie und Psychoanalyse in China, die ich in den letzten 25 Jahren zusammen mit über 50 deutschen und internationalen Kollegen vorangetrieben habe.

---

1 Ich benutze im gesamten Text die männliche Form und inkludiere dabei alle anderen Geschlechter.

Social scoring

Soziale Bewertung durch einen autoritären Staat lässt sich am besten am Beispiel der Volksrepublik China darstellen, wo dieses Programm von der Kommunistischen Partei (KP) Chinas als »Sozialkreditsystem« oder »Gesellschaftliches Bonitätssystem« angepriesen wird. Damit soll die finanzielle und gesellschaftliche Kreditwürdigkeit von Unternehmen und Privatpersonen mithilfe eines Punktesystems überprüft werden. Teilweise erinnert es an die uns bekannte Schufa, eine privatwirtschaftlich organisierte deutsche Wirtschaftsauskunftsdatei, mit der wohl alle von uns schon einmal zu tun hatten, wenn sie einen Kredit beantragt haben. Auch in Deutschland kommt es inzwischen vor, dass ein privat versicherter Patient bei der ärztlichen Behandlung eine Einwilligungserklärung unterschreiben soll, dass die Praxis bei der Schufa Auskunft einholen dürfe, wie die Zahlungsfähigkeit des Patienten zu bewerten sei. In Deutschland kann man dies verweigern. Das »Sozialkreditsystem« in China fand aber nun bei vielen chinesischen Bürgern Anklang, nachdem wegen der Schwierigkeit, bei Banken einen Kredit zu erhalten, ein zweites Kreditsystem unter Privatleuten Verbreitung gefunden hatte, bei dem es aber zu zahlreichen Konflikten um die Rückzahlung der Kredite gekommen war. Positive Punkte soll es nun z. B. für die Einhaltung vereinbarter Rückzahlungen geben, aber eben auch für privates Verhalten wie den regelmäßigen Besuch der Eltern, freiwilliges Blutspenden, Nachbarschaftsdienste usw. Mit negativen Punkten sollen z. B. häusliche Gewalt, Verstöße gegen die Verkehrsregeln, »unmoralisches Benehmen« oder Regierungskritik in den sozialen Netzwerken sanktioniert werden (Erling, 2019).

Der Schweizer Wirtschaftsinformatiker Bendel definiert *social scoring* so:

> »Es findet ein permanentes Rating und Scoring (›citizen score‹ bzw. ›social scoring‹) mit Blick auf die Lebenssituation, das Sozialverhalten oder Verwaltungs- und Wirtschaftsaktivitäten statt. Dabei werden vernetzte Datenbanken sowie Bild- und Tonsysteme in Verbindung mit Big-Data-Analysen und Methoden der Künstlichen Intelligenz eingesetzt. Bei Identifizierung, Quantifizierung, Qualifizierung und Evaluierung in öffentlichen Bereichen, etwa über Sprach-, Stimm- und Gesichtserkennung, verbunden mit Emotionserkennung, sind Echtzeitverfahren von Bedeutung« (Bendel, 2021).

Das System wurde zunächst in verschiedenen Regionen Chinas erprobt, soll aber auf Dauer auf das ganze Land ausgedehnt werden. Bisher ausgesprochene Sanktionen greifen durchaus gravierend in das Leben der Betroffenen ein: So wird ihren Kindern etwa der Besuch bestimmter Schulen verwehrt, oder die Benutzung öffentlicher Verkehrsmittel über längere Strecken, z. B. mittels Flugzeugs oder Schnellzugs, wird verweigert. Vonseiten kritischer Rechtsanwälte, von Teilen der

Presse, aber auch in den sozialen Netzwerken, gab es durchaus Kritik an diesem Vorhaben; »[c]hinesische Verfechter argumentieren dagegen, wie wichtig es sei, Vertrauen und Ehrlichkeit in ihrem Land wiederherzustellen. Sie führen den Niedergang solcher Werte auf die Übernahme marktwirtschaftlicher Praktiken zurück, ohne über ein effizientes Rechtssystem zu verfügen« (Erling, 2019).

Nun hat China zum 1. November 2021 ein neues Datenschutzgesetz in Kraft gesetzt, das die Sammlung, Nutzung und Speicherung persönlicher Daten regelt (Yu, 2021). Es entstand vor allem in Reaktion auf die ungehinderte Datensammlung der großen Social-Media-Konzerne in China und schränkt deren Möglichkeiten ein. Aber diese Unternehmen sind nicht nur Ziel, sondern auch Teil der statilichen Kontrolle, indem deren Daten leicht mit den von staatlichen Stellen gesammelten Informationen zusammengeführt werden können und so ein sehr genaues Bild von Einstellungen, Präferenzen, Haltungen und Bewegungen des Einzelnen erlauben. Damit gewinnt der Staat aber die Kontrolle über Lebensaspekte der Individuen, die bisher einen Teil der Intimität des Einzelnen ausmachten.

Andere autoritär regierte Staaten werden diese Regulierungen der Verhaltenssteuerung gerne übernehmen. Und es werden viele Menschen bereit sein, diesen Mechanismen zuzustimmen, versprechen sie doch Sicherheit, Produktivität und Regelbarkeit – statt Unübersichtlichkeit und Chaos.

Die *Truman Show* – eine mediale Inszenierung des Privaten

Der australischen Filmemacher Peter Weir brachte 1998 den Film *The Truman Show* in die Kinos, in dem es um einen Mann geht, dessen Leben ohne sein Wissen und Zutun als kontinuierliches Fernsehereignis inszeniert wird (Gerlach, 2008). Sein Leben wird von außen gelenkt, von einer unsichtbaren Macht, die um ihn herum eine Kulisse aufgebaut hat, in der alle anderen Menschen Schauspieler sind, die nur ihre Fernsehrolle spielen. Im Film drückt der Name »Truman« *(true man)* die Tatsache aus, dass Truman Burbanck – so der Name des Protagonisten – der einzige »wahre, echte, reale Mensch« ist, während alle anderen ihm etwas vorspielen. Die Handlungsabfolge nimmt uns, nach der erklärenden Einführung der Langzeitschauspieler, zunächst in die Perspektive der alles beobachtenden Kameras mit, die – verborgen hinter Spiegeln, Möbeln, Kfz-Armaturen und anderem – ihr Bild als 24-Stunden-Realityshow in die Fernsehkanäle entlassen. Wir entdecken, dass der Protagonist von Beginn seines Lebens an von der Fernsehgesellschaft (der Fernsehgesellschaft als Firma im engeren Sinne, aber auch von der »Fernsehgesellschaft«, die uns alle als Fernsehzuschauer einschließt) adoptiert und in einer künstlichen Welt aufgezogen wurde, in der selbst die nächsten Personen – die Eltern, der Freund, die Ehefrau – nicht ihre eigenen, wahren Gefühle in die Beziehungsgestaltung einbringen, sondern Regieanweisungen befolgen, die ein gottgleicher Produzent ihnen zugespielt hat. Nachdem wir so das Prinzip der Fernsehshow verstanden haben, werden wir mit unseren eigenen Spiegelbildern, denen der Fernsehzuschauer, konfrontiert, die auf unterschiedliche Weise mit dem ihnen präsentierten Protagonisten mitempfinden, mit-fühlen, mit-leiden, aber – gefangen in ihrem eigenen Voyeurismus – keine Distanz, keine Kritik der Inszenierung gegenüber aufzubringen scheinen. Schließlich lernen wir auch die Arbeit des Produzenten näher kennen, der aus seiner Zentrale in der Höhe über den Studiobauten nicht nur den äußeren Ablauf lenkt, sondern auch Regieanweisungen darüber gibt, welche Gefühle mit welchen Worten zu vermitteln sind. Für Truman spielt dieser Regisseur nicht nur den allmächtigen Gott, sondern für ihn *ist* er Gott, der selbst über so elementare Vorgänge wie Zeugung, Geburt oder Tod entscheidet.

Nur langsam und zögerlich reagiert Truman im Film auf irritierende Ereignisse, die ihn ahnen lassen, dass seine vermeintliche Realität eine inszenierte ist. Die Entwicklung des Protagonisten zum Individuum, zum selbstbestimmten Subjekt, verläuft über verschiedene Schritte, an deren Ende, gerichtet an den Produzenten, der selbstbewusste Satz steht: »Sie hatten nie eine Kamera in meinem Kopf.«

Eine Etappe in dieser Entwicklung stellen die Gefühle dar, die Truman gegenüber einer Frau entwickelt hat, die es zugelassen hatte, dass sie nicht nur gespielte, sondern echte Gefühle ihm gegenüber erlebte. Das innere Bild, das Truman von der Frau, in die er sich verliebt hat, behält, versucht er im Geheimen seines Kellers aus Zeitschriften-Fotos wieder zusammenzusetzen. Seine Liebesgefühle werden der entscheidende Antrieb für ihn, den Ausbruch aus der Welt zu wagen, die ihn gefangen hält. Hier entdeckt Truman den Aspekt einer möglichen Intimität in seinem Inneren, eines Geheimnisses, das ihm wichtig ist und das er zu schützen versucht.

Intimität

Ich verstehe unter »Intimität« einen Zustand tiefster Vertrautheit zunächst einmal mit sich selbst, mit bestimmten Bereichen des eigenen Fühlens, Denkens und Handelns (Gerlach, 2016). Diese Bereiche – wir sprechen von der »Intimsphäre« (etymologisch stammt das Wort vom lateinischen *intimus* und bedeutet »innigst«, »innerst«, »vertrautest«) – versuchen wir in der Regel zu schützen vor dem Einblick Anderer, wozu wir eine Vielzahl unbewusster wie bewusster Strategien einsetzen. Nur ausnahmsweise teilen wir diese Bereiche mit uns wichtigen Anderen, und der erzwungene oder versehentlich gewährte Einblick darin kann uns zutiefst verletzen, vor allem heftige Schamgefühle und Schamreaktionen hervorrufen.

Ich halte die Entwicklung einer Fähigkeit zur Scham und zur Intimität für eine wichtige Aufgabe der Subjektwerdung. Als Säugling und Kleinkind sind wir zunächst eingebettet in den begleitenden Blick unserer Pflegepersonen, in der Regel unserer leiblichen Mutter, die über unser Wohlergehen wachen und unser Verhalten regulieren. Bei der Erkundung der Außenwelt spielt die Vergewisserung und emotionale Rückbindung des Säuglings im Blick der Mutter eine wesentliche Rolle: Die kognitiven und affektiven Aspekte neu zu erkundender Objekte werden mit der Mutter »abgestimmt«, indem der Säugling mit seinem Blick vom Objekt immer wieder zur Mutter und von dieser immer wieder zum Objekt wechselt. In diesem Wechselspiel entsteht zugleich der Kern einer Selbstwahrnehmung des Säuglings, eines Gefühls für das eigene Selbst und dessen Wert. Mit der wachsenden Möglichkeit zur Fortbewegung, im Krabbelalter, können wir dann beobachten, wie das Kleinkind zunehmend Phasen der Getrenntheit vom mütterlichen Blick erträgt und dann auch sucht. Hier beginnen Momente eines Gefühls eigener Identität auch in der Getrenntheit vom mütterlichen Objekt und von Intimität als einer langsam wachsenden Gewissheit, dass innere Vorgänge auch ohne Begleitung und Rückvergewisserung bei der Mutter möglich sind. Schließlich sehen wir das Kind mehr und mehr um seine Abgegrenztheit kämpfen. Spätestens mit dem ersten »Nein« ist die Autonomieentwicklung eingeleitet. Sie führt nicht nur zur Selbstbestimmtheit nach außen, sondern auch zu einer Fähigkeit, um Geheimnisse im eigenen Selbst zu wissen und diese als intimen Raum zu schützen. Aus diesem Grund spreche ich auch von »Intimität als Gegenwehr«. Die Entwicklung von Intimität als innerer Fähigkeit ist nicht nur ein Aufbegehren gegen einen übermächtigen und kontrollierenden Vater, sondern auch ein Prozess hin zu Autonomie und Intimität in Auseinandersetzung mit einer »frühen« Mutterfigur, die Schutz und Versorgung (»In meiner Welt hast Du nichts zu befürchten!«), aber auch eben auch omnipotente Kontrolle und Einschränkung neben Leugnung jeden intimen Raumes (»Ich kenne Dich besser als Du Dich selbst!«) anbieten kann.[2]

Winnicott (1984 [1965]) hat darauf hingewiesen, dass beim Übergang vom subjektiven Objekt des Säuglings, das mit dessen Erleben der Omnipotenz verknüpft ist, zum objektiv wahrgenommenen Objekt ein Bedürfnis erhalten bleibt, schweigend mit subjektiven Objekten zu kommunizieren. Bedeutsame Kontaktaufnahme und bedeutsames Kommunizieren gingen oft schweigend vor sich und dienten dem Erhalt eines Kerns der Persönlichkeit,

> »der dem wahren Selbst der gespaltenen Persönlichkeit entspricht; [...] der Einzelmensch weiß, daß dieser Kern niemals mit der äußeren Realität kommunizieren oder von ihr beeinflußt werden darf. [...] Wenn auch gesunde Menschen kommunizieren und es genießen, so ist doch die andere Tatsache ebenso wahr, daß *jedes Individuum ein Isoliertes ist, in ständiger Nicht-Kommunikation, ständig unbekannt, tatsächlich ungefunden*« (ebd., S. 245).

---

2 Diese Sätze sind Zitate aus dem Film, gesprochen vom Produzenten zu seinem »Geschöpf«.

Schamaffekte

Voraussetzung für die Entwicklung dieses Raumes von Intimität sind Schamaffekte. Ihr Auftreten hat einen progressionsfördernden Charakter für die Persönlichkeitsentwicklung. Psychoanalytiker haben »Scham« von verschiedenen Gesichtspunkten her konzeptualisiert: Freud folgte einem Repressionsmodell, in dem Scham sich als eine Ich-Fähigkeit entwickelt, deren Ziel es ist, die Triebe mit sozialen Anforderungen und Normen in Übereinstimmung zu bringen. Seine Nachfolger haben dieses Konfliktmodell weiter ausgebaut und vertieft, wobei die affektive Erfahrung des Ichs betont wird, wenn es in seiner Aufgabe versagt, seine Abwehr gegen inakzeptable Triebaspekte zu organisieren. Neuere Ansätze betonen den Kontext mit internalisierten Beziehungskonflikten, die das Kind anspornen, ein »ideales Selbst« zu entwickeln.

Der Wunsch, zu verbergen, Verborgenes zu bewahren und zu schützen, Entblößung zu vermeiden, steht im Zentrum des Erlebens von Scham. Die Entblößung der Geschlechtsteile, der Verlust von Kontrolle, das Scheitern an gesetzten Zielen, die subjektive oder objektive Wahrnehmung, müde, defizient, abnormal in irgendeiner Beziehung zu sein, können Auslöser für schmerzhafte Schamaffekte sein.

Lewis (1971) hat den Unterschied von Schuldgefühlen und Schamaffekten untersucht: Sie betont, dass vom Standpunkt des Selbst aus die Schuld eine aktive Position einnimmt, während es der Scham passiv überlassen ist. Weiterhin herrsche bei der Schuld eine größere Feldunabhängigkeit vor und die Gefühle seien mehr auf fantasierte oder reale Verletzungen Anderer bezogen; die Scham dagegen beinhalte eine größere Feldabhängigkeit und sei mit Gefühlen des Versagens verknüpft.

Rizzuto (1991) hat die Erfahrung von Scham mit dem Konzept der unbewussten Phantasien verknüpft. Sie versteht das Scham-Erleben als das Ergebnis von Konflikten, die das Selbstgefühl und die narzisstische Selbstbeurteilung in der Gegenwart eines signifikanten Anderen berühren. In der konkret erfahrenen Scham sind dabei auch Trieb und Abwehr als dynamische Elemente enthalten.

Scham ist direkt bezogen auf die Wahrnehmung durch das Sehen. Das Auge ist das hervorstechende Organ der schamvollen Entblößung. Es gibt keine Schamerfahrung ohne die Präsenz einer anderen Person, sei sie aktuell zugegen oder ein internalisierter Teil des Über-Ichs, der das beschämte Individuum beobachtet. Diese Komponente der Scham-Erfahrung hat einen direkten Bezug zu aktuellen und internalisierten Objektbeziehungen und darüber zum Über-Ich und zum Ich-Ideal, sofern sie sich auf das Selbstgefühl in der Präsenz des mütterlichen Blicks beziehen.

Schmerzhafte Scham und Signalscham

Scham wird dann als besonders schmerzhaft erlebt, wenn die Antwort einer anderen Person in Form eines ähnlichen Affekts – sei es in der Realität oder in fantasierten Szenen – ausbleibt, wenn man keine komplementäre Botschaft zum eigenen Affekt beim Anderen erreichen kann.

Den Gegensatz von Scham sehen wir in der Regel in Schamlosigkeit. Das Individuum hat, sobald es sich erst einmal der beobachtenden Blicke der Anderen bewusst geworden ist, die Möglichkeit, in einer Haltung der Schamlosigkeit sich weiter zu exponieren und Mitspieler in der grandiosen Inszenierung seiner eigenen Welt zu bleiben. Schamlosigkeit setzt also ein Bewusstwerden der Möglichkeit von Scham voraus, die allerdings verleugnet werden kann.

Bis hierher habe ich Voyeurismus und Exhibitionismus, Intimität und Scham aus einer Perspektive betrachtet, in der die innerpsychische Entwicklung des Einzelnen, seine Subjektwerdung und Autonomiegewinnung, im Zentrum stehen. Ich muss mich aber fragen, ob ich hier nicht einer Tendenz unterliege, die aus meiner beruflichen Praxis als Psychoanalytiker stammt, der Tag für Tag seine Patienten im intimen Raum des Behandlungszimmers bei diesen Prozessen, ihrem oftmaligen Scheitern und dem verzweifelten Ringen um ein Wiedergewinnen innerer Freiheit begleitet. Habe ich dabei eine längst überkommene Vorstellung von Subjektivität im Blick, die der Einzelne in der heutigen Gesellschaft gar nicht mehr erringen kann, wie es Herbert Marcuse mit seiner These vom »Veralten« der Psychoanalyse behauptet hat (Marcuse, 1965)? Er hatte schon in den 50er Jahren des letzten Jahrhunderts die Vermutung geäußert, dass die Psychoanalyse ihren Gegenstand – das »bürgerliche Subjekt« – längst verloren hatte, weil Warengesellschaft und Konsumfetischismus es sich nicht mehr herausbilden ließen. Wie müssen wir unter diesem Aspekt die Bereitschaft so vieler Menschen bewerten, scheinbar ihre Intimität aufzugeben und in »Inszenierungen des Realen« in der Medienwelt ihr Innerstes zur Schau zu stellen und zu Gehör zu bringen? »Intimität als Gegenwehr« scheint hier keine Rolle mehr zu spielen, wenn in sogenannten »Realityshows« die Gesamtheit des Alltagslebens einer Person gezeigt wird, oder wenn in sogenannten »Problemsendungen« alle Spielarten des Sexuellen vor laufender Kamera bekannt werden können oder Streit und Versöhnung zwischen Familien und Beziehungspartnern medienöffentlich inszeniert werden.

Soziale Medien

Der amerikanische Soziologe Richard Sennett hat in seinem 1977 veröffentlichten Buch *The Fall Of Public Man* – in Deutschland erschien es 1986 unter dem Titel *Verfall und Ende des öffentlichen Lebens. Die Tyrannei der Intimität* – die These entwickelt, dass es seit dem 18. Jahrhundert zu einem Verfall des »öffentlichen Lebens« gekommen sei. Damals definierten die geltenden sozialen Regeln den Einzelnen in der Öffentlichkeit in seiner gesellschaftlichen Funktion wie einen Schauspieler auf der Bühne, also als den Spieler einer Rolle, ohne dass er mit dieser

Rolle psychisch und körperlich verschmelzen musste. Inzwischen stehe aber der Charakter, die Persönlichkeit des Einzelnen, im Mittelpunkt der Aufmerksamkeit. Glaubwürdigkeit und Integrität des Einzelnen werden nun mit seinem Erscheinungsbild, an dem der innere Charakter abzulesen sei, verknüpft. Sennetts These ist, dass seitdem in sämtlichen sozialen Beziehungen eine distanzlose Nähe zum jeweils Anderen gesucht werde, die auf absoluter gegenseitiger Selbstoffenbarung gegründet sei. Diese nun idealisierten Erwartungen an die jeweils Anderen im gesellschaftlichen Austausch müssten aber zum Absterben jeder Beziehung führen, da solche Ansprüche niemals voll erfüllt werden könnten und der Einzelne mit einem Gefühl, betrogen worden zu sein, zurückbleibe und sich dann aus der Kommunikation zurückziehe. Dieser Vorgang ist es, den Sennett als »Tyrannei der Intimität« bezeichnet hat. Ich finde allerdings den Ausdruck »Tyrannei der Intimisierung« treffender, um damit den Abwehrcharakter dieser Bewegung hervorzuheben, wie wir ja auch von einer »Sexualisierung« sprechen, wenn Sexualität zu Abwehrzwecken eingesetzt werden soll.

Sennetts Thesen lassen sich vielleicht gut nachvollziehen mit Blick auf die Veränderung im Charakter von Wahlkämpfen, in denen nicht mehr politische Aussagen und das Amt mit seinen Funktionen, sondern vielmehr die Persönlichkeit der Bewerber im Mittelpunkt steht. Politische Aussagen und Handlungen einer Person werden nun nicht mehr objektiv an Erfolgsaussichten oder an der Bedeutung für die Allgemeinheit gemessen, sondern entsprechend der Überzeugungskraft, Glaubwürdigkeit, scheinbaren Integrität und Ausstrahlung der jeweiligen Bewerber orientiert. Privatsphäre und Intimität haben in diesem Moment auch für Politiker keine schützenswerte Bedeutung mehr, werden vielmehr preisgegeben und sogar medienwirksam inszeniert, um die jeweilige Persönlichkeit überzeugend werden zu lassen. Werden nun Privatangelegenheiten in aller Öffentlichkeit ausgetragen, werden gegen alle bisher geltenden politischen Regeln keine Tabus und keine Schamfristen mehr eingehalten, so kennzeichnet dies auf der kulturellen Ebene eben den Zerfall von Intimität durch eine Tyrannei der Intimisierung.

Auf der Grundlage einer anderen Begrifflichkeit hat sich der Schweizer Mediensoziologe Imhof (2006) mit der Veränderung des privaten Raums und der Intimität seit den 1960er Jahren beschäftigt. Als innersten Kern von Privatheit sieht er Gefühle, Eindrücke, Affekte und Assoziationen, deren Äußerung in sozialen Situationen der Herstellung und Aufrechterhaltung von Vertrautheitsbeziehungen, von sogenannter »Gemeinschaftlichkeit«, diene. Davon unterscheidet er die Öffentlichkeit als denjenigen Bereich moderner Gesellschaften, der das allgemein Zugängliche erfasst und im Wesentlichen durch das Mediensystem geprägt sei. Über lange Zeit hinweg sei in den Medien Privates nur dann öffentlich geworden, wenn es in Form des Romans im Feuilleton, der Gerichtsberichterstattung, der Todesanzeige oder des Nachrufs daherkam. Alle anderen Entäußerungen des Privaten seien tabuisiert gewesen. Erste Momente einer Expansion des Privaten ins Öffentliche sieht er im Prominenten-Journalismus und in Lebenshilfe-Serien, die in den 60er Jahren in der Printpresse und auch im Lokalrundfunk ihren Anfang fanden. Allerdings habe auch die 68er-Bewegung versucht, das bis dahin Private als Politisches zu verstehen und zum öffentlichen Thema zu machen. Sie forderte – in durchaus kulturkritischer Absicht – die »Freilegung der subjektiven Innerlichkeit, um damit zur Entfaltung menschlicher Kreativität und zur Elimination der Dissoziation der Geschlechter« (ebd., S. 203) beizutragen. Damit habe sie allerdings auch zu einer Psychologisierung der Sprache beigetragen, die mehr und mehr den Bereich des Privaten und Intimen auflöse. In den 80er Jahren habe schließlich das Lokalradio mit einer Flut von Hörer-Beteiligungssendungen die Darstellung der Innerlichkeit von Jedermann zum tragenden Konzept erklärt. Erst seit dieser Zeit werden wir Tag für Tag zu »Ohrenzeugen«, inzwischen auch »Augenzeugen«, unzähliger privater Zuneigungs-, Liebes- und Hassbekundungen, von erotischen Fantasien, subjektiven Ängsten und Krisen. Damit habe sich die mediale Kommunikation allerdings der Gesprächskultur innerhalb von Primärgruppen angeglichen, womit ein Verlust eines aufklärerischen Impetus einhergegangen sei: »Während Kommunikation über Sachverhalte und über Normen und Werte der Argumentation bedarf, sind Expressionen subjektiver Innerlichkeit gegenüber Argumentation immun« (ebd., S. 209).

Selbstentblößung im Internet

Der heutige Schauplatz der Selbstinszenierung ist das Internet mit seinen vielfältigen Möglichkeiten, sich in sozialen Medien zu präsentieren. Dies reicht von Dating-Portalen, in denen die eigenen körperlichen und geistigen Vorzüge angepriesen und zur Schau gestellt werden, bis hin zu sozialen Medien wie Whats App oder Facebook, in denen jeder Moment der eigenen Existenz dauerhaft »gepostet« werden kann. Sogenannte »Influencer« stellen das Vorbild für viele dar, wie sie sich öffentlich darbieten und sich selbst wie eine beliebige Ware vermarkten können. Dabei sind die Übergänge von der Selbst-Entblößung intimer Einzelheiten des eigenen Lebens hin zu Inszenierung sogenannter »Fakes« durchaus fließend. Es scheint mehr zu zählen, was sich für eine Inszenierung eignet, auch wenn es nicht der Wahrheit entspricht. Die Grenzen zwischen »Fake« und »Wirklichkeit« beginnen dadurch zu verschwimmen. Dabei besitzen diese sozialen Medien eine hohe Verführungskraft; der narzisstische Gewinn scheint oft riesig zu sein und führt dazu, alle Vorsicht fallen zu lassen. Der Gedanke, dass dabei Inhalte im Netz auf unbestimmte Zeit gespeichert sein können, scheint vielen dabei verlorenzugehen. Oder ist es gerade eine geheime narzisstische Sehnsucht, dort auf ewig Spuren zu hinterlassen? Meine Erfahrungen mit chinesischen Patienten zeigen, dass diese Phänomene trotz aller Unterschiedlichkeit in Kultur und Gesellschaft dort genauso existieren wie hier bei uns. Vermutlich handelt es sich heute um eine globale Erscheinung in allen Gesellschaften, in denen das Internet massenhaft genutzt wird. Die Wochenzeitung *DIE ZEIT* hat am 26. August 2021 eine Recherche veröffentlicht, nach der nicht nur die beteiligten Individuen, die auf Dating-Portalen einen Partner suchen, in ihrer Selbst-Darstellung mit Fakes arbeiten, sondern die Dating-Portale selbst oft sogenannte »IKM-Schreiber« anstellen, »Internet-Kontaktmarkt-Schreiber«, die vortäuschen, dass man ihre große Liebe oder schnelle Affäre sein könne (Stolz, 2021).

Aber nicht nur diese willentliche, Narzissmus-getriebene Selbst-Entblößung ist heute ein Kennzeichen der Internet-Gesellschaften. Daneben steht die oft unwillentliche Bereitschaft, Daten über sich selbst speichern zu lassen, die bei ihrer Zusammenführung Rückschlüsse über wesentliche Bereiche des eigenen privaten Lebens zulassen. Nicht umsonst heißen die Verführer »Cookies«, die uns versprechen, uns mit noch besser vorsortierten Informationen zu versorgen und uns das Leben zu erleichtern. Dabei bedeutet es schon große Mühe und Zeitaufwand, sich auf den Internetseiten, die wir besuchen, durch das Cookie-Angebot durchzuarbeiten und Entscheidungen zu treffen, die wirklich nützlich für uns sein könnten. Wenn wir zustimmen, nutzen sie sicher den Anbietern, die uns umso besser manipulieren und durch gezielte Information stimulieren können. Dies ist ein öffentlich geduldeter Eingriff in intime Bereiche unseres eigenen Lebens, den wir oft genug aus Bequemlichkeit und Zeitdruck hinnehmen. Zugleich entsteht dabei eine für uns nicht mehr durchschaubare Sammlung durchaus privater Daten, die bei ihrem Zusammenführen ähnliche Kontrolle und Manipulation ermöglichen, wie dies der chinesische Staat für seine Bürger plant – eine schützende Intimität wäre dann freiwillig aufgegeben. Türcke (2019) hat für diese Entwicklung das Zukunftsszenarium einer »digitalen Hölle« (ebd., S. 243) entworfen, in dem die Menschheit als ganze »dauerveröffentlicht wird, vereint durch einen permanenten Sendemodus, gegen den sich niemand mehr schützen, den jeder nur noch durch ständiges Ein- und Ausschalten bedienen kann« (ebd., S. 242).

Repressive Entsublimierung

In einer kulturkritischen Perspektive wird der Verlust von Intimität auch zu einem Verlust von Wahrhaftigkeit und Aufrichtigkeit. Wenn öffentlicher und privater Raum nicht mehr unterscheidbar ist, steht der Einzelne unter einem enormen Zwang, sich immer wieder selbst zu inszenieren und zuvor scheinbar Privates, Intimes, in geschickter Weise im öffentlichen Raum preiszugeben. Die Psychopathologie des Exhibitionismus wäre dann sozial gebändigt, eingebunden in die scheinbare Normalität alltäglicher Umgangsformen. Wir können eine solche Entwicklung als eine neue Form »repressiver Entsublimierung« verstehen. Ursprünglich geht dieser Begriff auf Herbert Marcuse (1967), Klaus Horn (1972) und Reimut Reiche (1968) zurück. Reiche hatte diese gesellschaftliche Konstellation damals in folgenden Worten beschrieben:

>»Repressive und kontrollierte Entsublimierung bezeichnet einen gesellschaftlichen Zustand, wo das kulturell bereits erreichte Sublimationsniveau herabgesetzt, die Sublimierung der Individuen kollektiv aufgelöst und die Sublimierungsfähigkeit nur noch rudimentär ausgebildet wird. [...] Sie besteht in erster Linie im Abbau der Ich-Leistungen, von denen aus das Individuum überhaupt erst über seinen Triebapparat verfügen könnte, von denen aus es entscheiden könnte, welche Triebanteile es verdrängen muß, welche es umwandeln kann oder welche es offen zulassen will« (ebd., S. 138).

Im Vergleich zu den 60er und 70er Jahren des 20. Jahrhunderts, in denen dieser Begriff entwickelt wurde, hat er nichts von seiner Eignung zur Beschreibung eines gesellschaftlichen Prozesses verloren, der das Subjekt zu schwächen droht. Seine Inhalte haben sich natürlich verändert, sind den neuen Angeboten der Selbstentblößung angepasst.

Als Psychoanalytiker – radikal der Intimität und Individualität des Einzelnen verpflichtet – versuchen wir, zusammen mit unseren Analysanden zu untersuchen und zu verstehen, was das Verschwinden der Differenz von Öffentlichkeit und Privatheit im Einzelnen anrichtet.

Die analytische Situation bietet nach wie vor eine Möglichkeit, in der Gegenwart eines bedeutsamen Anderen, des Analytikers, allen Einfällen nachzugehen. Der Analytiker begleitet seinen Analysanden mit Interventionen, Konfrontationen und Deutungen. Er versucht, hilfreich zu sein, auftauchende Widerstände auszuhalten und zu überwinden. Schamreaktionen können bedeutsame Widerstände hervorrufen, auch wenn sie heute weniger gegen sexuelle Phantasien und Praktiken gerichtet sind. Diese können ja auch gleichsam schamlos in der medialen Öffentlichkeit preisgegeben werden. Stattdessen sind es oft Regungen von Schmerz, Verlust, Traurigkeit, die den Analysanden schwach erscheinen lassen und ein Verbergen anregen. Widerstände richten sich dann oft »gegen die radikale Freiheit der analytischen Situation, die eben auch keine Inszenierung der eigenen Gefühle, Gedanken, Phantasien und Handlungsimpulse verlangt, keine Maskierung fordert, sie aber auch nicht erträgt« (Gerlach, 2016, S. 264). Viele mediale Inszenierungen gehen mit einer hypomanen Atmosphäre einher. Ihnen fehlt die Intimität der schweigenden Zwiesprache mit sich selbst, aber auch mit dem Analytiker in der analytischen Situation. Der psychoanalytische Prozess ist oft schmerzvoll für den Analysanden. Er beinhaltet aber zumindest einen Möglichkeitsraum,

>»die eigene Subjektivität zu entdecken und zu entfalten. Zu dieser Subjektivität gehört dann auch eine neue Form der Intimität, die wir durchaus als Ermöglichung

einer Gegenwehr gegen die gesellschaftlich verordneten Zwänge zur Intimisierung verstehen dürfen. Auch eine gelingende Psychoanalyse endet mit einem Schritt ins Ungewisse, mit einer Ablösung von der Gestalt des Psychoanalytikers, der scheinbar alles weiß« (ebd.).

Es ist ein Paradoxon, dass auch am Ende einer gelingenden Psychoanalyse der Analysand sagen kann:»Sie hatten nie eine Kamera in meinem Kopf.«

Auch Marcuse hat – trotz seiner These der repressiven Entsublimierung – an einer befreienden Potenz der Psychoanalyse festgehalten:

>»Die Politik der Massengesellschaft beginnt zu Hause mit der Verminderung des Ich und seiner Unterwerfung unter das kollektive Ideal. Der Widerstand gegen diesen Trend kann ebenfalls zu Hause beginnen: die Psychoanalyse kann dem Patienten helfen, mit einem eigenen Gewissen und eigenem Ichideal zu leben, was durchaus bedeuten kann – in Absage und Opposition gegenüber dem Bestehenden.«

Deshalb

>»beschwören die Freudschen Begriffe nicht nur eine hinter uns liegende Vergangenheit, sondern auch eine neu zu gewinnende Zukunft. In seiner kompromißlosen Denunziation dessen, was eine repressive Gesellschaft dem Menschen antut, in seiner Voraussage, daß mit dem Fortschreiten der Zivilisation die Schuld wachsen und Tod und Zerstörung immer wirksamer die Lebensinstinkte bedrohen werden, hat Freud eine Anklage ausgesprochen, die seither erhärtet worden ist [...]. Die Wahrheit der Psychoanalyse liegt darin, daß sie ihren herausforderndsten Hypothesen die Treue hält« (Marcuse, 1965, S. 105f.).

Literatur

Bendel, O. (2021). Sozialkreditsystem. https://wirtschaftslexikon.gabler.de/definition/sozialkreditsystem-100567/version-384523 (13.07.2021).

Erling, J. (2019). Erstmals auch innerhalb Chinas Kritik am Sozialkreditsystem. *Der Standard*. https://www.derstandard.de/story/2000101397132/erstmals-auch-innerhalb-chinas-kritik-an-sozialkreditsystem (17.08.2021).

Freud, A. (1974 [1946]). *Das Ich und die Abwehrmechanismen.* München: Kindler.

Freud, S. (1905d). *Drei Abhandlungen zur Sexualtheorie.* GW V, S. 27, 33–145.

Gerlach, A. (2008). Intimität als Gegenwehr und die Tyrannei der Intimisierung. Psychoanalytische Anmerkungen am Beispiel des Films »Die Truman Show« von Peter Weir. *Psyche – Z Psychoanal, 62*(9–10), 1068–1076.

Gerlach, A. (2016). Öffentlicher Narzissmus und der Verlust von Intimität. In I. Focke, E. Horn & W. Pohlmann (Hrsg.), *Erregter Stillstand. Narzissmus zwischen Wahn und Wirklichkeit* (S. 238–247). Stuttgart: Klett-Cotta.

Horn, K. (1972). Einleitung. In ders. (Hrsg.), *Gruppendynamik und der »subjektive Faktor«. Repressive Entsublimierung oder politisierende Praxis* (S. 17–116). Frankfurt a. M.: Suhrkamp.

Imhof, K. (2006). Mediengesellschaft und Medialisierung. *Medien und Kommunikationswissenschaft, 2,* 191–215.

Kohut, H. (1976). *Narzißmus. Eine Theorie der psychoanalytischen Behandlung narzißtischer Persönlichkeitsstörungen.* Frankfurt a. M.: Suhrkamp.

Lewis, H. B. (1971). *Shame and Guilt in Neurosis.* New York: International Universities Press.

Marcuse, H. (1965). Das Veralten der Psychoanalyse. In ders., *Kultur und Gesellschaft 2* (S. 85–106). Frankfurt a. M.: Suhrkamp.

Marcuse, H. (1967). *Der eindimensionale Mensch.* Neuwied: Luchterhand.

Orange, D. M. (2008). Whose Shame is it Anyway? Lifeworlds of Humiliation and Systems of Restoration (Or »The Analyst's Shame«). *Contemporary Psychoanalysis, 44,* 83–100.

Reiche, R. (1968). *Sexualität und Klassenkampf. Zur Abwehr repressiver Entsublimierung.* Frankfurt a. M.: Verlag Neue Kritik.

Rizzuto, A. (1991). Shame in Psychoanalysis: The Function of Unconscious Fantasies. *Int J Psychoanal, 72,* 297–312.

Sennett, R. (1986 [1977]). *Verfall und Ende des öffentlichen Lebens. Die Tyrannei der Intimität.* Frankfurt a. M.: S. Fischer.

Stolz, M. (2021, 26. August). Bist Du überhaupt echt? *ZEIT,* S. 57f.

Türcke, C. (2019). *Digitale Gefolgschaft. Auf dem Weg in eine neue Stammesgesellschaft.* München: C. H. Beck.

Winnicott, D. W. (1984 [1965]). *Reifungsprozesse und fördernde Umwelt.* Frankfurt a. M.: S. Fischer (orig. *The maturational Processes and the facilitating Environment.* London: The Hogarth Press).

Wurmser, L. (1994). *The Mask of Shame.* Northvale, N. J.: Jason Aronson.

Yu, E. (2021). China pushes through data protection law that applies cross-border. https://www.zdnet.com/article/china-pushes-through-data-protection-law-that-applies-cross-border/ (23.08.2021).

Der Autor

Alf Gerlach ist Soziologe, Arzt und Psychoanalytiker. Veröffentlichungen zur Ethnopsychoanalyse, psychoanalytischen Filmbetrachtung und klinischen Psychoanalyse. Zusammen mit Matthias Elzer ist er Herausgeber des Lehrbuches *Analytische und tiefenpsychologisch fundierte Psychotherapie,* das auf Englisch, Chinesisch und Deutsch publiziert wurde.

Kontakt per Mail: alf.gerlach@pulsaar.com

»Autonomie« in digitaler Gefangenschaft

Selbstbestimmt und unbewusst

Martin Teising

Zum Verständnis individueller Autonomie

Meinen vorsichtigen Versuch, zur Zeitdiagnose etwas beizutragen, möchte ich mit dem Hinweis beginnen, dass wir in einer Zeit leben dürfen, die erstmals durch einen 76-jährigen Frieden in unserer Region charakterisiert ist. Selbst die Vereinigung zweier Staaten ging ohne kriegerische Auseinandersetzung vonstatten.

Unser Frieden und insbesondere unser Wohlstand sind allerdings nicht unabhängig von Kriegen an anderen Orten in dieser Welt. Vor diesem Hintergrund ist die Autonomie des Individuums zum höchsten Wert westlicher Zivilisation geworden. Ein menschliches Individuum entsteht allerdings durch den Akt zweier anderer Menschen, ohne deren Pflege es zunächst nicht existieren kann und die seine Menschwerdung ganz wesentlich und lebenslang beeinflussen. Bereits im Jahr 1637 aber strebte Descartes danach, das Denken dem Zugriff von

> »Autorität und Tradition zu entziehen und ihm all die Gespenster und Stimmen aus der Vergangenheit auszutreiben [...][,] so dass das autonome ›Ich‹ als vaterloses Subjekt ohne Abstammung der geschichtlichen Herkunft auftreten könnte, kurz, als von niemandem gezeugtes, fertiges, reifes Subjekt, das nur selbst gesetzten Regeln für den richtigen Vernunftgebrauch und der wissenschaftlichen Forschung gehorcht« (zit. n. Harrison, 2015, S. 140).

Im Zuge der Aufklärung und im Prozess der Individualisierung haben wir uns vom Zugriff der Gespenster der Vergangenheit und von der Fesselung an Traditionen und elterliche Vorgaben in vielerlei Hinsicht befreit. Existenzielle Fragen, wie die nach der sexuellen Identität und der sexuellen Orientierung, nach der Partnerwahl, der Religion, der Berufswahl, nach der Form des Zusammenlebens und vieles andere, waren einmal von Geburt an festgelegt – heute sollen sie selbstbestimmt und individuell gestaltet werden, so auch bei sogenannten *end of life decisions* wie Patientenverfügungen, Todesarten und Todeszeitpunkten.

Eltern sollen die Selbstständigkeit ihrer Kinder fördern und Verbote gut begründen. Die Überwindung von Abhängigkeit und die Entwicklung zur Selbstständigkeit gelten als allgemeingültige Entwicklungsziele. Lebensläufe in Bewerbungsmappen junger Menschen beginnen nicht mehr mit den Namen und den Berufen von Vater und Mutter – ein Symptom individueller Autonomie und der Lösung aus generativer Bindung, so als wären wir – wie es Descartes vorschwebte – von niemandem gezeugt, sondern autonom, d. h. wörtlich »selbst gesetzgebend«. Das heute vorherrschende Autonomieverständnis beschränkt sich allerdings auf die egozentrische Selbstbezogenheit, die sich um Ethik und Moral nicht sonderlich kümmert. Das zeitgenössische, sich autonom fühlende Subjekt beansprucht einen unbeschränkten Ressourcenverbrauch ohne Rücksicht auf die nächste Generation. Diese Subjekte aber haben, wie Jürgen Straub beschrieben hat,

> »Disziplinardispositive internalisiert, die dafür sorgen, dass sie sich gerade dann frei fühlen, wenn sie sich so verhalten, wie sie sich im Zeichen einer anonymen Macht verhalten sollen (als funktionale Elemente in einem komplexen System, indem den einzelnen zum Beispiel Mobilität, Flexibilität, Offenheit, Toleranz und viele andere ›Kompetenzen‹ abverlangt und anerzogen werden, um in freiwilligen Mitmachprogrammen optimiert werden zu können« (Straub, 2019, S. 128).

Auf der Rebellion gegen ohnmächtige Abhängigkeit, gegen »Unverfügbarkeit« als Grundbedingung der *conditio humana*, beruhen allerdings wesentliche Fortschritte. Die deutlich verlängerte Lebenserwartung in der westlichen Welt ist wohl der größte zivilisatorische Erfolg dieser Rebellion. Die Welt erweise sich aber immer als »letztlich konstitutiv unverfügbar«, wie Hartmut Rosa (2019, S. 25) feststellt.

> »Die Angst, sich die seit dem Mittelalter nur verdrängte infantile Abhängigkeitsposition einzugestehen, ist fatalerweise momentan immer noch viel größer als die Angst, mit einem objektiv selbstmörderischen Größenwahn unterzugehen. Das ist der Fluch dieses kollektiven Komplexes, des Ohnmacht-Allmacht-Komplexes, den man auch zusammenfassend als Gotteskomplex bezeichnen kann« (S. 31),

schrieb Horst-Eberhard Richter bereits 1979! Die Individuen unterliegen nach wie vor sowohl den Naturgesetzen als auch herkömmlichen und ganz neuartigen gesellschaftlichen Einflüssen, die in sie eindringen und von ihnen selbst unbewusst mitproduziert werden. Verleugnet wird Abhängigkeit von zwischenmenschlichen Beziehungen, das Beherrschtsein durch das Unbewusste, und in gesellschaftlicher Hinsicht vor allem durch die Gesetze des Marktes. Das Ich ist nicht Herr im eigenen Haus.

Zwischenmenschliche Solidarität aufgrund der Fähigkeit, sich in den Anderen einzufühlen, tritt als ethischer Wert in den Hintergrund. Das immer weiter wachsende Angewiesensein des Individuums auf den Anderen wird verschleiert. Soziale, ökonomische, technische und finanzpolitische Prozesse, die unser Leben bestimmen, sind für den Einzelnen immer weniger durchschaubar, immer weniger nachvollziehbar und mitbestimmbar.

Bindungswünsche

Dem Wunsch nach Selbstbestimmung stehen Hindernisse aus der inneren Welt entgegen. Wir können nicht immer so, wie wir wollen. Es gibt Bedürfnisse, die wir nicht kontrollieren können – unbewusste Sehnsüchte, alte Überzeugungen, und Ängste, die als Folge erworbener Freiheit neu entstehen.

Neben dem Streben nach Unabhängigkeit existieren in jedem Menschen regressive Bedürfnisse, die bei Krankheit und in Notlagen besonders evident werden. Kranke, die sich schwach fühlen, suchen tröstenden Schutz. Sie sehnen sich einerseits nach Befreiung aus Abhängigkeit und andererseits nach Geborgenheit. Das Streben nach Unabhängigkeit erfordert Ent-Bindung, die Angst auslöst und den Wunsch nach Geborgenheit weckt, die wiederum als einengend empfunden wird und nach Unabhängigkeit streben lässt – ein lebenslanges Oszillieren.

Julia Kristeva bezeichnet das »unglaubliche Bedürfnis zu glauben« als »Narkotikum, das leben hilft« (Kristeva, 2014, S. 7), und Sennett schreibt: »Die Menschen sind zu ängstlich, zu sehr auf ihre Bequemlichkeit bedacht, zu unwissend, um ohne Herren auszukommen; sie wollen Sklaven sein, um sich geborgen zu fühlen« (Sennett, 1990, S. 197). Wohl auch deshalb sind heute alle mit jedem, jederzeit und überall verbunden. Diese Kommunikation kann als Ausdruck und Symptom eines Bindungsbedürfnisses und des Wunsches nach Ungetrenntheit verstanden werden. Freud prognostizierte 1910, dass »die wenigsten Kulturmenschen fähig sind, ohne Anlehnung an andere zu existieren oder auch nur ein selbstständiges Urteil zu fällen. Die Autoritätssucht und innere Haltlosigkeit des Menschen können Sie sich nicht arg genug vorstellen« (1910, S. 109).

Abhängigkeit und Autorität

Der erste Konflikt zwischen Selbstbestimmung und gehorsamer Abhängigkeit wird in der Schöpfungsgeschichte geschildert. Gott hat den Paradiesbewohnern verboten, vom Baum der Erkenntnis zu essen. Mit dem Verstoß gegen das Gebot nimmt sich der Mensch die Freiheit, selbst zu entscheiden. Damit entstehen Schuld und die Erkenntnis – zuallererst die des Geschlechtsunterschiedes – sowie Scham. Die Erkenntnis des Unterschiedes löst die Begierde aus, mit der Folge der Vertreibung aus dem Paradies, »aus dem harmlosen und sicheren Zustand der Kindespflege, gleichsam aus dem Garten, der ihn ohne seine Mühe versorgte[,] [...] in die Welt, wo so viel Sorgen, Mühe und unbekannte Übel auf ihn warten, wie Immanuel Kant formulierte« (zit. n. Flasch, 2004, S. 86).

Der Sündenfall eröffnet Menschen den Weg aus dem »Paradies der Unwissenheit und Knechtschaft« so Schiller (1879), »zu einem Paradies der Erkenntnis und der Freiheit«. Die Differenz zwischen wissender göttlicher Autorität und nichtwissenden unschuldigen Menschen wird damit aufgehoben und die Unendlichkeit des Paradieses durch »irdische« Vergänglichkeit ersetzt. Der Weg der Erkenntnis führt aus einem friedlich und ewig stagnierenden Paradies in eine Welt, in der Barbarei und Zivilisation miteinander ringen.

Hannah Arendt (1955) beschreibt, dass Autorität eine notwendige Voraussetzung ist, um Selbstbestimmung zu entwickeln. Aufgabe der Autorität ist es, die Freiheit zu begrenzen, um sie zu sichern – was offensichtlich wird, wenn der Erwachsene das Kind daran hindert, über eine befahrene Straße zu laufen. Autorität und Freiheit sind keine Gegensätze, »Autorität überhaupt« sichert Leben in Freiheit. Bereits in den 1950er Jahren diagnostizierte Arendt eine

»Art Abdankung der Zeitgenossen [...], die sich als Eltern und Erzieher gewissermaßen weigern, eine der elementarsten Funktionen in jedem Gemeinwesen, das Hinleiten derer, die durch Geburt neu in die Welt gekommen und daher in ihr notwendigerweise Fremdlinge sind, zu übernehmen und so die Kontinuität dieser gemeinsamen Welt zu sichern. Es ist, als wollten die Eltern ihren Kindern gegenüber die Verantwortung für die Welt, in die sie sie hineingezeugt und hineingeboren haben, nicht mehr übernehmen« (ebd., S. 164).

Die Bedeutung intergenerativer Bindungen für die menschliche Zivilisation

Ausgewachsene Tiere haben keine Bindung an ihre Eltern. Intergenerationale Bindungen sind die Grundlage spezifisch menschlicher Zivilisation. Diese generative Bindung wird heute angesichts zunehmender Flexibilität und Mobilität, die im merkantilen Interesse nötig zu sein scheinen, gelockert oder gar geopfert.

Der früher in Sponti-Kreisen provozierend gemeinte Satz »Liebe Mutter, lieber Vater, immer habt Ihr für uns gesorgt, jetzt, da Ihr alt und krank seid, könnt Ihr endlich für Euch selbst sorgen« spitzt die inhumanen Folgen der Individualisierung zu und rüttelt an den Grundfesten unserer Zivilisation mit ihren generationalen Banden.

Der Historiker Hobsbawm beschreibt die Auflösung intergenerativer Bindungen im 20. Jahrhundert:

»Die Zerstörung der Vergangenheit, oder vielmehr die jenes sozialen Mechanismus, der die Gegenwartserfahrung mit derjenigen früherer Generationen verknüpft, ist eines der charakteristischen und unheimlichen Phänomene des späten 20. Jahrhunderts. Die meisten jungen Menschen am Ende dieses Jahrhunderts wachsen in einer Art permanenter Gegenwart auf, der jegliche organische Verbindung zur Vergangenheit ihrer eigenen Lebenszeit fehlt.«

»Alle Fäden, die den Menschen in der Vergangenheit in das soziale Netz eingeflochten hatten, werden durchtrennt. Die materiellen Vorteile eines Lebens in einer Welt, in der sich Gemeinschaft und Familie auf dem Rückzug befinden, waren und sind unbestreitbar. Nur wenige erkannten jedoch, in welch hohem Maße die moderne Industriegesellschaft bis zur Mitte des 20. Jahrhunderts noch auf einer Symbiose der alten Gemeinschafts- und Familienwerte mit der neuen Gesellschaft beruht hatte« (Hobsbawm, 1995, S. 17, 426).

Kulturstiftend ist, dass Kinder sich mit ihren Eltern und Lehrern identifizieren, um sich in der Adoleszenz von ihnen zu verabschieden und doch mit ihnen verbunden zu bleiben. Diese Bindung kristallisiert sich intrapsychisch im Über-Ich, gesellschaftlich im Generationenvertrag, der im Sozialrecht abgebildet wird. Bei uns werden auch heute noch über 80 Prozent aller pflegebedürftigen Alten von ihren Kindern und Kindeskindern gepflegt, vornehmlich von Töchtern und Schwiegertöchtern. In ihren Leistungen kommt die dankbar-schuldhafte Bindung der Subjekte, der nicht-endgültige, nicht-tödliche Abschied der Kinder von den Eltern, zum Ausdruck. Als Psychoanalytiker können wir in diesem Zusammenhang von der Bewältigung des Ödipuskomplexes ohne die Tötung der Alten sprechen.

Während der Corona-Krise rückten intergenerative Beziehungen ins Blickfeld: Hier wurde vor dem Kontakt der Großeltern mit ihren Enkelkindern gewarnt. Die junge und die mittlere Generation nahmen Einschränkungen in Kauf, um ihre Eltern und Großeltern zu schützen. Diese fühlten sich ihrerseits nicht selten abgehängt. In Pflegeheimen durften sie nicht mehr besucht werden, nicht wenige verstarben einsam. Die Besorgnis der mittleren Generation paarte sich aber auch mit oft unbewussten und weitgehend tabuisierten Befreiungswünschen von den Alten, von denen man sich mit dem Verweis auf die Ansteckungsgefahr fernhalten konnte.

Fallbeispiel
Ein 40-jähriger Patient berichtet, dass er sich darüber geärgert habe, dass seine ältere Schwester ihn mit WhatsApp-Nachrichten am frühen Morgen bedrängt hätte, unbedingt die Mutter im Krankenhaus besuchen und ihr Blumen mitbringen zu wollen: »Die gibt mir Anweisungen, will mir sagen was ich tun muss und lässt mich nicht schlafen.« In diesem Moment signali-

siert sein Mobiltelefon wieder eine eingehende Nachricht, der Patient schaut kurz, von wem sie kommt, und schaltet die Funktion ab, sich entschuldigend, dass er dies vorher vergessen habe. Scheinbar nebenbei erfahre ich, dass die Mutter an einer zum Tode führenden Erkrankung leidet, das Krankenhaus sehr wahrscheinlich nicht mehr verlassen wird und ihr Zustand sich im Verlauf der letzten Tage zugespitzt habe.

Ich weiß um die angespannte Beziehung des Patienten zu seiner Mutter und bin erstaunt, dass ich von ihrem Gesundheitszustand bisher nichts erfahren hatte. Der Patient berichtet, dass die Mutter immer wieder über Schmerzen geklagt und er sich mithilfe des Internets vergeblich um adäquate Hilfe bemüht hatte. Seine Mutter hatte seine Empfehlungen nicht ernstgenommen und zurückgewiesen. Auch schon früher hatte er viele Enttäuschungen mit ihr erlebt, die ihn verbittert haben.

Ich sage spontan, dass seine Schwester der Mutter vermutlich die verbleibende Lebenszeit angenehm gestalten wollte und ihn deshalb an die Blumen erinnert habe. Der Patient reagiert heftig: »Ich bin doch nicht dazu da, es meiner Mutter schön zu machen. Sie hat mich nicht gefragt, ob sie mich in diese Welt setzen soll«, sagt er verbittert. Sie sei für ihren Zustand selbst verantwortlich, sie habe nicht auf ihn gehört.

Ich bin von seiner Reaktion betroffen. Intergenerative Dankbarkeit, die ich, wie mir im Nachhinein klar wird, erwartet hatte, weist der Patient mit der Bemerkung von sich, er sei ein autonomer Mensch.

Im weiteren Verlauf zeigte sich, dass mein Patient nicht Herr im eigenen Hause und viel stärker an seine Mutter gebunden ist, als ihm bewusst war. Er hat kürzlich eine berufliche Entscheidung zu seinem eigenen Nachteil getroffen, nur um nicht das zu tun, was auch dem Wunsch der Mutter entsprochen hätte. Als er das realisiert und die Selbstschädigung erkennt, ist er tief berührt.

Meine Reaktion in der Stunde und mein Wunsch, so wurde mir später klar, waren geprägt von meiner eigenen unbewussten Erwartung von Dankbarkeit. Als Älterer hatte ich mich über seine Selbstbezogenheit bei Stundenverlegungen, die von mir gewünscht waren, geärgert. Ich hatte mir gewünscht, dass er die Verbitterung angesichts des bevorstehenden Todes seiner Mutter möge überwinden können. Er hatte die Mutter dann, wegen der Corona-Einschränkungen, nicht mehr besuchen dürfen, bevor sie starb. Im Rahmen der Trauerarbeit beschäftigt uns jetzt intensiv der Konflikt zwischen seinem Wunsch nach Unabhängigkeit einerseits und nach verbindlicher Beziehung andererseits.

Dieses Beispiel zeigt, dass der Einzelne – gerade wenn er auf seine Autonomie pocht – aufgrund innerer Bindungen viel weniger selbstbestimmt lebt, als es ihm erscheinen mag. Indem die Psychoanalyse unbewussten Prozessen nachgeht, steht sie im Dienst der Aufklärung und der Befreiung des Individuums und damit an der Seite derer, die jedem Menschen eine weitergehende Selbstbestimmung ermöglichen möchten. Indem sie aber das Unbewusste in den Blick rückt, das den Menschen wesentlich bestimmt, und seine lebenslange Gebundenheit an frühere Beziehungserfahrungen deutlich macht, zeigt sie zugleich die Grenzen individueller Selbstbestimmung und fordert deren Anerkennung.

Zum Autonomieverständnis des Bundesverfassungsgerichtes – eine Zeitdiagnose

Vor dem bisher skizzierten Hintergrund möchte ich einen Blick auf das Urteil des Bundesverfassungsgerichtes vom Februar 2020 zu §217 des Strafgesetzbuches werfen, mit dem das 2015 von der Bundesregierung erlassene Verbot der geschäftsmäßigen Beihilfe zum Suizid aufgehoben wurde. Das Gericht stärkt die Autonomie des Individuums und urteilt: Der »verfassungsrechtlich zwingend zu wahrende Entfaltungsraum autonomer Selbstbestimmung wird durch das Verbot der geschäftsmäßigen Förderung der Selbsttötung verletzt« (BVerfG Rn. 278). Zuvor wird erläutert, dass »das allgemeine Persönlichkeitsrecht als Ausdruck persönlicher Autonomie ein Recht auf selbstbestimmtes Sterben umfasst« (BVerfG Rn. 207). Dieses Recht schließt die Freiheit ein, sich das Leben und hierfür die Hilfe Dritter in Anspruch zu nehmen.

> »Das Recht auf selbstbestimmtes Sterben ist nicht auf fremddefinierte Situationen wie schwere oder unheilbare Krankheitszustände oder bestimmte Lebens- und Krankheitsphasen beschränkt. Dieses Recht besteht in jeder Phase menschlicher Existenz. Eine Einengung des Schutzbereichs auf bestimmte Ursachen und Motive liefe auf eine Bewertung der Beweggründe des zur Selbsttötung Entschlossenen und auf eine inhaltliche Vorbestimmung hinaus, die dem Freiheitsgedanken des Grundgesetzes fremd ist« (BVerfG Rn 210).

Das Recht auf Hilfe bei der Selbstzerstörung steht nach dieser Logik auch einem 18-Jährigen mit Liebeskummer zu.

> »Der Gesetzgeber darf allerdings einer Entwicklung entgegensteuern, welche die Entstehung sozialer Pressionen befördert, sich unter bestimmten Bedingungen, etwa aus Nützlichkeitserwägungen, das Leben zu nehmen« (BVerfG Rn. 235).

> »Insbesondere alte und kranke Menschen könnten sich durch derartige, Normalität suggerierende Angebote zur Selbsttötung verleiten lassen oder dazu direkt oder indirekt gedrängt fühlen« (BVerfG Rn. 229).

Dem Gericht ist sehr wohl bekannt, dass »häufiges Motiv für einen assistierten Suizid [...] der Wunsch ist, Angehörigen oder Dritten nicht zur Last zu fallen« (BVerfG Rn. 258). Es zitiert in der Urteilsbegründung Befunde aus Oregon, nach denen 55,2 Prozent der 2017 durch ärztlich assistierten Suizid Gestorbenen als Grund für ihre Entscheidung die Sorge vor den Belastungen für ihre Familie, Freunde und Pfleger nannten.

Suizidenten wenden sich gegen die Anerkennung ihrer Abhängigkeit und gegen die »einer jeglichen lebendigen Substanz innewohnende Eigenschaft, zu leben und sich am Leben zu erhalten«, wie Erich Fromm formulierte (zit. n. Funk, 2020, S. 69). Wie wir aus der Suizidforschung wissen, entsteht der Suizidwunsch in aller Regel in einer schweren Krise, die gekennzeichnet ist von großer seelischer Not, Verzweiflung, Hilfe und Hoffnungslosigkeit. Der Suizidwunsch drückt eine Entscheidung, gegen diese Art zu leben, aus. Wie eigene Untersuchungen gezeigt haben, sehnen sich Menschen in suizidalen Krisen nach Ruhe, Frieden und Schmerzfreiheit. Um solche Glücksmomente aber fühlen zu können, muss man lebendig sein.

Das Gericht liegt die maniform anmutende Vermutung, »dass der eigene Tod nicht mehr als unbeeinflussbares Schicksal hingenommen werden muss« (BVerfG Rn. 256). Es behauptet, »dass dem Einzelnen in vielen Situationen jenseits geschäftsmäßiger Angebote der Suizidhilfe keine verlässlichen realen Möglichkeiten verbleiben, seinen Entschluss zur Selbsttötung umzusetzen« (BVerfG Rn. 280). Die Tatsache, dass sich im Jahr 2019 in Deutschland 9.041 Personen das Leben genommen haben, widerlegt, dass es keine verlässlichen realen Möglichkeiten gebe, sich das Leben zu nehmen, wie das Gericht annimmt. Diese Suizide, in Deutschland zum größten Teil durch Erhängen durchgeführt, widersprechen allerdings der Vorstellung eines sanften Todes. Es geht dem Bundesverfassungsgericht unausgesprochen um das Recht des Einzelnen, die Fantasie friedvollen Einschlafens realisieren zu können. Mit der Tötung eines Menschen kann dessen Wunsch nach Ruhe und Frieden gerade *nicht* erfüllt werden. Assistierende Mitwirkung eines Anderen beim Suizid setzt voraus, dass der Helfer sich mit dem Suizidenten identifiziert und dessen Leben auch nicht mehr für lebenswürdig und lebenswert erachtet – andernfalls könnte er die Hilfe zur tötenden Handlung mit seinem Gewissen nicht verantworten.

Mit der höchstrichterlich nun erlaubten Beihilfe zum Suizid sollen Ärzte dabei helfen, Menschen zu töten. Sie verletzen damit die Menschenwürde, weil sie zwischen lebenswertem und lebensunwertem Leben unterscheiden, wenn sie sich zur Suizidassistenz entschließen. Aus der deutschen Geschichte wissen wir, wohin das führen kann.

Sterbehilfevereine sind Ausdruck einer Kommerzialisierung auch der letzten Lebensbereiche. Der Suizid wird zur Handelsware, die käuflich erworben werden kann. Der Arzt liefert als sein Assistent, was der Kunde wünscht. Die Arzt-Patient-

Beziehung degeneriert zu einer reinen Geschäftsbeziehung. Im laufenden Gesetzgebungsverfahren haben die DGPT und die DPV Stellungnahmen abgegeben, in denen insbesondere die Bedeutung der Beziehung des Suizidenten zu seinem Assistenten betont wird.

Selbstbestimmung und Abhängigkeit in der digitalisierten Welt

Die Digitalisierung hat unser Leben in den letzten 30 Jahren wesentlich verändert. Wir haben unseren Wirkungskreis in einem Ausmaß erweitern können, das früher undenkbar war. In vielen Dingen hat unsere Selbstbestimmung dank digitaler Technik zugenommen. Wir erhoffen uns von der digitalisierten Welt weitere Partizipation an gesellschaftlichen Prozessen, wir sind andauernd mit der ganzen Welt verbunden, wir senden und erwarten Nachrichten im Minutentakt. 16-Jährige checkten 2016 pro Tag 157-mal ihr Handy. Wenn wir etwas nicht wissen, fragen wir sofort Google. Wir leben mit weniger Unwissenheit und halten sie immer weniger aus. Wir finden uns in fremden Städten in allen Erdteilen zurecht, wir gehen nicht mehr verloren. Google und Facebook ermöglichen uns, sofort zu finden, was und wen immer wir suchen. Die Welt ist für uns heute scheinbar jederzeit verfügbar, aber auch wir sind jederzeit erreichbar und verfügbar, wir lassen uns durch digitale Medien steuern.

Regressive Bedürfnisse, wie ein Kleinkind sofort versorgt und verstanden zu werden, werden in der digitalen Welt immer perfekter befriedigt. In dem Maße, in dem immer mehr eigene Entscheidungen und eine scheinbare Selbstbestimmung gefordert werden, steigen die Bedürfnisse, sofort versorgt zu werden – Christoph Türcke spricht von der »aufschublosen Wunscherfüllung« (Türcke, 2019). Viele fühlen sich von der Nachrichtenflut mittlerweile verfolgt, wenn sie täglich 24 Stunden damit beschäftigt sind, die anflutenden E-Mails abzuarbeiten. Grenzen zwischen Arbeitsplatz und Privatsphäre verschwimmen – das Home Office ist überall. Ein Schüler sagte: »Ich weiß nicht, wie ich lernen soll, mein Handy stört mich immer.« Aus Freiheit wird Gefangenschaft.

Die Begriffe »Handy«, »iPhone« und »Facebook« suggerieren, dass diese Geräte bzw. Programme Körperteile oder – im Fall von Apple – Nahrungsmittel sind. Wenn das Handy verlegt wurde, reagieren manche Zeitgenossen mit Herzrasen und Schweißausbrüchen. Googles Mission ist es, die Informationen der ganzen Welt zu organisieren und für alle zu jeder Zeit zugänglich und nutzbar zu machen, dabei selbst aber Eigentümer dieser Daten zu bleiben um mit ihnen Geschäfte zu machen. Wenn wir Google anrufen, bekommen wir Informationen, aufbereitet nach der Vorstellung, die Google sich von uns errechnet. Wir zahlen für den scheinbar kostenlosen Service mit viel mehr Informationen über uns, als wir erhalten. Wir liefern Informationen darüber, was wir suchen, wie lange, wie oft, von wo, darüber wann wir am Mobiltelefon was sagen, mit wem wir E-Mails welchen Inhalts austauschen, welche Texte zu welchem Thema wir bearbeiten, welches Foto wir speichern, darüber welche Nachricht uns interessiert, welche Musik wir hören. Wenn wir uns mit entsprechenden Sensoren ausstatten und sie mit unserem Mobiltelefon koppeln, informieren wir Google und andere Datensammler auch über unsere Körpertemperatur, Herzfrequenz und Hirnaktivität, unsere Muskelbewegungen, unseren Blutdruck, die Schweißproduktion, den Energieverbrauch oder die Hand-, Schluck-, und Gehbewegungen. Wir können außerdem Informationen über den Zustand unserer Matratze, Zahnbürste und Kaffeetasse, unseren Kühlschrank, die Brille, den Staubsauger und über unser Auto mit unserer jeweiligen Befindlichkeit verrechnen lassen. Basale Affekte werden mit dem auch in der psychodynamischen Psychotherapie-Forschung benutzten FACS *(Facial Action Coding System)* während des Videotelefonierens registriert.

Die Datenkraken dringen in unser Privatleben, unsere Küche, unser Schlafzimmer, unsere Psyche und in unsere Körper ein. Dabei wird unser Leben enteignet, verdatet und sozialer Kontrolle unterworfen, ohne dass wir davon wirklich wissen wollen, obwohl wir davon wissen können, wenn wir die kleingedruckten Geschäftsbedingungen zur Kenntnis nehmen und nicht nur mit einem Häkchen bestätigen würden.

Aus diesen Daten lassen sich Persönlichkeitsprofile erstellen, die psychologischen Tests überlegen sind. Die Absichten und Motive des Nutzers können mit hoher Sicherheit errechnet und Vorhersagen getroffen werden. Nicht nur der Supermarkt weiß dann besser, was wir brauchen als wir selbst. Sechs Millionen Vorhersagen menschlichen Verhaltens werden aus Algorithmen nicht monatlich oder täglich, sondern pro Sekunde errechnet (Zuboff, 2021).

Aus sich als autonom erlebten Subjekten werden überwachte Sklaven, die subjektiv das Gefühl haben, einem guten Herrn zu dienen, der uns ja mit allen verfügbaren Informationen nährt. Wenn wir mit Tante Berta über das schlechte Wetter telefonieren, und zeitgleich die Bestellung für Gummistiefel in der passenden Größe aufploppt, ist es so, als stünde Mama neben uns und reichte uns die Gummistiefel, bevor wir nasse Füße bekommen. Wir sind Gefangene, die nicht mehr abschalten können – ohne Vernetzung reagieren wir verzweifelt und fühlen uns isoliert. Offline zu sein, bedeutet quasi, nicht mehr zu leben (Zuboff, 2019, S. 521f.).

In den sozialen Medien geht es ständig darum, so zu sein, wie es den anderen gefällt. Die Teilnehmer werden von tausenden Followern verfolgt, die eine soziale Dressur ausüben. Unsere Teilnahme an der digitalen Welt erscheint unumgänglich, wenn wir uns aus sozialen Prozessen nicht ausgrenzen wollen. Die Daten, die wir von uns mitteilen, werden zu Rohstoffen, die jene »Überwachungskapitalisten« – wie Zuboff Google, Facebook und Microsoft nennt – ausbeuten. Sie vergleicht unser Zeitalter mit dem der frühen Industrialisierung, in dem die Arbeiter Leibeigene ihrer Herren waren und Arbeiter wie Konsumenten sich erst allmählich ihre Rechte erkämpft haben. Vergleichbare Kämpfe stehen uns nun erneut bevor.

Schlussbemerkung

Sowohl in dem Urteil des Bundesverfassungsgerichtes als auch in der Art und Weise, wie wir mit der Digitalisierung leben, kommen kollektive narzisstische Tendenzen zum Ausdruck: Regressive Allmachtsvorstellungen, regressive paradiesische Fantasien und Beziehungsvorstellungen, wie sie hinter der Idee eines autonomen Individuums stehen, entsprechen einem unreifen Entwicklungsstadium. Die Anerkennung eigener Bedürftigkeit und Abhängigkeit von zwischenmenschlichen Beziehungen hingegen entspricht einer reiferen Position. Zu dieser gehört die Anerkennung der Tatsache, dass Zeit verrinnt, dass nur die Zeit selbst ewig ist, konstant und unaufhaltbar. Durch ihre eigene Unvergänglichkeit konfrontiert uns die Zeit mit unserer eigenen Vergänglichkeit. Die Zeit überlebt uns, ihr Ablauf kann von Menschen nicht beeinflusst werden.

Vielleicht leben wir zugleich auch am Ende eines Zeitalters, das durch die Idee der Privatheit gekennzeichnet war, in dem die Selbstbestimmung über Persönliches die Idee der Autonomie des Individuums blühen ließ. Dieses Zeitalter währte etwa 6.000 Jahre – ungefähr um 4.000 vor Christi Geburt wurden in Persien die ersten Türsiegel für Privatwohnungen entwickelt, zu denen der König keinen Zugang mehr hatte. Im Teheraner Stadtmuseum heißt es zu diesem Exponat:

> »Daher kann die Entwicklung und Verwendung von Türsiegeln als Indikator für den Übergang von einem monarchischen System des direkten Austausches von Angesicht zu Angesicht zu einer höheren Ebene einer dauerhafteren, unpersönlichen Sozialform gewertet werden, die eine wesentliche Voraussetzung für jede weitere politische Entwicklung ist.«

Das gilt für König Google heute nicht mehr. Das Siegel der Privatheit ist aufgebrochen, von »Autonomie« kann nur noch in Anführungszeichen gesprochen werden.

Literatur

Arendt, H. (1955). Was ist Autorität? *Der Monat, 8*(89), 29–44.
Balzer, W. (2020). *Das Sensorische und die Gewalt. Zum Seelenleben im digitalen Zeitalter.* Gießen: Psychosozial-Verlag.
BVerfG, Urteil des Zweiten Senats vom 26. Februar 2020 – 2 BvR 2347/15 –, Rn. 1–343. http://www.bverfg.de/e/rs20200226_2bvr234715.html (30.07.2020).

Descartes, R. (1961 [1637]). *Abhandlung über die Methode des richtigen Vernunftgebrauchs.* Stuttgart: Reclam.

Flasch, K. (2004). *Eva und Adam. Wandlung eines Mythos.* München: C.H. Beck.

Freud, S. (1910). Die zukünftigen Chancen der psychoanalytischen Therapie. *GW VII*, S. 104–115.

Funk, R. (Hrsg.). (2020). *Erich Fromm. Wissenschaft vom Menschen. Ein Lesebuch.* Gießen: Psychosozial-Verlag.

Harrison, R. (2015). *Ewiges Leben. Eine Kulturgeschichte des Alters.* München: Hanser.

Hobsbawm, E. (1995). *Das Zeitalter der Extreme.* München: Hanser.

Kristeva, J. (2014). *Das unglaubliche Bedürfnis zu glauben.* Gießen: Psychosozial-Verlag.

Richter, H.-E. (1979). *Der Gotteskomplex. Die Geburt und die Krise des Glaubens an die Allmacht des Menschen.* Reinbek b.H.: Rowohlt.

Rosa, H. (2019). *Unverfügbarkeit.* Wien: Residenz.

Schiller, F. (1879). Etwas über die erste Menschheitsgeschichte nach dem Leitfaden der mosaischen Urkunde. https://www.friedrich-schiller-archiv.de/historische-schriften/etwas-ueber-die-erste-menschengesellschaft-nach-dem-leitfaden-der-mosaischen-urkunde/ (28.03.2022).

Sennett, R. (1990). *Autorität.* Frankfurt a.M.: S. Fischer.

Straub, J. (2019). *Das optimierte Selbst.* Gießen: Psychosozial-Verlag.

Teising, M. (2017). *Selbstbestimmung zwischen Wunsch und Illusion. Eine psychoanalytische Sicht.* Göttingen: Vandenhoeck & Ruprecht.

Teising, M. & Lindner, R. (2020). Das Urteil des Bundesverfassungsgerichts zum §217 StGB erschüttert das humanistische Menschenbild. *Hessisches Ärzteblatt*, (4), 237–239.

Türcke, C. (2019). *Digitale Gefolgschaft. Auf dem Weg in eine neue Stammesgesellschaft.* München: C.H. Beck.

Zuboff, S. (2019). *Das Zeitalter des Überwachungskapitalismus.* Frankfurt a.M.: Campus.

Zuboff S. (2021). »Zeit für Demokratie« (Webinar am 01.09.2021). https://verlag.zeit.de/veranstaltungen/ausblick/zeit-fuer-demokratie/democracy-under-attack-how-to-tame-the-big-tech-companies/ (28.03.2022).

Der Autor

Martin Teising, Prof. Dr. phil., Facharzt für Psychiatrie und Psychotherapie, Psychosomatische Medizin, Psychoanalyse. Von 2010 bis 2012 Vorsitzender der Deutschen Psychoanalytischen Vereinigung; von 2012 bis 2018 Präsident der Internationalen Psychoanalytischen Universität Berlin. Seither in freier Praxis tätig. Forschungsschwerpunkte sind die Psychodynamik des Alterns und Suizidalität sowie psychoanalytische Konzeptforschung.

Kontakt: Prof. Dr. Martin Teising, Ludwig-Braun-Straße 13, 36251 Bad Hersfeld; E-Mail: teising@t-online.de; Homepage: www.martin-teising.de

Demokratie in der Bewährung

Unfähig zu trauern: Deutschlands dissoziales Erbe

Ein Abriss[1]

Thomas C. Bender

Die Zeitdiagnose der »Unfähigkeit zu trauern« ist zu einem Schlagwort verkommen, hinter dem zentrale Inhalte der psychoanalytischen und sozialpsychologischen Begründung dieser These verschwinden. Dagegen möchte ich hier das Interesse an einem anhaltend brisanten Aspekt dieser Zeitdiagnose wecken, indem ich – der vorgegebenen Kürze dieses Beitrags entsprechend – stark fokussiere. Es geht mir um einen Kerngedanken des berühmten Essays von Margarete und Alexander Mitscherlich, der vor allem hinsichtlich der Trauer um die Opfer des Nazi-Regimes wahrgenommen wurde. Auf der Grundlage eigener klinischer Erfahrung in der Forensischen Psychiatrie (Bender, 1996, 2002, 2009; Bender & Auchter, 2004) richte ich meinen Blick auf die Täterschaft der Nazis und fokussiere auf den narzisstischen Aspekt der »Unfähigkeit zu trauern«. Diese Unfähigkeit gründet in der kollektiven Identifizierung mit dem kriminellen Größenwahn der Nazis. Deren dissoziales Erbe wurde versteckt und verdrängt, und scheint in Teilen der deutschen Gesellschaft bis heute fortzubestehen. Hierzu mein kurzes forensisches Votum.

Aus psychoanalytischer Sicht erkannten die Mitscherlichs nach der Zerstörung des Deutschen Reichs eine weitverbreitete »Ich-Spaltung im Abwehrvorgang« (S. Freud), die einen narzisstischen Zusammenbruch verhindern sollte, zugleich aber durch eine überwältigende reale Schuld in dieser Abwehrfunktion fixiert blieb. Alles, was mit dieser realen Schuld konfrontierte, wirkte in den ersten Jahrzehnten extrem bedrohlich, weil mit deren Realisierung nicht nur die Strafe, sondern auch die »Verrücktheit« der Täter mit ihrer Idee vom tausendjährigen Reich im Raum stand. Ihre Taten waren die offene Wunde ihrer »Krankheit«, und schon der Titel des Essays zielt genau auf den blinden Fleck einer narzisstischen Abwehr.

---

1 Vorliegende Überlegungen wurden u. a. vorgestellt im Rahmen des Vortrags »Die Unfähigkeit zu trauern – ein verdrängtes Fragment psychoanalytischer Sozialpsychologie« im Freiburger Psychotherapie-Forum der Universität Freiburg am 30.06.2006 und zum 100. Geburtstag Alexander Mitscherlichs an der Universität Kassel am 06.09.2008 (Bender, 2009). Der Rahmen dieses Beitrags im 4. Forum »Demokratie in der Bewährung« wurde von der Organisation der 72. DGPT-Jahrestagung »Zeitdiagnosen!?« vorgegeben.

Er lautet vollständig: »Die Unfähigkeit zu trauern – womit zusammenhängt: eine deutsche Art zu lieben« (A. Mitscherlich & M. Mitscherlich, 1967). Das formuliert bereits eine analytisch fundierte sozialpsychologische Aussage. Den Mitscherlichs ging es um das psychische Erbe einer narzisstischen, auf unrealistische Größenideale fixierten Form manischer Massenbildung im deutschen Faschismus, deren selbstzerstörerische Wirkung sich erst mit ihrem totalen Scheitern ins Bewusstsein drängte. Die Scham war lange so groß, dass der Essay unbewusst wie eine Kränkung erlebt und dessen Inhalt ignoriert wurde. Wie Hans-Martin Lohmann bestätigte, haben die Meisten die Arbeit gar nicht gelesen (Lohmann, 2008, S. 153). Lore Schacht formulierte scharf: »Alle haben das Buch gekauft. Niemand hat es gelesen. Wir mochten es nicht.«[2] Dennoch wurde der Titel zu einem Schlagwort, das aber unter dem Druck der realen Schuld die Täterperspektive verstellte. Zur eigenen Entlastung wurde betont, dass es den Autoren um die ausbleibende Trauer um die Opfer des rassistischen Größenwahns der Nazis gehe. Das ist auch nachvollziehbar und lässt sich durch eine ausgedehnte Trauer- und Erinnerungskultur quasi nachholen.

Die um sich greifende Faszination der Nazi-Ideologie, die Psyche der Täter und ihrer aggressiv erregten Anhänger, dieser affektive Kern einer Massenpsychose blieben aber unterbelichtet. Wie der Essay der Mitscherlichs auf der Grundlage der Arbeit Freuds *Massenpsychologie und Ich-Analyse* zeigt, waren viele Deutsche beherrscht von einem quasireligiösen Größenwahn, der ihnen subjektiv das Recht gab, über andere Länder und Menschen herzufallen. Der deutsche »Herrenmensch« war jene fixe Idee, die aus einem, vom Versailler Vertrag gedemütigten Deutschen ein allgewaltiges Monster machen konnte (Raimund Pretzel alias Sebastian Haffner hat bereits 1939 von London aus die Haltung der Deutschen zu den Nazis sozialpsychologisch differenziert analysiert; Haffner, 2008 [1940]). Aus dem »Unbehagen in der Kultur« wurde bei den Nazis ein Behagen in der Barbarei einer mörderischen Herrschaft. Diese wahnhafte Selbstüberhöhung einer »Jugenddiktatur«, wie Götz Aly sie bezeichnete, ist der eigentliche Ansatzpunkt des Essays (Aly, 2005). Vor allem Margarete Mitscherlich war » als Dänin das gesteigerte narzisstische Bedürfnis vieler Deutscher aufgefallen, die nach jeder Möglichkeit einer Idealisierung greifen und vor allem dort lieben, wo sie eine narzisstische Aufwertung erwarten« (persönliche Mitteilung, 2008; der zweite Teil des Titels gehe auf ihren Einfall zurück). Was daran allgemeinmenschlich ist, wurde unter den Nazis zu einem ins Monströse aufgeblähten kollektiven Narzissmus, dessen Wille zur Massenvernichtung Hitler bereits in seinem Buch unmissverständlich angekündigt hatte. Wie so viele Diktaturen lockte auch die Nazi-Bande vor allem junge Männer mit realem und psychischem Lohn in der Aussicht auf eine kollektive Allmacht in der Welt, vor allem aber über Juden, Marxisten und Bolschewisten, die sie zu »Untermenschen«

---

2   Zitat aus dem »Diskussionsabend zur Aktualität des Fragments von M. & A. Mitscherlich« am Psychoanalytischen Seminar Freiburg am 10.12.2004.

erklärte. Indem sie diese entmenschlichte und zur hemmungslosen Ermordung freigab, zerstörte sie zugleich aber einen wesentlichen Teil der menschlichen Realität, die Realität des Anderen und damit einen Teil der eigenen psychischen Realität, deren Aufbau sich menschlichen, familiären Beziehungen verdankt. Das »Teile und Herrsche« der Nazis basierte auf einer Abspaltung von Teilen der eigenen Biografie und der Implementierung eines kollektiven Größenwahns anstelle eines begrenzten, abhängigen und verletzbaren Ichs, was auf eine frühe Störung in der Entwicklungsphase des Ichs schließen lässt. Mit ihrem Essay versuchten die Autoren, in die narzisstische Psychodynamik einer letztendlich selbstzerstörerischen Massenbewegung vorzudringen, denn – wie sie schrieben – »mit etwas Vernunft betrachtet müsste es das brennendste aller Erkenntnisprobleme sein, die Motive zu verstehen, die uns zu begeisterten Anhängern einer Masse und eines Führers werden ließen, der uns zur größten materiellen und moralischen Katastrophe unserer Geschichte führte« (A. Mitscherlich & M. Mitscherlich, 1982, S. 19).

Die Gesellschaft des faschistischen Spektakels (Brockhaus, 1997) schlug viele Deutsche in ihren Bann und störte nachhaltig deren Realitätswahrnehmung. »Die Orientierung am Unwirklichen«, formulierten die Mitscherlichs, »war einer der Anlässe unserer Untersuchung« (1982, S. 16). »Die Orientierung am Unwirklichen« klingt fast harmlos, bedeutet aber psychiatrisch verstanden nichts weniger als einen massiven Defekt der Realitätsprüfung. Ganz analytisch »von der Oberfläche her« angegangen, galt ihre Untersuchung zunächst den Abwehrmechanismen gegen die Wahrnehmung der Naziverbrechen, die sich in einer allgemeinen »Ich-Entleerung«, einer »Reaktionsträgheit« und einer politischen Apathie niedergeschlagen habe. Ich-Spaltung und Ich-Entleerung sind psychisch dramatische Symptome einer posttraumatischen Persönlichkeit, die aus dem verzweifelt-manischen Versuch, ihren Größenwahn in der Wirklichkeit durchzusetzen, im Scherbenhaufen ihrer Geschichte aufwacht. »Nach dem Wahn, mit sozialen Problemen im Stil der ›Endlösung‹ fertig zu werden«, heißt es weiter ganz nüchtern, »ist nicht zu erwarten, dass die Rückkehr in den Alltag mühelos gelingt« (ebd., S. 22). Und weiter: »Statt einer politischen Durcharbeitung der Vergangenheit vollzog sich die explosive Entwicklung der Industrie« (ebd., S. 23). Der Übergang in eine Demokratie war zunächst also nur mit einer »Bewusstseinsspaltung« (ebd., S. 24) möglich.

Damit ist der Befund klar: Mit historischer Rekonstruktion, einem wachen politischen Bewusstsein, einfühlender sozialer Beobachtung und psychoanalytischer Massenpsychologie sind die Autoren mit ihrer »Arbeitshypothese«, wie sie es nannten, so tief in eine offene Wunde der deutschen Geschichte gestoßen wie keine »Zeitdiagnose« nach ihnen. Das aber liegt an der »Sache« und nicht an ihrem Essay, der den angerissenen Problemen nicht gerecht werden konnte. Und diese »Sache« ist eben der kollektive deutsche Größenwahn, wie ihn zum Beispiel Ralf Giordano in seinem Buch *Wenn Hitler den Krieg gewonnen hätte* (2000 [1989]) deutlich machen konnte.

»Die waren doch verrückt, die Deutschen!«, rief mir Margarete Mitscherlich noch am Telefon zu, als ich sie im Vorfeld der Mitscherlich-Tagung 2008 in Kassel sprechen konnte, »Hitler grüßte doch selbst mit ›Heil Hitler‹, also wie ein Übergott. Das ist der psychotische Kern in Deutschland!« Wenn wir die Wahn-Hypothese im Sinne einer Massenpsychose ernst nehmen, müssen wir bei einem Großteil der deutschen Bevölkerung der 1930er Jahre von einem selbstunsicheren, neidischen, misstrauischen, quasi paranoid-schizoiden seelischen Zustand ausgehen, in dem sich affektgeladene Projektionen entwickelten, die von den Nazis medial gesteuert wurden und kritische Ich-Funktionen wie die Realitätsprüfung außer Kraft setzten. Die Feindbilder des rassistischen Größenwahns beförderten eine alloplastische Abwehr durch Manipulation und Beherrschung der äußeren Realität – womit wir zu einer typisch forensischen Psychodynamik kommen (Bender & Auchter, 2004, S. 50ff.).

Der dissozial agierende Psychotiker nimmt, nach einem Vergleich von Clemens de Boor, »nicht seinen Körper wie bei psychosomatischen Erkrankungen[,] sondern den sozialen Organismus Gesellschaft zum Projektionsschirm« (de Boor, 1976, S. 640f.), und entwickelt einen Kampf gegen die Windmühlen seiner Projektionen, der ihm zugleich das Gefühl vermittelt, bedeutend zu sein (wie ein Don Quichotte; Steiner, 2020). Herbert Rosenfeld beschrieb den dissozialen Psychotiker als einen Menschen, »der sein tiefes Gefühl von Minderwertigkeit und seinen mörderischen Neid auf Andere in seiner Wahnwelt in eine Situation verkehrt, die ihm ein starkes Selbstgefühl in seiner Megalomanie gibt« (Rosenfeld, 1985, S. 65). Die partielle Ausschaltung der Realitätsprüfung führt beim Dissozialen zugleich zur Ausschaltung rechtlicher Grundregeln einer Zivilisation. In seiner Psyche herrschen quasi Mafiaregeln, die sich eine eigene Realität schaffen. Erst die Konfrontation mit dem geltenden Recht bringt seine dissoziale Wahnwelt zum Einsturz.

Die Abwehrmanöver der aktiven Nazi-Generation nach 1945 und die psychisch kranker Straftäter ähneln sich tatsächlich verblüffend, wie es der Essay der Mitscherlichs erkennbar macht. Sie beschreiben im Nachkriegsdeutschland »drei Reaktionsformen, mit denen die Einsicht in die Schuldlast ferngehalten wird:

1. Derealisierung
2. Identifizierung mit den Siegern und
3. manisches Ungeschehenmachen« (1982, S. 40).

Auch forensische Patienten sind am Anfang ihrer Behandlung im Maßregelvollzug oft noch in ihrem sozialen Negativismus gefangen und gleichzeitig um Anpassung bemüht, weshalb sie zwischen Drohung und Unterwerfung schwanken. Mit intuitivem Geschick verstehen sie es oft, ihre Straftaten aus allen Kontakten und dem Bewusstsein ihrer Gesprächspartner verschwinden zu lassen *(Derealisierung).* Ein ehemaliger Facharzt mit narzisstischer Persönlichkeitsstörung befürchtete gar, ich könnte seine Sexualstraftaten nachahmen, wenn er sie mir erzählt – eine bizarre Realitätsverleugnung, die seinen kriminellen Größenwahn zum Ausdruck brachte. Im Verlauf einer durchschnittlich erfolgreichen Behandlung folgt dem über die Bearbeitung der eigenen Traumata die Betonung der Opferrolle und der Entwicklung zum »Opfertäter«, wie es ein paranoider Patient ausdrückte. In dieser langen Anpassungsphase wird vielen Patienten die Therapiestation wie zu einer »zweiten Haut«, ihre Ichstärkung schreitet voran, ihr Selbst wird integrierter und im besten Fall wird eine stabile Krankheitseinsicht hergestellt. Unter den Patienten wird das aber oft wie eine *Identifizierung mit dem Sieger* betrachtet. Tatsächlich sind viele Therapeuten auf diesem Stand geneigt, den Vollzug zu lockern, gäbe es davor nicht die Auflage des Gerichts, sich erneut mit der Einweisungstat auseinanderzusetzen, um die Rückfallgefährdung zu prüfen. Die Konfrontation mit der Straftat ist oft Auslöser heftiger Reaktionen und Krisen, die sich mit der Zeit verändern. Je gesünder ein Patient wird – es sind fast nur Männer –, umso mehr ist er in der Lage, sich seiner Tat zu stellen. Eine erfolgreiche Behandlung erzielt adäquate Schuldgefühle, die stabilisierte Patienten mit Krankheitseinsicht aber auch überwältigen können.

»Wie soll ich all das Gift aus mir herausbekommen!?«, fragte mich ein Psychotiker gegen Ende seiner Behandlung verzweifelt. Es war ihm über die Jahre gelungen, mir als seinem »geliebten Feind«, wie er mich einmal nannte, den Inhalt seines Wahns zu offenbaren. Nun eröffnete er mir sogar Pläne für einen Amoklauf in der Freiburger Innenstadt, noch mit einem unsicheren Grinsen in Erinnerung an dieses Gefühl der Allmacht und doch schon realisierend, was seine Ideen in Wirklichkeit bedeuten und was deren Verwirklichung unwiederbringlich zerstört hätte. Mit leerem Blick erzählte er danach, wie er sein Opfer da liegen sah und dass dieser Mann noch eine dreiviertel Stunde gelebt habe. »Was soll ich machen?!«, rief er schließlich. »Mich zu ihm ins Grab legen!?« Seine Tat war für ihn emotional real und damit das Monströse seines destruktiven Wahns ihm spürbar geworden, was sein Ich und seine Steuerungsfähigkeit stabilisierte. Er entwickelte heftige Schuldgefühle und bekam Angst vor seiner Entlassung (Bender, 2002, S. 85ff.). Was bei vielen dissozialen Patienten folgt, ist oft ein sozialer Rückzug und eine Flucht in körperliche Erkrankungen. Manche lassen sich für behindert erklären, begeben sich in Frührente, in eine Nachsorgeeinrichtung oder kommen in einer religiösen Gemeinschaft unter *(manisches Ungeschehenmachen)*. Was aber bleibt, ist der Schatten der Tat und die Angst vor der Wiederholung. Denn nie hatten sie sich so stark gefühlt, wie als sie loszogen, um mit der Waffe in der Hand die Welt auf einen Schlag sich gefügig zu machen.

Wenn man dieser klinischen Analogie folgt und sich die deutsche Gesellschaft wie einen forensischen Patienten denkt, könnte man meinen, dass der »Maßregelvollzug« der Deutschen unter den Auflagen der Besatzungsmächte mit der deutschen Einheit, dem Zwei-plus-Vier-Vertrag und dem Abzug der alliierten Truppen Anfang der 1990er Jahre endete. Aber dann war es aufgrund der wirtschaftlichen Interessen der Alliierten ein sehr lockerer »Maßregelvollzug«. Denn als die Besatzungsmächte abzogen, hatte West-Deutschland schon längst wieder eine starke wirtschaftliche Position in Europa und zum Teil in der Welt. Dabei zahlte es erst am 3. Oktober 2010 seine letzte Rate an Reparationen – für den Ersten Weltkrieg. Die materiellen Schäden der im Zweiten Weltkrieg überfallenen, zum großen Teil zerstörten und besetzten Staaten sind noch lange nicht alle bezahlt und Gegenstand offener Reparationsforderungen z.B. von Polen und Griechenland. Allein deren Rechnung geht in die Billionen. Wie mir der Freiburger Historiker Ulrich Herbert bestätigte, hätte Deutschland seine wirtschaftliche Stärke nie erreicht, wenn es für alle von ihm verursachten Schäden aufgekommen wäre. Dabei sind Entschädigungen für menschliche Opfer wie z.B. die 27 Millionen gestorbenen Sowjetbürger nicht mitgerechnet. Doch bereits 1987 schrieb Ralph Giordano in seinem Buch *Die zweite Schuld*: »Dem großen Frieden mit den Tätern verdankt die zweite deutsche Republik ihren märchenhaften Aufschwung« (S. 140). Es geht um eine historische Schuld, die sich kaum berechnen und bezahlen lässt, die auf dieser »Demokratie in der Bewährung« lastet und die immer wieder Metastasen der Schuldabwehr erzeugt wie den neuen Rechtsradikalismus – und die AfD. Für den millionenfachen »Raubmord« einer »Jugenddiktatur« kamen viele Akteure nie vor ein Gericht und wurden nur wenige rechtskräftig verurteilt und bestraft. Der heutige Richter am Bundesgerichtshof und ehemalige Leiter der Zentralstelle zur Aufklärung der Nazi-Verbrechen Jens Rommel (nicht verwandt mit dem NS-General) hat 2018 in einer Dokumentation bekannt gemacht, dass von insgesamt 16.740 wegen NS-Verbrechen angeklagten Personen letztlich keine 7.000 rechtskräftig verurteilt wurden, davon nur 1.147 wegen Tötungsdelikten.

Bilanz der Strafverfolgung wegen NS-Verbrechen 1945-2005

(Westzonen und Bundesrepublik)

Ermittlungen	gegen 172.294 (namentlich bekannte) Personen	=100,0 %		in 36.393 Verfahren	=100,0 %
1945-1958	gegen 52.083 Personen	=30,2 %		in 19.042 Verfahren	=52,3 %
1959-2005	gegen 120.211 Personen	=69,8 %		in 17.351 Verfahren	=47,7 %
Anklagen	gegen 16.740 Personen	=9,7 %		in 5.672 Verfahren	
wg. Tötungsdelikten	gegen 2.510 Personen	=1,5 %			
Hauptverhandlungen	gegen 14.693 Personen	=8,5 %		in 4.964 Verfahren	
rechtskräftiges Urteil	gegen 13.952 Personen	=8,1 %			
Freispruch	gegen 5.184 Personen	=3,0 %			
Einstellung	gegen 2.101 Personen	=1,2 %			
Verurteilung	gegen 6.656 Personen	=3,9 %	=100 %		
1945-1949	gegen 4.666 Personen		=70 %		
1950-2005	gegen 1.990 Personen		=30 %		
wg. Tötungsdelikten	gegen 1.147 Personen	=0,7 %			

Quelle: Andreas Eichmüller, Die Strafverfolgung von NS-Verbrechen durch westdeutsche Justizbehörden seit 1945. Eine Zahlenbilanz, in: Vierteljahrshefte für Zeitgeschichte Heft 4/2008, S. 621-640

Rie/Hrm 10.08.2009

Abbildung 1: Bilanz der Strafverfolgung wegen NS-Verbrechen 1945–2005 (Eichmüller, 2008, S. 621ff.)

Erst in den letzten Jahren wurde immer klarer bzw. öffentlicher, dass und wie viele Akteure und Mitläufer des NS nicht nur sich einer Verurteilung und fälligen Entschädigungsleistungen entzogen, sondern von den Nazis ökonomisch profitiert haben und diesen »Standortvorteil« bis in unsere Tage nutzen konnten, um ihre Macht in Politik und Wirtschaft zu erhalten und zu vergrößern. Die Deutsche Bank, die man nach einem österreichischen Gerichtsurteil eine »verbrecherische Organisation« nennen darf, ist da nur ein Beispiel für viele. Eine Blutspur dieser dissozialen Grundhaltung zieht sich durch unsere Geschichte und unsere Mentalität und kommt in den zahlreichen, jährlich wiederkehrenden Wirtschaftsverbrechen immer wieder zum Vorschein, von den Skandalen um die Telekom und Siemens über den CumEx-Skandal (an dem viele reiche Deutsche beteiligt sind) bis hin zum Diesel-Skandal, mit dem u. a. VW als besonders hinterlistig und kriminell in der Welt bekannt wurde. Es gab zwar von den Siegermächten quasi »Bewährungsauflagen«, die aber nicht verhindern konnten, dass Deutschland keine 50 Jahre nach seiner Niederlage zu den größten Waffenexporteuren der Welt zählt. Ich kann hier nur kurz an die Tatsache erinnern, dass viele deutsche Firmen sich gegen die Aufdeckung ihrer Gewinne in der NS-Zeit – wie etwa durch den Einsatz von Zwangsarbeitern – wehren und gewehrt haben. Viele Nazi-Täter und ihre Mitläufer und Nutznießer wurden also nicht nur nie verurteilt und bestraft, sondern mit Karrieren belohnt, die in hohen Renten, Pensionen und Vermögen endeten, von denen deren Nachfahren heute profitieren (Brünger, 2017). Die Seilschaften der Nazis funktionierten noch lange perfekt, und deren »braunes Netz«, wie es Willi Winkler 2019 rekonstruiert hat, führte die BRD zum Erfolg. Der bekannte Historiker Norbert Frei (siehe sein Standardwerk *Vergangenheitspolitik*, 1999) spricht von der »jungen ökonomischen Funktionselite der NS-Zeit, die den Wiederaufbau nach 1945 gemanagt hatten und die sich nun in den Ruhestand verabschiedeten – nicht ohne eine ungewöhnlich loyale Generation von Nachfolgern zu hinterlassen« –, und ergänzt: »[...] wie sich in der Wirtschaft überhaupt die Bravsten aus der Generation der 45er versammelt zu haben scheinen« (2010, S. 12).

Aber was sollten Täter betrauern, die noch auf der Beute ihres dissozialen Größenwahns sitzen, und was deren Erben? Haben die Mitscherlichs gewusst, dass im Frankfurt der 1960er Jahre Kapital aus der Nazi-Zeit ganz real verschoben wurde, wie z.B. das Gold deutscher Unternehmen, das in Südamerika in Sicherheit gebracht worden war? Ging es in der Funktionselite der deutschen Wirtschaft nicht weniger um eine Unfähigkeit, als vielmehr um eine massive »Unwilligkeit«, all die Schäden und bleibenden Verluste zu realisieren, so lange noch die Aussicht bestand, die Niederlage Nazi-Deutschlands in einen Sieg des eigenen Unternehmens auf dem Weltmarkt zu verwandeln? Die Ziele wären dann eben auf den eigenen Vorteil begrenzt – und der wird global mit aller Härte, notfalls auch kriminell, verfolgt. Was die Mitscherlichs nicht beschreiben konnten, war der reale Vermögensgewinn, den viele Deutsche aus ihrem dissozialen Erbe zogen. Dieser handfeste Vorteil versiegelt eine Spaltung, die den dissozialen Größenwahn einkapselt und unzugänglich macht. Die für unsere »Demokratie in der Bewährung« so entscheidenden Arbeiten jener neuen Generation von Historikern wie Norbert Frei, Ulrich Herbert, Wolfram Wette und deren fleißigen wissenschaftlichen Mitarbeiter decken Stück für Stück, Unternehmen für Unternehmen die Blutspur der »Nazi-Bestie« auf, wie Dori Laub und Annette Auerhahn (2021) sie nannten. Sie konfrontieren mit jener Spaltung, die diese narzisstische Unfähigkeit am Leben hält, über den Tod des Führers und den Verlust der mit ihm verknüpften Allmachtsfantasien vom tausendjährigen Reich zu trauern und die eigene soziale Begrenztheit und Abhängigkeit anzuerkennen. Mehr oder weniger breite Spuren des Wahnhaften finden sich natürlich in der ganzen Welt der Industrie und der Finanzen (Tuckett & Taffler, 2009) mit ihrer fortschreitenden Zerstörung der Natur dieses Planeten, mit dieser destruktiven Form von Weltflucht. Aber die Mitscherlichs erinnern uns Deutsche zurecht an die mehr oder weniger bewussten Schicksale unserer Identifizierung mit unseren Vorfahren. Sie kennen Klaus von Dohnanys Worte: »Wer von unserem Heine, von unserem Goethe spricht, muss auch von unserem Hitler sprechen.«

Unsere psychotherapeutischen Praxen sind voll von psychischen Störungen, die sich über das Familiensystem bis in die Nazi-Zeit zurückführen lassen. Immer wieder geht es dabei um zerstörte oder defekte Mitmenschlichkeit zugunsten der Unterwerfung unter ein destruktives Ideal, das eine Form von Allmacht sucht, die die eigenen Mängel verdeckt. Arroganz und Ignoranz sind die Türwächter vor jenem kompromisslosen Narzissmus und sozialen »Immobilismus«, der den Mitscherlichs an vielen Deutschen aufgestoßen war. Wie sehr deren Erben darunter leiden, dass sie – zugespitzt gesagt – Kinder psychisch kranker Eltern sind, also von Eltern, die zum Teil für sie emotional nicht erreichbar waren, weil sie in einen dissozialen Größenwahn schuldhaft verstrickt blieben, das ist schon ein spezifisch deutsches, bis heute zu wenig durchdrungenes Schicksal, auf das »die Unfähigkeit zu trauern« hinweist. Mit ihrer »Zeitdiagnose« der »deutschen Art zu lieben« haben die Mitscherlichs ein in der deutschen Geschichte verankertes, kollektives Ich-Ideal aufgedeckt, das ein Wohlgefühl nur zulässt, wenn es unentwegt »Weltmeister« ist. Dessen Unerreichbarkeit macht Vielen das Leben schwer, während Wenige es sich (und ihrem Ich) gut gehen lassen können. So bleibt zu hoffen, dass in dem wieder vereinigten Deutschland der soziale und psychologische »Wirklichkeitssinn« (Ferenczi) sich weiter verstärkt, die Profiteure des NS-Regimes und all die eigentlichen »Sozial-schmarotzer«, die Wirtschaftskriminellen und Steuerhinterzieher, gestellt werden und die Aufklärung über die Gefühlserbschaft der Nazi-Diktatur im Sinne der Mitscherlichs vorangetrieben werden kann.

Literatur

Aly, G. (2005). *Hitlers Volksstaat – Raub, Rassenkrieg und nationaler Sozialismus*. Frankfurt a. M.: Suhrkamp.

Bender, T. (1996). Analytische Therapie im Maßregelvollzug. *Forensische Psychiatrie und Psychotherapie. Werkstattschriften, 3*(2), 23–34.

Bender, T. (2002). Selbstkonstituierung Im forensischen Setting. Eine Falldarstellung *Recht & Psychiatrie, 20*(2), 85–92.

Bender, T. (2009). Die Unfähigkeit zu trauern und das Trauma eines verwirklichten destruktiven Wahns. *Freie Assoziation, 12*(2), 87–112.

Bender, T. & Auchter, T. (Hrsg.). (2004). *Destruktiver Wahn zwischen Psychiatrie und Politik – Forensische, psychoanalytische und sozialpsychologische Untersuchungen*. Gießen: Psychosozial-Verlag.

Brockhaus, G. (1997). *Schauder und Idylle. Faschismus als Erlebnisangebot*. München: Kunstmann.

Brünger, S. (2017). *Geschichte und Gewinn*. Göttingen: Wallstein.

de Boor, C. (1976). Psychosomatische Symptome und delinquentes Verhalten. *Psyche – Z Psychoanal, 30*(7), 625–641.

Eichmüller, A. (2008). Die Strafverfolgung von NS-Verbrechen durch westdeutsche Justizbehörden seit 1945. Eine Zahlenbilanz. *Vierteljahreshefte für Zeitgeschichte, 56*(4), 621–640.

Frei, N. (1999). *Vergangenheitspolitik. Die Anfänge der Bundesrepublik und die NS-Vergangenheit*. München: dtv.

Frei, N. (2010). Die Wirtschaft des »Dritten Reiches«. In ders. & T. Schanetzky (Hrsg.), *Unternehmen im Nationalsozialismus* (S. 9–24). Göttingen: Wallstein.

Giordano, R. (2000 [1989]). *Wenn Hitler den Krieg gewonnen hätte*. Köln: Kiepenheuer & Witsch.

Giordano, R. (2000 [1987]). *Die zweite Schuld. Von der Last, Deutscher zu sein*. Köln: Kiepenheuer & Witsch.

Haffner, S. (2008 [1940]). *Germany: Jekyll & Hyde. 1939 – Deutschland von innen betrachtet*. Leck: Edition Büchergilde.

Laub, D. & Auerhahn, A. (2021). Die Verwendung von Abwehrschirmen über zwei Generationen. In K. Münch (Hrsg.), *Internationale Psychoanalyse 2021. Trieb, Trauma und Kultur. Ausgewählte Beiträge aus dem International Journal of Psychoanalysis. Band 16* (S. 133–165). Gießen: Psychosozial-Verlag.

Lohmann, H.-M. (2008). Diskussionsbeitrag. In T. Freimüller (Hrsg.), *Psychoanalyse und Protest. A. Mitscherlich und die »Achtundsechziger«* (S. 153). Göttingen: Wallstein.

Mitscherlich, A. & Mitscherlich, M. (1967). Die Unfähigkeit zu trauern – womit zusammenhängt: eine deutsche Art zu lieben. In dies., *Die Unfähigkeit zu trauern. Grundlagen kollektiven Verhaltens* (S. 13–85). München: Piper.

Rommel, J. (2018). *60 Jahre Zentrale Stelle zur Aufklärung nationalsozialistischer Verbrechen*. Ludwigsburg: Eigenverlag.

Rosenfeld, H. (1985). Narzissmus und Aggression – Klinische und theoretische Beobachtungen. In H. Luft & G. Maas (Hrsg.), *Narzißmus und Aggression*. Arbeitstagung der DPV vom 21.–24.11.1984 (S. 65–81). Hofheim, Wiesbaden: DPV.

Steiner, J. (2020). *Illusion, Disillusion and Irony in Psychoanalysis*. London: Routledge.

Tuckett, D. & Taffler, R. (2009). Fantastische Objekte und der Realitätssinn des Finanzmarktes. In A. Mauss-Hanke (Hrsg.), *Internationale Psychoanalyse 2009. Ausgewählte Beiträge aus dem International Journal of Psychoanalysis. Band 4* (S. 227–263). Gießen: Psychosozial-Verlag.

Winkler, W. (2019). *Das Braune Netz. Wie die Bundesrepublik von früheren Nazis zum Erfolg geführt wurde*. Berlin: Rowohlt.

Der Autor

Thomas C. Bender, Dipl.-Psych., Dipl.-Soz.päd., ist Psychoanalytiker (DPV, IPV) für Erwachsene, Jugendliche und Kinder in freier Praxis. Nach Lehraufträgen im Studiengang Psychologie der Universität Bremen arbeitete er an einer Psychologischen Beratungsstelle und auf einer Therapiestation für psychisch kranke Straftäter. Niedergelassen seit 1994. Lehranalytiker DGPT, akkreditierter Supervisor, Dozent. Vorträge und Publikationen im Bereich Sozialpsychologie und Bildende Kunst.

Kontakt per E-Mail: t.c.bender@online.de

Hass-Spektakel – politische Erlebnisangebote als Grenzüberschreitungen

Gudrun Brockhaus

Unter »Spektakel« stellen wir uns eine aufsehenerregende, alle Sinne gefangennehmende, die voyeuristische Lust des Publikums stimulierende Inszenierung vor. In der Politik wird das Mittel der Hass-Spektakel genutzt, um politische Gegner öffentlich so vorzuführen, dass die Zuschauer zu passiv und aktiv Partizipierenden der Herabwürdigung werden und in der Verletzung der Grenzen von Intimität und Anstand einen narzisstischen Triumph erfahren können.

Wachsende Aggressivität des Diskursklimas

Mit Anschauungsmaterial für diesen Politikstil waren die Medien während der Trump'schen Wahlkämpfe und Regierungszeit überschwemmt. Trump nutzte öffentliche und Social-Media-Auftritte vor allem als Arena für die in Szene gesetzten Entwertungen, Beleidigungen und Erniedrigungen politischer Gegner. Die Dramaturgie wurde vom Reality-TV übernommen, Trumps eigene TV-Show *The Apprentice* hatte als Höhepunkt das spektakuläre Abservieren des Verlierers mit der Formel, die Kultstatus gewann: »You're fired«. Sein Politikberater der ersten Jahre, Steve Bannon, führte Trumps Erfolg bei der Präsidentschaftswahl von 2016 auf diese Strategie zurück: »We got elected on Drain the Swamp, Lock her up, Build a Wall [...]. This was pure anger. Anger and fear is what gets people to the polls« (zit. n. Koch, Nanz & Rogers, 2020).

Diese bislang vor allem auf Wahlkämpfe beschränkte Praxis der öffentlichen Herabsetzung hat sich ausgebreitet und verstetigt. Beginnend mit PEGIDA, gesteigert in der »Flüchtlingskrise« und dem Aufstieg der AfD sowie im Rahmen der Proteste während der Corona-Pandemie wurde auch in Deutschland die spektakuläre Inszenierung von Wut und Feindseligkeit in den politischen Arenen zur Regel. Auch jenseits der Sphäre parteipolitischer Auseinandersetzungen verbreiteten sich – vor allem in den Social Media – Hatespeech, Shitstorms oder *trolling*. Die Kommentarspalten der bürgerlichen Zeitungen zeigen, wie weit das Durchbrechen von Anstands- und Höflichkeitsregeln, Pöbeleien, Beleidigungen und Obszönitäten zur alltäglichen Praxis auch für die sogenannte »Mitte der Gesellschaft« geworden ist. Während der Corona-Pandemie hat sich in den Protesten gegen die staatlichen Maßnahmen eine Eskalation dieser aggressiven Diskurspraktiken vollzogen, und auch die Reaktionen auf Kritiker der Corona-Politik und »Impf-verweigerer« nahmen an Aggressivität beständig zu.

Bereits 2017 charakterisierten Wissenschaftler unterschiedlicher Disziplinen in einem europaweit erschienenen Buch die »geistige Situation der Zeit« als eine »große Regression« (Geiselberger, 2017), als Entzivilisierung und Erosion von Affektkontrolle. Der Soziologe Oliver Nachtwey beschrieb sie eindrücklich: »In diesen Gesellschaften ist etwas ins Rutschen geraten [...]. Etwas Rohes und Rasendes ist nun in die politische Öffentlichkeit eingezogen, es wird schamlos gehasst, gefährliche Gefühle, Gewaltfantasien und sogar Tötungswünsche werden frivol artikuliert« (Nachtwey, 2017, S. 215).

2017 blies die AfD beim Einzug in den Bundestag zur Jagd auf die zum Feind deklarierten politischen Gegner. Bauer und Fiedler (2021) zeigten in ihrem Rückblick auf die Legislaturperiode von 2017 bis 2021 *(Die Methode AfD)*, wie konsequent die AfD das Parlament als Video-Bühne für ihre ins Netz gestellten Hass-Spektakel nutzte (Ebitsch, Schories & Zajonz, 2020).

Auf den Demonstrationen gegen die staatliche Corona-Politik fand sich von Anfang an eine verwirrende Kakofonie der proklamierten »Frieden, Freiheit, keine Diktatur«-Feierlaune mit einem hohen Aggressionspegel in den Reden, Schlachtrufen, auf Plakaten sowie in der zum Teil blutigen Gewalt gegenüber Journalisten, Polizisten und politischen Gegnern. Bereits bis zum Frühjahr 2021 vollzog sich eine rasante Radikalisierung der Szene, wie eine großangelegte Untersuchung von zwölf Millionen Telegram-Nachrichten, die innerhalb der Protestbewegung ausgetauscht wurden, belegte: »Der Hass wächst«, »die aggressive Rhetorik nimmt überhand« (ebd.). Seit Herbst 2020 wurden von den sich als Demokratieverteidiger verstehenden Corona-Maßnahmen-Kritikern immer deutlicher Gewalt, Terror und Mordtaten gerechtfertigt als angemessene Methoden, um der »absoluten Tyrannei« der »Masken-Scheiße« (siehe Twitter-Account von Attila Hildmann, einem der Zentralfiguren der Proteste; Metzger & Klaus, 2021) zu begegnen. Dass es für den Täter als Motiv für einen Mord ausreichend erschien, zum Tragen einer Schutzmaske ermahnt worden zu sein, wurde in einem Kommentar als Indikator einer mittlerweile »allgegenwärtigen Enthemmung« gedeutet: Gewalt »lauert unter der Oberfläche und droht zum gesellschaftlichen Alltag Deutschlands zu werden« (von Altenbockum, 2021). Die Debatte um eine Impfflicht radikalisierte den Protest weiter und erlaubte, Gewalt und Terror als Widerstandspflicht gegen die »Impfdiktatur« zu überhöhen.

Kritik an der Hass-Diagnose

Gleichzeitig sind Zweifel an einer kulturpessimistischen Rundum-Diagnose der anschwellenden Hass-Woge anzumelden: Stimmt sie überhaupt, und welchen Erkenntnisnutzen hat sie? Übernimmt man nicht unkritisch die apokalyptische Krisendeutung der Demokratiefeinde, die im »System«-Umsturz die einzige Zukunftschance sehen? Ist die Attraktion von Hass-Spektakeln nicht doch ein kurzlebiges Phänomen, dessen Aufreger-Qualitäten sich abnutzen – und nicht etwa Indikator einer Zukunftsentwicklung, in der ein zerbrochenes Weltvertrauen und radikale »System«-Kritik das Lebensgefühl der meisten bestimmen wird?

In der letzten Zeit wuchs der Überdruss an diesen Exzessen negativer Emotionalisierung, selbst die AfD machte 2021 die Sehnsucht nach Normalität zu ihrem Haupt-Wahlkampfslogan (»Deutschland. Aber normal«, AfD, 2021), die Wahlergebnisse schließlich belegten die große Sehnsucht nach Zuverlässigkeit, Zivilität und Stabilität bei einer Mehrheit der deutschen Wähler. Zudem gilt: Diskutiert man politische Prozesse ausgehend von Gefühlen, werden alle inhaltlichen Differenzen eingeebnet – starker Hass prägt die extreme Rechte, aber ebenso islamistische und andere religiöse Fundamentalisten, die Antifa, die *woke*-Kämpfer*innen. Solche politischen Differenzen werden in einem »Hass-Eintopf« zusammengemixt, wie Marlon Grohn kritisiert: »Politische Kämpfe werden auf Personen und deren Gefühle heruntergebracht« (Grohn, 2021, S. 17). Nach politischen Gewaltakten wird eifrig die psychische Verfasstheit des Täters diskutiert und damit das Verbrechen isoliert aus den »gesellschaftlichen Zusammenhängen, die seelische Verelendung und Bosheit hervorbringen« (ebd., S. 10). Wie problematisch das ist, zeigen die Reaktionen auf politische Gewaltakte, die regelmäßig als »unfassbar« bezeichnet werden, als brächen sie aus heiterem Himmel hervor. Ihre Etikettierung als »Hassverbrechen« lässt zudem unsichtbar werden, dass das Wesentliche eines Terroraktes nicht die Affektlage des Täters ist, sondern das rationale und strategische Ziel einer Destabilisierung gesellschaftlicher Ordnung.

Während Terrorakte oft mit psychiatrischen Diagnosen der Akteure verharmlost werden, wird gegenüber rechtspopulistischer Politik eher die Neurosenlehre oder die Intelligenzdiagnostik in Anschlag gebracht: Immer wieder werden Dummheit, mangelnde Affektkontrolle und der Narzissmus rechtspopulistischer Politiker und Politikerinnen diagnostiziert sowie die Irrationalität der politischen Agenda gegeißelt. Bei der Analyse der Trump'schen Politik, die mit all diesen und vielen weiteren Etiketten bedacht wurde, werden strategische Planung und werbetechnische Rationalität dieses Politikstils übersehen.

»Hass-Spektakel« – mit dieser Diagnose einer Emotionalisierung von Politik ist eine Abwertung verbunden. Durch Hass motivierte Politik gilt als regressiv, sie gründe auf Abwehrformen wie Spaltung und projektiver Identifizierung. So richtig die Diagnose sein mag, so problematisch ist in dieser Pathologisierung die

Gleichsetzung von Hass auf Faschisten mit dem Hass auf verletzliche Schwache. Der psychologische Experte sieht von außen und vom Standpunkt des distanzierten Erwachsenen auf das emotionale Getümmel der unreifen Hassenden und ruft nach einer emotional balancierten Synthese. Die Verabschiedung politischer Leidenschaft gilt dann als Zeichen emotionaler Reife.

Folgen der Kontamination mit Hass

Trotz dieser berechtigten Kritik an der Undifferenziertheit einer Analyse politischer Phänomene mit dem Begriff »Hass« will ich ihn als Ausgangspunkt nehmen. Dabei bündele ich in dem Wort »Hass« extreme negative Affekte, und grenze Hass nicht von Groll, Zorn, Wut, Ressentiment und Verachtung ab (diese Differenzierungen führen z. B. Weiß, 2008; Neckel, 2021 und Fuchs, 2021 aus).

Die affektiven Klimaveränderungen durch die Veralltäglichung von Hass stellen spezifische und gravierende Eingriffe in unsere Lebensrealität dar. Es drohen Kontamination und Ansteckung: Von Hass-Politik geht eine hohe Vergiftungsgefahr aus. Ist man einem Hass-Spektakel ausgesetzt, gerät man in einen Strudel von pausenloser Dauerbefeuerung und aggressiver Spannung – selbst wenn man es nur beobachtet und nicht selber das Ziel ist. Die eigenen inneren Räume werden davon ausgefüllt, Abstand, Ruhe, Gelassenheit können nicht aufrechterhalten werden. Die innere Distanz – unabdingbare Voraussetzung für Nachdenken, Empathie und Analyse – schwindet. Man geht auf in den Affekten der Situation und ist gefährdet, damit auch die Logik des Hass-Spektakels zu übernehmen: z. B. die Aufspaltung der Welt in Freund und Feind, die letztlich auf Vernichtung abzielenden Angriffe auf die psychophysische Integrität des Feindes.

So ist im deutschen Bundestag seit dem Einzug der AfD 2017 ein Verhaltens- und Klimawandel nachzuweisen: Auch die Abgeordneten der anderen Parteien unterbrechen die AfD-Redner, lachen hämisch, beleidigen mehr, gehen unter die Gürtellinie oder klatschen nur noch für die eigene Seite. Das Erregungsniveau ist hoch – ein Klima, das Überlegung und Sacharbeit erschwert (siehe die empirischen Belege für diesen Wandel bei Ebitsch, Schories & Zajonz, 2020 sowie Bauer & Fiedler, 2021). Die Übernahme der Hass-Logik zeigt sich auch in gewaltsamen Antifa-Aktionen, bei manchen Protesten gegen PEGIDA, die AfD, »Querdenker« oder Impfgegner. Die Kommentarspalten als liberal oder links geltender Medien belegen das Ausmaß von Wut und Hass gegenüber »Corona-Leugnern« und »Impfverweigerern«. Wenngleich es nach wie vor das Kerngeschäft der Rechten ist, die politischen Gegner zu Feinden zu erklären, die mit allen Mitteln gejagt und vernichtet werden müssen (Leo, 2019), findet sich das genüssliche Ausmalen von Bestrafungs- und Vernichtungsfantasien nicht nur aufseiten der politischen Rechten oder bei Verschwörungstheoretikern.

Aus der Ansteckungsgefahr resultiert ein starker Wunsch nach Vermeidung eines nahen Kontaktes zu den hocherregten Wütenden und Hassenden, und ein Motiv zur Verleugnung der erfolgreichen Ausbreitung von Hass-Politik. Diese Vermeidungswünsche gelten auch für die Forscher und Forscherinnen, sie gehen nicht nahe heran, neigen – wie die oben zitierte Regressionsdiagnose zeigt – zu überheblichen und pathologisierenden Ferndiagnosen (siehe dazu ausführlich Brockhaus, 2020 oder Strick, 2021, S. 49). Die psychoanalytische Schulung in Selbstreflexion mag helfen, die emotionalen Dilemmata in der Erforschung von Hass-Politik bei sich selbst zu erkennen – wie die eigene reaktive Wut einen blind macht, wie ratlos einen die Unerreichbarkeit der Hass-Bewegten hinterlässt, wie fassungslos ihr Erfolg bei Millionen von Menschen – auch im Sinne einer Unfähigkeit zu einer gedanklichen Erfassung des Geschehens (Brockhaus, 2020). Strick (2020) macht am Beispiel der Forschungsarbeiten zu Trump die gravierenden Theorie-Defizite der Rechtspopulismus-Forschung deutlich.

So schwierig, ja unmöglich es sein mag, zu einer forscherischen Haltung in der Untersuchung von politischen Hass-Spektakeln zu finden, so unverzichtbar scheint angesichts ihrer Allgegenwart und Intensität der Versuch einer Annäherung.

Das hocherregte aggressive Angehen des politischen Gegners ist in unser aller privaten und beruflichen Alltag eingerückt, die Begegnung mit Hasspolitik ist unausweichlich. In der Corona-Pandemie zeigt sich dies am deutlichsten in der Protestbewegung gegen die staatliche Corona-Politik: Am Ende des Jahres 2021 hat sich ein kleiner Bevölkerungsanteil zu einer gewaltbereiten »System«-Feindschaft radikalisiert, und ein größerer Teil hat sich in fundamentalem Misstrauen gegenüber Politik, Wissenschaft, Medien und Staatsorganen so eingerichtet, dass er kaum rückholbar erscheint. Schmidt (2021) hält es für realistisch, dass »Wissenschaftsleugner, Impfgegner, Zweifelnde, Verschwörungstheoretiker, ›Querdenker‹, ›Reichsbürger‹, Anthroposophen, Rechtspopulisten« Ende 2021 ein Viertel der Bevölkerung ausmachen. Er nennt diesen der Politik entfremdeten Bevölkerungsteil – durchaus ironisch, in einer Reflexion der eigenen Anmaßung in diesem Urteil – »das unvernünftige Viertel« (ebd.).

Nähe in Hass und Entwertung

Im zweiten und dritten Jahr der Pandemie kann beim Aufeinandertreffen gegensätzlicher Standpunkte zur Corona- oder Impf-Politik giftige Aggression freigesetzt werden – eine persistierende Unversöhnlichkeit, die ansatzlose Androhung einer extrem hohen Eskalationsstufe von Gewalt: »[E]s gibt nichts mehr unter ›Hängt ihn!‹ und dergleichen« (Schroeder, 2021). Die persönlichen Konfrontationen mit Ausmaß und Radikalität von Hass und Rachewünschen bei »Querdenker«- oder »Impfverweigerer«-Freunden und -Bekannten hat viele überrascht und aus der Komfortzone eines kontrafaktisch unterstellten Grundkonsenses gerissen. Verwandte oder Patienten klagen die Maßnahmen-Verteidiger und Impf-Mahner als intolerante (Nazi- oder Stasi-)Verfolger an. Unvermutet und gänzlich quer zu der eigenen Selbstwahrnehmung sehen sich die Maßnahmen-Verteidiger als Mit-Exekutoren des in der BRD angeblich herrschenden »Apartheidsregimes« gebrandmarkt; oder sie gelten als autoritätsgläubige »Schlafschafe«, die ihre Fähigkeit zu Kritik und Infragestellung aufgegeben haben. Massive Anwürfe kommen auch von psychologischen oder psychoanalytischen Kollegen und Kolleginnen, die sich einer Verschwörungstheorie-nahen Machtkritik verschrieben haben, wie Mitglieder und Vorstand der Neuen Gesellschaft für Psychologie. In einer »Stellungnahme der NGfP zur Aufgabe kritischer Psychologen und Psychotherapeuten in gesellschaftlichen Krisenzeiten« vom Juli 2021 werfen sie den Kollegen vor, dass sie sich »als willfährige Instrumente politischer Macht dem System andienen« und damit drohen, einer »nekrophilen, dem Toten, Starren, Kontrollierenden zugewandten Grundorientierung« zu verfallen (NGfP, 2021; siehe ebenso Bruder, 2021; Bruder-Bezzel, 2021).

Jedoch gibt es auch Argumente, in denen sich Gegner wie Befürworter der Corona-Politik ähneln. Gleichermaßen beklagen sie auf der jeweils anderen Seite einen emotionalisierten und unterkomplexen Diskurs, manichäische Freund-Feind-Bildung, die Abschottung von nicht-parteilicher Information und offener Meinungsbildung, Wahrheitsverdrehung, die Verwendung von Fake News, Manipulationen, die Nutzung von Abwehrmechanismen wie Verkehrung ins Gegenteil sowie Spaltung und Projektion (Bruder, 2021). Besonders deutlich ist diese Spiegelung bei den psychologischen Deutungen der anderen Seite. Die Verschwörungstheoretiker analysieren die »Psychologie des Verschwörungsleugners« (NGfP, 2021; Foyle, 2021), er sei durch Vermeidung und Verleugnung der Realität gekennzeichnet, wie auch der Psychoanalytiker Hans Jürgen Maaz betont: »Wenn Sie etwas von der Wahrheit, von der Realität, die heute vermieden wird, verleugnet wird, wissen wollen, orientieren Sie sich bitte an den Verschwörungstheorien!« (Maaz, 2020) Diese Diagnose der Realitätsverleugnung steht auch an erster Stelle bei den Kritikern von Verschwörungsglauben (Luy, Hessel & Chakkarath, 2020; Nocun & Lamberty, 2020).

Gegenwärtig imponiert vor allem die aggressive Enthemmung im Pandemie-Diskurs. Aber Härte, Erbarmungslosigkeit und Ausgrenzungslogik finden sich zunehmend auch in den identitätspolitischen Debatten der sich als links oder liberal Verstehenden.

Politische Erlebnisangebote statt ideologischer Überzeugungen

Der Titel »Hass-Spektakel – politische Erlebnisangebote als Grenzüberschreitungen« ist mit der Betonung auf sinnlichem und emotionalem Erleben gegen gängige wissenschaftliche Deutungen von Populismus und Rechtsextremismus gerichtet, in denen die Bereitschaft zu verbalen und physischen Gewaltakten auf neonazistische, antisemitische und rassistische Überzeugungen zurückgeführt wird. Für die Sozialpsychologen Oliver Decker und Elmar Brähler – Autoren der Leipziger Autoritarismus-Studien – ist der kausale Zusammenhang evident: Die bewaffnete Militanz von Soldaten und Polizeibeamten »oder die Radikalisierung auf Online-Plattformen machen die Bedrohung durch Rassismus und die Neo-NS-Ideologie überdeutlich« (Decker & Brähler, 2020, S. 23). Sie sehen die Wiederkehr »alter Ressentiments«, einer »antimoderne[n] Weltanschauung« (ebd., S. 25). Kiess und Kollegen (2020, S. 211ff.) fassen im selben Band »Antisemitismus als antimodernes Ressentiment« und sehen in der »Struktur und Verbreitung eines Weltbildes« das Problem. Historiker diskutieren die »ideologischen Traditionen« im Faschismus (Weiß, 2017a) und suchen die intellektuellen Vordenker der Neuen Rechten (Weiß, 2017b).

Zu dieser Einschätzung der großen Bedeutung von kognitiven Einstellungen passten die Aufklärungskampagnen. Man setzte im »Kampf gegen rechts« auf den Faktencheck, die Aufdeckung der Lügen, das Zurechtrücken der Fake News, das Aufzeigen der logischen Widersprüche und der semantischen Wurzeln in der Sprache des Nationalsozialismus. Immer wieder hieß es: Wenn man diese Aufklärungsarbeit energisch betreiben würde, würde sich z.B. die AfD für alle offensichtlich als unwählbar zeigen. Im Juni 2021 aber gestand Ursula Münch, Direktorin der Akademie für Politische Bildung in Tutzing, in einem Kommentar zu geheimen Chat-Verläufen von AfD-Mitgliedern das Scheitern dieser Strategie ein:

> »Das Erregungs-Niveau, das rassistische Niveau, das frauenfeindliche Niveau, das demokratiefeindliche Niveau, das wird ständig nach oben gepeitscht: Das ist dramatisch, das macht einem Sorgen, und gleichzeitig weiß man nicht, wie man im Grunde dagegen angehen soll, also politische Bildung nutzt da herzlich wenig« (Fromm, 2021).

Einiges spricht dafür, dass Bedeutsamkeit und Inhalte der rechten Weltbilder sich verändert haben. Volker Weiß hatte zwar die Frage bejaht, dass die Neue Rechte »das Erbe des Faschismus zumindest in großen Teilen angetreten hat« (Weiss, 2017a), er sieht jedoch, dass der Bezug zum Faschismus weniger ideologisch-programmatisch als »habituell und ästhetisch« zum Vorschein kommt, und zitiert den Historiker Robert Paxton, für den bereits der historische Faschismus weniger ein Gedankengebäude als vielmehr »eine Form des politischen Verhaltens« darstelle, das begründet sei durch eine »obsessive Beschäftigung mit Niedergang, Demütigung oder Opferrolle einer Gemeinschaft und durch kompensatorische Kulte der Einheit, Stärke und Reinheit« (Paxton, 2006, S. 319). Paxton wertet die Rolle starker Emotionen und Erlebnisangebote auf (Brockhaus, 1997) und bestreitet die Bedeutsamkeit der politischen Programme, Ideologien und Doktrinen, die auch im historischen Faschismus immer nur eine instrumentelle Rolle gespielt hätten.

Erst recht mangelt es den heutigen rechten Parteien und Bewegungen jenseits der Fixierung auf Feindbilder an ideologischer Festigkeit. Die – durchaus immer noch vertretenen – Topoi einer homogenen Volksgemeinschaft, eines biologischen Rassismus, des Chauvinismus, Sozialdarwinismus und exkludierenden Nationalismus scheinen keine enthusiasmierende, fanatisierende Kraft mehr zu entfalten, etliche Führungsfiguren sind ideologisch gänzlich desinteressiert, verwenden diese Ideologie-Bruchsteine jedoch – durchaus zynisch – aus machtpolitischer Opportunität (zum programmatischen Opportunismus rechtspopulistischer Machtpolitiker Sundermeyer, 2018, zu Alexander Gauland Applebaum, 2021, zu Boris Johnson Strick, 2020, und Wirth, 2017, zu Donald Trump). Diese rechten oder rechtspopulistischen Gruppierungen haben keine oder nur eine kümmerliche, vage Zukunfts-Programmatik vorzuweisen, ihr »Markenkern [ist] allein die ebenso populistisch (gegen die »Eliten«) wie tribalistisch (gegen die Demokraten, gegen die »Merkel-CDU«, gegen die »Gutbürger«) oder nationalistisch (gegen China, gegen die USA, gegen die EU) eingefärbte Frontstellung gegen imaginäre oder reale Feinde« (Amlinger & Gess, 2020).

Für jüngere Rechte und vor allem die Social-Media-Szene, die das quantitativ größte und bedeutsamste Spielfeld der populistischen neuen Rechten darstellt, stehen neonazistische Ideologie und klassischer Antisemitismus jenseits ihres Interessenhorizontes. Sie werden nicht etwa abgelehnt, die »User« haben nur keine Geduld für die »Protokolle der Weisen von Zion«, »die wenigsten sind da total fest drin«, so die Spezialistin für Hass im Internet Karolin Schwarz (2020). Die von Strick untersuchten Anhänger der Alternativen Rechten zeigen »nur geringes Interesse an narrativer und ideologischer Kohärenz« (Strick, 2021, S. 50).

Euphorie im Hass-Spektakel

»Tatsächlich zielen Rechtspopulismus und Neue Rechte auf Affekte statt Reflexion. ›Was zählt, ist die Emotion‹, resümiert eine Auswertung der Social-Media-Präsenz der AfD« (Weiß, 2017a). Die Ausbeutung von »Wut« folgt dabei dem durch den AfD-Strategen Marc Jongen ausgegebenen Ziel der Steigerung der »›thymotischen Spannung‹ in der Politik« (ebd.).

Der ideologische Minimalismus ist oft mit einer enormen Radikalität und Hassbereitschaft verschwistert. Das gilt erst recht für die »Anti-Corona«-Bewegung. Deren Anhänger sind ausschließlich durch das Negative motiviert: die hoch affektive Ablehnung des diktatorischen, terroristischen »Systems« – eine positive politische Agenda haben sie nicht und vermissen sie auch nicht, wie eine soziologische Studie herausstellt: »Vielleicht ist das die erste wirklich postmoderne Bewegung. [...] Im Fall von ›Querdenken‹ sehen wir jedoch eine Radikalität, bei der keine Kohärenz und Konsistenz mehr existiert oder angestrebt wird« (Nachtwey & Frei, 2021). Hier gibt es nicht einmal mehr ein gemeinsames Feindbild, die Sündenböcke verschmelzen in einer »toxischen Mischung« (Ebitsch, Schories & Zajonz, 2021), heterogene und gegensätzliche Verschwörer-Bilder koexistieren.

Wichtiger als ideologische Botschaften sind politische Szenarien, in denen sich Menschen mit ihren Sehnsüchten und Ängsten wiederfinden, bzw. die sie dort selbst erleben und (mit)gestalten können – Gefühls- und Erlebniswelten, die mittels Imaginationen, Bildern, szenischen Inszenierungen hergestellt und transportiert werden.

Die Buntheit und Größe der Corona-Demonstrationen dient als lebender Beweis des »Wir sind das Volk!«, die Bilder vom »Sturm aufs Kapitol« oder den Reichstag zeigen nicht nur den Vorgriff auf die Macht, sie machen die Machtergreifung und Entmächtigung der Feinde in der Gegenwart real, ebenso wie die Bilder der gedemütigten und verängstigten Abgeordneten und Minister nach dem Eindringen in den Bundestag – die politische Agenda vermittelt sich über das konkrete, gegenwärtige sinnliche Erleben und die Inszenierung von Affekten auf den politischen Veranstaltungen – sowohl in physischer Präsenz wie im Netz.

Bilder und Berichte von Demonstrationen und Wahlkampagnen zeigen die Überzeugungskraft und Sogwirkung im Miterleben einer Gruppen- oder Massensituation. Von etlichen »Querdenkern« und »Querdenkerinnen« wird berichtet, dass die Teilnahme an den Demonstrationen einen Suchtfaktor hatte, und dass das Engagement für die Protestbewegung getragen wurde von der Euphorie, die die »Events«, die »Happenings«, hervorriefen. Für die Demonstration am 1. August 2021, die eine Wiederauflage der vorjährigen Massendemonstration vom 1. August 2020 werden sollte, machte »Querdenken-711« im Frühsommer 2021 eine großangelegte Werbekampagne. In ihrem Zentrum stehen anstelle politischer Inhalte Erlebnisberichte und Antworten auf die Frage: »Welche Erlebnisse verbindest Du mit dem 1. August 2020?« Die Antwort-Videos beschreiben lustvolle Überwältigungserfahrungen, eine rauschhafte Ich-Aufblähung und ein Aufgehen in der Massenerfahrung: »die unglaublichen vielen Menschen«; »Es war wie unter einer gigantischen friedvollen Glocke«; »[D]as war so 'ne Energie, das war der pure Wahnsinn«; »irre« (Querdenken-711, 2021).

In diesen Spektakeln geht es um ein alle Sinne umfassendes grenzauflösendes Erleben. Für nicht wenige ist ihre Motivation zur Teilnahme an den »Corona-Protesten« in dem (durch die sinnliche und soziale Deprivation während der Pandemie gesteigerten) Verlangen nach dieser rauschhaften sinnlichen Überwältigung aufgegangen.

In den Kommentaren vor allem zu den frühen Corona-Protesten wird die Feststimmung hervorgehoben und vom Hass der Parolen und Reden, der Gewalt gegenüber Polizei, Medienvertretern und politischen Gegnern abgegrenzt: Man habe sie nicht miterlebt, nicht gesehen, jedenfalls nicht gewollt. Aber auf Videos kann man die euphorisierende Feier von Hass und Gewalt miterleben, z. B. zeigt ein Handy-Video-Mitschnitt der Journalistin Dunja Hayali von der Demonstration am 1. August 2020 in Berlin, wie die aggressive Bedrängung von immer mehr Menschen aus der Menge der Versammelten aktiv aufgenommen und verschärft wird (Hayali, 2020). Man sieht, wie die Menge sich konzentriert, energetisiert und euphorisiert, als sich immer mehr Demonstrierende am Niederbrüllen, Umzingeln, Bedrängen, Schubsen, Beleidigen der Journalistin beteiligen. Erst die Aktion gegen den Feind löst die festliche Euphorie aus, lässt die Menge zu sich finden.

Legitimation von Hass und Gewalt als Widerstand gegen die Macht

Paul Gäbler (2021), der ein Jahr lang die »Corona-Protestdemonstrationen« besuchte, sah dort die Freude an einem aggressiven Aufbegehren, »fast ein Nachholen der Pubertät. Man konnte sich nach Herzenslust mit der Polizei anlegen, die Welt als ungerecht und vor allem gegen sich gerichtet empfinden.« Hier zeigt sich die Sinnstiftungsfunktion des Erlebnisangebotes, das als Restbestand eines politischen Programms verblieben ist: »Ein solches Weltbild – das tapfere Volk gegen den totalitären Staat – gab plötzlich vielen einen Sinn« (ebd.).

In Varianten liegt dieses Narrativ der existenziellen Bedrohung durch ein übermächtiges System, eine Person oder eine rassistisch oder religiös markierte Gruppierung allen rechten, faschistischen sowie der nationalsozialistischen Bewegung zugrunde. Auch für die »Corona-Protestierenden«, erst recht die Verschwörungstheoretiker, ist ihr stärkstes und vereinendes Motiv der Hass auf Machteliten in Politik, Medien und Wissenschaft, denen zerstörerische, tödlich bedrohende Absichten unterstellt werden. In der Notwehrsituation gilt das Ausnahmerecht, das eine Politik radikaler Obstruktion und gewalttätigen Hasses moralisch rechtfertigt und eine Selbstüberhöhung zum antifaschistischen Widerstandshelden plausibel macht: Kritik, Negation, Obstruktion werden erlebt als Dissidenz, Widerstand und Kampf gegen die faschistische Diktatur (die »Femi-Nazis«, die »Political-Correctness-Terroristen« usw.).

Auch der Täter, der den Mann umbrachte, der ihn zum Tragen einer Schutzmaske aufforderte, hat diese subjektive Notwehrsituation für sich reklamiert: »Er habe sich in die Ecke gedrängt gefühlt« und »keinen anderen Ausweg gesehen«, als mit dem Mord ein Zeichen zu setzen (zit. n. BR24, 2021).

Die Selbstdeutungen als Opfer von Willkür und Diktatur, als tapfere Widerständler gegen die System-Übermacht, haben vor allem legitimatorische Funktionen. Sie überhöhen die eigene Bedeutsamkeit, aber vor allem verschaffen sie ein gutes Gewissen, Hass und destruktiven Bedürfnissen freien Lauf zu lassen: »Sexismus, hate speech, Rassismus, Revisionismus, Transgression fühlen sich an wie ein Befreiungskampf. Nicht vor der Regierung oder vor political correctness ›auf die Knie zu gehen‹ [...] fühlt sich dann an wie der Kampf der Spartaner an den Thermopylen gegen die persische Übermacht« (Strick, 2021, S. 98).

Die Rechtspopulisten und die aktuellen Protestbewegungen erteilen eine Lizenz zum Aussetzen von Über-Ich-Kontrollen, eine Erlaubnis zu Regression und Entsublimierung.

Die Faszination von hassvoller Grenzüberschreitung

Der »Gefühlsbefreiungs-Trick« bahnt »Ausschreitung und Gewalttätigkeit« den Weg – dies hatte Adorno (1973 [1943], S. 366) schon an den Reden faschistischer Agitatoren im Amerika der 1940er Jahre beobachtet. Für den AfD-Politiker Marc Jongen leidet Deutschland an einer »thymotischen Unterversorgung«, einer »Armut an Zorn und Wut«; einzig die AfD befördere »Stolz und Wut« (zit. n. Bender & Bingener, 2016). Die Aufforderung zur Freisetzung von Gefühlen steht auch hinter den Freiheitsparolen der »Corona-Demonstranten«. Im Plakat-Aufruf zur Berlin-Demonstration im August 2020 heißt es: »Gefühle kennen keine Kette«. Hier wird die Lizenz zur Regression zu einer Aufforderung zur Aktion: »Lasst die Gefühle von der Kette, lasst eurer Wut, euren Gewalt- und Rachefantasien, euren Wünschen nach Überschreitungen der Grenzen von Sitte, Anstand, Moral freien Lauf!«

Trump hat in extremer Weise die Grenzüberschreitung in intimste psychische und körperliche Bereiche des politischen Gegners vorgemacht, die politischen Gegner wurden als dumm, hässlich, dick, ungeschickt, behindert, verlogen, unsauber, schmutzig oder infektiös markiert – stinkende Körper, aus denen Exkremente und Blut hervorquellen. Auf jeder beliebigen Kommentarseite im Internet ist zu sehen, wie versucht wird, zentrale Kernmomente der psychophysischen Integrität der politischen Gegner zu treffen und zu zerstören. Ich nehme als Beispiel Kommentare auf der Seite der AfD-Bundestagsfraktion: Sie beziehen sich auf die Rede eines AfD-Abgeordneten, der (nach einem rechtsterroristischen Anschlag) die »Altparteien« beschuldigt hatte, selber für politische Terrorakte verantwortlich zu sein. Die Rede hatte bei den Nicht-AfD-Abgeordneten Empörung ausgelöst, auf diese emotionalen Reaktionen beziehen sich die Kommentare auf der AfD-Seite des Bundestages: Hier werden die Abgeordneten der »Altparteien« in jeder Dimension ihres Menschseins entwertet, ihnen wird Intelligenz, Charakter und Moral abgesprochen, sie werden pathologisiert, kriminalisiert, mit vulgären Beleidigungen verächtlich gemacht, sie sollen ins »Irrenhaus«, Gefängnis oder KZ verschickt werden, Gewaltfantasien werden detailreich ausgemalt. Sie werden körperlich herabgewürdigt (»Bulldoggen Gesicht«, »Hässlichkeit hat einen Namen«), man spottet über Behinderungen (der querschnittsgelähmte damalige Bundestagspräsident Schäuble wird »Gollum ›Sitzenbleiber‹« genannt). Die »Altparteien« »tragen den Virus in sich, böse und abartige Sekten«. Den größten Raum in den Kommentaren nimmt die Erzeugung von Ansteckungsangst, Widerwillen, Ekel und Brechreiz ein: »Rot-Grüne Scheiße«, »[…] könnte nur noch im Schwall erbrechen«, »widerlich« und »ekelhaft« sind die beliebtesten Etiketten (AfD-Fraktion Bundestag, 2020).

Hier geht es um die »Sexualisierung und die Realisierung von Gewalt im Eindringen in den Schutz- oder Intimraum des Anderen« (Görling, 2020) und den Genuss dieser Souveränitätsgeste, die sich des Körpers des Anderen bemächtigt. Die Lust an der Grenzüberschreitung, der »Genuss an der Diskriminierung anderer« (ebd.), kann bei der Anhängerschaft als zentrales Motiv der Anziehungskraft populistischer Systemkritik ausgemacht werden. Dave Eggers (2016) sah als das tiefste Motiv der verbreiteten »Trump-Sucht« die Faszination im Miterleben der scheinbar endlos steigerungsfähigen Grenzverletzungen. »Es kann nicht wahr sein, sagt er das wirklich?« – so das ungläubige Staunen vor jeder neuen Eskalation. Die in aller Öffentlichkeit präsentierten Tabubrüche lösten bei Anhängern Trumps Fassungslosigkeit, lustvolle Überraschung und Bewunderung aus.

Sie wirkt auch auf der Gegenseite: Die Verführung, mitzulachen, mitzumachen, wird jedoch sehr selten eingestanden, am ehesten war dies noch in der Reflexion des eigenen süchtigen Trump-Konsums der Fall. »Ich verabscheue Trumps Politik, aber irgendwie bewundere ich auch seine Ruchlosigkeit. Alle Regeln: gesprengt!«, so eine Journalistin (Pham, 2017). Das Publikum divergierender politischer Provenienzen ging in lüsterner Erwartung alle Eskalationsstufen mit – von der Verletzung basaler Anstandsregeln (wie bei der Belustigung über Behinderte) bis zum Bruch zentraler Tabus (wie dem Inzestangebot an seine Tochter; Strick, 2020). Trumps Schamlosigkeit versprach dem Publikum Befreiung von Scham und Schuldgefühl, er verkörperte eine neue, grenzenlose Freiheit (Koch, Nanz & Rogers, 2020).

Intensiv wird es genossen, wenn Demütigung und Beschämung der Opfer gelingen. Die »Querdenken«-Demonstranten in Berlin, Leipzig oder Kassel im Jahr 2021 zeigten mit ihrem Gebrüll und dem Niederschreien kritischer Mitbürger ganz deutlich, wie lustvoll sie es erlebten, überwältigt zu werden von Wut und Hass und diese Gefühle ungefiltert und offensiv herauszuschreien. Beim Überrennen von Barrieren und den gewaltsamen Attacken auf Polizisten, Journalisten oder kritische Mitbürger stellten sie die Freude an der aggressiven Bemächtigung des Gegenübers aus. Verschwistert ist dieser Triumphalismus mit dem Total-Ausfall von Mitgefühl, wie an dem bedenkenlosen Niederreißen der Grenze zum Privatbereich und der physischen Bedrohung von Politikerinnen und Politikern sichtbar wurde.

Berauschung an selbstermächtigender Gewalt

Die Eroberung von öffentlichen Räumen, das Eindringen in Machtzentren oder die Einschüchterung von Bundestagsabgeordneten bewirken ein Gefühl manischer Euphorisierung und narzisstischer Aufblähung: »Das war wie ein starker Koksrausch«, kommentiert der Rechtsextremismus-Experte David Begrich (2021) den »Sturm des Reichstages« – wie die Aktion auf den Reichstagstreppen am 30. August 2020 bei den Rechten in anmaßender Selbstüberschätzung genannt wird.

Die Gewaltforschung belegt eindrucksvoll die Faszination einer Erfahrung von Selbstermächtigung und Souveränität in der Wirkmächtigkeit über die Gewaltopfer. »In der aktiven Gewaltausübung wird der eigene Körper und dessen Wirkmächtigkeit erfahren [...]. Die Täter erleben Gewalt oft als eine Steigerung ihrer Subjektivität im souveränen Akt der Überschreitung körperlicher und sozialer Grenzen [...]« (Binder, 2014, S. 128). Die gewalttätige Bemächtigung des Anderen, sei es durch Worte, Gesten oder direkte körperliche Aggression, hat eine berauschende Wirkung, die Rede ist von dem »Flow-Erleben« und der epiphanischen Erfahrung (siehe dazu die klassische Studie von Sutterlüty, 2002), Giesen spricht von »Selbstdivinisierung« (Giesen, 2010, S. 132f.). Das Ausleben von Ressentiment und Hass in gewalttätiger Aktion ist eine unvergleichliche Möglichkeit, sich als selbstwirksam zu erfahren. Deshalb entfaltet Gewaltausübung ein erhebliches Suchtpotenzial.

Könnte es mit der Leugnung eigener Gewalt-Faszination zu tun haben, dass bei den Rechten ihr Angebot von Angstbewältigung durch Autoritarismus und Fremdenhass scharf gesehen wird, die Freigabe von sexualisierter Gewalt jedoch unterbelichtet bleibt?

Hass aus innerer Not?

Das Eingeständnis der Freude am Hass klärt nicht, wie es zur Dominanz dieser Gefühlslage kommt. Woher stammt der Hass?

Von psychoanalytischer Seite aus sind die Vernichtungsfantasien der Hass-Politiker sehr ernstgenommen worden. Als Motiv hinter den Ängsten vor Invasion, Überfremdung, Penetration und Überwältigung ist das Erleben einer tödlichen Bedrohung der eigenen Identität vermutet worden. Schmähung, Herabwürdigung, Beschämung (siehe den Schlachtruf »Schämt Euch!«), Demütigung, Verächtlichmachung oder die gewaltsame Bemächtigung der Feinde werden als Bearbeitung eigener unerträglicher innerer Zustände mittels projektiver Identifizierung gesehen (Durban, 2020). Die Annahme projizierter Vernichtungsängste kann einleuchtend die sonst absurd anmutenden Bilder einer sexualisierten Vergewaltigungs- und Vernichtungs-Orgie der verschworenen Elite etwa bei QAnon verständlicher machen.

137

Sie erklärt zudem auch die Zwanghaftigkeit, Extremität und Persistenz der Feind-Projektion: Der Beweis, dass das Böse außen ist, muss immer wieder neu erbracht werden. Die eigene Identität bildet sich und wird erfahrbar nur im Kampf gegen den Feind, von dem man existenziell abhängig bleibt. Deshalb unterliegt die Feind-bildung einer Sucht- und Eskalationsdynamik.

Dass die Menschen der Hass-Politik verfallen, weil sie ein Lösungsversprechen für tief verankerte innere Nöte abgibt, ergab sich auch in den Untersuchungen zu der Frage, welcher Persönlichkeitstypus sich als potenziell anfällig für einen auf-kommenden Faschismus erweisen würde, die von Adorno und Kollegen in den letzten Kriegsjahren im amerikanischen Exil durchgeführt wurden (Adorno et al., 1950). Die von ihnen beschriebene Autoritäre Persönlichkeit werde zur Hass-Po-litik getrieben, weil diese ein Lösungsversprechen für anders nicht lösbare innere Notlagen darstelle: »Der Autoritäre *muß* [...] verurteilen, er wird getrieben«, er »muß [...] seine Aggression aus innerer Notwendigkeit gegen die Feindgruppe richten« (Adorno, 1973 [1950], S. 52).

Auch Soziologen und Sozialpsychologen folgen mehrheitlich der Vorstellung, dass die politischen Hass-Bewegungen eine affektive Reaktion auf existenzielle Er-fahrungen von Versagung, Zurücksetzung und Kränkung sind, die jedoch nicht in der individuellen Biografie, sondern in gesellschaftlichen Wandlungsprozessen verortet werden. Helmut König (2017, S. 33) verweist auf die Wirkungen einer

> »Gefühlslage, die die Gegenwartsgesellschaften weithin bestimmt, das Gefühl, dass alles kontingent ist, dass das Schicksal wahllos und blind ist und wir uns eher als die ohnmächtigen Zuschauer eines Dramas verstehen müssen denn als handelnde Akteu-re, die ihr Los selber in der Hand haben. Es gibt kein richtiges Verhalten in dieser falschen Situation.«

AfD-Wähler z. B. haben dieses »Gefühl maximalen Kontrollverlusts und Ausgelie-fertseins« in ganz besonders hohem Ausmaß, sie stimmen signifikant häufiger der Aussage zu: »Über mein Leben wird irgendwo draußen in der Welt entschieden« (Hilmer et al., 2017, S. 47). Die Corona-Pandemie hat dieses Gefühl ohnmächti-gen Ausgeliefertseins enorm verstärkt.

Der Kulturwissenschaftler Simon Strick (2021) findet in seinen extensive Un-tersuchungen der Internet-Aktivitäten der »Alternativen Rechten« jedoch keine Anzeichen einer existenziellen Not, die die eigene Identitätsrettung mittels Hass und Gewalt erforderlich macht. Bei den »digitalen Faschisten« beobachtet er viel-mehr, dass sie nichtige Anlässe für ihre Hass-Reden benutzen und zudem diese Anlässe zur Gänze selbst konstruieren.

2017 veröffentlichte Trump das »Wrestling Video«, in dem Trump sich als Wrestler gibt, einen Mann zu Boden schlägt, ihm in einem Erniedrigungsritual die Haare abrasiert. Dem Gegner wird in dem Video ein CNN-Logo vor den Kopf gesetzt und die Botschaft eingeblendet: »CNN-Fraud« – eine Aufforderung, mit der »Lügenpresse« so umzugehen, wie es Trump in dem Video mit seinem Gegner tut (Diehl, 2017). Wrestling – das ist die inkarnierte Verwischung von Wissen und Nicht-Wissen um Inszenierung und Authentizität. Allen ist klar, dass die großen Gesten des Hasses, der Demütigung, des Schmerzes, der teuflischen Gemeinheit und Bosheit sowie die triumphalen Siege gespielt sind und dieses Wissen in der Übertreibung der Gesten ironisch eingesetzt wird. Aber gegen die Macht der Bilder kommt das Wissen, dass das Spektakel durchinszeniert ist, nicht an: Die Erniedrigung des Haare-Abrasierens teilt sich als unmittelbare emotionale Evidenz mit.

Die Bedeutsamkeit der Bilder in moderner Hass-Politik ist gar nicht zu überschätzen, wie der Kulturwissenschaftler Hornuff betont:

> »Hassbilder geben dem Hass ein Aussehen und sind Multiplikatoren des Hasses. Man darf nicht vergessen, dass Hass auch ansteckend wirken soll. Man möchte andere Menschen an einer abwertenden Kommunikation in den sozialen Medien beteiligen. Bilder sind ein Mittel, um Hass möglichst attraktiv erscheinen zu lassen und um andere in Hetzkampagnen gegen Minderheiten oder auch gegen Einzelpersonen zu mobilisieren« (zit. n. Lohr, 2021).

Die Verpackung in den Wrestling-Bildern ermöglicht Trump, die politische Botschaft der Aufforderung zur Gewalt gegenüber den Trump-kritischen Medien ableugnen zu können: »Es ist alles nur ein Scherz!« Die Hatespeech-Trolle im Internet, die Shit-Stormer oder die Alternativen Rechten arbeiten permanent mit dieser Relativierung als Scherz oder dem Verweis auf den spielerischen Charakter der Aufrufe zu Hass und Gewalt. Zwei Internet-Trolle, die sich Opfer suchen, die sie gezielt mit Bombardements von Beleidigungen, Schmähungen, Herabwürdigungen überziehen, sagen zur Begründung ihrer Hatespeech-Aktivität und ihres »Spiels« mit NS-Symbolik: Sie hätten eben einen sehr besonderen Sinn für Humor (#funk, 2018).[1] Der Attentäter von Halle hat simultan seinen Anschlag per Video in seiner Chat-Community in Gamer-Sprache kommuniziert und über seine schlechte Performance und den miesen Score gejammert. Ironie ist das Hauptmedium in den Kommunikationen über Memes bei der Alternativen Rechten – in einem fort werden dort exzessive Gewalt, blutige Rachefantasien oder sadistische Szenarien in ironisch distanzierter Comic-Manier ausgemalt; auch die NSU-Mörder haben ihre Taten in dieser »lustigen« Weise präsentiert. Dabei werden die

---

[1] Die YouTuber »Imp der Übermensch« und »Dorian der Übermensch« betrieben ein eigenes Format, »Lösch Dich!«, in dem sie andere YouTuber zu Objekten von ätzendem Spott und Verachtung machten und sie zur Löschung ihres YouTube-Auftrittes aufforderten (siehe https://youtube.fandom.com/de/wiki/LÖSCH_DICH_ [01.03.2022]).

Feinde – die Political-Correctness-Forderer, die moralinsauren »Gutmenschen« – zu humor- und fantasielose Spaßbremsen erklärt.

»Das war alles nicht so ernst gemeint« ist natürlich eine wohlfeile Ausrede. Aber bei vielen gewinnt man den Eindruck, dass es jenseits der von Medienlogik geprägten Spektakel-Welt keine »wirkliche« Realität gibt, oder eher: dass die Social-Media-Welt wichtiger genommen, stärker libidinös besetzt ist.

Hinter der nach außen demonstrierten Frivolität, Leichtfertigkeit, Lockerheit und spielerischen Anmutung mögen Angst und Not verborgen sein. Simon Strick bezweifelt jedoch, dass hinter Spielfreude und Spannungssuche tiefere Motivationen für die Hass- und Gewaltpropaganda liegen. Er zieht folgendes Resümee seiner intensiven Beschäftigung mit den »digitalen Faschisten«: »Ihr Treibstoff sind nicht ›Wut‹ oder ›Hass‹«; »QAnon zeigt eine Form des Politischen an, die Individuen zum interaktiven Spiel anreizt. Das Spiel liefert ihnen Politik [...] als affektives, intimes Erlebnis: Antriebsmotor [...] sind die anreizenden Architekturen der sozialen Medien selbst.« Die sich dort hochdrehenden Spiralen von Herabsetzung und Demütigung gehorchen einer durch die Spielregeln der Netzgemeinschaft angeheizten Eigenlogik. Strick sieht als Hauptmotiv der Hass-Propagandisten, »das Leben nur ein kleines bisschen interessanter [zu] machen und der ausgedachten aber spannenden Spielewelt einen Platz in der Wirklichkeit [zu] verschaffen« (Strick, 2021, S. 367).

Hier wird zu dem Verfolgten überhaupt keine persönliche Beziehung mehr aufgenommen, die realen Folgen der Attacken für seine Person gar nicht mehr realisiert (Lobo, 2021; Amadeu-Antonio-Stiftung, 2018). Der Begriff »Hass-Politik« wird dieser Gleichgültigkeit nicht gerecht, er ist sozusagen zu optimistisch, weil er eine bedeutsame Beziehung zwischen Opfer und Täter voraussetzt. Für den Hassenden nimmt der Gehasste im Inneren einen großen Raum ein, ist ein Objekt der ständigen Hinwendung und von existenzieller Bedeutsamkeit. Bei »Shitstorms« aber erfolgt die Auswahl der Zielobjekte aufgrund einer Verabredung, über das Opfer wissen die Täter meist nur ein Gerücht. Die befragten Internet-Trolle wussten nicht zu sagen, was sie von ihren Opfern wollen. Feindbilder werden ausgetauscht, wenn sie nicht mehr funktionieren.

Bei den rechtsterroristischen Anschlägen der letzten Jahre – NSU, Hanau, auch Halle – ist diese Austauschbarkeit der Feinde zu sehen. Der Täter von Halle mit seinem jüdischen Feindbild wechselte ohne Weiteres zu den nicht-jüdischen Opfern, als ihm der Einbruch in die Synagoge misslang. Bei den Opfern des NSU und bei dem Mord an dem jungen Mann, der das Tragen einer Schutzmaske anmahnte, sind Willkür und Beliebigkeit der Zielobjekt-Wahl besonders deutlich. Dies anzuerkennen, fällt jedoch sehr schwer. Nach den Mindeststandards von Gerechtigkeit sollte der Monstrosität der Taten auch eine »Schwere« und Tiefe der Motive entsprechen. Die Annahme einer »inneren Notwendigkeit« (Adorno, 1973 [1950], S. 52) von Hass lässt uns nicht ganz so fassungslos zurück, sie rückt die Tat in einen vertrauten Verstehenshorizont. Wir können Empathie für die Täter aufbringen, vor allem aber verleiht die Annahme eines notwendigen Zusammenhangs von Motiv und Tat dem Hass und der Gewalt einen zwar schrecklichen, aber eben doch einen Sinn. Wenn die Motive für die Hassspiralen so ganz beliebig werden, ins Läppische gehen, erscheinen die Taten noch schwerer erträglich. Für die Psychoanalyse, die dem sinnhaften Verstehen einer verborgenen Konfliktdynamik so viel Bedeutung zumisst, ist diese Entwicklung eine große Herausforderung.

Literatur

Adorno, T. W., Frenkel-Brunswik, E., Levinson, D. J. & Sanford, R. N. (1950). *The Authoritarian Personality*. New York: Harper & Brothers.

Adorno, T. W. (1973 [1943]). Die psychologische Technik in Martin Luther Thomas' Rundfunkreden. In ders., *Studien zum autoritären Charakter* (S. 360–483). Frankfurt a. M.: Suhrkamp.

Adorno, T. W. (1973 [1950]). Studien zum autoritären Charakter. In ders., *Studien zum autoritären Charakter* (S. 1–359). Frankfurt a M.: Suhrkamp.

AfD-Fraktion Bundestag (2020). Wir halten Ihnen den Spiegel vor, was Sie sehen, ist hässlich! – Roland Hartwig. https://www.youtube.com/watch?v=_nVdSqvT6Yw (17.12.2021).

AfD (2021). Unser Programm zur Bundestagswahl: Deutschland. Aber normal. https://www. afd.de/wahlprogramm/ (17.12.2021).

Altenbockum, J. v. (2021, 21. September). Allgegenwärtige Enthemmung. *FAZ*. https://www. faz.net/aktuell/politik/inland/idar-oberstein-ueber-tatmotiv-und-allgegenwaertige -enthemmung-17547964.html (07.04.2022).

Amadeu-Antonio-Stiftung (2018). Hate speech und fake news. *Publikationen der Amadeu-Antonio-Stiftung*. https://www.amadeu-antonio-stiftung.de/publikationen/hate-speech -und-fake-news-fragen-und-antworten/ (17.12.2021).

Amlinger, C. & Gess, N. (2020, 1. Juli). reality check. Wie die Corona-Krise kritische und weniger kritische Theorien auf den Prüfstand stellt. *Geschichte der Gegenwart*. https:// geschichtedergegenwart.ch/reality-check-wie-die-corona-krise-kritische-und-weniger -kritische-theorien-auf-den-pruefstand-stellt/ (17.12.2021).

Applebaum, A. (2021). *Die Verlockung des Autoritären. Warum antidemokratische Herrschaft so populär geworden ist*. München: Siedler.

Bauer, K. & Fiedler, M. (2021). *Die Methode AfD: Der Kampf der Rechten: Im Parlament, auf der Straße – und gegen sich selbst*. Stuttgart: Klett-Cotta.

Beckedahl, M. (2018, 27. April). »Lösch Dich! So organisiert ist der Hate im Netz«. *netzpolitik.org*. https://netzpolitik.org/2018/dokumentation-loesch-dich-so-organisiert-ist-der -hate-im-netz/ (17.12.2021).

Begrich, D. (2021, 13. Januar). Vom Kapitol zum Reichstag: »Das war wie ein starker Koksrausch«. *SZ*. https://www.sueddeutsche.de/kultur/stuermung-kapitol-reichstag-rechtsex tremismus-afd-querdenker-1.5171960?reduced=true (07.04.2022).

Bender, J. & Bingener, R. (2016, 15. Januar). Marc Jongen philosophiert für Deutschland. *FAZ*. https://www.faz.net/aktuell/politik/inland/marc-jongen-ist-afd-politiker-und -philosoph-14005731.html (07.04.2022).

Binder, W. (2014). *Abu Ghraib und die Folgen: Ein Skandal als ikonische Wende im Krieg gegen den Terror*. Bielefeld: transcript.

BR24 (2021, 20. September). Tankstellen-Kassierer nach Streit um Corona-Maske erschossen. https://www.br.de/nachrichten/deutschland-welt/tankstellen-kassierer-nach-streit-um-corona-maske-erschossen,SjZQHkS (17.12.2021).

Brockhaus, G. (1997). *Schauder und Idylle. Faschismus als Erlebnisangebot.* München: Antje Kunstmann.

Brockhaus, G. (2020). Emotionale Dilemmata im Umgang mit Hasspolitik. *Freie Assoziation. Zeitschrift für psychoanalytische Sozialpsychologie, 23*(1–2), 84–104.

Bruder, K.-J. (2021). Verkehrung als Waffe des Diskurses der Macht. *Neue Gesellschaft für Psychologie (NGfP) Mitgliederrundschreiben 2021/10, Aktuelles.* https://www.ngfp.de/2021/10/verkehrung-als-waffe-des-diskurses-der-macht/ (17.12.2021).

Bruder-Bezzel, A. (2021). Offener Brief an Prof. Hans-Jürgen Wirth. *Neue Gesellschaft für Psychologie (NGfP): Mitgliederrundschreiben 2021/1, Aktuelles.* https://www.ngfp.de/2021/01/offener-brief-an-prof-hans-juergen-wirth/ (17.12.2021).

Decker, O. & Brähler, E. (2020). Rechtsextreme Einstellungen in der Mitte der Gesellschaft. In dies. (Hrsg.), *Autoritäre Dynamiken. Alte Ressentiments – neue Radikalität. Leipziger Autoritarismus Studie 2020* (S. 15–26). Gießen: Psychosozial-Verlag.

Diehl, P. (2017). Antipolitik und postmoderne Ringkampf-Unterhaltung – Essay. *APuZ 44–45.* https://www.bpb.de/apuz/258504/antipolitik-und-postmoderne-ringkampf-unterhaltung-essay (17.12.2021).

Durban, J. (2020). Osmotic-diffuse anxieties and »hard« ideologies: the attack against sanity as a home. Unveröffentlichtes Vortragsmanuskript. München.

Ebitsch, S., Kruse, B., Schories, M., Ebert, F., Gardner, L., Helten, C., Kloiber, S. & Rietzschel, A. (2021, 10. Mai). Der Hass wächst. Wie die Pandemie zum Brandbeschleuniger der Radikalisierung wurde. *SZ.* https://projekte.sueddeutsche.de/artikel/politik/radikalisierung-in-der-corona-krise-e742536/?reduced=true (17.12.2021).

Ebitsch, S., Schories, M. & Zajonz, M. (2020, 5. März). Das gehetzte Parlament. *SZ.* https://projekte.sueddeutsche.de/artikel/politik/bundestag-das-gehetzte-parlament-e953507/ (17.12.2021).

Eggers, D. (2016, 17. Juni). Could he actually win? Dave Eggers at a Donald Trump rally. *The Guardian.* https://www.theguardian.com/books/2016/jun/17/could-he-actually-win-dave-eggers-donald-trump-rally-presidential-campaign (07.04.2022).

Foyle, T. (2021, 12. März). On The Psychology Of The Conspiracy Denier. A closer look at the class that mocks. *Off-Guardian.* https://www.ngfp.de/2021/09/ueber-die-psychologie-des-verschwoerungsleugners/; https://off-guardian.org/2021/03/12/on-the-psychology-of-the-conspiracy-denier (17.12.2021).

Fromm, R. (2021, 9. Juni). Antisemitismus, Rassismus, Hass – Geheime AfD-Chats legen Extremismus offen (Interview mit U. Münch). *ZDF.* https://www.zdf.de/nachrichten/politik/afd-chatgruppen-extremismus-100.html (17.12.2021).

Fuchs, T. (2021). Kränkung, Rache, Vernichtung. Zur Phänomenologie des Hasses. *Psyche – Z. Psychoanal, 75*(4), 318–350.

#funk (2018, 24. April). Lösch Dich! So organisiert ist der Hate im Netz I Doku über Hater und Trolle https://www.youtube.com/watch?v=zvKjfWSPl7s&ab_channel=RaykAnders (13.04.2022).

Gäbler, B. (2018). AfD und Medien. Erfahrungen und Lehren für die Praxis. *Wissenschaftsportal Otto Brenner Stiftung.* https://www.otto-brenner-stiftung.de/fileadmin/user_data/stiftung/02_Wissenschaftsportal/03_Publikationen/AH95_Gaebler_AfD_II.pdf (17.12.2021).

Gäbler, P. (2021, 26. Juni). Wie zermürbend es ist, ein Jahr mit „Querdenkern" zu verbringen. *Berliner Zeitung.* https://www.berliner-zeitung.de/wochenende/querdenker-ein-jahr-versuch-einer-annaeherung-li.167511 (07.04.2022).

Geiselberger, H. (2017). *Die große Regression. Eine internationale Debatte über die geistige Situation der Zeit.* Berlin: Suhrkamp.

Giesen, B. (2010). *Zwischenlagen. Das Außerordentliche als Grund der sozialen Wirklichkeit.* Bonn: Velbrück Wissenschaft.

Görling, R. (2020). Affekt, Genuss und das Problem der Mentalisierung. Elemente einer Sozialpsychologie des rechten Populismus. In L. Koch, T. Nanz & C. Rogers (Hrsg.), *The Great Disruptor. Über Trump, die Medien und die Politik der Herabsetzung* (S. 169–186). Stuttgart: J. B. Metzler. DOI: 10.1007/978-3-476-04976-6_9

Grande, E., Hutter, S., Hunger, S. & Kanol, E. (2021). Alles Covidioten? Politische Potenziale des Corona-Protests in Deutschland. *Discussion Paper ZZ 2021–601. Wissenschaftszentrum Berlin für Sozialforschung.* https://www.ssoar.info/ssoar/handle/document/73561 (07.04.2022).

Grohn, M. (2021). *Hass von oben, Hass von unten. Klassenkampf im Internet.* Berlin: Das Neue Berlin, Eulenspiegel.

Hayali, D. (2020, 1. August). Machen Sie sich Ihr eigenes Bild. https://www.instagram.com/tv/CDWiV-oqlDG/?igshid=172ldpyyprhew (17.12.2021).

Hilmer, R., Kohlrausch, B., Müller-Hilmer, R. & Gagné, J. (2017). Einstellung und soziale Lebenslage. *Working Paper Forschungsförderung 44 der Hans-Böckler-Stiftung.* https://www.boeckler.de/pdf/p_fofoe_WP_044_2017.pdf (17.12.2021).

Lohr, M. (2021, 1. November). Forscher über Hass im Netz: Schulen müssen Instagram und Co. ernst nehmen (Interview mit D. Hornuff). *HNA.* https://www.hna.de/kassel/hass-soll-ansteckend-wirken–91086491.html (17.12.2021).

Kiess, J., Decker, O., Heller, A. & Brähler, E. (2020). Antisemitismus als antimodernes Ressentiment: Struktur und Verbreitung eines Weltbildes. In O. Decker & E. Brähler (Hrsg.), *Autoritäre Dynamiken. Neue Radikalität – alte Ressentiments. Leipziger Autoritarismus-Studie 2020* (S. 211–248). Gießen: Psychosozial-Verlag.

Koch, L., Nanz T. & Rogers, C. (2020). The Great Disruptor. Eine Annäherung. In dies. (Hrsg.), *The Great Disruptor. Über Trump, die Medien und die Politik der Herabsetzung* (S. 1–19). Stuttgart: J. B. Metzler. DOI: 10.1007/978-3-476-04976-6_1

König, H. (2017). Statt einer Einleitung. Populismus und Extremismus in Europa. Sondierungen der Lage und Erklärungsversuche. In W. Brömmel, H. König & M. Sicking (Hrsg.), *Populismus und Extremismus in Europa. Gesellschaftswissenschaftliche und sozialpsychologische Perspektiven* (S. 11–42). Bielefeld: transcript.

Leo, P. (2019, 8. Oktober). Rechtspopulisten: Den Kampf annehmen, ohne ihn zu führen. *ZEIT.* https://www.zeit.de/kultur/2019-10/rechtspopulisten-umgang-gespraech-diskussionsfuehrung-argumentation-per-leo (21.12.2021).

Lobo, S. (2021, 27. Oktober). Ein jahrelanges Martyrium in Deutschland – und niemand hält es auf. *SPIEGEL.* https://www.spiegel.de/netzwelt/netzpolitik/der-fall-drachenlord-ein-jahrelanges-martyrium-in-deutschland-und-niemand-haelt-es-auf-kolumne-a–91b94ce3-ab01–4ac1–9286-d85bea144928 (17.12.2021).

Luy, M., Hessel, F. & Chakkarath, P. (Hrsg.). (2020). *Verschwörungsdenken. psychosozial, 159*(1).

Maaz, H. J. (2020). Rede bei der Kundgebung der »Bewegung Halle« am 18. Juli 2020. https://www.youtube.com/watch?v=-n4LD3HdEzs (17.12.2021).

Metzger, N. & Klaus, J. (2021, 21. September). Tat von Idar-Oberstein – Extremisten verteidigen Tankstellen-Attentat. *ZDF.* https://www.zdf.de/nachrichten/panorama/corona-tat-idar-oberstein-telegram-extremisten–100.html (18.12.2021).

Nachtwey, O. (2017). Entzivilisierung. Über regressive Tendenzen in westlichen Gesellschaften. In H. Geiselberger (Hrsg.), *Die große Regression. Eine internationale Debatte über die geistige Situation der Zeit* (S. 215–232). Berlin: Suhrkamp.

Nachtwey, O. & Frei, N. (2021, 14. Januar). »Querdenken«: Die erste wirklich postmoderne Bewegung (Interview mit N. Markwardt). *philomag.* https://www.philomag.de/artikel/querdenken-die-erste-wirklich-postmoderne-bewegung (18.12.2021).

Neckel, S. (2021). Eingesperrt: der Groll. *Merkur 5,* 81–87. https://volltext.merkur-zeitschrift.de/content/issue/mr/75/864.html (17.12.2021).

NGfP (Neue Gesellschaft für Psychologie) (2021). Stellungnahme der NGfP zur Aufgabe kritischer Psychologen und Psychotherapeuten in gesellschaftlichen Krisenzeiten. *Neue Gesellschaft für Psychologie (NGfP) Mitgliederrundschreiben 2021/7.* https://www.ngfp.de/2021/07/stellungnahme-der-ngfp-zur-aufgabe-kritischer-psychologen-und-psychotherapeuten-in-gesellschaftlichen-krisenzeiten/ (17.12.2021).

Nocun, K. & Lamberty, P. (2020). *»Fake Facts«. Wie Verschwörungstheorien unser Denken bestimmen.* Köln: Quadriga.

Paxton, R. O. (2006). *Anatomie des Faschismus.* München: DVA.

Pham, K. (2017, 16. Februar). Die Faszination des Bösen. *ZEIT.* https://www.zeit.de/2017/08/us-politik-donald-trump-boese-faszination (07.04.2022).

Querdenken-711 (2021). Einigkeit und Recht und Freiheit (eine emotionale Zusammenfassung). https//t.me/dominikstapf; https://querdenken-711.de/ (17.12.2021).

Querdenken-721 (2021). Am 1. August 2021 sind wir wieder in Berlin. Wie habe ich den 1.8.2020 in Berlin erlebt? https://querdenken721.de/berlin-01-08-21 (17.12.2021).

Schmidt, T. E. (2021, 16. Dezember). Das unvernünftige Viertel. *ZEIT.* https://www.zeit.de/2021/52/allgemeine-impfpflicht-ungeimpfte-freiheit-philosophie (07.04.2022).

Schroeder, F. (2021, 28. September). »Wir müssen den Täter in uns wahrnehmen« (Interview mit Dominik Erhard). *philomag.* https://www.philomag.de/artikel/florian-schroeder-wir-muessen-den-taeter-uns-wahrnehmen?utm_source=philomag.de&utm_campaign=71761d668f-EMAIL_CAMPAIGN_2021_02_09_04_38_COPY_01&utm_medium=email&utm_term=0_8d7052c3cd-71761d668f-1204822964 (17.12.2021).

Schwarz, K. (2020, 17. Februar). »Hasskrieger«. Gewaltfantasien und rechtsextreme Abgründe in Online-Netzwerken (Interview mit Katharina Nocun). *netzpolitik.org.* https://netzpolitik.org/2020/gewaltfantasien-und-rechtsextreme-abgruende-in-online-netzwerken-hasskrieger-karolin-schwarz/ (01.03.2022).

Strick, S. (2020). Tired Trump oder: Die Ermüdung der Theorie. In L. Koch, T. Nanz & C. Rogers (Hrsg.), *The Great Disruptor. Über Trump, die Medien und die Politik der Herabsetzung* (S. 21–46). Stuttgart: J. B. Metzler. DOI: 10.1007/978-3-476-04976-6_1

Strick, S. (2021). *Rechte Gefühle. Affekte und Strategien des digitalen Faschismus.* Bielefeld: transcript.

Sundermeyer, O. (2018). *Gauland. Die Rache des alten Mannes.* München: C. H. Beck.

Sutterlüty, F. (2002). *Gewaltkarrieren. Jugendliche im Kreislauf von Gewalt und Missachtung.* Frankfurt a. M., New York: Campus.

Weiss, H. (2008). Groll, Scham und Zorn. Überlegungen zur Differenzierung narzißtischer Zustände. *Psyche – Z Psychoanal, 62*(9–10), 866–886.

Weiß, V. (2017a, 13. Oktober). Faschisten von heute? »Neue Rechte« und ideologische Traditionen. *APuZ.* https://www.bpb.de/apuz/257660/neue-rechte-und-ideologische-traditionen?p=all (17.12.2021).

Weiß, V. (2017b). *Die autoritäre Revolte. Die Neue Rechte und der Untergang des Abendlandes.* Stuttgart: Klett-Cotta.

Wirth, H.-J. (2017, 20. August). Narzissmus und Macht in der Politik: Das Beispiel Donald Trump. *Hinter den Schlagzeilen.* https://www.lebenshaus-alb.de/magazin/010849.html (01.03.2022).

Die Autorin

Gudrun Brockhaus, Dr., Dipl. Psych., Dipl. Soz., Psychoanalytikerin, war im Arbeitsbereich »Reflexive Sozialpsychologie« der LMU München tätig. Sie arbeitet als Psychotherapeutin und Analytikerin (DGPT) in München und forscht und publiziert zu Themen der Sozialpsychologie des Nationalsozialismus und zu aktuellen Themen der Politischen Psychologie.

Kontakt: Dr. Gudrun Brockhaus, Ungererstraße 66, 80805 München; E Mail: g.brockhaus@brockhausstiftung.de

Zeitgeist auf der Kippe: Zwischen Rechtspopulismus und grünem Aufbruch

Hans-Jürgen Wirth

Rollende Steine

Unter der Überschrift »Rollende Steine« berichtete die *FAZ* vom 14. September 1965 über das erste Konzert der Rolling Stones in Deutschland im westfälischen Münster:

> »Am Vormittag hatten die halbwüchsigen Fans die Tore zum Flugplatz gestürmt und waren mit Wasserwerfern zurückgeprügelt worden. Wem galt der Rausch? Fünf jungen Männern, die die Haare länger tragen als Mädchen und eine erbärmlich einfallslose primitive Musik zum besten geben. Der Rhythmus soll auf junge Menschen so elementar wirken, daß es kein Halten gibt. Ketten von dem jungen Publikum zugewandten stämmig Saalordnern, starrten böse in den Saal, um loszuprügeln, wenn die Masse nach vorn in Bewegung geraten sollte. Wir sahen dank der Vermittlung des Bildschirms den Rollenden Steinen zu, hatten ihnen zugehört, als sie, von einem Reporter befragt, mit seltsam affenähnlichen ruckweisen Bewegungen Auskunft über An- und Abfahrtszeiten und die Auflagenhöhe ihrer Schallplatten gaben. Es kann doch wohl nicht sein, daß man als älterer Mensch bereits jeden Kontakt zu dem, was junge Menschen bewegt, verloren haben soll? Man hat Erinnerungen und guten Willen – und begreift es nicht. Ganz gewiss ist das nicht die Jugend. Vielleicht ist es nur ein kleiner Bruchteil? Was wir sahen, war freilich massenhaft und beängstigend. Nicht wegen der Wildheit, sondern weil das auslösende Moment, die Rollenden Steine, gar so dürftig ist. Wie ist es möglich, dass fünf lächerlich unmännlich gekleidete und behaarte Wesen Tausende junger Menschen zu frenetischem Hüftwippen und Kopfnicken bringen?«[1]

Warum beginne ich mit diesem Zitat? Ich glaube, die Älteren werden sich noch daran erinnern, wie sie mit dem Zeitgeist, der sich in diesem *FAZ*-Artikel artiku-

---

1   Ich danke dem ehemalige *SPIEGEL*-Reporter Cord Schnibben für den Hinweis auf dieses Zitat.

liert, konfrontiert waren, aber auch daran, wie sich in der Musik der Beatles und der Stones ein neuer Zeitgeist ankündigte. Meine These lautet: Wenn man eine Diagnose über den gegenwärtigen Zeitgeist stellen will, muss man mit der Analyse in den 1960er Jahren beginnen. Dort nahmen die psychosozialen Veränderungsprozesse, die zu den für die moderne Gesellschaft typischen Charakterstrukturen und Wertorientierungen führten, ihren Ausgang. Natürlich haben auch diese Prozesse ihre historischen Wurzeln, aber die Zäsur des Zweiten Weltkriegs und der ökonomische wie psychologisch-kulturelle Neuanfang – der nicht nur Deutschland, sondern die ganze westliche Welt erfasste –, nahm in dieser Zeit richtig Fahrt auf.

In der Formulierung »fünf lächerlich unmännlich gekleidete und behaarte Wesen«, »mit seltsam affenähnlichen ruckweisen Bewegungen«, klingt an, dass es sich aus Sicht des Autors (ich nehme an, dass sich hinter dem Kürzel K. K., mit dem der Artikel gekennzeichnet ist, um einen männlichen Autor handelt) nicht um wirkliche Männer, um wirkliche Menschen handelt, sondern um merkwürdige, fremdartige Mischwesen, deren Geschlechtszugehörigkeit in Zweifel zu ziehen ist. Sie entsprechen nicht seinem Bild von Männlichkeit – und es scheint, als möchte er ihnen am liebsten die Zugehörigkeit zur menschlichen Spezies absprechen. Das Adjektiv »affenähnlich« muss man wohl als rassistisch bezeichnen, denn es gehört einem Assoziationsraum an, zu dem auch der Begriff »Urwaldmusik« und ein Begriff gehört, den wir heutzutage noch nicht einmal in kritischer Absicht zitierend aussprechen wollen. Diese Begriffe nehmen Bezug auf den nationalsozialistischen Begriff der »entarteten Musik«, der die musikalische Moderne diffamierte.

Das Unverständnis des Autors für die psychischen, ästhetischen und kommunikativen Bedürfnisse der damaligen Jugend sind frappierend. Sein mit Verachtung, altväterlicher Herablassung, Einfühlungsverweigerung und Entwertung erfülltes Pamphlet mag aus heutiger Sicht antiquiert und lächerlich erscheinen und scheint aus einer fernen Zeit zu stammen. Und doch ist der Kulturkonflikt, der sich damals symptomatisch an den Rolling Stones entzündete, seit einigen Jahren in Gestalt des Rechtpopulismus und Rechtsextremismus mit unerwarteter Heftigkeit zurückgekehrt. Konventionelle Vorstellungen von Weiblichkeit und Männlichkeit sowie Männlichkeitskulte gepaart mit Frauenverachtung und Homophobie stellen charakteristische Merkmale aller autoritär-populistischen Bewegungen dar (Weiß, 2017, S. 237; Leggewie, 2016, S. 141f.). Das Syndrom eines affektgeladenen Ressentiments findet sich heute wieder in zahlreichen internationalen rechtsextremen und populistischen Gruppierungen (Wirth, 2021).

Ein Beispiel aus dem Bundestagswahlkampf 2021: Der AfD-Spitzenkandidat Tino Chrupalla verunglimpfte Sachsens Ministerpräsidenten Kretschmer als »Pfeife«, die »nicht rumflennen« solle. Die Kritik an Kretschmer ist also, dass er zu mädchenhaft sei. Zweites Beispiel: Alice Weidel bezeichnete Deutschland als »Hippiestaat« (*FAZ* vom 29. September 2021). Die staatliche Macht der Bundesrepublik mit Flower-Power in Verbindung zu bringen, empfindet sie wahrscheinlich als besonders scharfe Form des Lächerlichmachens. Lange Haare bei Männern stehen auch hier als Symbol für weibliche bzw. weibische Schwäche. Dazu passt auch der Hass, den die 13-jährige Schülerin Greta Thunberg mit ihrer an sich harmlosen Protest-Aktion auf sich zog: Der Rechtsextremist Andreas Kalbitz bezeichnete sie als »zopfgesichtiges Mondgesicht-Mädchen«. Wieder spielen die Haare eine Rolle und die Tatsache, dass sich hier ein Mädchen herausnahm, in höchst einflussreicher Weise öffentlich in Erscheinung zu treten.

Psychoanalytisch inspirierte Zeitdiagnosen seit den 1950er Jahren

Wie ist der Befund eines wieder aufflammenden Kulturkampfes sozialpsychologisch zu verstehen? Um dieser Frage nachzugehen, möchte ich einige Zeitdiagnosen konsultieren und einige ihrer Gemeinsamkeiten herausarbeiten.

Zunächst ist festzuhalten, dass sich die psychoanalytisch inspirierten und sozialwissenschaftlichen Zeitdiagnosen nach wie vor großer Beliebtheit erfreuen. Es gibt noch sehr viel mehr davon, als ich hier behandeln kann. Den Zeitdiagnosen wird offenbar zugetraut, die sozialpsychologischen Folgen des historisch-gesellschaftlichen Wandels zu erklären. Was weniger im Fokus steht, ist die Diversität innerhalb der Gesellschaft, die beispielsweise durch Migration entsteht. Es ist eine offene Frage, ob die Komplexität und Diversität moderner Gesellschaften mehrere Sozial-Charaktere hervorbringen, die nebeneinander existieren oder auch in Konflikt miteinander stehen –, oder ob diese als Variationen des einen dominierenden Sozialcharakters aufgefasst werden können.

Der Begriff des Sozial- oder Gesellschaftscharakters stammt von Erich Fromm (1999 [1936]). Er versteht darunter »den Kern der Charakterstruktur, den die meisten Mitglieder einer Kultur gemeinsam haben im Gegensatz zum individuellen Charakter, in dem sich die der gleichen Kultur angehörenden Menschen voneinander unterscheiden« (Fromm, 1999 [1962], S. 89). Der Gesellschaftscharakter liefert eine Art Grundgerüst, an dem sich die individuellen Persönlichkeitseigenschaften orientieren, und der garantiert, dass die individuellen Bedürfnisse, Ideale und Verhaltensweisen den Erfordernissen der Kultur entsprechen.

Eine Kontroverse wird über die Frage geführt, inwieweit Zeitdiagnosen einen pathologischen Gesellschaftscharakter diagnostizieren sollten oder dürfen. Die Tradition pathologisierender Zeitdiagnosen ist lang. Sie reicht von Freuds Diktum der »Religion als kollektiver Zwangsneurose« (Freud, 1927c) über den »autoritären Charakter«, den Fromm (1999 [1936]) unter anderem durch sadomasochistische Unterwerfungsbereitschaft charakterisiert, bis hin zu Horst-Eberhard Richters Diagnose (2005 [1979]), der moderne Mensch leide an einem »Gotteskomplex«. Er habe den Glauben an Gott verloren und an dessen

Stelle den Glauben an sich selbst und die von Menschen gemachte Wissenschaft und Technik gesetzt. Dies gehe mit der Verleugnung von Schwäche, Leiden und der menschlichen Sterblichkeit einher. Seine Überlegungen sind im Hinblick auf die Klima-Katastrophe höchst relevant. Christopher Laschs *Zeitalter des Narzissmus* (1982 [1979]) ist eine scharfe Kritik der amerikanischen Gesellschaft, die er als egozentrisch, gierig und selbstverliebt charakterisiert und sich dabei auch auf eine Zunahme narzisstischer Störungen beruft. Alain Ehrenberg (2008) diagnostiziert ein »erschöpftes Selbst«, das den idealen Ansprüchen nach Autonomie und Selbstbehauptung nicht gerecht wird und aus Scham über sein Scheitern in eine »Erschöpfungsdepression« bzw. »narzisstische Depression« verfällt. Auch die Prozesse der »Beschleunigung« (Rosa, 2005) und der Mangel an Resonanz in der Beziehung zur Welt (Rosa, 2016), die Hartmut Rosa in den Mittelpunkt seiner Analyse der Moderne stellt, können zu einem »überforderten Subjekt« führen, von dem Thomas Fuchs, Lukas Iwer und Stefano Micali (2020) sprechen. All diese Zeitdiagnosen konstatieren einen psychopathologischen Zustand der Individuen und eine Sozialpathologie des Gesellschaftscharakters (Honneth, 2020 [2014]), die sich wechselseitig bedingen.

Martin Dornes (2012) erteilt alarmistischen und pessimistischen Zeitdiagnosen, die eine rapide Zunahme psychischer Störungen behaupten, eine Absage, indem er zahllose empirische Ergebnisse zusammenträgt, die tendenziell das Gegenteil zeigen.

Es kommt auch sehr darauf an, wie der Zeitdiagnostiker oder die Zeitdiagnostikerin selbst bestimmte gesellschaftliche Entwicklungen bewertet. Dies färbt auch seine bzw. ihre Analyse. Im Gegensatz zur warnenden Analyse von Christoph Türcke (2022) betont Martin Altmeyer, dass der heutige Sozialcharakter einen »vergleichsweise offenen, flexiblen und anpassungsfähigen, dabei lebhaften, sensiblen und kommunikativen Persönlichkeitstyp« (Altmeyer, 2019, S. 809) hervorbringt. Das »exzentrische Selbst« zeige eine »Lust am Performativen und Selbstdarstellerischen«, die gut vorbereite »für die Komplexitäts-, Ambiguitäts- und Perfomanceanforderungen der Gegenwartskultur« (ebd.).

Zudem fällt auf, dass Fromms Begriff des Gesellschaftscharakters zwar noch benutzt wird, tendenziell aber durch den Begriff des Selbst oder des Subjekts abgelöst worden ist: »das erschöpfte Selbst« (Ehrenberg, 2008), »das exzentrische Selbst« (Altmeyer, 2016), »das überforderte Subjekt« (Fuchs, Iwer & Micali, 2020). Der Selbst-Begriff spielt in Philosophie und Psychoanalyse eine zentrale Rolle. Er thematisiert den Bezug des Menschen zu sich selbst, also die anthropologische Tatsache, die der Philosoph Hellmuth Plessner (1928) als »exzentrische Positionalität« bezeichnet hat. Der Mensch kann eine Metaposition zu sich selbst einnehmen, über sich nachdenken und sein Leben und seine Persönlichkeit gestalten. Praktisch alle Zeitdiagnosen thematisieren die Selbstreflexivität des Menschen, insbesondere des modernen Subjekts, an zentraler Stelle. In der Psychoanalyse wird dieser Aspekt von der Mentalisierungstheorie behandelt, wenn es darum geht, sowohl die Gefühle, Motive und Denkweisen des Anderen als auch die eigenen zu mentalisieren. Auch die Narzissmustheorie thematisiert den auf- oder abwertenden Selbstbezug. Und schließlich ist Selbstreflexion die zentrale Arbeitsmethode der Psychoanalyse. Die Psychoanalyse verfügt also über relativ gute Möglichkeiten, an Zeitdiagnosen mitzuwirken. Allerdings ist zu konstatieren, dass die Zeitdiagnosen, die in den letzten Jahren im öffentlichen Diskurs auf die größte Resonanz gestoßen sind, von Soziologen und Soziologinnen stammen – insbesondere von Hartmut Rosa und Andreas Reckwitz (Reckwitz & Rosa, 2021).

Die aktuell am intensivsten diskutierte Zeitdiagnose ist die des Soziologen Reckwitz (2019a). Seine Analyse knüpft an die von Ulrich Beck (1986) an. Der Prozess der Individualisierung ist seit den 1980er Jahren weiter fortgeschritten und hat aktuell die Form der Singularisierung angenommen. Es geht dem digitalen Subjekt darum, seine Einzigartigkeit, eben seine Singularität, unter Beweis zu stellen. Angestrebt wird eine Performance (Reckwitz, 2019a, S. 246), die vor einem Publikum in Szene gesetzt wird: »Plakativ gesagt: Nur Sichtbarkeit verspricht soziale Anerkennung, während Unsichtbarkeit den digitalen Tod bedeutet« (ebd., S. 247). Die Kunst der singulären Selbstdarstellung besteht darin, seine singulären Eigenarten und Besonderheiten zu einem authentischen Selbst zu vereinen.

Anhänger und Anhängerinnen von AfD und Grünen im Vergleich

Um zu untersuchen, ob sich einige Aspekte dieser Zeitdiagnosen an empirischen Daten bewähren, mache ich nun einen Sprung in die Empirie. Die Idee ist, anhand eines Vergleichs zwischen zwei Gruppierungen, die sowohl im politischen Feld als auch im kulturellen Diskurs entgegengesetzte Positionen vertreten, die psychokulturellen Dimensionen deutlicher herauszuarbeiten, die in den vorangegangenen Zeitdiagnosen angesprochen wurden. Ich werde die Daten und statistischen Analysen interpretieren, die einer repräsentativen Befragung der deutschsprachigen Wohnbevölkerung zum körperlichen und geistigen Wohlbefinden (Projektleitung: Prof. Dr. Elmar Brähler, Prof. Dr. Jörg M. Fegert) entstammen und im Artikel »Die Parteien und das Wählerherz« (Yendell et al., 2020) dargestellt wurden: »Dabei handelt es sich um eine Befragung von zufällig ausgewählten deutschsprachigen Personen ab 14 Jahren, die im Zeitraum von November 2017 bis Februar 2018 durchgeführt wurde« (ebd., S. 345). Der Datensatz umfasst die Angaben von 2.531 Personen. Bei den Interviews wurden verschiedene Fragebögen zu rechtsextremen Einstellungen, Autoritarismus, Narzissmus und Parteipräferenz benutzt. Die Fragestellung, die ich bearbeitet habe, beinhaltet einen Vergleich von Anhängern und Anhängerinnen der Grünen mit denjenigen der AfD.

Die Wählerschaft der AfD: autoritär, unterwürfig, konventionell

In einer Reihe gesellschaftspolitisch hochbrisanter und aktueller Fragen nehmen die Wählerinnen und Wähler der Grünen und die der AfD entgegengesetzte Positionen ein: In gewisser Weise begründet die AfD sogar ihre Entstehung und ihre Existenzberechtigung damit, dass die öffentliche Meinung, die Medien, ja sogar die große Koalition von der »grün-alternativen Meinungsdiktatur« bestimmt seien. Grüne und AfD repräsentieren diametral entgegengesetzte politische Zielsetzungen und weltanschauliche Wertorientierungen. Sie gehören auch zu unterschiedlichen soziokulturellen Milieus. Die Frage ist, ob sich diese Polarität auch in ihren sozialpsychologischen Profilen abbildet.

Autoritarismus ist eines der zentralen Merkmale, nach denen sich AfD-Wähler und Wählerinnen und diejenigen der Grünen unterscheiden – ja maximal polarisieren. Nicht nur bei der Gesamtskala *Autoritarismus*, sondern auch bei allen Einzelskalen nehmen AfD und Grüne die Extrempole ein. Bei allen Skalen zeigt sich das gleiche Bild (Yendell et al., 2020, Abb. 8–16). Diese sehr entschiedene Stellungnahme der Wählerschaft beider Parteien zeigt, dass es sich um weltanschauliche Grundsätze handelt, die fest im Selbst- und Weltbild und in der Gruppenidentität verankert sind (ebd., Abb. 7).

Ein Item der Autoritarismus-Skala heißt: »Unruhestifter sollten deutlich zu spüren bekommen, dass sie in der Gesellschaft unerwünscht sind.« Auch hier nehmen die Wählerschaft der AfD und die der Grünen die Extrempositionen ein. Das sind weder im Hinblick auf die AfD noch hinsichtlich der Grünen überraschende Ergebnisse. Allenfalls erstaunt, mit welch großer Deutlichkeit sich dieses Merkmal bei allen einschlägigen Items abbildet.

Für die AfD-Wählerschaft liegt die Interpretation nahe, dass in dieser Merkmalskombination zum einen eine starke Identifikation mit autoritärer Aggression (ebd., Abb. 7–10) und zum anderen ein Verlangen nach Unterwürfigkeit (ebd., Abb. 11–13) zum Ausdruck kommt. Beispielsweise zeigt sich das in der starken Zustimmung beim Statement »Menschen sollten wichtige Entscheidungen in der Gesellschaft Führungspersonen überlassen«. Psychoanalytisch kann von einer »Identifikation mit dem Aggressor« gesprochen werden. Dies entspricht Erich Fromms Beschreibung des autoritären Charakters.

Für die Wählerschaft der Grünen lässt sich hingegen sagen, dass sie im Unterschied zur AfD und auch zu allen anderen Wählergruppen extrem autoritätskritisch eingestellt ist, wie sich auf der Gesamtskala *Autoritarismus* zeigt (ebd., Abb. 7). In diesen Einstellungen kommt zum einen eine entschiedene Absage an alle Formen autoritärer Aggression zum Ausdruck (ebd., Abb. 7–10) und zum anderen eine ebenso entschiedene Ablehnung von Unterwürfigkeit und kritikloser Akzeptanz gesellschaftlicher Regeln und des Machtanspruchs starker Führungspersonen (ebd., Abb. 11–13). Beides zusammen lässt sich als Ausdruck eines kollektiven Selbstbewusstseins und eines Gefühls kollektiver Wirkmächtigkeit interpretieren.

Es ist sozusagen kein Wunder, dass sich die Polarisierung zwischen der AfD und den Grünen genau an den gleichen neuralgischen Punkten entzündet wie damals der Konflikt zwischen der älteren Generation und der Generation der Stones-Fans, der Hippies, der jungen Erwachsenen, die unter der Bezeichnung »68er-Generation« zusammengefasst werden. Dieser gesellschaftliche Wandel bildete den sozialpsychologischen Hintergrund für die weltweiten Jugend-, Protest- und Emanzipationsbewegungen der 1960er bis 1980er Jahre (Wirth, 1984). In allen westlichen Industriegesellschaften geriet im Laufe der 1960er Jahre die autoritäre Gefühlspanzerung der älteren Generation in Konflikt mit dem expressiven, hedonistischen und experimentierfreudigen Lebensstil der jungen Generation. Die einstigen Jugend- und Protestkulturen und die Werte, die sie repräsentierten, machten in der gesellschaftlichen Wertschätzung einen enormen Aufstieg durch und prämierten Eigenschaften wie Unkonventionalität, Flexibilität, Lernbereitschaft, Bildung und Experimentierfreude. Die postindustrielle Gesellschaft hat diese Impulse aufgegriffen und als »Kulturgenerator« – um einen Begriff Jan Assmanns (2000, S. 14) zu zitieren – sowohl in der Wissens-, Digital-, Kreativ- und Dienstleistungs-Ökonomie als auch in der Umgestaltung des kulturellen Lebens, beispielsweise der Ästhetisierung des Alltags, genutzt.

Es ist kein Zufall, dass der »Psychoboom« und der gesellschaftliche Bedeutungszuwachs der personenbezogenen Dienstleistungen (Gartner & Riessmann, 1978 [1974]) und damit auch der Aufstieg der Psychoanalyse in den 1960 Jahren in den USA und in den 1970er Jahren auch in der Bundesrepublik zeitlich und sozialpsychologisch mit der Hippie-Bewegung verknüpft ist. Den Hippies ging es um Werte wie Authentizität, eine befreite Sexualität, egalitäre Umgangsformen, eine Erziehung, die den emotionalen und sozialen Bedürfnissen von Kindern Rechnung trägt, die kreative Entfaltung der eigenen Persönlichkeit, ein unverkrampfteres, spontaneres, emotionaleres und authentischeres Verhältnis zur eigenen psychischen Innenwelt, zur Sexualität, zur eigenen Körperlichkeit und zu anderen Menschen. Die Hippies wurden zur Avantgarde einer neuen kulturellen Wertorientierung, die von den amerikanischen Sozialpsychologen Milton Rokeach und Ronald Inglehart als »post-materialistisch« bezeichnet wurde. Rokeach (1973) und Inglehart (1977) führten bereits in den 1970er Jahren empirische sozialpsychologische Studien durch, in denen sie die Wertorientierung verschiedener sozialer Gruppierungen miteinander verglichen. Ein Ergebnis war, dass eine ausgeprägte postmaterialistische Wertorientierung sowohl bei Hippies als auch bei »Psychos« auftrat, die sie von allen anderen Gruppen unterschied (Wirth, 1979). Der Historiker Maik Tändler (2016) spricht von den 1970er Jahren als dem »therapeutischen Jahrzehnt«, um den »Psychoboom« dieser Zeit zu charakterisieren. Auch er sieht eine enge Verbindung zwischen dem neuen gesellschaftlichen Interesse an der Psyche und den Motiven der alternativen Jugendbewegungen.

Die Wählerschaft von Bündnis 90/Die Grünen steht sozialpsychologisch in dieser Tradition: Sie entspricht mit ihrer Ablehnung des Konventionalismus genau diesem Habitus. Die Orientierung an Konventionen, Traditionen und eingefahrenen Routinen steht bei ihnen nicht hoch im Kurs (Yendell et al., 2020, Abb. 14–16). Sie sprechen sich dagegen aus, »Traditionen unbedingt zu pflegen und aufrecht zu erhalten« (ebd., Abb. 14), lehnen den Standpunkt ab, »bewährte Verhaltensweisen sollten nicht infrage gestellt werden« (ebd., Abb. 15), und widersprechen der Auffassung, es sei »immer das Beste, Dinge in der üblichen Art und Weise zu machen« (ebd., Abb. 16).

Narzissmus – eine Gemeinsamkeit von AfD und Grünen?

Nach den markanten Unterschieden zwischen der Wählerschaft der AfD und der der Grünen ist es überraschend, dass es auch ein Merkmalcluster gibt, bei dem die Unterschiede weniger markant sind oder gar Ähnlichkeiten der Profile auftreten.

Auf der Gesamtskala *Narzissmus* weist die Wählerschaft der AfD die höchsten Werte auf, gefolgt von den Linken und den Nichtwählern und Nichtwählerinnen; danach kommen bereits die Grünen.

Beim Item »Ich reagiere genervt, wenn eine andere Person mir die Schau stiehlt« zeigen Linke, AfD und Grüne die höchsten Werte (ebd., Abb. 18). Der Aussage »Ich habe es verdient, als große Persönlichkeit angesehen zu werden« stimmen die Wähler und Wählerinnen der Linken und der AfD am häufigsten zu, während die der Grünen im Mittelfeld rangieren (ebd., Abb. 19).

Den Wunsch »Ich will, dass meine Konkurrenten scheitern« können die Wählerinnen und Wähler der AfD und der Linken am häufigsten bei sich entdecken. Auch hier befinden sich die Grünen im Mittelfeld (ebd., Abb. 20).

Der Positionierung »Ich ziehe viel Kraft daraus, eine ganz besondere Person zu sein« stimmen AfD und Grüne am häufigsten zu (ebd., Abb. 21). Das gleiche Bild ergibt sich beim Item »Mit meinen besonderen Beiträgen schaffe ich es, im Mittelpunkt zu stehen«: Auch hier rangieren AfD und Grüne an der Spitze (ebd., Abb. 22). Beim Statement »Die meisten Menschen sind ziemliche Versager« zeigt sich wieder das von der *Autoritarismus*-Skala vertraute Bild: Die Wählerschaft der AfD ist am häufigsten dieser Ansicht, während die Grünen am entgegengesetzten Ende des Spektrums angesiedelt sind.

Zusammenfassend kann man festhalten, dass die AfD-Wählerschaft durchweg die höchsten *Narzissmus*-Werte aufweist. Die Grünen bilden aber nicht wie beim *Autoritarismus* den absoluten Gegenpol, sondern liegen mal im Mittelfeld, mal weisen sie zusammen mit der AfD die höchsten *Narzissmus*-Werte auf. Das ist ein bemerkenswertes und besonders interpretationsbedürftiges Phänomen.

Zwei theoretische Konzepte des Narzissmus

Welche Erklärungsansätze gibt es für diese Ergebnisse? Betrachten wir dazu zunächst die theoretischen Konzepte des Narzissmus. Es existieren zwei unterschiedliche Theorien zur psychosozialen Entstehung des Narzissmus. Die eine Theorie betrachtet Narzissmus als Störung und geht davon aus, dass ein überdurchschnittlich ausgeprägter Narzissmus als Kompensationsleistung für verborgene Minderwertigkeitsgefühle und für erlittene Entwertungen und Kränkungen anzusehen ist. Narzisstisch gekränkte Personen machen sich größer als sie sind, um damit ihre schmachvoll erlebte Entwertung und die daraus resultierenden Kleinheits- und Minderwertigkeitsgefühle auszugleichen (Doering, Hartmann & Kernberg, 2021).

Der zweite theoretische Ansatz ist von der Bindungs- und Säuglingsforschung beeinflusst und sieht in einem gesunden Narzissmus ein zentrales Element der reifen Persönlichkeit. Entwicklungspsychologisch betrachtet, bildet sich ein gesunder Narzissmus heraus, wenn das Selbstgefühl und das Selbstwertgefühl durch Liebe und Anerkennung bestätigt werden. Danach bezeichnet Narzissmus eine besondere Form des Selbstbezugs, der über die Resonanz mit dem Anderen vermittelt wird (Altmeyer, 2019).

AfD – Partei der narzisstisch Gekränkten

Wie die Grafiken der *Narzissmus*-Skala zeigen, legt die Wählerschaft der AfD starken Wert darauf, von Anderen Anerkennung oder gar Bewunderung zu erhalten.

Betrachtet man nun die Unterskala *Rivalität* genauer, spezifiziert sich das Bild (ebd., Abb. 18, 20, 23). Die Wähler und Wählerinnen der AfD rivalisieren sehr stark mit anderen Menschen. Dabei hat ihre Rivalität keinen spielerischen Charakter, sondern ist von Neid und Missgunst geprägt. So wollen die Wähler und Wählerinnen der AfD, dass »meine Konkurrenten scheitern« (ebd., Abb. 20). Sie »reagieren genervt, wenn eine andere Person mir die Schau stiehlt« (ebd., Abb. 18). Insbesondere beim Item »Die meisten Menschen sind ziemliche Versager« kommt der aggressiv-entwertende Charakter ihrer narzisstischen Rivalität deutlich zum Ausdruck (ebd., Abb. 23).

Die Wählerschaft der AfD entspricht dem Typus des narzisstisch Gekränkten, der einen kulturellen Bedeutungsverlust und einen sozialen Entwertungsprozess durchgemacht hat. Um diese tiefe Kränkung zu kompensieren und abzuwehren, entwickelt sich ein autoritäres, fremdenfeindliches und von Ressentiments geprägtes Weltbild. Man muss den eigenen schmerzlichen Verlust von gesellschaftlicher Anerkennung, die Verunsicherung des Selbstwertgefühls, die Auflösung seiner kulturellen Identität nicht so stark spüren, wenn man den Schmerz und die Trauer, die eigentlich angemessen wären, in hasserfüllte Verachtung verwandelt, mit der man andere straft. Man fügt diversen Außenfeinden die Erniedrigungen zu, die man selbst tatsächlich oder vermeintlich erlitten hat. Als Sündenböcke werden bevorzugt solche sozialen Gruppen ausgewählt, die sich als Fremde, als Minderheiten, oder als Asylsuchende in einer schwachen Position befinden oder die aus den verschiedensten Gründen eine besondere Vulnerabilität aufweisen. So werden Behinderte ebenso zur Zielscheibe von Ressentiments und aggressiven Attacken wie Juden und Jüdinnen, sexuelle Minderheiten oder Personen, die einen fremdländischen Eindruck machen. Die Suche nach einem Sündenbock knüpft zudem an den historisch tradierten Antisemitismus und Rassismus an und kann sich auf diese Weise Bestätigung und gleichsam historische Unterstützung und Argumentationshilfe verschaffen (Decker & Brähler, 2021).

Als ein weiterer Einflussfaktor kommt in Deutschland die Situation der Bevölkerung in den neuen Bundesländern hinzu: Wie die verschiedenen Wahlergebnisse der letzten Jahre immer wieder gezeigt haben, verfügt die AfD in den neuen Bundesländern über eine besonders starke Wählerbasis. Der gesellschaftliche Entwertungsprozess, den die alte Mittelschicht durchlaufen musste, wird im Falle der neuen Bundesländer zusätzlich verstärkt durch eine kollektive Kränkung des ostdeutschen Großgruppen-Narzissmus. Mit Vamik Volkan (1999) kann man davon sprechen, dass Teile der ostdeutschen Bevölkerung den Zusammenbruch der DDR mit all seinen persönlichen, kollektiven, politischen und psychosozialen Verwerfungen als »gewähltes Trauma« verarbeitet haben. Volkan meint damit einen massenpsychologischen Prozess, bei dem Großgruppen und Nationen versuchen, ihre gemeinsame Identität dadurch zu festigen, dass sie eine Situation, in der die Gruppe schwere Verluste oder demütigende Verletzungen hinnehmen musste und sich als Opfer fühlte, als gemeinsamen Bezugspunkt ihrer Gruppenidentität auswählt. Im Falle von Teilen der Bevölkerung der DDR führt dies dazu, dass der Verlust der zwar einengenden, aber doch Sicherheit vermittelnden staatlichen Fürsorge so verarbeitet wird, dass man das Regime des real existierenden Sozialismus nostalgisch verklärt und die gegenwärtige kapitalistische Realität als kalt, elitär und ungerecht entwertet. Diese Flucht in die Opfer-Identität war bereits im Selbstverständnis der DDR-Führung angelegt.

Bei der Bevölkerung der neuen Bundesländer war also die Anfälligkeit für einen aggressiven Autoritarismus schon durch die DDR-Sozialisation gebahnt und findet deshalb eine höhere Zustimmung als in den alten Bundesländern. Nach der Maueröffnung nahm die Abwanderungsbewegung von Ost nach West dramatisch an Fahrt auf und hatte eine negative Auslese zur Folge: Die Älteren mit schlechterer

Bildung und pessimistischer Einstellung sind geblieben, die jungen, dynamischen und gut gebildeten mit Unternehmungslust haben sich in den Westen abgesetzt.

Die Grünen – Partei der erfolgreichen Selbstverwirklicher

Betrachten wir nun nochmals die *Narzissmus*-Werte der Wählerschaft der Grünen genauer: Auf der Gesamtskala *Narzissmus* zeigt sich bei den Grünen zwar kein so hoher Wert wie bei der Wählerschaft von AfD und Linken, aber die Werte liegen doch knapp dahinter und vor allen anderen Parteien und Gruppen. Das zeigt sich auch beim Item »Ich ziehe viel Kraft daraus, eine ganz besondere Person zu sein« (Yendell et al., 2020, Abb. 21). Beim Item »Mit meinen besonderen Beiträgen schaffe ich es, im Mittelpunkt zu stehen (ebd., Abb. 22) rangiert die Wählerschaft der Grünen im oberen Drittel des Feldes. Beide Items gehören zur Unterskala *Bewunderung (Admiration)*. Beim dritten Statement, das zu dieser Skala gehört, »Ich habe es verdient, als große Persönlichkeit angesehen zu werden« (ebd., Abb. 19), liegen die Wählerinnen und Wähler der Grünen nur im Mittelfeld.

Die beiden Items 21 und 22, bei denen die Besonderheit der eigenen Person stark betont wird, messen eine Eigenschaft, die Reckwitz (2019a) in seinem gleichnamigen Buch als »Singularitäten« bezeichnet. Wie Reckwitz ausführt, strebt das spätmoderne Subjekt danach,

> »Objekte, Subjekte, Orte, Ereignisse und Kollektive zu ästhetisieren, zu hermeneutisieren, zu ethisieren, zu ludifizieren, um aus ihnen affektive Befriedigung zu beziehen. Diese Kulturalisierung ging einher mit einer Entstandardisierung und Singularisierung: der *besondere* Mensch als Individuum, das *besondere* Ding (Handwerk, Kunstwerk), der *besondere* Ort, das *besondere* Ereignis sind ihre Zielmarken« (ebd., S. 286).

Die Gedanken der Selbstverwirklichung, der Selbstentfaltung, der Selbsterfahrung und des Selbstwachstums sind Leitmotive, die die Emanzipations-, Jugend- und Protestbewegungen und zeitgleich die psychosozialen Berufe und ihre »aktiven Konsumenten« (Gartner & Riessman, 1978 [1974]) seit den1960er Jahren entwickelten. Ihre gemeinsamen postmaterialistischen Wertorientierungen sickerten danach in die »Kultur der Spätmoderne und ihrer neuen Mittelklasse« (ebd., S. 290) ein. Das von dieser Kultur geprägte Subjekt

> »setzt sich hier als *befähigt* und *berechtigt* zur Selbstverwirklichung voraus; es sieht sich als Ort von Potenzialen und nimmt für sich gewissermaßen ein moralisches Recht in Anspruch, sich so zu entfalten, wie es ihm in seiner Besonderheit entspricht. Mit diesem Berechtigungsbewusstsein ist ein entsprechend hohes Selbstwertgefühl

verbunden: Das spätmoderne Subjekt spricht sich selbst einen Wert als Individuum zu, vor dessen Hintergrund die Legitimität der freien Entfaltung dieses Selbst überhaupt nicht in Zweifel steht, ja sozusagen natürlich zu sein scheint« (ebd., S. 290f.).

Wenn man nun die Unterskala *Rivalität (Rivalry)* betrachtet (Yendell et al., 2020, Abb. 18, 20, 23), ergibt sich eine weitere Differenzierung: Die Wählerschaft der Grünen liegt bei dem Item »Ich reagiere genervt, wenn eine andere Person mir die Schau stiehlt« (ebd., Abb. 18) im oberen Drittel des Feldes hinter den Linken und der AfD.

Beim Statement »Ich will, dass meine Konkurrenten scheitern« (ebd., Abb. 20) stimmen schon sehr viel weniger Wählerinnen und Wähler der Grünen zu; sie liegen in der unteren Hälfte des Feldes.

Die Wählerinnen und Wähler der Grünen rivalisieren also durchaus mit anderen Menschen, es handelt sich jedoch nicht um eine Rivalität auf Biegen und Brechen. Ihre Rivalität hat einen spielerischen Charakter und bleibt positiv, nach Resonanz suchend auf die Mitmenschen bezogen. Ihr Hang zur Selbstverwirklichung ist nicht nur nach innen gerichtet, sondern findet vor den Augen der Mitmenschen statt und soll von diesen auch entsprechend goutiert werden: »Das ist die paradoxe Struktur einer *performativen Selbstverwirklichung*, also einer Darstellung von Selbstverwirklichung vor einem sozialen Publikum, um von dort als ›attraktives Leben‹ anerkannt zu werden« (Reckwitz, 2019b, S. 305). Die Innenorientierung in Gestalt der Selbstverwirklichung soll mit der Außenorientierung in Gestalt des Prestiges verknüpft werden. Die Wählerschaft der Grünen will bei den Mitmenschen gut ankommen, fühlt sich dafür auch gut gerüstet und hat es nicht nötig, in eine aggressiv-entwertende Rivalität mit Anderen zu treten.

Eine solche Einstellung widerspricht zudem ihren auf Kommunikation, Verständigung, Verständnis und Solidarität ausgerichteten Orientierungen. Entsprechend lehnen sie das Statement »Die meisten Menschen sind ziemliche Versager« sehr häufig ab (Yendell et al., 2020, Abb. 23).

Zusammenfassend kann man festhalten, dass der Narzissmus der Grünen dem Typus der narzisstischen Selbstentfaltung und Selbstverwirklichung entspricht. Er ist ein Ergebnis der »Selbstverwirklichungsrevolution« (Reckwitz, 2019b, S. 151), die von den Jugend-, Studenten- und Emanzipationsbewegungen in den 1960er bis 1980er Jahren ausgelöst wurde und zu einer tiefgreifenden kulturellen und sozialpsychologischen Transformation auch in den Strukturen des Sozialcharakters führte. Die Menschen- und Weltbilder der Wählerschaft von AfD und Grünen stehen sich so diametral gegenüber. Das zeigt sich in der politischen Auseinandersetzung, spiegelt sich aber auch in den psychologischen Profilen wider.

Das Menschenbild der AfD-Anhängerschaft ist rückwärtsgewandt und von Ressentiments, rassistischen Stereotypien und Menschenfeindlichkeit geprägt. Diese moralisch verwerflichen Auffassungen sind psychologisch verwurzelt sowohl in individuellen als auch in kollektiven narzisstischen Kränkungen.

Das Menschenbild der Grünen-Anhängerschaft ist zukunftsorientiert und von humanistischen Werten wie Solidarität, Emanzipation und Selbstverwirklichung geprägt. Diese moralisch wertvollen Auffassungen sind psychologisch verwurzelt sowohl in individuellen als auch in kollektiven Erfahrungen von narzisstischer Selbstverwirklichung und sozialer Anerkennung. Dieses narzisstisch gefestigte Selbst und das moralisch stabile Selbstbild, das sich an einem ethischen Menschenbild orientiert, ist jedoch kein Freibrief für eine übersteigerte narzisstische Selbstgewissheit und Selbstidealisierung. Die narzisstische Verführung, sich den populistischen Vereinfachern und Vereinfacherinnen moralisch, intellektuell und psychologisch überlegen zu fühlen, stellt gerade in einer Situation gesellschaftlicher Polarisierungen eine enorme Gefahr dar, die Spaltung der Gesellschaft noch zu vertiefen. Ihr kann nur durch die Bereitschaft zur Selbstkritik und zum Dialog begegnet werden.

Werfen wir auf dem Hintergrund dieser Ausführungen noch einen Blick auf die Ergebnisse der Bundestagswahl 2021: Obwohl der Anteil der über 60-Jährigen an der wahlberechtigten Bevölkerung so hoch war wie noch nie, ist es den beiden Parteien, die vor allem von den 18- bis 24-Jährigen gewählt wurden, nämlich Bündnis 90/Die Grünen und der FDP, gelungen, die Meinungsführerschaft zu übernehmen. Aus dieser sozialpsychologischen Konstellation speist sich der Elan, mit dem sich die Ampel-Koalition zur Regierungsübernahme zusammenfand. Sie eröffnet der jungen Generation die historische Chance, die Geschicke der Bundesrepublik in eine neue Richtung zu lenken. Das Motto der neuen Regierung »Fortschritt wagen«, das an Willy Brandts »Demokratie wagen« erinnert, weckt Hoffnungen. Ob das neue Bündnis diesen Impuls zur gesellschaftlichen Erneuerung in Realpolitik überführen kann, wird die Zukunft zeigen.

Putins militärischer Überfall auf die Ukraine, der erst nach Abfassung dieses Textes stattfand, stellt die neue Regierung, aber auch die gesamte Gesellschaft, vor enorme Herausforderungen. Die hier skizzierten Wertorientierungen, Menschen- und Weltbilder werden durch diese »Zeitenwende« (Bundeskanzler Olaf Scholz) auf den Prüfstand gestellt. Es wird sich zeigen, wer die angemessenen Antworten auf die neue Situation findet.

Literatur

Altmeyer, M. (2016). *Auf der Suche nach Resonanz: Wie sich das Seelenleben in der digitalen Moderne verändert.* Göttingen: Vandenhoeck & Ruprecht.

Altmeyer, M. (2019). Auf der Suche nach Resonanz. Entwurf einer Zeitdiagnose der digitalen Moderne. *Psyche – Z Psychoanal, 73*(9–10), S. 801–825. DOI: 10.21706/ps-73-9-801

Assmann, J. (2000). *Der Tod als Thema der Kulturtheorie. Todesbilder und Todesriten im Alten Ägypten.* Frankfurt a. M.: Suhrkamp.

Beck, U. (1986). *Risikogesellschaft – Auf dem Weg in eine andere Moderne.* Frankfurt a. M.: Suhrkamp.

Decker, O. & Brähler, E. (Hrsg.). (2021). *Autoritäre Dynamiken. Alte Ressentiments – neue Radikalität. Leipziger Autoritarismus-Studie 2020.* Gießen: Psychosozial-Verlag.

Doering, S., Hartmann, H.-P. & Kernberg, O. F. (2021). *Narzissmus. Grundlagen – Störungsbilder – Therapie.* Stuttgart: Schattauer.

Dornes, M. (2012). *Die Modernisierung der Seele. Kind – Familie – Gesellschaft.* Frankfurt a. M.: S. Fischer.

Ehrenberg, A. (2008). *Das erschöpfte Selbst: Depression und Gesellschaft in der Gegenwart.* Frankfurt a. M.: Suhrkamp.

Freud, S. (1927c). *Die Zukunft einer Illusion. GW XIV,* S. 325–380.

Fromm, E. (1999 [1936]). Studien über Autorität und Familie. Sozialpsychologischer Teil. In ders., *Gesamtausgabe. Band I: Analytische Sozialpsychologie.* Herausgegeben von Rainer Funk (S. 141–187). München: dtv.

Fromm, E. (1999 [1962]). Jenseits der Illusionen. Die Bedeutung von Marx und Freud. In ders., *Gesamtausgabe. Band IX: Sozialistischer Humanismus und Humanistische Ethik.* Herausgegeben von Rainer Funk (S. 39–157). München: dtv.

Fuchs, T., Iwer, L. & Micali, S. (Hrsg.). (2018). *Das überforderte Subjekt. Zeitdiagnosen einer beschleunigten Gesellschaft.* Berlin: Suhrkamp.

Gartner, A. & Riessman, F. (1978 [1974]). *Der aktive Konsument in der Dienstleistungsgesellschaft. Zur politischen Ökonomie des tertiären Sektors.* Frankfurt a. M.: Suhrkamp.

Honneth, A. (2020 [2014]). Die Krankheiten der Gesellschaft. Annäherungen an einen nahezu unmöglichen Begriff. In ders., *Die Armut unserer Freiheit. Aufsätze 2012–2019* (S. 165–186). Berlin: Suhrkamp.

Inglehart, R. (1977). *The Silent Revolution: Changing Values and Political Styles Among Western Publics.* Princeton: Princeton University Press.

Lasch, C. (1982 [1979]). *Das Zeitalter des Narzissmus.* München: dtv.

Leggewie, C. (2016). *Anti-Europäer. Breivik, Dugin, al-Suri & Co.* Berlin: Suhrkamp.

Plessner, H. (1928). *Die Stufen des Organischen und der Mensch.* Berlin: de Gruyter.

Reckwitz, A. (2019a). *Die Gesellschaft der Singularitäten – Zum Strukturwandel der Moderne.* Berlin: Suhrkamp.

Reckwitz, A. (2019b). *Das Ende der Illusionen. Politik, Ökonomie und Kultur in der Spätmoderne.* Berlin: Suhrkamp.

Reckwitz, A. & Rosa, H. (2021). *Spätmoderne in der Krise: Was leistet die Gesellschaftstheorie?* Berlin: Suhrkamp.

Richter, H.-E. (2005 [1979]). *Der Gotteskomplex. Die Geburt und die Krise des Glaubens an die Allmacht des Menschen.* Gießen: Psychosozial-Verlag.

Rokeach, M. (1973). *The Nature of Human Values.* New York: The Free Press.

Rosa, H. (2005). *Beschleunigung. Die Veränderung der Zeitstrukturen in der Moderne.* Frankfurt a. M.: Suhrkamp.

Rosa, H. (2016). *Resonanz. Eine Soziologie der Weltbeziehung.* Berlin: Suhrkamp.

Tändler, M. (2016). *Das therapeutische Jahrzehnt. Der Psychoboom in den siebziger Jahren.* Göttingen: Wallstein.

Türcke, C. (2022). *Digitale Gefolgschaft.* In G. Schäfer, R. Martin & I. Moeslein-Teising (Hrsg.), *Zeitdiagnosen!?* (S. 77–86). Gießen: Psychosozial-Verlag.

Volkan, V. D. (1999). *Das Versagen der Diplomatie. Zur Psychoanalyse nationaler, ethnischer und religiöser Konflikte.* Gießen: Psychosozial-Verlag.

Weiß, V. (2017). *Die autoritäre Revolte. Die Neue Rechte und der Untergang des Abendlandes.* Stuttgart: Klett-Cotta.

Wirth, H.-J. (1979). Über Hippies und Psychos. Anmerkungen zum Verhältnis zwischen Emanzipationsbewegungen und psychosozialen Dienstleistungen. *Materialien zu kontroversen Fragen der Psychologie und ihrer Grenzgebiete, 7,* 39–53.

Wirth, H.-J. (1984). *Die Schärfung der Sinne. Jugendprotest als persönliche und kulturelle Chance.* Frankfurt a. M.: Syndikat.

Wirth, H.-J. (2021). Der affektive Furor des Populismus. Zur Psychoanalyse des Ressentiments. *Jahrbuch der Psychoanalyse, 82*(2), 17–42. DOI: https://doi.org/10.30820/0075-2363-2021 -2-17

Yendell, A., Brähler, E., Witt, A., Fegert, J. M., Allroggen, M. & Decker, O. (2020). Die Parteien und das Wählerherz 2018. In A. Heller, O. Decker & E. Brähler (Hrsg.), *Prekärer Zusammenhalt. Die Bedrohung des demokratischen Miteinanders in Deutschland* (S. 345–362). Gießen: Psychosozial-Verlag.

Der Autor

Hans-Jürgen Wirth, Prof. Dr., Dipl.-Psych., ist Psychotherapeut, Psychoanalytiker und psychoanalytischer Paar-, Familientherapeut in eigener Praxis, Professor für Soziologie und Psychoanalytische Sozialpsychologie an der Universität Frankfurt am Main. Er ist Gründer des Psychosozial-Verlags, Mitherausgeber der Zeitschriften *psychosozial* und *Psychoanalytische Familientherapie.* Ausgewählte Buchveröffentlichungen: *Narzissmus und Macht* (5. Aufl. 2015); *Grenzerfahrungen. Migration, Flucht, Vertreibung und die deutschen Verhältnisse* (Hrsg. mit R. Haubl 2019). *Gefühle machen Politik. Populismus, Ressentiments und die Chancen der Verletzlichkeit* (2022).

Kontakt per E-Mail: hjw@psychosozial-verlag.de

Gesellschaftliche Umbrüche im Spiegel der klinischen Praxis

Fragile states – apokalyptische Seelenzustände und ihre Vergemeinschaftung

Kerstin Sischka & Jonas Bolduan

Wir leben in Zeiten, in denen sich umwälzende Veränderungen andeuten. Überall auf der Welt spitzen sich soziale und wirtschaftliche Krisen zu. Die Corona-Pandemie und der deutlich spürbare Klimawandel verschärfen die Krisen und bringen neues Leid hervor. Konflikte eskalieren und münden immer häufiger in massive Gewalt. Es sind Zeiten, die dem politischen Gestaltungswillen viel abverlangen; insbesondere ist eine Bereitschaft zur konstruktiven Austragung der Konflikte notwendig, damit es gelingt, die Lebens- und Wirtschaftsweisen so zu verändern, dass die Welt von morgen auch für die nachfolgenden Generationen noch lebenswert sein kann.

Die verschärften Krisen und damit verbundenen großen Zukunftsfragen finden auch in der Psyche der Menschen ihren Widerhall – global, aber sehr konkret auch in unserer Gesellschaft. Ist unsere Gesellschaft veränderungsfähig genug? Wird sie krisenfest genug sein? Können wir das schaffen? Nicht nur ein Schwanken zwischen sorgenvoller Skepsis und vorsichtiger Zuversicht lässt sich vernehmen, sondern immer häufiger auch geradezu apokalyptische Stimmungslagen, die das Szenario eines »Systemzusammenbruchs« zeichnen.

Autoritäre Populist:innen und Extremist:innen sind bestrebt, diese Ängste und Bedrohungsgefühle in destruktiver Weise aufzunehmen (Zienert-Elits, 2017, 2020). Es ist eine Zeit der Verschwörungsnarrative angebrochen, in denen sich geradezu eine Sehnsucht nach dem Untergang in Verbindung mit hasserfüllten und omnipotenten Vorstellungen artikuliert: »Das verhasste System« – die Demokratie – müsse zum Zusammenbruch gebracht werden, damit »aus der Asche des Alten etwas Neues« entstehen kann. Solche palingenetischen Vorstellungen, von denen auch der Faschismusforscher Roger Griffin (1991) schrieb, sind historisch nicht neu, aber gewinnen neue Kraft.

Ein sozialpsychologisch-psychoanalytisches Nachdenken ist hier besonders gefordert – und so wollen wir in unserem Artikel zunächst auf apokalyptische Vorstellungswelten in der Menschheitsgeschichte und auf ihren Wandel mit Beginn der Moderne eingehen. Dann richten wir den Blick auf klinisch-psychoanalytische und sozialpsychologische Aspekte apokalyptischer Seelenzustände und gehen der

Frage nach, wie diese in verschwörungsgläubige (extremistische) Gemeinschaften einfließen. Schließlich schildern wir an vier kurzen Fallvignetten, welche Herausforderungen sich für die psychosoziale Arbeit im Umgang mit in ideologische Radikalisierung verstrickten Menschen stellen.

Apokalyptische Vorstellungswelten in der Geschichte und ihr Wandel in der Moderne

Schon immer in der Menschheitsgeschichte gab es Phasen, in denen apokalyptische Stimmungslagen erstarkten. Der Psychoanalytiker Charles Strozier (2016) etwa beschreibt in »The Apocalyptic Imagination. Paranoia, History, and Violence«, wie sich solche Stimmungslagen eines bevorstehenden finalen Endes entlang großer historischer Veränderungen wie Ebbe und Flut entwickeln. Mit großen Krisen gelangen sie mit Macht in die Mitte der Gesellschaft, während sie in Zeiten eines relativen Friedens sich wieder an die Ränder des menschlichen Vorstellungsvermögens zurückziehen.

Gerade in einer Zeit der Pandemie scheinen wir uns wieder auf eine Klimax apokalyptischen Denkens zuzubewegen, doch findet man ein solches Denken bereits in der Antike: So geht auch der Begriff »Apokalypse« auf das Griechische zurück und meint »Enthüllung«, wörtlich »Entschleierung«, im Christentum übersetzt mit »Offenbarung«. Apokalyptische Bezüge gibt es in der Offenbarung des Johannes, in den Geschichten über die Sintflut, den Untergang von Sodom, den sieben Plagen in Ägypten. In solchen Szenarien geht es immer um einen Endkampf zwischen »Gut« und »Böse«, Licht und Finsternis – was auch als »apokalyptischer Dualismus« bezeichnet wird. Vor diesem Hintergrund geht man davon aus, dass das Kommen Gottes das Ende der Welt ankündigt, das Eingreifen Gottes jedoch nicht mehr eine Wende vom Unheil zum Heil herbeiführen wird, sondern nun das Ende der Menschheitsgeschichte überhaupt naht.

Charles Strozier hat am Beispiel der evangelikalen Christ:innen in den USA dargelegt, die diese Vorstellungen stark vertreten, dass das transformative Moment am Ende der Zeit in dieser Vorstellungswelt immer ein Moment massiver Gewalt ist, einer Gewalt, die erneuern soll. Nach der Gewalt komme die Erlösung, denn Gott werde die Welt neu erschaffen, er werde die Wiedergeborenen willkommen heißen. Der Glaube an das Ende hat für sie etwas Tröstliches: Den »Rechtgläubigen« werden in dieser apokalyptischen Vorstellungswelt von einem »Seher« die Zeichen der Apokalypse offenbart. Sie werden – wie es von Gott vorbestimmt ist –, gerettet, und es werde nun für sie ein neues, ein glückseliges Zeitalter anbrechen.

In der Neuzeit lösen sich apokalyptische Vorstellungen von den religiösen Fundamenten. Der Sozialwissenschaftler Nagel, der den Begriff der Apokalyptik vom Standpunkt der Krise aus entfaltet (2008, 2021), spricht von einer »kupierten

Apokalypse«, die bestimmt ist durch die Auslassung eines Heilversprechens. Säkularisierte Endzeiterzählungen stellen keine Erlösung mehr in Aussicht. Es ist ein geschichtspessimistisches und wenig tröstliches Denken: Die Menschheits- und Weltgeschichte wird als Unheilsgeschichte gesehen, die einem schrecklichen Ende entgegengeht.

Charles Strozier betont zudem, dass es mit den technischen Erfindungen der Neuzeit nun wirklich in der Hand der Menschen liege, sich selbst völlig zu zerstören (nukleares Zeitalter, ökologische Katastrophen, Pandemien, die menschengemacht sind). Gott ist also nicht länger nötig, um die ultimative Zerstörung über die Menschheit zu bringen. Dies verändere die Dynamik unseres Gefühls für göttliche Macht grundlegend und sei zutiefst verwirrend und verunsichernd, denn wenn es im religiösen Narrativ noch Hoffnung auf Erlösung und einen Neubeginn gab, droht im nuklearen Zeitalter nur der Tod, eine »sinnlose Apokalypse«, wie Robert Jay Lifton (1979) formulierte. Es ist, als lebten wir in der Gegenwart in einer Imagination als Überlebende zukünftiger Katastrophen, aber der »Schatten der Zukunft« (Strozier) lasse Zweifel aufkommen, ob wir diese Zukunft auch bewohnen können.

Ebrecht-Laermann zufolge ist diese existentielle Unsicherheit »das entscheidende Signum der Moderne« (Ebrecht-Laermann, 2009). Wenn Freud (1927c) davon ausging, dass Religion aus einem Schutzbedürfnis angesichts menschlicher Ängste entstand und mit einer Sehnsucht nach einem starken Vater oder einem rettenden Wunder einherging, so wirft das Leben in einer individualisierten und säkularisierten Gesellschaft den Menschen auf sich selbst zurück und lässt ihn immer stärker mit seinen existenziellen Ängsten und transzendentalen Fragen allein. Nicht ohne Grund wurde die Moderne daher auch als ein paradoxer Prozess beschrieben, in welchem progressive, fortschrittliche und vormoderne oder gar gegenmoderne Phänomene nebeneinander bestehen (Beck, 2007). Und Lyotard (1986) erinnert mit Blick auf die großen Meta-Erzählungen (wie die Aufklärung), dass sie alle ihren allgemeinen Geltungsanspruch verloren hätten. Das Schicksal des modernen Menschen in einer von tiefgreifender Unsicherheit geprägten modernen Gesellschaft ist es, im vollen Bewusstsein der eigenen, kollektiven Zerstörungsfähigkeit zu leben. Doch dafür Verantwortung zu übernehmen, eine Verantwortung für den Schutz der gemeinsamen Lebensgrundlagen und einer humanen gesellschaftlichen Ordnung, ist leichter gesagt, als getan.

Die psychoanalytische Sozialpsychologie hat sich in den zurückliegenden Jahrzehnten vor diesem Hintergrund intensiv mit dem Wandel der Verfasstheit des menschlichen Seelenlebens, dem Wandel der Subjektivität unter den besonderen, zeitgeschichtlichen und gesellschaftlichen Verhältnissen befasst: Der Bogen wurde von den Studien zum autoritären Charakter (Adorno et al., 1950), über das »Zeitalter des Narzissmus« (Lasch, 1995 [1980]) geschlagen, hin zum »erschöpften Selbst« (Ehrenberg, 2004 [1998]; Sennett, 1998); Bauman (2000) schrieb zur flüchtigen Moderne, und Arlie Hochschild (2003 [1990], 2012) zur Emotionsarbeit der überforderten Subjekte. Auch in der klinischen Psychoanalyse besteht Einigkeit darüber, dass die menschliche Psyche fragiler geworden ist, und immer häufiger gilt die klinische Aufmerksamkeit Störungen in den frühen Objektbeziehungen, die zu einer brüchigen Ich-Struktur führen (Schneider & Seidler, 2013). Insofern trifft auch die beunruhigende Realität angesichts mehrfacher Krisen und zu erahnender Umwälzungen auf diese »veränderte Psyche« (Altmeyer & Thomä, 2006). Immer deutlicher werden regressive Phänomene, die auch mit einer Suche nach (vermeintlich haltgebenden und psychisch entlastenden) neuen »Idealen« und »Großnarrativen« einhergehen, insbesondere genährt auch durch extremistische politische Bewegungen.

Doch wie nähert sich die klinische Psychoanalyse dem apokalyptischen Denken?

Psychoanalytische Überlegungen zum apokalyptischen Denken

In der Psychoanalyse finden wir vielfältige Annäherungen an das apokalyptische Denken: Mortimer Ostow (1995) beispielsweise spricht von einem »apokalyptischen Komplex«, der Ausdruck eines sehr basalen unbewussten Mechanismus sei, und auf innerpsychischer Ebene beispielsweise Fantasien, Träume, Illusionen und Überzeugungen hervorbringe, die sich um die Abfolge von Tod und Wiedergeburt (oder umgekehrt) zentrieren. Aber auch kreative Produktionen oder soziale Phänomene, wie der Mystizismus, Messianismus, Millenarismus, Fundamentalismus, religiöse Kulte und der Utopismus (ebd.) seien Abkömmlinge apokalyptischer Vorstellungen, die sich passiv oder im aktiven Handeln ausdrücken könnten.

Ostow beschreibt zudem, wie sich in Individuen, die in Fantasien des Weltuntergangs oder der Weltzerstörung gefangen sind, oft ein imaginierter Kampf zwischen bösen (destruktiven) und guten (konstruktiven) Kräften offenbare – dabei seien einmal die einen und dann die anderen Kräfte vorherrschend. Es sei naheliegend, diese als Projektionen der inneren destruktiven und rekonstruktiven Impulse der Patient:innen zu interpretieren, womit er an Kleins Unterscheidung des Oszillierens zwischen depressiver und paranoid-schizoider Position (1946) anknüpft. Im Kern versteht er Fantasien des Weltuntergangs als einen Ausdruck des Abzugs der Libido von der Realität, die als traumatisch oder zutiefst frustrierend erlebt wird (im Anschluss an Freud, 1911). Auf affektiver Ebene sei darin der Wunsch enthalten, das emotional bedeutsame Objekt – und die Beziehung zu diesem – auszulöschen. Innerpsychisch erscheint die Welt dann wie tot.

Insofern können apokalyptische Vorstellungen als Produkt destruktiver Regungen verstanden werden, mit denen allerdings massive Ängste einhergehen. Die moderne psychoanalytische Theorie psychotischer Dynamiken kann uns im Verstehen der Abwehrdynamik dieser Ängste weiterhelfen. Die mit den destruktiven Regungen verbundenen Ängste bedrohen das primitive Selbst von innen und von außen, was zu einer erheblichen Einschränkung der Ich-Funktionen führen kann (Mentzos & Münch, 2007). Wenn sie kein Containment erfahren, kann es im Abwehrvorgang zu einer regressiven Fragmentierung der Selbst- und Objektwelt kommen. Durch die damit einhergehenden Projektions- und Reintrojektionsvorgänge wird die Realitätswahrnehmung des Subjekts beschädigt, und unter Umständen wird mit den projizierten Selbstanteilen, die regressiv mit den Objekten verschmelzen, nun eine »namenlose Bedrohung« (Bion, 2012 [1962], S. 116) reintrojiziert (Weiß & Horn, 2007).

Das beschädigte Ich kann dann versuchen, sich durch die Kreierung wahnhafter Elemente zu restituieren, die zu Wahnsystemen kombiniert werden können. Steiner zufolge lässt akute psychotische Angst (sich zeigend in Verfolgungs- und Fragmentierungsängsten) oft nach, sobald sich ein Wahnsystem ausbildet, durch das die versprengten Fragmente eingesammelt werden und ihnen Kohärenz und Bedeutung verliehen wird (Steiner, 1998, S. 103). Psychotische Organisationen in der Persönlichkeit dienen dem Ich also als Abwehr und Schutz vor einer psychischen Katastrophe (Segal, 2012 [1957]).

Ostow betonte außerdem, dass Individuen, die in einer bewusst oder unbewusst apokalyptischen Fantasie gefangen sind, im Grunde darum kämpfen, ein stückweit an der gleichsam unerträglichen oder schmerzhaften Realität festzuhalten. Die Angst ist groß, die Verbindung zur Realität völlig zu verlieren. Hierzu hatte bereits Money-Kyrle (1971) aufgezeigt, dass es für jeden Menschen, ganz unabhängig von der je individuellen psychischen Stabilität, fundamentale Aspekte der Wirklichkeit gibt, die, wie Steiner (1998) es formuliert, »besonders schwer annehmbar erscheinen, und ohne die anderen Aspekte der Realität nicht in adäquater Weise akzeptiert werden können« (ebd., S. 140). Money-Kyrle sprach von den *facts of life* (1971), den ursprünglichen Tatsachen des Lebens, von denen er dreien eine überragende Bedeutung zuweist: der Abhängigkeit von der Brust, der Anerkennung der ödipalen Situation sowie der Akzeptanz von Vergänglichkeit und Tod, die mit der Unausweichlichkeit von Verlusterfahrungen und Begrenzung einhergeht. Steiner und andere Autor:innen haben differenziert herausgearbeitet, in welche Schwierigkeiten das erwachsene Denken und alle Erkenntnisakte verwickelt sein können, die der Anerkennung dieser »fundamentalen Aspekte der Wirklichkeit im Wege stehen« (Steiner, 1998, S. 140). Typische Formen der Spaltung und teilweisen Verleugnung können in Kraft treten, in denen ein willentliches Nicht-Wissenwollen zum Tragen kommt – also der Wirklichkeit ein »blindes Auge« zugewandt wird. So entstehen – wenn fundamentale Aspekte der Wirklichkeit halb verleugnet und halb anerkannt werden – perverse Missrepräsentationen der Realität (Weiß et al., 2010).

Im Extremfall kommt es zu schweren Störungen des Wirklichkeitsgefühls, insbesondere wenn der Hass auf die schmerzliche Realität überwiegt, und es für das geschwächte Ich nicht anders möglich ist, unerträgliche, mit der Realität verbundene Gefühle (der Abhängigkeit, des Ausschlusses oder Verlusts) auszuhalten. Der psychotische Anteil der Persönlichkeit ist nach Bion dann damit beschäftigt, »den Apparat loszuwerden, auf den die Psyche angewiesen ist, um die Verdrängung durchzuführen« (Bion, 2012 [1957], S. 85). Dementsprechend ist er bestrebt, alles, was ihn mit der unerträglichen Realität konfrontiert, anzugreifen oder auszuscheiden, einschließlich jener Funktionen der Wahrnehmung und des Denkens, welche es ihm ermöglichen würden, seine emotionalen Erfahrungen zu symbolisieren.

Man könnte dies auch als einen unbewusst selbst-motivierten Systemzusammenbruch des psychischen Apparats bezeichnen, zumal damit auch die eigene Fähigkeit für seelisches Wachstum beschädigt wird, die Bion als »+K«, und damit als eine von drei seelischen Elementarverbindungen (neben »L«, »Liebe«, und »H«, »Hass«) bezeichnete (Bion, 2012 [1962]). Unter dem Wirken von »–K« wird das Ich durch seine eigenen primitiven Abwehroperationen, insbesondere durch den Angriff auf symbolische Verbindungen, beschädigt. Die Psyche steht fortan unter dem Einfluss von »–K« – einer Aktivität, die gegen die Anerkennung der Realität, und (unter dem Einfluss von Neid, aber auch Frustration und misslingendem Containment) durch einen Hass auf jede neue Entwicklung der Persönlichkeit gerichtet ist. Unter dem Einfluss von »–K« herrschen Omnipotenz, Allwissenheit und Nicht-Lernen vor (Weiß, 2009), was zu einer fortdauernden, systematischen Missrepräsentation emotionaler Erfahrungen sowie zur Umkehrung der Alpha-Funktion führen kann, »so dass aus bedeutungsvollen Elementen ›bizarre Objekte‹ hervorgehen« (Weiß & Horn, 2007).

Diese Beschädigung betrifft auch die »Glaubensfunktion«, wie sie von Britton postuliert wurde. Sie ermöglicht uns ein Gefühl der Realität: »Um etwas für psychisch real halten zu können muss man es bewusst oder unbewusst glauben. Wenn diese Funktion zerstört wird, geht das Gefühl der Gewissheit der Selbstkontinuität und der Alltäglichkeit der wahrgenommenen Welt verloren« (Britton, 2001, S. 29). Wenn die Glaubensfunktion zusammenbricht, ist es nicht mehr möglich, zu unterscheiden, was wahr ist und was nicht. Der Mensch fühlt sich dann nicht nur von der sozialen Realität entfremdet, sondern auch von seiner eigenen inneren Realität. Patient:innen, die sich in so einem psychischen Zustand befinden, bleibt mitunter nur die Entwicklung überwertiger Ideen: »In einigen Fällen kann diese Leere durch wahnhafte Gewissheit gefüllt werden« (ebd., S. 30).

Letztlich haben wir es also mit Zerstörungen in der inneren Welt zu tun – geschehen durch den Angriff auf Verbindungen, auf die Fähigkeit zur Symbolisierung –, deren »desolater innerer Zustand«, wie Weiß und Horn schreiben, wiederum verleugnet werden kann, indem sich das Individuum in »Visionen von Erhabenheit und Größe« und einen Habitus der Allwissenheit zurückzieht (Weiß & Horn, 2007, S. 30). Die virtuelle Welt des Internets ist – gerade auch in Zeiten der Pandemie und des Klimawandels – ein ideales Medium, in dem solche magisch-omnipotenten Fantasien ausgearbeitet und verfestigt werden können. Ein Beispiel dafür sind die vielfältigen Medienproduktionen über das Apokalyptische, in denen neben beginnenden Versuchen der Symbolisierung oft auch eine Wendung ins Omnipotente sichtbar wird, die dann immer auch mit dem Gefühl des Irrealen versehen ist: Apokalyptische Medienproduktionen sind eine Einladung, mitzufiebern, zuzuschauen, sich mit den Helden oder den Betroffenen zu identifizieren, immer aber auch wissend, dass es nicht real ist: Es ist »nur eine Geschichte«. In so einer zweidimensionalen Bilderwelt wiegen sich die Zuschauer:innen in der Illusion, die komplette Kontrolle über die Objekte ihrer Fantasie oder die Realität zu haben. So können apokalyptische Vorstellungen omnipotent gewendet werden. Der Fakt unserer eigenen Sterblichkeit (und unserer eigenen Destruktivität, mit der wir das Gute gefährden, und zur Vergänglichkeit, zum Verlust beitragen) ist für uns am schwersten zu ertragen und bringt die mächtigste Abwehr hervor. Perverse Mechanismen sind darin prominent, wie Steiner schreibt: »We are constantly reassured through fantasies of an afterlife, and this may well be one of the reasons for a shift towards beliefs that concretize immortality such as creationism and other types of fundamentalism« (Steiner, 2013, S. 82).

Die triumphale Wendung vom apokalyptischen Denken zum Systemumsturz

Es deutet vieles darauf hin, dass gegenwärtige populistische und extremistische Bewegungen auch Menschen anziehen, die innerseelisch in einer »apokalyptischen Welt« leben – um es einmal metaphorisch zu formulieren –, in einer Welt von Dunkelheit, Angst und Hass. Einige Gedanken sollen dazu formuliert werden, bevor wir zu den Fallkonstellationen kommen.

Bion entwickelte die Idee der Valenz, die im Kern besagt, dass sich ein Gruppengefühl über die Abwehrprozesse der Individuen herstellt. Dies lässt sich zusammenbringen mit der neueren Radikalisierungs- und Terrorismusforschung, die aufzeigt, dass wir es gerade auch in den sozialen Medien heutzutage seltener mit klar abgegrenzten Gruppenbildungen zu tun haben, sondern eher mit fluiden Formationen, mit »Schwarmbildungen«, in denen sich Menschen in bestimmten Seelenzuständen andocken und wie in einem »Schwarm mitschwimmen« können. Im sozialen Alltag ist denkbar, dass hier sehr unterschiedliche Milieus vertreten sind, und auch verschiedene Lebensstile und Praktiken, in denen apokalyptische Ideen agiert werden bzw. im Handeln einfließen. So schreibt Nagel beispielsweise über die Prepper[1]-Szene: »Was dem Calvinisten die Heilsungewissheit, ist dem Prepper die Ungewissheit über das Wie und Wann der Katastrophe. Beide antworten darauf mit rastloser Tätigkeit und Akkumulation« (Nagel, 2021, S. 39). Andere Autor:innen befassten sich mit den Praktiken und Ritualen bei Reichsbürger:innen (Keil, 2021), völkischen Siedler:innen, der Esoterikszene (Pöhlmann, 2021) oder Anthroposophie oder eben in salafistischen bzw. radikalislamistischen Gruppen.

Die virtuelle Realität des Internets und insbesondere die sozialen Medien spielen hierbei eine unverzichtbare Rolle. Hier kommt es in sozialer wie in psychischer Hinsicht zu »Sammlungsbewegungen«, die die protomentalen Elemente, die von den Individuen ausgestoßen und in den Raum sozialer Medien eingebracht werden, aufnehmen. So entstehen kollektive Stimmungslagen, die paranoid aufgeladen sind, und in denen sich diese Beta-Elemente (Bion) mit abgespaltenen und projizierten Selbst- und Objektbeziehungsrepräsentanzen vermischen. Es entsteht eine negative Vergemeinschaftung, aus denen extremistisch ideologisierte »Bewegungsunternehmer:innen« schöpfen können. Diese »Bewegungsunternehmer:innen« bieten den Menschen Fake News und Verschwörungsnarrative anstelle entwicklungsförderlicher Deutungen an, verkehren »Gut« und »Böse«, instrumentalisieren die primitive Abwehr und nähren »überwertige Ideen«.

Hier geschieht dann etwas, das Zienert-Eilts (2020) als »destruktives Containment« beschrieben hat. Dafür ist jedoch keine feste Führungsperson notwendig; vielmehr sucht sich die Sammlungsbewegung ihre Führungspersonen, die sie passager als Projektionsfläche und zur Idealisierung nutzt – dies aber kann fluide sein, sodass sich die Personen, die hervortreten, relativ schnell verändern können. Vor allem jedoch lädt die virtuelle Welt sozialer Medien zu einem kollektiven narzisstischen Rückzug ein: »Jeder Klick führt dann tiefer in die Vernetzung der Communities untereinander hinein – der Beginn des sogenannten Rabbit-Hole-Effekts, mit dem man sich im weit verzweigten Höhlenbau der sozialen Medien verlieren kann« (Lobo, 2021). Dort sind Verschwörungsnarrative allgegenwärtig; Lobo schreibt von einem regelrechten »Hagelsturm an Verschwörungsinhalten, die zu einem Amalgam der ständig drohenden, kaum mehr überschaubaren Weltuntergänge werden«, die z. B. in manchen Telegram-Gruppen kursieren (ebd.).

Mit den Abwehrprozessen stellt sich ein Wirklichkeitsverlust ein, wenn eine apokalyptische Maximalbedrohung gezeichnet wird, deren Protagonist:innen klar identifizierbar seien: »Verschwörungserzähler vermuteten ein Netzwerk aus Politikern, Wirtschaftsgrößen, einflussreichen Menschen weltweit, die ›die Fäden ziehen‹ und die Macht in den Händen hielten« (Lückoff, 2021). Im Zentrum

---

1 »Prepper« (abgeleitet vom Englischen *to be prepared* (»bereit sein«) bezeichnet Personen, die sich mittels individueller Maßnahmen auf verschiedene Arten von Katastrophen vorbereiten.

der verschiedenen Verschwörungsnarrative stehen immer »dunkle Mächte«, eine »geheime Elite«, der sogenannte *deep state*, die »Globalisten«, das »Finanzkapital«, die ihren eigenen großen Plan verfolgten: den *great reset* (eine Ökodiktatur), den »großen Austausch« der Bevölkerung (zugunsten der »Islamisierung Europas«), eine »Impf-Diktatur« oder eine »neue Weltordnung«. Es sind Narrative, die oft antisemitisch oder zutiefst rassistisch konnotiert sind, und die Menschen sich als Opfer erleben lassen. Gefühle der Ohnmacht, der Fremdbestimmung und des »Um-das-Gute-betrogen-Seins« werden beständig genährt, paranoide Ängste ins Katastrophische ausgedehnt – als sei es ständig fünf vor zwölf und als stünde das Überleben auf dem Spiel.

So bilden sich in den sozialen Medien Gemeinschaften, die sich in einen dauerhaften Alarm- und Angstzustand hineinsteigern, und in denen eine Sprache des Ausnahmezustands dominiert. Die sozialen Medien befeuern mitunter geradezu einen »Widerstandsrausch« mit ihrer Sprache der Dringlichkeit, die Zwangsläufigkeit und Unausweichlichkeit suggeriert, und in denen Protagonist:innen hervortreten können, die zum Widerstand aufrufen im »Kampf gegen die Neue Weltordnung der globalen Eliten«. Solche Wendungen paranoider Ängste, bei denen schließlich aktiv-kämpferisch der Umsturz gesucht wird, sind – wie bereits zu Beginn dieses Textes betont wurde –, historisch nicht neu. Sie wurden vom Faschismusforscher und Zeithistoriker Roger Griffin (1991) mit dem griechischen Begriff der »Palingenese« bezeichnet, ursprünglich aus der Theologie entnommen. Griffin sah die »Palingenese« – die »Neugeburt«, »Wiederentstehung«, »Neuschöpfung« – als einen bestimmten Typ des Kulturpessimismus. Er schreibt:

>»Es lassen sich zwei Typen von Kulturpessimismus unterscheiden: der Typ, der keinen Ausweg sieht und der zu Verzweiflung führt, und die palingenetische Variante, die die finsterste Nacht nicht als endgültig und als Vorspiel zum Tode, sondern zyklisch als Ankündigung einer neuen Morgendämmerung versteht. Wenn palingenetischer Kulturpessimismus einmal in den ideologischen Treibstoff einer politischen Massenbewegung verwandelt ist, kann er revolutionäre Energien zur Säuberung der Gesellschaft von ihrer inneren Dekadenz und Korruption durch systematische Verfolgung und Massenmord entfalten. Außenstehenden und insbesondere den Opfern mag dies ›nihilistisch‹ erscheinen, doch im Geiste der Planer und Akteure ist das Ziel, den Nihilismus zu überwinden und die Dekadenz in Neugeburt zu verwandeln, eine Gesinnung, die in Nietzsches Der Wille zur Macht ›aktiver Nihilismus‹ im Unterschied zu ›passivem‹ genannt wird« (Griffin, 2005, S. 40).

Die Palingenese ist somit ein zentrales Element des Faschismus und wird mitunter auch als »utopischer populistischer Ultranationalismus« bezeichnet. Im Nationalsozialismus war dies sehr deutlich vorhanden, denn auch hier hatten wir es mit einer Sammlungsbewegung zu tun, die im anvisierten Endkampf ein »tausendjähriges Reich« anstrebte. Aber auch radikale dschihadistische Bewegungen, wie die Terrormiliz Islamischer Staat, verfolgten solche Ideen und bedienten sich ebenfalls eines apokalyptischen Narrativs, welches besagt, dass in *dabiq* die Kreuzzügler und die rechtgläubigen Muslime im Endkampf aufeinandertreffen würden (Panzer, 2016). Auch hier sind omnipotente Ideen einer Wiedergeburt enthalten.

Auch verschwörungsgläubige Sekten wie QAnon bedienen sich solcher Ideen: Sie sind überzeugt davon, dass es eine »Welt hinter der Welt«, eine »verborgene Welt« gibt, die sich nur den Wissenden »offenbart«, und sind mit dem Ausdeuten von Zeichen befasst, die in einer Sequenz von Krise, Gericht und Erlösung auf bestimmte geschichtsbestimmende Ereignisse hindeuten. Ein Ausfall sozialer Medien würde in »zehn Tage der Dunkelheit« münden, in denen das bisherige System zusammenbricht. Jede:r fünfte Amerikaner:in stimmt laut einer repräsentativen Studie der Aussage zu, dass es »bald einen Sturm geben werde, der die mächtigen Eliten wegfegen und rechtmäßige Führer« an die Macht bringen werde (Lückoff, 2021). Sie fiebern auf die Zeit der Rache und Vergeltung hin. Es ist, als wollten die rechtspopulistischen »palingenetischen Revolutionäre«, das, was früher Gott zugeschrieben wurde, nämlich die Neuerschaffung der Welt, in ihrem Sinne selbst in die Hand nehmen. Aus solchen Gruppen tauchen dann oft auch jene auf, die als Vorkämpfer:innen, solche Botschaften und Szenarien aufnehmen, und das »Ende« aktiv herbeiführen wollen. Mit ihren terroristischen Taten wollen sie zu einer Beschleunigung, einer Akzeleration des Zusammenbruchs beitragen, im Hintergrund die Idee der Verwirklichung einer triumphalen Wendung in eine »neue Ordnung« oder »neue Ära« (Köhler, 2020).

Fallvignetten

Vorgestellt werden sollen nun vier kurze, anonymisierte Fallvignetten von Personen, bei denen anzunehmen ist, dass sie innerseelisch mit einer apokalyptischen Welt beschäftigt waren, und diese sich im sozialen Kontext mit der Radikalisierung verschränkt hat. Die Annahme basiert auf der Zusammenführung verschiedener zugänglicher Quellen. Die psychosoziale Situation, die in den Fallvignetten zur Sprache kommt, liegt in allen vier Fällen bereits viele Jahre zurück; aus Gründen der Anonymisierung wurde dennoch darauf geachtet, wesentliche Aspekte stark zu verfremden oder zu vereinfachen, in der Hoffnung, dass die Grundthemen dennoch erhalten bleiben und zu einem Verständnis beitragen können, wie sich apokalyptische Dynamiken der Innenwelt mit Radikalisierungsprozessen in der sozialen Welt verschränken können – und wie schwer eine persönliche Veränderung dann sein kann.

Alle vier Personen sind zu sehr unterschiedlichen Zeitpunkten ihrer Biografie mit extremistischen Gruppen- und Ideologieangeboten in Kontakt gekommen –

doch gibt es starke Hinweise darauf, dass ihre Empfänglichkeit für diese Angebote auf problematischen in der individuellen Biografie verortbaren Krisenerfahrungen oder inneren Katastrophen basiert, und je persönliche Verarbeitungsmodi dieser Erfahrungen dabei mitwirken. Sie erhofften sich von der apokalyptischen Ideologie unbewusst eine bessere Verarbeitung des Unerträglichen, und zeitweise bestand auch eine tragende Passung zwischen dem ideologischen Angebot und der je spezifischen Verarbeitung der katastrophischen Erfahrungen. Auf die Dauer allerdings erwies sich die Passung bei allen vier Personen als nicht »zufriedenstellend«, zwei erwogen einen Ausstieg, wobei dieser nicht konsequent fortgeführt wurde, vermutlich auch, weil insbesondere der apokalyptische Denkmodus nicht genügend bearbeitet wurde. Letztlich wechselten alle vier Personen die Szene, was darauf verweist, dass sie trotz einer oberflächlichen Veränderung weiter in einer apokalyptischen psychischen Konstitution verharrten. Insofern zeigen die Beispiele auch, worin Herausforderungen für die Ausstiegsarbeit bestehen.

Fall 1: Vom Neonazi zum Retter des Abendlandes

In der ersten Fallkonstellation geht es um einen Mann, der sich für einen Ausstieg aus dem gewaltbereiten Rechtsextremismus entschied, sich also von direkter physischer Gewaltausübung distanzierte, jedoch keine »Deradikalisierung« im engeren Sinne vollzog. Das Leben von Herrn A. war schon immer um das Milieu der Fußballfans zentriert. Alkohol, Prügeleien und Gewaltaffinität zelebrierende Musik sind konstante Bestandteile dieser Szene. Ungefähr zeitgleich mit einer schweren Lebenskrise, in deren Verlauf er sowohl beruflich als auch privat mit diversen Verlusten und Kränkungen konfrontiert war, vollzog sich seine Radikalisierung und sein Einstieg in die neonazistische Szene. Er wurde Teil einer gewaltbereiten neonazistischen Gruppe, und sich politisch artikulierender Groll und Hass nahmen zusehends mehr Raum in seinem Leben ein. Auch die Verehrung von rechten Terroristen war nicht ungewöhnlich innerhalb des Gruppengeschehens. Als jedoch »Kameraden« einer anderen rechten Gruppierung, zu der verschiedene Verbindungen bestanden, Gewalt gegenüber »Unbeteiligten«, vermeintlich linken Jugendlichen, ausübten, war für ihn eine Grenze erreicht. Er selbst war in der Situation nicht dabei, hatte aber sowohl mit Tätern wie Opfer in der Vergangenheit Bekanntschaft gemacht. Fortan beschäftigte ihn der Gedanke, dass im Zuge der Gruppendynamik es prinzipiell leicht möglich wäre, dass unter ungünstigen Umständen auch er gewalttätig gegenüber »den Falschen« werden könne. Der Hass begann ihn zu erschrecken. Die aus diesem Vorfall resultierende Angst bildete den Ausgangspunkt für eine Abwendung von der rechtsextremen Gruppe, und er unternahm sehr weitreichende Schritte, um sich aus seinem bisherigen rechtsextremen Umfeld zu distanzieren, was mit bedeutenden Veränderungen in seinem Leben einherging.

An seiner inneren Verbindung zu einer wehrhaften Gemeinschaft hielt er jedoch vehement fest, ebenso wie an einer strikten Ablehnung gegenüber jeder Flüchtlingsaufnahme in Deutschland, die beim Klienten sehr auffiel. Ungefähr zeitgleich wurden die PEGIDA-Bewegung sowie die Befassung mit jener Darstellung der Schlacht bei den Thermopylen, wie sie im Film *300* präsentiert wird, für ihn zu bedeutenden Bezugspunkten. In diesem Film wird die Geschichte einer 300 Kämpfer zählenden, hypermaskulinen spartanischen Gruppe erzählt, die sich während des zweiten Perserkrieges gegenüber einer persischen Übermacht im Kampf opfern. Durch ihr Opfer im Krieg bewahren sie in diesem Narrativ das antike Hellas vor der Unterwerfung durch den persischen Feind. Diese filmische Version ist von einem melancholischen Unterton getragen und offeriert Männern ein Identifikationsangebot, um sich als Retter und Beschützer zu stilisieren. Hier brachte er seine apokalyptischen Fantasien unter, was verdichtet in einer seiner Lieblingsszenen aus dem Film zum Ausdruck kommt: In dieser erklärt König Leonidas den verbliebenen Kämpfern, dass basierend auf ihrem morgigen Opfer ein neues Zeitalter der Freiheit anbrechen werde. Auch in dieser filmischen Umsetzung des antiken Stoffes zeigt sich das Denkmuster, dass die Rettung vor Vernichtung und Untergang nur durch einen kriegerischen Akt gegen den äußeren Feind durch eine Gruppe von Erwählten, einer wahren Brüderhorde in der Apokalypse, erfolgen kann (Ostow, 1996, S. 165).

Flüchtlinge hingegen stellte er sich als extrem bedürftig vor, und sah sich in einer Konkurrenz zu ihnen, sinngemäß wie folgt: »Ich stand auch immer vor verschlossenen Türen, wenn ich was gebraucht hätte, warum soll es anderen anders gehen?« Er hegte ebenfalls die dämonisierende Vorstellung, dass unter diesen bedürftigen Flüchtlingen auch Terroristen wären. Das Engagement in der Gemeinschaft der PEGIDA-nahen Gruppe bot für ihn die Möglichkeit, sich als Beschützer zu stilisieren, und bediente zugleich seine Abwehr der eigenen aggressiven Strebungen sowie der ausgeprägten Angst vor Ohnmacht. So ist anzunehmen, dass die PEGIDA-nahe Gruppe mit ihrer Subkultur und der Verschmelzung mit AfD-nahen, rechtspopulistischen Positionen für diesen Mann auch eine Art »Container« darstellte, um seine eigenen inneren apokalyptischen (destruktiven und paranoiden) Tendenzen darin zugleich unterzubringen und zu bekämpfen – also eine Abwehrformation, um nicht nur autoritäre Aggression gegen Schwächere, sondern auch apokalyptische Ängste vor dem Zusammenbruch in den Griff zu bekommen. Man könnte auch nach der Abwehr von Bedürftigkeit oder der Konkurrenz um Versorgung und Hilfe fragen. Warum musste sich der Klient die in seinem Erleben doppelt Bedürftigen (mit der ihnen eigenen und der projizierten Bedürftigkeit) als Terroristen vorstellen? Er selbst war ja eine Zeitlang enger assoziiert mit Menschen, die Terroristen glorifizieren. Hatte er vielleicht eine Ahnung von seiner Destruktivität und dem damit verbundenen unaufhaltbaren Schuldgefühl, sodass er samt hypermaskulinem Gebaren in die manische Abwehr kippte?

Ohne die Einbindung in eine imaginierte oder reale, betont maskulin auftretende Wehrgruppe jedenfalls ging es für ihn in seinem Leben nicht weiter. Der Ausstiegsprozess aus dem Rechtsextremismus blieb auf halbem Wege stecken. Nachträglich kann die Frage aufgeworfen werden, ob destruktive Fantasien, die auf bestimmte soziale Gruppen (die einwandernden vermeintlich terroraffinen Flüchtlinge) projiziert werden und in katastrophische Vorstellungen eingebunden werden, nicht vielleicht durch ein verfolgendes Schuldgefühl – das Wissen um das eigene Zerstörungspotenzial – genährt sein können? Dem müsste man sich in der Ausstiegsarbeit mit solchen Klient:innen gewahr sein.

Fall 2: Aus dem Dschihadismus in die Welt der christlichen Apokalypse

Die zweite Fallkonstellation dreht sich um eine Frau, die in einem salafistisch-dschihadistischen Spektrum nach einer Erfüllung ihrer unbewussten und bewussten Bedürfnisse suchte. Im Gegensatz zur Person der ersten Fallvignette gelang ihr ein vollständiger Ausstieg aus der extremistischen Szene. Allerdings erfolgte anschließend eine exzessive Hinwendung zu diversen christlich und esoterisch inspirierten Untergangs- und Wiederauferstehungsfantasien. Insofern haben wir es hier mit einem Szenenwechsel, mit einem Austausch von einer überwiegend islamisch-salafistisch-inspirierten durch eine christlich geprägte Apokalypse zu tun.

Sowohl im Dschihadismus als auch in den auf von ihr vertretenen Untergangsfantasien christlicher bzw. esoterischer Provenienz existieren Szenarien eines Endkampfes und einer nachfolgenden Erlösung. Wenn dies im Ausstiegsprozess nicht gewürdigt wird und die Gesprächsangebote zur Deradikalisierung vor allem auf einer inhaltlichen Ebene verbleiben, kann es leicht passieren, dass der apokalyptische Komplex und der damit verbundene Denkstil nicht erkannt und bearbeitet werden. Dann erscheint es so, dass eine Deradikalisierung erfolgt ist. Auf einer tieferen Ebene üben jedoch Erzählungen, die eine Linderung der unbewältigten unbewussten Not des apokalyptischen Komplexes versprechen, weiterhin eine große Anziehung aus. Auch wenn die Person scheinbar gut im Ausstiegsprozess mitarbeitet, wirkt im Inneren die apokalyptische Bedrohung versteckt bzw. im Sinne einer Spaltung weiter. Die Person ist dann sehr empfänglich dafür, sich eine neue ideologische Zugehörigkeit zu suchen, vielleicht um Halt in ihren Verfolgungs- und Fragmentierungsängsten zu finden, vielleicht auch um eine weitere Regression in Richtung Psychose aufzuhalten. Diese Problematik zeigt sich exemplarisch in dieser Vignette.

Es geht um Frau B., bei der vermutlich eine akute Lebens- und Beziehungskrise binnenseelisch ein apokalyptisch geprägtes Szenario nach sich zog. Vor der Phase ihrer dschihadistischen Radikalisierung stand der Verlust einer bedeutsamen Objektbeziehung und eine damit einhergehende Erschütterung ihrer Lebensgewohnheiten. Bedeutsam ist, dass es sich um einen schleichenden Objektverlust handelte. Sie hatte zwar lange viele Anstrengungen unternommen, diesen abzuwenden, jedoch führte die immer deutlicher hervortretende Vergeblichkeit ihrer Anstrengungen zu einer Zunahme paranoider Erlebensweisen. Zu vermuten ist, dass ihre Anstrengungen, den Objektverlust zu verhindern, sich für sie wie ein »Endkampf« angefühlt hatten, ein nahender Zusammenbruch ihrer Welt drohte. Als der Objektverlust nicht mehr abwendbar war, ging es schnell: Sie konvertierte und nahm Kontakt mit einem Mann innerhalb einer dschihadistischen Organisation auf. Diese Kontaktaufnahme erfolgte unter der fixen Idee, dass eine vollständige Integration in die Welt der Dschihadisten den zuvor erlittenen Objektverlust kompensieren könne. Das verlorene Objekt, ihre sich im Untergang befindende innere Welt, sollte innerhalb des Bereichs einer neuen, der salafistischen Lehre entsprechenden Welt wiedergeboren bzw. wiederhergestellt werden. Später bekundete sie zwar, nie tiefer mit der Ideologie der Bewegung identifiziert gewesen zu sein, doch die weitgehenden Anstrengungen, die sie unternahm, um gänzlich Teil dieser Bewegung zu werden, erfolgten aus einer inneren Apokalypse heraus. Analog zu ihrem psychischen Erleben erfolgte die Integration in ein islamistisches System, das auf einer weit umfassenderen Ebene ebenfalls den Endkampf anvisierte – zwischen den Kreuzzüglern (den »Behörden« und schlechten Muslimen) und den rechtgläubigen Muslimen (wie sie) –, um dann von Syrien bis nach Rom und Berlin durchzumarschieren (»Wir sehen uns in Berlin« hieß es damals von Dschihadisten). Sie verfolgte die Perspektive, nach dem erlittenen Objektverlust und dessen weitreichenden Folgen in einer von Ohnmacht gereinigten Welt wiederaufzuerstehen. Hierzu passend propagiert beispielsweise auch der IS die Abfolge einer Rettung nach dem Untergang.

Doch ihre Pläne scheiterten: Es gelang ihr, sich der dschihadistischen Bewegung zu entziehen. Hierzu kooperierte sie mit Sicherheitsbehörden, Justiz und Ausstiegsprogrammen.

Trotz der vollständigen inhaltlichen Distanzierung von der salafistischen Welt, wirkte in ihr die Idee einer »reinigenden« göttlichen Strafe weiter: Sie bewegte sich viel im Internet und beschäftigte sich mit den sieben Plagen der Endzeit aus der Offenbarung des Johannes. Sie schien sich zu fragen, wann der nächste Zeitpunkt des Zusammenbruchs, das apokalyptische Weltenende gekommen sein werde – eigentlich eine mentale Katastrophe. Beland (2009, S. 877) spricht hier von »gestörten Begriffen des religiösen Denkens als intrinsischer Gewalt«. Zu vermuten ist, dass die apokalyptischen Vorstellungswelten auch wenigstens zum Teil die Verzweiflung von Frau B. zum Ausdruck brachten, und vielleicht in Verbindung mit dem unbewussten Gedanken standen: »Es kommt alles noch viel schlimmer, aber es dauert nicht mehr lange, ich habe es bald geschafft, das schreckliche Weltende kommt zur Rettung bald« (in Anlehnung an Beland).

»[D]ie Verzweiflungsmentalität ist Führerschaft an der Grenze. Apokalyptisches Denken gehört zu den angeborenen Mustern des schizophrenen Zusammenbruchs, von dessen Verzweiflung das Muster wahrscheinlich genommen ist« (ebd., S. 882).

So verwundert es wenig, dass Frau B. unverändert eine exzessive Beschäftigung mit Narrativen aufweist, die von sündigen Mächten handeln, welche die Menschheit unterdrücken und ausbeuten. Binnenseelisch ist ihr die Vorstellung eines Jüngsten Gerichts, das Vergeltung an den Schuldigen übt, unverändert wichtig. Anders als früher zieht sie heute diese Vorstellungen aus überwiegend online sich ausdrückenden esoterischen und christlich-fundamentalistischen Strömungen. Ihr Glaube an eine derart dichotom verfasste Welt sowie eine nahende Neuordnung durch eine Erlösungsbewegung ist ungebrochen. Wenn auch in anderer Ausformung verbleibt eine Angewiesenheit auf Gedankenformationen, die eine Erlösung aus dem nicht zu bewältigenden apokalyptischen Elend verheißen und dabei nicht ohne die Idee der Vergeltung auskommen.

Fall 3: Ein »wahrer Gläubiger« im Universum der Verschwörungsnarrative

Die dritte Fallkonstellation zeigt, wie sich ein junger Mann mit seinem narzisstischen Selbstbild als jemand, »der die Wahrheit gefunden hat«, im Universum vielfältiger Verschwörungsnarrative verirrt, die ihn zeitweilig auch zu Ausflügen in den radikalen Islamismus geführt haben. Einen roten Faden scheinen dabei manifeste antisemitische und homophobe Grundorientierungen zu bilden. Latent scheint auch hier eine apokalyptische innere Welt vorzuliegen, die machtvolle Abwehrmechanismen (insbesondere Allmachtsfantasien und Allwissenheitsgebaren) hervorbringt. Bedeutsam für die Konstitution des apokalyptischen Komplexes erscheinen in der Lebensgeschichte von Herrn C. vor allem der Verlust des inneren väterlichen Objekts, welches ihn »herausgeworfen« habe und dann von der Mutter »herausgeworfen« wurde, was wiederum eine Verdammung der inneren Eltern nach sich zog. Seiner eigenen Bedürftigkeit als auch den anderen *facts of life*, der ödipalen Situation oder der Vergänglichkeit des Lebens gegenüber, musste er sich in eine Position des Allwissenden und Allmächtigen zurückziehen.

Herr C. war aufgrund von verschiedenen Straftaten gegen das Betäubungsmittelgesetz länger inhaftiert. Seit seiner Jugend spielen dissoziale Handlungen wiederkehrend eine Rolle. In der Haft wandte er sich vermehrt dem islamischen Glauben zu, und hier vollzog er auch eine islamistische Radikalisierung. Bald inszenierte er sich geradezu als einzig »wahrer Muslim«, entwickelte einen elitären Habitus und schirmte sich mit diesem grandiosen Selbst gegen jede Ansprache im Vollzug sowie gegenüber seiner Familie ab. Die nicht-fundamentalistische Glaubensausübung seiner Familienmitglieder begann er vehement zu kritisieren, sprach ihnen ab, selbst Muslimen zu sein. Weiterhin legte er sich das Narrativ zurecht, er wäre nur als Muslim inhaftiert. Während der Haftzeit entwickelte er im Zuge einer Krise die Vorstellung, direkt von Allah ausersehen zu sein. Obsessiv war er davon überzeugt, nicht nur der einzig wahre Muslim zu sein, sondern auch eine exklusive Beziehung zu Allah zu haben. Mit der Zeit stellte sich immer mehr heraus, dass diese Grandiositätsvorstellung in der Wirklichkeit auf eine schmerzhafte Weise Frustrationen nach sich zog. Weder hinterließen seine Verkündungen Eindruck, noch entstanden Vorteile aus der exklusiven Beziehung. Die Kluft zwischen seinen grandiosen Ansprüchen und der Realität wurde immer schwieriger zu verleugnen. Zu vermuten ist, dass er sich erneut von einer Vaterimago verlassen gefühlt hat – weder der reale Vater noch seine Vorstellung Allahs, dessen einziger wahrer Gläubiger er gewesen war, hatten dazu geführt, dass er sein Leben seinen Wünschen entsprechend beeinflussen konnte. War Allah nun in seiner Vorstellung womöglich zu einem enttäuschenden, machtlosen Gott geworden? Er tauchte stattdessen in die verschwörungsideologische Szene ein, wo er auf neue Weise beginnt, sich als einen »Wissenden«, einen »Sehenden« zu inszenieren.

Mit diesem Habitus versucht er nach der Haft ein neues Leben zu beginnen und nimmt auch wieder Kontakt zu seiner Herkunftsfamilie auf. Dieser begegnet er nicht mehr aus einer Position von Scham und Ohnmacht, sondern kann sich nun als Wissender inszenieren. Er erteilt allumfassende Lebensratschläge und doziert. Die Verschwörungsnarrative scheinen einen Kitt gegenüber Ohnmacht und Verlassenheit zu bieten, doch die hierdurch gegebene Überbrückung seiner beschädigten Verfassung bleibt instabil. Dies zeigt sich darin, dass der psychotische Anteil seiner Persönlichkeit während Beziehungskrisen wieder stärker hervortritt.

In seinem apokalyptischen Modus des Denkens tendiert er dazu, sich selbst in die Rolle eines messianischen Retters zu versetzen. Die eigenen selbstdestruktiven Impulse werden auf »die Elite« projiziert, die als destruktiv und Familien zerstörend imaginiert wird: Die Mächtigen würden gezielt die Blutsbande zwischen Familien zerstören; Menschen sollen vereinzelt werden, damit sie besser kontrolliert werden können. Er zeigte eine obsessive Beschäftigung mit der Vorstellung, staatlicherseits würden im großen Stil Menschen elektronische Chips implantiert. Hiervon ausgehend, räsoniert er darüber, wie sich innerhalb der unwissenden Bevölkerung Widerstand gegen die totale Überwachung formieren lassen könne. Im Zuge dessen begann er auch, auf ihm nahestehende Menschen Druck auszuüben: »Wo stehst Du? Auf meiner Seite oder der der Mächtigen? Bist du für den Schutz des Lebens oder für die Zurichtung?«

Es ist ein apokalyptisches Denken, das sich in eine Idee der Selbstverteidigung transformiert, und Gewalt legitimiert. Der Druck auf das soziale Umfeld erzeugt Widerstand, aber auch Ohnmacht, vielleicht ein Hinweis auf projektive Abwehr? Überhaupt ist anzunehmen, dass es in dieser Biografie viel um die Abwehr tiefer

Ohnmacht durch Allmachtsdenken und Allwissenheit geht. Die je ideologischen Inhalte können zwar aufgegeben werden, insbesondere wenn die jeweiligen Grandiositätsfantasien dem Kontakt mit der Realität nicht standhalten; die Rolle des Sehenden in der bedrohten, dem Untergang geweihten Welt, muss aber aufrechterhalten werden. Ein Eingedenken über den Schaden, den er sich selbst zufügt, gar dafür Verantwortung zu übernehmen, liegt noch in weiter Ferne.

Fall 4: Vom Nazi zum Dschihadisten

Dieser Gedanke liegt auch nahe in einem anderen Fall, bei dem ein junger Mann vom Neonazi zum Dschihadisten geworden war. Herr D. blickt auf einen »höllischen« Alltag zurück: Beziehungschaos, explosive Gewalt und ein eklatanter Mangel an Containment seiner frühen Ängste waren Teil der Umweltbedingungen (Köhler, 2022). Dies lässt an Joshua Durban (2017) und seinen *nowhereman* denken: Durban schrieb:

> »Nirgends-Sein löst tiefer liegende archaische Daseinsängste aus, welche mit der Urbedrohung unserer Existenz als zusammengehaltene Ganzheiten aus Körper, Zeit, Raum und Objekt zu tun haben. Diese Ängste sind bei frühen entwicklungsgestörten seelischen Verfassungen typisch und beinhalten Erfahrungen, wie: für immer zu fallen, in Stücke zu gehen, keine Schutzhülle oder Haut zu haben, voller Löcher zu sein, die Orientierung zu verlieren, keine Beziehung zum Körper zu haben, zu brennen, zu erfrieren sich zu verflüssigen und aufzulösen. Diese Ängste rufen zwei spezifische Abwehrkonstellationen hervor: Zerfallen oder Erhärten« (ebd., S. 41).

In Herrn D.s Lebensgeschichte finden sich früher Drogenkonsum, Obdachlosigkeit, eine scheiternde Paarbeziehung, der Verlust des Sorgerechts für das eigene Kind und erste strafrechtliche Verurteilungen. Schließlich suchte er Halt in der Ideologie. Er hatte sich während seiner extremistischen Entwicklung einer Neonazi-Gruppe angeschlossen. Eine Spirale aus explosiven Konflikten und Gewalt entwickelte sich und führte zu einer weiteren Intensivierung der Abwehr. So trat er dem ideologischen Islamismus bei, ohne sich von der NS-Ideologie zu lösen, und wurde zusätzlich zum Dschihadisten. Diese zweifache Identität stellte für ihn keinen Widerspruch dar, vielmehr begriff er beide Strömungen als zusammengehörig. In den sozialen Medien verlieh er sich ein Pseudonym, in dem sich seine Omipotenzfantasien, ein grandioses Selbst und die manische Abwehr von Todesangst verdichteten. Ein brennender Hass fand seinen inhaltlichen Ausdruck in der Ideologie des Antisemitismus. Er entwickelte die Idee, dass eine globale jüdische Verschwörung die Islamophobie ersonnen habe, um die Deutschen gegen den Islam aufzubringen. Obsessiv befasste er sich mit dem Opfernarrativ, demzufolge

179

ein von Juden angeführter Westen den Islam global unterdrücke und einen neu-
en Holocaust gegen die Muslime herbeiführe. In seinem Heldennarrativ kam dem
dschihadistischen Islam die Rolle einer letzten Verteidigungslinie gegenüber der
drohenden Vernichtung der Deutschen und der Muslime zu.

Nicht zufällig entstanden Ostows Beschreibung und Darlegung der Manifestationen des apokalyptischen Denkens im Zuge seiner theoretischen und klinischen
Kontextualisierung des Antisemitismus (Ostow, 1996). In seinen Ausführungen zu
den verschiedenen Formationen des apokalyptischen Denkens verweist er auf die
Tendenz jener affektlabilen Patient:innen, die über keine inneren Möglichkeiten zur
Verarbeitung ihrer Wut und Aggressionen verfügen, ihre Aggressionen in Stellver-
tretung an einem externen Feind zu bekämpfen. In der antisemitischen Mythologie
treffe die Juden die Schuld am eigenen Leid, weswegen mit der angestrebten Vernichtung der Juden auch die Aussicht auf Wiedergeburt einhergehe. Pointiert heißt
es: »The antisemitic myth is the apocalyptic revelation« (ebd., S. 139).

In Herrn D.s Lebensgeschichte finden sich deutliche Hinweise darauf, dass es
ihm weitgehend unmöglich war, eigene, intensive aggressive Strebungen zu sub-
limieren. Vielleicht entstand in Folge der ausgeprägten Haltlosigkeit früh der
narzisstische Glaube, dass letztendlich nur er selbst sich aus der inneren und äußeren Not retten könne. Jedenfalls verband er mit der Fantasie, dass die Juden an
allem Elend schuld seien, die Idee, dass er auserwählt sei, den Endkampf zwischen
dem Guten und dem Antagonisten, dem Judentum, zu führen – einen Kampf, den
sonst Niemand eingehe.

Im Zuge dieser apokalyptischen Erlösungsmission begann er, einen Spreng-
stoffanschlag auf Polizist:innen oder Soldat:innen, die er als »Judendiener:innen«
ansah, zu planen. Hierfür wurde er zu einer dreijährigen Haftstrafe verurteilt.
Zuvor waren die Ermittler auf ihn aufmerksam geworden, da er den Versuch unternommen hatte, in ein Land mit schariakonformer Gesetzgebung auszureisen –
denkbar, dass dieser Ausreiseversuch einen letzten unbewussten Versuch darstellte, im Verbund mit einer apokalyptischen, salafistischen Gemeinschaft, seiner im
Untergang begriffenen inneren Welt via Auferstehung in einem idealisierten Land
der wahren Gläubigen zu entkommen. Ebenfalls denkbar ist aber auch, dass bereits
dieser Ausreiseversuch im Zusammenhang mit der Absicht stand, in der Rolle des
Gotteskriegers, die nicht-bewältigbaren aggressiven Strebungen an einem äußeren
Feind zu exorzieren.

Auch in der Haft wirkte die zerstörerische Dynamik offenbar weiter: Dort stach
er auf einen Gefängniswärter unter Verkündung des Ausrufes »Allahu Akhbar«
ein und ist nun wegen versuchten Mordes weitere 14 Jahre inhaftiert. Womöglich
wird er auch danach in Sicherungsverwahrung bleiben. Er hat einen Weg eingeschlagen, der nun dazu führt, dass die seine Explosivität begrenzende Struktur in
einem durchaus konkreten Sinne immer fester und härter wird, und dass eine zeitlich beschränkte Haftzeit in eine unbegrenzte Dauer transformiert wird.

Abschlussdiskussion

Wir haben versucht, mit unserem Text zu zeigen, wie Menschen in einer psychischen Verfassung, die wir als »apokalyptische Seelenzustände« beschrieben haben, für Angebote der Radikalisierung empfänglich werden können. Dabei haben wir die These aufgeworfen, dass es oft um einen eigenen »inneren Systemzusammenbruch« geht, der im Rahmen der Abwehrdynamik omnipotent gewendet wird, sodass eine Empfänglichkeit für ideologische Angebote extremistischer Gruppen, also entsprechende überwertige Ideen, entsteht. Daraus ergibt sich ganz unmittelbar die Frage danach, was dies nun für den Umgang mit solchen Menschen bedeutet?

Sicherlich ist eine an den jeweiligen Inhalten ansetzende Deradikalisierungsarbeit in der Extremismusprävention und Ausstiegsarbeit von hoher praktischer Relevanz. Die diskutierten Fallvignetten verweisen dennoch darauf, dass es von elementarer Bedeutung sein kann, die psychische Konstitution mitsamt den Spezifika des unbewussten Denkens wie der affektiven Verarbeitungsmodi, die mit der inhaltlichen Radikalisierung verwoben sind, zu verstehen. In Anlehnung an Freuds berühmtes Diktum, dass das Objekt das Variabelste am Trieb sei, ließe sich in Hinsicht auf die diskutierten Fälle vereinfachend paraphrasieren, dass die Ideologie das Wandelbarste des apokalyptischen Komplexes ist.

Deutlich wurde in der exemplarischen Diskussion der vier Verläufe, dass die jeweilig vertretene extremistische Anschauung eine bedeutsame Rolle für die psychische »Bewältigung« von destruktiven und angstvollen Regungen einnimmt. Besonders auffällig zeigt sich die Bedeutung der Aggression in den Fallgeschichten von Herrn A, C. und D, und überwiegend in projektiver Form in der Vignette von Frau C. Alle weisen dabei die Charakteristik auf, dass eine sich vollziehende Verarbeitung der aggressiven Strebungen nicht ohne gegenseitige Identifizierungen mit Mitgliedern einer bestimmten Gruppe erfolgte, bzw. nicht lange ohne eine Form der Massenbildung möglich war – entweder innerhalb einer sehr realen Gruppe, wie beispielsweise der PEGIDA-nahen Gruppe bei Herrn A., oder auch in der imaginären Gruppe der 300 Spartaner, im Rahmen einer politischen Bewegung oder einer sich online bekräftigenden Gemeinschaft von Wissenden. Die Sanktionierung der aggressiven Regungen durch das Kollektiv bleibt unabdingbar.[2]

Neben zahlreichen weiteren Herausforderungen in der präventiven und deradikalisierenden Arbeit verweisen die geschilderten Verläufe ferner auf zwei Schwierigkeiten, die besonders mit den dargelegten apokalyptischen Modi einhergehen:

---

2 Siehe hierzu Adorno und Horkheimer: »Daß die Demonstration seiner ökonomischen Vergeblichkeit die Anziehungskraft des völkischen Heilmittels eher steigert als mildert, weist auf seine wahre Natur: er hilft nicht den Menschen, sondern ihrem Drang nach Vernichtung. Der eigentliche Gewinn, auf den der Volksgenosse rechnet, ist die Sanktionierung seiner Wut durchs Kollektiv« (Horkheimer & Adorno, 1988 [1944], S. 179).

Zum einen bietet die extremistische Gruppe einen Halt und eine Hoffnung auf Rettung, und zum anderen offerieren die extremistischen Angebote sowie die damit einhergehende Gruppendynamik eine Möglichkeit zur Regulierung von Angst und Aggression. Vollzieht sich lediglich eine inhaltliche Lösung vom extremistischen Angebot, nicht aber eine Transformation des unbewussten apokalyptischen Komplexes, besteht – wie in den Beispielen dargelegt – die Gefahr, dass lediglich ein Wechsel der jeweils vorherrschenden Ausformung der unverändert fortbestehenden apokalyptischen Welt stattfindet. Die destruktiven Regungen können so unbemerkt fortwirken bzw. für auf Veränderung und Integration zielende Interventionen unzugänglich bleiben. Dies wirft aufs Neue die Frage auf, wie mit Menschen eine verstehende, auf psychische Integration zielende Arbeit, also auch ein Durcharbeiten ihrer inneren Konflikte und eine Bearbeitung ihrer strukturellen Schwierigkeiten, gelingen kann. Denn diese weisen nicht selten aufgrund ihrer psychischen Konstitution eine aversive Neigung gegenüber Ansätzen, die auf tiefergehende Veränderungen abzielen, auf.

Die andere Schwierigkeit besteht allgemein darin, dass so lange zumindest ansatzweise noch keine bessere Integration der unaushaltbaren Regungen gelungen ist, aufseiten der Klienten unverändert eine hohe Angewiesenheit auf Objekte besteht, die auf eine immer gleiche Weise, d. h. durch extremistische Angebote, die Funktion erfüllen, die Not sowie die destruktiven und verängstigten Regungen zu regulieren. Anders ausgedrückt: Welche Ersatzbefriedigungen können Deradikalisierungsprogramme anbieten, die Menschen in apokalyptischen Welten vorerst provisorisch soweit helfen, den Verlust des extremistischen Angebots zu kompensieren, und zwar so, dass ein psychischer Binnenraum entsteht, der eine sukzessive Abkehr von der apokalyptischen Welt und ihren vielgestaltigen Manifestationen ermöglicht?

Literatur

Adorno, T.W. (1973 [1950]). *Studien zum autoritären Charakter*. Frankfurt a.M.: Suhrkamp.
Adorno, T.W., Frenkel-Brunswik, E., Levinson, D.J., Sanford, R.N. (1950). *The Authoritarian Personality*. New York: Harper & Brothers.
Altmeyer, M. & Thomä, H. (Hrsg.). (2006). *Die vernetzte Seele. Die intersubjektive Wende in der Psychoanalyse*. Stuttgart: Klett-Cotta.
Bauman, Z. (2000). *Liquid modernity*. Cambridge: Polity Press.
Beck, U. (2007). *Weltrisikogesellschaft*. Frankfurt a.M.: Suhrkamp.
Beland, H. (2009). Religion und Gewalt: Der Zusammenbruch der Ambivalenztoleranz in der konzeptuellen Gewalt theologisch/politischer Begriffsbildungen. *Psyche – Z Psychoanal, 63*(9–10), 877–906.
Bion, W.R. (2001). *Erfahrungen in Gruppen und andere Schriften*. Stuttgart: Klett-Cotta.
Bion, W.R. (2012 [1957]). Zur Unterscheidung von psychotischen und nicht psychotischen Persönlichkeiten. In E.B. Spillius (Hrsg.), *Melanie Klein Heute – Entwicklungen in Theorie und Praxis*. Band 1 (4. Aufl., S. 75–99). Stuttgart: Klett-Cotta.
Bion, W.R. (2012 [1959]). Angriffe auf Verbindungen. In E.B. Spillius (Hrsg.), *Melanie Klein Heute – Entwicklungen in Theorie und Praxis*. Band 1 (4. Aufl., S. 110–129). Stuttgart: Klett-Cotta.

Bion, W. R. (2012 [1962]). Eine Theorie des Denkens. In E. B. Spillius (Hrsg.), *Melanie Klein Heute – Entwicklungen in Theorie und Praxis*. Band 1 (4. Aufl., S. 225–235). Stuttgart: Klett-Cotta.

Britton, R. (2001). *Glaube, Phantasie und psychische Realität: psychoanalytische Erkundungen*. Stuttgart: Klett-Cotta.

Durban, J. (2017). Zuhause, Heimatlosigkeit und Nirgends-Sein in der frühen Kindheit. In M. Erdheim, F. Schmoll, A. Leszczynska-Koenen, J. Durban & I. Focke (Hrsg.), *heimatlos: Psychoanalytische Erkundungen* (S. 41–60). Epubli.

Ebrecht-Laermann, A. (2009). Wahrheit, Wahn und Wunder – Zur psychoanalytischen Sozialpsychologie religiösen Wunderglaubens am Beispiel von Franz Werfels Roman Das Lied von Bernadette. https://www.fu-berlin.de/sites/gpo/pol_theorie/ Zeitgenoessische_ansaetze/Wahrheit__Wahn_und_Wunder/a_ebrecht.pdf (02.03.2022).

Ehrenberg, A. (2004 [1998]). *Das erschöpfte Selbst. Depression und Gesellschaft in der Gegenwart*. Frankfurt a. M.: Campus.

Freud, S. (1911). Psychoanalytische Bemerkungen über einen autobiographisch beschriebenen Fall von Paranoia. *Jahrbuch für psychoanalytische und psychopathologische Forschungen*, *III*, 1. Hälfte.

Freud, S. (1927c). *Die Zukunft einer Illusion. GW XIV*, S. 323–380.

Griffin, R. (1991). *The Nature of Fascism*. London: Routledge.

Griffin, R. (2005). Völkischer Nationalismus als Wegbereiter und Fortsetzer des Faschismus. Ein angelsächsischer Blick auf ein nicht nur deutsches Phänomen. In H. Kauffmann, H. Kellershohn & P. Jobst (Hrsg.), *Völkische Bande. Dekadenz und Wiedergeburt – Analysen rechter Ideologie* (S. 20–49). Münster: Unrast.

Hochschild, A. (2003 [1990]). *Das gekaufte Herz. Zur Kommerzialisierung der Gefühle*. Frankfurt a. M., New York: Campus.

Hochschild, A. (2012). *The outsourced self. Intimate life in market times*. New York: Henry Holt & Co.

Horkheimer, M. & Adorno, T. W. (1988 [1944]). *Dialektik der Aufklärung. Philosophische Fragmente*. Frankfurt a. M.: S. Fischer.

Keil, J.-G. (2021). Zur Abgrenzung des Milieus der »Reichsbürger« – Pathologisierung des Politischen und Politisierung des Pathologischen. *Forensische Psychiatrie, Psychologie, Kriminologie, 15*(3), 255–273. DOI: 10.1007/s11757-021-00668-7

Klein, M. (1946). Notes on Some Schizoid Mechanisms. *Int J Psychoanal, 27*, 99–110.

Köhler, D. (2020). Rechtsextremer »Schwarmterrorismus«? Erklärungsansätze für Entwicklungen extrem rechter Gewalt und Terrorismus in Deutschland. In M. Quent, S. Salzborn & A. Salheiser (Hrsg.), *Wissen schafft Demokratie: Band 6: Rechtsterrorismus* (S. 143–157). Berlin: Amadeu-Antonio-Stiftung.

Köhler, D. (2022). *From Traitor to Zealot. Exploring the Phenomen of Side-Switching in Extremism and Terrorism*. Cambridge: University Printing House.

Lasch, C. (1995 [1980]). *Das Zeitalter des Narzißmus*. Hamburg: Hoffmann & Campe.

Lifton, R. J. (1979). *The Broken Connection: On Death and the Continuity of Life*. New York: Simon & Schuster.

Lobo, S. (2021, 8. Dezember). Radikalisierung auf Telegram. Im Widerstandsrausch. Eine Kolumne. *SPIEGEL*. https://www.spiegel.de/netzwelt/netzpolitik/telegram-wie-die-radikalisierung-funktioniert-kolumne-a-bb45fa1e-0b64-4d13-ad49-b4301704b5f6 (02.03.2022).

Lückoff, J. (2021). Verschwörungsgläubige und die Sehnsucht nach dem »Weltuntergang«. *BR24*. https://www.br.de/nachrichten/deutschland-welt/verschwoerungsglaeubige-und-die-sehnsucht-nach-dem-weltuntergang (02.03.2022).

Lyotard, J.-F. (1986). *Das postmoderne Wissen*. Köln, Graz, Wien: Böhlau.

Mentzos, S. & Münch, A. (Hrsg.). (2007). *Britische Konzepte der Psychosentherapie* (Forum der psychoanalytischen Psychosentherapie, Band 18). Göttingen: Vandenhoeck & Ruprecht.

Money-Kyrle, R. (1971). The aim of psychoanalysis. *Int J Psychoanal, 52*, 103–106.

Nagel, A.-K. (2008). End-Zeit-Geist? Moderne Apokalypsen als Krisenhermeneutik. In K.-S. Rehberg (Hrsg.), *Die Natur der Gesellschaft: Verhandlungen des 33. Kongresses der Deutschen Gesellschaft für Soziologie in Kassel 2006*. Teilband 1 und 2 (S. 1013-1029). Frankfurt a.M.: Campus. https://nbn-resolving.org/urn:nbn:de:0168-ssoar-152939 (02.03.2022).

Nagel, A.-K. (2021). *Corona und andere Weltuntergänge.. Apokalyptische Krisenhermeneutik in der modernen Gesellschaft*. Bielefeld: transcript.

Ostow, M. (1992). The interpretation of apocalyptic dreams. *Dreaming, 2*(1), 1–14. DOI: 10.1037/h0094343

Ostow, M. (1995). *Ultimate Intimacy. The Psychodynamics of Jewish Mysticism*. New York: Routledge.

Ostow, M. (1996). *Myth and madness: the psychodynamics of antisemitism*. New Brunswick, New Jersey: Transaction Publishers.

Panzer, C. (2016). »... Until It Burns – The Crusader Armies In Dabiq«: Endzeitvorstellungen in der Propaganda des Islamischen Staats. *Soziologiemagazin: publizieren statt archivieren, 9*(1), 39–57. https://nbn-resolving.org/urn:nbn:de:0168-ssoar-50980-1 (02.03.2022).

Pöhlmann, M. (2021). *Rechte Esoterik. Wenn sich alternatives Denken und Extremismus gefährlich vermischen*. Freiburg i.Br.: Herder.

Schneider, G. & Seidler, G.H. (Hrsg.). (2013). *Internalisierung und Strukturbildung. Theoretische Perspektiven und klinische Anwendungen in Psychoanalyse und Psychotherapie*. Gießen: Psychosozial-Verlag.

Segal, H. (1957). Bemerkungen zur Symbolbildung. In E.B. Spillius (Hrsg.), *Melanie Klein Heute – Entwicklungen in Theorie und Praxis*. Band 1 (4. Aufl., S. 202–224). Stuttgart: Klett-Cotta.

Sennett, R. (1998). *Der flexible Mensch. Die Kultur des neuen Kapitalismus*. Berlin: Berlin Verlag.

Steiner, J. (1998). *Pathologische Organisationen bei psychotischen, neurotischen und Borderline-Patienten*. Stuttgart: Klett-Cotta.

Steiner, J. (2013). Discussion: Climate Change in a Perverse Culture. In S. Weintrobe (Hrsg.), *Engaging with Climate Change: Psychoanalytic and Interdisciplinary Perspectives* (S. 80–83). New York: Routledge.

Strozier, C. (2016). The Apocalyptic Imagination Paranoia, History, and Violence. https://www.jjay.cuny.edu/sites/default/files/contentgroups/center_terrorism/The%20Apocalyptic%20Imagination.pdf (02.03.2022).

Weintrobe, S. (Hrsg.). (2013). *Engaging with Climate Change: Psychoanalytic and Interdisciplinary Perspectives*. New York: Routledge.

Weiß, H. (2009). *Das Labyrinth der Borderline-Kommunikation – Klinische Zugänge zum Erleben von Zeit und Raum*. Stuttgart: Klett-Cotta.

Weiß, H., Frank, C., Hermanns, L.-M. & Löchel, E. (2010). Perverse Verknüpfungen: Realitätsbezug und argumentative Struktur. *Jahrbuch der Psychoanalyse, 60*.

Weiß, H. & Horn, E. (2007). Zur Entwicklung des Psychoseverständnisses in der kleinianischen Tradition. In S. Mentzos & A. Münch (Hrsg.), *Britische Konzepte der Psychosentherapie* (Forum der psychoanalytischen Psychosentherapie, Band 18) (S. 11–40). Göttingen: Vandenhoeck & Ruprecht.

Zienert-Eilts, K.J. (2017). *Destruktive Gruppenprozesse. Entwicklungslinien in der Geschichte der psychoanalytischen Bewegung und Erkenntnisse für gegenwärtige gesellschaftliche Konflikte*. Gießen: Psychosozial-Verlag.

Zienert-Eilts, K.J. (2020). Destructive populism as »perverted containing«: A psychoanalytical look at the attraction of Donald Trump. *Int J Psychoanal, 101*(5), 971–991.

Die Autor*innen

Kerstin Sischka, Dipl.-Psych., ist als psychologische Psychotherapeutin (PA/TP) und Psychoanalytikerin tätig.

Kontakt: Kerstin Sischka, Therapiezentrum Berlin, Habsburgerstr. 9, 10781 Berlin; E-Mail: sischka@zedat.fu-berlin.de

Jonas Bolduan, Dipl.-Psych., befindet sich in Ausbildung zum Psychoanalytiker am Berliner Psychoanalytischen Institut, Karl-Abraham-Institut.

Kontakt per E-Mail: bolduan.jonas@gmail.com

Klinische Arbeit in Zeiten von Corona und Populismus – zur »Unerträglichkeit« von Selbstzweifel, Versagensangst, Schuld und Scheitern

Karin A. Dittrich

Über ein Jahr konnte sich die Pandemie weltweit in einem Maße ausbreiten, das nur wenige als so gefährlich und heimtückisch eingeschätzt hätten – ein Jahr, in dem sich scheinbar harmlose BürgerInnen PopulistInnen und extremen Gruppierungen anschlossen, um Corona zu bekämpfen und um – wie sich inzwischen herausstellte – mit diesem Verhalten das Virus durch Ansteckung weiter in der Bevölkerung zu verbreiten. Für die von der Krankheit Betroffenen bedeutete dies, neben den oft schwerwiegenden gesundheitlichen Einschränkungen und Folgen, Kontaktrückzug, Depression und vielfach gesteigerte Ängste, die wir als AnalytikerInnen im klinischen Bereich beobachten können.

Doch wie sind Hass, Verfolgungsängste oder Wahngewissheit, die zunehmend auch an die Oberfläche drängen, zu verstehen, obwohl es eigentlich um existenzielle Bedrohung, um Tod, Schuld und Vernichtungsimpulse geht?

Das Nicht-Ertragenkönnen psychischer Zustände wie Depression, Schuld, Trauer, Selbstkritik oder Versagensangst verweist zunächst auf tiefere Abwehrebenen der Spaltung, der Projektion sowie der projektiven Identifikation und legt damit die These einer paranoid-schizoiden Welt nahe, in der sich inzwischen »Corona-LeugnerInnen«, VerschwörungstheoretikerInnen und RechtspopulistInnen eingerichtet haben. Sind wir als PsychoanalytikerInnen in unseren analytischen Behandlungen mit solchen Dynamiken entweder direkt bei den PatientInnen selbst oder indirekt über deren Umfeld – mit PartnerIn, der Herkunftsfamilie, im Beruf – befasst, so stellt sich die Frage nach der eigenen Reaktionsbereitschaft bzw. der Abwehr von unaushaltbaren Gefühlszuständen, die den Behandlungsprozess unmittelbar beeinflussen, fördern, blockieren oder sogar abbrechen lassen können.

Ich möchte an drei klinischen Beispielen aus meiner psychoanalytischen Praxis aufzeigen, wie ich selbst in meiner Arbeit mit den PatientInnen schrittweise in eine Dynamik hineingezogen und verwickelt wurde, die unausweichlich in existenzielle Tiefen führen musste – und uns allen in der analytischen Arbeit eine besondere Form sowohl der Sensibilität als auch der Konfrontationsbereitschaft abverlangt.

I

Frau A., die auf eine traumatische Lebensgeschichte mit frühem sexuellen Missbrauch zurückblickte und eine schwere, chronische psychosomatische Störung entwickelt hatte, war nach ihrer Scheidung mit ihren zwei adoleszenten Kindern ins Münchner Umland gezogen. Seit der Einführung des ersten Lockdowns in Bayern im März 2020 arbeitete ich drei Wochen lang telefonisch von zu Hause aus mit den PatientInnen. Ihre Abneigung war sofort spürbar, als ich ihr dies mitteilte, zusammen mit dem Zusatz, dass sie und auch ich aufgrund ihres und meines Alters Risikopatientinnen sind – doch schließlich ließ sie sich auf die Telefonstunden ein. Als es wegen einer kleinen zeitlichen Änderung notwendig wurde, dies telefonisch mit ihr abzustimmen, und ich sie mehrfach nicht erreichen konnte – ich hatte sie bisher als ausgesprochen zuverlässig erlebt –, äußerte ich schließlich einige Tage später meine Sorge um sie und ihren Gesundheitszustand. Erst Wochen später stellte sich heraus, dass sie immer unterwegs war, sie es in ihrer engen Wohnung nicht aushielt, dass sie sich beim Rausgehen von den neuen Nachbarn beobachtet fühlte und in der Natur Verfolgungsängste entwickelte. Auf meine Äußerung der Sorge hin, die sie zunächst ignorierte, später dann weit von sich wies, als wollte ich sie damit einengen und kontrollieren, reagierte ich selbst in anderer Weise besorgt, als mir einfiel, dass sie in der Pubertät ganz früh ihr Elternhaus verlassen hatte und mit 16 Jahren schwanger geworden war – ein radikaler Ablösungsversuch, der sie immer wieder in erneute Schwangerschaften und scheiternde Männerbeziehungen hineingetrieben hatte, sodass dieses Wiederholungsmuster für sie bis heute nicht auflösbar war. In einer der nächsten Telefonstunden wirkte sie zunehmend kämpferisch: Es mache sie total wütend, wenn sie sehe, dass Heranwachsende, die sich vor ihrer Haustür treffen, von PolizistInnen vertrieben werden; sie könne nur von schrecklichen Szenen berichten, die sie auf ihren langen Spaziergängen an der Münchner Isar miterlebt habe, alles nette, unschuldige junge Leute, die von Polizeiwagen aufgeschreckt und vertrieben worden seien. Im selben Moment hatte ich ein anderes Bild vor mir: bayerische PolizistInnen, die übermütige Jugendliche im Englischen Garten zwar persönlich oder über Lautsprecher ermahnten, aber selbst dabei äußerst genervt wirkten, um sich am nächsten Kiosk – ohne Maske – ein Eis zu gönnen. Ich kommentierte ihr Entsetzen zunächst nicht, erst in der nächsten Therapiesitzung tastete ich mich weiter mit der Frage voran, ob sie inzwischen hierzu weitere ähnliche Erfahrungen gemacht habe. Sie wirkte jetzt noch unruhiger, fast getrieben, es versetze sie in solche Wut, sie verstehe die Aufregung um Corona nicht. Es gäbe viel schlimmere, extremere Krankheiten, die jetzt übersehen würden, und überhaupt, ihr Großvater habe ganz früh den Beginn des »Dritten Reichs« gespürt und die weitere Entwicklung kommen sehen. Sie sei sich jetzt sicher, dass auch wir einer solchen Gefahr entgegengehen. Ich war geschockt, weil der Großvater doch der sie Missbrauchende war – und sie sich sichtlich stark mit ihm identifizierte. Ich deutete an, dass ich diesen Vergleich schwer nachvollziehen könne, aber sie ihren Großvater in seinem Widerstandsdenken sichtlich sehr bewundere. In die folgende Sitzung kam sie noch aufgeladener und voller Empörung, sie komme nicht klar mit mir, es nütze nichts, wenn ich versuche, sie zu verstehen oder ihre Situation nachzuvollziehen, sie wolle, dass ich alles mit ihr teile. Ob sie sich denn vorstellen könne, dass ich manches anders erlebe als sie, dass wir uns darüber doch verständigen könnten, erwiderte ich. Hier blieb sie hart, sie habe mit mir vermutlich die falsche Therapeutin gewählt. Frau A. hatte nach einem (vorherigen) Analyse-Abbruch bis dahin bei mir etwa 80 Sitzungen analytische Psychotherapie, der Gutachter hatte deutliche Bedenken geäußert, ob die Patientin in der Lage sei, einen analytischen Prozess einzugehen. Einige Stunden später teilte sie mir mit, es habe für sie keinen Sinn mit mir, obwohl sie mich als Person sympathisch finde. Ich blieb mit heftigen Schuldgefühlen zurück, nicht zuletzt, nachdem sie wie nebenbei einen Rückfall in ihre chronische Psychosomatose erwähnte, die vor Corona deutlich gebessert schien. Voller Selbstzweifel und Verunsicherung, letztlich mit einem Gefühl des Scheiterns, bot ich ihr trotzdem noch einen Ausweg an, zurückkommen zu können, falls sich für sie innerlich etwas verändern würde.

Sehr viel später begann ich zu begreifen, dass die von Frau A. so aggressiv vorgebrachte Forderung des »Teilens« – ich sollte genauso denken und empfinden wie sie, zwischen uns dürften keine Unterschiede bestehen – einen Übergriff auf meine Identität und Autonomie darstellte und auf einer tieferen Ebene zugleich die Verleugnung ihrer eigenen realen existenziellen Bedrohung mit sich brachte. Die Tatsache, dass ich zwar alterstechnisch als Risikopatientin für COVID-19 galt und mich in den ersten Märzwochen über vereinbarte Telefonsitzungen zu schützen versuchte, sie dagegen aufgrund ihrer chronischen Psychosomatose ungleich gefährdeter sein musste, war mir sehr bewusst – deshalb auch meine sofortige Sorge um sie und ihren Gesundheitszustand.

Warum ist meine Sorge nicht bei ihr angekommen? Besorgtsein verbunden mit der Angst um den Anderen sind mütterliche Gefühle; sie richten sich jetzt in Corona-Zeiten nicht nur auf die eigenen Kinder, sondern vielmehr auf die häufig schon alten Eltern. Doch meine Verwunderung über das Fehlen dieser Sorge bei Frau A. setzte sich weiter fort: Könnte es sein, dass hier Todeswünsche gegenüber Eltern am Werk sind, die den Missbrauch an der Patientin schon als Säugling zu verantworten haben? Die Flucht in die scheinbare Freiheit, um jeglicher Form der Einengung zu entgehen, wird dann zugleich zur selbstzerstörerischen Aktion mit der Illusion von Schutz und Pseudo-Heimat-Fantasien, die bereits Frau A.s Pubertät bestimmten, aber immer wieder in sich zusammenbrechen mussten.

Joshua Durban (2020) spricht bei seiner Arbeit mit schwergestörten PatientInnen von »harten«, häufig ideologisch gefärbten Abwehrstrategien gegen tiefe und frühe Vernichtungsängste, die häufig agiert werden müssen, zugleich aber die Gesundheit der PatientInnen und der AnalytikerInnen angreifen, gleichzeitig Zustände von »Verwirrung und Lähmung« erzeugen, dabei Verbindungen blockieren und symbolisches Denken verunmöglichen (ebd., S. 7, 10).

So gesehen hätte Frau A. mit ihrem aggressiven Rundumschlag und ihrer Zurückweisung jeglicher analytischen Beziehungsarbeit einen aktiven Vorstoß unternommen, um ihre durch Corona aktualisierten frühen Vernichtungsängste in Schach zu halten, nachdem auch die Psychosomatose im Behandlungsverlauf in ihrer Abwehrfunktion schrittweise geschwächt worden war. Und meine von mir an diesem frühen Zeitpunkt des Lockdowns ebenso abgewehrte Vernichtungsangst ließ mich die äußerst verzweifelte Situation und Konfusion der Patientin nicht spüren, blieb in Lähmung und Hilflosigkeit stecken.

II

Frau B., heute 45-jährig und im fünften Jahr ihrer Analyse, hatte ebenfalls eine lange Krankheitsgeschichte hinter sich, als sie zu mir kam: schwere Ehekonflikte, wiederkehrende psychosomatische Reaktionen, eine Kinderwunschbehandlung, die schließlich nach komplizierter Schwangerschaft zur Geburt einer gesunden Tochter führte und sie daraufhin mit der allumfassenden Angst vor dem plötzlichen Kindstod zurückließ – voller Panik, als Mutter nicht zu genügen. Ihre desolate Herkunftsfamilie, ihre großen Erinnerungslücken bis zum 16. Lebensjahr und die Dauerkrise ihrer Ehe mit einem zwanghaft-schizoiden Mann und immer wieder abwesenden Vater beschäftigten uns über Jahre.

In unseren ersten, aufgrund der Ausgangsbeschränkung notwendig gewordenen Telefonstunden berichtete sie – jetzt selbst stundenweise im Homeoffice und tagsüber alleine zu Hause mit der Tochter –, dass auch das bisherige gemeinsame Spiel der Nachbarskinder im Innenhof unterbrochen und im Sinne des Abstands organisiert werden musste, dies allerdings in übler Weise von einer anderen Mutter im Haus, die selbst zwei Kinder hat, bekämpft und sabotiert würde. Es sei ihr überall zu eng und sie habe Angst um ihre Lunge, da sie doch immer noch rauche. In den nächsten Stunden wurden ihre Klagen intensiver, es ging um ihre Zweifel an den Maßnahmen, um die Frage, wer hier auf der Strecke bliebe, und um den Rückzug ihres Hausarztes ins Internet. Was geschehe denn mit den Kranken und Alten, die Soforthilfe benötigten bei Herzinfarkt, Schlaganfällen oder Gehirnblutungen? Da traue sich doch niemand mehr zum Arzt, das werde immer schwieriger. Ich begriff nicht schnell genug, dass sie sich und ihre möglichen Hilfebedürfnisse meint, versuchte zunächst, ihr zu folgen und zu verstehen, was das alles für sie bedeutete. Im weiteren Gespräch wurde sie immer leiser, widersprach mir an Stellen, die ich nicht nachvollziehen konnte, wirkte plötzlich ziemlich verzweifelt, sie habe doch nur das und das sagen wollen. Ich verstand sie über den Handy-Empfang immer schlechter, geriet allmählich auch in Verzweiflung, in der Vorstellung, sie gar nicht mehr erreichen zu können. Als schließlich ihre kleine Tochter hartnäckig dazwischenfunkte und Frau B. vom Gespräch mit mir abzulenken versuchte, vereinbarten wir, die Sitzung vorzeitig zu beenden.

Ich war ziemlich erschrocken darüber, dass ich so rasch mit einer Patientin, die ich gut kenne, und zu der ein gutes Vertrauensverhältnis besteht, in eine derartige Verklammerung geraten konnte, natürlich über die Ausblendung des Visuellen, der Einschränkung des Hörens und die Ablenkung durch das Kind. Frau B. kam mir im Nachhinein heillos überfordert vor, und ich habe wohl konkordant zu ihr diesen psychischen Zustand in mich aufgenommen. In den folgenden Telefonstunden, die in gegenseitiger Vorsicht und betonter Rücksichtnahme verliefen, begann sich die Patientin langsam zu organisieren. Trotz der Ablehnung ihres Antrags auf einen tageweisen Kita-Besuch der Tochter und wiederholten Widersprüchen gegen die Bescheide vermochte sie Anfang Juni positiv darüber zu berichten, dass für sie die häusliche Zeit mit der Tochter auch schön war, und diese jetzt einen guten Draht zu ihrem Vater habe, obwohl er spät abends nach Hause komme und sie selbst kaum Unterstützung im Alltag von ihm habe. Ende Juni plante sie, mit ihrer Familie für einige Tage die Mutter in ihrem neuen Ferienhaus im Piemont zu besuchen – allerdings bereits mit der Befürchtung, diese könnte, wie schon so oft, einen Streit mit der übrigen Familie anzetteln. Es sei zu einer Eskalation gekommen, die Mutter sei bereits bei der Ankunft betrunken gewesen, habe ihre Enkelin gar nicht an sich herangelassen. Sie stecke voller Verschwörungstheorien: »ARD, ZDF, SZ, wir glauben doch alles, kommt ja von den Reichen aus den USA ... Drosten, die Sau, angezeigt von Doktor Bagdadi ... wir werden durch das Fleisch manipuliert ...« Frau B. habe versucht, der Mutter die Fragwürdigkeit der Aussagen bei YouTube aufzuzeigen und auch logische Widersprüche zu benennen, doch die Mutter sei unzugänglich geblieben und habe sich von da an weiter in den Alkohol zurückgezogen. Sie habe sich hilflos, ohnmächtig und zeitweise sehr wütend gefühlt, wolle sich jetzt mehr von der Mutter distanzieren, auf Dauer sei das für sie nicht mehr auszuhalten. Sie müsse das jetzt einfach realistisch sehen, dass die Mutter ihre Rolle als Oma niemals mehr wird erfüllen können. Schlagartig wurde mir klar, dass Frau B. in der für mich rätselhaften Verwicklung Anfang April am Telefon die Situation mit der Mutter inszeniert hatte: Sie geriet in Verzweiflung, weil sie sich mir nicht vermitteln konnte, und ich kam mir total ohnmächtig vor, weil ich nicht an sie herankam, sie kaum akustisch verstehen konnte. Sie ergänzte zu meiner Interpretation eine Erinnerung an ihre Pubertät nach dem Tod ihres geliebten Großvaters: Sie habe seitdem ein Händezittern entwickelt und von da ab so leise gesprochen, dass sie oft kaum verstanden wurde. Seit dieser Szene hatte ich keinerlei Schwierigkeit mehr, die Patientin deutlich zu verstehen – und umgekehrt Frau B. wohl auch, sich besser zu artikulieren.

Doch die andere Seite dieser Eskalation durch den Ausbruch der Mutter beschäftigte mich weiter: Gab es einen nachvollziehbaren Zusammenhang in den

Äußerungen der Mutter; wie sind diese wirren Fantasien zu verstehen? Auf meiner Internetsuche nach Doktor Bagdadi – eine Namenverwechslung mit einem getöteten islamistischen Terroristen – gelangte ich auf YouTube zu einem Interview mit dem emeritierten Professor Sucharit Bhakdi unter dem Titel »Coronawahn ohne Ende?« (2020). In diesem Interview strahlt der Virologe eine »buddhistische« Ruhe aus: Es handele sich keineswegs um ein gefährliches Virus, die Pandemie sei längst vorbei, es werde keine zweite Welle geben, alles Übrige sei Freiheitsberaubung, Angstmache durch die Regierung und gezielte Verunsicherung der gesamten Bevölkerung. Die Motive der eigentlichen Hintermänner wie der WHO, von Bill Gates und des deutschen Gesundheitsministers seien Gier und Eitelkeit. Professor Bhakdi beendet das Interview mit dem Satz, er liebe doch dieses Land als seine zweite Heimat, aber unter diesen Bedingungen sei das jetzt vorbei – sein Hass kommt zum Vorschein.

Hier knüpfte Frau B.s Mutter an, mit Erlaubnis von Professor Bhakdi darf sie ihren Hass entladen, der sich nicht gegen ihre Familie oder den Partner richtet, der sie unlängst verlassen hatte, sondern gegen ein Feindbild (Drosten, Gates, Soros und andere), das eine wissenschaftliche Weltsicht vertritt. Zugleich kann sie sich mit ihrem Wissen allen Anderen überlegen fühlen, die in der Corona-Zeit eher verunsichert, übervorsichtig und selbstkritisch mit den neuen Herausforderungen umgehen, wie dies bei ihrer Tochter Frau B. zu beobachten ist.

Die Verschwörungsmythen, die nach Jan-Werner Müller (2016) zum Kern des Populismus gehören, gemeinsam mit einer Aufspaltung der Welt in Gut und Böse und einer Polarisierung der beteiligten BürgerInnen eines Landes – »Wir sind das wahre Volk und wir schließen Euch aus!« –, fungieren zugleich als moralische und politische Kampfansage und als missionarischer Eifer, der sich auf die Grundlage einer magischen Gewissheit stützt (ebd., S. 18f.). »Gesunder Menschenverstand, eigene Recherchen und Forschen im Internet [...] hinter die Kulissen der etablierten Medien« vermittelten eine »Art ›Aha-Erlebnis‹, durch das man erkannt habe, dass die populistische Weltsicht die einzig korrekte sei« (ebd., S. 35). »Protest und Verweigerung« im Sinne der Vorstellung eines berechtigten Widerstands rechnet Müller zur »inneren Logik des Populismus« (ebd., S. 130).

Könnten der Protest und die Empörung von Frau A. gegen die ersten Corona-Einschränkungen im März letzten Jahres, die sie sich eins mit dem Widerstandsverhalten ihres Großvaters im »Dritten Reich« fühlen ließen, Frau A. zwar scheinbar innerlich stabilisiert haben (auch in deutlicher Abgrenzung von mir, der Mutter in der Übertragung), auf einer tieferen Ebene jedoch zu einer psychischen Destabilisierung mit Verschlechterung ihrer Psychosomatose geführt haben, da hier eine Identifizierung mit dem Missbraucher stattgefunden hat? Ihre heftige Abwehr gegen eine Mutter, die ihr Opferdasein verleugnen muss und damit die Tochter selbst nicht als Opfer ihres eigenen Vaters ansehen kann, muss in der Übertragung zu einer heillosen Verwirrung führen, da Frau A. sich bewusst nichts sehnlicher wünschte, als mit mir über das geteilte Opfersein eins zu sein, zugleich allerdings ein Verstehen ihrer Not, Ohnmacht und Einsamkeit aktiv verhindern musste.

Ihre projektive Verarbeitung – die Gewalt kommt von außen, von der Politik, den Mächtigen und der Polizei – in Reaktion auf eine gefühlte und totale existenzielle Bedrohung verdeckt jedoch eigene Gewaltimpulse, eigenen Hass und zugrundeliegende Vernichtungsfantasien mit apokalyptischer Tönung. »Wir sind die zweite Welle« – diese Transparent-Parole auf den Berliner Corona-Demonstrationen im Juli 2020 verdichtete meines Erachtens die zentrale Dynamik populistischer Verarbeitung: Auf der bewussten Ebene geht es um eine Machtübernahme – »Wir sind das Volk, nicht ihr!« – als Gegenmittel zur erlebten Angstmache mit der zweiten Welle durch die Politik. Da es scheinbar keine zweite Welle geben wird, kann diese Aneignung getrost vorgenommen werden, auch im Sinne eines Banns und einer magischen Kontrolle. In der tieferen Schicht liegt in dieser Aussage eine Drohung mit destruktivem Ausgang, frei nach dem Motto: »Wir sind viele, die wissen, dass es das Virus gar nicht gibt, deshalb muss es uns nicht kümmern, ob wir andere schädigen; wir haben keine Angst.«

In diesem Sinne können sich Frau A. und die Mutter von Frau B. eins fühlen in der Entwicklung einer solchen Bewegung, eingebettet in einen Gruppenzusammenhalt, der durch eine Feind-Konstruktion die eigene instabile und verunsicherte Identität stärkt, erweitert und möglicherweise bis ins Unermessliche steigern kann (Freud, 1921c). Auf der Grundlage der Erklärungsansätze von Bion, Rosenfeld und Kernberg jedoch arbeitete Karin Zienert-Eilts (2018) mit Blick auf den populistischen Gruppenprozess heraus, dass es sich hier letztlich um ein gescheitertes, pervertiertes und destruktives Containing handelt, in vielfältiger Weise ausagiert zwischen Gruppenmitgliedern und »einer Führungspersönlichkeit, die sich in verführerischer Weise sowohl als aufnehmende Mutter als auch als omnipotente Vaterfigur anbietet (ebd., S. 186).

Armin Nassehi hatte bereits im Mai 2020 darauf aufmerksam gemacht, dass die derartigen Gruppenprotesten innewohnende Eigendynamik und »Steigerungslogik« in der Corona-Krise mit einer erstaunlichen Geschwindigkeit vorgeführt wurden und sich über Verschwörungstheorien, Fake News, Unwahrheiten, extreme Wissenschaftskritik und die Nähe zu rechtsradikalen Milieus weiter zu installieren begannen, von den Rändern bis in die Mitte der Gesellschaft hinein, wobei offen bleibe, in welch zukünftigem Ausmaß dies geschieht: »[...] so sehr darf man sich sorgen, wie hoch der R-Wert dieser Protestbewegung sein wird« (Nassehi, 2020a). Die Uneindeutigkeit, Vorläufigkeit und Prozesshaftigkeit moderner Wissenschaft, welche »mehr oder weniger auf Forschung oder wenigstens auf Forschungserfahrung« basiere, fließe unmittelbar in politische Entscheidungen von erheblicher Tragweite hinein, etwa in der Frage, ob ein Lockdown verlängert, beendet oder erneut verhängt werden soll (Nassehi, 2020b, S. 12). Die Unmöglichkeit, die Erwartungen der Gesellschaft, insbesondere der Politik, nach Klarheit, Eindeutigkeit

und Fakten erfüllen zu können, verweise auf zugrundeliegende komplexe Verhältnisse, die unter Zeit- und Handlungsdruck unsichere Entscheidungen mit sich
bringen, und es »gerade deswegen nur unbefriedigende Antworten geben kann«
(ebd., S. 18).

Peter Strohschneider geht in seinem Buch *Zumutungen* (2020) sogar noch
weiter: »Moderne wissenschaftliche Wahrheit« liege »allein als Pluralität kon-
kurrierender Wahrheitsansprüche vor« (ebd., S. 148). »Das neue Wissen kann, ja
es soll im Wege des Erkenntnisfortschritts zu altem werden« (ebd., S. 150). Über
eine Haltung der wachen Irritierbarkeit, verbunden mit der Fähigkeit zur Selbst-
distanzierung und zum Aufschub von Werturteilen, über gegenseitige Kritik der
ForscherInnen und Falsifizierung werde Wissen hergestellt und verfügbar gemacht,
sei aber weiterhin mit »Ungewißheit, Irrtumsbehaftetheit, Korrektur-, Verbesse-
rungs- und Erweiterungsbedürftigkeit« belegt (ebd., S. 145f.). All dies bedeute
einerseits erhebliche Zumutungen für NormalbürgerInnen und die zu beraten-
de Politik, andererseits werde die immanente Fehleranfälligkeit und Selbstkritik
wissenschaftlicher Praxis, die auch zunehmend Systemfehler im eigenen Wissenschaftsbetrieb öffentlich diskutieren muss (Machtmissbrauch, Fälschungen oder
Plagiate), von populistischer Seite als »elitäre Schwächen« angegriffen und vehement zurückgewiesen (ebd., S. 144ff.). Die Vertrauenswürdigkeit der Wissenschaft,
so betont Strohschneider, bestehe gerade darin, dass sie »eine offene, methodisch
skeptizistisch auf Revision hin angelegte Form der Infragestellung von Wissen und
Nichtwissen [ist]« (ebd., S. 157).

Meines Erachtens könnte hier die Begründung dafür liegen, dass der weitaus größere Teil der BundesbürgerInnen, auch der meisten meiner PatientInnen,
dieses Vertrauen in die Corona-Politik der Bundesregierung aufbringen konnte,
die sich in jedem Schritt über Monate hinweg auf die fachliche Kompetenz von
ImmunologInnen stützte, auch wenn in diesem Vorgehen immer wieder erneute
Zumutungen – teils als Belastung, teils als Überforderung erlebt – für uns alle la-
gen und noch liegen.

III

Meine dritte klinische Vignette beschäftigt sich mit Herrn C., einem 50-jährigen
Patienten, der in einer lange schwelenden Ehekrise vielfältige Symptome entwickelt hatte, als er zu mir kam, um eine hochfrequente Analyse zu beginnen, zu
der wir uns beide relativ schnell entscheiden konnten: akute schwere Depression mit Panikattacken, vielfältige psychosomatische Begleiterscheinungen und vor
allem eine langjährige chronische Schlafstörung. In den zuletzt heftigsten Konflikten mit seiner Frau habe er sich »ohnmächtig und erstarrt« gefühlt, dabei
absolut handlungsunfähig und »ihrem Vernichtungshass ausgeliefert«. Sie hasse

seine Herkunftsfamilie und seinen Beruf; unter Tränen beteuerte er, wie sehr er sich all die Jahre um die Familie bemüht habe, um all das auszugleichen. Es wurde sehr schnell deutlich, dass der Patient immer wieder in ein selbstdestruktives Muster gerät, wenn er sich opfert, für seine Kinder und in der Arbeit, »in ständig vorauseilendem Gehorsam« und in der Gefahr, sich völlig zu verausgaben.

In den ersten drei Monaten der Analyse begann sich Herr C. schrittweise zu beruhigen und etwas zu stabilisieren, wobei für mich spürbar wurde, dass ihm das Liegen auf der Couch guttat, und er sich erstmals nur mit sich beschäftigen konnte und – wie er es später nennen wird –, mit etwas »emotionaler Distanz« zu seiner Frau. Ich fragte mich in dieser Zeit immer wieder, welche Rolle ich in dieser Dreiecksbeziehung weiter einnehmen würde und hielt dabei zunehmend selbst einen inneren Abstand zu diesem verklammerten Paar, so als läge seine Ehefrau mit auf der Couch oder würde sich immer wieder hineindrängen in unsere analytische Beziehung, während ich befürchtete, dem Patienten selbst nicht ausreichend gerecht werden zu können. In den März-Wochen der Ausgangsbeschränkungen teilte mir Herr C. während der ersten Telefonstunden mit, dass seine Familie bisher gut mit der Situation zurechtkomme, erwähnte aber zugleich, dass seine Frau zu Verschwörungstheorien neige und Autoritäten grundsätzlich nicht vertrauen könne. Herr C. wirkte scheinbar beruhigt, zugleich aber skeptisch, ob es bei der noch vorhandenen Friedlichkeit in der Familie, aktuell zusammen mit den beiden adoleszenten Töchtern, bleiben kann. Mitte April schilderte er den emotionalen Ausbruch seiner Frau nach den Fernsehansprachen von Merkel und Söder, sie habe bei geöffneten Badfenstern geschrien vor Wut, sie werde niemals eine Maske tragen. Nach dem ersten Schock, der erneut seine Symptomatik auslöste – Tinnitus, Schlaflosigkeit, körperliches Vibrieren –, ist er in den Folgestunden mit seinem Anteil am Geschehen beschäftigt; es habe für ihn etwas Märtyrerhaftes, wenn er das Leiden des Anderen beenden wolle und sich dabei selbst aufgebe. Seine Frau hingegen fühle sich sofort existenziell bedroht, spreche von Retraumatisierung, von Manipulation und Missbrauch, sodass er dann erneut in diese Ohnmachtsgefühle falle.

Mir gelang es immerhin, eine innere Distanz zu den geschilderten Dramatisierungen und emotionalen Ausbrüchen einzunehmen und mit dem Patienten nachzuverfolgen, welche Gefühlsreaktionen und Widerstände in ihm verhinderten, seiner Frau gegenüber eine eher männlich bestimmte Position einzunehmen. Wochen später schilderte er ein langes, weiter dramatisches Telefongespräch mit ihr, in dem es ihm gelungen war, ihr deutlich zu sagen, dass es so nicht weitergehen könne, und er nicht länger bereit sei, seine Energien in derartigen endlosen Manövern zu verschwenden. Dabei stellte sich heraus, dass sie von ihm erwartet hatte und dies auch immer wieder von ihm einforderte, er müsse alles mit ihr teilen und in allen Alltagsbelangen dasselbe vertreten wie sie. Er wolle und könne dies nicht erfüllen, habe jedoch bisher mit Rückzug reagiert, statt sich mit seiner Frau offen auseinanderzusetzen. Ich war überrascht über seine Selbstkritik und seinen Wunsch, seine Frau auch verstehen zu wollen in ihrem extremen Agieren über Dauerrebellion und Widerstand. Sie fühle sich ständig von allen im Stich gelassen, von ihrer depressiven Mutter ebenso wie von ihrem manipulativen Vater, der seine Tochter zur Komplizin zu machen versuchte. Ihre Schulzeit und gesamte Pubertät sei ein erfolgloses Aufbegehren gegen alles und jedes gewesen. Ich befand mich so in einer Position mit ausgewogener Distanz ihm gegenüber, in der ich ihn weiter begleiten konnte in seinem Ringen einerseits um Grenzsetzungen und Durchsetzung eigener Bedürfnisse, andererseits um empathischen Nachvollzug der realen Nöte seiner Frau, die mir lange Zeit verschlossen blieben. So kam es nach einer für beide Eheleute schönen Zeit im Sommer sehr bald erneut zu Einbrüchen: die verhinderte Teilnahme seiner Frau an der ersten großen Anti-Corona-Demonstration auf der Münchner Theresienwiese, ihre Zusammenrottung mit Freundinnen ähnlicher Gesinnung und ein Blog Ende Oktober, der beweisen sollte, dass die Bayerische Landesregierung unter Markus Söder bereits im Mai 2019 ein Gesetz zum Corona-Lockdown vorbereitet hätte. Er habe sofort nachrecherchiert und sie von der Absurdität dieser Behauptung mühsamst überzeugen müssen. Doch die Angst ließ ihn bis auf Weiteres nicht los mit der Frage, ob er sich das inzwischen gewonnene innere Gleichgewicht noch werde bewahren können, wenn Corona mit der Waffe seiner Frau »erneut zuschlage«. Diese Art der eruptiven Wut und Empörung, in die eine familiäre Friedlichkeit oder ein partnerschaftliches Einvernehmen jederzeit umschlagen kann, ist wohl kennzeichnend für die Neigung zu populistischen Einstellungen und Verschwörungstheorien, gepaart mit magischen Vorstellungen, Verfolgungsängsten und Untergangsfantasien. Herr C. dagegen funktioniert in seiner Persönlichkeit völlig anders: Er übt eher zu viel Selbstkritik, ist zugleich offen für neue Erfahrungen und Erkenntnisse und will deshalb auch wissen, welche Beweggründe, Motive und Dynamiken sie antreiben. So gesehen arbeitet er in der Analyse nicht nur für sich, um zu mehr Distanz und Freiheitsräumen zu gelangen, sondern weiter auch für seine Frau und seine heranwachsende Tochter. Stellenweise fühle ich mich in der Rolle der Supervisorin, die ihn auf seiner Suche, seine Frau angemessen zu verstehen, begleitet und konfrontiert. Und ich muss weiter wachsam sein, dass er selbst mit seiner Bedürftigkeit und seinen Grenzen nicht verlorengeht.

Durban (2020) hat die Aufgabe des Analytikers und der Analytikerin bei PatientInnen mit »harten« Ideologien sehr prägnant beschrieben: Er oder sie müsse das im Ausagieren »überwältigende Einwirken von Projektionen und Gegenprojektionen ebenso wie psychische Lähmung und Gefühlloswerden in sich halten, beobachten und damit umgehen«. Nur »durch die kontinuierliche Interpretation der tiefsten Ebene der gegenwärtigen Ängste« könne »einiger Fortschritt und etwas Veränderung« erreicht werden, wobei »zwischen der Nähe des Verstehens und des Getrenntseins« ständig umgeschaltet werden müsse (ebd., S. 17).

Es ist offensichtlich, dass ein derartiger Prozess mit dem Ziel der Veränderung ein langer sein wird, und zwar für alle Beteiligten, für mich und Herrn C.

auf der analytischen Couch, für ihn mit seiner Ehefrau in seiner Familie. Dramatisch wird es immer dann, wenn aus dem zunächst scheinbar friedlichen Alltag heraus eine neue Bedrohung gewittert wird, eine Einschränkung, ein Übergriff oder sogar eine Zwangsmaßnahme, die bereits als projektive Vorgänge angesehen werden können – dies ist als Lehre aus den Demonstrationen neu entstandener Bewegungen wie den »QuerdenkerInnen« zu ziehen –, denn die von außen erlebten Forderungen, Beschränkungen, Eingriffe und Zwänge spielen sich innerlich ab, als Selbstbeschränkung, eingeengtes Denken und als moralische Starre, und nötigen dem Gegenüber ein bestimmtes Verhalten – Teilen statt Verstehen – mit einer erwarteten Unterwerfung unter den eigenen Machtanspruch auf. Will sich das Gegenüber – seien es PartnerInnen oder TherapeutInnen – dem entziehen, muss es aus meiner Sicht zunächst diese psychischen Mechanismen im Anderen verstehen – seien es »Corona-LeugnerInnen«, »QuerdenkerInnen« oder VerschwörungstheoretikerInnen –, um sich dann im zweiten Schritt distanzieren und sich in der eigenen Identität bewahren zu können.

Aktuell muss sich Herr C. immer wieder in erneuter großer Anstrengung seinen Freiraum erkämpfen, wenn die Corona-Regelungen seiner Frau unerträglich und zunehmend bedrohlicher erscheinen, und sie ihn in dieses Erleben hineinzuziehen versucht. Seine damit verbundene Hilflosigkeit und Verzweiflung kann ich selbst zunächst nur empathisch begleiten, um mit ihm einen neuen Weg der Auseinandersetzung zu finden.

Sobald der härtere Lockdown in der Vorweihnachtszeit eintrat, kehrten die Panik und das Ohnmachtserleben des Patienten zurück und kamen jetzt auch zeitversetzt in mir an: Erst in der Analysepause zwischen den Jahren wurde mir sehr langsam bewusst, dass ich in eine körperliche Erstarrung geraten bin, die mir von Beginn an fremd erschien, und ich fieberhaft herauszufinden versuchte, was diesen Zustand ausgelöst hat. War es die anwachsende Wut gegen die »Corona-LeugnerInnen«, die uns allen Vorsichtigen und Bedächtigen mit ihrem unverantwortlichen Verhalten die inzwischen sehr hohen Infektionszahlen eingebrockt haben? Doch ich spürte keine Wut, ebenso wie der Patient, der seine Frau liebt und immer geliebt hat, aber die jetzige, unüberbrückbar erscheinende Kluft zu ihr als äußerst bedrohlich für die gesamte Familie erlebt. Meine körperliche Erstarrung im Corona-Lockdown angesichts der Überaktivität der populistischen KämpferInnen, die ich nicht länger im deutschen Osten verorten kann, sondern die inzwischen tief in meinen normalen Münchner Alltag hineinreichen (wenn auch noch nicht in meine eigene Familie), ist eng verknüpft mit Panikerleben und paranoiden Ängsten: Was passiert, wenn ein kleiner Teil unserer MitbürgerInnen uns alle in den Abgrund treibt, ob über bewusste, gezielte Ansteckung mit COVID-19, durch gesellschaftliche und wirtschaftliche Destabilisierung oder gar in dem Sinne, wie es ein AfD-Politiker formulierte: »Je schlechter es Deutschland geht, desto besser für uns« (Mischke, 2020).

Eine Frage lässt mich nicht los: Wie kann es sein, dass ich mich immer tiefer in einen psychischen Zustand hineingezogen fühle, in dem keinerlei Perspektive mehr aufscheint, in dem es nur noch um Inkompetenz, Scheitern und Versagen als unausweichlicher Konsequenz geht? Der Frankfurter Sozialpsychologe Jan Lohl (2017) beschrieb dieses Phänomen als »Gegenübertragungsreaktion« seiner KollegInnen und MitarbeiterInnen im Verlauf der tiefenhermeneutischen Untersuchung von rechtspopulistischen Propaganda-Reden des AfD-Politikers Björn Höcke. Die SozialforscherInnen berichteten über ihr Erleben, »kleingemacht« zu werden, »passiv ausgeliefert« und »handlungsunfähig« zu sein, von »großen Zweifeln an den eigenen Fähigkeiten«, über »Versagensangst« bis hin zu dem alles beherrschenden »Gefühl, mit dem Interpretationsprozess zu scheitern«. In der Forschergruppe machte sich als Folge davon die Überzeugung breit, über eine »selbstzerstörerische Dynamik oder eine Selbst-Pathologisierung der Gruppe« möglicherweise den gesamten Forschungsprozess scheitern lassen zu können (ebd., S. 132).

Einerseits dient es der eigenen Beruhigung, zu erfahren, dass die intensive Auswertung von Rede-Texten einen derart gewaltigen Impact entfalten kann, durchaus vergleichbar mit dem analytischen Übertragungs- und Gegenübertragungsprozess. Mein Patient, Herr C., scheint sich in einer ähnlichen Abwärtsspirale befunden zu haben, vor dem Hintergrund seiner beruflichen Spezialisierung immer wieder durch die Angriffe seiner Frau »kleingemacht« und entwertet zu werden – ohne Ausweg, dem familiären Scheitern zu entkommen.

Das Zerstörerische, das zur Selbstzerstörung des Gegenübers oder des Partners bzw. der Partnerin auf dem Wege projektiver Identifikation führt, kann ich auch bei meinen beiden Patientinnen finden: bei Frau A. in meinem »Versagen«, ihren Kontaktabbruch scheinbar willenlos hingenommen zu haben aus der Angst heraus, selbst zerstört zu werden, bei Frau B. das ihr eigene Selbstzerstörerische im Kontakt mit der Mutter seit der Pubertät und auch als Fortsetzung in ihrer Partnerbeziehung nicht genügend beachtet zu haben, um erst jetzt – durch die Corona-Pandemie – darauf gestoßen zu werden. Doch die emotionale Tiefe verweist auf eine weitere latente Ebene, die für die Frankfurter Forschungsgruppe nur über das szenische Verstehen der Tiefenhermeneutik deutlich werden konnte (Lohl, 2017; Lorenzer, 1970): Lohl macht anhand der Seifenstück-Metapher aus der Rede Höckes vom 17. Januar 2017 sehr nachvollziehbar deutlich, wie hier latent eine Tötungs- und Vernichtungsbereitschaft zwischen Redner und dessen AnhängerInnen verhandelt wird (Lohl, 2017, S. 137f.). Das Bild vom »lieben deutschen Vaterland«, das »wie ein Stück Seife unter einem lauwarmen Wasserstrahl« von den Altparteien »aufgelöst« und weggespült werden soll in den Abfluss der Geschichte« (Höcke, 2017, zit. n. Lohl, 2017, S. 137f.) knüpft an die in der NS-Zeit verbreitete Vorstellung an, dass aus den Leichen ermordeter Jüdinnen und Juden Seife hergestellt worden sei, und verweist damit durchaus manifest auf einen Opferstatus im Holocaust, der damit verbundenen Leugnung jeglicher Schuldverstrickung sowie im Entsorgungsphantasma auf die Wiederkehr eigener Vernichtungsimpulse; die ausgesprochene und bewusst erlebte Angst vor Vernichtung verdeckt dabei den nach wie vor virulenten Tötungs- und Vollstreckungswillen.

Herr C. hatte in letzter Zeit unter unendlichen Mühen versucht, seiner Frau aufzuzeigen, wie zerstörerisch die Folgen ihres Rebellentums und ihres »Freiheitskampfes« für die Familie sind: Frau C. habe erstmals sehr betroffen reagiert, auch nachdenklich – mit der Absichtserklärung, sich bemühen zu wollen, auch wenn ihr dies bisher nur ansatzweise gelang.

Doch in der ersten Telefonsitzung nach den Weihnachtsferien stellte sich dieses Bemühen des Patienten als wohl endgültig illusorisch heraus: Vor dem Hintergrund der Lockdown-Verschärfungen und des Impfbeginns habe sich die Wut seiner Frau weiter gesteigert und dann sofort wieder gegen ihn gerichtet, der sich während der gemeinsamen Urlaubstage aufgrund einer schmerzhaften Entzündung schonen musste, mit dem Tenor, er zerstöre mit seinem Kranksein ihre Ferien, und der paranoiden Vorstellung, der Besuch bei seinen Schwestern am zweiten Weihnachtsfeiertag habe seinen Krankheitszustand ausgelöst, während ihr eigener Vater mit über 90 Jahren fast im Sterben liege und sie sich nahezu täglich um ihn kümmern müsse.

Seine erneute Arbeit im Homeoffice nach gesundheitlicher Besserung belegte sie mit Hassausbrüchen und brach in diesen Neujahrstagen zwei Freundschaften ab, nachdem ihr der Ehemann ihrer Freundin lapidar über WhatsApp mitteilte: »Hör auf mit diesen Nazi-Posts!« Herr C. äußerte sich entsetzt über die provokative Bemerkung und wollte seine Frau verteidigen. Meine Deutung, dieser Mann habe wohl etwas Wesentliches erfasst in den Posts seiner Frau, die immer noch mit ihrem »Nazi-Vater« identifiziert sei, einem Vater, der sich aus Stalingrad retten konnte, indem er seine Truppe dem Untergang überließ. Der Patient hält inne, stockt, und ich spüre, dass er sich noch dagegen wehrt, diese Abgründe bei seiner Frau wahrzunehmen. Doch in den nächsten Sitzungen beschäftigt er sich näher mit diesem Thema – auch weil ihm klar wurde, dass er für sich eine »Auszeit« braucht, um so die notwendige Distanz zum Nachdenken und zur weiteren Entscheidungsfindung zu gewinnen. Zum ersten Mal fragt er nach der weiteren Zukunft für sie beide und der Liebesfähigkeit seiner Frau, führt sich ihre permanente Abwehr von Schuld und Verantwortung vor Augen, die ihn selbst immer wieder in die Enge getrieben hat. Auf diesem Weg, seine Augen weit zu öffnen, kann ich ihn in der nächsten Zeit nur vorsichtig begleiten.

Doch sehr bald lässt Herr C. eine bemerkenswerte Veränderung erkennen: Immer deutlicher macht er auf seine eigenen Probleme aufmerksam, dazu sei er doch in Analyse, und nicht wegen Corona und seiner Ehefrau, die inzwischen jegliche Tests im Gymnasium der Tochter per gerichtlichem Eilverfahren verhindern will. Auch mir gegenüber beginnt er, sich zu behaupten, sobald ich nicht sensibel genug auf ihn eingehe. Der Weg wird jetzt frei für die eigentliche analytische Arbeit in der

Übertragung – ohne »Störmanöver« von außen. Immer wieder fragt er sich neuerdings, wo seine Wut geblieben ist, versteckt durch ihm vertraute Schuld, Scham und das Erleben, nicht wertvoll zu sein; dann steht der Vorwurf des narzisstischen Missbrauchs durch seine Mutter im Raum.

Zur Notwendigkeit, sich auf die Nachbarwissenschaften zu beziehen

Wenn wir Freuds kulturtheoretische Schriften *Massenpsychologie und Ich-Analyse* (1921c), *Zukunft einer Illusion* (1927c) und *Das Unbehagen in der Kultur* (1930a [1929]) betrachten, die er in einer Zeit des sozialen Umbruchs und der politischen Krisen zwischen den Weltkriegen neben seinen klinischen Arbeiten verfasste, so springt der Bezug zur Gegenwart unmittelbar ins Auge: Die Corona-Krise habe – wie keine andere Krise in jüngerer Zeit – »vergleichbar tief in die Lebenswelt und die Alltagspraktiken« der Bevölkerung eingegriffen, zunächst vor allem »in den westlichen Wohlstandsgesellschaften« (Lessenich, 2020, S. 218), deren globale »Solidarität unter Ungleichen« dringender denn je gefordert ist (ebd., S. 226). Wer soziologisches Wissen produziere, und dies gilt meines Erachtens auch für das sozialpsychologische ebenso wie für das psychoanalytische Wissen, ist nach Lessenich »nolens volens gesellschaftsgestaltend engagiert – und damit teilnehmende BeobachterIn des politischen Geschehens« (ebd., S. 227). Auch die Psychoanalyse sollte sich nicht länger wissenschaftlich, gesellschaftlich oder politisch »neutral« verhalten (was sie allerdings zu Zeiten Freuds und der ersten Nachfolgegeneration nie tat, dann jedoch als Anpassungspsychologie im »Dritten Reich« und der Nachkriegszeit zu »überleben« versuchte), wenn sie sich heute erneut als Kulturtheorie und Kulturkritik verstehen will. In diesem Sinne muss auch die in Verschwörungsmythen, im Antisemitismus, Links- oder Rechtsextremismus und Terrorismus verdichtete *Paranoia* als individuell-intrapsychischer, interpersonaler, gruppendynamischer, organisationaler und kultureller Prozess aufgefasst werden (Erlich, 2020) – ein Prozess, der auf diesen verschiedenen Ebenen durchaus strukturell vergleichbar ist und untersucht werden kann. Die *Gegenübertragung*, die im *teilnehmenden Beobachter* bzw. in der *teilnehmenden Beobachterin* entsteht und analysierbar ist, kann dann zugleich als Wegemarker, Leitlinie und Erkenntnisinstrument dienen (Devereux, 1973).

Umgang mit der Gegenübertragung

In der psychoanalytischen Behandlungstechnik wurde und wird der Umgang mit der Gegenübertragung und deren Bedeutung immer wieder kontrovers diskutiert, etwa bei Freud (1992 [1913]) in seiner zentralen Aussage im Briefwechsel mit Ludwig Binswanger:

>Das Problem der Gegenübertragung, das Sie anrühren, gehört zu den technisch schwierigsten der Psychoanalyse. Theoretisch halte ich es für leichter lösbar. Was man dem Patienten gibt, soll aber niemals unmittelbarer Affekt, sondern stets bewußt zugeteilter sein und dann je nach Notwendigkeit mehr oder weniger. Unter Umständen sehr viel, aber niemals aus dem eigenen Unbewußten. Dies hielte ich für die Formel. Man muß also seine Gegenübertragung jedesmal erkennen und überwinden, dann erst ist man selbst frei« (Brief vom 20.02.1913, S. 228).

Melanie Klein diskutierte mit ihren ZuhörerInnen 1936 die Frage der analytischen Haltung:

>Sollte ich Ihnen bis jetzt den Eindruck vermittelt haben, die analytische Haltung sei frei von Gefühlen und etwas irgendwie Mechanisches, dann sollte ich mich jetzt beeilen, diesen Eindruck zu korrigieren. Der Analytiker ist nur dann imstande, sich seinem Patienten als einem menschlichen Wesen zu nähern und ihn zu verstehen, wenn seine eigenen Emotionen und menschlichen Gefühle in vollem Umfang, wenn auch gut kontrolliert, beteiligt sind« (Klein, 2019 [1936], S. 50).

Sie verknüpfte »Distanz, gepaart mit Empfänglichkeit und Resonanzfähigkeit« mit dem »Wunsch, die ganze Wahrheit zu entdecken und sie auszuhalten, worin immer sie bestehen mag« (ebd., S. 79). Damit ist die enorme Herausforderung in der Arbeit des Analytikers bzw. der Analytikerin an seiner und ihrer Gegenübertragung angesprochen. In ihrem bislang noch unveröffentlichten, 1944 im Anschluss an die *Controversial Discussions* verfassten »Statement on Training« umschrieb Melanie Klein die Gegenübertragung als wichtigen kurativen Faktor im Sinne sowohl eines empathischen Konzepts als auch einer wissenschaftlichen Haltung, die bereits in ihren Vorlesungen von 1936 angelegt war (siehe dazu Frank, 2022). Eine solche heilende Wirkung für den Behandlungsprozess sei jedoch nur dann möglich, wenn die Auseinandersetzung des Analytikers bzw. der Analytikerin mit seiner oder ihrer eigenen emotionalen Beteiligung, der eigenen möglichen Neigung zum Agieren, zu Inszenierungen oder zu Handlungsdialogen bzw. die Verstrickungsgefahr in bestimmten Beziehungskonstellationen stattgefunden hat oder zumindest zugänglich ist. Klein wandte sich immer wieder scharf gegen jegliche konkrete Gleichsetzung von Gegenübertragungsgefühlen und -reaktionen der AnalytikerInnen mit dem inneren Prozess der PatientInnen, um ihn auf diese Weise unmittelbar verstehen zu können, da die Übertragungsprozesse vonseiten der PatientInnen immer von Projektion und projektiver Identifikation geprägt sind, und der Analytiker bzw. die Analytikerin sich mit den projektiven

Anteilen der PatientInnen identifiziert und je nach eigener Persönlichkeit und Befähigung diese projektiven Zuschreibungen des Patienten in sich behalten, registrieren und verarbeiten kann. Muss er oder sie diese allerdings sofort wieder loswerden bzw. an den Patienten oder die Patientin zurückgeben, kommt es häufig zu einer weiteren Emotionalisierung bis hin zur Aufschaukelung des gesamten Prozesses.

In meinem ersten hier dargestellten Fallbeispiel mit Frau A. bin auch ich dieser Gefahr nicht entkommen und habe mitagiert, da ich die ebenfalls in mir durch COVID-19 ausgelöste Vernichtungsangst noch abwehren musste, bzw. aufgrund der raschen emotionalen Aufschaukelung zwischen uns keinerlei Denkraum zur inneren Bewusstmachung dieser gemeinsamen Todesangst bestand.

An dieser Stelle möchte ich meine Überlegungen zur Gegenübertragung mit Christopher Bollas (1997 [1987]) beenden, der vom inneren »Zustand« sprach, »in dem ich erfahre, ohne zu wissen« (ebd., S. 213), welcher jedoch einen bzw. eine AnalytikerIn oder TherapeutIn erfordert, der bzw. die diese Offenheit für das Neue, Unbekannte und das bislang weder Gefühlte noch bereits Verstandene in sich trägt – eine Forderung, die vor allem in den späten Konzepten Bions zu finden ist (siehe dazu Angeloch, 2016).

Eine ethische Herausforderung für die Demokratie in der Corona-Pandemie

Ein weiteres Motiv, diesen primär klinischen Werkstattbericht auch in sozialwissenschaftlicher Perspektive zu betrachten, ist die Frage nach dem Aufklärungsstand unserer demokratisch-kapitalistischen Gesellschaft: Die Pandemie offenbarte die Regressionstendenzen ganzer Bevölkerungsgruppen, entlarvte die »Mündigkeit« ihrer BürgerInnen und stellte zugleich deren Realitätsbezug, Denkfähigkeit, Verantwortungsbereitschaft und nicht zuletzt deren Empathie mit benachteiligten Bevölkerungsgruppen (sozial Schwachen, Alten, Behinderten und Kranken) auf den Prüfstand (siehe dazu Arendt, 2018 [1964/1965]; Adorno, 1970).

Adorno erinnerte daran, dass alle »Versuche, in irgendeinem partikularen Bereich unsere Welt wirklich eingreifend zu ändern, sofort der überwältigenden Kraft des Bestehenden ausgesetzt sind und zur Ohnmacht verurteilt erscheinen« (Adorno, 1970, S. 147):

> »Wer ändern will, kann es wahrscheinlich überhaupt nur, indem er diese Ohnmacht selber und seine eigene Ohnmacht zu einem Moment dessen macht, was er denkt und vielleicht auch, was er tut« (ebd.).

»Überdies liegt genau in diesem Eingeständnis der eigenen Ohnmacht begründet, daß man sich sogar in verzweifelter Lage einen Rest von Stärke und selbst noch von Macht erhalten kann« (Arendt, 2018 [1964/1965], S. 48).

Literatur

Adorno, T.W. (1970). *Erziehung zur Mündigkeit*. Frankfurt: Suhrkamp.

Angeloch, D. (2016). Bions Erbe(n). Tagungsbericht. *Psyche – Z Psychoanal, 70*(11), 1089–1095.

Arendt, H. (2018 [1964/1965]). *Was heißt persönliche Verantwortung in einer Diktatur?* München: Piper.

Bhakdi, S. (2020, 2. Mai). Corona-Wahn ohne Ende? Interview Servus TV. https://www.youtube. com/watch?v=Y_DgrJXF0IU (20.07.2020).

Bollas, C. (1997 [1987]). *Der Schatten des Objekts*. Stuttgart: Klett-Cotta.

Devereux, G. (1973). *Angst und Methode in den Verhaltenswissenschaften*. München: Hanser.

Durban, J. (2020). Osmotisch-diffuse Ängste und »harte« Ideologien. Angriff auf die Gesundheit als Heim/Heimat. Unveröffentlichtes Manuskript, vorgetragen auf dem Symposion »Attraktion von Hasspolitik« am 18.09.2020 an der Akademie für Psychoanalyse und Psychotherapie, München.

Erlich, S. (2020). *Die Couch auf dem Marktplatz. Psychoanalyse und soziale Wirklichkeit*. Gießen: Psychosozial-Verlag.

Frank, C. (2022). »Counter-transference – one of the important factors in curing our patients«. Zu Melanie Kleins unveröffentlichtem »Statement« on Training« (1944). *Luzifer-Amor, 69*(1), 153–175.

Freud, S. (1921c). *Massenpsychologie und Ich-Analyse*. GW XIII, S. 71–161.

Freud, S. (1927c). *Die Zukunft einer Illusion*. GW XIV, S. 323–380.

Freud, S. (1930a [1929]). *Das Unbehagen in der Kultur*. GW XIV, S. 419–506.

Freud, S. & Binswanger, L. (1992 [1913]). Aus dem Briefwechsel. *Psychoanalyse. Klinik und Kulturkritik, 3*, 221–244.

Grünberg, K., Leuschner, W., Initiative 9.November (Hrsg.). (2017). *Populismus, Paranoia, Pogrom. Affekterbschaften des Nationalsozialismus*. Frankfurt a.M.: Brandes & Apsel.

Klein, M. (2019 [1936]). *Vorlesungen zur Behandlungstechnik*. Herausgegeben und kommentiert von John Steiner. Gießen: Psychosozial-Verlag.

Lessenich, S. (2020). Soziologie – Corona – Kritik. *Berliner Journal für Soziologie, 30*, 215–230.

Lohl, J. (2017). »Für die Zukunft unseres Volkes (…) bekämpfen.« Zur psychoanalytischen Sozialpsychologie rechtspopulistischer Propaganda. In K. Grünberg, W. Leuschner & Initiative 9. November (Hrsg.), *Populismus, Paranoia, Pogrom. Affekterbschaften des Nationalsozialismus* (S. 123–154). Frankfurt a.M.: Brandes & Apsel.

Lorenzer, A. (1970). *Sprachzerstörung und Rekonstruktion. Vorarbeiten zu einer Metatheorie der Psychoanalyse*. Frankfurt a.M.: Suhrkamp.

Mischke, T. (2020, 28. September). Spezial: Rechts. Deutsch. Radikal. https://www.prosieben. de/tv/prosieben-spezial/video/1-prosieben-spezial-rechts-deutsch-radikal-ganze-folge (07.04.2022).

Müller, J.-W. (2016). *Was ist Populismus? Ein Essay*. Berlin: Suhrkamp.

Nassehi, A. (2020a, 11. Mai). Montagsblock/107. *Kursbuch*.

Nassehi, A. (2020b). Klima, Viren, Kurven. Was heißt, auf die Wissenschaft zu hören? *Kursbuch, 202*, 1–19.

Strohschneider, P. (2020). *Zumutungen. Wissenschaft in Zeiten von Populismus, Moralisierung und Szientokratie.* Hamburg: kursbuch.edition.

Uhlig, T. D. (2017). Abgründe der Aufklärung. Über Verschwörungstheorien als antisemitisches Zerrbild der Ideologiekritik. In K. Grünberg, W. Leuschner & Initiative 9. November (Hrsg.), *Populismus, Paranoia, Pogrom. Affekterbschaften des Nationalsozialismus* (S. 155–172). Frankfurt a. M.: Brandes & Apsel.

Zienert-Eilts, K. J. (2018). Populismus als destruktiver Container. Eine psychoanalytische Perspektive auf die Gesellschaft. *Jahrbuch der Psychoanalyse, 77,* 175–188.

Die Autorin

Karin A. Dittrich, Dr. phil. Dipl.-Psych., arbeitet als Psychoanalytikerin (DPV/IPA/DGPT) in freier Praxis in München und in der psychoanalytischen Ausbildung. Zahlreiche Veröffentlichungen zur Früh- und Nachkriegsgeschichte der Psychoanalyse und zur Behandlungstechnik: Traum, Trauma, Psychosomatik und der Gegenübertragung. Bisherige Forschungsthemen: psychoanalytische Implikationen der Reproduktionsmedizin, Geschichte der Gegenübertragung, narzisstischer Missbrauch und analytischer Inzest.

Kontakt: Dr. Karin A. Dittrich, St. Anna-Platz 1a, 80538 München; E-Mail: org@psa100.de

Von der Wiege bis zur Bahre, von der Krippe bis ins Pflegeheim

Bulimie, ADHS und Demenz als Beziehungs- und Dekontextualisierungsstörungen

Daniel Weimer

> »O meine Zeit! So namenlos zerrissen,
> so ohne Stern, so daseinsarm im Wissen
> wie du will keine, keine mir erscheinen!« (Klemm, 1916, S. 54)

Die Worte des expressionistischen Lyrikers Wilhelm Klemm aus dem Jahre 1916 – umtobt vom Ersten Weltkrieg – stießen in den letzten gut 100 Jahren immer wieder auf neue Situationen, in denen man sie als passend hätte erleben können.

Dies liegt nicht nur an den Zeiten, die wir durchlebt haben und noch durchleben, sondern auch an der Universalität des Namenlos-Zerrissen-Seins, das die Urerfahrung der Geburt für jeden Menschen darstellt – eine vor jeder Sprache liegende, bereits insofern namenlose Zerrissenheitserfahrung, für jeden einzelnen Menschen der plötzliche Anfang seines irdischen Daseins. Auf einmal ist alles anders, unbeschreiblich anders. Otto Rank (2007 [1924]) spricht hier bekanntlich vom »Trauma der Geburt«. Und auch bei späteren traumatisierenden Erfahrungen geschieht etwas, für das Worte nicht passend sind, das nicht verbalisierbar erscheint.

Im Folgenden möchte ich einige Überlegungen dazu anstellen, inwieweit sich die Erfahrung, aus dem Kontext gerissen zu sein, in Beziehungsstörungen äußert, die ihrerseits zu Abbrüchen führen können. Dabei wird die bulimische Dynamik als über das Essverhalten und eine Ein-Personen-Psychologie hinausgehend aufgefasst: »Ich esse *deine* Suppe nicht« bzw. behalte diese – oder etwas anderes – nicht bei mir (Jongbloed-Schurig, 2006, Hervorhebung D. W.). Analog sollen Aufmerksamkeitsdefizite wie auch der demenzielle Orientierungsverlust als an innere und äußere Objekte gebundene Vorgänge verstanden werden.

Alle drei Störungsbilder stellen seit dem ausgehenden 20. Jahrhundert häufig verwendete Diagnosen dar, die neben die klassischen Neurosen und teilweise an deren Stelle getreten sind, durchaus parallel zu einer künstlicher, technischer werdenden Welt mit erhöhter – auch sozialer – Mobilität und zunehmender Fremdbetreuung von kleinen Kindern und alten Menschen.

Das bulimische Beziehungs- und Objektbeziehungsmuster

Aus der oben angesprochenen Namenlosigkeit der Erfahrungen des Ersten Weltkriegs heraus wuchs in der Weimarer Zeit eine Generation heran, die sich im Gegensatz zum vorherigen Kaiserreich und zur folgenden Zeit des Nationalsozialismus mehr Freiheiten erlauben konnte.

»Für die 13-jährige Berlinerin Elise, Tochter aus gutem Hause, gibt es nur Ernsti. Und keinen anderen. Bis auf Peter, Max, Bob ... Auszüge aus ihrem bewegten Tagebuch[:]

18. OKTOBER 1924 ›Es war schön mit Egon. Aber ich liebe einen anderen. Nämlich Ernsti!‹

25. NOVEMBER 1924 ›Ernsti ist ein ganz gemeiner Bengel.«

8. DEZEMBER 1924 ›Ernst, das ist immer wieder mein letztes Wort. «

29. DEZEMBER 1924 ›Jungs sind doof.‹

31. JANUAR 1925 ›Peter ist einfach süß.‹

5. MÄRZ 1925 ›Der süße, süße Peter.‹

14. APRIL 1925 ›Am Sonnabend lernten wir, Hedi und ich, Bruno und Max kennen. Ich bekam Max. Wir knutschten uns ab und verabredeten uns für den nächsten Abend. Ich glaube, ich bin in Max verliebt.‹

19. APRIL 1925 ›Max ist für mich erledigt.‹

29. APRIL 1925 ›Alles ist belämmert. Aus diesem Elend kann nichts anderes als die Liebe helfen, also verliebt muss man sein, wenn das Leben schön sein soll!‹

6. MAI 1925 ›Verliebt in Bob. Er ist ganz hübsch.‹

14. MAI 1925 ›Der süße Bob.‹

19. MAI 1925 ›Bob kann mir den Buckel runterrutschen.‹

2. JUNI 1925 ›Walter ist und bleibt goldig. Der süße, goldige Walter. Ich möchte ihn immer umarmen und abknutschen. Ein Kuss von ihm und dann sterben.‹«

Und so weiter und so fort. Ein halbes Jahr später, nach Jochen, Herbert, Artur und Hans, lernt Elise Heinz kennen, der sie etwas länger beschäftigt:

> »8. JANUAR 1926 ›Vergnügen. Ich habe mich dabei wahnsinnig in den kleinen Heinz verknallt.‹

> 19. JANUAR 1926 ›Heinz. Er liebt mich natürlich nicht. Mit Else geht er immer Schlittschuh laufen.‹«

Ein weiteres halbes Jahr später:

> »18. JULI 1926 ›Meine Liebe zu Heinz ist hoffnungslos.‹«

Nochmals vier Monate später:

> »28. NOVEMBER 1926 ›Ich bin wieder verliebt. Martin ist bildschön, wirklich, dagegen kommt Heinz lange nicht auf.‹

> 19. DEZEMBER 1926 ›Neulich träumte ich von Martin und sah ihn mit einem Douglas-Fairbanks-Bart. Wie ich neulich Martin sah und wirklich mit einem Bart, da wusste ich, für den kannst du nicht mehr schwärmen. Sein Gesicht hatte einen so unsympathischen Ausdruck, dass ich einen Schreck bekam.‹

> 9. JANUAR 1927 ›Mit den Jungs ist es aus. Aber ich scheine mich so mit ihnen beschäftigt zu haben, dass ich jede Nacht von ihnen träume und sehr viel an sie denke. Eine Erfahrung habe ich mal wieder gemacht, ich schreibe keinem Jungen zuerst. Antworten ja, aber nicht anfangen.‹« (Grimm, 2010, S. 118f.)

Die – je nach Fokus gleichzeitig frühreif wie unreif, angesichts des Schattens der Kriegs- und Nachkriegszeit vielleicht auch notreif erscheinende – Jugendliche erlebt im Berlin der Weimarer Zeit in den 1920er Jahren eine aufregende, lust-, aber auch leidvolle Pubertät, mit vielen Beziehungsanfängen, die bald wieder enden. Passend zur damaligen Zeit und unter Absehung von ihrem Alter könnte man in der Art ihrer Beziehungsgestaltung hysterische Züge sehen und über deren Ursachen spekulieren. Wir wissen nichts weiter über sie, und sie mag im Weiteren einen sehr natürlichen und gesunden Weg genommen haben, wenn auch vielleicht unter Verzicht auf die aktive Rolle im Anbahnen von Beziehungen, was im Bürgertum der 1920er Jahre durchaus der Mainstream war, trotz zuvor undenkbarer neuer Möglichkeiten. Gut möglich auch, dass es nicht dabei geblieben ist.

Ich habe das Beispiel ausgewählt, weil sich hier schon vor 100 Jahren ein Beziehungsmuster des *hire and fire* zeigt, das man auch als »bulimisches Beziehungsmuster« bezeichnen könnte. Objekte werden quasi inkorporierend verschlungen und wieder verworfen. Hierzu eine Fallvignette aus der heutigen Zeit, aus meiner klinischen Praxis:

Die 25-jährige Studentin Frau M.[1] mit tiefgreifenden Migrationsbewegungen in der Familiengeschichte hatte nach einer mehrjährigen Beziehung den Boden unter den Füßen verloren und lenkte sich seither damit ab, sich jeweils für ein, zwei oder auch mehrere Male mit Männern zu treffen, die sie über die Tinder-App kennengelernt hatte. Dies fand sie eine Zeitlang durchaus anregend – sie »habe gerne Sex« –, rutschte aber zunehmend in depressive Verstimmungszustände, auch mit schlechtem Gewissen gegenüber der streng katholischen – und ambivalent besetzten – Mutter. Frau M. gestaltete die Szene anfangs in diffuser Weise erotisierend, ich erlebte sie immer wieder als flirtend und nach Bestätigung als Frau suchend, gleichzeitig nahm ich ihre Brüchigkeit wahr, meinte sie beschützen zu müssen wie einen verunglückten kleinen Vogel. Tatsächlich war sie sozusagen beim Nestbau gescheitert, hatte sich mit dem sehnlich vermissten Vater identifiziert, der beruflich – seinerseits wie sein Vater – viel auf Reisen war, und reiste von einem Mann zum nächsten, zunächst um dem Schmerz über die Trennung etwas zu entgehen, später als sich wiederholendes Muster. Gleichzeitig konnte sie sichergehen, dass die therapeutische Beziehung für sie nicht zu eng werden konnte. So wurde die oszillierende Gier nach einer väterlich-männlichen Person und der latente Ekel der Mutter gegenüber potenziell inzestuösen sexuellen Kontakten – samt ihrem Protest dagegen – wie auch eine frühe Verlorenheit mit Wechseln zur Großmutter im Kleinkindalter allmählich bearbeitbar. Nach gut einjähriger Behandlung verliebte sich Frau M. in einen Mann, den sie über die Dating-App kennengelernt hatte. Zunächst war sie vorsichtig und wusste nicht, ob diese Beziehung tragfähig sein würde. Nach einiger Zeit zog sie dann mit diesem Mann zusammen, setzte die Sitzungen noch über mehrere Monate hinweg fort, um sich der Stabilität ihrer Gefühle und ihrer Situation – und vielleicht auch meines Wohlwollens – zu vergewissern. Danach konnten wir die Behandlung mit der Perspektive, dass sie gegebenenfalls wiederkommen dürfe, beenden.

Soweit die Geschichte von Frau M., die von einer Freundin einmal als »Tinderella« bezeichnet worden war, und die ein internalisiertes bulimisches Objektbeziehungsmuster in entsprechend bulimisch anmutenden Beziehungen auslebte.

---

1 Alle Initialen und Namen in den Fallbeispielen sowie personenbezogene Details wurden aus Diskretionsgründen abgeändert.

Wie die 13-jährige Elise erlebte Frau M. die immer wiederholte Stimulation und deren Ende irgendwann als ermüdend, und wie – vermutlich – dieser gelang ihr der Entwicklungsschritt heraus aus dem Wiederholungszwang bulimischer Beziehungskonstellationen.

Allgemeiner, sozusagen mit der zeitdiagnostischen Brille betrachtet, ist hierbei der unterschiedliche *Kontext* des Kennenlernens bemerkenswert: Während es bei Elise die »Vergnügungen« der 1920er Jahre sind, bei denen sie echten Personen in einer realen Umgebung begegnet, ist es bei der Tinder-App die virtuelle Welt. Die potenziellen Partnerinnen bzw. Partner erscheinen der Reihe nach auf dem Bildschirm des Smartphones, und rein nach dem Augenschein wird entschieden, auf welche Seite eine Begegnungsmöglichkeit geschoben wird. Derlei Apps dienen nicht unbedingt nur dem schnellen sexuellen Kontakt, vielmehr wird oftmals in einer ersten Begegnung bereits recht viel Persönliches offenbart, sei es, um intime Vorlieben zu klären, oder um tatsächlich eine ernsthafte Beziehung in Betracht zu ziehen. Die Situation des Flirtens bekommt dabei eine andere Qualität, wo es um schnelle Abklärung geht, wer infrage kommt und wer nicht. Übers Handy lassen sich Bekanntschaften ebenso schnell beginnen wie beenden, manch eine ist buchstäblich »namenlos zerrissen«. Man kann zwischen Menschen hin- und herschalten wie zwischen Fernsehprogrammen. Dadurch wird die Notwendigkeit forciert, äußerlich einen guten Eindruck zu machen, und vielfach werden hierfür wahre Hungerkuren durchgeführt, die ein Übermächtigwerden der Gier und wiederum Essattacken zur Folge haben, denen durch Hungern oder Erbrechen begegnet wird, sodass das bulimische Beziehungsmuster in eine manifeste Bulimie im engeren Sinne übergehen kann.

Den vorhin erwähnten Gedanken zum Fernsehprogramm möchte ich noch einmal kurz aufgreifen: Im Fernsehen stehen den Zappenden manchmal mehrere Quizsendungen parallel zur Auswahl, wo eine von drei oder vier Antworten richtig ist und die anderen falsch, und schon geht es weiter zur nächsten Frage, nach günstigenfalls einer kleinen Bemerkung zum Zusammenhang der Antwort, die man als Mini- oder Pseudo-Kontextualisierung ansehen kann – in der Art, dass Amsterdam die Hauptstadt der Niederlande ist, aber Den Haag eben der Regierungssitz usw. Diese Art von Wissen könnte man schon als »daseinsarm« bezeichnen. Die Aufmerksamkeit springt wie ein Eichhörnchen von einer Hauptstadt über einen Popsong der 1980er Jahre zu einem klassischen Drama und zurück, und wer am besten mitspringen kann, hat gewonnen. Auch die Phänomene des Herumzappens beim Fernsehen und des Herumsurfens im Internet folgen nicht selten dem bulimischen Modus. Beide künstlichen Welten sind wenig dazu geeignet, eine Beruhigung herbeizuführen. Hierzu bedarf es reiferer Fähigkeiten, wie sie aus gelungenen Beziehungserfahrungen resultieren können, z. B. der Fähigkeit, allein zu sein (Winnicott, 1958; K. Münch, Munz & Springer, 2009; V. Münch, 2021).

Aufmerksamkeitsdefizit-Hyperaktivitätsstörung (ADHS)

Die Themen der Aufmerksamkeit und des Aufmerksamkeitsdefizits lassen sich – ähnlich wie beim bulimischen Beziehungs- und Objektbeziehungsmuster – auch als Metaphern für die jeweilige gesellschaftliche Situation und ihren Zeitgeist verstehen (siehe z. B. Türcke, 2012). Dabei lassen sich Aufmerksamkeitsdefizite, sozusagen janusköpfig, im subjekt- wie im objektbezogenen Sinne verstehen, d. h., ein Kind bzw. jedes Individuum kann ein Defizit an Aufmerksamkeit haben bzw. erleben, indem es sich – als Subjekt – den Objekten der Außenwelt zu wenig oder in nicht angemessen erscheinender Weise zuwendet und sich z. B. »hyperaktiv« verhält, oder indem es – als Objekt – selbst zu wenig oder in ihm nicht angemessener Weise Zuwendung erhält.

In der sogenannten »gesunden« Entwicklung mit Aufmerksamkeit und Zuwendung durch eine im Sinne Winnicotts »genügend gute« Mutter oder zentrale Beziehungsperson eröffnet sich dem Kind über die Beruhigung durch die Mutter – von Anfang an körperlich-psychisch durch Bedürfnisbefriedigung, sinnlich wahrnehmbares und gespürtes Dasein, Holding und Containing – allmählich, ganz allmählich die Fähigkeit, sich selbst zu beruhigen, anfangs elementar auf körperlichen Kontakt und einfühlsames Verstehen angewiesen, später zunehmend mehr in der Lage, alleine bzw. in einem mehr oder weniger konstanten Kontext einer »Umweltmutter« zu verweilen, später immer mehr die autistisch-berührende Position (*autistic-contiguous position*, Ogden, 1989) zugunsten reiferer Erlebensmodi zu verlassen, symbolisierungs- und mentalisierungsfähig zu werden.

Unter weniger günstigen Umständen kann es zu Verzögerungen und Störungen in der Entwicklung kommen. Ein klassisches Beispiel für solche »weniger günstigen Umstände« sind materielle und psychische Notlagen durch Armut und Flucht, in Wirtschaftskrisen und Kriegen, aber auch die Nachkriegssituation mit ihren Waisenhäusern und Säuglingsheimen, in die wir unter anderem und vor allem durch Anna Freud eindrucksvoll Einblick erhalten haben.

In einer kleinen, skizzenhaften Arbeit von 1947, »Schlafschwierigkeiten des jungen Kindes«, von ihr selbst als »ein Abriss« tituliert, reflektiert Anna Freud die nachvollziehbare Not vieler Kinder, nicht einschlafen zu können, deren Gründe und die Frage der Bewältigung:

> »Verantwortlich für Schlafstörungen ist [...] das Bedürfnis nach Zuneigung, das auch nach Befriedigung der akuten Bedürfnisse bestehen bleibt; das Ich, das sich gegen Desintegration und Abziehung der Aufmerksamkeit sträubt. Dagegen ist nichts zu machen. Aber wertvolle Hinweise aus einem Vergleich mit der Art und Weise, wie der Erwachsene, der im Grunde dieselben Schwierigkeiten hat, die Einschlafsituation meistert:

➤ schläft weniger, größere Müdigkeit, nicht mit Schlaf übersättigt, sondern froh über die Gelegenheit;

➤ führt Übergang durch Lesen herbei;

➤ löst sich von Kommunikation freiwillig und allmählich, nicht schlagartig durch äußeren Eingriff;

➤ kann den Schlaf mehr oder weniger seinem wechselnden Bedürfnis anpassen;

➤ kann seine ›Zeremonielle‹ durchführen, die eine wichtige Rolle spielen.

Dementsprechend auch in früher Kindheit Selbstregulierung anzustreben, ähnlich der Ernährungssituation« (A. Freud, 1987 [1947], S. 1576).

Diese kurze Passage enthält interessante Einsichten in allgemeine Gegebenheiten – fast jeder Mensch kennt Phasen der Schlaflosigkeit – wie auch in die Spezifitäten der Situation der – oft traumatisierten und vor allem psychisch deprivierten – Heimkinder der Nachkriegszeit.

Die von Anna Freud angesprochene mit dem Einschlafen verbundene »Desintegration und Abziehung der Aufmerksamkeit«, die Kinder wie Erwachsene vermeiden wollen, kann als eine vorübergehende Auflösung des handelnden Ichs gesehen werden, die umso bedrohlicher erscheinen dürfte, je weniger geborgen sich die einschlafende Person fühlt, was sowohl von ihrem eigenen Integrations- bzw. Strukturniveau als auch – je jünger oder schwächer, desto mehr – von Halt und Schutz bietenden Bezugspersonen bzw. einer Halt und Schutz bietenden Umgebung abhängt. Diese kann durch die erwähnten »Zeremonielle« – wir würden heute vielleicht eher von »Ritualen« sprechen –, auch in teilweise symbolisierter Form repräsentiert sein, wobei das Abendlied oder der warme abendliche Tee deutlich auf die pränatale Situation mit dem Herzschlag der Mutter und/oder auf die Stillsituation verweisen. Derartige Verankerungen sind zentral zur Entstehung eines Kohärenzgefühls (Memorandum der DPV, 2008) – wie ich unten zeigen möchte, auch auf organischer Ebene.

Kinder, die namenlose Zerrissenheit erlebt haben, können und lassen sich oft nicht beruhigen. Oder es kommt zu einer nur scheinbaren Beruhigung – auch hierzu eine Fallvignette, aus meiner Zeit in der damaligen familientherapeutischen Abteilung der Universität Heidelberg:

Familie S. kommt mit ihren beiden Kindern Ben (7) und Emily (5) in die familientherapeutische Ambulanz. Ben hat Schulprobleme, kann sich nicht konzentrieren, hat mit den Arbeitsblättern in der »stillen Arbeit« Probleme, trödelt mit den Hausaufgaben und träumt wie weggetreten vor sich hin. Die Eltern erzählen, wie gut Ben, der mit knapp zwei Jahren adoptiert wurde, und Emily, die bei der Adoption etwas über ein Jahr alt war, in die Familie hineingefunden hätten und wie offen sie mit der Adoptivsituation auch den Kindern gegenüber von Anfang an umgegangen seien. Währenddessen malen beide Kinder auf der Tafel Bilder von Häusern mit Bäumen im Garten und einer strahlenden Sonne. Alles ist sorgfältig ausgemalt, der gesamte Hintergrund mit weißer Kreide. Einzig am unteren Rand sind bei Ben etwa 15 Zentimeter komplett leer geblieben, bei Emily ungefähr acht Zentimeter.

Meine Kollegin und ich haben die Bilder als Abwehrleistungen, als »Abwehr-Bilder« angesehen, und zunächst für uns vorsichtig und vorläufig gedeutet, in denen die jeweilige Zeit vor der Adoption fast proportionsgetreu von den Kindern als Leere dargestellt und somit sichtbar wurde. Die Eltern waren sehr bemüht, den Kindern ihr Bild einer jetzt heilen Familie zu kommunizieren, aber im Schatten dieses vermeintlich oder tatsächlich offenen Umgangs mit der Adoptivsituation und der intensiven Zuwendung hielt sich ein Defizit in der Aufmerksamkeit, das die – mutmaßlich – frühe »tote Mutter« (im Sinne Greens) und die Trennungserfahrungen des Kindes ignorierte.

Bemerkenswert ist, dass die manifesten Schwierigkeiten mit dem Ende der spielerischen ersten Zeit in der Grundschule auftraten. Dabei stellt sich nicht nur die Frage, ob das Kind den Anforderungen der Schule nicht gerecht wurde, sondern auch die, ob die Schule z. B. mit der geforderten stillen Arbeit gemäß Wochenplan, wie sie vielleicht unter dem Anpassungs- und Normierungsdruck der PISA-Studien durchgeführt wurde, möglicherweise dem Kind nicht gerecht werden konnte (im öffentlichen Diskurs z. B. Kaube, 2019).

Diagnostik findet immer in einem sozialen Kontext statt, wie Klaus Holzkamp (1966) in seiner bis heute aktuellen Arbeit »Begutachtung als Kommunikation« betonte. Im Falle von ADHS gibt es Kinder, die mit einer oder mehreren Situationen nicht zurechtkommen, denen sie auch nicht entkommen können, und Eltern und LehrerInnen, die ebenfalls Teil dieser Situation sind und »Handlungsbedarf sehen«. Mittlerweile gibt es eine S3-Leitlinie der AWMF (Arbeitsgemeinschaft wissenschaftlich-medizinischer Fachgesellschaften, 2021), die ein Vorgehen bei ADHS empfiehlt. In der Patienteninformation des Ärztlichen Zentrums für Qualität in der Medizin (ÄZQ, 2019) wird auf folgende vier Komponenten gesetzt:
1. Beratung von Betroffenen, Eltern, Kindergärten und Schulen;
2. Eltern-, Erzieher- oder Lehrertraining einzeln oder in Gruppen,
3. Verhaltenstherapie zur Verhaltenssteuerung und -veränderung und
4. Medikamente, die bei sicherer Diagnose »unter bestimmten Voraussetzungen« zum Einsatz kommen können.

Gesprochen wird von »Krankheit«, »Trainings«, »Techniken«, »Steuerung« und »Kontrolle«. Auch die Begriffe »Verstehen« und »Helfen« kommen im Leitfaden vor, psychoanalytisch begründete Verfahren nicht, wohl aber Verhaltenstherapie und Medikamente.

Methylphenidat oder
»Ein Käfig ging einen Vogel suchen« (Kafka)

Die Entwicklung der ADHS als Diagnose reicht bis in die USA der 1970er Jahre zurück und kam – zumindest in der Breite – mit einiger Verspätung im Deutschland der 1990er Jahre an. Passend zur Diagnose – bis zum heutigen Tag ein theoretisches Konstrukt wie fast jede Diagnose im Bereich psychischer Störungen – wurde das Amphetamin Methylphenidat mitgeliefert, das bei ADHS paradox, also verhaltensstabilisierend wirken solle. Dieses Medikament wurde und wird bei immer wieder ausgeweitetem Indikationsbereich eingesetzt:

➢ relativ breite Operationalisierung in den Klassifikationssystemen ICD und DSM;

➢ auch ADS ohne hyperkinetisches Syndrom (dadurch kamen viele Mädchen hinzu);

➢ Heraufsetzung des Beginns von vor dem sechsten auf vor dem zwölften Lebensjahr;

➢ zuletzt Gabe bereits bei mittelgradiger Ausprägung seit 2018.

Die verordnete Menge an Methylphenidat in Deutschland stieg von 1993 bis 2011 von 34 auf knapp 1.800 Kilogramm an. Allein von 2006 bis 2014 stieg nach Angaben der AOK der Anteil der Kinder und Jugendlichen von drei bis 17 Jahren, denen eine ADHS attestiert wurde, von 2,5 auf 4,4 Prozent (Schröder, Schüssel & Waltersbacher, 2014). Zuletzt versuchte z. B. die AOK gegenzusteuern, und es gab diverse Kritik, auch von psychoanalytischer Seite (für einen Überblick siehe Bischoff, 2019), nicht zuletzt in Form der italienischen ADHS-Konsens-Initiative »Giù le mani dai bambini! – Hände weg von den Kindern!« (Internationaler Konsens, 2005).

Zur WHO sollte erwähnt werden, dass diese mittlerweile zum weit überwiegenden Teil von privaten Stiftungen und Unternehmen, z. B. aus dem Pharmasektor, finanziert wird, die ihre Mittel zweckgebunden einsetzen (WHO, 2021). Sowohl im Bereich der Prävention wie der Krankheitsbekämpfung wird auch hier mehr auf pharmakologische Vorgehensweisen gesetzt als auf Verbesserungen in der Gesundheitsvorsorge und – dies der wohl wichtigste gesundheitspolitische Faktor – die Bekämpfung von Armut. Es geschieht also nicht notwendigerweise, was im Interesse der Weltgemeinschaft ist und von deren demokratisch abgeleiteten Vertreterinnen und Vertretern für sinnvoll gehalten wird, sondern wer bezahlt, entscheidet maßgeblich mit, was passiert, auch ohne demokratisch legitimiert zu sein.

Jüngste Methylphenidat-Studien belegten, dass diese Substanz bei Patienten mit Alzheimer-Demenz gegen Apathie wirksam sei (z. B. Mintzer et al., 2021). Dass ein Aufputschmittel gegen Apathie hilft, klingt erfreulich und ist noch nicht einmal sonderlich überraschend. Man könnte sich fragen, ob eventuell auch Koffein oder Formen der Aufmerksamkeitszuwendung hier einen Effekt hätten – oder die Reduktion gegebenenfalls verabreichter Psychopharmaka wie Melperon.

Demenz

Das demenzielle Syndrom – insbesondere die am häufigsten diagnostizierte Alzheimer-Demenz – stellt von psychischer wie organischer Seite ein heterogenes, vielschichtiges und zu einem beträchtlichen Teil noch unbekanntes Phänomen dar, wobei das biopsychosoziale Gesamtgeschehen häufig ausgeblendet wird, ebenso wie Kohorten-Effekte, etwa dass die jetzigen Alten die Kinder des Krieges und der Nachkriegszeit sind (siehe z. B. H. Radebold & H. Radebold, 2015).

Recht weite Verbreitung fand das Ergebnis der sogenannten »Nonnen-Studie« an der Universität von Kentucky (Snowdon, 2003). 678 Frauen im Alter von 75 bis 106 Jahren wurden postmortal auf Amyloid-Plaques im Gehirn untersucht. Dabei zeigte sich, dass etwa ein Drittel der Nonnen mit deutlich nachweisbarer Alzheimer-Neuropathologie zu Lebzeiten keine Symptome von Demenz aufwiesen. Dies widerlegt noch nicht direkt die Ursächlichkeit der Amyloid-Plaques, relativiert aber deren Bedeutung, insbesondere wenn sich eine bestimmte Lebensweise – in diesem Fall die klösterliche Gemeinschaft – möglicherweise protektiv auswirkt. Hier kann vermutet werden, dass das Leben im Alter ähnlich wie das in der frühen Kindheit ein hinreichendes Maß an Kohärenz und auch an Orientierungspunkten aufweisen sollte, damit keine Aufmerksamkeitsdefizite und Gedächtnislücken entstehen. Alexander Lurija, Vertreter der russischen Kulturhistorischen Schule und ein – vermutlich von der Psychoanalyse beeinflusster – Mitbegründer der Neuropsychologie, betont die Kontextabhängigkeit des Gedächtnisses:

> »Die höheren Formen bewußter Tätigkeit sind stets auf bestimmte externe Mittel angewiesen (gute Beispiele hierfür sind: der Knoten im Taschentuch als Gedächtnisstütze; Stichworte, die wir aufschreiben, um bestimmte Gedanken nicht zu vergessen; Multiplikationstabellen, die wir zur Lösung arithmetischer Aufgaben heranziehen). Es ist einleuchtend, daß diese äußeren Hilfsreize oder geschichtlich gewordenen Werkzeuge *wichtige Elemente bei der Schaffung funktioneller Verbindungen zwischen einzelnen, unabhängigen Teilen des Gehirns* sind und daß mit ihrer Hilfe Hirnregionen, die vorher unabhängig voneinander arbeiteten, zu *Bestandteilen eines einzigen funktionellen Systems* werden« (Lurija, 1992 [1973], S. 26f.).

Ein Teil des Gedächtnisses ist demnach sozusagen außerhalb der Körpergrenze zu verorten. So sind die Lebensbezüge eines alternden Menschen, wie es z. B. in der Volksweisheit »Einen alten Baum verpflanzt man nicht« zum Ausdruck kommt, zunehmend schwieriger zu substituieren. Genau dies geschieht aber z. B. mit dem

Umzug in ein Pflegeheim, wo nicht selten neben dem Wechsel der fast kompletten Lebensumwelt auch wesentliche Bezugspersonen ständig wechseln und sich ein Teufelskreis des Nicht-Verstehens und Nicht-Verstandenwerdens einstellen kann, der sich in Form von Kommunikationsstörungen zeigt, zu Vereinzelung und Vereinsamung führt und – in der Regel biologistisch ohne Berücksichtigung des fehlenden Bezugs auf externe Objekte interpretierte – Abbauprozesse auf geistiger und letztlich körperlicher Ebene zur Folge haben kann.

Vor diesem Hintergrund erstaunt es nicht, dass die Lebensqualität demenziell Erkrankter einer norwegischen Studie zufolge im Pflegeheim schlechter ist als die solcher Erkrankter, die in der vertrauten Umgebung verbleiben. Auch unter Kontrolle des Schweregrads der Demenz wurden z. B. weniger Psychopharmaka eingenommen (Olsen et al., 2016).

Eine deutsche Studie zur Lebenserwartung ergab, dass Demenzkranke – nach Bereinigung um intermittierende Variablen – zu Hause um 53 Prozent länger lebten, als wenn sie in einem Pflegeheim untergebracht waren (55,5 versus 29,2 Monate im Medianvergleich unbereinigt, siehe Lankers et al., 2010).

Auch spielt die Angst, das Leben in einem Pflegeheim verbringen zu müssen, eine erhebliche Rolle in Abschiedsbriefen älterer und hochbetagter Menschen, die sich suizidiert haben (Klostermann & Schneider, 2004).

Diese Ängste können zum Teil z. B. verschobene Todes- bzw. Sterbeängste sein; zugleich mögen sie auch durchaus in der Konkretion begründet und berechtigt sein, wenn man den Darstellungen der langjährigen Altenpflegerin Eva Ohlerth folgt, die unter dem Titel »Albtraum Pflegeheim« erschienen sind (Ohlerth & Wittig, 2019). Unter anderem durch die angespannte Personalsituation in vielen Pflegeheimen kommt es oft zu einem zusätzlichen Verlust an Autonomie, etwa wenn der Gang zur Toilette durch Inkontinenzmaterial ersetzt wird.

Schlussbemerkung

In *Die Zukunft einer Illusion* von 1927 vertritt Freud die Auffassung, dass das »fernere Schicksal dieser Kultur« auch deshalb nicht abzusehen sei, weil

> »die Menschen im Allgemeinen ihre Gegenwart wie naiv erleben, ohne deren Inhalte würdigen zu können; sie müssen erst Distanz zu ihr gewinnen, d. h. die Gegenwart muß zur Vergangenheit geworden sein, wenn man aus ihr Anhaltspunkte zur Beurteilung des Zukünftigen gewinnen will« (S. Freud, 1927c, S. 325f.).

Insofern weisen Zeitdiagnosen stets einen Bezug zu einer bereits vergangenen, ehemaligen Gegenwart auf. Es bestehe eine Tendenz, wie Christine Kirchhoff (2019) bemerkt, »nicht nur festzustellen, was ist, sondern auch, was nicht ist, und insbesondere, was *nicht mehr* ist« (ebd., S. 19), sodass Zeitdiagnosen dazu neigen, Verfallsdiagnosen zu werden.

Mir ging es in meinen Ausführungen darum, einige Entwicklungen in Richtung einer künstlicher und technischer werdenden Welt nachzuzeichnen und die Bedeutung kontextueller Zusammenhänge, Kontiguitäten und Kontinuitäten für Diagnostik und Behandlung transparenter zu machen. Die mit dem Trauma der Geburt beginnenden, durch soziale und zeitgeschichtliche Umstände bedingt fortgeführten frühen Trennungserlebnisse haben vermehrt zu strukturellen Störungsanteilen geführt, wie sie sich in Aufmerksamkeitsdefiziten und bulimischen Beziehungsmustern zeigen, die auch für das Übertragungs-Gegenübertragungsgeschehen in Behandlungen eine Rolle spielen (Weimer, 2015) und im höheren Alter bei zunehmender Vulnerabilität einer besonderen Beachtung bedürfen, vor allem, wenn über Veränderungen nachgedacht wird.

Auch die heutige Zeit hat ihre Vorteile und Chancen, insbesondere, wenn es uns gelingt, den psychoanalytischen Denkraum angesichts des Anpassungs- und Normierungsdrucks (Maio, 2021) in politisch und berufspolitisch unruhiger Zeit zu bewahren. Keine Deutung ohne Irrtumsvorbehalt, aber ohne Deutung keine Bedeutung – das gilt auch für Zeitdiagnosen.

Die Schauspielerin Liv Lisa Fries, die für die Dreharbeiten der international erfolgreichen Fernsehserie *Babylon Berlin* über mehrere Monate hinweg zwischen den Zeiten wandern musste bzw. durfte, äußerte sich in einem Interview über eine Ausstellung, die ihr geholfen habe, in das Berlin der 1920er Jahre einzutauchen:

> »Die [Ausstellung] war wirklich toll, weil mir das sehr viel geholfen hat, auch auf den sensorischen Ebenen das wahrzunehmen, also mir hilft das, wenn ich was sehen kann, wenn ich was riechen kann, ich begreif' das dann irgendwie besser, also ich begreif' das ... – ich kann dann die Zeit besser verstehen« (ARD, 2018).

Im selben Interview sagte sie, dass ihr »so dieses Analoge irgendwie auch generell näher« sei. Dazu passt die Äußerung eines Jugendlichen: »Irgendwann lösche ich alle meine Gruppen und werde geheimnisvoll« (Grimm, 2010, S. 440).

Literatur

Ärztliches Zentrum für Qualität in der Medizin (ÄZQ) (2019). Patienteninformation ADHS. https://www.kbv.de/media/sp/Patienteninformation_ADHS.pdf (22.12.2021).
Arbeitsgemeinschaft wissenschaftlich-medizinischer Fachgesellschaften (AWMF) (2021). AWMF-Leitlinie »ADHS bei Kindern, Jugendlichen und Erwachsenen«. https://www. awmf.org/uploads/tx_szleitlinien/028-045l_S3_ADHS_2018-06.pdf (08.04.2022).
ARD (2018, 29. September). Interview mit Liv Lisa Fries. Liv Lisa Fries spricht über ihre Rolle in »Babylon Berlin«. https://www.ardmediathek.de/video/babylon-berlin/interview-mit

-liv-lisa-fries/das-erste/Y3JpZDovL2Rhc2Vyc3RlLmRlL2JhYnlnb25lL2VhY2tYmVybGuL2VhNjYzN
DE5LWJkNmItNGNmYy05NTQxLTA0NzA3OTFkNDUwZg (08.04.2022).

Bischoff, A. (2019). *Die Jungenkrankheit der Moderne? Zur Dekonstruktion von ADHS*. Gießen: Psychosozial-Verlag.

Freud, A. (1987 [1947]). Schlafschwierigkeiten des jungen Kindes. Ein Abriß. In dies., *Die Schriften der Anna Freud*. Band V (S. 1573–1576). Frankfurt a. M.: S. Fischer.

Freud, S. (1927c). *Die Zukunft einer Illusion. GW XIV*, S. 325–380.

Grimm, F. (2010). *»Wir wollen eine andere Welt« – Jugend in Deutschland 1900–2010*. Berlin: Tolkemitt & Haffmans.

Holzkamp, K. (1966). Begutachtung als Kommunikation. *Psychologische Rundschau, 17*(3), 163–184.

Internationaler Konsensus (2005). ADHS und Missbrauch bei der Verschreibung von Psychopharmaka an Minderjährige. http://www.adhs-schweiz.ch/ADHS_Konsensus.htm (22.12.2021).

Jongbloed-Schurig, U. (Hrsg.). (2006). *Ich esse deine Suppe nicht. Psychoanalyse gestörten Essverhaltens: Ambulante Behandlungen und theoretische Konzepte*. Frankfurt a. M.: Brandes & Apsel.

Kafka, F. (1931). Betrachtungen über Sünde, Leid, Hoffnung und den wahren Weg. In M. Brod & H. J. Schoeps (Hrsg.), *Franz Kafka: Beim Bau der Chinesischen Mauer. Ungedruckte Erzählungen und Prosa aus dem Nachlaß* (S. 225–249). Berlin: Gustav Kiepenheuer.

Kaube, J. (2019). *Ist die Schule zu blöd für unsere Kinder?* Berlin: Rowohlt.

Kirchhoff, C. (2019). Das Unbehagen deuten: Denken in Gesellschaft mit der Psychoanalyse. In dies., T. Kühn, P. C. Langer, S. Lanwerd & F. Schumann (Hrsg.), *Psychoanalytisch denken* (S. 17–34). Gießen: Psychosozial-Verlag.

Klemm, W. (1916). Meine Zeit. In ders., *Verse und Bilder* (S. 54). Berlin: Verlag der Wochenschrift *Die Aktion* (Franz Pfemfert).

Klostermann, P. & Schneider, V. (2004). »So ist kein Leben« – Suizide alter und hochaltriger Menschen. *Suizidprophylaxe, 31*, 35–40.

Lankers, D., Kissler, S., Hötte, S. D., Freyberger, H. J. & Schröder, S. G. (2010). Leben Demenzkranke zuhause länger als im Heim? *Zeitschrift für Gerontologie und Geriatrie, 43*(4), 254–258. DOI: 10.1007/s00391-010-0096-7

Lurija, A. R. (1992 [1973]). *Das Gehirn in Aktion*. Reinbek b. H.: Rowohlt.

Maio, G. (2021). Verstehen nach Zahlen? Warum die Industrialisierung der Medizin dem falschen Paradigma folgt. In M. Wendisch (Hrsg.), *Kritische Psychotherapie: Interdisziplinäre Analysen einer leidenden Gesellschaft* (S. 117–121). Göttingen: Hogrefe.

Memorandum der DPV (2008). Krippenausbau in Deutschland – Psychoanalytiker nehmen Stellung. *Psyche – Z Psychoanal, 62*(2), 109–117.

Mintzer, J., Lanctôt, K. L., Scherer, R. W., Rosenberg, P. B., Herrmann, N., van Dyck, C. H., Padala, P. R., Brawman-Mintzer, O., Porsteinsson, A. P., Lerner, A. J., Craft, S., Levey, A. I., Burke, W., Perin, J. & Shade, D. (2021). Effect of methylphenidate on apathy in patients with Alzheimer disease: The ADMET 2 randomized clinical trial. *JAMA Neurology*. DOI: 10.1001/jamaneurol.2021.3356

Münch, K., Munz, D. & Springer, A. (Hrsg.). (2009). *Die Fähigkeit, allein zu sein: Zwischen psychoanalytischem Ideal und gesellschaftlicher Realität*. Gießen: Psychosozial-Verlag.

Münch, V. (2021). *Angriffe auf die Seele: Psychotherapie und gesellschaftlich-kultureller Wandel*. Frankfurt a. M.: Brandes & Apsel.

Ogden, T. H. (1989). On the Concept of an Autistic-Contiguous Position. *Int J Psychoanal, 70*, 127–140.

Ohlerth, E. & Wittig, F. (2019). *Albtraum Pflegeheim: Eine Altenpflegerin gibt Einblick in skandalöse Zustände*. München: Riva.

Olsen, C., Pedersen, I., Bergland, A., Enders-Slegers, M.-J., Jøranson, N., Calogiuri, G. & Ihle-bæk,C. (2016). Differences in quality of life in home-dwelling persons and nursing home residents with dementia – a cross-sectional study. *BMC Geriatrics, 16*, 137. DOI: 10.1186/ s12877-016-0312-4

Radebold, H. & Radebold, H. (2015). *Spurensuche eines Kriegskindes*. Stuttgart: Klett-Cotta.

Rank, O. (2007 [1924]). *Das Trauma der Geburt und seine Bedeutung für die Psychoanalyse*. Gie-ßen: Psychosozial-Verlag.

Schröder, H., Schüssel, K. & Waltersbacher, A. (2014). Diagnose Zappelphilipp. *Gesundheit und Gesellschaft, 17*(10), 22–28.

Snowdon, D. (2003). Healthy aging and dementia: Findings from the Nun Study. *Annals of Internal Medicine, 139*, 450–454. DOI: 10.7326/0003-4819-139-5_part_2-200309021-00014

Türcke, C. (2012). *Hyperaktiv! Kritik der Aufmerksamkeitsdefizitkultur* (2. Aufl.). München: C.H. Beck.

Weimer, D. (2015). Psychoanalytische Beziehungstheorie. In M. Galliker & U. Wolfradt (Hrsg.), *Kompendium psychologischer Theorien* (S. 374–377). Berlin: Suhrkamp.

WHO (2021). WHO Programme Budget Webportal. https://open.who.int/2020-21/contributors/ contributor (22.12.2021).

Winnicott, D.W. (1958). The capacity to be alone. *Int J Psychoanal, 39*, 416–420.

Der Autor

Daniel Weimer, Dr. phil., Dipl.-Psych., Psychologischer Psychotherapeut, Psychoanalytiker (DPV, IPV, DGPT), ist in eigener Praxis in Mannheim sowie als Dozent, Supervisor, Selbster-fahrungsleiter, Gutachter und in der Berufspolitik tätig. Publikationen u.a. zu sprachlicher Diskriminierung, Kommunikations- und Verständigungsprozessen sowie zur psychoanalytischen Beziehungstheorie.

Kontakt: Dr. Daniel Weimer, Schwetzinger Str. 18, 68165 Mannheim; E-Mail: mail@daniel -weimer.de

217

Bedrohungen der Lebenswelt
und ihre Verleugnung

Gegenwärtige Veränderungen des Realitätsbezugs: Perverse Strukturen in sozialen Zusammenhängen

»Dieselgate« als Zeitphänomen[1]

Lothar Bayer & Jeremy Gaines

Das gängige Verständnis des VW-Dieselskandals als Wirtschaftsbetrug greift zu kurz. Daher wollen wir ihm eine psychoanalytische Ergänzung zur Seite stellen. Unter Rückgriff auf Arbeiten von Susan Long (2008), John Steiner (1985) und Freud (1927e, 1940e) erkennen wir in der damaligen Verwendung der Emissions-Manipulationssoftware ein perversionstypisches Abwehrmuster, mittels dessen unerträgliche Aspekte der Wirklichkeit, die zu einem Zusammenbruch narzisstischer Größenvorstellungen und Illusionen (ARD, 2021) geführt hätten, abgespalten und verleugnet wurden.

Im VW-Dieselskandal zeigt sich eine zeitspezifische Form eines pathologisch verzerrten Realitätsbezugs: eine auf Verleugnung und Spaltung basierende Pseudo- bzw. Halbakzeptanz der Realität. Sie erlaubt es, übermächtig bedrohliche Seiten der Realität auf »trickreiche« Weise dem Wahrnehmungsbewusstsein und dem Aufgabenbereich der (reellen) Konfliktverarbeitung zu entziehen.

Diese spezifische Struktur eines pathologisch regredierten Denkens und Handelns, eines *perverse state of mind*, wie Susan Long (2008) es nennt, lässt sich am Dieselskandal aber auch an anderen Zeitphänomenen wie der Klimakrise und der Finanzkrise darstellen – wir vermuten, dass sie überall dort zum Tragen kommt, wo der Mensch auf das stößt, was Money-Kyrle (1971) die *facts of life* nannte, nämlich auf Wirklichkeitsdimensionen (wie z.B. die Nicht-Beherrschbarkeit der Natur), die für seinen Narzissmus eine schmerzlich unvereinbare Begrenzung und Beschränkung beinhalten.

Der Perversionsbegriff in der Psychoanalyse

Der psychoanalytische Perversionsbegriff bietet einen aufschlussreichen Zugang zu diesem Komplex. Freud hat in der 1927 publizierten Schrift »Fetischismus«

---

1 Aus Gründen der besseren Lesbarkeit wird im Folgenden das generische Maskulinum benutzt. Es bezieht sich auf Personen aller Geschlechter.

(1927e, S. 311–317) ein Konzept der Perversion vorgelegt, das einen spezifischen Abwehrmechanismus, eine besondere Form der Verleugnung ins Zentrum der Psychodynamik rückte: Er beschreibt eine innere Konstellation, in der die Realität des Geschlechtsunterschieds, die Wahrnehmung des »Penismangels« bei der Frau, die unausweichlich mit traumatischen Kastrationsängsten einhergeht, auf regressive Weise mit spezifisch nachteiligen Folgen für die Weiterentwicklung des Ichs abgewehrt wird.

In einer Art psychischer Notoperation kommt es dabei zu einer Ichspaltung (Freud, 1940e, S. 57–62), die sich so auswirkt, dass die unerträgliche Wahrnehmung, die Penislosigkeit der Frau, zugleich anerkannt und verleugnet wird. Mit diesem Mechanismus wird eine besondere Beziehung zur Realität, eine Art Pseudo- bzw. Halbakzeptanz initiiert, in der die »höchst unerwünschte« (Freud, 1940a, S. 133) Wirklichkeit, nämlich »die Realität der Kastrationsgefahr« (Freud, 1940e, S. 61), weder ganz akzeptiert noch völlig verleugnet wird.

Dieses besondere Verhältnis zur Realität, das zwei sich gegenseitig ausschließende Versionen der Realität (kastriert – nicht kastriert) nebeneinander toleriert, unterscheidet die Perversion sowohl von der Neurose wie von der Psychose. Während in der Neurose ein innerer Triebanspruch, der inkompatibel mit Realitätsanforderungen ist, zugunsten der Realität verdrängt wird, wird in der Psychose die Realität zugunsten des inneren Anspruchs verworfen. In der Perversion hingegen wird eine, wie Freud sagt, »kniffige Behandlung der Realität« (ebd.), d. h. eben jenes Prinzip der Halbakzeptanz eingeführt. Die kniffige Lösung, »die gleichzeitig beides zulässt« (ebd., S. 59), setzt sich an die Stelle einer echten, realen Konfliktlösung, die durch aufwendigere, »reifere«, den Gesetzen der Logik entsprechende, innere Integrations-, Verarbeitungs- und Verzichtsleistungen gekennzeichnet ist. Im Fetischismus-Aufsatz beschreibt Freud minutiös die »kniffigen« Lösungen (ebd., S. 60f.), die das Kind und der spätere Fetischist zur Lösung ihrer Schwierigkeiten als trickreich-trügerischen Ausweg ersinnen.

In seiner wunschgesteuerten Überzeugung erfindet das Kind eine »sehr geschickte« (ebd., S. 60) Lösung, die es erlaubt, beide Versionen der Wirklichkeit, »die wunschgerechte und die realitätsgerechte Einstellung« nebeneinander bestehen zu lassen und sie mittels einer falschen Verknüpfung, einer Missrepräsentation, zu versöhnen. Die kniffige Lösung lautet, so Freud, dass »was da fehlt, [...] noch kommen [wird], es – das Glied – wird ihr später wachsen«. Freud erläutert diesen (unbewussten) Denkvorgang wie folgt:

> »Es ist bekannt, wie sie [die Kinder, L. B. & J. G.] auf die ersten Eindrücke des Penismangels reagieren. Sie leugnen diesen Mangel, glauben doch ein Glied zu sehen, beschönigen den Widerspruch zwischen Beobachtung und Vorurteil durch die Auskunft, es sei noch klein und werde erst wachsen [...]« (Freud, 1923e, S. 296).

Während diese Missrepräsentation im kindlichen Denken zumeist vorübergehend ist und im Laufe der weiteren Ichentwicklung und der Entstehung einer besser integrierten inneren Welt, einer reiferen und realistischeren Einstellung weicht, wird sie in der perversen Entwicklung, im Fetischismus, zur dauerhaften Position des Subjekts. Der Fetisch ist das »stigma indelibele« (Freud, 1927e, S. 313) des stattgehabten Abwehrvorgangs, durch den die infantile, wunschgerechte Einstellung zugleich »bewahrt aber auch aufgegeben wird« (ebd.).

Die im Fetisch umgesetzte Doppeleinstellung zur Realität ist die Folge einer Spaltung des Ichs. Sie »erlaubt« überhaupt erst, dass zwei sich eigentlich ausschließende Versionen der Wirklichkeit nebeneinander existieren. Wenn diese entgegengesetzten Einstellungen (unter Entwicklungsbedingungen zunehmender Ich-Synthese) in einen falschen Einklang gebracht werden, kann es zu schwerwiegenden Missrepräsentationen und Verzerrungen der Realität, zu dauerhaften Beeinträchtigungen des Realitätssinns und des Realitätsprinzips kommen.

Zusammenfassend können wir sagen, das »Kniffige« an der perversen Behandlung der Realität besteht darin, dass sie den Betroffenen (sei es ein Individuum, eine Gruppe oder eine Konzernleitung) vortäuscht, sich einen Konflikt ersparen zu können: Doch der Preis für den Kniff ist hoch: Der innere Anspruch des Ichs auf Konsistenz, auf Objektivität und Wahrheit im Erkennen der Erfahrungswelt, wird aufgegeben; stattdessen wird Zuflucht bei falschen Synthesen, Weltauffassungen und Ideologien gesucht. Auf trügerische Weise schließen die Missrepräsentationen die Lücken und Inkonsistenzen, die die Spaltung und die Verleugnung im Realitätsgefüge hinterlassen haben. Die Erfassung der Realität wird inkonsistent, und eine reelle Bearbeitung ihrer Anforderungen bleibt partiell aus.

VW und der *perverse state of mind*

2015 wurde in den Vereinigten Staaten bekannt, dass die Volkswagen AG mittels einer Software von Bosch die Emissionswerte ihrer Dieselfahrzeuge gefälscht hatte. Die verwendete Software war in der Lage, anhand der Bewegungsabläufe eines Autos zu erkennen, ob ein Fahrzeug zur Abgaskontrolle auf dem Prüfstand war, und steuerte eine Vorrichtung, die dazu diente, die Stickoxyd-Emissionen (NO_x) so zu drosseln, dass sie den amerikanischen Abgasnormen entsprachen. Im Straßenbetrieb nahm die Software die Drosselung automatisch zurück, wodurch die schädlichen Emissionen sprunghaft anstiegen und die Fahrzeuge gegen die behördlich festgelegten Höchstwerte verstießen.

Die eingesetzte Manipulationssoftware hat es dem Konzern ermöglicht, eben jenen doppelten Bezug zur Realität herzustellen, der für die perverse Haltung (den *perverse state of mind*) charakteristisch ist, nämlich die Ansprüche der Realität gleichzeitig anzuerkennen und nicht anzuerkennen, ihre Forderungen nach Umweltschutz und sozialer Verantwortung scheinbar anzunehmen und gleichzeitig zu umgehen.

Nach Aufdeckung dieser Sachverhalte leiteten die US-amerikanischen Behörden ein Strafverfahren gegen VW ein, das am 11. Januar 2017 zu einem Vergleich der Parteien führte und dem VW-Konzern die höchste je von einer Autofirma zu entrichtende Strafe von 4,3 Milliarden US-Dollar auferlegte. Mitsamt Zivilklagen und Rückrufaktionen kostete die Abgasaffäre die Volkswagen AG allein in den Vereinigten Staaten um die 22 Milliarden US-Dollar und führte zu einem gravierenden weltweit einsetzenden Imageschaden.

Die Konzernführung hatte sich seinerzeit das Ziel gesetzt, größter Autobauer der Welt zu werden und Toyota vom Thron zu stoßen. Dazu wollten sie den sparsamsten, effizientesten Dieselmotor der Welt bauen und als Branchenprimus den Widerspruch zwischen Ökonomie und Ökologie endgültig überwinden. Getrieben von diesen hochfliegenden narzisstischen Zielen gab sich VW als Vorreiter einer umweltfreundlichen Technologie, während der Konzern zeitgleich Fahrzeuge baute und auslieferte, die diesen Standards nicht annähernd genügen konnten. Diesen Widerspruch höchster Tragweite überbrückte der Konzern mit seiner »kniffigen« Software-Lösung. Auf diese Weise umging das Unternehmen die Auseinandersetzung mit der Realität der klimasensiblen Schadstoffe und verleugnete, dass es seine technologischen Innovationsversprechen nicht aufrechterhalten und nicht umsetzen kann.

Wie bei dem von Freud beschriebenen Fetischisten, dessen Ich im Abwehrvorgang sich entzweit, durchzieht eine Spaltung die Strategien des Konzerns: Einerseits weiß man, dass die Diesel-Motoren den ökologisch-technischen Anforderungen nicht genügen – sonst gäbe es die Manipulationssoftware als *stigma indelebile* nicht; gleichzeitig hält man daran fest, dass die Bewältigung der technischen Herausforderungen und selbstgesetzten Ansprüche glänzend gelingt. Statt sich diesem Widerspruch zu stellen und ihn zu überwinden, indem man in Sachen Motorenbau den Weg unbequemer realer Problemlösung beschritt, wurden die Mess- und Prüfverfahren manipuliert. Der beanspruchte technisch-ökologische Fortschritt wurde nicht errungen, sondern fingiert. Über Jahre wurde die Öffentlichkeit über die realen Emissionen von Dieselfahrzeugen getäuscht. Behörden, Politiker und Kunden wurden zu missbrauchten Komplizen.

Um besser zu verstehen, welche eklatante Notlage den Konzern in die illusorische Lösung einer Manipulationssoftware führte, lohnt sich ein kurzer Blick in die Geschichte des VW-Konzerns. Er zeigt, dass es um die Abwendung einer vernichtend erlebten Gefahr ging, dass eine weltweit lancierte und jahrzehntelang kollusiv aufgebaute Illusionsblase zerplatzen könnte: In den späten 1980er Jahren gelang es VW und der Tochterfirma Audi, den Dieselmotor mit Direkteinspritzung für den Einsatz im PKW tauglich zu machen. Das Kürzel »TDI« (»Turbodieseldirekteinspritzer«) wurde zum Inbegriff eines unschlagbar sparsamen Fahrzeugtyps. Doch das vermeintliche Wundermittel TDI hatte höchst problematische, toxische Nebenwirkungen. Der Motor krankte an dem klassischen, allseits bekannten Dilemma des Maschinenbaus: je effizienter, d. h. verbrauchsärmer der Verbrennungsmotor ist, desto größer sind die Stickoxyd-Emissionen; steigt der Verbrauch, stoßen die Autos mehr Kohlendioxid aus.

Trotz Kenntnis dieser Problematik baute VW den TDI systematisch als »Wunderwaffe« im Kampf um die Marktführung aus und schuf mit ihm ein sogenanntes »fantastisches Objekt«. Diese Art Objekt definierte der englische Psychoanalytiker David Tuckett in seiner Analyse der Finanzkrise wie folgt: »Ein fantastisches Objekt ist die mentale Repräsentation von etwas (oder jemandem), das (oder der) in einer imaginierten Szene die sehnlichsten Wünsche der Protagonisten nach dem erfüllt, was genau sie haben wollen und wann genau sie es wollen« (Tuckett, 2013, S. 49). Aladins Wunderlampe ist der Prototyp eines solchen fantastischen Objekts. Nach diesem Vorbild wurden in der Finanzkrise Wertpapiere entwickelt, die, angeblich bei geringstem Risiko, höchste Rendite versprachen. Mit dem TDI priesen die VW-Manager ihren Dieselmotor als die autoindustrielle Wunderformel für Wirtschaftswachstum ohne Grenzen, für Konsum und PS-Rausch ohne Reue an. In diese Wunschvorstellung verrannt, etablierte und verfestigte sich ein gespaltener Zustand zwischen idealisierender Überhöhung der Möglichkeiten des Dieselmotors einerseits und zunehmender Abkehr von reeller Problemvalidierung und -verarbeitung hin zur systematischen Verleugnung wesentlicher Aspekte der Realität andererseits.

Der VW-Konzern verkapselte sich in einer auf Verleugnung, Spaltung und Kollusion gebauten Fantasiewelt rund um das fantastische Objekt. Diese Fantasiewelt bot einerseits »Schutz« vor den unbequemen Herausforderungen der widerständigen Realität, trieb andererseits eine sich selbst verstärkende Abschottung voran. Diese entwickelte im Falle von VW eine derart destruktive Macht, dass jede reelle Innovation und jede echte technologische und sozial-ökologische Weiterentwicklung zum Erliegen kam. Versessen auf den Glauben an die eigene Diesel-Technologie hat VW wichtige Entwicklungen, von den Hybrid-Technologien bis hin zum E-Auto- und Batterie-Technologien, weitgehend ignoriert. Die Abkapselung entfaltete einen selbstzerstörerischen Zug, und der Bezug des Konzerns zur Wirklichkeit ging immer mehr verloren. Sogar Armin Mahler im *SPIEGEL* kommentierte damals: »Die Unternehmen müssen sich endlich der Wirklichkeit stellen. Sie müssen sich verabschieden von dem Irrglauben, die Realität in ihrem Sinne gestalten zu können« (Mahler, 2015).

Der *perverse state of mind* aufseiten des Verbrauchers

Der *perverse state of mind* kennzeichnet nicht nur die Handlungsmuster der Konzerne, sondern auch die der Verbraucher. Als entfesselte Konsumenten erscheinen sie suchtartig fixiert auf Motorisierung, auf »kinetischen Expressionismus« (Sloterdijk, 2016, S. 27), auf »Geltungskonsum« (Veblen, 1997 [1899]) und auf die Steigerung ihres materiellen Lebensstandards. Mit all den (Ersatz-)Befriedigungen, die der Konsumismus bereithält, bilden diese Fixierungen ein wesentliches affirmatives Element des spätkapitalistischen Wirtschaftssystems. So gesehen, verklammert der *perverse state of mind* objektive, sozioökonomische Strukturen mit subjektiven, psychischen Strukturen und ist selbst Ausdruck dieser Verklammerung.

Die meisten Menschen, die in den reichen Industrienationen des globalisierten Nordens leben, wissen, dass die konsumistische Haltung höchst destruktiv für weite Teile der Erdbevölkerung, für nachfolgende Generationen und für den Planeten ist. Aber trotz dieses Wissens handeln die Konsumbürger nicht nach dieser Einsicht. Im Gegenteil: Sie blenden die destruktiven Implikationen und Konsequenzen ihres Handelns ganz oder teilweise aus, nehmen sie weder als Teil der eigenen inneren Realität noch als Wirkgröße in der äußeren Realität angemessen wahr.

Einfach weiterzumachen, als existierte dieser innere Widerspruch nicht, vertieft die Schuld, die jeder Konsumbürger auf sich lädt, und ist zugleich das Mittel, diese Schuld nicht bewusst spüren zu müssen: Der Sozialpsychologe Rolf Haubl beschreibt diesen Zusammenhang folgendermaßen:

> »[D]ie ständige Vermehrung von Konsumgütern setzt [...] eine rastlos vorwärtsstreibende Dynamik in Gang. Denn jeder Konsum von Gütern, die naturschädigend produziert und unfair gehandelt werden, vertieft die Schuld und verstärkt gleichzeitig das Bestreben, sie durch mehr Konsum nicht fühlen zu müssen« (2011, S. 384).

Auf diese Weise greifen objektive und subjektive Strukturen ineinander: Dieser teufelskreisartige Zusammenhang aus Schuldabwehr und Konsumsteigerung (die zu neuer Schuld führt, die abgewehrt werden muss) zeichnet spätmoderne Gesellschaften und neoliberale Existenzformen aus.

Einer möglichen kritisch-reflexiven Auseinandersetzung mit diesem Komplex und seinen höchst destruktiven Konsequenzen für das Zusammenleben der Menschen jetzt und in der Zukunft stehen mächtige Interessen, sozial eingespielte (inter- und intrapsychisch wirksame) Abwehrmuster und ideologische Systeme antagonistisch gegenüber. Von besonderer antireflexiver Bedeutung ist die im Neoliberalismus festverankerte Ideologie, nach der die Verfolgung individueller Interessen und privat-egoistischer Ziele für die wichtigste Ausdrucksform gesellschaftlicher Freiheit gehalten wird. Hinzu kommt die Pseudo- bzw. Halbakzeptanz der Wirklichkeit, die mithilfe von Missrepräsentationen und »fantastischen Objekten« dafür sorgt, dass innere Dissonanzen, innere Konflikte und schuldhafte Ängste nicht ins Wahrnehmungsbewusstsein treten.

Die Dienstleistungs- und Konsumindustrie produziert mit der permanenten Erschaffung neuer Wundermittel (man denke an »Biosprit«, »grünes Wachstum« oder »Fair Trade«) weitere perverse Konstruktionen (eine »begrünte Verschwendungskultur«, Welzer, 2013, S. 20), durch die die Auseinandersetzung mit der Begrenztheit menschlicher Möglichkeiten hinausgezögert und auf eine weitere Verleugnungsstufe gehoben werden.

Diese Konstruktionen setzen sich fetischartig an die Stelle echter Realitätsbewältigung. Sie schwören die Öffentlichkeit ein auf Technikgläubigkeit, instrumentelles Denken, Fortbestand irrealer Allmachtsvorstellungen, auf die Evakuierung destruktiver Tendenzen auf andere, auf die Geringschätzung von Gemeinschaftsbindung und Verachtung von Moral und Gleichheitsvorstellungen. Während die Hartnäckigkeit dieser ideologischen Trugbilder (wie z. B. »Clean Diesel«) die Wirtschaft in Schwung hält, höhlen sie den Realitätssinn der Akteure aus. Sie paralysieren deren Fähigkeit zur Reflexion, zur Negation und zur Veränderung des Bestehenden.

»Cover up of a perverse kind«

Die auf dereguliertes Wirtschaftswachstum und Konsumzwang gebauten spätkapitalistischen Gesellschaften basieren auf einer besonderen Form der Kollusion, die der britische Psychoanalytiker John Steiner als »cover up of a perverse kind« bezeichnet (Steiner, 1985, S. 161f.).

Am Verhalten der Öffentlichkeit im Zeichen des »Dieselgate« fällt auf, dass sie Hinweisen zur Aufklärung der fraglichen Vorgänge nicht weiter nachgehen will, dass sie in einem Zustand der Halbakzeptanz, des *turning a blind eye* verharren will. Sie steht, so nehmen wir an, unter dem Eindruck, dass etwas Unerhörtes passiert ist, kann aber das Geschehene nicht in seiner destruktiven, die Lebensgrundlagen vernichtenden Bedeutung durchdenken, ertragen und angemessener verarbeiten. Nur die halbe Wahrheit zu sehen, erspart die kritische Bestandsaufnahme der eigenen Mitbeteiligung an den fraglichen Vorgängen, erspart quälende Schuld- und Reuegefühle und Verzichtsleistungen.

Mit anderen Worten: Die abgewehrten depressiven Schuldgefühle der Verbraucher beruhen auf der unbewussten Befürchtung, das gute lebensspendende Objekt (»Mutter Erde«, Luft, Atmosphäre, Klima, Lebensraum usw.) durch den eigenen Zerstörungstrieb, durch Neid, Gier und Unersättlichkeit, vernichtet und verloren zu haben. Indem die Öffentlichkeit sich mit halben Wahrheiten begnügt, umgeht sie die scham- und schuldbesetzte Auseinandersetzung mit dem Vorwurf, die eigenen Wohlstandsforderungen und vermeintlich zustehenden Vorrechte, rücksichtslos und mit allen Mitteln auf Kosten anderer (z. B. der Länder des globalen Südens oder der nächsten Generationen) zu erfüllen und dabei die sozialen und natürlichen Grundlagen des menschlichen Lebens zu zerstören.

Dieses Abwehrmuster hat einen hohen Preis: Indem sie wegschaut, verliert die Öffentlichkeit ihre Kontrollfunktion für die Gesellschaft und gerät in einen Zustand der Erstarrung, eine Art »psychosozialen Immobilismus« (A. Mitscherlich & M. Mitscherlich, 1967, S. 82). Dies beraubt sie ihrer Möglichkeiten, in fortschrittlicher Weise die Probleme der Gesellschaft in Angriff zu nehmen. Der Preis der Verschleierung ist die »politische Apathie« (ebd., S. 18). Wir stimmen hier mit der Argumentation von Alexander und Margarethe Mitscherlich in der »Unfähigkeit zu trauern« überein.

Das einfache »Weitermachen« umgeht die emotional aufwendige, schmerzhafte Auseinandersetzung mit den oben schon erwähnten *facts of life*, die eine Begrenzung infantil narzisstischer Omnipotenzwünsche beinhalten. Es verhindert die Anerkennung der existenziellen Abhängigkeit von einem äußeren guten Objekt, seines fragilen, zerstörbaren Eigenlebens und seiner endlichen Verfügbarkeit. Anstelle einer solchen (selbstreflexiven) Auseinandersetzung, mit all ihren unbequemen, ängstigenden Wahrheiten, verfällt die Öffentlichkeit in Lähmungsstarre und zieht Missrepräsentationen und Verschleierungen der Realität vor.

Diese Strategien lindern auf oberflächliche Weise die Belastung durch Trauer, Angst und Schuld, ersetzen sie jedoch durch die Angst vor Aufdeckung und Entlarvung der kollusiv geteilten Verleugnungen. In seinem Aufsatz »Turning a Blind Eye. The Cover up for Oedipus« schreibt John Steiner sehr treffend: »If the oedipal crime is not acknowledged [...] there is nothing to mourn [...] nothing to fear [...] except, of course, the fear that the cover up will be exposed« (Steiner, 1985, S. 168).

Die nach Wachstum und Konsumgütern verlangenden Verbraucher wenden ihren unbeherrschten zerstörerischen Antrieben ein blindes Auge und ein taubes Ohr zu und klammern sich weiter an die Illusion, unser Planet sei ein unerschöpfliches, letztlich unzerstörbares Reservoir. In Abwandlung eines Freud-Zitats könnte man sagen: »Im Grunde glaubt niemand an die Begrenztheit der Biosphäre: Im Unbewussten ist jeder von uns von ihrer Unsterblichkeit überzeugt« (siehe Freud, 1915b, S. 341). Hier liegt unserer Meinung nach der kollusive Kern, der Konzernstrategien und Konsumentenbedürfnisse verbindet und in einer Art narzisstischem Abwehrbündnis zusammenschweißt. Die Zukunft hängt aber von der Anerkennung unserer Abhängigkeit, unserer Endlichkeit und Begrenztheit ab.

Schließen möchten wir mit der Einschätzung, dass die Sehnsucht nach fantastischen Objekten im Bereich der Mobilität auch nach dem Dieselskandal ungebrochen fortbesteht: Industrienationen fiebern leistungsstarken Batterien entgegen, die dem Verbrennungsmotor in Nichts, weder in Reichweite noch in der Fetischisierbarkeit nachstehen sollen. Wir erkennen im *way to zero*, um den neuen Slogan von VW aufzugreifen, die immer gleiche Verleugnungs- und Spaltungsabwehr, die beim TDI zur Softwarelösung geführt hat. Unverdrossen am Verleugnungsdiskurs und am Verschieben von Verantwortung festhaltend, verwahrte sich Herbert Diess –

der nach dem Rücktritt von Martin Winterkorn der neue Vorstandsvorsitzender von VW ist –, im Interview mit der *Süddeutschen Zeitung* am 7. September 2021 gegen Klimaschützer und erklärte, dass nicht VW, sondern die Erdölförderer für die CO_2-Emissionen verantwortlich seien: »Es macht aus meiner Sicht keinen Sinn, dass wir im Mittelpunkt der Proteste stehen.« Man müsse die belangen,

> »die durch Förderung von Öl und dem Verbrennen Gewinne machen. Danach kommen erst das Auto und andere Teile der fossilen Wertschöpfungsketten. Solange es Volkswirtschaften gibt, die Milliardenbeträge in die Förderung fossiler Kraftstoffe investieren, ist es für Autohersteller schwierig, dagegen zu arbeiten« (Hägler, 2021).

Sind die Hochleistungsbatterien der neue Kniff (Freud), der es erlaubt, sich gegenüber der Realität und der Wahrheit auf einem Auge blind und auf einem Ohr taub zu machen, und uns glauben lässt, dass es sie doch gibt: das unerschöpfliche gute Objekt, die unendlichen Ressourcen, die vollständig recycelt werden können und das Perpetuum mobile, das doch noch Wirklichkeit werden kann.

Literatur

ARD (2021). Winterkorn und seine Ingenieure. https://www.ardmediathek.de/video/dokus-im-ersten/winterkorn-und-seine-ingenieure-oder-doku/das-erste/Y3JpZDovL2Rhc2V yc3RlLmRlL3JlcG9ydGFnZStlRva3VZW50YXRpb24vZGV1LzJmNGIwNzl2 LTM4ZGEtNDg2Yi1iYTkwLTUyMTRIZmM2MTVkMw (08.04.2022).
Chasseguet-Smirgel, J. (2002). *Anatomie der menschlichen Perversion*. Gießen: Psychosozial-Verlag.
Crutzen, P., Davis, M., Mastrandrea, M. D., Schneider, S. H. & Sloterdijk, P. (2001). *Das Raumschiff Erde hat keinen Notausgang*. Berlin: Edition Unseld.
Freud, S. (1915b). Zeitgemäßes über Krieg und Tod. *GW X*, S. 324–355.
Freud, S. (1923b). *Das Ich und das Es*. *GW XIII*, S. 237–289.
Freud, S. (1923e). Die infantile Genitalorganisation (Eine Einschaltung in die Sexualtheorie). *GW XIII*, S. 293–298.
Freud, S. (1927e). Fetischismus. *GW XIV*, S. 311–317.
Freud, S. (1930 [1929]). *Das Unbehagen in der Kultur*. *GW XIV*, S. 419–506.
Freud, S. (1940a [1938]). *Abriß der Psychoanalyse*. *GW XVII*, S. 63–121.
Freud, S. (1940e). Die Ichspaltung im Abwehrvorgang. *GW XVII*, S. 57, 59–62.
Habermas, J. (1981). *Theorie des kommunikativen Handelns*. Frankfurt a. M.: Suhrkamp.
Hägler, Max (2021, 7. September). Interview mit Herbert Diess. *SZ*. https://www.sueddeutsche.de/wirtschaft/autoindustrie-iaa-proteste-diess-vw-klima-1.5403267 (08.04.2022).
Haubl, R. (2011). »Ich geh kaputt« – »gehste mit?« Die Psyche in der Leistungsgesellschaft. In M. Leuzinger-Bohleber & R. Haubl (Hrsg.), *Psychoanalyse. Interdisziplinär international intergenerationell* (S. 373–393). Göttingen: Vandenhoeck & Ruprecht.
Klein, M. (1946). Notes on Some Schizoid Mechanisms. *Int J Psychoanal, 27*, 99–110.
Lasch, C. (1979). *Culture of Narcissism: American Life in an Age of Diminishing Expectations*. New York: W. W. Norton.

Lessenich, S. (2016). *Neben uns die Sintflut: Die Externalisierungsgesellschaft und ihr Preis*. Berlin: Hanser.

Long, S. (2008). *The Perverse Organisation and its Deadly Sins*. London: Karnac.

Mahler, A. (2015, 26. September). Abschied von der Arroganz. *SPIEGEL, 40*.

Marcuse, H. (1977). *Triebstruktur und Gesellschaft*. Frankfurt a. M.: Suhrkamp.

Mitscherlich, A. & Mitscherlich, M. (1967). *Die Unfähigkeit zu trauern*. München: Piper.

Money-Kyrle, R. (1971). The Aim of Psychoanalysis. *Int J Psychoanal, 49*, 103–106.

Sloterdijk, P. (2016). *Was geschah im 20. Jahrhundert?* Frankfurt a. M.: Suhrkamp.

Steiner, J. (1985). Turning a blind eye: The cover up for Oedipus. *Int Rev Psychoanal, 12*(2), 161–172.

Steiner, J. (1987). The Interplay Between Pathological Organizations and the Paranoid-Schizo-id and Depressive Positions. *Int J Psychoanal, 68*, 69–80.

Tuckett, D. (2013). *Die verborgenen psychologischen Dimensionen der Finanzmärkte*. Gießen: Psychosozial-Verlag.

Veblen, T. (1997 [1899]). *Theorie der feinen Leute. Eine ökonomische Untersuchung der Institutionen*. Frankfurt a. M.: S. Fischer.

Welzer, H. (2013). *Selbst Denken*. Frankfurt a. M.: S. Fischer.

Die Autoren

Lothar Bayer, Dr. phil. habil., Dipl.-Psychologe, Dipl.-Soziologe, Psychoanalytiker (DPV/IPA). Tätig in eigener Praxis und als wissenschaftlicher Mitarbeiter des Sigmund-Freud-Instituts.

Kontakt: Dr. Lothar Bayer, Sigmund-Freud-Institut, Myliusstrasse 20, 60323 Frankfurt a. M.; E-Mail: bayer@sigmund-freud-institut.de

Jeremy Gaines, PhD German Studies (Ästhetik/Kritische Theorie). Selbständiger Berater, Publizist und Übersetzer. Autor verschiedener Bücher vor allem im Bereich nachhaltiger Entwicklung und Städteplanung. Ko-Direktor des nigerianischen Think Tanks The Africa Politeia Institute.

Kontakt: Dr. Jeremy Gaines, Wildenbruchstr. 59, 60431 Frankfurt a. M.; E-Mail: Jeremy@gaines consulting.de

Von der Macht des Wunschdenkens zur Macht des Subjekts

Delaram Habibi-Kohlen

Die Fähigkeit zur Ausblendung der Realität

In diesem Text geht es um die Macht des Wunschdenkens am Beispiel der Klimakrise. Und es geht darum, wie wir da herauskommen, und dass dies eine Erschütterung bedeuten kann. Wir sind nicht sehr gut darin, die Realität anzuerkennen, gerade wenn sie keine gute Prognose verheißt. Zum Beispiel dachten wir nach der Flut im Rheinland 2021: »Gott sei Dank ist die Flut vorbei.« Oder wir denken: »Ein Glück, der Waldbrand ist vorbei, es regnet.«

Wir denken auch: »Der Klimawandel ist weit weg, er wandelt sich ja auch nur langsam.« Implizit transportieren diese Gedanken: »Na ja, es ist ja alles nicht so schlimm wie befürchtet.« Setzt sich dies ein bisschen, wird dies leicht zu: »Es bleibt alles so sicher wie jetzt.« Diese Sätze sind Beispiele für ein Wunschdenken.

Wunschdenken hat seinen Ursprung im magischen Denken. Dies kennzeichnet eine Phase des kindlichen Denkens, in dem ein Übergang beschrieben wird zwischen der Omnipotenz des kleinen Kindes, dessen Existenz von den Menschen abhängt, die es lieben, und dem allmählichen Erkennen von Realität, das sukzessive hereinbricht mit bedrohlichen Inhalten wie Konkurrenten[1], dem zunehmenden Bewusstwerden des eigenen Nicht-Könnens und der eigenen Hilflosigkeit. Tuckett kennzeichnete dieses magische Denken in seiner Beschreibung der Finanzmärkte, denen er einen Glauben an ein »fantastisches Objekt« (Tuckett, 2013, S. 17) attestierte. In seiner Untersuchung von Finanzmärkten schildert er, wie sehr eine Wunschwelt das Denken der Fondsmanager determiniert. Diese nehmen ihr eigenes Denken als rational wahr. In der Tiefe geht es dabei jedoch um ein von Steigerungsmaximierung angetriebenes Begehren nach einem Fetisch, einem »fantastischen Objekt«, das alle Wünsche schnell erfüllen können soll. Fakten, die dieser Wunschwelt widersprechen, werden dabei ausgeblendet, verleugnet oder

---

1 In dieser Arbeit wird aus Gründen der besseren Lesbarkeit das generische Maskulinum verwendet. Weibliche und anderweitige Geschlechteridentitäten werden dabei ausdrücklich mitgemeint, soweit es für die Aussage erforderlich ist.

schöngeredet, verbogen. Am Ende dominiert eine Arbeitsverfassung, die eine ständige Perpetuierung einer illusionären »Wohlfühlblase« produziert. Platzt diese, z. B. durch einen Aktiensturz, werde nicht nach Ursachen geforscht, sondern sofort auf ein nächstes fantastisches Objekt gesetzt, das alles herausreißen soll.

Wir glauben, dass wir aufgeklärte Zeitgenossen und rational handelnde Subjekte sind. Was wir jedoch immer wieder aufgezeigt bekommen, ob nach der Finanzkrise, ob in einer Pandemie, die wir vorher in diesem Ausmaß und in dieser Dauer nicht für möglich gehalten hätten, oder ob nach der Flut in Deutschland, ist eine schwer erträgliche Realität: Diese besagt, wir hätten es vorher wissen können, wenn wir genau hingeschaut hätten.

Allerdings sind wir gut geschult im Wegschauen. Die Briten nennen diese Form der Abwehr *turning a blind eye*. Dieser Ausdruck geht zurück auf eine Legende über eine Seeschlacht, in der Admiral Nelson das Flaggensignal zum Rückzug missachtete, indem er mit seinem Glasauge durch das Fernglas auf die Flagge schaute und behauptete, er sähe nichts. Dies ist also eine Form der Abwehr, in der wir halb sehen und halb nichts sehen wollen. Wir sehen die Waldbrände in Brandenburg. Wir sehen – wenn wir schon nicht die Fluten, Dürren, Stürme, Hitzewellen in Kanada, Russland, Kalifornien, Türkei usw. sehen – die Fluten im Ahrtal, in Erftstadt und an anderen Orten in der Eifel. Wir sehen die Dürren in den östlichen Bundesländern. Wir sehen die Zunahme an Starkregen und neuerdings Tornados nicht nur in Kiel. Wir schaffen es aber (vielleicht glücklicherweise immer schlechter) zu sagen: »Es ist nicht hier, es ist nicht in meinem Wohnzimmer. Es wird schon vorübergehen.« Sagen wir *dies* nicht, so sagen wir: »Die neuen Wasserstoff-, Sonnenstrom- und andere Technologien werden es schon richten. Jetzt werden ja vielleicht die Abstände der Windenergie-Parks von Wohngebieten reduziert. Die Wirtschaft sagt, sie rüstet jetzt um.« Wir sagen uns: »Es kann alles so weitergehen wie bisher, nur die Technologie wird sich ändern.«

Exzeptionalismus und das Verlernen von Empathie

Wir sind geübt durch ein in den 1980er Jahren etabliertes Denken des »Exzeptionalismus«, ebenso wie durch noch älteres eingeübtes Fühlen unserer Besonderheit im Kolonialismus. Man könnte dies betrachten als eine transgenerational eingeschriebene und völlig unbewusste Überzeugung unserer Berechtigung, uns von den Schwellenländern etwas nehmen zu können aufgrund unserer angenommenen Überlegenheit, die wir nicht infrage stellen, weil sie uns völlig selbstverständlich scheint. Der Exzeptionalismus, wie ihn Sally Weintrobe (2021) beschreibt, ist gekennzeichnet durch unser Erleben, etwas Besonderes zu sein und etwas Besonderes verdient zu haben, sich alles nehmen zu können, was uns verfügbar erscheint (es hat sich eingebürgert, zu sagen: »Ich hol mir das!« statt »Ich kauf mir das!«), und dafür so wenig wie möglich bezahlen zu müssen, also reale Kosten auszulagern in Drittländer, in die Atmosphäre und in die nächste Generation. Vor allem aber bedeutet der Exzeptionalismus ein Versprechen auf eine Art ewiges Paradies, in dem es kein Altern, selbstverständliche Gesundheit und eine Versorgung gibt, und in dem Trauer, Depression, Verlust, Schuld und Angst nicht mehr Grundgefühle des Menschen sind, sondern ein Anzeichen für eine Pathologie oder für ein Unglück, das eigentlich im Leben nicht vorgesehen ist. Entsprechend bemessen wir unseren Wert an den Dingen, die wir besitzen und die uns einen höheren Status verleihen: »Das ist mein Haus, mein Auto, meine Yacht, meine Frau.« Empathie und Gemeinwohl sowie ein Bewusstsein der ökologischen Folgen werden im Verlauf des Sich-immer-tiefer-Einverleibens dieser Haltung allmählich ausgesondert.

All dies ist uns jedoch tief unbewusst geworden und uns also selbstverständlich. Eine alternative Sichtweise ist in Gefahr, als pathologische Askese gebrandmarkt zu werden, als zwanghaft oder ideologisch. Die eigene Ideologie wird dabei verleugnet. David Bell (2019) bringt dies auf den Punkt:

> »Diese immer weiter zunehmende Kommerzialisierung der Welt reicht tief in die Psychologie der Person hinein – sie schreibt die Persönlichkeit, das psychologische Leben, die moralische und ethische Verantwortung um [...]. Diese zunehmende Durchdringung der Marktform in unser gelebtes Leben, die Verwandlungen menschlicher Aktivitäten und menschlichen Innenlebens in Waren, wird so allgegenwärtig, so natürlich, dass wir aufhören, sie wahrzunehmen«,

und er sagt dann einen wichtigen Satz:

> »[U]nd wo die Ideologie mit dem übereinstimmt, was wir als ›so wie die Welt halt ist‹ betrachten, haben wir die Ideologie in ihrer reinsten und tödlichsten Form« (ebd., S. 81, Übersetzung D.H.-K.).

Die Omnipotenz als Abwehr einer tiefen Abhängigkeit von der Erde ist uns gewissermaßen kulturell implantiert worden mit der selbstverständlichen Sozialisierung als Konsumenten, die ansonsten recht entfremdet und mit dem Aufwachsen in immer urbaneren Landschaften immer ungebildeter sind, was das Verhältnis zur Natur angeht.

Diese Omnipotenz wird immer weiter kultiviert mit den Segnungen der Digitalisierung, die uns mit einfachen Klicks immer mehr in eine unrealistische Traumwelt versetzt: Hier können wir Dinge bestellen, Filme ansehen, ohne sie kaufen zu müssen, Nachrichten und Fotos verschicken, Meinungen und Links in Sekundenschnelle verbreiten. Wie Rosa (2016, S. 168ff.) anschaulich schildert, geht die damit zusammenhängende Beschleunigungsdynamik auch einher mit einem Optimierungs- und Effizienzdruck, dem sich niemand entziehen kann und der bis hin in die körperliche Selbstmanipulation geht (etwa bei Schönheitsoperationen). Paradoxerweise erleben wir jedoch mit steigendem Erleben von Omnipotenz eine steigende Abhängigkeit: Handys und PCs können wir bedienen, verstehen aber größtenteils nicht, wie sie funktionieren. Genauso wenig verstehen wir die Spezifizierungen und Zusammenhänge der Finanzwirtschaft, die nichts mehr mit realer Produktion zu tun haben. Die Vielzahl der möglichen Kontakte, die wir mittels der elektronischen Geräte haben können, führt zu einer Verflachung und wegen der potenziellen Aussortierbarkeit zu einer bereitliegenden Enttäuschungserwartung, die uns immer weniger erlaubt, sich auf tiefere Kontakte einzulassen (Tinder hat der Enttäuschung mit seinem »Wisch-und-Weg« eine motorische Abfuhrmöglichkeit beschert). Gefühle, Beziehungen, die gesamte Kultur gerät in einen Kommodifizierungssog, d.h. sie werden zu potenziellen Waren, die uns immer weiter entfernen von Sinnfragen. Anderson (1998) sagt dazu: »Niemals in einer früheren Zivilisation schienen die großen metaphysischen Fragen vom Sein und vom Sinn des Lebens derart bedeutungslos zu sein« (S. 51, Übersetzung D.H.-K.).

Dies führt zu einer Engführung von Lebenskonzepten, die dem aufsitzen, was Margret Thatcher nicht müde wurde, zu postulieren: der Rede von der Alternativlosigkeit.

Können wir etwas daran ändern? Wird es sich ändern mit den Fluten und Waldbränden und zunehmenden Ernteausfällen in Deutschland?

Eine Gefahr ist das Verfallen in das andere Extrem mit denselben zugrundeliegenden Mechanismen: ein manisches Gieren nach apokalyptischen Ereignissen, um endlich schnell das Störende zu beseitigen und die Zweifler wegzuspülen.

Die Gier nach schnellen Lösungen und die Schuldgefühle

Eine solch manische und letztlich destruktive Hoffnung zeigt sich, wenn – wie bei einigen Anhängern von Fridays for Future – die Erwartung vorherrscht, dass es eine schnelle und tiefgreifende gesellschaftliche Transformation geben könnte –, und die dabei ausbrennen. So hörte ich, dass einige Aktivisten in Beratungsgesprächen nachfragen, ob sie mehr Vitamine zu sich nehmen sollten, um nachts noch mehr arbeiten zu können. Die Funktion der manischen Hoffnung wie auch paradoxerweise des Gierens nach apokalyptischen Zusammenbrüchen dient letzten Endes der Abwehr von Trauer und Erschütterung, die sich einstellen – teilweise schockartig –, wenn die Zusammenhänge deutlich werden und nicht mehr abgespalten werden können. Welche Zusammenhänge sind das? Zum Beispiel der Umstand, dass Pandemie, Klimakrise, Finanzkrisen, Migrationsbewegungen alle zusammenhängen und nicht voneinander trennbar sind. Wir denken nicht gern weiter: Wie teuer wird es, wenn wir jedes Jahr eine Flut haben wie die letzte? Wie teuer wird es, wenn wir alle paar Jahre eine Pandemie oder auch nur eine immense Zunahme an klimabedingten Erkrankungen haben (was nicht unwahrscheinlich ist, denn die Erderwärmung erzeugt neue Bakterien, Pilze, Tigermücken, Gelbfieber-Wahrscheinlichkeiten und auch Zoonosen durch das Näherrücken der Tiere aus dem Regenwald in Richtung menschlicher Umgebungen)? Was passiert in Bezug auf globale *soziale* Folgen bei anhaltender Dürre und Massenmigration? Hier werden systematisch die Zusammenhänge gekappt und voneinander isoliert, denn es ist zu bedrohlich zu bedenken, dass alles mit allem zusammenhängt, dass es Dynamiken gibt, die unaufhaltbar und zudem noch exponentiell sind.

Besonders schwerwiegend ist die Bewusstwerdung von Schuld in dem Moment, wo klar wird, dass es kaum eine Wiedergutmachung gibt. Bezogen auf die Klimakrise heißt das: Je näher wir den Kipppunkten kommen, desto mehr muss Schuld abgewehrt werden, um nicht in tiefste Depression zu verfallen. Dies initiiert einen Teufelskreis von Abwehr von Schuld, Verzicht auf Wiedergutmachung, die noch möglich wäre, und vermehrte Schuld, die umso heftiger abgewehrt werden muss. Irma Brenman-Pick nennt dies die »tragische Position«: »The tragedy is the defences used like denial to avoid pain of knowledge in fact increase and intensify the pain that is being avoided« (persönliche Mitteilung von Sally Weintrobe).

Wenn wir also nicht einer Grandiosität in die andere Richtung verfallen wollen, die genauso unrealistisch ist wie die orale Paradieserwartung nach ewigem Konsum und Versorgung, und auch nicht in Depression verfallen wollen, wie finden wir eine machbare Mitte? Und was können wir tun, um einer uns alle mehr oder weniger heimsuchenden Lähmung und Trägheit zu entkommen?

Wir brauchen eine »nicht hoffnungsleere Hoffnungslosigkeit« (Schneider, 2005, S. 106), die es uns ermöglicht, Realität zu sehen, ohne überwältigt zu werden von Hoffnungslosigkeit. Wenn die Trägheit von der Resignation kommt, dass wir *als Individuen* nichts ausrichten können, brauchen wir eine Hoffnung, dass wir *gemeinsam* doch etwas ausrichten können. Nach jahrzehntelanger Individualisierung (Beck & Beck-Gernsheim, 1994), in der wir uns entwöhnt haben von Formen des gemeinsamen Handelns, erscheint dies im ersten Impuls vielen vielleicht als romantisierte Vorstellung. Aber möglicherweise ist dies auch eine Abwehr, die im gewohnten Weiter-so der Versorgung und der 16-jährigen Phase unter einer »Großen Koalition« verbleiben will: Man fühlt sich ohnmächtig und schämt sich, aus der individualisierten Zelle herauszutreten und sichtbar zu werden. Und natürlich weiß man nicht, wo man anfangen soll.

Wie muss eine Hoffnung beschaffen sein, die nicht kippt?

Eine realitätsgerechte Hoffnung, die eben nicht manisch ist, muss wohl einen Teil Ohnmacht aushalten können, um nicht naiv zu sein. Dafür muss sie ausreichend hoffnungsarm sein, d. h. mit dem Bewusstsein gespeist, dass wir einerseits tatsächlich einen Strukturwandel und etwas Großes brauchen, wenn wir den Kindern eine Zukunft erhalten wollen, und ein paar Reformen nichts ausrichten können. Andererseits muss sie damit leben, dass dies nur sehr langsam geht, und sie muss die Erfolge, die bereits erzielt worden sind – und das sind nicht wenige (zuletzt das Urteil des Bundesverfassungsgerichts zur Verfassungswidrigkeit des Klimaschutzgesetzes) – wertschätzen können. Sie muss auch mit der Realität leben können, dass die Ökosysteme nicht so stabil bleiben werden, wie sie es derzeit noch sind, und dass es wahrscheinlich noch einige gesellschaftliche Verwerfungen geben wird. Sie muss anerkennen, dass es verordnete Verzichtsleistungen geben wird, wie Einschränkungen der Gartenbewässerung im Sommer, um nur die kleinste zu nennen. Es gilt, eine Zehntel-Grad-Veränderung nach unten wertzuschätzen und zu sehen, dass es einen Unterschied macht und sich lohnt, dafür einzutreten. Ein Strukturwandel, den wir brauchen, kann nicht entstehen, wenn wir als Individuen nicht *fühlen* können, dass er notwendig ist. Erst dann können wir den notwendigen politischen Druck aufbauen. Wir denken selten, dass wir den Politikern helfen müssen, an sich selbst zu glauben. Wir denken selten, dass wir uns selbst glauben müssen, damit wir Druck aufbauen können. In der Frauenbewegung der 1970er Jahre gab es den Satz »Das Persönliche ist politisch« im Zusammenhang mit den *consciousness raising groups*. Wohlgemerkt: Ich rede hier nicht einer Verschiebung von Verantwortung auf die Einzelnen das Wort, oder einer Trivialisierung von Politik, sondern vom Zusammenhang zwischen Persönlichem und Politischem. Dieses Bewusstsein ist nur noch rudimentär vorhanden und hat mit der Vereinzelung und der Blase zu tun, in der wir gefangen sind.

Was tun?

Ich habe neulich gelesen, dass man die Befestigungsgummis der Masken beim Wegwerfen abtrennen soll, weil sich sonst die Vögel auf den Müllbergen darin verheddern bis hin zur Strangulation. Das Bild der Müllberge mit meinen Masken machte mich darauf aufmerksam, dass der Müll offenbar nicht aufhört zu existieren, sobald er in meiner Mülltonne vor dem Haus landet. Natürlich wissen wir das alle. Es jedoch zu fühlen in seinen Konsequenzen, kann sehr schmerzhaft sein, denn es verändert das Bewusstsein des königlichen und omnipotenten Ichs. Wenn wir das fühlen, kann es dazu führen, dass wir beunruhigt werden, mit Freunden sprechen, anders einkaufen, mit Verkäufern reden, Bewegungen anstoßen, am Ende vielleicht sogar in die Politik gehen. Das Persönliche als politisch zu begreifen und das Politische als persönlich, heißt, sich verbunden zu fühlen mit dem Draußen, zuständig und berechtigt, das Emotionale mitzuteilen und nicht ins Wohnzimmer zu verbannen. Indem der und die Einzelne etwas tun, können sie Gedanken und

Gefühle multiplizieren, die politisch etwas verändern. Indem die Politik Gesetze erlässt, die etwas verändern und mehr regulieren, verändert dies die Einzelnen, ihr Bewusstsein und ihr Handeln, und schafft neue Infrastrukturen, z. B. im Energiesektor, im Verkehr, in der Landwirtschaft, im Wohnungsbau und der Städteplanung und der Flächennutzung. Durch den jahrzehntelangen Rückzug von politischen Prozessen haben wir verlernt, zu sehen, dass wir nicht nur kleine Rädchen sind, sondern wirkmächtig durch Verbindung und Ausbreitung verändernder Gedanken. Letzten Endes geht es um einen Prozess der Selbstermächtigung, in dem wir im gegenseitigen Austausch lernen, uns zuständig, kompetent und erwachsen zu fühlen mitsamt unserem imperfekten Noch-nicht-Können-und-Wissen.

Literatur

Anderson, P. (1998). *The Origins of Postmodernity*. London: Verso.

Beck, U. & Beck-Gernsheim, E. (1994). *Riskante Freiheiten. Zur Individualisierung der Lebensformen in der Moderne*. Frankfurt a. M.: Suhrkamp.

Dell, D. (2019). Neoliberalism is bad for your mental health. In D. Morgan (Hrsg.), *The Unconscious in Social and Political Life* (S. 79–102). Oxfordshire: Phoenix.

Rosa, H. (2016). *Resonanz*. Berlin: Suhrkamp.

Schneider, G. (2005). Die Gefahr der Heilung – Psychische Veränderung als tödliche Bedrohung. *Jahrbuch der Psychoanalyse, 51*, 81–112.

Tuckett, D. (2013). *Die verborgenen psychologischen Dimensionen der Finanzmärkte*. Gießen: Psychosozial-Verlag.

Weintrobe, S. (2021). *Psychological Roots of the Climate Crisis – Neoliberal Exceptionalism and the Culture of Uncare*. London: Bloomsbury.

Die Autorin

Delaram Habibi-Kohlen, Dipl.-Psych., ist niedergelassen in eigener Praxis und Lehranalytikerin bei der Psychoanalytischen Arbeitsgemeinschaft Köln-Düsseldorf e. V. (DPV). Arbeitsschwerpunkte sind die Durcharbeitung der Gegenübertragung und das Unbewusste in Politik und Gesellschaft. Es ist ihr ein Anliegen, dass die Psychoanalyse Stellung bezieht zu gesellschaftlichen und politischen Fragen. Mehrere klinische Publikationen sowie zur Klimakrise.

Kontakt per E-Mail: d.habibi-kohlen@netcologne.de

Der Stand der Dinge

Filmpsychoanalytischer Kommentar zu *Parasite* (2019) von Bong Joon Ho

Ralf Zwiebel

Filmpsychoanalytische Vorbemerkungen

Jeder künstlerische Film stellt wie die Literatur, Musik und bildende Kunst ein unendlich komplexes ästhetisches Universum dar. Daher ist es unvermeidlich, dass man über den eigenen Zugang zum Film generell und zum spezifischen Film nachdenkt und sich gleichzeitig der Begrenztheit der eigenen Perspektive bewusst bleibt. Als Psychoanalytiker[1] betonen wir in der Regel eher die hermeneutische Dimension, geht es in der klinischen Arbeit doch um das Verstehen des unbewussten Sinns des seelischen Leidens unserer Analysanden. Dies unterscheidet sich oft vom eher strukturellen Vorgehen der Filmwissenschaftler und Filmkritiker, die sich mehr für die formalen Aspekte des Films interessieren. Michaela Krützen schreibt in ihrer umfangreichen Filmgeschichte *Klassik, Moderne, Nachmoderne*:

>»In den Analysen werden [...] keine verborgenen oder geheimen Bedeutungen aufgespürt. Denn es geht hier nicht darum, was die Filme erzählen, sondern wie sie das tun« (Krützen, 2015, S. 19).

Aber auch unter Filmpsychoanalytikern – also denjenigen Psychoanalytikern, die sich intensiv mit dem Phänomen Film und einzelnen Filmen beschäftigen (siehe auch Schneider, 2008) – gibt es sehr unterschiedliche Ansätze und Zugänge zum Film. Dabei scheint ein wesentlicher Aspekt zu sein, die Filmfiguren nicht mit lebendigen Personen – etwa den Analysanden des Analytikers – zu verwechseln. Daher ist es zu Beginn der Filmdiskussion hilfreich, kurz das eigene filmpsychoanalytische Arbeitsmodell vorzustellen, das verdeutlichen wird, wie ich mich dem Film *Parasite* von Bong Joon Ho aus dem Jahr 2019 genähert habe und wie ich diesen verstehe.

Selbstverständlich gibt es zwischen der analytischen Situation und dem Filmerlebnis im Kino erhebliche Unterschiede. Dennoch existieren einige Schnittmengen,

---

1 Im Folgenden werden die männliche Form gewählt und dabei beide Geschlechter mitbedacht.

die ich hier kurz ansprechen will. Der erste und vielleicht wichtigste Punkt bezieht sich auf die präsentierte menschliche Problemsituation, deren unbewusste Dynamik ein wesentlicher psychoanalytischer Fokus darstellt. Die zentrale Frage »Was ist los mit dem Analysanden?« kann danach auch auf die Protagonisten des Films – oder besser: den Film als Ganzen – übertragen werden. Daher interessieren wir uns als Filmpsychoanalytiker wie in der analytischen Situation für die erzählte Geschichte vor allem in ihrer unbewussten Dimension, wie sie sich in den Dispositionen und Handlungen der dargestellten Protagonisten manifestiert. Der zweite wichtige Kontext bezieht sich auf die Möglichkeiten oder Unmöglichkeiten von Veränderungen. Es geht also um gelingende oder scheiternde Lebensprozesse, die im Film ein wesentliches Spannungsmoment erzeugen. Es sei daran erinnert, dass man die Psychoanalyse als eine »transformative Kultur« verstehen kann (Elberfeld, 2017). Besondere Beachtung finden in diesem Kontext Filmfiguren oder Filmelemente, die im übertragenen Sinne »analytische Funktionen« ausüben: etwa das Innehalten in einem dramatischen Prozess, das Anregen zum Nachdenken und Reflektieren, aber auch einfühlende und unterstützende Aktivitäten. Und schließlich stellt das Selbst des Analytikers im Forschungs- und Erkenntnisprozess der unbewussten Dynamik der analytischen Situation und Beziehung das wesentliche Instrument dar. Die lebendige Selbstanalyse stellt sich daher sowohl für den klinischen Psychoanalytiker als auch für den Filmpsychoanalytiker als unverzichtbar dar. Vor diesem Hintergrund verstehe ich selbst meine Beschäftigung mit dem Film als die Fortsetzung meiner eigenen Psychoanalyse und Selbstanalyse. Mit Andreas Hamburger könnte sagen: Nicht wir legen den Film auf die Couch, sondern der Film legt uns als Zuschauer auf die Couch (Hamburger, 2019). Aus dieser Perspektive betrachtet man den Filmkünstler einschließlich des gesamten Filmteams als Kollegen, die wie der klinische Psychoanalytiker menschliche Problemlagen und ihr Transformationspotenzial – wenn auch mit anderen Mitteln – mithilfe eines selbstreflexiven Zugangs erforschen.

Der Plot des Films *Parasite*

Hier kann nur eine kurze Zusammenfassung des Films gegeben werden, die das Filmerlebnis selbst in keiner Weise ersetzen kann: Die Familie Kim mit adoleszenter Tochter und Sohn haust unter prekären Bedingungen in einer Kellerwohnung einer südkoreanischen Großstadt. Durch Vermittlung eines Freundes bekommt der Sohn eine Anstellung als Nachhilfelehrer bei der superreichen Park-Familie, die in einem abgeschotteten, luxuriösen Bungalow in der besten Gegend der Stadt mit ihren beiden Kindern lebt. Durch betrügerische Aktionen gelingt es der Kim-Familie, die bisherigen Angestellten zu vertreiben, sodass sie schließlich als ganze Familie die Stellen der Bediensteten besetzen: Nachhilfe, Kunsttherapie, Fahrdienst und Haushalt. Durch einen unerwarteten Besuch der ehemaligen und entlassenen Haushälterin bei Abwesenheit der Park-Familie entdeckt die Kim-Familie, dass es im Haus noch einen unterirdischen Bunker gibt, in dem der Ehemann der ehemaligen Haushälterin seit Jahren haust. Es kommt zu einem heftigen Kampf zwischen den Kims und dem Ehepaar, der von der Angst bestimmt ist, dass bei der Rückkehr der Parks alles auffliegt. Zunächst »siegen« die Kims, in dem sie das Haushälterin-Ehepaar im Bunker einsperren und alles wie gewohnt weitergehen kann; bei einer Gartenparty mit vielen Gästen gelingt es dem im Bunker eingesperrten Ehemann jedoch, diesen zu verlassen. Es kommt zu einem fürchterlichen Gemetzel, in dessen Folge Herr Park, die Tochter Kim und der Ehemann der ehemaligen Haushälterin umkommen. Im allgemeinen Tumult kann Herr Kim unerkannt in den Bunker flüchten. Monate oder Jahre später – der Bungalow wird von neuen Besitzern bewohnt, Frau Kim und ihr Sohn wohnen, nachdem sie eine Strafe abgesessen haben, immer noch in ihrer Kellerwohnung – beobachtet der Kim-Sohn den Bungalow und entdeckt Lichtzeichen, die er als Morsebotschaften des Vaters entziffert. Nun träumt er davon, einmal reich zu werden, den Bungalow zu kaufen und damit den eingeschlossenen Vater befreien zu können.

Zum Film und dem Regisseur Bong Joon Ho

Bevor ich die Filmerzählung etwas genauer kommentiere, möchte ich einige wenige Bemerkungen zum Regisseur Bong Joon Ho machen. Er stammt aus Südkorea (*1969) und hat bereits eine Reihe bekannter und prämierter Filme produziert (*Memories of Murder*, 2003; *The Host*, 2006; *Mother*, 2009; *Snowpiercer*, 2013; *Okja*, 2017). Mit *Parasite* gewann er erstmals als Ausländer den Oscar für den besten Film, außerdem die Goldene Palme in Cannes. Biografisch erscheint interessant, dass Bong Joon Ho Soziologie studiert hat, politisch aktiv war und früh mit der Arbeit als Regisseur begann. Dabei ist immer eine interessante Frage, ob die Kenntnisse und Analyse früherer oder späterer Filme eines Regisseurs das Verständnis des zu besprechenden Films zu vertiefen helfen. Beispielhaft sei dazu an die Arbeit Mahler-Bungers' (2004) über die Filme von Roman Polanski oder eine eigene Arbeit über das Werk von Alfred Hitchcock (2007) gedacht. Die Titel dieser Arbeiten – »Metamorphosen des Bösen« und »Zwischen Abgrund und Falle« – lassen ein Grundthema vermuten, das charakteristisch für die genannten Regisseure ist. Ein solcher Versuch würde hier den Rahmen sprengen. Ich will allerdings wenigstens andeuten, dass alle Filme von Bong Joon Ho eine deutlich gesellschaftskritische Dimension haben, bei genauerer Analyse aber auch eine philosophische Ebene erkennen lassen.

Der Film hat zahlreiche Preise und Ehrungen erhalten und ist von der Kritik fast einhellig positiv aufgenommen worden. Im Interview mit der *Neuen Züri-*

cher Zeitung äußert sich Bong Joon Ho selbst zu einigen Aspekten seines Films: der üblicherweise fehlenden Begegnung zwischen Reich und Arm; den Mauern und Grenzen zwischen den Menschen, die im Film brüchig werden; der Rolle des Geruchs, der die Lebenssituation, in der sich jemand befindet, schonungslos offenbare; der Wichtigkeit der vielen Treppen, sodass das Film-Team sogar scherzhaft von einem »Treppenfilm« gesprochen hat; der Frage, wer eigentlich Wirt und wer Parasit sei, und der Erkenntnis, dass auch die Reichen ein parasitäres Leben führen, sowie über einige typische südkoreanische Elemente des Films wie den Stein, der Ehrgeiz und Begehren des jungen Mannes symbolisiere, der aber am Ende der Natur zurückgegeben werde; und schließlich dem Überschreiten aller Genres dieses Films. Sabine Wollnik hat zur besonderen Perspektive der Fokussierung auf die Häuser im Film eine interessante Deutung vorgeschlagen: Sie versteht die Architektur der Häuser als Gedächtnisstruktur der südkoreanischen Geschichte – z. B. mit Blick auf den Atombunker als Ausdruck der ständigen Bedrohung durch Nordkorea. Im Hintergrund gebe es die traumatische Geschichte der Teilung von Korea, etwa auch ausgedrückt darin, dass Südkorea die höchste Selbstmordrate der OECD habe. Sie verweist in ihrer Deutung auch auf die hohe Bedeutung der Äußerlichkeit, die die ganze Gesellschaft durchziehe und sich insbesondere auch bei den Frauen zeige (etwa ein Drittel aller jungen Frauen hätten sich bereits einer Schönheitsoperation unterzogen). Auch sie betont die hohe Bedeutung der Grenzen und was passiert, wenn diese aufgelöst oder löchrig werden (persönliche Mitteilung Wollnik, 2021).

Dies sind nur wenige Kommentare, die fortgesetzt werden könnten. Sie belegen die eingangs formulierte Behauptung von der Unendlichkeit des filmischen Universums. Ich könnte aus meiner eigenen Erfahrung des Films weitere Aspekte herausgreifen: natürlich den schon erwähnten Punkt des Parasitären, auf den der Titel des Films ja hinweist; das Thema der Paradoxie des Planens; den Verweis aufs Metaphorische, als Hinweis darauf, den Film gleichsam als Parabel zu verstehen. Man könnte auch von der Beobachtung ausgehen, dass es nicht leicht ist, in diesem Film die Hauptprotagonisten zu identifizieren: Vielleicht trifft dies am ehesten auf den Kim-Sohn zu (mit ihm beginnt und endet der Film); aber im Grunde sind es die beiden Familien, die die wesentlichen Protagonisten sind – vielleicht auch als Hinweis auf die Bedeutung koreanischer oder auch asiatischer, oft auch als symbiotisch beschriebener Familienstrukturen. Und damit entsteht die Frage, ob es in dem Film überhaupt eine Art Sympathieträger gibt oder ob man nicht allen gegenüber eine gewisse Ambivalenz als Zuschauer beibehält.

Letztlich taucht immer wieder die Frage nach der Spezifität eines filmpsychoanalytischen Verständnisses auf. Dazu komme ich noch einmal auf das eingangs erwähnte Arbeitsmodell zurück und die drei genannten Kontexte: die im Film geschilderte Problemlage, die Frage nach der Veränderung und der selbstreflexive Kontext.

Der erste Kontext: Die Problemsituation

Was ist los mit den Menschen in diesem Film? Drei an den Bildern des Film aufweisbare Polaritäten möchte ich kurz ansprechen: oben und unten, eingeschlossen und fallengelassen und rein und unrein. Da es keinen eindeutigen Protagonisten gibt, ist die Versuchung nicht so groß, den Film wie eine psychoanalytische Krankengeschichte zu verstehen. Hier treffen zwei Familien aufeinander, deren Problemlagen nicht unterschiedlicher sein könnten: die Kims sozial ganz »unten« in der Not des täglichen materiellen Überlebenskampfes, die Parks ganz »oben«, aber auch in einer weniger klar erkennbaren, vielleicht eher versteckten Not, ihren Status zu erhalten und ihr Wohlstandsleben mit Sinn zu füllen. Mit Odo Marquard könnte man die Kims aus Sicht der Selbsterhaltung – philosophisch gesprochen – die grundlegende Existenzfrage stellen lassen: »Wodurch können wir existieren?« Die Parks versteht man besser mit der existenzphilosophischen Frage »Wozu existieren wir?« (Marquard, 2013) Beide Familien brauchen also einen Plan, von dem immer wieder die Rede ist: bei den Kims, wie man von »unten« nach »oben« kommt und wie man überhaupt überleben kann, bei den Parks, wie man »oben« bleibt, nicht nach »unten« abrutscht und das »oben« mit Sinn füllt. Die vielen Treppen im Film kann man in diesem Sinne als Metapher für die grundlegende Wunsch-Angst-Konstellation verstehen: der Wunsch, nach »oben« zu kommen oder zu bleiben, und die Angst, nach »unten« abzurutschen oder »unten« zu bleiben – eine »Vertikalität« der Wunsch-Angst-Dynamik (die »Vertikalität« spielt in Sloterdijks' *Du musst dein Leben ändern* eine wesentliche Rolle). Diese manifestiert sich bildlich in den jeweiligen Räumlichkeiten: Die Wohnung der Kims ist ohne klare Grenzen, permeabel mit Urin, Dreck, Pestiziden, vollgestopft mit den Habseligkeiten, ohne WLAN und Handy-Verbindungen, ohne klaren Plan und ohne Aufstiegschance – die beiden Kinder etwa haben sich erfolglos an Universitäten beworben. Das Haus der Kims ist dagegen mit Mauern und Elektronik mehrfach abgesichert, besteht aus weiten, lichtdurchfluteten Räumlichkeiten, alles ist sauber aufgeräumt, für jedes Familienmitglied gibt es einen eigenen Raum und darüber hinaus klare Pläne für die weitere Zukunft (angeregt durch Kunst- und Nachhilfelehrer). Bei den Parks kommt noch das unbekannte Verließ hinzu – gleichsam ein Bunker im schon abgeschotteten Refugium. Diese erste Thematisierung des »Unten« und »Oben« scheint mir vor allem auch mit Blick auf die Bilder so bedeutsam, etwa wenn man an den Beginn des Films denkt: In ihrer Kellerwohnung haben die Kims kein WLAN, erst wenn sie die Handys ganz nach oben unter die Decke halten, finden sie wieder einen Anschluss. Auch hier schon ist es besser, »oben« als »unten« zu sein.

Wie aber bekommt man diese angedeutete Problemlage psychoanalytisch zu fassen? Wir alle wissen, dass es »die« Psychoanalyse nicht gibt – also gibt es auch nicht »den« psychoanalytischen Zugang –, man könnte aber doch ein paar Elemente beschreiben, die dazugehören sollten: der klinische Moment, das Hören auf den Subtext, die Rolle der Übertragung und Wiederholung in der Beziehung zum Objekt und die Rolle der Infantilität oder die Untersuchung der eigenen affektiven Reaktion im Dienste des Verstehens des Objektes. Hier möchte ich den letzten Punkt aufgreifen, zumal ich beim Nachdenken über den Film plötzlich den Impuls verspürte, mich von der starken Vorgabe des Regisseurs, die mit dem Titel »Parasite« gegeben ist, freizumachen (das Lauschen auf den Subtext). Hinzu kam die hilfreiche Bemerkung von Gerhard Bliersbach, der in einem Kommentar schrieb, man komme gut in den Film hinein, aber nicht mehr heraus. Das beschrieb genau meine innere Situation mit dem Film (als affektive Reaktion). Wenn ich das formulieren wollte, würde ich sagen: »Ich fühle mich selbst im Film *eingeschlossen*.« Und daran schloss sich unmittelbar der Gedanke an: »Wie wäre es, wenn man den Film *Die Eingeschlossenen* nennen würde?« Dies würde also mehr das Klaustrophobische betonen und das Parasitäre gleichsam als Folge davon betrachten: Wovon soll man denn leben, wenn man *locked-in* ist? Natürlich vom Wirt. Es handelt sich also nach meinem Verständnis nur um eine leichte Verschiebung der Betrachtung, die aber für mein Nachdenken eine große Öffnung bedeutete. Der Subtext des Films stellt – das ist hier die zentrale These – das Eingeschlossen-Sein dar, bezogen auf alle Protagonisten und ihre jeweiligen Reaktionen darauf und alle weiteren Folgen. Dabei ist »Eingeschlossen-Sein« in einem sehr umfassenden Sinne sowohl sozial und politisch, psychologisch, aber auch existenziell zu verstehen. Es wird damit auch mehr ein Zustand des Seins beschrieben, während das Parasitäre sich auf den Modus der Interaktion bezieht.

Die Kims sind in ihrem Kellergeschoss eingeschlossen, wenn auch der Außenwelt teilweise ohnmächtig ausgeliefert. »Eingeschlossen« ist hier ganz konkret räumlich zu verstehen (wie sollen sie als arbeitslose »Loser« jemals eine andere Behausung finden?), aber auch metaphorisch (der Kim-Sohn verwendet häufiger dieses Wort, ohne es wirklich zu verstehen): Bruder und Schwester haben verschiedene gescheiterte Ausbildungsanläufe gemacht (die »Schicht« mindert ihre Bildungschancen). »Eingeschlossen« bezieht sich dann auf Räumliches, Situatives, Soziales, Relationales usw. Die Parks haben sich selbst in ihrem Luxusbungalow mit hohen Mauern und Sicherheitsanlagen »eingeschlossen« und verlassen ihr Domizil nur in Begleitung ihrer Bediensteten. Die Kinder sind in ihren Zimmern mit den Betreuern »eingeschlossen«, um an ihrem künftigen sozialen Status zu arbeiten. Die Kinder sind in die Wunsch- und Fantasiewelt der Eltern »eingeschlossen«. Der Mann der Haushälterin hat sich seit vielen Jahren im für die Parks unbekannten Atombunker versteckt, also selbst »eingeschlossen«, weil er seit Jahren auf der Flucht vor Kredithaien oder der Polizei ist. Sein »Eingeschlossen-Sein« ist in der Tat am konkretesten, wie dies auch später beim Kim-Vater der Fall sein wird.

Interessant ist nun die unterschiedliche Bewertung dieses »Eingeschlossen-Seins«: Die Kims wollen hinaus und entwickeln schließlich eine beträchtliche kriminelle Energie, um dies zu erreichen, einen Akt der Befreiung, wenn man so will. Die Kims spüren ihr Eingeschlossen-Sein, ebenso wie die alte Haushälterin und ihr Mann; es gibt zwei Momente im Film, in dem ihre Befreiungsfantasie dargestellt ist: Sie sind dann selbst die »Herren« der Villa und verhalten sich wie die Herrschaften. Es handelt sich gleichsam um die Befreiungsfantasie der Eingeschlossenen, nämlich sich selbst in die Position der Reichen und Mächtigen zu katapultieren, über die sie fantasieren, dass sie wirklich frei seien. Die Parks sind sich ihres »Eingeschlossen-Seins« nur sehr begrenzt bewusst – man spürt beim Ehepaar aber Momente, in denen sie etwas davon ahnen (das Gespräch über die Liebe, wenn man den Eindruck bekommt, dass Herr Park seine Familie und seine Ehe auch als eine Art »Klaustrum« erlebt). Nur für den Ehemann der Haushälterin und später auch für Herrn Kim erweist sich das »Eingeschlossen-Sein« schließlich als eine Art »sicherer Ort«, als Schutzbunker – nicht vor dem Atomangriff, sondern vor polizeilicher und anderer Verfolgung. Das »Eingeschlossen-Sein« ist also durchaus ambivalent: Es gibt eine klaustrophobische (der Wunsch, sich aus den Fesseln und der Beengung zu befreien) und eine klaustrophile Bewegung (als Fluchtpunkt mit Blick auf einen »sicheren Ort«, eben als konkreter oder metaphorischer Bunker). Hier wird also die Frage nach dem Schicksalhaften des »Eingeschlossen-Seins« gestellt, wonach das Eingeschlossen-Sein nicht nur vorgefunden, sondern auch hergestellt ist.

Diese Fokussierung auf das »Eingeschlossen-Sein« gibt dem Nachdenken über den Film einen größeren Spielraum, passt auch besser zu den vielen Bildern, in denen diese Einengung visuell gezeigt wird (z. B. wenn die Kim-Familie unter dem Sofa oder Tisch liegt oder der Kim-Sohn unter dem Bett der Park-Tochter, im Zusammenhang mit der Toilette auf dem Podest und in Form vieler anderer Beispiele). Auch scheint mir die Verbindung zur klinischen Situation und unseren Patienten verführerisch, kommen sie doch in aller Regel zu uns, weil sie sich in eine mehr oder weniger ausweglose Situation eingeschlossen fühlen, und die basalen klaustrophobischen und klaustrophilen Impulse gut im analytischen Prozess zu studieren sind – einerseits die Angst, zu sehr festgelegt zu werden, andererseits die Tendenz zur »unendlichen Analyse« (das analytische Paar schließt sich gemeinsam in der analytischen Situation ein).

Auch die Verbindung zum »Oben« und »Unten« könnte man herstellen: Jede Familie ist eben im »Oben« oder »Unten« eingeschlossen, und es gibt in der Regel nur wenig Austausch zwischen diesen beiden Bereichen. Der Film aber zeigt, was passiert, wenn dieser Austausch doch stattfindet. Die Auflockerung der sonst eher starren Grenzen setzt eine Dynamik frei, die ein enorme Sprengkraft hat. Diese lässt sich an einem anderen Phänomen noch einmal vertiefen, das leicht übersehen wird, aber dennoch eine explizit psychoanalytische Dimension hat, nämlich die vielfach angesprochene Analität. Hier weist die mehrfache Darstellung des »Riechens« auf diese Fährte: Immerhin wird die abfällige Beobachtung des Riechens durch Herrn Park der Auslöser für die Mordattacke auf ihn durch Herrn Kim. Der schon angedeutete Hinweis auf das »Oben« und »Unten« des Films könnte danach auch eine körperliche Dimension erlangen, indem das »Drecksloch«, in dem die Kims hausen, eigentlich der »Arsch der Welt« ist, während die Parks ihren »Arsch« nicht einmal kennen – von dem Bunker, in dem sich auch eine Toilette befindet, wissen sie gar nichts. Sie haben das »Anale« seit vielen Jahren abgespalten, auch wenn es sie noch sexuell fasziniert – wie sich am Beispiel des Slips zeigen lässt (Herr Park ist seit vielen Jahren nicht mit der U-Bahn gefahren – auch diese befindet sich »unten« –, aber er erinnert sich noch an den Geruch der U-Bahn fahrenden Menschen). Die Bedeutung des Analen scheint mir bei genauerer Betrachtung äußerst wichtig: Die Behausung der Kims erscheint tatsächlich fast wie eine Kloake – sichtbar an der erhöhten Toilette oder an kotzenden und urinierenden Leuten auf der Straße, denen die Kims schonungslos ausgesetzt sind. Wenn sie bei den Parks eindringen, dann tun sie das »gereinigt« – sauber gekleidet, mit gefälschten Papieren –; kaum haben sie sich aber erfolgreich eingenistet, bricht ihre Analität triebhaft durch: Innerhalb kurzer Zeit erscheint der zuvor »reine« Bungalow verdreckt und verwüstet. Was die Kims bei aller »Reinigung« nicht los werden, das ist ihr Geruch. Ist dies vielleicht eine wesentliche Quelle des Neides der Armen auf die Reichen, dass diese nämlich viel mehr Mittel haben, ihre Analität zu vertuschen und zu verleugnen? Die Verbindung zum Thema des »Eingeschlossen-Seins« könnte darin bestehen, dass der Mensch grundsätzlich in seine Körperlichkeit oder Leiblichkeit eingeschlossen ist, woran ihn vor allem seine Analität täglich erinnert: Jeder Mensch produziert diesen »menschlichen Geruch«, den er mal besser, mal schlechter verbergen kann, ein Geruch, der ihn an die Vergänglichkeit und den Tod erinnert. Daher streben alle Menschen nach »oben«, weil man dort viel mehr Möglichkeiten hat, die Symptome des Analen zu verbergen. Auch dies könnte man wieder metaphorisch verstehen: »Oben« im Kopf findet ja angeblich das Denken statt, das selbst vielfach überschätzt wird, während man mit dem »Unten« des Analen nichts zu tun haben will. Im Film gibt es eine Anspielung auf diese Thematik, wenn nämlich über die Rolle der Kunst gesprochen wird.

Der zweite Kontext: Die Veränderung ins Katastrophische

Im zweiten Kontext betrachten wir den Film aus der Sicht möglicher oder tatsächlicher Veränderungen. Hier muss man nur daran erinnern, dass die im Film beschriebene Konstellation des »Eingeschlossen-Seins« und ihr Aufbrechen am Ende zu einer katastrophalen Gewaltorgie führt, in deren Folge eine Kim-Tochter, der Park-Vater und die Haushälterin und ihr Mann umkommen. Die restliche Kim-Familie vegetiert weiterhin in ihrem Kellerverlies, die übrige Park-Familie ist verschwunden, und der Kim-Vater hat jetzt die Position im Atom-Bunker bezogen, die zuvor der Ehemann der Haushälterin innehatte. Was für ein schockierend deprimierendes Ende, vielleicht auch als Bild der Aussichtslosigkeit, sich jemals aus den Zuständen des »Eingeschlossen-Seins« befreien zu können! Hier können wir uns fragen, warum die beschriebene Konstellation sowohl in Gewalt als auch in eine ewige Wiederholung mündet, die den Zuschauer auch mit einem traurigen und resignierenden Gefühl aus dem Film entlässt.

Wäre eine andere Wandlung möglich gewesen? Wie im realen Leben gibt es ja auch im Film immer Kipppunkte, in denen die entscheidenden Weichen zum »Besseren« oder zum »Schlechteren« gestellt werden. Zunächst einmal lässt sich feststellen, dass der Film eine ständige Eskalation von Gewalt zeigt: Es beginnt mit der Fälschung der Papiere, setzt sich fort mit einer Fälschung der Identität (der Kunsttherapeutin aus Illinois), mit einer diffamierenden Verdächtigung des Fahrers und schließlich einem Angriff auf die Gesundheit der Haushälterin. Um von »unten« nach »oben« zu kommen, scheinen Formen der Gewalt unverzichtbar. In diesem Film ist es neben dieser angedeuteten Eskalation wohl die Begegnung zwischen den Kims und dem Bunker-Ehepaar, die einen solchen Kipppunkt darstellt. Erinnern wir uns daher noch einmal etwas genauer an diese entscheidende Szene: Die entlassene Haushälterin erbittet den Einlass ins Haus im strömenden Regen, weil sie im Keller etwas vergessen habe. Unter großem Einsatz öffnet sie den Zugang zu dem bislang unbekannten Bunker oder Verlies, und die Haushälterin führt in die verwinkelten Gänge, in denen seit mehr als vier Jahren ihr Mann haust, den sie auch zugleich mit einer Milchflasche und einer Banane füttert. Die Haushälterin will verhandeln, bietet sogar Geld an, wenn ein Kompromiss gefunden werden kann. Sie ist in der Position der Notleidenden, während Mutter Kim sich plötzlich in der überlegenen und moralischen Position fühlt und die Polizei rufen will – unter Verkennung ihrer eigenen kriminellen Machenschaften und ihrer wirklichen Lage. Während die Haushälterin auf die vergleichbare Situation hinweist – Stichwort: Solidarität –, weist Mutter Kim dies zurück, sie sei nicht notleidend. Die restliche Kim-Familie hat dies alles an der Treppe lauschend beobachtet, verliert aber den Halt dabei, sodass sie alle vor den Augen der Haushälterin auf den Boden stürzen; diese erkennt plötzlich den wahren Sachverhalt, den sie blitzschnell reagierend auf ihrem Handy als Video festhält. Die Machtverhältnisse haben sich plötzlich total gedreht: Jetzt werden die Kims mit der Aufdeckung ihrer Handlungen bedroht. »Jetzt gehen wir alle ins Gefängnis!«, droht die Haushälterin, und Herr Kim antwortet melodramatisch und verlogen, wie man das den so netten Parks antun könne! Das Handy wird nun zur Waffe, die sich gegen die Kims richtet, sie werden nach oben getrieben, während sich die Haushälterin und ihr Mann in der Rolle der reichen Hausbesitzer sonnen und die hilflosen Kims erniedrigen und in Schach halten. Nach einigen verbalen Attacken (»Neandertaler!«, »Dreckshaufen!«) – übrigens auch ein Hinweis auf die immer aktive, wenn auch oft verborgene Analität – kommt es zu einem erbitterten Kampf um das Handy,

das alles auffliegen lassen würde. Die Haushälterin wird mit den Pfirsichen kaltge-
stellt, der Ehemann überwältigt, und beide werden von den Kims in den Bunker
verfrachtet, als die Parks anrufen und ihre Rückkehr in den nächsten acht Minuten
ankündigen. Erst jetzt ist die bislang eskalierende, vorrangig psychische Gewalt in
direkte, körperliche Gewalt gemündet.

Alle Beteiligten haben in dieser entscheidenden Situation in der Tat eine scho-
ckierende Erkenntnis zu verarbeiten. Für die Kims wird deutlich, dass selbst die
Parks nicht »Herr im eigenen Hause« sind, und für die Haushälterin wird klar,
dass selbst ihre hart erarbeitete Bunker-Existenz kein »sicherer Ort« mehr ist.
Selbst das »Eingeschlossen-Sein« – sei es nun aktiv gesucht oder passiv erlitten –
kann nicht vor einer noch elementareren Bedrohung schützen, nämlich dem Fallen
in die absolute Haltlosigkeit. Dies formuliert auch die Haushälterin ganz deutlich,
dass sie nämlich ohne die jetzige Situation vor dem Nichts stehen. Frau Kim sitzt
noch eine Weile auf einem »hohen Ross«, und die Kims scheinen mit den Parks
identifiziert und verhalten sich wie die Herrschaften des Hauses. Als aber die Situation erneut kippt, spüren sie ihre eigene Angst, die sie im Rausch verleugnet
haben – die Angst namlich vor dem eigenen Nichts und der drohenden Haltlo
sigkeit. Aus dieser existenziellen Angst heraus entsteht der nachfolgende Kampf
auf Leben und Tod. Psychoanalytisch gesprochen, wird nur noch aus dieser tiefen
Angst heraus agiert und es taucht nirgendwo eine nachdenkliche, zögernde Stimme auf, die nach einer anderen als dieser destruktiven Lösung zu suchen versucht.
Eine »analytische Stimme« ist sozusagen weit und breit nicht zu finden. So endet
die Szene noch einmal knapp zugunsten der Kims, die die Reste der Verwüstung
mühselig beseitigen können, aber nunmehr wissen, dass sie »Leichen im Keller«
haben. Zwischen den Notleidenden konnte keine Solidarität entstehen – und damit vielleicht ein anderer Ausweg aus der prekären Lage –, weil sowohl die Kims
als auch die Haushälterin und ihr Mann so von ihrer Angst und der kompensato-
rischen Befreiungsfantasie getrieben sind – sich nämlich an die Stelle der Reichen
und Herrschenden zu bringen –, dass nur noch der nackte Überlebenskampf als
Option übrigbleibt, der aber alle in die Katastrophe führt. Oder könnte man sagen, dass es offenbar in allen Beziehungen potenziell immer um das »Oben« oder
»Unten« geht? Dies wird in dieser Kampfszene visuell so überzeugend dargestellt,
da es mehrere Kipppunkte in diesem »Oben« und »Unten« gibt. Die sich stei-
gernde Gewalt hat also aus dieser Sicht eine gewisse zwingende Logik. Und das
Ende des Films scheint auf den Wiederholungszwang zu verweisen: Trotz der To-
desopfer hat keine wirkliche Veränderung zum »Besseren« stattgefunden. Der
Rest der Kim-Familie haust immer noch in der Kellerwohnung, der Vater der Kims
hat jetzt die Stelle des Ehemanns der Haushälterin eingenommen, wo er aus dem
Bunker Nachrichten an seinen Sohn sendet, der diese auch tatsächlich empfängt
und übersetzen kann. Der Ausbruch aus dem »Eingeschlossen-Sein« erscheint
also aussichtslos zu sein, und es bleibt die ewige Sehnsucht, in einer fernen Zu-

kunft selbst zu Reichtum zu kommen und den Vater dann befreien zu können und die Familie wieder zu vereinigen. Dieser dünne Verbindungsfaden zwischen Vater und Sohn – die Morsezeichen aus dem Bunker – ist wie ein ganz schwacher Hoffnungsschimmer in dieser äußerlich ausweglosen Situation: Solange es noch intakte Familienbande gibt, ist nicht alle Hoffnung vergebens.

Der dritte Kontext: Die Selbstreflexion des Zuschauers

Zum Abschluss folgen noch einige Bemerkungen zum dritten Kontext meiner Überlegungen, nämlich inwieweit der Film die innere Situation des Zuschauers, der Zuschauer, spiegelt. Man kann sich fragen, warum der Film eine so große Resonanz bei der Kritik und auch beim internationalen Publikum gefunden hat. Hier sind zwei Zugänge möglich, die einmal mehr die ganz persönliche, individuelle Situation des Betrachters betrifft: Kann man sich bei einer selbstreflexiven Reaktion auf diese Filmgeschichte nicht fragen, wie es mit dem eigenen »Eingeschlossen-Sein« und den damit zusammenhängenden parasitären Tendenzen ist? Lebt nicht jeder immer auch ein Stück auf Kosten der Anderen? Beginnen wir unsere vorgeburtliche und nachgeburtliche Existenz nicht ganz stark »auf Kosten« der Eltern? Ein wesentlicher Aspekt der Sozialisation besteht ja gerade darin, diese »parasitäre Existenzform« durch Autonomie, Selbstbestimmung und Gegenseitigkeit zu transformieren. Auf dieser Ebene könnte der Film einen starken Impuls des Nachdenkens auslösen und Erinnerungen an unterschiedliche Formen des Brauchens, Gebrauchens und Missbrauchens anderer Menschen wecken. Andererseits könnte man den Film als Parabel für die gegenwärtige globale Situation in unserer Welt betrachten. Dann spiegelt der Film in der Tat das »Oben« und »Unten« auf eindrucksvolle Weise. In der Welt spielt sich dies offenbar mehr zwischen »Norden« und »Süden« ab oder teilweise zwischen »Westen« und »Osten«. Auch die Metapher des Analen passt recht gut in dieses Bild, denn viele Menschen in den Drittländern verkommen im Dreck und im Müll, bis hin zu der schockierenden Tatsache, dass der »Norden« seinen Müll dorthin verfrachtet. Die Arbeiten des Soziologen Lessenich (2016) verdeutlichen diesen Befund eindrücklich. Es ist aber auch noch eine andere Deutung möglich, nämlich dass man den Film wie eine Angstfantasie der reichen oder relativ wohlhabenden Menschen im »Norden« betrachtet, die nichts so fürchten, wie von den Flüchtlingsströmen aus dem »Süden« infiltriert zu werden, die sich als die wahren »Parasiten« erweisen und uns letztlich »abschlachten« werden. So wären wir selbst identifiziert mit der Familie Park, die am Ende von den Kims dieser Welt überrannt und verschlungen werden. In diesem Zusammenhang ist interessant, dass ja das Fremde, die Fremden oft auch mit dem Analen assoziiert werden (die »dreckigen Juden« oder die »schmutzigen Polen« aus Sicht der Deutschen), wobei sich die ewige Auseinandersetzung

248

zwischen »Oben« und »Unten« fortsetzt. Je mehr man nach »oben« strebt und es auch teilweise erreicht, um so mehr wird das eigene »Unten« verleugnet und projiziert. In der eigenen Person will man mit dem unteren Teil des Körpers nichts zu tun haben, es wird alles für eine Reinigung getan, und die Kultivierung (das geistige Leben, die Kunst, die Sublimierung) wird gefeiert. Erst am Ende des Lebens mag jeder Einzelne erkennen, dass »Oben« und »Unten« nicht zu trennen sind, dass sie zusammengehören: im körperlichen, seelischen und sozialen Bereich. Der Schluss des Films legt aber die Vermutung nahe, dass die Vorstellung, es könnte eine Art Solidarität zwischen »Oben« und »Unten« als Ausgleich entstehen, eine Illusion ist. Immerhin aber entfaltet die Fantasie des »Aufstiegs«, raus aus dem eingeschlossenen Kellerloch und den eingeschlossenen Vater zu befreien, eine starke kompensatorische Kraft, die die Bewältigung der Ängste und der Lebensnot im Ansatz ermöglicht.

Literatur

Ho, B. J. (2021, 7. August). Interview. *NZZ.*

Elberfeld, R. (2017). *Philosophieren in einer globalisierten Welt.* Freiburg i.Br.: Karl Alber.

Hamburger, A. (2019). *Filmpsychoanalyse. Das Unbewusste im Kino – das Kino im Unbewussten.* Gießen: Psychosozial-Verlag.

Lessenich, S. (2016). *Neben uns die Sintflut.* Berlin: Hanser.

Krützen, M. (2015). *Klassik, Moderne, Nachmoderne. Eine Filmgeschichte.* Frankfurt a.M.: S. Fischer.

Mahler-Bungers, A. (2004). Metamorphosen des Bösen. Roman Polanski und seine Filme. *Merkur. Zeitschrift für europäisches Denken, 58,* 1101–1110.

Marquard, O. (2013). *Der Einzelne. Vorlesungen zur Existenzphilosophie.* Stuttgart: Reclam.

Schneider, G. (2008). Filmpsychoanalyse. In P. Laszig & G. Schneider (2008), *Film und Psychoanalyse. Kinofilme als kulturelle Symptome* (S. 19–38). Gießen: Psychosozial-Verlag.

Sloterdijk, P. (2009). *Du musst dein Leben ändern.* Berlin: Suhrkamp.

Zwiebel, R. (2007). Zwischen Abgrund und Falle. Filmpsychoanalytische Anmerkungen zu Alfred Hitchcock. *Psyche – Z Psychoanal, 61*(1), 65–73.

Der Autor

Ralf Zwiebel, Prof. Dr. med., ist Psychoanalytiker (DPV) und war an der Universität Kassel tätig. Er ist Mitglied des Alexander-Mitscherlich-Institutes in Kassel.

Kontakt: Prof. Dr. med. Ralf Zwiebel, Lopikerstr. 7, 34393 Grebenstein; E-Mail: rzwiebel@web.de

Spiegelbilder
einer pandemischen Entwicklung

Mentalitäten von Verleugnung und Verschwörung

Rüdiger Eschmann

Im September 2021 berichtete der Newsletter eines Ärzteportals über den Kongress der American Psychiatric Association. Dort sei gesagt worden, die Folgeschäden der globalen Erwärmung seien assoziiert mit einem erhöhten Risiko für Angststörungen, Aggression und Suizidalität. Besonders bei Kindern und Jugendlichen gebe es eine *eco-anxiety*. Die ersten Kommentare von Kolleg*innen dazu waren heftig ablehnend. So wurde behauptet, das einzige psychische Problem sei die »Klimahysterie der Medien«.

Auf eine zu starke Angst antworten Menschen oft mit Verleugnung, einem Wahrnehmen, aber Nicht-Wahrhaben-Wollen. Bei der Leugnung des Klimawandels wird dies immer deutlicher – und überdeutlich sehen wir es heute schon bei der Leugnung der Gefahr durch das Corona-Virus. Dabei kann Verleugnung bei starken negativen Ereignissen, wie z. B. Verlust und Tod, zunächst hilfreich sein, um das Selbst zu schützen. Die unerträgliche Realität wird zuerst verleugnet, um später nach und nach bewusst angenommen zu werden. Eine solche schrittweise Konfrontation mit der schmerzlichen Realität ermöglicht dann aber den Abschied vom liebgewonnenen Gewesenen und eine Neuorientierung. Nach der Phase der Verleugnung werden also erst durch die schmerzhafte Konfrontation mit der Realität eine Bewältigung und Neuorientierung ermöglicht. Dies sind die normalen Phasen der Trauer, wie sie für Verlustereignisse beschrieben werden (Kast, 1982). Ein solches Modell ist aber auch hilfreich, um die Verleugnung in anderen unerträglichen Situationen zu beschreiben, wo es nicht um klassische Verlustereignisse geht.

Zu verleugnen ist nicht nur die Angst vor der eigentlichen Bedrohung. Bei der Pandemie kommt vieles andere hinzu. Da sind verschobene Ängste aus der Kindheit oder aus gesellschaftlichen Konflikten. Die Verschärfung ökonomischer Notlagen und von sozialer Isolation spielen eine Rolle. Hinzu kommt die Angst, sich fremden Autoritäten unterwerfen zu müssen, mit der Impfung ganz körperlich bedrängt und bedroht zu werden, die Kontrolle und den Überblick zu verlieren, zumal jetzt unüberschaubar komplexe Zusammenhänge nur noch von fernen Autoritäten erklärt werden können, was zu Abhängigkeitsängsten beiträgt. All dies trifft auch auf den Umgang mit dem Klimawandel zu, der außerdem noch viel weitergehende Einschränkungen und Veränderungen fordern wird. Dies ist auch noch mit einem Schuldgefühl verbunden, das nicht hinzukriegen, es nicht hinkriegen zu wollen und schon zu viele Zukunftschancen der künftigen Generationen irreversibel verbraucht zu haben.

All das kann reichen für ein pathologisches Steckenbleiben in einer Art von Verleugnung, die die britische Psychoanalytikerin Sally Weintrobe in ihren Untersuchungen über die Klima-Leugnung als *disavowal* bezeichnet. Bei einer solchen Dauer-Verleugnung, die nicht durch Trauerarbeit überwunden wird, kann die bedrohliche Realität bewusst anerkannt werden. Jedoch wird versucht, Angst und Schmerz trickreich zu umgehen: »Disavowal ist auch fintenreich. Sie kann die Wahrheit schlau verbiegen, umdrehen, verzerren, und betrügerisches Denken gedeiht in diesem Seelenzustand« (Weintrobe, 2013, S. 39, Übersetzung R. E.).

Das Repertoire beginnt bei den harmlosen Sätzen, die wir alle kennen: »Was kann ich als Einzelner schon ausrichten.« Weniger harmlos wäre: »Deutschland braucht die Autoindustrie« oder »Ich lasse mir doch von so jungen Mädchen, die nicht zur Schule gehen, nicht vorschreiben, wie ich zu leben habe.« Weniger humorvoll sind die ausgefeilten Methoden der Wissenschaftsleugnung, die schon bekannt sind von den Lobbykampagnen der Tabak- oder der Autoindustrie oder von den Leugner*innen der Evolutionstheorie. Von diesen Leugnungsmethoden gibt es mehrere Beschreibungen, als Beispiel möchte ich das sogenannte PLURV-Modell vorstellen: Die Wissenschaftler Diethelm und McKee haben 2009 die Grundfunktionen von bisherigen Verleugnungskampagnen beschrieben. Bei der Leugnung des wissenschaftlichen Konsenses würden einige oder alle der folgenden fünf Elemente eingesetzt, die unter dem Kürzel »PLURV« in den deutschen Sprachgebrauch eingegangen sind. »PLURV« verschafft uns einen besseren Überblick über Klima- und Corona-Leugnung, obwohl Diethelm und McKee die Leugnung des Corona-Virus noch gar nicht kannten:

➢ *Pseudo-Expert*innen, die eine zum aktuellen Forschungsstand Stand »quer« liegende Meinung vertreten:* Die wenigen Wissenschaftler*innen unter den Klimaleugner*innen sind meistens keine Klimaforscher*innen (Edvardsson Björnberg et al., 2017, S. 235; Cook, Lewandowsky & Ecker, 2017). Die Bedeutung dieser Gegenexpert*innen wurde oft systematisch aufgebaut, z. B. von der Tabakindustrie oder den Klimaleugner*innen, sodass wissenschaftlich unstrittige Themen als offene wissenschaftliche Kontroversen dargestellt und eine »ausgewogene« Berichterstattung und »Meinungsfreiheit« für die Gegenexpert*innen gefordert wurde;

➢ *Logische Fehlschlüsse:* Ein typisches Beispiel ist das systematische Ignorieren des Präventionsparadoxes bei der Verharmlosung des Corona-Virus;

➢ *Unerfüllbare Anforderungen an die Wissenschaft* (etwa dass Impfungen ein zu 100 Prozent sicheres Ergebnis erzielen müssten oder keinerlei Nebenwirkungen haben dürften);

➤ *Rosinenpicken (die selektive Auswahl von Daten):* Hiermit lässt sich fast alles »beweisen«: Zu den Todesopfern in Zusammenhang mit COVID-19 etwa wird gesagt, dass diese »sowieso« gestorben wären. Todesfälle im Zusammenhang mit Impfungen werden als Beweis für die Tödlichkeit von Impfungen genommen (Gensing, 2021). Beim sogenannten *quote mining* werden Zitate aus dem Kontext gerissen.

➤ *Verschwörungserzählungen* können diese fragilen Konstrukte in eine konsistente und übersichtliche Gesamterzählung einbinden. In diesem Sinne gebe es keine Pandemie, »dieser ganze Zirkus« diene der Einführung der »Neuen Weltordnung«, mit der eine geheime Elite eine »totalitäre digitale Diktatur« mithilfe von 5G etabliere. Die Verschwörungserzählungen bedeuten einen weiteren Realitätsverlust, der bei den vorherigen Methoden von »PLURV« noch nicht unbedingt erreicht ist. Nun ist der Weg frei für jedwede Wunschbehauptung jenseits von »PLURV«, z. B. mit Blick auf die im Internet viral gehenden übertriebenen Teilnehmerzahlen bei einer »Querdenker«-Kundgebung im August 2020 in Berlin. Zudem werden reale Aussagen ins Gegenteil verkehrt; so habe der Biontech-Chef gesagt, er wolle sich aus Gesundheitsgründen selbst nicht impfen lassen – in dem als Beleg zitierten Video hatte er genau das Gegenteil gesagt.

»PLURV« ist erst einmal nur eine Beschreibung, die nichts aussagt über die uns interessierende Psychodynamik. Im Gegenteil: Das »PLURV«-Modell beschreibt Desinformationskampagnen, die oft bewusst mit guter finanzieller und organisatorischer Ausstattung geplant wurden. Dahinter stehen ökonomische Interessen wie bei der Tabak- oder Fossilwirtschaft (McKibben, 2015) oder religiös-ideologische Motive wie im Zuge der Leugnung der Evolutionstheorie in den USA. Allerdings sprechen diese Kampagnen starke Bedürfnisse ihrer Adressat*innen an: Süchtige Raucher*innen glaubten nur allzu gerne der »PLURV«-Kampagne der Tabakindustrie. Und wir würden nur allzu gerne glauben, dass wir unseren Lebensstil nicht zu ändern brauchen. Aufgrund unserer Ausbildung, was wissenschaftliche Methoden angeht, durchschauen wir manche Zusammenhänge vielleicht schneller – Studien aber deuten darauf hin, dass der Bildungsgrad nicht eindeutig korreliert mit der Verleugnung bedrohlicher Realitäten (Decker & Brähler, 2020; Schließler, Hellweg & Decker, 2020).

Bedeutsamer sind psychologische Ursachen: Hier sind wir doch wieder bei einer Psychodynamik, wie sie Freud in *Massenpsychologie und Ich-Analyse* (1921c) für politische Massenphänomene vermutet hatte: Die inneren Instanzen von Realitätsprüfung und Moral können ersetzt werden durch äußere Instanzen, wenn sie einem starken Bedürfnis nach Entlastung entgegenkommen. Als entlastende äußere Instanz stellte sich Freud das Aufgehen in der Masse vor oder einen männlichen Führer mit hypnotischer Kraft.

Diese Vorstellung entsprach der damaligen Zeit, heute sind entlastende äußere Instanzen neben Führerfiguren wie Trump soziale Medien mit ihrem unendlichen Potenzial, parallele Wunschwelten in hermetisch geschützten Echokammern anzubieten. Deshalb werden soziale Medien zurecht als Brandbeschleuniger einer destruktiven Realitätsverleugnung bezeichnet (Eckert & Schmidt, 2021). Aber vergessen wir nicht, was auch ohne diese Medien an Flächenbränden möglich war: Die Judenprogrome, der Hexenwahn oder Formen der Kriegsbegeisterung sind ohne das Internet ausgekommen. So bleibt der Kern der Entdeckung Freuds in seiner *Massenpsychologie* die innere Entlastung durch äußere Verführung und Verhetzung.

Entlastet werden sollte nach Freuds damaliger Vorstellung ein drückendes, strenges Überich[1]. Dieser »Polizist« im Kopf ist nach der Vorstellung heutiger Psychoanalytiker wie Paul Hoggett (2013, S. 59) oft korrumpiert oder ersetzt durch einen »Zuhälter« im Kopf, der »uns erzählt, dass wir alles, was wir wollen, haben können sollten«. Eher als beim Polizisten würden verleugnete Wahrnehmungen zugelassen, aber sie würden ihres Bedeutungszusammenhanges beraubt. Der Zuhälter ermöglicht das oben erwähnte *disavowal*, die Unterform der Verleugnung. Das erleichtert die Ausflüchte und Selbstbetrügereien, von denen oben die Rede war, auch schon ohne die entlastende Intervention durch eine äußere Instanz.

Es ist der gesellschaftlich vermittelte Wertekanon, der unser Überich beeinflusst. In *Massenpsychologie und Ich-Analyse* entwickelt Freud, wie sich die soziale Umwelt im Wertekanon des »Ichideals« niederschlägt; Individualpsychologie sei »von Anfang an auch gleichzeitig Sozialpsychologie« (1921c, S. 73). Für Weintrobe begünstigt der gegenwärtige neoliberale Wertehorizont eine Haltung eines »Exzeptionalismus«, als wenn man selber eine Ausnahmeberechtigung zur Ausbeutung von Natur und Menschen hätte. Mit dieser Anspruchshaltung werde klimafreundliches Handeln als »Zumutung« erlebt. »Wenn wir uns überlegen fühlen, fühlen wir uns auch zu Zuteilungen in idealer Wunschgröße berechtigt« (Weintrobe, 2010, S. 119, Übersetzung R. E.). Die Natur und andere Menschen werden ignoriert, entsprechend ist diese Haltung antisozial, fremdenfeindlich und politisch am rechten Rand zu finden: Klimaleugner*innen in den USA sind überwiegend weiß und männlich und verfügen über ein hohes Einkommen (McCright & Dunlap, 2011). Hier geht es um die Wahrung von Privilegien, die mit einem exzeptionellen Anspruch ausgestattet sind.

Eine solche Haltung begünstigt es, zu verleugnen, anstatt sich mit der unangenehmen Realität zu konfrontieren. Aber es wäre ein Kurzschluss, bei allen Leugner*innen schlimmer Realitäten eine solch überhebliche-privilegierte Lebenseinstellung zu vermuten. Bei Studien in Deutschland zur Verschwörungsmentalität

---

1 In der *Massenpsychologie* (1921c) sprach Freud noch vom »Ichideal«; den Begriff »Überich« führte er später in *Das Ich und das Es* (1923b) ein.

sehen wir Überschneidungen – nicht Gleichsetzungen – mit rechtspopulistischen Milieus, wobei aber eher ein Mangelerleben bezüglich der ökonomischen Sicherheit, der gesellschaftlichen Anerkennung und der politischen Kontrolle zugrunde liegt (Decker & Brähler, 2020). Ein anderer Teil der »Querdenker«-Szene steht in Verbindung mit esoterischen Grundhaltungen (Schließler, Hellweg & Decker, 2020, S. 283–308).

Immer jedoch sind es bestimmte kulturelle Milieus und gesellschaftliche Rahmenbedingungen, die verschiedene Ausprägungen von Verleugnung hervorbringen. Äußere Faktoren belasten oder entlasten die innere Welt. Wie der psychoanalytische Rahmen kann auch der gesellschaftliche Rahmen eine psychische Entwicklung oder Fehlentwicklung in Gang setzen. Warum aber bleiben manche Menschen eher in der Verleugnung, im *disavowal*, stecken und andere nicht? Warum kommt es bei einigen zu einem immer weitergehenden Rückzug aus der Realität und Radikalisierungen wie bei Teilen der »Querdenker«-Szene?

Der britische Psychoanalytiker John Steiner (2006 [1993]) beschreibt die Verleugnung von Realitäten als seelischen Rückzug in eine Zufluchtsstätte, die erlebt wird als »Höhle, Festung, verlassene Insel«, oder als »Organisation von Schutz versprechenden Objekten [...] eine religiöse Sekte, totalitäre Regierung oder [...] mafiaähnliche Bande« (S. 18).[2] Dort muss sich die Patient*in »der Realität nicht stellen [...] Phantasie und Omnipotenz [können] ungeprüft weiterbestehen [...] und alles [ist] erlaubt [...]« (ebd., S. 20). Wenn diese Patient*innen »wie eine Schnecke aus ihrem Haus hervorkommen«, ziehen sie sich sofort zurück, »wenn der Kontakt mit zu viel Schmerz und Angst verbunden ist« (ebd., S. 18).

Bei Steiners »seelischem Rückzug« geht es nicht um den selbstgerechten Erhalt von Privilegien; es geht darum, »Angst zu vermeiden« (ebd.). Die erlebte Angst wird nach außen projiziert, um den seelischen Rückzugsort rein zu halten. Gegen die Angst werden auch Schutzfiguren aufgebaut. So entsteht um die Patient*in herum ein System bedrohlicher und idealisierter Figuren und Instanzen (»Drosten droht, Wodarg schützt«). Nichts davon darf infrage gestellt werden, weil eine Rücknahme der Projektionen das Wiedereindringen der Angst in den Schutzraum bedeuten würde.

Wenn aber die Projektionen nicht zurückgenommen werden, ist eine hilfreiche Auseinandersetzung mit der wirklichen äußeren Gefahr nicht mehr möglich. So könnte eine Patient*in, die Angst hat vor den staatlichen Anti-Corona-Maßnahmen, auf beruhigende Erklärungen mit einer Verschlechterung reagieren. Wenn aber die Projektionen nicht zurückgenommen werden, ist es gar nicht möglich, die inneren Angstquellen zu bewältigen. Die Ursachen beispielsweise früher Ängste von körperlichem Ausgeliefertsein durch die Impfung, von Abhängigkeit durch

---

2   Steiner bezieht sich hier auf Rosenfelds Theorie von der inneren mafiaähnlichen Bande (Steiner, 2006 [1993], S. 26, 75f.).

Krankheit, die Ängste bezüglich Isolation und Einsamkeit können erst konfrontiert und bewältigt werden, wenn die Projektionen zurückgenommen werden. Wenn die Rücknahme der Projektionen nicht möglich ist, wird die Person noch abhängiger vom projizierten System (ebd., S. 87), wo ihr gerade doch die Abhängigkeit so viel Angst macht. Das projizierte System wird immer monströser, sodass die wachsende Angst immer mehr verleugnet werden muss. Dann reagieren diese Patient*innen auf Herausforderungen mit »noch gründlicherem Rückzug« (ebd., S. 20) und mit extremer Unnachgiebigkeit (ebd., S. 18). Die »Entlastung, welche der Rückzug gewährt« wird bezahlt mit »einem fast vollständigen Entwicklungsstillstand« (ebd., S. 19), der die Patient*innen ihrer seelischen Möglichkeiten beraubt, die ursprüngliche Angst zu bewältigen. Auf diese Weise entsteht ein Teufelskreis von Angst, Verleugnung und Unnachgiebigkeit, der zu erheblichem Realitätsverlust und politischer Radikalisierung führen kann. Diesen Teufelskreis hatte bereits Adorno in einer Arbeit über die Anhänger des Faschismus beschrieben (1970 [1951], S. 507). Mit Blick auf die Leugnung des Klimawandels schreibt Weintrobe: »Je mehr die Verleugnung ihre Wirkung ohne Realitätskontrolle entfalten kann, desto größere Ängste ruft sie hervor und desto größer wird auch die Gefahr, dass die entsprechenden Ängste mit zusätzlicher [...] Verleugnung abgewehrt werden. Verleugnung führt zu einem Teufelskreis [...]« (2013, S. 39, Übersetzung R. E.).

Im Zusammenhang mit der Leugnung des Corona-Virus stellt der Sozialpsychologe Andreas Zick fest, dass die sogenannten »Querdenker« zwar weniger, dafür aber radikaler würden (Zick, 2021). Ein Dialog sei nicht gewollt, die Gewaltbereitschaft habe zugenommen. Ein Zeichen der Radikalisierung ist der zunehmende Einfluss des QAnon-Verschwörungsmythos in der Szene. Die QAnon-Bewegung verbreitet im Internet die Erzählung über eine geheime satanistische und pädophile Elite von Prominenten – darunter mehrere ehemalige US-Präsidenten –, die die USA mittels des »tiefen Staates« unter Kontrolle gebracht hätten. Trump sei angetreten, die Opfer zu befreien und die Verschwörer zu bestrafen. Reale Ereignisse, z. B. Fälle von Pädophilie, werden als Beweise gedeutet. Die Projektionen von Angst und Sadismus sind so heftig, jeder Widerspruch dagegen wird als bedrohlich erlebt, sodass Gewalt als gerechtfertigt erscheinen kann. Tobias R., der beim Anschlag in Hanau 2020 neun Menschen ermordete, hatte sich in seinem Bekennervideo auf QAnon-Narrative berufen.[3]

QAnon-Narrative erfüllen Funktionen von Verschwörungsmythen, wie sie im Zuge einer Radikalisierung von Verleugnung und seelischem Rückzug entstehen:
➤ Die vollständige Ersetzung der ängstigenden Realität durch die Projektion ängstigender und Inhalte in eine Parallelwelt, in einen konsistenten Mythos.

---

3 Zu Aspekten innerhalb dieses Abschnitts siehe Gensing & Rohwedder (2022) und evangelisch.de (2021).

➤ Die Konsistenz des Mythos ist beruhigend, wie die Systematisierung eines Wahns eine diffuse Wahnstimmung beruhigen kann.

➤ Jeder Zweifel am Mythos provoziert die ursprüngliche Angst, deshalb ist der Mythos unwidersprechbar und rigide.

➤ Die Rigidität wird zementiert durch die Verführung der Zugehörigkeit zur Gemeinschaft und die Angst vor der Verstoßung.

➤ Die Abhängigkeit von der Gemeinschaft wird umso größer, je mehr die Unwidersprechbarkeit des Mythos die Bewältigung der wirklichen Ursachen von Angst und Schuld blockiert.

➤ Die durch den Teufelskreis der Verleugnung eskalierten Ängste machen sich an verschobenen Objekten fest, die immer bedrohlicher werden. Die »satanistischen Pädophilen« des US-demokratischen Establishments sind Konkretisierungen der eskalierenden Angst.

➤ Darüber hinaus geben sie das Gefühl, nicht mehr der ursprünglichen Angst ausgeliefert zu sein, denn »wir haben unsere eigene Apokalypse erfunden, die nur wir als die Wissenden durchschauen«. Manche Verschwörungsmythen, die die Klimakatastrophe leugnen, machen ihren Anhänger*innen Angst mit »alternativen«, fantastischen Apokalypse-Versionen.

»Mut zur Angst« statt »Angstmache«

Wenn wir noch einmal zurückkehren zum anfangs erwähnten Modell der Trauerphasen, dann würde es bei der Corona- wie der Klimawandel-Leugnung darum gehen, die Fixierung in der anfänglichen Verleugnung aufzulösen. Statt die Probleme in eine projektive Wunschwelt zu evakuieren (»Drosten droht, Wodarg schützt«), sollten die Projektionen zurückgenommen werden und eine Konfrontation stattfinden.

Dies geht nicht ohne neue Angst, Schmerz, Wut oder Depression, und es besteht die Gefahr eines neuen erschrockenen Rückzuges. Wie wir aus der Neuropsychologie wissen, kann zu viel Angst die Weltbewältigung blockieren (Fonagy, 2006 [2009]). Zu wenig Angst aber führt ebenfalls zum Entwicklungsstillstand. Anstatt Verleugnung brauchen wir eine Angstkonfrontation, die gerade noch erträglich ist und nicht blockiert. Wir brauchen »Mut zur Angst«. Mit diesen Worten hatte der Philosoph Günter Anders die Friedensbewegung gegen die Atomaufrüstung ermutigt (Anders, 2003 [1959]).

Für die Klima-Frage würde das bedeuten, dass wir uns mit Umdenken, Verzicht, und Schuld konfrontieren. Auch in der Auseinandersetzung mit der Pandemie müsste sich ein Weltbild ändern, Abhängigkeiten und Autoritäten müssten anerkannt und tiefere Ängste um Freiheit und körperliche Unversehrtheit bewältigt werden.

Aber: Wenn wir bei dieser Art von Konfrontation mit der Gefahr stehen blieben, wäre das wirklich die »Angstmache«, die »Schwarze Pädagogik«, die den Realist*innen heute vorgeworfen wird. Statt »Angstmache« müssen wir Angst als Signalangst verstehen, die Lösungen zwar erzwingt, aber auch erst ermöglicht. Das führt zu Handlungsperspektiven, die beruhigen. Beim anfangs erwähnten APA-Kongress wurde gegen den Stress der »Öko-Angst« empfohlen, bei den betroffenen Kinder- und Jugendlichen ein konstruktives Engagement für einen umweltfreundlichen Lebensstil anzuregen.

Literatur

Adorno, T. W. (1970 [1951]). Die Freudsche Theorie und die Struktur der faschistischen Propaganda. *Psyche – Z Psychoanal, 24*(7), 486–509.

Anders, G. (2003 [1959]). Thesen zum Atomzeitalter. In ders., *Die atomare Drohung. Radikale Überlegungen zum atomaren Zeitalter* (S. 93–105). München: C. H. Beck.

Cook, J., Lewandowsky, S. & Ecker, U. K. H. (2017). Neutralizing misinformation through inoculation: Exposing misleading argumentation techniques reduces their influence. *Plos One, 12*(5). DOI: 10.1371/journal.pone.0175799

Decker, O. & Brähler, E. (Hrsg.). (2018). *Flucht ins Autoritäre. Leipziger Autoritarismus Studie 2018.* Gießen: Psychosozial-Verlag.

Decker, O. & Brähler, E. (Hrsg.). (2020). *Autoritäre Dynamiken. Alte Ressentiments – Neue Radikalität. Leipziger Autoritarismus Studie 2020.* Gießen: Psychosozial-Verlag.

Eckert, S. & Schmidt, C. (2021, 19. Juli). Brandbeschleuniger Social Media. *Tagesschau.* https://www.tagesschau.de/investigativ/ndr/querdenker-radikalisierung-telegram-103.html (05.04.2022).

Edvardsson Björnberg, K., Karlsson, M., Gilek, M. & Hansson, S. O. (2017). Climate and environmental science denial: A review of the scientific literature published in 1990–2015. *Journal of Cleaner Production, 167,* 229–241. DOI: 10.1016/j.jclepro.2017.08.066

evangelisch.de (2021, 9. August). Jüdische Organisation warnt vor Verschwörungsideologien. https://www.evangelisch.de/inhalte/189349/09-08-2021/juedische-organisation-warnt-vor-verschwoerungsideologien (05.04.2022).

Fonagy, P. (2009 [2006]). Soziale Entwicklung unter dem Blickwinkel der Mentalisierung. In J. G. Allen & P. Fonagy (Hrsg.), *Mentalisierungsgestützte Therapie* (S. 90–152). Stuttgart: Klett-Cotta.

Freud, S. (1921c). *Massenpsychologie und Ich-Analyse.* GW XIII, S. 71–161.

Freud, S. (1923b). *Das Ich und das Es.* GW XIII, S. 237–289.

Diethelm, P. & McKee, M. (2009). Denialism: what is it and how should scientists respond? *European Journal of Public Health, 19*(1), 2–4. DOI: 10.1093/eurpub/ckn139

Gensing, P. (2021, 11. Januar). Corona-Impfungen Angstmache, Falschmeldungen und Gerüchte. *Redaktion ARD-faktenfinder.* https://www.tagesschau.de/faktenfinder/impfen-fakenews-101.html (05.04.2022).

Gensing, P. & Rohwedder, W. (2022, 31. März). Was ist QAnon? *Tagesschau.* https://www.tagesschau.de/faktenfinder/qanon-faq-101.html (05.04.2022).

Hoggett, P. (2013). Climate change in a perverse culture. In S. Weintrobe (Hrsg.), *Engaging with Climate Change: Psychoanalytic and interdisciplinary perspectives* (S. 56–71). London: Routledge.

Kast, V. (1982). *Trauern. Phasen und Chancen des psychischen Prozesses.* Stuttgart: Kreuz.

McCright, A. M. & Dunlap, R. E. (2011). Cool dudes: The denial of climate change among conservative white males in the United States. *Global Environmental Change, 21*(4), 1153–1318. DOI: 10.1016/j.gloenvcha.2011.06.003

McKibben, B. (2015, 14. Oktober). Exxon's climate lie: No corporation has ever done anything this big or bad. *Guardian.* https://www.theguardian.com/environment/2015/oct/14/exxons-climate-lie-change-global-warming (05.04.2022).

Steiner, J. (2006 [1993]). *Orte des seelischen Rückzugs. Pathologische Organisationen bei psychotischen, neurotischen und Borderline-Störungen.* Stuttgart: Klett-Cotta.

Schließler, C., Hellweg, N. & Decker, O. (2020). Aberglaube, Esoterik und Verschwörungsmentalität in Zeiten der Pandemie. In O. Decker & E. Brähler (Hrsg.), *Autoritäre Dynamiken. Neue Radikalität – alte Ressentiments. Leipziger Autoritarismus Studie 2020* (S. 283–308). Gießen: Psychosozial-Verlag.

Weintrobe, S. (2010). Engaging with Climate Change Means Engaging with Our Human Nature. *Ecopsychology, 2*(2), 119–120.

Weintrobe, S. (2013). The difficult problem of anxiety in thinking about climate change. In dies. (Hrsg.), *Engaging with Climate Change: Psychoanalytic and interdisciplinary perspectives* (S. 33–47). London: Routledge.

Zick, A. (2021, 30. Juli).»Querdenker« werden weniger und radikaler. Interview. *evangelisch.de.* https://www.evangelisch.de/Inhalte/188974/30-07-2021/extremismusforscher-zick-querdenker-werden-weniger-und-radikaler (05.04.2022).

Der Autor

Rüdiger Eschmann, Dr. phil., Facharzt für Psychosomatische Medizin, Psychoanalytiker in freier Praxis, Lehranalytiker (DGPT, DPG) am BIPP Berlin. Arbeitsschwerpunkte: Psychoanalyse und Gesellschaft, Psychoanalyse und Kunst. Buchveröffentlichung: *Todeserfahrungen im Werk von Giovanni Segantini* (2016). Diverse Veröffentlichungen in Sammelbänden.

Kontakt per Email: eschmann-ruediger@t-online.de

Empathie in Zeiten der Distanzierung – Distanz in Zeiten der Empathie

Ein pandemiegeprägter Blick auf das emotionale Verstehen

Natalia Erazo

Wir leben im »Zeitalter der Empathie« (Breger & Breithaupt, 2008): Nach einer langen Zeit des objektiven Messens und Datensammelns als Erkenntnisgrundlage habe eine Form des erlebend-lebendigen Verstehens und damit *das Gefühl* epistemologische Bedeutung zurückerhalten (Gessmann, 2009). Was sich anhört wie die Wiederkehr der Romantik oder – mit Freud (1900a) – der phantasmatische Ausdruck von »Wahrnehmungsidentität«, die der technischen Verdinglichung des Menschen endlich ein Ende setzt, scheint nun eine empirische Grundlage zu haben. 2010 wurde ein Buch zum Bestseller, in dem neurowissenschaftliche Befunde dahingehend interpretiert werden, dass das menschliche Gehirn solidarisch funktioniere und entsprechend *die* Schlüsselkompetenz für die Lösung der vielfältigen Probleme unserer globalisierten Welt bis hin zur drohenden Klimakatastrophe die Empathie sei, also die Fähigkeit, sich in die Lage anderer hineinzuversetzen und sie »von innen heraus« zu verstehen (Rifkin, 2010).

Auch in der Psychoanalyse ist »Empathie« zu einem bedeutsamen Begriff geworden. Seitdem die therapeutische Beziehung als zentrales Agens für heilsame Veränderung entdeckt wurde und anteilnehmendes Verstehen, das in der Beziehung zu verorten ist und von ihr lebt, die Haltung von PsychoanalytikerInnen prägt, gilt Empathie als wichtiges Erkenntnisinstrument der psychoanalytischen Methode.

Der Begriff geht jedoch »einer immer weiteren Verwendung mit aufgelockerter Bedeutung entgegen« (Freud, 1921c, S. 97, zur »Suggestion«) und wird bald jede beliebige Art des Fühlens und Denkens in Anwesenheit eines anderen Menschen bezeichnen. Wie lässt sich »Empathie« aus psychoanalytischer Perspektive aber genau fassen, wie und wo findet sie statt – und wo sind ihre Grenzen? Was bedeutet der Boom der möglicherweise solidarisch-*verbindenden* Empathie in diesen Zeiten, in denen wir uns durch an uns gestellte Anforderungen zur Flexibilität des Wohnortes, der Arbeit, der Familienformen, der Moden und des Seins immer mehr *distanzieren* müssen? Und was bedeutet Empathie, wenn auch die analytische Psychotherapie nicht mehr die Anwesenheit des Anderen[1] verlangt, sondern über Distanzen hinweg geschieht, d. h. unter Verwendung von Video- oder Telefontechniken, diesseits und jenseits von Corona?

Empathie – ein interpersonelles Konzept

Empathie lässt sich aus psychoanalytischer Perspektive mit Wolfgang Mertens (2009) als ein auf ein Gegenüber ausgerichteter, konzentrierter Akt des gefühlsmäßigen Verstehenwollens begreifen. Darin macht sich eine Person für die inneren Zustände einer anderen Person empfänglich, für Zustände, die zwischenmenschlich affizieren und deren Quelle dann über die Oszillation von annähernder Teilnahme und distanzierender Beobachtung mehr oder weniger bewusst der anderen Person zugeschrieben wird (z. B. Aragno, 2008). Dies bedeutet, dass es für Empathie des Kontakts von zwei Personen bedarf, die sich emotional berühren können, Ähnliches oder vielleicht sogar Gleiches spüren, und dabei doch im Erleben zwei voneinander getrennte Individuen mit grundsätzlich unterschiedlichen Gefuhlen bleiben.

Sigmund Freud verwendete den Begriff der »Einfühlung«, wie »Empathie« ehemals hieß, in seinem gesamten Werk nur sehr selten. Er kennzeichnete ihn mehr oder weniger als *psychologischen* Begriff und übernahm ihn von Theodor Lipps, einem Phänomenologen und Psychologen seiner Zeit. Lipps hatte Ende des 19. Jahrhunderts die vorrangig in der ästhetischen Philosophie verwurzelte Vorstellung einer möglichen Einfühlung in die umgebende Welt zu einem psychologischen Konzept gemacht und definierte sie im Rahmen seiner Einfühlungstheorie als die »imaginierte Nachahmung« eines betrachteten Objekts. Diese führe zu einer ästhetischen »Selbstentgrenzung«, indem das nachgeahmte und darüber entstandene eigene innere Gefühl nun als dem Objekt zugehörig erlebt bzw. wahrgenommen würde. Für Lipps hob sich in der Einfühlung die Geschiedenheit von Selbst und Objekt auf, er sprach von »Identität beider«, wodurch »alles Leben [...] in uns Widerhall findet« (Lipps, zit. n. Curtis, 2009, S. 17).

Seit Lipps interessierten sich zunehmend die Psychologie und allmählich auch die Psychoanalyse für die Idee einer Einfühlung. Nach ihrem Transfer in den englischen bzw. amerikanischen Sprachraum zu Beginn des letzten Jahrhunderts und dem damaligen Desinteresse der nordamerikanischen, behavioristisch geprägten Psychologie an der »Blackbox« eines Menschen, fand die Einfühlung – bzw. nach ihrem sprachlichen Re-Import nun die Empathie – ihr konzeptuelles Zuhause in

---

1   Da der Begriff »Anderer« in der Psychoanalyse gleichsam als Terminus technicus gilt, lasse ich dieses substantivierte Zahladjektiv im männlichen Genus, ansonsten bemühe ich mich um eine gendergerechte Ausdrucksweise.

der Psychoanalyse (Hacker, 2018). »Identifizierung«, »Projektion«, »Verschmelzung«, »Nutzung des Primärprozesses« und »Selbst-Objekt-Differenzierung« waren hier die Begriffe und Vorstellungen, unter denen der Prozess des empathischen Verstehens nun bis in die 1980er Jahre gefasst wurde. Immer wurde dabei eine klare Trennung von Selbst und Objekt postuliert, um das Erfühlte in seinem Ursprung im Objekt verorten zu können und nicht im gemeinsamen Gefühl auf- bzw. unterzugehen; zugleich wurde in der Vorstellung des Primärprozesshaften aber auch das Subtile, nur präsentisch Erfahrbare des empathischen Vorgangs betont.

Die Kleinkindforschung sowie Befunde aus dem Bereich der Neurowissenschaften offerierten weitere Möglichkeiten zur Klärung des Konzepts, die nun auch kommensurabler für das nicht-analytische Denken und die empirische Forschung waren. Denn jetzt wurde dem, was in uns empathisch als Echo widerhallt, bzw. warum und wie ein solches Echo überhaupt geschehen kann, eine körperliche Grundlage gegeben. Aus der Kleinkindforschung stammende Studien zeigten zusammengefasst, dass ein Säugling bereits Voraussetzungen für das Erlernen von Empathie mitbringt und dieses in der primären Dyade gefördert wird: Je differenzierter ein Säugling in resonanten Beziehungen ein wohltuendes *being with* oder »Zusammensein mit dem Anderen« (Stern, 2005) erfahren kann, mit nur sanften Rupturen des harmonischen Kontakts sowie einem jeweils gelungenen *repair* (Beebe & Lachmann, 1994), desto besser kann sich dieser Mensch später auch mit anderen verbunden – und zugleich von diesen getrennt – fühlen und empathisch sein. Mikroanalytische Untersuchungen legten nahe, dass ein gelungenes *being with* ein unmittelbares, körpernahes, interpersonelles Ereignis darstellt, in welchem das Baby mit seinen Bezugspersonen über leiblich-dynamisch vermittelte »Vitalitätsaffekte« kommuniziert (Stern, 2005) und sie einander »intuitiv« (H. Papoušek & M. Papoušek, 1981) verstehen können, alles (noch) jenseits von symbolisierten Mentalisierungen oder kognitiven Zuschreibungen (Erazo, 1997).

Auch aus der neurowissenschaftlichen Forschung gab es Befunde, die dafür sprechen, dass auf biologischer Ebene bereits Grundbedingungen für das empathische Verstehen gegeben sind. Die Arbeitsgruppe um Giacomo Rizzolatti, Corrado Sinigaglia und Vittorio Gallese entdeckte Spiegelneuronen im Gehirn von Makaken-Affen, die im Gleichklang feuern, wenn ein Affe einen anderen bei einer relevanten Bewegung beobachtet (z. B. Rizzolatti & Sinigaglia, 2008). Von dieser Entdeckung ausgehend wurden zwischenzeitlich weitreichende Schlüsse auf den Menschen gezogen, bei dem sich ebenfalls Spiegelneuronensysteme finden ließen, die in der Folge immer wieder als wichtige Grundlage für seine Empathiefähigkeit interpretiert wurden und werden (z. B. Gallese, 2003).

Ohne auf all dies im Detail einzugehen, lässt sich hervorheben, dass die zitierten Befunde zum *Embodiment* des Empathie-Begriffs beigetragen haben: Es gibt sehr wahrscheinlich körperliche, damit auch empirisch objektivierbare Grundlagen, die das emotionale Verstehen von anderen nähren bzw. auf denen dieses aufbaut –

ein Verständnis, das in der psychoanalytischen Community heute weit verbreitet ist und in verschiedenen modernen konzeptuellen Überlegungen zum emotionalen Verstehen seinen Niederschlag findet. So betrachtet z. B. Michael Buchholz (2017) den unmittelbar erfahrbaren Körper als unverzichtbaren Bestandteil der »multimodale[n] therapeutische[n] Basiskompetenz« (S. 33) Empathie. Thomas Fuchs (2014) spricht von »primärer Empathie«, wenn diese das unmittelbare, körperlich-resonante, eher implizite Erleben und Verstehen eines Gegenübers im Zusammensein mit diesem meint.

Wollen wir jedoch einen Menschen explizit *verstehen*, treten wir aus der Unmittelbarkeit heraus, und was mit einer gleichsam mimetischen Angleichung im Körperlichen gründend begann, kann über kognitive Prozesse sowie einem mehr oder weniger bewussten Perspektivenwechsel in den Horizont des Anderen zu einem symbolisierbaren, begrifflichen Verstehen werden. Die Hinzunahme von kognitiven Aspekten wie Worten, Vorstellungen, psychologischen Alltagsannahmen oder fundierten Theorien führt mit Fuchs (ebd.) schließlich zur Möglichkeit einer »erweiterten Empathie«. Diese erweiterte Empathie enthält gerade durch die kognitiven Aspekte nun deutlich subjektive Komponenten: Sie ist über den »zwischenleiblichen Ursprung« (Merleau-Ponty, 1964) hinaus von *eigenen Vorstellungsmöglichkeiten* geprägt. Während eine gelungene primäre Empathie aufgrund ihrer Unmittelbarkeit weniger Irrtum zuzulassen scheint, wird erweiterte Empathie daher auch zunehmend fallibel. Bei aller Fallibilität ist Empathie-Erfahren und Empathisch-Sein durch die Zwischenleiblichkeit bzw. die unmittelbare körperlich-zwischenmenschliche Resonanz eine Art verbindender Link zum getrennten Anderen, der emotional zu verstehen ist und sich verstanden fühlen kann, obwohl er ein Anderer und damit prinzipiell fremd ist.

Ein Verstanden-Fühlen im Rahmen der erweiterten Empathie tritt vor allem dann ein, wenn sich das herausgebildete Gefühlswissen einer Person angesichts einer anderen für diese ich-synton und konkordant anfühlt. In dieser Form, als ich-syntones, konkordantes, damit meist bewusstseinszugängliches emotionales Verstehen, wird der Begriff der Empathie in seiner modernen Bestimmung auch überwiegend verwendet; das Abgespaltene, Verdrängte, Dunkle, auch einem selbst Ich-Fremde hingegen bleibt in der Regel ausgeblendet. Allerdings lässt sich auch eine *psychoanalytische* Empathie, die – als Schibboleth der Psychoanalyse – das unheimliche, unerhörte, unbekannte Unbewusste bzw. Komplementäre, nicht ohne Weiteres Bewusstseinsfähige erfassen möchte, als ein Ereignis begreifen, das seinen Ausgang im Körperlich-Resonanten, Zwischenleiblichen nimmt. Für die psychoanalytische Empathie sind nun allerdings zusätzlich zu den Referenzen, die sich aus eigener Erfahrung, Wissen um den Anderen oder eher allgemeinpsychologischen Theorien ergeben, Hinweise nötig, die der psychoanalytischen Methodik entstammen und dem Zugang zum Unbewussten dienen, so z. B. die Gegenübertragung (Körner, 1998; Zepf & Hartmann, 2002; Bolognini, 2012) oder auch träumerische

Einfälle im Verlauf eines freischwebenden, zugewandten Zuhörens. Sowohl bei der Empathie als konkordantem Resonieren als auch bei der psychoanalytischen Empathie im Sinne einer auch komplementären Einfühlung bedarf es in der Psychoanalyse allerdings der Korrektur im leiblich-lebendigen, präsenten Austausch mit dem Gegenüber: Empathie muss auch implizit immer ein zirkulärer Prozess bleiben, bei dem eine subjektive Resonanz auf den Anderen ständig regulierend überprüft wird, um nicht bloß imaginäre Illusion oder projektive Objektivierung eines eigenen Gefühls zu sein.

Die Empathie-Welle

Die Entdeckung der Bedeutung von Empathie im Rahmen der psychoanalytischen Theorie und Behandlungstechnik und deren psychoanalytische oder psychoanalytisch informierte Beforschung ist nicht zuletzt ein Ergebnis der Arbeiten Heinz Kohuts zum Narzissmus. Herbert Will (2003) beschreibt, wie es noch in den 1970er Jahren in vielen Analysezimmern aus heutiger Sicht unmenschlich zugegangen sei; nur »Zur Einleitung der Behandlung« bedürfte es für Freud (1913c) explizit der Einfühlung, um sich nicht »den ersten Erfolg [nämlich den einer Anbindung an die Kur, N. E.] allerdings [zu] verscherzen« (ebd., S. 474). Haben Sandor Ferenczi und Michael Balint bereits den Beziehungsaspekt betont, so brachte Heinz Kohut (1959, 1979) mit dem Fokus auf Empathie als »stellvertretende Introspektion« und notwendig für die »Heilung des Selbst« einen tiefgreifenden atmosphärischen Wandel ins Analysezimmer. Nun bekamen PatientInnen das Gefühl, dass ihnen gegenüber jemand sitzt, den oder die es interessiert, wie sie sich fühlen; und PsychoanalytikerInnen arbeiten heute weit verbreitet in der Beziehung, mehr oder weniger explizit intersubjektiv-empathisch.

Auch in der Betrachtung sowie Gestaltung der Eltern-Kind-Beziehung hinterließ das Konzept der Empathie seine Spuren, wenn der vom Vater verbannte und dennoch an ihm schuldig gewordene *Ödipus* nun als Paradigma *Odysseus* weichen soll, der sein Kind und dessen Selbstentwicklung schützen möchte (Kohut, 1984), oder wenn ein Baby nicht mehr für sich allein, sondern nur noch im Zusammensein mit seiner Mutter betrachtet wird (Winnicott, 1960). Diese Veränderungen in der Konzeption psychischer Entwicklung gingen einher mit einer Betonung, Beforschung und Förderung von mental-reflexiven Fähigkeiten in den (primären) Beziehungen und führten schließlich auch zur Anerkenntnis von Empathie als Wirkfaktor einer analytischen Psychotherapie.

»Empathie« findet sich dabei als Begriff schon lange nicht mehr nur in der Psychoanalyse. Er wird im Alltag verwendet, in den Print-Medien reflektiert, und nach Carl Rogers, der, beeinflusst von Otto Ranks Vorstellung von »erlebendem Verstehen« (Quitmann, 1985), Empathie zum tragenden Element seiner klientenzentrierten Gesprächstherapie machte – nun auch von der Verhaltenstherapie in ihrer dritten, achtsamkeitsbasierten Welle beansprucht. Es ist dabei schwer vorstellbar, dass dieser im vergangenen Jahrhundert aufkommende Boom der Empathie mit einer Unzahl von Veröffentlichungen zu diesem Thema seit den 1970er Jahren (Fontius, 2001) damit zu verstehen ist, dass die Psychoanalyse – unterstützt von den empirischen Wissenschaften – entdeckte, dass Therapie auch Beziehung ist, es hier der Empathie bedarf, um sie erfolgreich zu gestalten, und diese Vorstellung auf andere Therapieschulen und Gesellschaftsbereiche ausstrahlte. Vielmehr ist auffallend, dass der Siegeszug der Empathie als ein Beziehungskonzept sowohl im therapeutischen wie auch im allgemeingesellschaftlichen Rahmen in eine Zeit fällt, in der die Menschen sich durch an sie gestellte Anforderungen immer mehr distanzieren müssen und ein nahes, unmittelbares Zusammensein mit anderen immer weniger selbstverständlich wird. Hier stellt sich die Frage, ob Empathie, sei es als Erkenntnismethode oder auch als Haltung, gerade in unserer Zeit einen besonderen Wert – oder auch Zweck? – haben kann, der ihr in den letzten 50 Jahren zum Aufschwung verhalf und (noch) verhilft.

Der Aufschwung von Empathie in Zeiten der Distanzierung

Seit den 60er Jahren des vergangenen Jahrhunderts kann mit Norbert Elias (1987) im »Zivilisationsprozess« von einer verstärkten Auflösung traditioneller Strukturen mit einem virulenten Druck zur Individualisierung gesprochen werden. Dieser Prozess, weg von einem *Wir*, hin zur Akzentuierung von *Ich*-Identität, ging einher mit einer mobilen Distanzierung aus ehemals nahen Banden, wie dies auch die sich zunehmend global verteilenden Produktionsbereiche mit ihrem Anspruch auf Flexibilisierung und Dynamisierung forderten und fordern. Mit dem Aufweichen bzw. der Auflösung traditioneller Beziehungsformen und Identitäten war jeder Einzelne zunehmend sich selbst und seiner Entfaltung verpflichtet (Schülein, 1989). Menschen erhielten wachsende Entscheidungsspielräume und standen entsprechend auch immer mehr unter Entscheidungszwang. Auch das eigene Innenleben wie das von anderen zu erkunden und zu verstehen, wurde in diesem Zusammenhang immer wichtiger. Denn da ehemals gültige Strukturen und feste Kategorien verlorengingen, in die sich die einzelnen gesellschaftlich einordnen ließen, musste und muss jeder und jede Einzelne sich und andere in den jeweiligen Interessen und Absichten, bezogen auf sich und zueinander, immer wieder aufs Neue verorten und die eigene Empathie schärfen, um im verunsicherten Zusammensein mit anderen neue Sicherheiten und neuen Halt zu gewinnen – ein Bemühen, das in Variation bereits Elias (1987) als »Psychologisierung« im Prozess der Zivilisation beschrieben hat.

Der Prozess der Individualisierung lehrte das Individuum zudem, so Ulrich Beck (1986, S. 217), »sich selbst als Handlungszentrum, als Planungsbüro in Bezug auf seinen eigenen Lebenslauf, seine Fähigkeiten, Orientierungen, Partnerschaften usw. zu begreifen«. Eine gesteigerte psychologisch-empathische Fähigkeit, andere möglichst zielführend bezogen auf die eigene Planung und Karriere, d. h. auf die eigene Ich-AG, zu verstehen und einzuordnen, war und ist in einer solchen Gesellschaft dann auch unter ökonomischen Gesichtspunkten notwendig und zweckhaft förderlich.

Die Individualisierung als eine aus dem Wir gelöste Distanzierung bringt sicher auch dem einen oder der anderen PhilobatIn Freiheit in der eigenen Lebensgestaltung, weswegen sie durchaus häufig begrüßt wird. In der Vereinzelung droht aber nicht selten die Vereinsamung. Dieses Erleben wiederum führt zu einer Ambivalenz in der Annäherung zum Anderen, denn es steigert zwar einerseits die *Sehnsucht nach* dem Anderen, aber in der Selbst-Verunsicherung gleichzeitig auch die *Furcht vor* mitmenschlicher Nähe. In ihrem Buch *Die berührungslose Gesellschaft* schreibt Elisabeth von Thadden (2018), nie habe es – statistisch gesehen – in Deutschland so viel Wohnraum pro Kopf, d. h. soviel Möglichkeit zur räumlichen Distanzierung gegeben wie heute, die von denen, die die finanziellen Mittel dafür haben, auch gesucht und realisiert wird. Zugleich werden in Großstädten seit einigen Jahren Kuschelpartys gegen die Einsamkeit angeboten (Aderajew, 2019) bzw. auf Dating-Plattformen intensive Chats mit symbiotischer Aufladung gesucht (Erazo, 2014), die Nähe auf sichere Distanz versprechen, ohne dass ständig erspürt werden muss, wie es das Gegenüber mit uns meint.

Mit Jürgen Hardt (2018) hat sich in den letzten Jahrzehnten ein »Markt von Subjektivitäten« entwickelt, die in Konkurrenz, weniger in Solidarität zueinander stehen und sich, auf sich selbst zurückgeworfen, ständig neu entwerfen müssen. Diese Entwicklung ging einher mit einer Narzissisierung der Gesellschaftsmitglieder, und es wird nicht mehr die Schuld im Trieb, sondern das Scheitern in der Selbstverwirklichung gefürchtet (Kohut, 1979; Schülein, 1989). Empathie wird auch hier zum gefragten Gut, wenn wir eines einfühlsamen, sensiblen Umfelds bedürfen, damit die Beschämung nicht offensichtlich, das Scheitern erträglicher und die Kränkung nicht zu erschöpfend wird.

In diesem Zusammenhang lässt sich das Ansteigen der Empathie-Welle allerdings auch als eine antithetische Bewegung zur stattfindenden Anonymisierung und Rarefizierung von vertrauten, stabilen Kontakten begreifen: Wie der Aufklärung die Romantik als Gegenbewegung folgte, so kann die Betonung von Empathie, die alltagssprachlich nicht selten mit »menschlicher Wärme« gleichgesetzt wird, auch als romantische Gegenbewegung in unserer »schizoiden Gesellschaft« (Riemann, 1975) verstanden werden. Die Gegenbewegung mutet dabei fast verzweifelt an, wenn sie Empathie als globalen Retter von Mensch, Kultur und Natur beschwört (z. B. Rifkin, 2010; Bauer, 2020).

Im Allgemeinen häufig mit einem guten Gefühl assoziiert (z. B. Bartens, 2017) stellt Empathie, anders als Sympathie oder Mitleid, prinzipiell einen *wertfreien*

(Beobachtungs-)Modus in der Beziehung dar (Hacker, 2018): Sie fokussiert zwar die emotionale Innenwelt eines anderen Menschen, kann dabei aber durchaus Interessen verfolgen, die nicht unbedingt – und manchmal auch gar nicht – dem Wohle des anderen Menschen dienen, wenn sie als Verstehen »von innen heraus« dazu führt oder auch dafür eingesetzt wird, strategisch-manipulativ gegen jemanden zu agieren oder ihn zu verwenden. Empathie bedeutet dann nicht das Ende der Verdinglichung, sondern gerade seine meisterhafte, da sanft erscheinende, subtile Weiterführung – hiervon handeln letztlich nicht wenige Ratgeber für Führungskräfte (z. B. Lederer, 2021). Die »dunklen Seiten der Empathie« (Breithaupt, 2017) deutet die Vignette eines Patienten an, der nach einem traumatischen Erlebnis an seinen Arbeitsplatz zurückkehrt und hier auf viel zunächst wohltuende Empathie stößt: Ihm wird eine Schonzeit zugestanden mit einem nur allmählichen Wiedereinstieg in seine Verpflichtungen; Gespräche im Fahrstuhl oder bei einer Pause in der Teeküche geben ihm das Gefühl von Wertschätzung durch die Chefetage. Diese wirkt wahrhaftig, und hierin bloß Strategie zu vermuten, wäre sicher falsch. Als das Unternehmen strukturelle Einsparungen macht, ist aber gerade er, dessen Innenwelt empathisch eingeschätzt wurde, unter den ersten, der emphatisch verabschiedet wird – und nicht einmal wütend sein kann, da alle einander bedauernd verstehen.

Der hohe Kurs von Empathie ist aber dennoch sicher nicht nur und vor allem als zweckrationales, modernes, da flach hierarchisches Kontrollelement oder sehnsuchtsmotiviertes Zeitgeistphänomen zu verstehen, sondern auch damit zu erklären, dass Empathie tatsächlich einen Link zum anderen Menschen darstellt, gerade in einer individualisierten, zugleich globalisierten Gesellschaft, in der wir einander verstehen müssen, obwohl wir – im partnerschaftlich Privaten (Beck & Beck-Gernsheim, 1990) wie im allgemeinen Zusammenleben (Bennett, 1998) – einander fremd werden. Freud hatte die Beziehung in der psychoanalytischen Dyade noch nicht gedacht – das ist (unter anderen) das Verdienst Kohuts. Aber es war wohl auch erst in Kohuts Zeit die Zeit reif und sogar drängend gewesen – aus sozioökonomischer wie psychosozialer und entwicklungspsychologischer Sicht –, die Beziehung in der heutigen Form zu begreifen, zu erleben und zu gestalten: intersubjektiv-empathisch im Analysezimmer, in der Gesellschaft, auf dem Markt.

Zur Empathiefähigkeit in Zeiten digitaler Distanz

Die Digitalisierung der vergangenen 20 bis 30 Jahre potenzierte die Distanzierung, die sich aus dem Individualisierungsschub in der Mitte des vergangenen Jahrhunderts ergab. Nun ist es nicht mehr die physische Entfernung, die überwunden werden muss, um Kontakt zu haben, bzw. die Trennung, die nach einem Abschied ausgehalten werden muss. Die Digitalisierung verändert unser Beziehungsleben und unsere Kommunikation grundlegend, beides ist aus dem Analogen, dem Anwesenden, dem zwischenmenschlich Leibnahen, gelöst – Kontakt im Web ist jederzeit möglich, Abschied nicht mehr wirklich nötig. Die virtuelle Vernetzung in unserer globalisierten Welt erscheint entsprechend zunächst als wahre Rettung, da sie Distanzen überbrückt, viel mehr als Empathie dies jemals könnte, und Zusammensein trotz Trennung ermöglicht. Zugleich lässt sich auch darin eine stattfindende Vereinzelung nicht leugnen, denn selbst ein großer virtueller Freundeskreis kann zum Gefühl großer Einsamkeit führen (Turkle, 2011; Kuhn, 2019).

Die Ambivalenz der digitalen Rettung zeigt sich unter den aktuell gegebenen Pandemie-Bedingungen besonders deutlich, wenn Lockdown und Kontaktbeschränkungen ältere Menschen, die mangels technischer Gewöhnung und Kompetenz noch auf den realen Kontakt angewiesen wären, verstärkt in die Vereinsamung treiben, die Jüngeren hingegen in den Online-Chat. Auch PsychoanalytikerInnen weichen vielfach auf den virtuellen Kontakt aus, um die virale Gefahr einer Therapiestunde zu meiden. Auch wenn dies für die Therapie eine Überbrückung von Quarantäne-Zeiten darstellen kann, fühlt sich für manche der Kontakt im Web doch übermäßig kognitiv an, die analytische Aufmerksamkeit hölzern, die *Feinfühlung* defizitär.

Fuchs (2014) unterscheidet – wie erwähnt – primäre von erweiterter Empathie, die er auch »virtuelle Empathie« nennt: Je mehr der empathische Prozess sich aus dem Unmittelbaren löse, desto mehr ähnele er einem *Als-ob*-Modus, der für das Virtuelle typisch ist und sich zunehmend auf subjektives Erleben stützt. So lasse sich in ihrem virtuellen Extrem auch Empathie angesichts eines Avatars erleben, der wirklich erscheint, ohne real zu sein. Und gerade darin liegt wohl das Reizvolle des Avatars, dass sich in dieser Beziehung das scheinbar empathische Selbst objektivieren kann, keine Geschiedenheit von Selbst und Objekt mehr stattfinden muss (Lipps, zit. n. Curtis, 2009), im Avatar das verlorene Objekt wiederauffindbar scheint. Denn eine solche virtuelle Empathie, ohne zwischenleibliche Korrektur im Analogen, fühlt sich nicht selten *ideal* an und ist doch nur ein Einfühlen des Subjekts in die subjektiven Projektionen seines Selbst, damit ein höchst *narzisstisches* Phänomen (Seiden, 2001).

In der analytischen Psychotherapie werden auch teleanalytisch keine Avatare behandelt, sondern an den vernetzten Bildschirmen (oder Telefonen) sitzen jeweils *leibhaftige* Personen, Menschen mit je eigener Körperlichkeit und eigenem Selbst. Aber doch ist jede Person durch die Verrückung der Begegnung vom Körperlich-Anwesenden ins Digitale für die jeweils andere Person physisch abwesend, beide sitzen nur im Web zusammen, erfahren leibhaftig allein ihren eigenen Körper, während der andere lediglich medial vermittelt bleibt. Beim Zusammenkommen betritt die eine Person nur *virtuell* den Raum der jeweils anderen und bekommt hier nur einen *digitalisierbaren* Ausschnitt zu sehen. Es bleibt verborgen, was jeweils an leisen Geräuschen und Gerüchen im Raum ist, ob sich noch jemand jenseits des Kamerawinkels befindet oder ein Haustier am Boden schläft, sofern dies nicht verbal mitgeteilt wird – eine Schwierigkeit, die zwischenzeitlich mehrfach für pandemiebedingte Settingveränderungen beschrieben wurde (z. B. Zoubek-Windaus, 2021). Die fühlbare Atmosphäre, in der sich jede Person befindet, wird nicht geteilt, vielmehr werden im Moment der virtuellen Begegnung vor allem die gesprochenen Worte kommuniziert oder ein (angeblicktes) Schweigen – »angeblickt«, um sicher zu sein, dass es ein Schweigen ist und keine WLAN-Unterbrechung. Hat der oder die PatientIn ein Hintergrundbild oder einen Filter eingestellt, könnte dies als ein Bedürfnis interpretiert werden, die andere Person (virtuell) nicht zu nah in den intimen Raum eintreten zu lassen. Es könnte aber auch zeigen, dass der oder die PatientIn sich auskennt mit der Technik, vielleicht besser als sein oder ihre TherapeutIn – dies ist bei jungen PatientInnen, die mit dem Internet aufgewachsen sind, sicher nicht selten der Fall. Dann wird möglicherweise ein virtueller Raum betreten, in dem stärker die TherapeutInnen als deren Gegenüber in der Not oder, mit Jürgen Körner (2014) gesprochen, im »Deutungsnotstand«, bzw. in der Übertragung auf das Internet gefangen sind, und es bleibt offen, wer sich unter diesen Umständen in wen besser einfühlen kann. Eine Analytikerin berichtete aus der Therapie mit einer Patientin, mit der sie in das Internet – ein der Analytikerin eher unvertrautes Medium, wie ihr Bericht erahnen ließ –, ausweichen musste. In der Teleanalyse traf sie auf ihre junge Patientin, die sie hier reflektierter und verständnisvoller wahrnahm als in den physischen Kontakten (Krause, 2021). Beim Lesen des Berichts entstand in mir der Eindruck, dass sich die Patientin sicher im Netz fühlte, vielleicht durch die technische Vertrautheit, vielleicht durch die räumliche Distanz, sicherer als ihre Analytikerin, und dass diese gewachsene Sicherheit aufseiten der Patientin sich möglicherweise auch auf ihre strukturelle Fähigkeit ausgewirkt hat. Psychoanalytische Empathie, die über eine zugewandte Haltung hinausgeht und ein tieferes emotionales Verstehen erreichen möchte, wird unter diesen Umständen aber verwirrend erschwert. Ein strukturschwacher eigener Patient zerschmetterte seinen iPad, als das WLAN instabil wurde: Das iPad und unser Kontakt waren damit sofort zerbrochen. In diesem Moment wurde mir klar, dass ich diesem Patienten keinesfalls weiter im Virtuellen begegnen durfte, da ich die offenbar angewachsene Spannung des Patienten am Bildschirm nicht in ihrem Ausmaß empathisch erspürt und entsprechend für diese keinen haltenden oder gar containenden Rahmen geboten hatte – meine zumindest mir selbst empathisch anmutende Zuwendung war nicht ausreichend gut gewesen. Die Entscheidung, zum analogen Kontakt zurückzukehren, traf ich dabei im Übrigen vor allem kognitiv, denn ich war erschreckend wenig affiziert von seinem impulsiven Ausbruch – ganz anders wohl, hätte er leibhaftig vor mir seinen iPad zerschmettert.

Mit Bernhard Waldenfels (2012) lässt sich der Mensch als eine Art »Hyperphänomen« bezeichnen, das in seiner umfassenden Leiblichkeit nicht digital vermittelbar ist. PsychoanalytikerInnen aber sind in ihrer empathischen Funktion auf das resonante Erspüren und umfassende Begreifen ihrer PatientInnen angewiesen. Sie müssen ständig und *mit allen Sinnen* gleichschwebend aufmerksam das Gegenüber und das Gemeinsame wahrnehmen, das die Gegenübertragung prägt, die in der analytischen Arbeit zur Einfühlung verhilft und auch Einfälle nicht nur zum kognitiven Gedankenspiel macht. Im Virtuellen ist allerdings nicht nur das Unbewusste dunkel – das wäre PsychoanalytikerInnen vertraut –, sondern darüber hinaus all das, was digital nicht vermittelbar ist. Hier eine Analogie zum psychoanalytischen Verstehen zu ziehen und fehlende Leistungen der Technik als Fehlleistungen zu betrachten – als ob das *Einfrieren* des Gesichts oder *Verschlucken* von Silben die Möglichkeit vergrößere, Ängste und Abwehrmöglichkeiten von PatientInnen zu studieren – und damit im virtuellen Kontakt sogar eine neue Therapiechance zu entdecken (Scharff, 2020), erscheint mir angesichts meiner eigenen Erfahrungen z.B. mit oben beschriebenem Patienten mindestens imaginär im Lacan'schen Sinne und nicht legitim.

Schließlich hebt die Teleanalyse eben dadurch, dass vieles verdeckt bleibt, einzelne Aspekte des Kontakts besonders bedeutsam hervor. Ist es am Telefon die Stimme, so ist es am Computer-Bildschirm der (An-)Blick: Partialobjekte oder, mit Jacques Lacan, Objekte klein a, die dem Begehren zugrunde liegen bzw. begehrt werden (Nemitz, 2013). Dies betrifft nicht nur AnalysandInnen, sondern auch PsychoanalytikerInnen unweigerlich, beeinflusst es doch auch deren Imaginationen im Rahmen der Einfühlung nicht unwesentlich; es müsste erst ausreichend durchgearbeitet sein, um sich dem Gegenüber am Bildschirm emotional verstehend zuwenden zu können, ohne im Subjektiven verfangen zu bleiben. Insbesondere unter den neuartigen Corona-Bedingungen war und ist aber so vieles gleichzeitig verändert, so viel Realität verrückt, so viel auf beiden Seiten der Couch »unheimlich« geworden (Küchenhoff, 2020), dass ein Durchgearbeitet-Sein noch nicht zu erwarten ist. Die noch unbewältigte Realität macht das zudem für viele *neue* digitale Telesetting noch nicht »als analytisches Setting [...] belastbar« (Sedlacek, 2021, S. 437), ist beides, unheimliche Pandemie und neues Telesetting, doch symbolisch aktuell noch kaum voneinander zu trennen. Dies lässt den Vergleich mit einem normalen, beruhigten teleanalytischen Arbeiten daher nicht unbedingt zu. Dennoch muss auch unter *normalen* Umständen jenseits von Corona weitgehend auf das Zwischenleibliche bei der Arbeit im Internet verzichtet werden bzw. steht für die virtuelle Empathie vor dem Computer insbesondere der *eigene* Körper ohne Möglichkeit einer Korrektur des emotionalen Verstehens im unmittelbaren Kontakt mit dem Gegenüber zur Verfügung. Durch die digitale Distanz wird die Empathie daher zu einem übermäßig subjektiven, virtuellen Als-ob-Ereignis mit der Gefahr einer solipsistischen Narzissisierung auf beiden Seiten des Bildschirms. Dies kann zu einer *Idealisierung* der psychoanalytischen Arbeit vor dem Computer führen (Sedlacek, 2021), bei der eine *besondere* Empathie oder Einfühlung möglich scheint – oder in den *realen* Abgrund ohne haltendes Gegenüber, wie bei oben beschriebenem Patienten.

Schluss – mit Empathie?

War die Förderung und Forderung von Empathie zumindest teilweise eine Rettung in analogen Zeiten der Distanzierung, indem sie einen Link zum anderen Menschen ermöglichte, so bringt die digitale Distanz die Fähigkeit zur Empathie doch in große Not, da körperliche Affizierungen verlorengehen, die das emotionale Verstehen bisher initiiert und aufrechterhalten haben. Nach einer US-amerikanischen Studie ist bei US-StudentInnen die Fähigkeit zur Empathie in den letzten Jahrzehnten drastisch gesunken, besonders stark seit der Jahrtausendwende (Konrath, O'Brien & Hsing, 2011). Diese schwindende Fähigkeit, sich in andere einzufühlen, wurde in der Studie mit dem zunehmenden Konsum digitaler Medien junger Menschen in Verbindung gebracht. Auf einem »Digitalfestival« kurz vor Ausbruch der Pandemie drehte sich die Diskussion um die Frage, ob die immer zahlreichere Programmierung und Nutzung von Webseiten, Computer-Spielen oder Apps auch den Menschen allmählich zu einem technischen Wesen programmiere, der nicht nur vereinsame, sondern dem auch die Empathie mit seinem Mitmenschen verlorengehe (Kuhn, 2019). Dabei hat das digitale soziale Medium wohl gerade dadurch auf viele eine solche Anziehung, dass in der erlebten Vereinzelung narzisstische Empathie-Bedürfnisse eine große Erfüllung zu finden scheinen, wenn in der Intimität eines Chats nur Konkordant-Gleiches, Spiegelndes oder Idealisierbares Beachtung findet, komplementäre, nicht-erwünschte Aspekte hingegen rasch weggeklickt oder weggewischt werden. Das Internet kann mit Henry Seiden (2001) als die Dynamik von interagierenden Selbstsystemen verstanden werden, die jedes für sich ein Selbstobjekt als vitalisierende Erfüllung und Erfahrung des Selbst suchen. Eva Illouz (2006) spricht in ähnlichem Zusammenhang von »emotionalem Kapitalismus«, da im Internet Beziehungen unter dem Aspekt der gewinnbringenden Verwertbarkeit leicht austauschbar würden und das Vermögen, (empathische) Nähe zwischen Subjekt und Objekt herbeizuführen, darüber verlorengehe.

Die Faszination durch Internet und Social Media führt zwischenzeitlich zudem auch zu veränderten frühen Beziehungserfahrungen, da es nicht selten das Handy oder der Computer ist, die als Drittes in die Beziehung zum Kind eingeführt werden. Elterliche Aufmerksamkeit wird dann nicht mehr mit dem Kind, sondern zwischen Kind und sozialer Plattform geteilt (King, 2018). Diese neue Art von Aufmerksamkeitsteilung in der primären Beziehung stellt kaum mehr die Art von Kommunikation dar, die mit ihrem »Moment der Zuwendung, Empathie und Bezogenheit« (ebd., S. 640) für die frühkindlich-psychische Entwicklung bis dato notwendig schien, sondern bei psychisch abwesendem bzw. abgelenktem Elternteil wird die Aufmerksamkeit des Kindes ebenfalls früh auf den Computer gelenkt, auf den auch Vater oder Mutter blicken und der damit den primären Bezugspunkt darstellt. In einem solchen *being with* mit dem Computer erfährt die

Fähigkeit zum emotionalen Verstehen eines Anderen keine Förderung mehr; vielmehr entwickeln sich kleine Computer-SpezialistInnen, die mehr und mehr die Rettung im Web suchen werden, wie mir dies von einem Kollegen berichtet wurde, dessen junge Patientin bei Unsicherheiten im Zusammensein mit ihm nach der Sitzung Google zu diesen Unsicherheiten befragte, um eine haltgebende Orientierung in der Ungewissheit zu finden – ihre Fähigkeit zu Empathie war wohl nicht ausreichend, die verunsichernde Getrenntheit in der Beziehung zu überbrücken, und sie vertraute mehr ihrem Handy als darauf, im Therapeuten ein empathisch-hilfreiches Gegenüber zu finden.

Vermutlich muss die Psychoanalyse den Wandel der Zeit nicht nur verstehen, sondern sich auch über Entfernungen hinwegsetzen, wenn sie AnalysandInnen des 21. Jahrhunderts in deren teils verinnerlichtem Anspruch auf dauernde Flexibilität mit philobater Suche nach Distanz erreichen will (Scharff, 2016). Das digitale Medium kann diesbezüglich im Sinne eines Parameters sicher eine Möglichkeit darstellen, die (therapeutische) Beziehung in besonderen Zeiten virtuell aufrechtzuhalten, in denen ein physisches Zusammenkommen wie unter den aktuellen Pandemiebedingungen vorübergehend nicht möglich ist. Die virtuelle Zusammenkunft wird dann hilfreicher sein, wenn aus Präsenzzeiten ausreichend leibliche Erinnerung an das Gegenüber besteht (Zoubek-Windaus, 2021). Jenseits der Frage aber, ob und wie sich die Psychoanalyse dem Wandel der Zeit oder besonderen Zeiten stellt, und jenseits der Notwendigkeit, Veränderungen des Settings bzw. Parameter zuerst zu prüfen und belastbar zu machen, bevor sie eingeführt werden, gibt es wohl der Psychoanalyse immanente Aspekte, die sich nicht einfach den Umständen anpassen lassen. Als einen solchen betrachte ich die Empathie, die als psychoanalytisches Erkenntnisinstrument, das im Zwischenleiblichen fußt, *nicht* ausreichend gut ins Virtuelle transportiert werden kann bzw. hier einen übermäßig subjektiven, virtuellen, Als-ob-Charakter bekommt. Wie Hardt (2018) anmahnt, müssen daher alte Konzepte neu überdacht bzw. neue Vorstellungen entwickelt werden, die sich im digitalen Medium bewähren und hier Psychoanalyse nicht zu einer (schlechteren) »Variante der wegen ihres zeitgemäßen Angebots auf dem Markt führenden kognitiv-emotionalen Verhaltenstherapie [...], die ohne größere Probleme ins Netz gehen kann« (S. 674), zu machen.

Digitale OptimistInnen würden zum Ende vielleicht anführen, was für andere dystopisch klingt, nämlich, dass der leibnah konzipierten Fähigkeit zum emotionalen Verstehen bald das *taktile Internet* entgegenkommen könnte. So war kürzlich in einem Wirtschaftsmagazin zu lesen: »>Warum sollte es nicht möglich sein, die Kommunikation des Internets um das Taktile zu erweitern< [...] so könnte man [...] liebe Menschen in der Ferne dann auch physisch wieder spüren und so für Empathie und Nähe sorgen« (Kinast, 2021, S. 28). Vielleicht aber bereitet auch das Vordringen der »Logik des Besonderen«, wie es von Andreas Reckwitz (2017) beschrieben wird, dem Empathie-Bedarf jenseits der narzisstischen Spiegelung sowieso bald ein Ende, bedeutet emotionales Verstehen doch immer auch eine psychologische Wir-Erfahrung und damit verbunden eine Sehnsucht, die im Individualisierungsprozess vielleicht nur ein Übergangsphänomen darstellte und heute im Anspruch auf »Singularität« nicht mehr drängend gesucht wird.

Literatur

Aderajew, S. (2019). Kuschelpartys: Kuscheln gegen die Einsamkeit. *wmn.* https://www.wmn. de/health/psychologie/kuscheln-gegen-die-einsamkeit-id3246 (05.12.2021).

Aragno, A. (2008). The language of empathy: An analysis of its constitution, development, and role in psychoanalytic listening. *J Am Psychoanal Assoc, 56*(3), 713–740. DOI: 10.1177/ 0003065108322097

Bartens, W. (2017). *Empathie. Weshalb einfühlsame Menschen gesund und glücklich sind.* München: Knaur.

Bauer, J. (2020). *Fühlen, was die Welt fühlt: Die Bedeutung der Empathie für das Überleben von Menschheit und Natur.* München: Blessing.

Beck, U. (1986). *Risikogesellschaft. Auf dem Weg in eine andere Moderne.* Frankfurt a. M.: Suhrkamp.

Beck, U. & Beck-Gernsheim, E. (1990). *Das ganz normale Chaos der Liebe.* Frankfurt a. M.: Suhrkamp.

Beebe, B. & Lachmann, F. (1994). Representation and internalization in infancy: Three principles of salience. *Psychoanalytic Psychology, 11*(2), 127–165. DOI: 10.1037/h0079530

Bennett, M.J. (1998). Intercultural communication: A current perspective. In M.J. Bennett (Hrsg.), *Basic concepts of intercultural communication: Selected readings* (S. 1–34). Yarmouth, ME: Intercultural Press.

Bolognini, S. (2012). *Die psychoanalytische Einfühlung* (2., korr. Aufl.). Gießen: Psychosozial-Verlag.

Breger, C. & Breithaupt, F. (2008). Empathie und Erzählung. *Deutsche Vierteljahresschrift für Literaturwissenschaft und Geistesgeschichte, 82*(3), 351–354. DOI: 10.1007/BF03374706

Breithaupt, F. (2017). *Die dunklen Seiten der Empathie.* Frankfurt a. M.: Suhrkamp.

Buchholz, M.B. (2017). Empathie und »Typische Problem-Situationen« (TPS). Plädoyer für einen psychoanalytischen Situationismus. *Psyche – Z Psychoanal, 71*(1), 28–59. DOI: 10. 21706/ps-71-1-28

Curtis, R. (2009). Einführung in die Einfühlung. In ders. & G. Koch (Hrsg.), *Einfühlung. Zu Geschichte und Gegenwart eines ästhetischen Konzepts* (S. 11–29). München: Fink.

Elias, N. (1987). *Die Gesellschaft der Individuen.* Frankfurt a. M.: Suhrkamp.

Erazo, N. (1997). *Entwicklung des Selbstempfindens. Verschmelzung, Identität und Wir-Erleben.* Stuttgart: Kohlhammer.

Erazo, N. (2014). Dating-Plattformen, Internet-Übertragung und die Bedeutung des Dritten: Psychoanalytische Perspektiven. In A. Merck (Hrsg.), *Cybersex* (S. 89–110). Gießen: Psychosozial-Verlag. DOI: 10.30820/9783837966305-89

Fontius, M. (2001). Einfühlung/Empathie/Identifikation. In K. Barck, M. Fontius, D. Schlenstedt, B. Steinwachs & F. Wolfzettel (Hrsg.), *Ästhetische Grundbegriffe* (S. 121–142). Stuttgart: J.B. Metzler. DOI: 10.1007/978-3-476-00517-5_5

Freud, S. (1900a). *Die Traumdeutung. GW VII/III.*

Freud, S. (1913c). Zur Einleitung der Behandlung. *GW VIII*, S. 454–478.

Freud, S. (1921c). *Massenpsychologie und Ich-Analyse. GW XIII*, S. 71–161.

Fuchs, T. (2014). The Virtual Other: Empathy in the Age of Virtuality. *Journal of Consciousness Studies, 21*(5–6), 152–173.

Gallese, V. (2003). The Roots of Empathy: The Shared Manifold Hypothesis and the Neural Basis of Intersubjectivity. *Psychopathology, 36*(4), 171–180. DOI: 10.1159/000072786

Gessmann, M. (2009). Empathie und Phänomenologie. Eine philosophische Grundlegung für eine Biologie des Mitgefühls. *Jahresbericht des Marsilius-Kollegs, 2008/2009,* 73–103.

Hacker, P. M. S. (2018). *The Passions: A Study of Human Nature.* Hoboken, NJ: John Wiley & Sons Ltd.

Hardt, J. (2018). Methodische Überlegungen zur Teleanalyse. *Psyche – Z Psychoanal, 72*(8), 666–675. DOI: 10.21706/ps-72-8-666

Illouz, E. (2006). *Gefühle in Zeiten des Kapitalismus.* Frankfurt a. M.: Suhrkamp.

Kinast, F. (2021). Maschinen in Weiss. *Triple A, 1,* 26–28.

King, V. (2018). Geteilte Aufmerksamkeit. Kultureller Wandel und psychische Entwicklung in Zeiten der Digitalisierung. *Psyche – Z Psychoanal, 72*(8), 640–665. DOI: 10.21706/ps-72-8-640

Körner, J. (1998). Einfühlung: Über Empathie. *Forum der Psychoanalyse, 14*(1), 1–17. DOI: 10. 1007/s004510050001

Körner, J. (2014). *Die Deutung in der Psychoanalyse.* Stuttgart: Kohlhammer.

Kohut, H. (1959). Introspection, empathy, and psychoanalysis: An examination of the relationship between mode of observation and theory. *J Am Psychoanal Assoc, 7,* 459–483. DOI: 10.1177/000306515900700304

Kohut, H. (1979). *Die Heilung des Selbst.* Frankfurt a. M.: Suhrkamp.

Kohut, H. (1984). Introspection, empathy, and semicircle of mental health. *Emotions & Behavior Monographs, Mo 3,* 347–375.

Konrath, S., O'Brien, E. & Hsing, C. (2011). Changes in dispositional empathy in American college students over time: a meta-analysis. *Personality and Social Psychology Review, 15*(2), 180–198. DOI: 10.1177/1088868310377395

Krause, H. (2021). »Wir müssen Masken aufsetzen, wenn wir spielen«. *Psychotherapeutenjournal, 20*(2), 106–112.

Küchenhoff, J. (2020). Gespräch: Ein neues Unbehagen in der Kultur? Der Einzelne und die Gesellschaft in Zeiten von Covid-19. https://youtu.be/d4_4rMTEBjw (04.12.2021).

Kuhn, J. (2019). 1000 Likes und trotzdem einsam. *SZ.* https://www.sueddeutsche.de/digital/sxsw-digitale-isolation-einsamkeit-social-media–1.4371017 (04.12.2021).

Lederer, D. (2021). Muss ich für mein Team die Samthandschuhe auspacken? *SPIEGEL.* https://www.spiegel.de/karriere/muss-ich-fuer-mein-team-die-samthandschuhe-auspacken-tipps-vom-karrierecoach-a–45b0cd7b-fb81–4b2f–8ab7-0377e5f4d10a (04.12.2021).

Merleau-Ponty, M. (1964). *Le visible et l'invisible.* Paris: Gallimard.

Mertens, W. (2009). *Psychoanalytische Erkenntnishaltungen und Interventionen.* Stuttgart: Kohlhammer.

Nemitz, R. (2013). Ding – Objekt a – Objekt des Begehrens. Lacast – der Lacan Podcast. https://lacan-entziffern.de/objekt-a/ding-objekt-a-objekt-des-begehrens/ (04.12.2021).

Papoušek, H. & Papoušek, M. (1981). Intuitives elterliches Verhalten im Zwiegespräch mit dem Neugeborenen. *Sozialpädiatrie in Praxis und Klinik, 3*(5), 229–238.

Quitmann, H. (1985). *Humanistische Psychologie. Zentrale Konzepte und philosophischer Hintergrund.* Göttingen: Hogrefe.

Reckwitz, A. (2017). *Die Gesellschaft der Singularitäten. Zum Strukturwandel der Moderne.* Frankfurt a. M.: Suhrkamp.

Riemann, F. (1975). *Die schizoide Gesellschaft.* München: Kaiser.

Rifkin, J. (2010). *Die empathische Zivilisation. Wege zu einem globalen Bewusstsein.* Frankfurt a. M.: Campus.

Rizzolatti, G. & Sinigaglia C. (2008). *Empathie und Spiegelneurone. Die biologische Basis des Mitgefühls.* Frankfurt a. M.: Suhrkamp.

Scharff, J. (2016). Klinische Probleme bei Telefon- und Internetanalyse. In A. Lemma & L. Caparrotta (Hrsg.). *Psychoanalyse im Cyberspace? Psychotherapie im digitalen Zeitalter* (S. 83–105). Frankfurt a. M.: Brandes & Apsel.

Scharff, J. (2020). In response to Kristin White »Practising as an analyst in Berlin in times of the coronavirus«. *Int J Psychoanal, 101*(3), 585–588. DOI: 10.1080/00207578.2020.1775939

Schülein, J. A. (1989). Symbiotische Beziehungen und gesellschaftliche Entwicklung. *Psyche – Z Psychoanal, 43*(11), 1007–1028.

Sedlacek, S. (2021). Herausforderungen der Fernanalyse (Klinische Werkstatt). *Psyche – Z Psychoanal, 75*(5), 434–444. DOI: 10.21706/ps-75-5-434

Seiden, H. M. (2001). Creating passion: an internet love story. *Journal of Applied Psychoanalytic Studies, 3*(2), 187–195. DOI: 10.1023/A:1010109627151

Stern, D. (2005). *Der Gegenwartsmoment. Veränderungsprozesse in Psychoanalyse, Psychotherapie und Alltag.* Frankfurt a. M.: Brandes & Apsel.

Turkle, S. (2011). *Alone Together: Why We Expect More from Technology and Less from Each Other.* New York: Basic Books.

von Thadden, E. (2018). *Die berührungslose Gesellschaft.* München: C. H. Beck.

Waldenfels, B. (2012). *Hyperphänomene.* Frankfurt a. M.: Suhrkamp.

Will, H. (2003). *Was ist klassische Psychoanalyse?* Stuttgart: Kohlhammer.

Winnicott, D. W. (1960). The Theory of the Parent-Infant Relationship. *Int J Psychoanal, 41*(6), 585–595.

Zepf, S. & Hartmann, S. (2002). Empathisches Verstehen im psychoanalytischen Prozess. Oder: Vom »Mitfühlen« zum »Einfühlen«. Überlegungen zum Verhältnis von Empathie und Gegenübertragung. *Forum der Psychoanalyse, 18*(3), 245–256. DOI: 10.1007/s00451-002-0130-5

Zoubek-Windaus, A. (2021). Settingveränderungen in Corona-Zeiten (Klinische Werkstatt). *Psyche – Z Psychoanal, 75*(12), 1161–1173. DOI: 10.21706/ps-75-12-1161

Die Autorin

Natalia Erazo, Dr. rer. biol. hum., Dipl.-Psych., ist nach wissenschaftlicher und praktischer Tätigkeit u. a. an der Poliklinik für psychosomatische Medizin und Psychotherapie der TU München seit 20 Jahren in eigener Praxis niedergelassen. Als DGPT-Mitglied ist sie Lehranalytikerin, Supervisorin und Dozentin an der Akademie für Psychoanalyse und Psychotherapie e. V. München sowie Dozentin für psychodynamische Psychotherapien auch an weiteren Ausbildungsinstituten. Ihre Forschungsschwerpunkte bisher waren u. a. die Entwicklung und das Erleben des Selbst in Beziehung sowie Aspekte von Suizidalität. Seit einigen Jahren beschäftigen sie psychoanalytische Behandlungen, in denen das Internet und sein spezifischer Gebrauch eine bedeutsame Rolle spielen.

Kontakt: Dr. Natalia Erazo, Bahnhofstraße 32, 85386 Eching; E-Mail: nataliaerazo@alice-dsl.de

Einsamkeit – eine Zeitdiagnose in der COVID-19-Pandemie?

Psychoanalytische Perspektiven auf ein hochaktuelles Phänomen

Mareike Ernst & Manfred E. Beutel

Einführung

An erster Stelle der Maßnahmen zur Eingrenzung der COVID-19-Pandemie stand und steht die Verringerung sozialer Kontakte durch Einschränkungen persönlicher Treffen, das Tragen von Schutzmasken und physische Distanzierung, die meist fälschlich als »soziale Distanzierung« *(social distancing)* bezeichnet wird. Gleichsam war Einsamkeit bereits vor der aktuellen Pandemie als belastender subjektiver Zustand (wieder-)entdeckt worden, der gravierende psychische und körperliche Auswirkungen haben kann. Angesichts anhaltend hoher Fallzahlen, die eine Fortführung bzw. nach zwischenzeitlichen Lockerungen ein Wiedereinsetzen der genannten Distanzierungsmaßnahmen nach sich ziehen, wird ein Anstieg von Einsamkeit in der Bevölkerung zunehmend als zentrale psychische Folge der Pandemie gesehen.

Im Rahmen dieses Beitrags wird zunächst geklärt, was Einsamkeit – im wissenschaftlichen Sinne – charakterisiert und wie sie psychoanalytisch verstanden werden kann. Nach einer Definition des Konstrukts Einsamkeit, die auch die Abgrenzung zu verwandten Phänomenen einschließt, und einem Überblick über seine Korrelate in empirischen Studien, adressieren wir die aktuellen Fragen: ob Einsamkeit eine Zeiterkrankung ist, und vor allem auch, ob mit der COVID-19-Pandemie eine »Pandemie der Einsamkeit« einhergeht. Die Befunde der aktuellen Forschung werden vor dem Hintergrund psychoanalytischer Konzepte wie der Fähigkeit, allein zu sein (Winnicott, 1958) und der Bindungstheorie diskutiert. Abschließend werden auch mögliche Chancen des aktuellen Diskurses und zukünftige Forschungsdesiderata angesprochen.

Definition und Abgrenzung des Konstrukts Einsamkeit

Einsamkeit *(loneliness)* beschreibt ein negatives Gefühl aufgrund einer subjektiv wahrgenommenen Diskrepanz, dass die aktuell verfügbaren sozialen Kontakte (in Qualität und/oder Quantität) unbefriedigend sind und nicht den eigenen Bedürfnissen nach

Austausch, Zugehörigkeit und Nähe entsprechen (J. T. Cacioppo, S. Cacioppo & Boomsma, 2014; Perlman & Peplau, 1981). Der einsamen Person geht es somit nicht um das reine Vorhandensein irgendwelcher sozialer Kontakte, sondern um den individuellen Eindruck, wichtigen Anderen nicht eng genug verbunden zu sein.

Einsamkeit ist damit abzugrenzen von objektiver sozialer Isolation, die anhand beobachtbarer Merkmale beschreibt, ob eine Person aktuell allein ist, bzw. wie viele soziale Kontakte sie hat, beispielsweise mit wie vielen Personen sie zusammenwohnt. Studien haben nur schwache Zusammenhänge sozialer Isolation und empfundener Einsamkeit festgestellt (Steptoe et al., 2013; Tanskanen & Anttila, 2016): Jemand, der allein ist, muss nicht einsam sein. Genauso ist es möglich, sich inmitten anderer Menschen einsam zu fühlen, was als regelrecht quälend erlebt werden kann (Cacioppo, Fowler & Christakis, 2009).

Einsamkeit ist darüber hinaus zu unterscheiden von einem als angenehm empfundenen Alleinsein *(solitude)*, d. h. einem als positiv, anregend oder bereichernd erlebten »sich selbst genug sein«, möglicherweise einem Schwelgen in vergangenen Erlebnissen, Tagträumen usw. *Solitude* stimuliert die Kreativität und bietet Raum für die Beschäftigung mit der eigenen inneren Welt (z. B. Long & Averill, 2003).

Frieda Fromm-Reichmann merkte Mitte des letzten Jahrhunderts an, dass Einsamkeit als Phänomen noch nicht befriedigend konzeptualisiert sei (Fromm-Reichmann, 1959). Mittlerweile ist es besser abgegrenzt und systematisch empirisch untersucht worden, einige von ihr beobachtete Charakteristika der Einsamkeit sind jedoch hochaktuell: So wird sie oft verheimlicht und nicht aktiv angesprochen, gegebenenfalls weil ihr ein Stigma anhaftet. Zudem gehen mit ihr verschiedene Paradoxien einher – Alleinsein kann erzwungen sein (z. B. in der aktuellen Pandemie durch Lockdown-Maßnahmen) oder ein aktiv, aus einem eigenen Wunsch heraus herbeigeführter Zustand.

In der zweiten Hälfte des Beitrags soll aufgezeigt werden, dass psychoanalytische Zugänge dazu beitragen können, besser zu verstehen, warum es manche Menschen angestrengt vermeiden, allein zu sein, während andere sich danach sehnen, sogar »ozeanische Gefühle« (Freud & Strachey, 1939) der Unbegrenztheit erleben. Was sind die Weichen, die in der Biografie der Einsamen gestellt wurden, sodass sie an ihrem Unvermögen leiden, das universelle menschliche Bedürfnis nach Intimität zu erfüllen?

Kurze Zusammenfassung der Epidemiologie und Empirie

Soziodemografische, psychische und biologische Zusammenhänge

Die bisherige internationale Forschung hat gezeigt, dass Einsamkeit kulturabhängig (Barreto et al., 2021) und zwischen Bevölkerungsgruppen, d. h. in Abhängigkeit soziodemografischer Merkmale wie Einkommen, Lebenssituation und Alter, variiert (Beutel et al., 2017; Ernst et al., 2021; Klein et al., 2021).

Nachdem Einsamkeit zunächst vor allem auf geriatrische Populationen bezogen untersucht wurde, stellten neuere, umfassendere Studien über die Lebensspanne hinweg nicht-lineare Verläufe dar (Luhmann & Hawkley, 2016), in dem Sinne, dass es sowohl früher als auch später im Leben besonders vulnerable Phasen gibt: Einerseits ist die Adoleszenz eine solche, weil hier Fragen der Identität, der sozialen Zugehörigkeit und der Attraktivität für Geschlechtspartner*innen salienter werden, sodass auch Ausgrenzung oder Abweisung zu wichtigen Themen dieser sensiblen Zeit werden.

In späteren Lebensabschnitten können sich normative Vorstellungen von der angemessenen oder erforderlichen Anzahl sozialer Kontakte verschieben; gleichzeitig kumulieren sich mit zunehmendem Alter Lebensereignisse, die das Risiko für objektive und subjektive soziale Isolation erhöhen, z. B. das Ausscheiden aus dem Beruf, (schwere) Krankheiten und Tode von Freund*innen oder Partner*innen.

Qualter und Kolleg*innen (2015) haben unter dem Begriff *reaffiliation motive* (RAM) lebensphasenspezifische soziale Motive herausgearbeitet, die einer sich im Laufe des Lebens wandelnden, aber stets vorhandenen intrinsischen Motivation entsprechen, wieder in Kontakt zu kommen, um quälende Gefühle der Einsamkeit zu beenden.

Passend dazu zeigten auch Studien mit bildgebenden Verfahren (funktionelle Magnetresonanztomografie, fMRT), durch welche Mechanismen Einsamkeit auf der neurobiologischen Ebene schmerzt. Dazu wurde ein experimentelles Ballspiel-Paradigma genutzt (»Cyberball«, Williams & Jarvis, 2006), in dem Proband*innen zunächst in das Spiel mit zwei virtuellen Mitspieler*innen inkludiert werden, bevor sie ohne Vorwarnung und Erklärung nicht mehr mitspielen dürfen. Der »soziale Schmerz« (die spezifische emotionale Reaktion auf Zurückweisung durch Andere) nach diesem Ausschlusserlebnis beruhte auf den neuronalen Verschaltungen, die auch affektive Reaktionen bei körperlichen Schmerzen vermitteln – diese zeigten sich in Aktivierungen des dorsalen anterioren Cingulums und Deaktivierungen des Präfrontalkortex (Eisenberger, Lieberman & Williams, 2003).

Studienergebnisse haben zudem gezeigt, dass Einsamkeit unabhängig von soziodemografischen Differenzen wie Alter und Bildung, welche ebenfalls mit Gesundheit bzw. Krankheit assoziiert sind, die psychische und körperliche Gesundheit gefährdet. So wurden auf Basis der prospektiven, großen Kohorte der Gutenberg Gesundheitsstudie (GHS), deutschlandweiter Repräsentativumfragen und besonders vulnerabler Populationen (Überlebende nach Krebserkrankungen im Kindes- und Jugendalter) Zusammenhänge mit Angst- und Depressionssymptomen und Suizidgedanken bestätigt. Diese bestanden sowohl in querschnittlichen Analysen (Beutel et al., 2017; Ernst et al., 2020) als auch über die Zeit (Ernst, Brähler et al., 2021; Tibubos et al., 2019).

Auf Dauer können gesundheitliche Folgen der Einsamkeit lebensgefährlich sein, wie eine oft zitierte Meta-Analyse von Holt-Lunstad, Smith und Layton

(2010) gezeigt hat. So erhöhte sie in einer meta-analytischen Zusammenfassung longitudinaler Studien beispielsweise das Risiko für eine koronare Herzkrankheit und Schlaganfälle (Valtorta et al., 2016).

Vorläufer und Parallelen anderer gesellschafts- und naturwissenschaftlicher Traditionen

Zu wichtigen Vorarbeiten, die in Vergessenheit geraten sind bzw. von der aktuellen empirischen Forschung oftmals nicht explizit aufgegriffen werden, gehören Studien des Neurowissenschaftlers Jaak Panksepp, der ein Pionier der affektiven Neurowissenschaften war und in bedeutender Weise auch zur neuropsychoanalytischen Forschung beigetragen hat (Panksepp, 1991, 2004). Er hat *separation distress*, den mit Trennungen einhergehenden emotionalen Schmerz, als Kehrseite lebenswichtiger Bindung konzeptualisiert. Diese aversive Empfindung motiviert spezifisches Suchverhalten, da evolutionär in uns Menschen (und anderen Säugetieren) angelegt ist, dass unser Überleben von Beziehungen zu Anderen abhängt. Auch in der Moderne sind wir noch über das Kleinkindalter hinaus auf Beziehungen zu Anderen angewiesen, um ein glückliches, erfülltes Leben zu führen. Dieser Gedanke fand sich in späteren Konzeptionen als *need to belong* wieder (Baumeister & Leary, 1995); zudem lassen sich Parallelen zu dem von Eisenberger, Lieberman und Williams (2003) und anderen Forschergruppen untersuchten »sozialen Schmerz« sowie zu dem von Qualter und Kolleg*innen (2015) beobachteten *reaffiliation motive* ziehen – nicht zuletzt durch den evolutionspsychologischen Zugang.

Geht man zeitlich noch weiter zurück, so beschrieb bereits Durkheim (1897), dass die Einbindung in eine Gemeinschaft, die gewisse Werte teilt, die größer sind als man selbst, im Sinne eines protektiven Faktors wirkt, der vor Suizidalität schützt. Auch moderne theoretische Modelle des Suizids mit starker empirischer Fundierung wie die interpersonale Theorie suizidalen Verhaltens (van Orden et al., 2010) oder das integrierte motivational-volitionale Modell des Suizids (IMV-Modell) (O'Connor & Kirtley, 2018) stellen die Einsamkeit, das Erleben sozialer Isolation bzw. Gefühle des Abgeschnittenseins von Anderen in den Fokus.

Der aktuelle Einsamkeitsdiskurs

Einsamkeit als Zeiterkrankung

Die Frage, inwiefern Einsamkeit eine Signatur der Moderne ist, führt bei der Recherche wissenschaftlicher Literatur zu der Entdeckung, dass tatsächlich seit mehreren Jahrzehnten von Forschenden die Zunahme von Einsamkeit beklagt wird

(Killeen, 1998). Die Lage der Evidenz ist allerdings gemischt, was u. a. daran liegt, dass Einsamkeit international uneinheitlich gemessen wird und sich für epidemiologische Prävalenzschätzungen weniger gut eignet als Erkrankungen mit klaren diagnostischen Kriterien (obwohl auch diese natürlich zeitlichen Trends unterworfen sind, was sich z. B. in Veränderungen diagnostischer Klassifikationssysteme ausdrückt). Tatsächlich deutete die PISA-Schulstudie darauf hin, dass Einsamkeit bei Adoleszent*innen von 2012 bis 2018 in 36 von 37 Ländern zugenommen hat. Dies ging einher mit stärkerem negativem Affekt, verminderter Lebensqualität, aber auch verbreiteterem Zugang zu Smartphones und zum Internet (Twenge et al., 2021). Globale Zunahmen der Einsamkeit auch bei *emerging adults* wurden durch eine große Meta-Analyse, die insgesamt über 124.000 Proband*innen zusammenfasste, bestätigt (Buecker et al., 2021). Diesen Berichten steht eine Abnahme bei älteren Menschen, beispielsweise in der Berliner Altersstudie ($M_{Alter} = 75$) gegenüber (Hülür et al., 2016).

Es lässt sich jedoch feststellen, dass sowohl international als auch in Deutschland deutliche gesellschaftliche Trends zur gesellschaftlichen *Vereinzelung* im Gange sind: So gab es eine deutliche Abnahme der 18- bis 60-jährigen Menschen, die in einer Partnerschaft leben – von 1975 bis 2013 nahm ihr Anteil von 72,2 auf 53,2 Prozent ab (Beutel et al., 2020). Parallele demografische Veränderungen betreffen die Abnahme der Kinderzahl, die Zunahme von Single-Haushalten und das Altern der Bevölkerung, wobei sich unter den Hochaltrigen zunehmend verwitwete, alleinlebende Frauen finden.

Einsamkeit im Kontext der COVID-19-Pandemie

Während der COVID-19-Pandemie sind Themen wie soziale Isolation und Einsamkeit international noch mehr in den Fokus der Forschung gerückt als zuvor, gerade da die weitreichenden Maßnahmen zur Eindämmung der Verbreitung des Virus vielerorts zum weitgehenden Stillstand des sozialen Lebens geführt haben. Für Personen in westlichen Ländern, die noch nie mit einer Pandemie konfrontiert waren, waren dies komplett unbekannte Einschnitte in ihren Alltag und Begrenzungen ihrer persönlichen Freiheiten.

Entsprechend wurde bezüglich möglicher Folgen für die psychische Gesundheit, die nicht nur aus der allgemeinen Bedrohungslage, sondern auch spezifisch aus anhaltenden Distanzierungsmaßnahmen erwachsen, Besorgnis geäußert (Holt-Lunstad, 2021).

Um einen Eindruck der Veränderungen von Einsamkeitsgefühlen in der Bevölkerung im Kontext der COVID-19-Pandemie zu erhalten, ziehen wir zwei kürzlich erschienene deutsche Studien sowie ein systematisches Review mit Meta-Analyse heran, das den aktuellen Forschungsstand zusammenfasst.

In der Anfangsphase der Pandemie haben Buecker und Kolleg*innen (2020) eine digitale Tagebuch-Studie durchgeführt, in deren Rahmen über 4.000 Personen mehrfach befragt wurden. Mit ihrer Laufzeit von Mitte März bis Mitte April 2020 deckte die Befragung auch die Zeit ab, in der es in Deutschland die ersten strikten Einschränkungen des sozialen Lebens gab. Die Forscher*innen fanden geringe Zunahmen der Einsamkeit, gefolgt von geringen Abnahmen. Interessant waren darüber hinaus Subgruppenanalysen, d. h. die Identifikation besonderer Risikogruppen, die vergleichsweise starke Zunahmen von Einsamkeit berichteten. Dies waren beispielsweise Eltern junger Kinder.

Eine Schwierigkeit bei der Interpretation und Generalisierung der Ergebnisse dieser Studie stellt jedoch das reine Online-Format dar, das Gefahr läuft, gewisse Mitglieder der Gesellschaft auszuschließen (vorrangig [ältere] Menschen, die keinen Internetanschluss haben und/oder nicht in den sozialen Medien aktiv sind, über die Teilnehmende rekrutiert wurden usw.). Diese Limitation traf schon in der Vergangenheit auf viele Forschungsvorhaben zu, kommt aber besonders zum Tragen, wenn es um Abschätzungen geht, inwiefern sich Gefühle sozialer Verbundenheit in der Gesellschaft als Ganzes bzw. innerhalb einzelner Generationen angesichts einer Herausforderung verändern, die Personen mit unterschiedlichen Lebensrealitäten so ungleich trifft wie die COVID-19-Pandemie (Dahlberg, 2021).

Ein Gegenentwurf zu Online-Formaten sind seit Jahrzehnten mit unveränderter, aufwendiger Methodik durchgeführte Interviewstudien, für die auf Basis einer randomisierten Auswahl von Ziel-Haushalten und -Personen Stichproben gezogen werden, die repräsentativ für die deutsche Allgemeinbevölkerung sind (hinsichtlich Geschlecht, Alter und Bildungsabschluss). Diese liefern ein zeitlich weniger hochauflösendes Bild, erlauben aber weniger verzerrte Einblicke in die Ausprägung von Einsamkeit in der Bevölkerung in verschiedenen Jahren. In einer eigenen Untersuchung (Beutel et al., 2021) zogen wir zwei solcher Stichproben heran, die jeweils über 2.500 Personen umfassten und im Sommer 2018 bzw. Sommer 2020 erhoben worden waren. Interessanterweise stellten wir auf dieser Grundlage keinen generellen, bevölkerungsübergreifenden Zuwachs an Einsamkeit fest. Gefährdete Subgruppen waren jedoch jüngere Personen, vor allem jüngere Frauen.

Angesichts der Vielzahl empirischer internationaler Studien mit sehr unterschiedlicher Qualität, die im Kontext der Pandemie auf unterschiedlichste Arten (Veränderungen der) Einsamkeit analysiert haben, ist die Forschungslandschaft sehr unübersichtlich geworden. Dies war die Motivation für die Erstellung einer systematischen Übersichtsarbeit mit Meta-Analyse, d. h. eine qualitative und quantitative Aggregation relevanter Originalstudien (Ernst, Niederer, et al., 2022; Registrierung: Ernst, Werner & Niederer, 2021). Es gingen nur Studien ein, die einen Vergleich zu einer Messung vor der Pandemie zogen (z. B. in Form zweier Stichproben, die vor und während der Pandemie erhoben wurden; oder in tatsächlich längsschnittlichen Designs, die dieselben Personen vor und während der

Pandemie befragt haben). Ein weiteres Kriterium war, dass nur *subjektive* Berichte berücksichtigt wurden, d. h. Proband*innen wurden im Kontext der Studie gefragt, wie einsam sie sich fühlen (im Vergleich zu objektiven Bewegungs- und Telekommunikationsdaten). Auf Basis von 34 Originalarbeiten mit insgesamt 215.026 Teilnehmer*innen wurde schließlich eine übergreifende Zunahme der Einsamkeit (mit kleinen bis mittleren Effektstärken) festgestellt.

Mit diesem empirischen Blick auf große Stichproben bewegt die Forschung sich etwas vom Empfinden des einzelnen Individuums weg. Psychoanalytische Zugänge tragen hingegen dazu bei, sich dieser Perspektive wieder anzunähern bzw. sie zu integrieren. Wichtige Fragen, auf die sie Antworten liefern können, sind beispielsweise:

➤ Wie entsteht das Gefühl der Einsamkeit (biografisch und in der aktuellen Situation)?
➤ Was bedeutet Einsamkeit für den einzelnen Menschen?
➤ Ist Einsamkeit immer (nur) schlecht?

Ist Einsamkeit ein psychoanalytisches Thema?

Wie die empirische Forschung gezeigt hat, ist objektive soziale Isolation keinesfalls mit Einsamkeit gleichzusetzen, d. h., die rein äußerlich selbe Situation kann von unterschiedlichen Personen verschieden wahrgenommen werden. Im Unterschied zu den vorliegenden empirischen Befunden erkundet die Psychoanalyse, wie das Erleben von Einsamkeit mit der biografischen Entwicklung, den Beziehungserfahrungen und letztlich auch der Beziehungsfähigkeit von Individuen zusammenhängt.

Allerdings ist »Einsamkeit« als Begriff in aktueller psychoanalytischer Literatur ungebräuchlich und man findet auch keine entsprechenden Einträge in aktuellen Lehrbüchern oder Lexika. Es gibt wichtige Ausnahmen: In ihrer Pionierarbeit beschrieb Fromm-Reichmann bereits 1959 das Spannungsfeld zwischen dem Schrecken der Isolation und des Abgeschnittenseins von anderen Menschen bei schweren Schizophrenien und des kreativen Alleinseins, das – beispielsweise in Freuds Konzept der ozeanischen Gefühle (Freud & Strachey, 1939) – mit Genuss und Kreativität verbunden ist.

Winnicott (1958) hatte ein Jahr zuvor die Fähigkeit, allein zu sein, beschrieben, die sich bereits im ersten Lebensjahr entwickelt. Diese beruht auf der positiven Erfahrung, allein zu sein, während die Mutterfigur präsent ist, ohne Forderungen zu stellen. Die Introjektion der Mutterfigur als gutes inneres Objekt ermöglicht es im Laufe des Lebens, das Alleinsein zu genießen *(solitude)*, statt schmerzliche Einsamkeit zu empfinden. Diese Entwicklung wird unterstützt durch Übergangsobjekte und -phänomene, wie z. B. imaginierte Begleiter. Authentizität, Kreativität und genuine Beziehungen werden gefördert.

Beiträge zum Verständnis von Einsamkeit, auch im aktuellen Kontext, leisten vor allem zwei Perspektiven: das erfolgreich operationalisierte Konzept der psychischen Struktur (OPD Task Force, 2008) und das Konzept der Bindung.

Strukturniveau und Einsamkeit

Quantitativ-empirische Evidenz für die Rolle der psychischen Struktur kommt beispielsweise aus laborexperimentellen Untersuchungen mit dem oben bereits erwähnten »Cyberball«-Spiel. Wie beschrieben, lassen sich Ein- und Ausschluss in der Experimentalsituation »objektiv« steuern bzw. manipulieren. Effekte dieser unterschiedlichen Bedingungen zeigen sich neuronal und in Berichten der Proband*innen (die sich in der Exklusionsbedingung trauriger, weniger verbunden und angespannter fühlen als in der Inklusionsbedingung). Darüber hinaus haben Studien aber auch interessante Unterschiede *zwischen* Teilnehmenden demonstriert, und zwar entlang struktureller Beeinträchtigungen – sowohl bezogen auf die Wahrnehmung des Spiels als auch auf die emotionale Reaktion darauf. Personen mit stärker ausgeprägter Persönlichkeitspathologie fühlten sich selbst bei einem übermäßigem Spielanteil der Gruppe nicht zugehörig (d. h., sie erhielten im Spiel 40 Prozent der Ballkontakte, während bei drei Mitspieler*innen schon 33 Prozent einem fairen Spielanteil entsprechen) (de Panfilis et al., 2015). Patient*innen mit emotional instabiler Persönlichkeitsstörung reagierten auf einen Ausschluss aus dem Spiel zudem mit mehr Wut als Patient*innen mit Depression (ohne Persönlichkeitsstörungsdiagnose) und eine gesunde Vergleichsgruppe (Ernst et al., 2018).

Die Relevanz des Strukturniveaus für die subjektive Wahrnehmung sozialer Verbundenheit war auch sichtbar auf Basis einer großen, nicht-klinischen Stichprobe (Ernst, Brähler et al., [in Begutachtung]). In der statistischen Erklärung aktueller Einsamkeit waren strukturelle Defizite (erfasst mit dem OPD-Strukturfragebogen [Ehrenthal et al., 2015]) wichtiger als viele etablierte Risikofaktoren für Einsamkeit gemeinsam (wie Alter, Geschlecht und Lebenssituation). Eine Mediationsanalyse zeigte, dass Einsamkeit lediglich ein partieller Mediator war, d. h. nur eine Ausdrucksform von potenziell vielen, die das individuelle Strukturniveau mit Belastung durch Angst- und Depressionssymptome verband.

Es kann angenommen werden, dass Menschen mit einer mäßig integrierten psychischen Struktur aus verschiedenen Gründen vermehrt unter Einsamkeit leiden. Einerseits impliziert ein Fehlen stabiler mentaler Repräsentationen guter (z. B. beschützender und tröstender) Objekte, dass sich Situationen, in denen man allein ist, so anfühlen, als sei man von allen Menschen verlassen worden. Eine Selbstberuhigung ist in diesem Fall nicht möglich. Hinweise für die moderne (psychoanalytische) Einsamkeitsforschung bestehen hier in Berichten quälender innerer Leere als qualitativ besonderes Merkmal depressiver Zustände bei Patient*innen mit schweren strukturellen Störungen. Wie Rohde-Dachser (2010) beschrieb, füllt bei der Borderline-Depression die Schwermut eine sonst nicht auszuhaltende innere Leere. Andererseits muss Einsamkeit im Kontext der Pandemie als normale, nichtpathologische Reaktion auf veränderte Umstände angesehen werden. Tatsächlich fühlen sich die meisten Menschen irgendwann in ihrem Leben vorübergehend Zeit einsam (Qualter et al., 2015). Strukturelle Beeinträchtigungen könnten es einsamen Personen jedoch wesentlich erschweren, diesen Zustand zu beenden, indem wieder Kontakt zu Anderen gesucht wird, beispielsweise durch Einschränkungen der Empathie und Mentalisierungsfähigkeit, sowie durch die Wahrnehmung Anderer als feindselig und unberechenbar. Unglücklicherweise wurden entsprechende Mechanismen, beispielsweise die Hypervigilanz gegenüber sozialen Bedrohungen, auch als mögliche Folgen anhaltender Einsamkeit beschrieben (Cacioppo et al., 2015).

Bindung und Einsamkeit

Das Bindungssystem ist lebenslang darauf ausgerichtet, unter Stress oder Bedrohung Nähe zu bedeutsamen Figuren (Bindungsfiguren) zu suchen (Mikulincer, Shaver & Gal, 2021). Erfahrungen mit verfügbaren, einfühlsamen und unterstützenden Bindungsfiguren ermöglichen die Entwicklung stabiler und sicherer Bindungsrepräsentanzen mit einem positiven Grundgefühl der Verbundenheit und Sicherheit von Selbst und Anderen. Ein Kennzeichen sicherer Bindung ist daher die Fähigkeit, eine gesunde *solitude* zu empfinden.

Aus Sicht der Bindungstheorie signalisiert Einsamkeit Trennungsschmerz (nach Panksepp *separation distress*) und unerfüllte Bedürfnisse nach Nähe, Liebe, Versorgung aufgrund nicht-verfügbarer oder nicht-responsiver Bindungsfiguren. Unsichere Bindung disponiert auf differenzielle Art und Weise zu Einsamkeit: Ängstlich gebundene Personen betonen unerfüllte Bedürfnisse von Nähe und Sicherheit und sie intensivieren den Schmerz fehlender Liebe oder Responsivität der Partner*in (hyperaktivierende Strategien). Vermeidend gebundene Personen hingegen verleugnen oder unterdrücken Bindungsbedürfnisse, ziehen sich aus sozialen Beziehungen zurück, reagieren gelangweilt, distanziert, angespannt oder irritiert. Diese sogenannten »deaktivierenden Strategien« erhöhen das Risiko chronischer Einsamkeit.

Beitrag der Psychoanalyse zur Erforschung von Einsamkeit

In den letzten Jahren und Jahrzehnten kam es zu weitreichenden Verschiebungen sozialer Normen mit den Folgen von Vereinzelung (Zunahme alleinlebender Erwachsener) und der Abnahme von realen zugunsten von virtuellen Online-Kontakten. Auch wenn die Nutzungsmuster sich in den einzelnen Altersgruppen unterscheiden, sind der Zugang zum Internet und seine gewohnheitsmäßige Nutzung inzwischen in allen Altersgruppen verbreitet. Neben den Chancen, die damit einhergehen, kann exzessiver Internetgebrauch zulasten realer sozialer Beziehungen das Risiko für Einsamkeit erhöhen; zudem kann der Gebrauch sozialer Online-Medien auch von realen Interaktionen ablenken (z.B. wenn in der Therapiesitzung das Handy der Patientin ständig vibriert). Vor allem für unsicher gebundene Individuen birgt das Internet vielfältige Risiken, in der raschen Folge der Online-Interaktionen Wichtiges zu verpassen, ausgeschlossen zu werden usw. (Reiner et al., 2017). Die deutlichste psychische Folge der aktuellen Pandemie ist nach der aktuellen Studienlage nicht der Zuwachs an psychischen Erkrankungen, sondern die gestiegene Einsamkeit. Dass Einsamkeit nicht nur verbreitet ist, sondern auch mit schwerwiegenden psychischen wie körperlichen Krankheitsrisiken einhergeht, hat die empirische Forschung zweifelsfrei belegt (Cacioppo et al., 2015; Holt-Lunstad et al., 2010; Valtorta et al., 2016).

Aktuell finden wir jedoch erstaunlich wenig psychoanalytische Beiträge zu Einsamkeit. Dabei birgt die Psychoanalyse ein hohes Potenzial, die gegenwärtig vorherrschenden Forschungsansätze zu vertiefen und zur Überwindung von Einsamkeit beizutragen: Basierend auf den Arbeiten von Winnicott (1958) und Fromm-Reichmann (1959) lässt sich »Alleinsein« nicht mit »Einsamkeit« gleichsetzen (eine aktuelle Übersicht und Klassifizierungshilfe findet sich bei Valtorta et al., 2016). Die meist eindimensionalen aktuellen Ansätze berücksichtigen zu wenig, dass eine kreative und produktive Form von Alleinsein ein wichtiges Zeichen für eine gelungene Entwicklung stabiler Selbst-Objektrepräsentanzen bzw. sicherer Bindungsrepräsentanzen ist. Die psychoanalytische Sichtweise ermöglicht damit, über die deskriptive Erfassung und Beschreibung von Einsamkeit hinaus zur Analyse von Risikomerkmalen der Bindungsentwicklung im Rahmen der individuellen Biografien vorzudringen.

Psychoanalytische Therapien stellen die therapeutische Beziehung in den Vordergrund. Im Kontext von Übertragungs- und Gegenübertragungsprozessen können schmerzliche Gefühle von Einsamkeit erlebbar und aushaltbar werden. Zugrundeliegende Bindungsmuster können sich im Rahmen intensiver Therapien verändern und befriedigendere Objektbeziehungen wie auch einen sichereren Umgang mit dem Selbst und mit dem Alleinsein ermöglichen (Reiner et al., 2016).

Letztlich impliziert ein psychodynamisches Verständnis der Einsamkeit auch die Untersuchung ihrer Funktion, da als unangenehm empfundene Zustände und schwierige Gefühlslagen nicht einfach nur als störend aufgefasst werden, sondern wichtige Hinweise auf unerfüllte oder konflikthafte Bedürfnisse enthalten. Die Zunahme von Einsamkeit könnte anzeigen, dass viele Personen sich mit Bedürfnissen auseinandersetzen, von denen sie sich sonst im Alltag ablenken oder die abgewehrt werden. Sie könnte auch darauf hindeuten, dass gesamtgesellschaftliche Entwicklungen (z.B. Vereinzelung) nicht dem entsprechen, was Menschen für ein erfülltes soziales Leben benötigen. Vor diesem Hintergrund ist der gesellschaftliche Diskurs um die Einsamkeit eine Chance, soziale Bedürfnisse anzuerkennen. Das Erinnern an deren Universalität kann auf einer gesellschaftlichen Ebene der Stigmatisierung der Einsamkeit entgegenwirken, was Kommunikation und Entlastung erleichtert (O'Sullivan et al., 2021).

Einsamkeit könnte ein wichtiges Ergebniskriterium für psychodynamische Therapien werden. Wir gehen davon aus, dass diese Therapieansätze besonders geeignet sind, die häufig damit zusammenhängenden strukturellen wie auch Bindungsprobleme zu bearbeiten. Wir sehen wichtige Beiträge psychoanalytisch inspirierter Forschung darin, Entwicklungsbedingungen für die Fähigkeit zum Alleinsein sowie positive Aspekte des Alleinseins (Reflexion, Kreativität) wahrzunehmen und zu fördern und Anstöße zu geben, gesellschaftliche Entwicklungen kritisch zu hinterfragen.

Literatur

Barreto, M., Victor, C., Hammond, C., Eccles, A., Richins, M.T. & Qualter, P. (2021). Loneliness around the world: Age, gender, and cultural differences in loneliness. *Personality and Individual Differences, 169*, 110066.

Baumeister, R.F. & Leary, M.R. (1995). The need to belong: Desire for interpersonal attachments as a fundamental human motive. *Psychological Bulletin, 117*, 497–529.

Beutel, M.E., Hettich, N., Ernst, M., Schmutzer, G., Tibubos, A.N. & Brähler, E. (2021). Mental health and loneliness in the German general population during the COVID-19 pandemic compared to a representative pre-pandemic assessment. *Scientific Reports, 11*(1). DOI: 10.1038/s41598-021-94434-8

Beutel, M.E., Klein, E.M., Brähler, E., Reiner, I., Junger, C., Michal, M. & Tibubos, A.N. (2017). Loneliness in the general population: prevalence, determinants and relations to mental health. *BMC Psychiatry, 17*(1), 1–7. DOI: 10.1186/s12888-017-1262-x

Beutel, M.E., Klein, E.M., Henning, M., Werner, A.M., Burghardt, J., Tibubos, A.N. & Brähler, E. (2020). Somatic symptoms in the German general population from 1975 to 2013. *Scientific Reports, 10*(1), 1–7.

Buecker, S., Horstmann, K.T., Krasko, J., Kritzler, S., Terwiel, S., Kaiser, T. & Luhmann, M. (2020). Changes in daily loneliness for German residents during the first four weeks of the COVID-19 pandemic. *Soc Sci Med, 265*, 113541. DOI: 10.1016/j.socscimed.2020.113541

Buecker, S., Mund, M., Chwastek, S., Sostmann, M. & Luhmann, M. (2021). Is loneliness in emerging adults increasing over time? A preregistered cross-temporal meta-analysis and systematic review. *Psychol Bull, 147*(8), 787–805. DOI: 10.1037/bul0000332

Cacioppo, J.T., Cacioppo, S. & Boomsma, D.I. (2014). Evolutionary mechanisms for loneliness. *Cogn Emot, 28*(1), 3–21. DOI: 10.1080/02699931.2013.837379

Cacioppo, J.T., Fowler, J.H. & Christakis, N.A. (2009). Alone in the crowd: the structure and spread of loneliness in a large social network. *Journal of Personality and Social Psychology, 97*(6), 977–991.

Cacioppo, S., Grippo, A.J., London, S., Goossens, L. & Cacioppo, J.T. (2015). Loneliness: clinical import and interventions. *Perspect Psychol Sci, 10*(2), 238–249. DOI: 10.1177/1745691615570616

Dahlberg, L. (2021). Loneliness during the COVID-19 pandemic. *Aging Ment Health*, 1–4. DOI: 10.1080/13607863.2021.1875195

De Panfilis, C., Riva, P., Preti, E., Cabrino, C., & Marchesi, C. (2015). When social inclusion is not enough: Implicit expectations of extreme inclusion in borderline personality disorder. *Personality Disorders: Theory, Research, and Treatment, 6*(4), 301–309.

Durkheim, E. (1897). *Le suicide. Étude de sociologie.* Paris: Félix Alcan.

Ehrenthal, J.C., Dinger, U., Schauenburg, H., Horsch, L., Dahlbender, R.W. & Gierk, B. (2015). [Development of a 12-item version of the OPD-Structure Questionnaire (OPD-SQS)]. *Z Psychosom Med Psychother, 61*(3), 262–274. DOI: 10.13109/zptm.2015.61.3.262

Eisenberger, N.I., Lieberman, M.D. & Williams, K.D. (2003). Does rejection hurt? An FMRI study of social exclusion. *Science, 302*(5643), 290–292.

Ernst, M., Brähler, E., Kruse, J., Kampling, H. & Beutel, M.E. (in Begutachtung). Does loneliness lie within? Evidence for the role of personality functioning in shaping loneliness and mental distress from a representative population sample.

Ernst, M., Brähler, E., Wild, P.S., Faber, J., Merzenich, H. & Beutel, M.E. (2021). Loneliness predicts suicidal ideation and anxiety symptoms in long-term childhood cancer survivors. *Int J Clin Health Psychol, 21*(1), 100201. DOI: 10.1016/j.ijchp.2020.10.001

Ernst, M., Brähler, E., Wild, P.S., Jünger, C., Faber, J., Schneider, A. & Beutel, M.E. (2020). Risk factors for suicidal ideation in a large, registry-based sample of adult long-term childhood cancer survivors. *J Affect Disord, 265*, 351–356. DOI: 10.1016/j.jad.2020.01.080

Ernst, M., Klein, E.M., Beutel, M.E. & Brähler, E. (2021). Gender-specific associations of loneliness and suicidal ideation in a representative population sample: Young, lonely men are particularly at risk. *J Affect Disord, 294*, 63–70. DOI: 10.1016/j.jad.2021.06.085

Ernst, M., Mohr, H.M., Schött, M., Rickmeyer, C., Fischmann, T., Leuzinger-Bohleber, M. & Grabhorn, R. (2018). The effects of social exclusion on response inhibition in borderline personality disorder and major depression. *Psychiatry Res, 262*, 333–339. DOI: 10.1016/j.psychres.2017.03.034

Ernst, M., Niederer, D., Werner, A.M., Czaja, S.J., Mikton, C., Ong, A., Beutel, M.E. (i.E.). Loneliness before and during the COVID-19 pandemic: A systematic review with meta-analysis. *American Psychologist.* DOI: 10.1037/amp0001005

Ernst, M., Werner, A. & Niederer, D. (2021). A systematic review with meta-analysis and -regression on changes in loneliness before and after the outbreak of the COVID-19 pandemic. *PROSPERO Review Protocol.* PROSPERO-ID: CRD42021246771

Freud, S. & Strachey, J. (1939). *Civilization and its Discontents.* London: Hogarth Press.

Fromm-Reichmann, F. (1959). Loneliness. *Psychiatry: Journal for the Study of Interpersonal Processes, 22*, 1–15.

Holt-Lunstad, J. (2021). A pandemic of social isolation? *World Psychiatry, 20*(1), 55–56. DOI: 10.1002/wps.20839

Holt-Lunstad, J., Smith, T.B. & Layton, J.B. (2010). Social relationships and mortality risk: a meta-analytic review. *PLoS Med, 7*(7), 466–475. DOI: 10.1371/journal.pmed.1000316

Hülür, G., Drewelies, J., Eibich, P., Düzel, S., Demuth, I., Ghisletta, P. & Gerstorf, D. (2016). Cohort differences in psychosocial function over 20 years: Current older adults feel less lonely and less dependent on external circumstances. *Gerontology, 62*(3), 354–361.

Killeen, C. (1998). Loneliness: an epidemic in modern society. *J Adv Nurs, 28*(4), 762–770.

Klein, E.M., Zenger, M., Tibubos, A.N., Ernst, M., Reiner, I., Schmalbach, B. & Beutel, M.E. (2021). Loneliness and its relation to mental health in the general population: Validation and norm values of a brief measure. *Journal of Affective Disorders Reports, 4.* DOI: 10.1016/j.jadr.2021.100120

Long, C. R., & Averill, J. R. (2003). Solitude: An Exploration of Benefits of Being Alone. *Journal for the Theory of Social Behaviour, 33*(1), 21–44. DOI: 10.1111/1468–5914.00204

Luhmann, M. & Hawkley, L. C. (2016). Age differences in loneliness from late adolescence to oldest old age. *Dev Psychol, 52*(6), 943–959. DOI: 10.1037/dev0000117

Mikulincer, M., Shaver, P. R. & Gal, I. (2021). An Attachment Perspective on Solitude and Loneliness. In R. J. Coplan, J. C. Bowler & L. J. Nelson (Hrsg.), *The handbook of solitude: Psychological perspectives on social isolation, social withdrawal, and being alone* (S. 31–41). Hoboken, NJ: John Wiley & Sons.

O'Connor, R. C. & Kirtley, O. J. (2018). The integrated motivational-volitional model of suicidal behaviour. *Philos Trans R Soc Lond B Biol Sci, 373*(1754), 181–198. DOI: 10.1098/rstb.2017.0268

OPD Task Force (2008). *Operationalized Psychodynamic Diagnosis OPD–2. Manual of diagnosis and treatment planning.* Cambridge, MA: Hogrefe & Huber.

O'Sullivan, R., Lawlor, B., Burns, A. & Leavey, G. (2021). Will the pandemic reframe loneliness and social isolation? *The Lancet Healthy Longevity, 2*(2), e54–e55.

Panksepp, J. (1991). Affective neuroscience: A conceptual framework for the neurobiological study of emotions. *International review of studies on emotion, 1*(59–99), 57.

Panksepp, J. (2004). *Affective neuroscience: The foundations of human and animal emotions*: Oxford: Oxford University press.

Perlman, D. & Peplau, L. A. (1981). Toward a social psychology of loneliness. In R. Gilmour & S. Duck (Hrsg.), *Personal Relationships*. Vol. 3 (S. 31–56). London: Academic Press.

Qualter, P., Vanhalst, J., Harris, R., Van Roekel, E., Lodder, G., Bangee, M. & Verhagen, M. (2015). Loneliness Across the Life Span. *Perspectives on Psychological Science, 10*(2), 250–264. DOI: 10.1177/1745691615568999

Reiner, I., Bakermans-Kranenburg, M. J., Van, I. M. H., Fremmer-Bombik, E. & Beutel, M. (2016). Adult attachment representation moderates psychotherapy treatment efficacy in clinically depressed inpatients. *J Affect Disord, 195*, 163–171. DOI: 10.1016/j.jad.2016.02.024

Reiner, I., Tibubos, A. N., Hardt, J., Müller, K., Wölfling, K. & Beutel, M. E. (2017). Peer attachment, specific patterns of internet use and problematic internet use in male and female adolescents. *European Child & Adolescent Psychiatry, 26*(10), 1257–1268. DOI: 10.1007/s00787-017-0984-0

Rohde-Dachser, C. (2010). Schwermut als Objekt. *Psyche, 64*(9–10), 862–889.

Steptoe, A., Shankar, A., Demakakos, P. & Wardle, J. (2013). Social isolation, loneliness, and all-cause mortality in older men and women. *Proc Natl Acad Sci USA, 110*(15), 5797–5801. DOI: 10.1073/pnas.1219686110

Tanskanen, J. & Anttila, T. (2016). A Prospective Study of Social Isolation, Loneliness, and Mortality in Finland. *Am J Public Health, 106*(11), 2042–2048. DOI: 10.2105/AJPH.2016.303431

Tibubos, A. N., Brähler, E., Ernst, M., Baumgarten, C., Wiltink, J., Burghardt, J. & Beutel, M. E. (2019). Course of depressive symptoms in men and women: differential effects of social, psychological, behavioral and somatic predictors. *Sci Rep, 9*(1), 18929. DOI: 10.1038/s41598-019-55342-0

Twenge, J. M., Haidt, J., Blake, A. B., McAllister, C., Lemon, H. & Le Roy, A. (2021). Worldwide increases in adolescent loneliness. *J Adolesc, 93*, 257–269. DOI: 10.1016/j.adolescence.2021.06.006

Valtorta, N. K., Kanaan, M., Gilbody, S. & Hanratty, B. (2016). Loneliness, social isolation and social relationships: what are we measuring? A novel framework for classifying and comparing tools. *BMJ Open, 6*(4), e010799. DOI: 10.1136/bmjopen-2015-010799

Valtorta, N. K., Kanaan, M., Gilbody, S., Ronzi, S. & Hanratty, B. (2016). Loneliness and social isolation as risk factors for coronary heart disease and stroke: systematic review and meta-analysis of longitudinal observational studies. *Heart, 102*(13), 1009–1016. DOI: 10.1136/heartjnl-2015-308790

van Orden, K. A., Witte, T. K., Cukrowicz, K. C., Braithwaite, S. R., Selby, E. A. & Joiner, T. E., Jr. (2010). The interpersonal theory of suicide. *Psychol Rev, 117*(2), 575–600. DOI: 10.1037/a0018697

Williams, K. D. & Jarvis, B. (2006). Cyberball: A program for use in research on interpersonal ostracism and acceptance. *Behavior research methods, 38*(1), 174–180.

Winnicott, D. W. (1958). The capacity to be alone. *Int J Psychoanal, 39*, 416–420.

Die Autor*innen

Mareike Ernst, Dr. phil., M.Sc. Psych., ist wissenschaftliche Mitarbeiterin und Psychotherapeutin in Ausbildung an der Klinik und Poliklinik für Psychosomatische Medizin und Psychotherapie der Universitätsmedizin Mainz. Ihre Forschungsschwerpunkte sind Psychoonkologie, Suizidalität und Einsamkeit.

Kontakt: Dr. Mareike Ernst, Klinik und Poliklinik für Psychosomatische Medizin und Psychotherapie der Universitätsmedizin der Johannes-Gutenberg-Universität Mainz, Untere Zahlbacher Straße 8, 55131 Mainz; E-Mail: Mareike.Ernst@unimedizin-mainz.de

Manfred Beutel, Univ.-Prof., Dr. med., Dipl.-Psych., ist Direktor der Klinik und Poliklinik für Psychosomatische Medizin und Psychotherapie der Universitätsmedizin Mainz. Er ist Lehranalytiker und leitet den Weiterbildungsstudiengang Psychodynamische Psychotherapie (WePP) an der Universitätsmedizin Mainz. Zu seinen Forschungsschwerpunkten zählen Psychotherapieforschung, Psychoonkologie, Epidemiologie und Genese psychischer Erkrankungen (u. a. Verhaltenssüchte, Angststörungen) und Einsamkeit.

Kontakt: Prof. Dr. Manfred E. Beutel, Klinik und Poliklinik für Psychosomatische Medizin und Psychotherapie der Universitätsmedizin der Johannes-Gutenberg-Universität Mainz, Untere Zahlbacher Straße 8, 55131 Mainz; E-Mail: Manfred.Beutel@unimedizin-mainz.de

Zählen, Messen, Optimieren

»Große Zahlen fühlen sich gut an, kleine sind egal.«

Zur psychodynamischen Bedeutung quantifizierender Körperoptimierungspraktiken

Benigna Gerisch

Einleitung

»Noch nie wurde so viel gezählt und vermessen wie seit Beginn des digitalen Zeitalters. Die Rationalität des Zähl- und Vergleichbaren war bereits wichtige Voraussetzung der modernen Ökonomie und Industriegesellschaften, ihrer Organisation und Legitimation. Im Zuge der Digitalisierung erlangen Logiken der Metrisierung und Semantiken der Zahl nun auf neue und besondere Weise die Vorherrschaft (Vormbusch 2012). Messen und (das darauf beruhende) Vergleichen sind dabei immer weniger nur Aufgabe jener Fachleute, die mit Zahlen professionell befasst sind. Vielmehr ist Metrisierung ein Bestandteil auch der individuellen alltäglichen Praxis in bislang nicht da gewesenem und sich weiter steigerndem Ausmaß (Mau 2017) – insbesondere seit der umfassenden Verbreitung der so genannten mobilen Endgeräte, vor allem der leicht transportierbaren, mit Leib und Selbst nicht nur technisch, sondern auch psychisch und physisch eng verbundenen, affektiv und kognitiv oft hochgradig bedeutsamen Smartphones, der Trackinggeräte oder ›wearable devices‹, die, z. B. in Chipform direkt am (teils im) Körper getragen, Daten generieren« (King et al., 2019, S. 744f.).

Aufbauend auf dem Vorgängerprojekt »Aporien der Perfektionierung in der beschleunigten Moderne« (kurz: APAS), in dem Perfektionierungs- und Optimierungsdynamiken auf individueller und sozialer Ebene und ihre gegenseitige Durchdringung untersucht wurden (King & Gerisch, 2015; King et al., 2021), ging es im Forschungsprojekt »Das vermessene Leben«[1] in erster Linie darum, wie

---

1   Beide Projekte (APAS: 2012–2018, »Das vermessene Leben«: 2018–2023) wurden bzw. werden geleitet von Vera King (Sigmund-Freud-Institut und Goethe-Universität Frankfurt am Main, Projektsprecherin), Benigna Gerisch (International Psychoanalytic University Berlin) und Hartmut Rosa (Friedrich-Schiller-Universität Jena und Max-Weber-Kolleg Erfurt) und gefördert von der VolkswagenStiftung in der Förderlinie »Schlüsselthemen für Wissenschaft und Gesellschaft«. Maßgeblich zur Entwicklung der in diesem Aufsatz prä-

sich Prozesse der digitalen Quantifizierung in der sozialen Lebensrealität und im individuellen Erleben niederschlagen, einschließlich ihrer produktiven und kontraproduktiven Folgen. Leitend war dabei die Annahme, dass strukturelle Merkmale der Digitalisierung, wie die Omnipräsenz von Metrisierung und einem damit einhergehenden Vergleichs- und Optimierungsdruck,

➢ mit biografisch-psychischen Dispositionen,
➢ mit soziostrukturellen Bedingungen und
➢ mit dem sozioökonomischen Status

ineinandergreifen sowie zu typischen Verarbeitungsformen des Umgangs mit digitaler Quantifizierung führen. Diese sind – so die leitende Annahme – in verschiedenen Lebensbereichen zu beobachten, wobei im Forschungsprojekt »Das vermesse Leben« die Bereiche Beziehungen, Selbst, Körper und Arbeit besonders in den Blick genommen wurden (King et al., 2019, 2021).

Während in den Teilprojekten in Frankfurt am Main, unter der Leitung von Vera King, speziell die Beziehungsgestaltung in Sozialen Medien und in Jena, unter der Leitung von Hartmut Rosa, Arbeitsprozesse in Verwaltungen hinsichtlich digitaler Quantifizierung untersucht wurden, lag der Fokus im Berliner Teilprojekt auf der digitalen körperbezogenen Praxis des Self-Trackings.

In unserer zentralen Forschungshypothese gehen wir aus einer biografieanalytischen und psychodynamischen Sicht davon aus, dass Muster der Lebensführung insbesondere von Individuen mit passförmigen biografischen oder psychischen Dispositionen übernommen werden. Das bedeutet auch, dass nicht zuletzt Muster der Lebensführung ihrerseits Folgen haben: Sie können Bewältigungsmuster und psychische Tendenzen verstärken sowie Abwehrmuster unterlaufen (King, 2013, 2016).

Bezogen auf psychische Folgen der *Digitalisierung* und des *Messens* (als einer Form der Optimierung) bedarf es daher entsprechender Vermittlungen, die nicht zu rasch von eindeutigen, eindimensionalen Zusammenhängen zwischen sozialen Bedingungen, individuellem Handeln und psychischen Folgen ausgehen (King & Gerisch, 2019). Aus einer psychodynamischen Sicht ist deshalb stets auch zu eruieren, *welche psychischen Funktionen* entsprechende kulturelle Praktiken erlangen können. Wie sich bereits im APAS-Projekt abbildete, haben psychische Dynamiken der Körperoptimierung partiell stabilisierende, langfristig aber oft zugleich destabilisierende Aspekte, vor allem, wenn sie instrumentellen Logiken folgen (Gerisch, 2009, 2013; Gerisch et al., 2021). Sie sind auch hinsichtlich der psychischen Bedeutung und möglicher Phantasmen des Vermessens des Körperlichen genauer zu untersuchen. Bezogen auf quantifizierende Selbstevaluationen ist – auch diffe-

sentierten Ergebnisse haben Benedikt Salfeld, Ramona Franz, Charlotte Findeis, Stella Voigt und Anna Rosa Ostern beigetragen.

renziell – zu klären, unter welchen Voraussetzungen und in welchen Hinsichten solche Praktiken – im psychodynamischen Sinne – konkretistische Bewältigungsformen darstellen oder verstärken und somit symbolisierende Verarbeitungsmodi unterminieren (King, 2016; Duttweiler et al., 2016). Dabei erweisen sich ferner Konzeptionen zur abwehrenden Funktion und vulnerabilisierenden Wirkung digitaler Artefakte (z. B. Li, 2016) oder der »autoritären Dimension« des Self-Trackings (Krüger, 2018) bzw. der impliziten Dynamiken der Anpassung und Unterwerfung, die durchaus auch unter der Flagge der Selbstbestimmung, des »Spaßes«, der gesteigerten Gesundheit und rationalen Selbstermächtigung laufen, als aufschlussreiche Anknüpfungspunkte (King et al., 2019).

Darüber hinaus – und hier ist eine Hypothese von Mau (2017) interessant – generieren Datensammlungen nicht nur eine neue Sichtbarkeitsordnung (insbesondere auch für jene AkteurInnen, die sich stets ungesehen und sozial unterrepräsentiert fühlen), sondern Quantifizierungspraktiken suggerieren auch ein korsett- und haltgebendes Ordnungssystem in einer als inzwischen zu komplex und verwirrend erlebten äußeren Welt.

Insbesondere ist evident, dass Self-Tracking zu einem Großteil körperliche Merkmale adressiert und die Nutzung zu einem beträchtlichen Teil auch für die Modifizierung körperbezogener Parameter eingesetzt wird.

Da bei einer Vielzahl der Quantifizierungstechniken eine physiologisch-leibliche Orientierung vorherrscht, sind körperfokussierte Fragestellungen auf eine spezifische Weise geeignet, die mit ihrer Verwendung verbundenen psychischen und lebensweltlichen Implikationen zu erforschen (siehe auch Lupton, 2016).

Anknüpfend an das APAS-Forschungsdesign wurden im psychodynamisch ausgerichteten Teilprojekt in Berlin schwerpunktmäßig die Folgen einer auf quantitative Steigerung ausgerichteten *Körper-Optimierung* im Kontext von Digitalisierung bei Probanden mit *spezifischen klinischen Diagnosen* (Depression, Burnout und Bulimie) sowie – ergänzend – anhand von nicht-klinischen sogenannten »Self-TrackerInnen« untersucht.

Vor dem Hintergrund unserer Matrix zur sozialen, kulturellen und psychischen Bedeutung des Körpers (siehe etwa Gerisch et al., 2021) waren u. a. folgende Forschungsfragen richtungsweisend:

1. Welche Auswirkungen hat die Indienstnahme quantifizierender Techniken für die Lebensführung im Allgemeinen und das Körper-Selbsterleben, die Beziehungen und den Arbeitskontext im Besonderen? Lassen sich signifikante Umschlagstellen von konstruktiv-produktiven in destruktiv-psychopathologische Muster identifizieren?
2. Welche Fantasien in Bezug auf den eigenen Körper werden anhand der Techniken agiert, wie greifen die Techniken und Fantasien in den Körper ein, und wie wird der Körper vermittels dieser Selbstvermessungstechniken kontrolliert?

3. Wie ergänzen sich die Ergebnisse aus unterschiedlicher methodischer Perspektive, d.h. wie greifen psychiatrische und psychodynamische Analysen sowie soziologische und biografieanalytische Perspektiven ineinander?

Im Folgenden beziehen wir uns demgemäß auf das Sample der nicht-klinischen Gruppe der Self-TrackerInnen, deren Community sich dem Motto *selfknowledge through numbers* verschrieben hat, also der Selbsterkenntnis durch Zahlen – ein ambitioniertes Unterfangen, das wir im Weiteren expliziter aufschließen möchten.

Psychodynamische Perspektiven und Befunde zur Praxis des Self-Trackings

Essential I:
Die Zentralität des Kontrollwunsches

Sowohl in rein deskriptiver als auch in interpretativer Hinsicht wurde in der Analyse der Forschungsinterviews ein ausgeprägtes Bedürfnis nach Kontrolle ersichtlich. Hierbei muss die manifest-deskriptive Ebene, bezogen auf die unmittelbaren Aussagen der Probandinnen und Probanden, unterschieden werden von jenen im Forschungsprozess generierten interpretativ zugeordneten Kontrollabsichten.

Essential II:
Ambivalenz und Unbehagen zwischen sozialer Erwünschtheit und dem Gefühl eines Souveränitätsverlusts

Die im ersten Essential beschriebenen Kontrollwünsche werden in der Regel nicht erfüllt. Das an das Self-Tracking herangetragene Bestreben, sich selbst zu verbessern, Ängste zu kontrollieren oder aber bestimmte Wünsche zu realisieren, die mit Optimierung, allgemeiner: mit der Erfüllung eines Ideals, zu tun haben, werden durch das Gerät bzw. die Funktion eher durchkreuzt und erfahren eine irritierende Verunsicherung.

Aus dieser Erfahrung resultierend, werden teilweise skeptische, ablehnende Einstellungen dem Self-Tracking gegenüber geäußert. Diese werden mit kulturkritischem Ton, manchmal auch nostalgisch oder mit anti-technologischen Begründungen vorgetragen. Verbunden sind diese Einstellungen auf der Handlungsebene mit vermeidendem oder ambivalentem Verhalten. Es zeigen sich infolgedessen Distanzierungsversuche, die darauf abzielen, wieder mehr Kontrolle und ein Gefühl der Selbstermächtigung zu erlangen.

Mit Blick auf die spezifische Forschungssituation im Interview muss in diesem Zusammenhang aber auch das Phänomen der sozialen Erwünschtheit berücksichtigt werden: Es gehört gleichsam inzwischen zum guten Ton, sich übergreifend kritisch der Digitalisierung gegenüber zu äußern und ein erlebtes Entfremdungsgefühl auf eben diese technologische Entwicklung zu beziehen.

So oszillieren die kritisch-skeptischen Äußerungen zwischen einer direkt auf Erlebnisse mit der Digitalisierung (dem Self-Tracking) bezogenen Entfremdungserfahrung und einem Wunsch nach Anpassung an einen mutmaßlichen gesellschaftlichen Mainstream, der Digitalisierung als problematisch ansieht.

Essential III:
Self-Tracking als paradigmatisches Ausdrucksfeld der Subjektivität des Einzelfalls

Es lässt sich eine psychodynamisch fallspezifische Verwendung von Self-Tracking (und Social Media) erkennen, wobei Probanden und Probandinnen mit pathologischen Symptomen sich nicht qualitativ von jenen ohne Symptom unterscheiden, sondern vor allem hinsichtlich der Vulnerabilität und Empfänglichkeit für die Auswirkungen von digitalen Angeboten Unterschiede zeigen.

Zusammenfassend lässt sich festhalten, dass die drei beschriebenen Essentials insofern auch miteinander in einer eigenlogischen Verbindung stehen, als auf den Kontrollwunsch die Enttäuschung und schließlich ein spezifischer Umgang mit dieser gesucht wird. So ließen sich die drei Essentials auch als eine Kommunikationsfigur beschreiben, bei der auf den Wunsch eine Reaktion und schließlich eine Gegenreaktion erfolgen. Von zentraler Relevanz ist demnach das Zusammenspiel von psychischen Dispositionen und objektive Eigenschaften des Gerätes, das eine spezifisch-individuelle Praxis und subjektive Bedeutungsgebung induziert.

Werfen wir noch kurz einen Blick auf die Nutzung von Social Media bei Self-TrackerInnen: Social Media soll als Quelle für Inspiration, Motivation und Information dienen, gleichzeitig entsteht hier der Wunsch nach Anerkennung bzw. der Wunsch, gesehen zu werden (King, 2016). Die Anzahl der FreundInnen bzw. FollowerInnen sowie die Likes sind hoch besetzt, wobei meist negativ oder gar gänzlich abwertend. Beziehungskonflikte werden hierher projektiv verschoben, reinszeniert oder ausgelebt, wie beispielsweise durch das Löschen der App oder des Accounts, wenn Beziehungs- und Resonanzwünsche unerfüllt bleiben oder als zu frustrierend erlebt werden.

Wir sind im Berliner Teilprojekt – u. a. mit den wissenschaftlichen Mitarbeitern Benedikt Salfeld, Ramona Franz und Anna Rosa Ostern – aus psychodynamischer Perspektive noch einen Schritt weitergegangen und haben ein Modell zur Bildung von Verarbeitungsformen entwickelt.

Die vier Dimensionen basieren auf der Annahme, dass Verarbeitungsformen eine interpretative psychodynamische Motivebene des Self-Trackings beinhalten sowie eine deskriptive Prozessebene hinsichtlich der Self-Tracking-Praktiken aufweisen. Im Verlauf der Auswertung haben sich zwei weitere Dimensionen ergeben, die für die Verarbeitungsformen zu berücksichtigen sind. Dies sind spezifische Merkmale des Digitalen und differenzielle Modi der Nutzungsform. Kurz gefasst, lauten die vier Dimensionen:

1. die psychischen Motive für Self-Tracking, die sich aus der herausgearbeiteten Psychodynamik eines jeden Falls ableiten lassen:

   1.1 innere Szene des Ausgeliefertseins an körpernahes Erleben bzw. der Versuch, ein als verfolgend erlebtes Objekt zu dominieren;

   1.2 die innere Szene des Spürens einer containenden Beziehung bzw. eines guten Objekts;

   1.3 die innere Szene des Gesehenwerden-Wollens bzw. des Wunsches nach (narzisstischer) Anerkennung;

   1.4 die innere Szene der masochistischen Unterwerfung und sadistischen Kontrolle (anderer Objekte);

   1.5 die innere Szene schmerzhafter Trennungs- bzw. Ablösungsprozesse, damit verbunden die Kontrolle emergierender Affekte (z. B. Wut- und Enttäuschungsgefühle);

2. der Prozess der Nutzung digitalen Self-Trackings, beispielsweise Vermeidung oder kontinuierliche Nutzung;

3. die spezifisch-digitalen Merkmale des Self-Trackings, wie z. B. Omnipräsenz, individuelle Adressierbarkeit, an die die inneren Motivlagen anknüpfen;

4. die differenziellen Modi der Verarbeitungsformen des Self-Trackings.

Im Folgenden stellen wir eine exemplarische Fallstudie einer Self-Trackerin vor, um die Ebenen der vier Dimensionen zu veranschaulichen. Ferner ist von Bedeutung, dass diese Probandin, anders als der Typus des begeistert-affirmativen Akteurs (King & Gerisch, 2018), primär durch eine eigentümliche Ambivalenz und Indifferenz in Bezug zu den von ihr genutzten Techniken auffällt. Entgegen unserer Erwartung repräsentiert sich hier ein spezifischer Typus im Sample der Self-TrackerInnen, der sich im Kontext des Forschungsprozesses interessanterweise als paradigmatisch herauskristallisiert hat.

Fallvignette:
»Große Zahlen fühlen sich gut an, kleine sind egal.«

Die 28-jährige Probandin, Levke Sandner, die als Self-Trackerin zu unserem Projekt Kontakt aufgenommen hatte, war sportlich-leger gekleidet und wirkte, auch durch ihren Kurzhaarschnitt, insgesamt eher burschikos als klassisch-stereotyp weiblich. Zu ihrer Biografie gab sie an, mit ihrer Mutter und teils bei den Großeltern in einer Kleinstadt nahe der Ostsee aufgewachsen zu sein. Der Vater sei »nie richtig mit der Mutter zusammen gewesen«, und die Kontakte mit ihm während der Kindheit seien nur sporadisch, aber »nett« gewesen. Sie schilderte, dass sie, ganz anders als ihre technikdesinteressierten Eltern, schon immer die Zahlen und Mathematik gemocht habe, jedoch nie, um sich mit Anderen in einen Vergleich zu setzen. Als Kind habe sie gerne beim Treppensteigen die Stufen gezählt. Andere Zählbräuche habe sie nicht gehabt.

Nach ihrem Umzug in eine Großstadt habe sie ein Mathematikstudium begonnen, dann aber abgebrochen und schließlich Softwareengineering mit Schwerpunkt Medientechnologien an einer Hochschule studiert und mit einem Bachelor abgeschlossen. Ihren Ehemann habe sie bereits während des Mathematikstudiums kennengelernt und rasch geheiratet – er liebe die Zahlen so wie sie, das erlebe sie als etwas sehr Verbindendes.

Zu ihren Tracking-Praktiken gab sie an, seit fünf Jahren einen Schrittzähler am Arm zu tragen, da es ihr zunächst um die Normerfüllung von 10.000 Schritten gegangen sei. Über die Plattform »Match-up« habe sie auch begonnen, sich mit anderen NutzerInnen in Bezug auf ihre Schrittzahlen und Joggingdaten zu vergleichen. Im Alltag habe sie aber rasch das Interesse verloren. Der Vergleich motiviere sie nicht mehr, eigentlich sei es ihr egal, so Levke Sandner: »Ich sehe es, nehme es hin, verändere dadurch aber nichts.« Des Weiteren habe sie ihren Schlaf und ihr Gewicht getrackt, aber auch dies bald wieder aufgegeben: Ob sie gut geschlafen habe oder nicht, wisse sie selbst. Dafür brauche sie die gemessenen Daten nicht, resümierte sie lakonisch.

Eine Zeit lang habe sie auch ihr Nutzungsverhalten am Computer getrackt: Sie habe genau nachvollziehen können, welche Programme und Websites sie wie lange genutzt habe und gleichzeitig selbst einschätzen können, wie produktiv die Zeit jeweils gewesen sei. Da ihr das Eintragen aber zu aufwendig war, habe sie damit wieder aufgehört. Ihre gesamten digitalen Daten indes (Self-Tracking, Google, Facebook, Instagram usw.) sichere sie einmal im Monat auf einer Festplatte, da sie den externen Servern nicht traue.

Einen Monat lang habe sie eine Website genutzt, auf der sie angegeben habe, welche Personen sie kenne und wann sie zuletzt mit ihnen Kontakt gehabt habe. Je länger sie keinen Kontakt mit einzelnen Personen hatte, desto trauriger habe der entsprechende Smiley auf der Website ausgesehen. Sie habe sich so unter Druck gefühlt, mit ihren Freunden Kontakt halten zu müssen, sodass sie allein deshalb diese Form des Self-Trackings wieder eingestellt habe.

Fallrekonstruktion

Insgesamt erschien der Erzählverlauf als ein entpersonalisiertes und entemotionalisiertes, rationalisierendes Narrativ, bei dem weder sie selbst und ihre Handlungen noch Andere psychische Bedeutung erlangen dürfen.

Im paradoxen Kontrast zu ihren seit Jahren aufrechterhaltenen Selbstvermessungspraktiken beschrieb sich die Probandin fortwährend als eine Person, der das Selbstvermessen und Vergleichen mit Anderen im Grunde eigentlich *egal* sei. Einerseits schien sie von einem starken Ehrgeiz geprägt, mit der allgemeinen Norm mithalten zu können (z.B. 10.000 Schritte zu laufen) bzw. im Vergleich zur Peergroup gut abzuschneiden (im Abitur und später im Studium einen sehr guten Abschluss erreichen, mehr Schritte als ihre Freunde schaffen usw.). Andererseits betonte sie immer wieder, wie »unnütz, sinnlos und nichtssagend« sie derartige Maßvergleiche finde und dass sie das Tracken nur für sich selbst mache.

Die Indifferenz und markante Widersprüchlichkeit zeichneten sich auch in den Schilderungen ihrer Beziehungen ab, die insgesamt eher emotional wenig besetzt und flach erschienen. So habe sie zur Mutter »nicht die allerbeste Verbindung« gehabt, betonte dann aber recht überraschend, es sei eine »gute Kindheit« mit ihr gewesen. Der Vater habe eigentlich während ihrer Kindheit kaum existiert, aber die sporadischen Kontakte, die sie bis heute mit ihm habe, seien durchaus »nett«. In ihrer Darstellung erscheint er wie ein ungreifbares, fernes Objekt, das irgendwo im Kosmos schwebt.

Auch die Beziehung zum Ehemann blieb wie unbelebt und im Dunkeln – außer ihrer gemeinsamen Faszination für die Mathematik, erfuhren wir nicht, was das Paar verbindet.

Ein wiederkehrendes Thema der Probandin war ihre Tendenz, Dinge erst mit großer Begeisterung und Neugierde anzufangen, nach kurzer Zeit aber das Interesse daran zu verlieren. Ein ähnliches Muster des Anfangens und Beendens ohne klares Ziel ließ sich hinsichtlich ihrer Unsicherheit bei der Berufsfindung erkennen. Aktuell wisse sie nicht, in welche berufliche Richtung sie nach ihrem Abschluss gehen möchte.

Zusammengefasst entsteht der Eindruck, dass Zahlen für Levke Sandner schon von früh an – im Kontrast zu den möglicherweise wenig empathisch-zugewandten primären Bezugspersonen – ein haltgebendes Korsett darstellten, von deren Bedeutung sie sich aber schlagartig distanzierte, sowie diese die Kontrolle über sie zu gewinnen drohten. Ihr sofortiger Umzug nach dem Abitur – weg aus dem kleinstädtischen Milieu der Familie hinein in die Großstadt – lassen auf Separations- und Loslösungsimpulse schließen, die darin gebundenen Ängste und Trennungserfahrungen indes werden in der raschen, möglicherweise gar überstürzten Heirat mit ihrem Kommilitonen wie ungeschehen gemacht und verleugnet.

Psychodynamisch formuliert, drängt sich im skizzierten Fall das Muster eines typisch schizoiden Dilemmas auf, dass infolge durchlässiger Selbstgrenzen in der Angst besteht, in der Innigkeit zum Anderen von diesem verschlungen zu werden, sodass der Rückzug von sozialen Beziehungen zum Schutz der Selbstkohäsion als der einzige Ausweg erscheint – d. h., der Wunsch nach Nähe und die gleichermaßen große Angst davor werden zumeist durch ein überbetontes Autarkiestreben, eine hohe Besetzung von Rationalität und Ich-Funktionen sowie konstante Affektverflachung – bei weiblichen Betroffenen zudem durch eine spezifische Form der Entleiblichung – zu kompensieren und zu verleugnen versucht (Gerisch, 2018), und könnten, wie im vorliegenden Fall, die widersprüchliche Faszination von Tracking-Praktiken erhellen.

Denn aus dieser Perspektive einer schizoiden Abwehrkonfiguration scheint es plausibel, dass sich Levke Sandner von den belebten Objekten ab und den unbelebten zuwendet, die Sicherheit, Halt und Struktur versprechen. Zugleich sind jene in ähnlicher Weise von ihren Abwehrbewegungen betroffen, d. h., sie werden dann für unwichtig und »egal« erklärt, wenn sie in ihren potenziellen Aussagen über sie selbst als bedrohlich, zu nah oder gar als Ablehnung erlebt und verarbeitet werden. In diesem Sinne steht auch zu vermuten, dass sie im Datenvergleich nicht allein das Scheitern und Rivalisieren fürchtet und aus diesem Grund aussteigt, sondern vielmehr die dadurch erzeugte Nähe zum Anderen und seiner vermessenen Körperlichkeit. Sie selbst gibt einen entsprechenden Hinweis darauf, wenn sie erklärt, dass sie Gewichts- und Schlafdaten deshalb nicht mit Anderen teilte, da ihr dies zu intim sei. Die Angst vor dem bedrohlichen Zugriff durch den Anderen zeigt sich auch in einem markanten Versprecher, als sie erläutert, nicht zu wissen, wie vielen sie auf Instagram folge und wie viele sie »verfolgen« würden.

Der chronische Besetzungsabzug von den wichtigen Anderen (Eltern, Ehemann, FreundInnen), deren Bedeutung sie mit nicht mehr als »nett« attribuierte, scheint eine lebensrettende Abwehrstrategie gegen die Gewahrwerdung von Enttäuschung, Kränkung und Verlust gewesen zu sein. Sogar dem »traurigen Smiley«, der bei Vernachlässigung der virtuellen Freunde einen Aufforderungscharakter zur Beziehungspflege signalisiert, entzieht sie sich durch Ausstieg aus der Plattform und nicht etwa durch regelmäßige Kontaktgestaltung.

Das Ringen um eine eigene Identität, die gleichwohl nicht in Bezug zum bedeutungsvollen Anderen entwickelt werden darf, zeigt sich in ihrer Sammlung aller digitalen Daten, die sie einmal im Monat auf einer Festplatte sichere. Sie rationalisierte diese Praxis mit einem möglichen Crash der Server sowie dem potenziellen Zugriff Dritter auf ihr Innenleben, enthüllt dann aber ihr Kontrollbedürfnis, indem sie schildert, in Zukunft eigene Korrelationen zwischen verschiedenen Parametern berechnen zu wollen, um mehr und individuelle Zusammenhänge auszumachen als die, die ihr die Tracking-Apps bisher anzeigen könnten.

Auch hier zeigt sich eine für sie paradigmatisch-oszillierende Bewegung zwischen der Hingabe an eine technisierte Datensammlung einerseits und der Angst

303

des Kontrollverlustes über eben diese identitätsfigurierende Informationsquelle andererseits, der mit wiederholter Autarkiebehauptung zu begegnen versucht wird, und die nicht selten eine depressive Grundstimmung induziert.

Ein Frustrationserleben stellt sich aber auch deshalb ein, weil sie in der Nutzung der Geräte, wie in der Beziehung zu Anderen, im Paradox von Zuwenig und Zuviel gefangen bleibt: Während sich mit dem Tracken einerseits die Hoffnung verbindet, etwas über sich, ihr Inneres zu erfahren, schlägt diese Praxis in Enttäuschung um, wenn sie am Ende doch nur wieder etwas erfährt, nämlich etwas an der Oberfläche Erfasstes, das ihr doch längst bewusst sei: »Tracking macht ja nicht richtig Sinn für Dinge, die man eh schon weiß.«

Im Widerspruch dazu steht der Umstand, dass sie ihre Tracking-Uhr seit fünf Jahren unablässig trägt, die ihr aber nicht offenbart – im Sinne einer sich pausenlos verfehlenden Interaktion –, wonach sie so verzweifelt sucht.

Darüber hinaus zeigt sich noch eine weitere interessante Umgangsweise mit trackenden Geräten, die nämlich immer anwesend sein müssen, aber deren Anwesenheit sie sich nur von Zeit zu Zeit vergewissern will. Im Aufscheinen einer sich darin manifestierenden Abhängigkeit vom unbelebt-belebten Objekt betont sie wie unvermittelt, dass sie durch sich ähnlich wiederholende Tagesabläufe zügig ein Gefühl dafür entwickelt habe, ihre gelaufenen Schritte am Tag auch ohne Messgerät einschätzen zu können: »Das tägliche Überprüfen sei eigentlich nicht mehr nötig gewesen.«

Obwohl sie also aktuell kein konkretes Ziel mit dem Self-Tracking verfolge, könne sie sich nicht vorstellen, die Uhr einmal für eine Woche abzulegen. Die Uhr sei »eine Sache, die einfach immer da ist«. Doch glaube sie auch, dass sie nach zwei Wochen ohne Uhr sicherlich »entwöhnt« wäre – wie der Säugling von der stillenden Mutter – und es ihr »egal« sei: Vermissen würde sie sie nicht – eine weitere paradigmatische Abwehrbewegung, das frustrane, enttäuschende oder abwesende Objekt kurzerhand für bedeutungslos zu erklären, das man nicht vermisst, nicht braucht, und das nicht schmerzt.

Eine andere Variante bestand darin, sich in die Position der kritischen Wissenschaftlerin zu retten, um den »untauglichen Objekten«, verschoben auf die technischen Geräte, ihre Defizite und Mangelhaftigkeit (z. B. zu wenig präzise) vorzuführen und gewissermaßen über sie zu triumphieren sowie daraus eine autonome, münchhausenartige, sich also selbst aus dem Sumpf ziehende Subjektkonstitution zu erschaffen.

»Tracken«, so ihr Resümee, »muss einfach nebenher möglich sein, statt Leben zu ändern, nur dafür, dass es gemessen wird«. Dieses prägnante Fazit verbindet sich nun erhellend mit der wiederholten Bemerkung, dass Tracking-Praktiken dann nicht mehr reizvoll gewesen seien, wenn diese mit Aufwand und Anstrengung verknüpft gewesen seien, als wollte sie zum Ausdruck bringen, einfach nur für ihr bloßes Sein in der Welt geliebt und anerkannt werden zu wollen, ohne zu leisten – und das nur in seiner bloßen Existenz »vermessen«, im übertragenen Sinne »wahrgenommen« wird.

Auch in der Übertragungs- und Gegenübertragungsdynamik zeichnete sich ein ähnliches Muster der existenziell notwendigen Näheabwehr und des sich pausenlosen Verfehlens ab. Die Probandin hielt die Interviewerin konstant auf Distanz, war emotional nicht erreichbar und reizte ihr Gegenüber mit affektentleerten Beschreibungen ihrer selbst und ihrer Beziehungen. Zugleich arbeitete sie die Fragen wie eine eifrige Schülerin ab, ohne in einen eigenen Erzähl- oder Assoziationsfluss zu kommen, zeigte sich deutlich irritiert bei sinn- und bedeutungsgebenden Fragen und evozierte Enttäuschungserfahrungen aufgrund der ausbleibenden Gratifikation. Die Interviewerin wiederum empfand zunächst schützende Gegenübertragungsgefühle, im Verlauf aber Impulse, sie einerseits provozieren zu wollen und sie andererseits beständig mit neuen Fragen füttern zu müssen, die von der Probandin wie eingefordert wurden.

Zusammenfassende Überlegungen

Die Fallvignette zeigt eindrücklich, wie und auf welche Weise die psychischen Dispositionen der Probandin sich passförmig mit Angeboten der technischen Selbstvermessung verzahnen. Die differenziellen Modi der Verarbeitungsformen des Self-Trackings im Sinne der vierten Dimension unseres Arbeitsmodells lassen sich als spezifische Fallstruktur wie folgt zusammenfassen: Während im Falle von Florian, einem begeisterten Self-Tracker, den wir an anderer Stelle beschrieben haben (King & Gerisch, 2018; King, 2013), Selbstvermessung ganz und gar im Dienste einer exzessiven Selbstmaximierung steht, zeigt sich bei Levke Sandner eine tiefgreifende Ambivalenz den Praktiken gegenüber, die sie gleichwohl nicht in Gänze aufgeben kann, die ihr eine fragile, sich stets verfehlende Selbstvergewisserung garantieren, in der Weise, dass sie in Abgrenzung, Kritik und Zweifeln eine autonome Selbstbehauptung aufrechterhalten kann.

So hat sich Levke Sandner eingerichtet in einer Welt der Lebensführung, die als Flucht in den Intellekt und die Rationalität imponiert, in der nichts und niemand wirklich emotionale Bedeutung erlangen darf, was sie absichert gegen schmerzende Gefühle der Abhängigkeit, Kränkung, des Verlustes und Scheiterns, auch als unbewusste Folge desintegrierter, schmerzhafter Trennungs- und Ablöseprozesse.

Ihre Selbstvermessungspraxis basiert nicht auf der Logik von Optimierung und Steigerung der Lebensqualität, sondern folgt der Maxime der Verneinung: *Nicht-Veränderung, Nicht-Vergleichen und Nicht-Bedeutung* stellt sie als ihr Credo immer wieder heraus. Nicht um die Modifikation oder die Utopie eines besseren Lebens also geht es ihr, sondern um die Suche nach einem ihr ganz und gar verborgenen Selbst, das sich gleichwohl in dem Maße seiner Erfassung entzieht, wie sie ihm mit Selbstvermessungspraktiken buchstäblich zu Leibe rückt.

Vordergründig scheinen Zahlen für sie deshalb so faszinierend zu sein, weil sie scheinbar keine Verzerrungen aufweisen, neutral und ohne Emotionen sind, also objektiv und unantastbar, und einen distanzierten Blick auf sich selbst und die Welt ermöglichen, wie Legnaro (2016) anmerkt. Zugleich aber unterläuft genau dieses Zahlenkonzept die Abwehrkonfiguration von Levke Sandner, bedroht, wie das belebte Objekt, ihre Autonomie und Selbstkonstruktion.

Und so müssen Datenquellen genau aus diesem Grunde in ihrem Aussagewert kritisch hinterfragt und schließlich verworfen werden. Am Ende muss sie auch zu den vermeintlich objektivierenden Messgeräten ebenso auf Distanz gehen wie zu den belebten Objekten, um sich ihre Autarkie zu bewahren. Hier erkennen wir sehr deutlich die eingangs skizzierte innere Szene (1.1) des Ausgeliefertseins an körpernahes Erleben und damit eng verknüpft den Versuch, das als verfolgend erlebte Objekt zu dominieren.

So bleibt sie sich selbst und ihrem Körper entfremdet, dessen Wahrnehmung nur vage als »besser« oder »gut« beschrieben wird sowie als einer, der »etwas zu viel Gewicht hat«, und dessen metrischer Erfassung grundlegend misstraut wird. Weder verbindet sich mit ihrem Körper etwas Lustvolles, noch wird er in seinen potenziell reproduktiven Fähigkeiten wahrgenommen und beschrieben.

Nun könnte man in ihrer beharrlichen Skepsis durchaus auch eine vernünftige Haltung der »Soft-Resistance« (Neff & Nafus, 2016; Ruckenstein, 2013) ausmachen, oder aber einen, wie Gartner (2016) konstatiert, ubiquitären Attraktivitätsverlust neuer Techniken. Denn bei nicht Wenigen ließe die Faszination allmählich nach, verblasse, bis deren Gebrauch schließlich ganz aufgegeben werde und sich als dysfunktionale, widersinnige Praxis entpuppe.

Doch aus einer psychodynamischen Perspektive möchten wir den Akzent anders setzen: Denn auch wenn sie zahllose Self-Tracking-Techniken ausprobiert und wieder verworfen hat (durchaus aus guten und plausiblen Gründen; nur einige laufen gewissermaßen klammheimlich mit), so verharrt sie insgesamt in einer Melville'schen Lebenshaltung des *I would prefer not to* des Schreibers Bartleby, an dessen stillem Fleiß und Ausdauer kaum je ein Zweifel bestand, der dann aber rasch, kurz nach seiner Inhaftierung, an einer radikalen Lebens- und Weltverweigerung verstirbt.

In ihren Suchbewegungen, die ihre durch nüchterne Affektlosigkeit maskierte Selbstunsicherheit und Orientierungslosigkeit umkreisen, bezogen auf die Berufswahl, vor allem in Bezug zu ihrer eigenen, ihr ganz und gar entfremdeten inneren Welt, greift sie indes immer wieder auf Vermessungspraktiken zurück, um diese dann als untauglich zu werfen, da sie nicht halten, was sie verheißen haben. Mehr noch: Paradoxerweise nimmt sie in ihrer unermüdlichen Suche nach einem authentischen Selbst just die Techniken in den Dienst, die ihrerseits im Verdacht stehen, Selbstentfremdungsprozesse und eine »Cyborgisierung« des Subjektes zu induzieren (Schulz, 2018; Balandis & Straub, 2018).

Das sich chronische Verfehlen in dieser Suchbewegung wird durchaus als diffuses Unbehagen von der Probandin artikuliert, die immer wieder Zweifel an der Präzision, Objektivität, Validität und Reliabilität der Instrumente äußert. Dies führt gleichwohl nicht dazu, dass sie auf andere und traditionelle Methoden der introspektiven Selbsterforschung – jene an Sprache gebundene – rekurriert, wie etwa dem Tagebuchschreiben, da ihr Ebenen der Symbolisierung von Erfahrungen und der inneren Welt kaum zugänglich sind. Auch wenn sie, und dies ist bemerkenswert, nicht etwa mittels psychometrischer Testungen, sondern durch das *Schreiben* von Bewerbungen hofft zu entdecken, was sie eigentlich wirklich wolle.

Im Falle von Levke Sandner würden wir nicht davon sprechen, dass die Tracking-Instrumente als Ersatzobjekte oder Prothesen fungieren, sondern sie *mit und an* ihnen ihre primären Objektbeziehungserfahrungen in der sich wiederholenden Schleife von Hinwendung und Verwerfung abhandelt, ganz im Sinne der sehnsüchtigen Suche nach einem guten und containenden Objekt, wie im psychischen Motiv der inneren Szene (2.2) angedeutet, das aber immer schon mit Versagung und Enttäuschung verknüpft ist. Entsprechend sind die Geräte auch nicht im Sinne eines Animismus emotional und vermenschlicht aufgeladen, sondern so affektentleert wie ihre innere Welt und ihre Beziehungen. Kehrseitig aber entfalten sie insofern ein Eigenleben, wenn ihr Aussagegehalt in Form von Daten als Angriff, Verfolgung oder Entwertung verarbeitet werden und mit Handlungsaufforderungen verknüpft sind: *mehr laufen, mehr Gewicht abnehmen, sich mehr um soziale Kontakte bemühen.*

Der stabilisierende Effekt ist bei Levke Sandner doppelt determiniert: Zahlen und Vermessungspraktiken verleihen ihr einen gewissen psychischen Halt, zugleich aber vor allem in Form einer Negativabgrenzung im Sinne der triumphalen Autonomierettung. Vordergründig ist sie identifiziert mit normierten Leistungsimperativen, denen sie stets mit eifrigem Ehrgeiz und Effizienz zu entsprechen versuchte und die emotionale Leere und Beziehungslosigkeit zu kompensieren vermochte.

Die Aufnahme und der Abschluss eines Software-Engineering-Studiums mit Schwerpunkt Medientechnologien erscheinen aus dieser Perspektive wie eine Kompromissbildung ihrer schizoid präfigurierten Nähe-und-Distanz-Problematik: einerseits theoretisch genug, andererseits technisiert auf (objektbezogene) Kommunikation und Interaktion ausgerichtet. Insbesondere aber ihre Faszination für das Programmieren verweisen auf ihr Kontroll- und Gestaltungsbegehren der Technik, als Sicherung ihrer autarken Position gegenüber den unbelebten Objekten.

Destabilisierende Effekte sind wiederum im unabschließbaren Sich-selbst-Verfehlen erkennbar, das nicht zuletzt Auswirkungen auf ihr Selbst- und Körpererleben, ihre Berufsdesorientierung und ihre emotionsentleerten Beziehungen haben.

Zusammengefasst lassen sich bei Levke Sander die psychischen Motive für das Self-Tracking entlang der skizzierten mindestens vier *inneren Szenen* nachzeichnen:
1. das Ausgeliefertsein an körpernahes Erleben, einschließlich des Versuches, das als verfolgend erlebte Objekt zu dominieren;

2. die Suche nach einem haltenden, containenden Objekt;
3. der Wunsch nach Gesehenwerden-Wollen, der sich in eine narzisstische Verkehrung von triumphaler Autarkie wandelt, einschließlich der Vision, »das enttäuschende technische Objekt« ganz und gar selbst zu erschaffen sowie
4. der Kontrollversuch von emergierenden Affekten infolge schmerzhafter Trennungs- und Ablösungsprozesse.

In Bezug zur zweiten Dimension der *Nutzung digitalen Self-Trackings* ist deutlich die zunehmende Vermeidung in Differenz zur kontinuierlichen Nutzung erkennbar, was sich auch in der dritten Dimension der *spezifisch digitalen Merkmale* manifestiert, insbesondere der Verleugnung bzw. Abspaltung von Omnipräsenz und individueller Adressierbarkeit: die Uhr, die immer da ist, die sie aber nicht vermissen würde, und von der sie nach zwei Wochen sicher *entwöhnt* wäre.

Literatur

Balandis, O. & Straub, J. (2018). Self-Tracking als technische Selbstvermessung im Zeichen der Optimierung. Vom Nerd zum Normalverbraucher. *psychosozial, 152*(2), 5–15.
Duttweiler, S., Gugutzer, R., Passoth, J.-H. & Strübing, J. (2016). *Leben nach Zahlen: Self-Tracking als Optimierungsprojekt?* Bielefeld: transcript.
Gartner (Hrsg.). (2016). Gartner Survey Shows Wearable Devices Need to Be More Useful. https://www.gartner.com/en/newsroom/press-releases/2016-12-07-gartner-survey-shows-wearable-devices-need-to-be-more-useful (08.01.2022).
Gerisch, B. (2009). Körper-Zeiten: Zur Hochkonjunktur des Körpers als Folge der Beschleunigung. In V. King & B. Gerisch (Hrsg.), *Zeitgewinn und Selbstverlust. Folgen und Grenzen der Beschleunigung* (S. 123–143). Frankfurt a.M., New York: Campus.
Gerisch, B. (2013). Von jagender Hast und vorzeitigem Zusammenbruch. Zur Psychodynamik schleichender Veränderungen in beschleunigten Zeiten. *Journal für Psychoanalyse, 54*, 7–28.
Gerisch, B. (2018).»Ich bin bange einen Körper zu haben, ich bin bange eine Seele zu haben«. Zur schizoid-weiblichen Selbstverweigerung. In G. Dammann & O. Kernberg (Hrsg.), *Schizoidie und schizoide Persönlichkeitsstörung* (S. 231–246). Stuttgart: Kohlhammer.
Gerisch, B., Salfeld, B., Beerbom, C., Busch, K. & King, V. (2021).»Wer schön sein will, muss schneiden«. Zur Psychodynamik biographisch disponierter Instrumentalisierung von Schönheitschirurgie. In V. King, B. Gerisch, H. Rosa (Hrsg.), *Lost in Perfection: Zur Optimierung von Gesellschaft und Psyche* (S. 239–260). Suhrkamp: Berlin.
King, V. (2013). Die Macht der Dringlichkeit. Kultureller Wandel von Zeitgestaltungen und psychischen Verarbeitungsmustern. *Schweizer Archiv für Neurologie und Psychiatrie, 164*, 223–231.
King, V. (2016).»If you show your real face, you'll lose 10 000 followers« – The Gaze of the Other and Transformations of Shame in Digitalized Relationships. *CM: Communication and Media, 11*(38), 71–90. DOI: 10.5937/comman12-11504
King, V. & Gerisch, B. (Hrsg.). (2015). *Perfektionierung und Destruktivität. psychosozial, 141*(3).
King, V. & Gerisch, B. (2018). Selbstvermessung als Optimierungsform und Abwehrkorsett. Fallstudie eines begeisterten Self-Trackers. *psychosozial, 152*(2), 35–46.
King, V. & Gerisch, B. (2019). *Digitalisierung. Psyche – Z Psychoanal, 73*(9–10).

King, V., Gerisch, B. & Rosa, H. (2019). Das vermessene Leben. Optimierung als Abwehrstrategie am Beispiel eines begeisterten »Self-Trackers«. In M. Johne & R. Otte (Hrsg.), *Übertragung – Szene – Mikroprozesse* (S. 356–371). Gießen: Psychosozial-Verlag.

King, V., Gerisch, B. & Rosa, H. (Hrsg.). (2021). *Lost in Perfection. Zur Optimierung von Gesellschaft und Psyche.* Berlin: Suhrkamp.

King, V., Gerisch, B., Rosa, H., Schreiber, J., Findeis, C., Lindner, D., Salfeld, B., Schlichting, M., Stenger, M. & Voigt, S. (2019). Psychische Bedeutungen des digitalen Messens, Zählens und Vergleichens. *Psyche – Z Psychoanal, 73*(9), 744–770.

King, V., Gerisch, B., Rosa, H., Schreiber, J., Findeis, C., Lindner, D., Salfeld, B., Schlichting, M., Stenger, M. & Voigt, S. (2021). Optimierung mit Zahlen und digitalen Parametern: Psychische Bedeutungen des digitalen Messens und Vergleichens. In V. King, B. Gerisch & H. Rosa (Hrsg.), *Lost in Perfection. Zur Optimierung von Gesellschaft und Psyche* (S. 151–177). Berlin: Suhrkamp.

Krüger, S. (2018). The Authoritarian Dimension in Digital Self-Tracking: Containment, Commodification, Subjugation. In V. King, B. Gerisch & H. Rosa (Hrsg.), *Lost in Perfection. Impacts of Optimisation on Culture and Psyche* (S. 85–104). London: Routledge.

Legnaro, A. (2016). Vermesse Dich selbst! Zahlen als Selbstvergewisserung des privaten Lebens. In B. Dollinger & H. Schmidt-Semisch (Hrsg.), *Sicherer Alltag? Politiken und Mechanismen der Sicherheitskonstruktion im Alltag* (S. 285–302). Wiesbaden: Springer VS.

Li, T. C. W. (2016). Psychodynamic Factors Behind Online Social Networking and Its Excessive Use. *Psychodynamic psychiatry, 44*(1), 91–104.

Lupton, D. (2016). *The Quantified Self: A Sociology of Self-Tracking.* Malden: Polity Press.

Mau, S. (2017). *Das metrische Wir.* Berlin: Suhrkamp.

Neff, G. & Nafus, D. (2016). *Self-Tracking.* Cambridge: MIT Press.

Ruckenstein, M. (2013). Visualized and Interacted Life: Personal Analytics and Engagements with Data Doubles. *Societies, 4,* 68–84.

Schulz, P. (2018). Rückzug auf den eigenen Körper. Gesundheits- und Lifelogging als Versuch der Autonomierealisierung. *psychosozial, 41*(152), 57–66.

Vormbusch, U. (2012). *Die Herrschaft der Zahlen. Zur Kalkulation des Sozialen in der kapitalistischen Moderne.* Frankfurt a. M., New York: Campus.

Die Autorin

Benigna Gerisch, Prof. Dr. phil., Dipl.-Psych., Psychologische Psychotherapeutin, Psychoanalytikerin (DPV, IPA) sowie Professorin für Klinische Psychologie, Psychotherapie und Psychoanalyse an der International Psychoanalytic University in Berlin. Von 1990 bis 2010 tätig als Psychotherapeutin und wissenschaftliche Mitarbeiterin im Therapie-Zentrum für Suizidgefährdete an der Uniklinik Hamburg-Eppendorf. Publikationen und Forschungsprojekte unter anderem zur Suizidalität und Geschlechterdifferenz, psychoanalytischen Körperkonzepten sowie (autodestruktiven) Körperpraktiken. Transdisziplinäre Forschungsprojekte zu »Aporien der Perfektionierung in der beschleunigten Moderne. Gegenwärtiger kultureller Wandel von Selbstentwürfen, Beziehungsgestaltungen und Körperpraktiken« sowie zu »Das vermessene Leben: Produktive und kontraproduktive Folgen der Quantifizierung in der digital optimierenden Gesellschaft«, jeweils geleitet von Vera King, Benigna Gerisch und Hartmut Rosa (gefördert von der VolkswagenStiftung). Zuletzt erschienen: *Lost in Perfection – Zur Optimierung von Gesellschaft und Psyche,* gemeinsam mit Vera King und Hartmut Rosa (Berlin, 2021).

Kontakt: Prof. Dr. Benigna Gerisch, International Psychoanalytic University Berlin, Stromstraße 3b, 10555 Berlin; E-Mail: benigna.gerisch@ipu-berlin.de; Homepage: www.ipu-berlin.de

Zwanghaft oder optimiert? – Zählen und Messen als Zeitphänomen oder als Symptom einer Zwangserkrankung

Beobachtungen aus der aktuellen Studie zur psychodynamischen Kurzzeittherapie von Zwangserkrankungen (PDT-OCD-Studie)

Annabelle Starck & Heinz Weiß

Zwangserkrankungen spielen in der heutigen klinischen Landschaft eine nicht zu unterschätzende Rolle. Dabei verschwimmen die Grenzen zwischen sozial akzeptiertem oder gar erwünschtem und zwanghaftem Verhalten gerade im Kontext einer leistungsorientierten Gesellschaft sowie unter dem Druck aktueller Einflussfaktoren. Dies wurde besonders in Zeiten der Corona-Pandemie hinsichtlich des Händewaschens und Desinfizierens auffällig.

Anhand von klinischen Beispielen aus unserer laufenden Studie zur psychodynamischen Therapie von Patient*innen mit Zwangserkrankungen möchten wir das Leid der Betroffenen veranschaulichen und darüber nachdenken, welche Einflüsse die aktuellen Realitäten auf die Bildung der entsprechenden Symptome haben können.

»Wenn ich nicht mitzähle, kann ich mir ja hinterher nie sicher sein, dass auch wirklich alles sauber ist!« – so spricht ein junger Mann mit Zwangserkrankung, der sich in unserer Studie vorstellte, über seine Zwangsrituale. Diese umfassen das Abzählen seiner Körperpartien sowie die Überprüfung der Sauberkeit der Toilette beim Waschvorgang, was nach jedem Toilettengang etwa eineinhalb Stunden in Anspruch nimmt. Er hat sowohl für Hände und Arme als auch für Toilette und den gesamten Raum ein festgelegtes Schema, nach dem er diese jeweils waschen und säubern muss. Dabei zählt er die zu reinigenden Flächen ab, welche er gedanklich mit Nummern versehen hat. Das Auslassen dieser Rituale verursacht in ihm das starke Gefühl, sich oder das Badezimmer nicht richtig gewaschen zu haben. Sicher, dass alles in Ordnung ist, kann er sich nur sein, wenn er mithilfe des Zählens kontrolliert hat, dass er auch wirklich alles ausreichend gesäubert hat. Zweifel an der Sauberkeit hingegen lösen bei ihm die Sorge aus, dass sich diese »Kontamination« ausweitet. Dies kann so weit gehen, dass er auf dem Balkon schlafen muss, um der Kontamination zu entfliehen.

Mithilfe des Zählens und Kontrollierens gelingt es diesem jungen Mann auf der einen Seite, zumindest kurzfristig ein Gefühl von Sicherheit zu erleben – etwas, das wir in unterschiedlichen Facetten von vielen Patient*innen unserer Studie kennen. Auf der anderen Seite beschreibt dieser junge Mann große Schwierigkeiten und Einschränkungen, die er in Zusammenhang mit seinen Symptomen erlebt. Er schildert, dass er eigentlich gerne mit Freunden in einer Wohngemeinschaft leben würde. Dabei befürchtet er jedoch, durch seine langen Aufenthalte im Badezimmer unangenehm aufzufallen. In diesem Zusammenhang wird eine vom Patienten empfundene große Scham deutlich.

Wir wissen aus der klinischen Forschung, dass Scham eine Ursache für die Tendenz von Zwangspatient*innen ist, zu »dissimulieren« (Freud, 1909d). Dies ist ein Grund dafür, warum die Häufigkeit der Zwangserkrankung oftmals unterschätzt wurde. Dennoch gilt die Zwangserkrankung heute als vierthäufigste psychiatrische Störung weltweit (Rasmussen & Eisen, 1998). Die Schamproblematik ist sicherlich auch einer der Gründe für das bei Zwangspatient*innen im Schnitt auffällig lange *diagnostic delay* (Starck & Weiß, 2021). Dieses beschreibt den Zeitraum zwischen dem ersten Auftreten der Symptome und dem Zeitpunkt der Diagnosestellung. Bei Personen mit Zwangserkrankungen beträgt das *delay* durchschnittlich 6,5 Jahre (Mavrogiorgou et al., 2015).

Dieses Problem bildet sich auch in unserer Studie zur psychodynamischen Therapie bei Zwangserkrankungen ab: Hier sehen wir viele Patient*innen, die bereits lange unter ihrer Symptomatik leiden und die Studienteilnahme gewissermaßen als eine »Eintrittskarte« nutzen, sich endlich oder auch erneut eine Behandlung zu suchen. So bekommen wir immer wieder den Eindruck, dass es Betroffenen leichterfällt, sich bei uns zu melden, weil sich unsere Studie explizit mit Zwangsphänomenen beschäftigt. Es scheint, als fiele es Betroffenen leichter, über etwas Schambehaftetes zu sprechen, da die Zwangsthematik von vornherein klar festgelegt ist.

Es ist naheliegend, dass neben der Scham noch weitere Gründe eine Rolle spielen, dass bei Zwangspatient*innen die Hürde, sich eine Behandlung zu suchen, besonders groß ist. Es könnte sein, dass erst eine klinische Studie es in gewisser Weise ermöglicht, die durchgeführten »Rituale« für etwas Pathologisches zu halten. So scheinen in einer Zeit, in der Messungen und Quantifizierungen immer mehr in den »normalen« Alltag integriert werden, die Grenzen zwischen Normalität und Pathologie manchmal zu verwischen. Vielleicht ist der lange Zeitraum, der bis zur Aufnahme einer Behandlung vergeht, somit auch ein Ausdruck der guten Passung der Symptomatik der Betroffenen und der Anforderungen der modernen Gesellschaft.

Eine junge Studienpatientin beispielsweise beschrieb eine andauernde Phase, in der sie in ihrem Job als Staatsanwältin sehr erfolgreich »funktionierte«. Sie arbeitete akribisch genau, arbeitete jeden Fall bis ins kleinste Detail aus, überprüfte jedes erstellte Dokument immer wieder. Nie passierte ihr ein Fehler. Problematisch wurde es, als sie dieses »Funktionieren« nicht mehr abschalten konnte. Dabei gingen ihre Grübeleien über die Arbeit hinaus und sie verspürte immer wieder den Drang, alte Akten zu kontrollieren. Sie benötigte für ihre Arbeit immer mehr Zeit und konnte so immer weniger anderen Tätigkeiten nachgehen. Ihre Situation spitzte sich zu und sie begann zu realisieren, dass sie sich *alte* Akten liefern ließ und diese immer wieder prüfte. Dabei wusste sie zwar, dass sie darin keinen Fehler finden würde, konnte dem starken Drang jedoch nicht widerstehen. Das Unwohlsein und die Angst, wenn sie ihr immer gleich ablaufendes Kontrollritual nicht durchführte, waren kaum auszuhalten.

In ähnlicher Weise erlebte ein ebenfalls junger Patient sein ständiges und strukturiertes Händewaschen als übertrieben. Er zählte immer die Sekunden des Waschens, schämte sich aber gleichzeitig dafür und versuchte es zu verheimlichen – bis die Corona-Pandemie nach Deutschland kam. In der diagnostischen Sitzung schilderte er, wie entlastend es für ihn sei, dass sich nun endlich alle Menschen so häufig und auch so strukturiert die Hände waschen würden wie er.

Gibt es also einen Kontext, in dem zwanghaftes Verhalten, vielleicht gerade das Messen und Zählen, welches vielen Zwangssymptomen inhärent ist, adaptiv erscheint oder sogar sozial erwünscht ist?

Auch wir sind in unserer Studie einem »strengen« Schema unterworfen, wir sind gezwungen, möglichst strukturiert und genau zu messen, um die Wirksamkeit der Therapie zu belegen. Dabei folgen wir immer dem gleichen strukturierten Ablauf und Schema.

Unsere – dankenswerterweise von der DGPT geförderte – Studie untersucht die Wirkung einer psychodynamischen Kurzzeittherapie bei Patient*innen mit Zwangserkrankungen (PDT-OCD-Studie mit den beiden Zentren Frankfurt am Main und Gießen). Hier stehen in der diagnostischen Phase umfangreiche Interviews im Vordergrund. Die Patient*innen werden mithilfe des SKID I und II (Fydrich et al., 1997; Wittchen, Zaudig & Fydrich, 1997) untersucht und die Ausprägung der Zwangssymptome mithilfe der Y-BOCS (Goodman, Price, Rasmussen, Mazure & Fleischmann et al., 1989; Goodman, Price, Rasmussen, Mazure & Delgado et al., 1989), einem standardisierten Interview zur Erfassung des Schweregrads und des Beeinträchtigungscharakters von Zwangssymptomen, erfasst. Im Rahmen einer randomisiert-kontrollierten Studie werden die Proband*innen nach Erfüllung der Einschlusskriterien entweder in die Therapie- oder eine Wartegruppe gelost, sodass sie entweder sofort oder nach einem halben Jahr Wartezeit eine manualorientierte Behandlung erhalten. Das Behandlungsmanual wurde von Falk Leichsenring und Christiane Steinert entwickelt und von Heinz Weiß und Marianne Leuzinger-Bohleber für den Frankfurter Kontext angepasst. Es beinhaltet zwölf Module, die für 24 Therapiesitzungen ausgelegt sind.

Unsere ersten vorläufigen Auswertungen deuten darauf hin, dass sich in der Wartegruppe keine Veränderungen zeigen, während wir in der Therapiegruppe eine bedeutsame Symptomreduktion feststellen. Qualitative Interviews, die wir am

Ende der Therapie durchführen, deuten darauf hin, dass Betroffene bei Abschluss der Therapie ihre Zwangssymptome als subjektiv bedeutungsvoll und weniger als »Fremdkörper« erleben.

Was wir in unserer Studie bereits feststellen können, ist das sehr heterogene Spektrum an Patient*innen, die sich zur Diagnostik vorstellen. Selbstverständlich lässt sich bei allen Betroffenen eine ganz eigene Psychodynamik erkennen. Dennoch führt das heterogene Bild durchaus zu der Frage, warum sich wann welches spezifische Zwangssymptom entwickelt. Dabei gibt es wenig quantifizierende Untersuchungen zur Häufigkeit spezifischer Muster von Symptomen, obwohl neuere Beschreibungen von einem weiten Spektrum an Erkrankungen ausgehen, bei denen die Zwangsmechanismen die unterschiedlichsten Funktionen erfüllen (Lang, 2015; Weiß, 2017).

Hinweise kontextueller Einflüsse auf die Symptomqualität sind jedoch durchaus vorhanden. Hierzu können beispielsweise aktuelle Forschungsarbeiten im Bereich der Corona-Pandemie angeführt werden. In einer Metaanalyse konnte gezeigt werden, dass Zwangssymptome während der Corona-Pandemie tendenziell zugenommen haben (Zaccari et al., 2021), wobei die Befundlage jedoch nicht eindeutig ist. Dabei ist der Effekt einzelner Symptom-Untergruppen schwach. Am ehesten haben sich – in gewisser Art und Weise passend zur Pandemie – die Waschzwänge (Kontaminierungsängste) verstärkt. Die Studienlage ist allerdings auch hier mehrdeutig (Chakraborty & Karmakar, 2020). Die Studienergebnisse deuten darauf hin, dass sich Zwangspatient*innen im Zuge der Pandemie mehr waschen, aber nicht unbedingt stärker unter ihrer Zwanghaftigkeit leiden (ebd.). Dies weist in doppelter Art und Weise auf den Einfluss der aktuellen Umstände auf die Symptomatik hin. Die Autoren vermuten, dass vor allem ein Ende der Pandemie insofern einen Einfluss auf die Zwangspatient*innen haben könnte, als es diesen von da an schwerer fallen wird, ihre Hygienenormen wieder zu reduzieren.

Aus Metaanalysen können Hinweise abgeleitet werden, dass die Inhalte von Zwangsgedanken und Zwangshandlungen durch die in einer Gesellschaft vorliegenden Normen und Werte beeinflusst werden. Zugleich wurde gezeigt, dass keine grundlegenden kulturell unterschiedlichen Kernmerkmale von Zwangssymptomen vorliegen (Fontenelle et al., 2004; E. J. Fawcett, Power & J. Fawcett, 2020). Tendenzen hinsichtlich der Inhalte zeigen aber, dass z. B. Zwangsgedanken sich in westlichen Kulturkreisen häufiger auf Kontamination und Zwangsverhalten beziehen (meistens auf sogenanntes *checking*), während im Mittleren Osten religiöse Obsessionen und Waschzwänge anteilig höher prävalent sind (Fontenelle et al., 2004).

Die Art des Zwangssymptoms scheint sich außerdem teilweise geschlechtsabhängig zu unterscheiden, was die Frage aufwirft, ob gesellschaftliche Werte und Normen in Bezug auf Geschlechterrollen einen Einfluss auf die Art der Zwangssymptomatik nehmen. So berichten Frauen häufiger Zwangshandlungen, die mit Kontamination zusammenhängen, wohingegen Männer häufiger andere Zwangssymptome haben, insbesondere *checking*-Verhalten (Zohar & Bruno, 1997; Saleem & Mahmood, 2009), aber auch sexuelle und religiöse Zwänge (Labad et al., 2008; Mathis et al., 2011).

Die beschriebenen Einflussfaktoren lassen vermuten, dass die Gesellschaft, in der wir leben, durch ihre Normen und Werten einen Einfluss darauf hat, in welcher Form sich Zwangssymptome äußern. Dies lässt wiederum annehmen, dass sich gesellschaftlicher Wandel ebenfalls in Zwangssymptomen niederschlägt.

Dass Zwangssymptome von Veränderungen der Zeit beeinflusst werden, ist allein schon deswegen zu vermuten, da fast die Hälfte der Zwangspatient*innen (43 Prozent) unter moralischen Zwangssymptomen leidet, d. h. schambesetzten, tabuisierten Zwangsgedanken oder Ruminationen mit moralischen Inhalten (Williams et al., 2017). Häufig sind auch im Rahmen von Vermeidungsritualen bestimmte Handlungen verboten oder müssen durch Neutralisierungen wiedergutgemacht werden (Lang, 2015). Dies ist auch abhängig davon, was in einer bestimmten Zeit in einer Gesellschaft als besonders unerwünscht gilt. So könnten beispielsweise Waschzwänge u. a. so erklärt werden, dass sie der Reinigung von »inneren Unreinheiten« dienen (Macbeth-Effekt; Khan & Grisham, 2018). Generell scheinen viele Zwangssymptome übermäßig intensiv oder häufig ausgeführte Variationen von sozial erwünschten bzw. akzeptierten Alltagshandlungen zu sein, wie etwa dem Händewaschen oder der Selbstüberprüfung (Saleem & Mahmood, 2009).

Wenn Freud (1907b) als Beispiel für ein Zwangssymptom das Zurechtrücken von Tischdecke und Tisch anführt und dieses mit der Scham über das nicht-vorhandene Blut nach der Hochzeitsnacht auf dem Bettlaken in Verbindung bringt, macht dies deutlich, wie eine Zwangshandlung in den zeitgenössischen Kontext eingebettet ist, wenn wir davon ausgehen, dass heute weniger Bettlaken von Zimmermädchen geprüft werden.

Schon Freud verwies in »Zwangshandlungen und Religionsübungen« (ebd.) auf die Ähnlichkeit von Zwangshandlungen und den Ritualen Gläubiger und beschrieb die Ähnlichkeit der Gewissensangst bei Unterlassungen, gleichwohl aber auch die Unterschiede hinsichtlich der sinnvoll gemeinten und symbolischen Art der religiösen Handlungen gegenüber den sinnlos erscheinenden Zwangshandlungen. Zwangssymptome erscheinen hingegen nicht weiter sinnlos, wenn ihre unbewusste Bedeutung in der psychoanalytischen Behandlung aufgeklärt werden kann.

Religiosität hat aber – nach aktueller Forschungslage – einen erheblichen Einfluss auf das Erscheinungsbild von Zwangssymptomen (Greenberg & Witztum, 1994; Saleem & Mahmood, 2009): So haben in religiösen Gruppen »Obsessionen« oft religiöse Inhalte (Greenberg & Witztum, 1994; Williams et al., 2017), insofern Gebete oder religiöse Waschrituale zum Gegenstand der Zwangshandlungen werden (Greenberg & Witztum, 1994; Huppert, Siev & Kushner, 2007). Dies bedeutet jedoch nicht, dass Zwangssymptome in religiösen Gemeinschaften häufiger sind (Nedeljkovic et al., 2012), sondern eher, dass sie ein anderes Erscheinungsbild annehmen. Ein Beispiel hierfür wäre, dass muslimische Patient*innen mit Zwangserkrankungen häufig ein starkes Gefühl von *Napak* (oder *Najis*) als besonderes Leid anführen. Dies beschreibt im Islam ein Gefühl der Verschmutzung nach Kontakt mit Objekten, die nach islamischen Wertsystemen als »unrein« gelten, weshalb vor der Teilnahme an religiösen Praktiken eine rituelle Säuberung durchgeführt werden muss (Saleem & Mahmood, 2009). Hier könnte überlegt werden, dass z. B. auch *Napak* nur eine kulturelle Variation des Macbeth-Effekts ist, sich äußerlich zu waschen, um sich von innerer Unreinheit zu befreien (Khan & Grisham, 2018). Somit würden Zwangssymptome auch nach diesem Beispiel vom kulturellen Kontext und damit auch von der aktuellen Zeit beeinflusst werden.

Historisch gesehen, gibt es schon lange Hinweise auf die Verwobenheit von Zwang und Religion, was uns erneut dazu ermutigt, darüber nachzudenken, wie sich die Zwangssymptomatik in einer immer weniger religiösen und wissenschaftlicher werdenden Gesellschaft verandern könnte. Beschreibungen gehen bis mindestens ins zweite Jahrhundert nach Christus zurück (Greenberg & Shefler, 2008, zit. n. Greenberg & Huppert, 2010), wobei aus heutiger Sicht schwer zu beurteilen ist, ob es sich bei den Beschreibungen im Kontext der damaligen Gesellschaft um *pathologische* Normabweichungen handelte. In Europa wurde schon im Mittelalter der Begriff der »Obsession« verwendet, um zwanghaftes unangemessenes Sprechen zu beschreiben: »A compulsion to blaspheme or swear aloud in church [...] referred to as the ›Devil in the Tongue‹« (Enoch & Trethowan, 1979, S. 168). Dass Religion eine wichtige Rolle im Ausdruck von Zwangssymptomen spielte, lässt vermuten, dass sich das Bild der Zwangsstörung mit zunehmender Säkularisierung in westlichen Kulturen verändert hat. Diesbezüglich wurde darauf hingewiesen, dass in religiösen Kulturen Zwänge oft religiöse Bezüge haben, wohingegen in säkularen Gesellschaften meist Zwangssymptome anderer Inhalte zu finden sind (Saleem & Mahmood, 2009; Williams et al., 2017).

Bei all diesen Ideen ist selbstverständlich zu beachten, dass Symptome nicht nur im gesamtgesellschaftlichen Kontext, sondern auch im spezifischen biografischen Kontext einer Person entstehen und hier z. B. durch Konflikte zwischen Unterwerfung, Auflehnung und Verlustangst beeinflusst werden (Lang, 2015). Abhängigkeits- und Verlustängste sowie Durchsetzungs- und Autonomiebedürfnisse lassen innere Konflikte entstehen, die in Zwangssymptomen zum Ausdruck kommen können (Weiß, 2017).

So ist es natürlich die individuelle Lebensgeschichte und die verinnerlichte Konfliktdynamik, die den größten Einflussfaktor auf die Entstehung der Zwangssymptome haben, die aber nicht unabhängig vom sozialen Kontext und den jeweils gültigen Normvorstellungen zu sehen sind.

Wenn wir Zwänge also als konkretistischen Versuch einer Wiedergutmachung im Kontext innerer Konfliktdynamiken verstehen (Ostendorf, 2012, zit. n. Weiß, 2017), ist die Symptomgestaltung aber stets auch im gesellschaftlichen Kontext zu sehen.

Mit Blick auf die heutige Gesellschaft lohnt es sich sicherlich, sich besonders das Symptom des Zählens anzuschauen. In der mythischen Zahlenauffassung hatte jede Zahl ihr eigenes Wesen, ihre eigene Natur und Kraft. Auf individueller Ebene blieb der Mythos der Zahl durch den Zuspruch einer Qualität, wie beispielsweise der 13 als böser Zahl, weiter erhalten (Becker, 2019). So gibt es seit der Antike den Begriff der Trias zur Beschreibung von drei Elementen, die aufeinander bezogen sind und zusammen eine Einheit bilden. Im triadischen Konzept sind Welt und Denken in Dreiheiten strukturiert. Die Drei, als eine magische Zahl mit kosmischer Bedeutung, die Anfang, Mitte und Ende umfasst, taucht bereits in der antiken Mythologie auf, später in den Märchen der Brüder Grimm (Kurz, 2015). Überlieferte Bedeutungen finden sich in Glauben und Aberglauben, Sitten und Bräuchen wieder. Dennoch sind Zahlen heute meist eher Mittel zum Zweck und dienen dazu, etwas zu beschreiben oder zu messen. Messen als Zählen in Einheiten entwickelte sich über Körper-, Ding- oder Arbeitsmaße hin zu modernen Einheitsmaßen (Kraus, 2021).

Auf gesellschaftlicher Ebene fand hinsichtlich der Mythologie der Zahl eine Entwicklung statt: Zu Beginn des 17. Jahrhunderts ließ sich in der antiken Naturphilosophie ein Übergang vom Mythos zum mathematischen Logos der Zahl verzeichnen, die Qualität oder emotionale Besetzung; das »Wie« einer Zahl, ob sie nun gut oder schlecht ist, wurde aus dem Reich der Zahlen verbannt. Doch später schlug die Mathematisierung der Natur in eine Naturalisierung der Mathematik um, und ein modernerer Zahlenmythos wurde erschaffen. Der Mensch wird zahlenmäßig beherrschbar. Der neue Mythos der Zahl, dass sich alles verrechnen lasse, beeinflusst unsere alltägliche Lebenswirklichkeit im Rahmen der Gegenwartskultur (Becker, 2019).

So ist die Veränderbarkeit der Symptomqualität von Zwangssymptomen im Kontext der gesellschaftlichen Veränderungen sowie die Veränderbarkeit dessen, was als pathologisch gilt, heutzutage sicherlich auch im Kontext einer Leistungsgesellschaft zu betrachten. »Self-Tracking«, »Self-Monitoring« und »Self-Optimization« spielen heutzutage eine nicht mehr wegzudenkende Rolle, haben sich historisch entwickelt (Reichardt & Schober, 2020) – und hätten in einem anderen Kontext vielleicht schon als zwanghaft gegolten. Gleichzeitig kann dieses Verhalten trotz Normalisierung dieser Methoden eine Sucht, eine Obsession, also »zwanghaft« sein. Gleichzeitig trägt die Selbstüberwachung auch zur Produktivität und Optimierung der Gesellschaft bei (Motyl, 2020) oder wird als progressives Selbstbestimmtheitsstreben, beispielsweise bei Self-Tracker*innen mit chronischen Erkrankungen, erlebt (Mämecke, 2021). Dies verdeutlicht, wie gesellschaftliche

Bedingungen zu Veränderungen der Verhältnisse von Körper, Technik und Wissen führen: Mobile Geräte messen und überwachen uns, Selbstoptimierung und Self-Tracking gehören immer mehr zu einem »normalen« bzw. einem sozial erwünschten Verhalten. Selbst- und Körperverhältnisse verändern sich damit in Abhängigkeit zur Zeit (Duttweiler et al., 2016) und führen notwendigerweise zu einer Veränderung dessen, was als pathologisch gilt.

An verschiedenen Stellen (Gerisch et al., 2019; King, Gerisch & Rosa, 2019; Rosa, 2005; Weiß, 2020) wird die Zentralität der Haltung kritisch diskutiert, dass jeder Mensch dringend an seiner Verbesserung oder Vervollkommnung arbeiten sollte. Die Reihe der psychischen Probleme – darunter auch die Zwangsstörung –, mit denen dieser Perfektionismus in Zusammenhang gebracht wird, erweitert sich fortwährend. Die soziale Erwünschtheit spezifischer Zwangsphänomene wie gesellschaftlich prämiertes Optimierungsfieber, Exzellenzstreben und übergroße Leistungsbereitschaft unterschlägt die potenziell starke psychische Belastung, mit der sie einhergehen können. So kommen wir zu der Frage, ob tatsächlich pathologische, mit Leid einhergehende Zwangssymptome in maladaptiven Formen des Perfektionismus (Brustein, 2013) verschleiert werden, oder ob in einer heutigen Gesellschaft die Grenze zwischen Pathologie und Normalität tatsächlich an anderer Stelle anzusiedeln ist.

Fazit

Unser Anliegen war es nicht, Antworten auf diese Fragen zu liefern. Vielmehr soll dazu angeregt werden, sowohl aus klinischer als auch aus einer Forschungsperspektive darüber nachzudenken, was die gesellschaftlichen Veränderungen für einen Einfluss auf Betroffene mit Zwangserkrankungen haben.

Die Bedeutung dieser Frage zeigt sich nicht zuletzt darin, dass sich die Einflüsse der aktuellen Zeit auf die Art der Zwangssymptome mithilfe der zentralen Rolle eines strengen Über-Ichs bei Zwangspatient*innen in der psychoanalytischen Literatur (Freud, 1926d) gut verstehen lassen, wenn wir das Über-Ich auch als Vertreter sozialer und gesellschaftlicher Werte und Normen verstehen.

So denken wir, dass es einen zeitgenössischen Rahmen gibt, innerhalb dessen Zwangssymptome verstanden werden müssen. Vielleicht bedeutet dies, dass es heute noch schwieriger ist, Zwangserkrankungen zu diagnostizieren. Vielleicht bedeutet es auch, dass es noch schwieriger für Betroffene ist, eine Behandlung aufzusuchen, da ihr Verhalten nicht nur schambesetzt, sondern teilweise sozial erwünscht ist.

Sicherlich muss der aktuelle Kontext sowohl in der Therapie als auch in der Diagnostik beachtet werden, da wir sonst möglicherweise Symptome unter- oder überschätzen, weil wir mit unserer eigenen zeitgenössisch geprägten Brille auf Patient*innen blicken.

In Bezug auf unsere Studie fühlen wir uns durch die aktuellen Einflüsse der Leistungsgesellschaft und der Corona-Pandemie darin bestätigt, dass die Behandlungsrealität für Zwangspatient*innen Verbesserungen bedarf, und wir versuchen mit unserer Studie einen ersten Schritt in Richtung der Entwicklung einer geeigneteren Behandlung zu gehen.

Literatur

Becker, R. (2019). Zahlen – Vom Mythos zum Logos und zurück. *Allgemeine Zeitschrift für Philosophie, 44*(1), 45–60. DOI: 10.12857/AZP.910440120-4

Brustein, M. (2013). *Perfectionism: A guide for mental health professionals.* New York: Springer Publishing Company.

Chakraborty, A. & Karmakar, S. (2020). Impact of COVID-19 on Obsessive Compulsive Disorder (OCD). *Iranian journal of psychiatry, 15*(3), 256–259. DOI: 10.18502/ijps.v15i3.3820

Duttweiler, S., Gugutzer, R., Passoth, J.-H. & Strübing, J. (2016). *Leben nach Zahlen: Self-Tracking als Optimierungsprojekt?* Bielefeld: transcript.

Enoch, M. D. & Trethowan, W. (1979). *Uncommon Psychiatric Syndromes.* Bristol: John Wright.

Fawcett, E. J., Power, H. A. & Fawcett, J. (2020). Women Are at Greater Risk of OCD Than Men: A Meta-Analytic Review of OCD Prevalence Worldwide. *The Journal of clinical psychiatry, 81*(4). DOI: 10.4088/JCP.19r13085

Fontenelle, L. F., Mendlowicz, M. V., Marques, C. & Versiani, M. (2004). Trans-cultural aspects of obsessive–compulsive disorder: a description of a Brazilian sample and a systematic review of international clinical studies. *Journal of Psychiatric Research, 38*(4), 403–411. DOI: 10.1016/j.jpsychires.2003.12.004

Freud, S. (1907b). Zwangshandlungen und Religionsübungen. *GW VII,* S. 129–139.

Freud, S. (1909d). Bemerkungen über einen Fall von Zwangsneurose (Der »Rattenmann«). *GW VII,* S. 379–463.

Freud, S. (1926d). Hemmung, Symptom und Angst. *GW XIV,* S. 113–205.

Fydrich, T., Renneberg, B., Schmitz, B. & Wittchen, H.-U. (1997). *SKID II. Strukturiertes Klinisches Interview für DSM-IV, Achse II: Persönlichkeitsstörungen. Interviewheft. Eine deutschsprachige, erw. Bearb. d. amerikanischen Originalversion d. SKID-II von: M. B. First, R. L. Spitzer, M. Gibbon, J. B. W. Williams, L. Benjamin (Version 3/96).* Göttingen: Hogrefe.

Gerisch, B., Salfeld, B., Beerbohm, C., Busch, K. & King, V. (2019). Fighting death aesthetic medicine: the rising of minimally invasive procedures in times of self-optimisation. In V. King, B. Gerisch & H. Rosa (2019), *Lost in Perfection. Impacts of Optimisation on Culture and Psyche* (S. 131–145). London, New York: Routledge.

Goodman, W. K., Price, L. H., Rasmussen, S. A., Mazure, C., Delgado, P., Heninger G. R. & Charney, D. S. (1989). The Yale-Brown Obsessive Compulsive Scale. II. Validity. *Archives of General Psychiatry, 46,* 1012–1016.

Goodman, W. K., Price, L. H., Rasmussen, S. A., Mazure, C., Fleischmann, R. L., Hill, C. L., Heninger, G. R. & Charney, D. S. (1989). The Yale-Brown Obsessive Compulsive Scale. I. Development, use, and reliability. *Archives of General Psychiatry, 46,* 1006–1011.

Greenberg, D. & Huppert, J. D. (2010). Scrupulosity: A Unique Subtype of Obsessive-Compulsive Disorder. *Current Psychiatry Reports, 12*(4), 282–289. DOI: 10.1007/s11920-010-0127-5

Greenberg, D. & Shefler, G. (2008). Ultra-Orthodox rabbinic responses to religious obsessive-compulsive disorder. *Israel Journal of Psychiatry and Related Sciences, 45,* 183–192.

Greenberg, D. & Witztum, E. (1994). The influence of cultural factors on obsessive compulsive disorder: Religious symptoms in a religious society. *Israel Journal of Psychiatry and Related Sciences, 31*(3), 211–220.

Huppert, J. D., Siev, J. & Kushner, E. S. (2007). When religion and obsessive-compulsive disorder collide: Treating scrupulosity in Ultra-Orthodox Jews. *Journal of Clinical Psychology, 63*(10), 925–941.

Khan, M. & Grisham, J. R. (2018). Wiping your conscience clean: Investigating the Macbeth effect in individuals with high obsessive-compulsive contamination concerns. *Journal of Experimental Psychopathology, 9*(3), 1–10.

King, V., Gerisch, B. & Rosa, H. (2019). *Lost in Perfection. Impacts of Optimisation on Culture and Psyche.* London, New York: Routledge.

Kraus, M. H. (2021). *Eins, zwei, viele: Eine Kulturgeschichte des Zählens.* Berlin: Springer.

Kurz, G. (2015). *Das Wahre, Schöne, Gute. Aufstieg, Fall und Fortbestehen einer Trias.* Paderborn: Wilhelm Fink.

Labad, J., Menchon, J. M., Alonso, P., Segalas, C., Jimenez, S., Jaurrieta, N., Leckman, J. F. & Vallejo, J. (2008). Gender differences in obsessive-compulsive symptom dimensions. *Depression and Anxiety, 25*(10), 832–838. DOI: 10.1002/da.20332

Lang, H. (2015). *Der gehemmte Rebell. Struktur, Psychodynamik und Therapie von Menschen mit Zwangsstörungen.* Stuttgart: Klett-Cotta.

Mämecke, T. (2021). *Das quantifizierte Selbst: Zur Genealogie des Self-Trackings.* Bielefeld: transcript.

Mathis, M. A. de, Alvarenga, P. de, Funaro, G., Torresan, R. C., Moraes, I., Torres, A. R., Zilberman, M. L. & Hounie, A. G. (2011). Gender differences in obsessive-compulsive disorder: a literature review. *Revista Brasileira de Psiquiatria, 33*(4), 390–399. DOI: 10.1590/s1516-44462011000400014

Mavrogiorgou, P., Siebers, F., Kienast, T. & Juckel, G. (2015). Hilfesuchverhalten und Behandlungswege von Patienten mit Zwangsstörungen. *Der Nervenarzt, 86*(9), 1130–1139. DOI: 10.1007/s00115-015-4298-5

Motyl, K. (2020). Compulsive Self-Tracking: When Quantifying Body Becomes an Addiction. In U. Reichardt & R. Schober (Hrsg.), *Laboring Bodies and the Quantified Self* (S. 167–187). Bielefeld: transcript.

Nedeljkovic, M., Moulding, R., Foroughi, E., Kyrios, M. & Doron, G. (2012). Cultural Issues in Understanding and Treating Obsessive Compulsive and Spectrum Disorders. In G. Steketee (Hrsg.), *Oxford handbook of obsessive compulsive and spectrum disorders* (S. 496–518). Oxford: Oxford University Press. DOI: 10.1093/oxfordhb/9780195376210.013.0102

Ostendorf, U. (2012). Repair oder Reparation? Bewegungen zwischen trügerischer Hoffnung und realistischer Veränderung. *Jahrbuch der Psychoanalyse, 65*, 37–58.

Rasmussen, S. A. & Eisen, J. I. (1998). Epidemiologie und Differenzialdiagnose von Zwangsstörungen. In F. Hohagen & F. Ebert (Hrsg.), *Neue Perspektiven in Grundlagenforschung und Behandlung der Zwangsstörungen. Solvay Arzneimittel ZNS-Service* (S. 9–26). Hemmingen: Sponholtz Druckerei.

Reichardt, U. & Schober, R. (Hrsg.) (2020). *Laboring bodies and the quantified self.* Bielefeld: transcript.

Rosa, H. (2005). *Beschleunigung. Die Veränderung der Zeitstrukturen in der Moderne.* Frankfurt a. M.: Suhrkamp.

Saleem, S. & Mahmood, Z. (2009). OCD in a Cultural Context: A Phenomenological Approach. *Pakistan Journal of Psychological Research, 24*(1–2), 27–42.

Sodré, I. (1994). Obsessional certainty versus obsessional doubt: From two to three. *Psychoanalytic Inquiry, 14*(3), 379–392. DOI: 10.1080/07351699409533992

Starck, A. & Weiß, H. (2021). Scham und Schuld in der psychoanalytischen Theorieentwicklung – ihre Rolle beim Zwang. *PTT-Persönlichkeitsstörungen: Theorie und Therapie, 25*(1), 3–17.

Weiß, H. (2017). Neuere Überlegungen zur Psychodynamik zwanghafter Mechanismen. *Psyche – Z Psychoanal, 71*(8), 663–686. DOI: 10.21706/ps-71-8-663

Weiß, H. (2020). Zur Utopie der Machbarkeit von Glück. Medizinethik in Zeiten der Postmoderne. In K. Busch, S. Benzel, B. Saalfeld & J. Schreiber (Hrsg.), *Figurationen spätmoderner Lebensführung* (S. 281–298). Wiesbaden: Springer VS.

Williams, M. T., Chapman, L. K., Simms, J. V. & Tellawi, G. (2017). Cross-cultural phenomenology of obsessive-compulsive disorder. *The Wiley handbook of obsessive compulsive disorders, 1*, 56–74. DOI: 10.1002/9781118890233

Wittchen, H. U., Zaudig, M. & Fydrich, T. (1997). *SKID. Strukturiertes Klinisches Interview für DSM-IV. Achse I und II. Handanweisung.* Göttingen: Hogrefe.

Zaccari, V., D'Arienzo, M., Caiazzo, T., Magno, A., Amico, G. & Mancini, F. (2021). Narrative Review of COVID–19 Impact On Obsessive-Compulsive Disorder in Child, Adolescent and Adult Clinical Populations. *Frontiers in Psychiatry, 12*, 1–15. DOI: 10.3389/fpsyt.2021.673161

Zohar, A. H. & Bruno, R. (1997). Normative and Pathological Obsessive-compulsive Behavior and Ideation in Childhood: A Question of Timing. *Journal of Child Psychology and Psychiatry, 38*(8), 993–999. DOI: 10.1111/j.1469-7610.1997.tb01616.x

Die Autor*innen

Annabelle Starck ist seit 2012 dem Sigmund-Freud-Institut verbunden. Heute ist sie, ihrem klinischen Interesse folgend, als wissenschaftliche Mitarbeiterin in der Ambulanz sowie der Studie zur psychodynamischen Therapie bei Zwangserkrankungen tätig. Zudem ist sie seit 2015 in Ausbildung zur Psychoanalytikerin am Frankfurter Psychoanalytischen Institut.

Kontakt per E-Mail: starck@sigmund-freud-institut.de

Heinz Weiß ist Psychoanalytiker, Chefarzt der Abteilung für Psychosomatische Medizin am Robert-Bosch-Krankenhaus Stuttgart, Außerplanmäßiger Professor an der Universität Tübingen und Leiter des medizinischen Bereichs am Sigmund-Freud-Institut. In diesem Rahmen leitet er die Studie zur psychodynamischen Therapie bei Zwangserkrankungen.

Kontakt per E-Mail: Heinz.Weiss@rbk.de

Neubestimmungen
der Geschlechtsidentität

Auch aus der Behandlung einer Patientin sowie die Frage nach der Aporie im Rahmen der Wunscherfüllung

Susen Werner

Prolog

In der Serie *Years and Years*, die im Frühjahr 2019 im britischen Fernsehen ausgestrahlt wurde und ein Jahr später auch das deutsche Publikum erreichte, werden die Zuschauer:innen in eine Dystopie der Jahre 2019 bis 2034 versetzt, in der sie die sich zuspitzenden Widersprüche und politischen Krisen unserer Zeit in und um London beobachten können.

Wir lernen den Alltag der Familie Lyons kennen und erleben anhand der unterschiedlichen Familienmitglieder gesellschaftliche Umbrüche und welche Auswirkungen diese auf das Subjekt haben. So sorgen sich Stephen und Celeste um ihre Tochter Bethany – eine junge Erwachsene, die sich zunehmend von ihren Eltern entfremdet und nur noch hinter einem sich verändernden Filter mit diesen spricht. Stephen und Celeste spionieren ihrer Tochter hinterher, indem sie u. a. den Verlauf ihres Browsers lesen, und vermuten anhand der von Bethany aufgerufenen Seiten, dass ihre Tochter transsexuell sein könnte, sich aber nicht wagt, ihnen davon zu erzählen. Nachdem es endlich gelingt, die Tochter zu einem gemeinsamen Gespräch zu bewegen, und beide Eltern – sich sehr progressiv und verständnisvoll gebend – Bethany dazu bringen wollen, ihnen von ihrer angenommenen Transsexualität zu berichten, reagiert diese zunehmend verwirrt auf die Bemühungen von Stephen und Celeste und löst das Rätsel schließlich auf unerwartete Art und Weise:

> »Celeste: ... und ich bitte dich, jetzt den Filter abzunehmen. Macht du das für mich?
> Bethany: Ich denke, dass ich mich schon ne ganze Weile unwohl fühle.
> Celeste: Das wissen wir.
> Bethany: Ich denke, dass ich seit meiner Geburt ..., dass ich falsch in diesem Körper bin. Oh mein Gott.
> Stephen: Ist schon gut.
> Celeste: Es ist wirklich in Ordnung, Schätzchen.
> Bethany: Ich hab mich darüber informiert und ich schätze, ich bin trans.

Celeste: Oh Liebling, oh oh, ist in Ordnung Schätzchen. Ich schwör's dir.

Stephen: Ist es wirklich. (Beide Eltern laufen um den Tisch und beginnen, ihre Tochter zu umarmen.) Guck uns an. Wir finden das okay, wir finden das völlig okay, nicht wahr? (fragender Blick zu Celeste – bestätigendes ›mmhhh‹ von dieser). Ich weiß, wir sind vielleicht ein bisschen langsam und alt. Und es wird verwirrend für uns sein und wir werden manchmal ziemlichen Mist bauen, aber wir lieben dich.

Celeste: Wir lieben dich. Wir lieben dich bedingungslos. Das werden wir immer.

Celeste entfernt sich nun körperlich und räumlich von ihrer Tochter: Ich meine, wir müssen ja nichts überstürzen. Wir haben viel Zeit, um darüber zu reden.

Stephen: Und wenn das bedeutet, dass wir einen wundervollen Sohn statt einer wundervollen Tochter haben, dann werden wir froh sein.

Bethany (fast verzweifelt): Nein, ich bin nicht transsexuell.

Celeste: Oh ... nennt man das jetzt irgendwie anders?

Stephen stammelt: Aber du sagtest doch ›trans‹.

Celeste: Wie sagt man dann dazu?

Bethany: Ich bin nicht transsexuell, ich bin transhuman.

Stephen: Oh, okay.

Celeste: Tut mir leid. Ständig ändern sich die Worte. Keine Ahnung, wo der Unterschied ist.

Bethany: Ich will nicht das Geschlecht wechseln.

Stephen: Nein, klar. Wir sagen jetzt ›Gender‹, nicht wahr? Entschuldige.

Bethany: Ich sagte, ich fühl mich in meinem Körper unwohl. Deswegen will ich ihn loswerden. Dieses Ding. Arme und Beine, einfach alles davon. Ich will kein Fleisch sein! Tut mir leid, aber ich will diesem Körper entfliehen. Ich will digital werden.

Stephen (schaut Celeste hilfesuchend an und beide scheinen zunehmend verwirrt): Äh, was meinst du?

Bethany: Sie sagen, eines Tages, schon bald, gibt es Kliniken in der Schweiz, wo man hingehen kann, ein Formular unterschreibt und sie nehmen dein Gehirn raus und laden es hoch (Bethany ist begeistert, fast euphorisch). In die Cloud!

Stephen (zunehmend entgeistert): Und dein Körper?

Bethany (wirkt erlöst): Wird recycelt. In der Erde.

Celeste: Das heißt, du willst dich selbst töten? (Jetzt kippt die Stimmung.)

Bethany (schüttelt den Kopf): Ich lebe dann ewig. Als Information. Denn das ist es, was Transhumane sind, Mum. Nicht männlich oder weiblich. Besser! Wo ich hingehe, gibt es kein Leben oder Tod, sondern nur Daten. Ich werde Daten sein!

Die Stimmung kippt endgültig.

Schnitt – Bethany rennt enttäuscht und auf ihre Eltern schimpfend in ihr Zimmer.

Sie ruft weinend: Ihr habt's mir versprochen! Ihr Lügner!

Celeste schreit ihr wütend hinterher: Glaub ja nicht, du kannst jetzt einfach so online gehen, mein Fräulein. Kommt nicht in Frage! Ich stell's ab! Verstanden? Ich werde nur noch analog sein, wenn nötig, damit du den Scheiss nicht mehr lesen kannst!

Stephen sieht alles hilflos mit an. Er scheint sich nicht mehr zurechtzufinden, während Mutter und Tochter in ihrem Konflikt gefangen sind.«[1]

Das Thema der 72. Jahrestagung der DGPT lautet »Zeitdiagnosen?!« und verdeutlicht mittels der gesetzten Interpunktionszeichen, dass die gewählte Begrifflichkeit nicht unproblematisch verwandt werden kann, da sie sich ständig im Wandel befindet, aus verschiedenen Blickwinkeln unterschiedliche Akzente setzt und sich nie unabhängig von dem jeweils herrschenden Diskurs zeigt.

Auch die Zeitdiagnose hat es sich zur Aufgabe gemacht, zu *analysieren* – indem sie versucht, auf der deskriptiven Ebene den Zustand einer Gesellschaft zu diagnostizieren, bleibt sie aber auch immer (zeitlich) begrenzt und reduktionistisch. Nach Osrecki (2011, S. 193, 308, zit. n. Bogner, 2018 [2012], S. 13) basieren Zeitdiagnosen auf einer »Konstruktion, die aus kleinen, bereichsspezifischen Phänomenen gesellschaftliche Globaltransformationen schmiedet. [...] Man sucht nach ›Nussschalen‹, die im Kleinen vormachen, was auf gesamtgesellschaftlicher Ebene zu beobachten ist«. Das bedeutet, dass ein bestimmtes – für neu gehaltenes – Phänomen auf die Entwicklung einer Gesamtgesellschaft bezogen und dieser mittels einer »*pars-pro-toto*-Logik« eine grundlegende Veränderung attestiert wird. Osrecki (ebd.) spricht hier von einem »Epochenbruch« (S. 13), der durch kulturkritische »Zeitdeutungen« alarmierend benannt werden soll, und bescheinigt der Zeitdiagnose eine systematische »Motivation, Komplexität so weit zu reduzieren, dass der Gesellschaft ein konkretes Grundleiden attestiert werden kann«, sodass diese in der Folge »therapiefähig wird« (ebd., S. 47).

Der Gedanke an psycho-diagnostische Manuale drängt sich unweigerlich auf, und damit das Wissen um Leid erzeugende Festschreibungen, die zu häufig Machtverhältnisse manifestieren, aber auch eine bestimmte Art der Beruhigung für Angehörige und direkt Betroffene anbietet, wenn Unverstandenes einen Namen bekommt und die passende »Leitlinie« en passant mitgeliefert wird. Dem immanent die Illusion eines verobjektivierbaren Wissens, das sich – historisch betrachtet – immer im Wandel befindet, und der allzu verständliche Wunsch nach irgendeiner Klärung, der den Zustand von schwer aushaltbarer Hilf- und Macht-

---

1   Die Transkription der vorliegenden Stelle erfolgte auf Basis des Zugriffs auf die Mediathek des ZDF (https://www.zdf.de/serien/years-and-years), wobei die Serie dort aktuell leider nicht mehr zugänglich ist.

losigkeit zunächst zu beenden scheint, doch häufig Dinge auch zu früh verschließt, die weiterhin unverstanden sind.

In der Psychoanalyse haben wir es nun mit dem Phänomen des Unbewussten zu tun, das bekanntlich zeit- und raumlos ist, sich nicht abschließen und nie endgültig befrieden lässt, sodass jegliche »Zeitdiagnose« – gesellschaftlich wie medizinisch – die Indifferenz des Unbewussten gegenüber den Bemühungen, etwas zu fassen, was sich dem Gefasst-Werden immer wieder aufs Neue entzieht, nicht beseitigen kann. Die fundamentale Entdeckung Freuds, das Unbewusste für die Psychoanalyse nutzbar zu machen, kann uns demnach in die freudvolle Situation versetzen, immer wieder aufs Neue miteinander um Erkenntnis zu ringen, aber auch regressiv ermüden und den Wunsch nach der Erfüllung des eigenen Begehrens erstarken und zeitweilig übermächtig werden lassen. Dann verlassen wir möglicherweise unsere Patient:innen, und die *Fähigkeit zum Alleinsein* verlässt uns.

Einführung der Patientin und die Frage der Trans*Sexualität als »Zeitdiagnose«

Als ich der Patientin, die mich u. a. zu den nun folgenden Gedanken inspiriert hat, zum ersten Mal vor etwa viereinhalb Jahren begegne, sitzt vor mir eine quälend verunsicherte und dementsprechend angespannte, introvertiert und enorm instabil wirkende, sehr schlanke Person, die bereits über eine lange, in der Kindheit beginnende psychiatrische und psychotherapeutische Erfahrung berichtet. Sie hat sich einen männlichen Vornamen gegeben und möchte auch von mir mit dem männlichen Pronomen angesprochen werden, sie insistiert darauf, als Mann in einem weiblichen Körper zu performen und gelesen zu werden. Im Verlauf erlaubt sie mir Einblicke in ihre früh gestörte Entwicklungsgeschichte – neben permanenten Dissoziationen, Panikattacken, unterschiedlichen Essstörungen und seit Jahren andauernden schweren Selbstverletzungen gehören Suizidwünsche zu ihrem täglichen Sein, wenn nicht manifest, so sind sie doch latent ihre permanenten Begleiter. Worüber wir nicht sprechen, ist die Frage ihrer sexuellen Identität, der Wunsch eines Passings in die Welt einer männlich gelesenen Person steht scheinbar unhinterfragbar im Raum, die Eintragung des männlichen Vornamens sowie der geänderten Geschlechtsidentität ins Personenstandsregister ist beantragt, mit der Zeit erfahre ich, dass die Patientin Hormone nimmt, allerdings keine operativen Eingriffe plant. Während die Diagnose im damaligen Kontext die erwartbaren Reaktionen, wie Unverständnis, Abwehr, Voyeurismus, Unsicherheit, eine Diskussion mit konträren Ansichten zwischen meinem Vorgesetzten und mir, wie die Behandlung zu gestalten sei, provoziert, bleibe ich selbst eher indifferent mit Blick auf die diagnostizierte Trans*-Identität sowie die bei der Patientin häufig auftauchenden Suizidwünsche, bin eher beeindruckt, ob der Schwere ihrer langjährigen psychischen Erkrankung sowie der unübersehbaren massiven physischen Selbstverletzungen. Die ersten Wochen sind geprägt von den Berichten über archaische Alpträume, Panikattacken und schwere dissoziative Zustände, die Patientin kann meinen Blick nicht ertragen und ist dankbar für die Möglichkeit, stattdessen aus dem Fenster schauen zu können. Häufig bringt sie äußerst gewaltvolle Zeichnungen, die sie selbst angefertigt hat, mit in die Gespräche, ist mit der Beziehung zu mir beschäftigt sowie quälendem Insuffizienz- und daraus resultierendem Schamerleben. Frühe, archaische Abwehrmechanismen beherrschen ihre Beziehungswelt, sie erlebt mich als verfolgende, sie töten wollende Mutter, misstraut grundsätzlich meinem Interesse an ihr, verliert mich ebenso wie die Zeit und den Raum zwischen den Stunden und wirkt über einen langen Zeitraum wie aus jeglichem sozialen Kontext gefallen, verbunden nur mit der im Hintergrund immer wieder auftauchenden Trans*-Community, aber eigentlich furchtbar allein und einzig sicher und gleichzeitig maximal unsicher mit sich selbst.

Vom ersten Moment unserer Begegnung sehe ich allerdings auch eine sehr intelligente, kreative, wache und belesene Person, die mich mit ihrer Überlebensfähigkeit beeindruckt und deren Wunsch nach Ruhe und einem Ende ihrer jahrzehntelangen physischen und psychischen Schmerzen – kulminierend in ihren Suizidüberlegungen – ich nachvollziehen kann und denen ich nichts entgegenzusetzen habe.

Über ihren Wunsch, als Mann gelesen zu werden, sprechen wir über einen sehr langen Zeitraum nie explizit. Minimale Bemerkungen, wie am Tag der Anhörung vor einer Richterin, die über die Eintragung der Personenstandsänderung und des geänderten Namens zu entscheiden hat, die eher genervt und entwertend klingen, sowie eine spätere Äußerung in meine Richtung, »Ich dachte, Sie sind so eine Feministin der *second wave* und wollen mir mein letztes bisschen Männlichkeit wegtherapieren«, sind Hinweise darauf, wie sehr das Thema einer zu verändernden Geschlechtsidentität in ihr arbeitet, aber das scheint es auf der bewussten Ebene nicht zu sein, weshalb sie zu mir kommt. Oder gerade doch? Ein unausgesprochenes Sprechverbot über die Frage der Transition verbunden mit der eigenen identitären Verunsicherung ist von Beginn an mit im Raum. In meiner Gegenübertragung erscheint ein überdimensioniertes, machtvolles STOP-Schild. Ein Ansprechen dieses Themas endet in meiner Fantasie so oder so im Verlust der Patientin, entweder mittels eines dissoziativen Flüchtens oder indem sie tatsächlich abbricht. Zudem steht der Vorwurf fehlender Political Correctness im Raum und mit diesem ein äußerst wirkmächtiger Hinweis auf möglicherweise eigene Hilflosigkeits- und Unterwerfungserfahrungen meiner Patientin. Meine Neugierde auf den Prozess des Passings und die Motive dahinter wird mithin gehemmt, eigentlich drastischer: Ein Tabu betrit den analytischen Raum.

»Was ich im Sprechen suche, ist die Antwort des anderen.« (Jacques Lacan)

Wenn es also in der *Redekur* die Möglichkeit eines Sprechverbotes gibt, bricht dann der Kontakt zwischen mir und der Patientin ab, sind wir angewiesen auf das Sprechen, um unbewusste Konflikte zu erhören? Die Dialektik der Psychoanalyse schafft sich ja gerade aus dem Umstand, dass wir nach dem Ungesagten hinter dem manifest Verwörtertem suchen. So beschreibt Habermas in *Erkenntnis und Interesse* den uns vertrauten Umstand, dass wir häufig Zeug:innen eines Verhaltens werden, bei dem Handlungen, extraverbale Ausdrücke und das, was *expressis verbis* durch das Subjekt geäußert wird, keine für uns stimmige Einheit ergeben. Er konstatiert in diesem Zusammenhang:

> »Das handelnde Subjekt selbst kann die Diskrepanz nicht bemerken oder, wenn es sie bemerkt, nicht verstehen, weil es sich in dieser Diskrepanz zugleich zum Ausdruck bringt und mißversteht. Sein Selbstverständnis muß sich an das bewußt Intendierte, an den sprachlichen Ausdruck, jedenfalls ans Verbalisierbare halten. [...] Über diese mit dem sprachlichen Ausdruck nicht koordinierten außersprachlichen Ausdrücke muß sich das Subjekt täuschen; da es sich aber auch in ihnen objektiviert, täuscht es sich über sich selber« (Habermas, 1988, S. 267).

Als Psychoanalytikerin habe ich gelernt, zu warten. Gleichzeitig irritiert mich mein befremdlich wirkendes Desinteresse an dem Fakt der geschlechtlichen Identität meiner Patientin, die mich ansonsten auf allen anderen Ebenen beschäftigt und besorgt, zu der ich mich immer wieder sehr hingezogen und von der ich mich kurz darauf genauso entfremdet fühle. Scheint die Frage der Geschlechterdifferenz, verbunden mit einer Kritik an einer so empfundenen hegemonialen Binarität, doch gesellschaftsübergreifend jede Facette des Diskurses zu unterwandern und eine Positionierung einzufordern, die entscheidend darüber sein wird, ob ein Gespräch fortgesetzt werden kann oder der Versuch einer Verständigung jäh unterbrochen wird. Während um uns herum die Diskussion an Schärfe gewinnt und auch die psychoanalytische Literatur das Thema zunehmend für sich entdeckt, spielt es in den Begegnungen mit meiner Patientin scheinbar eine – der Thematik unangemessen – untergeordnete Rolle. Als Psychoanalytiker:innen sind wir vertraut mit den Phänomenen der *Verneinung* sowie der *Verleugnung*, und diese Mechanismen finden sich durchaus bei beiden Teilen des *analytischen Paares* – auch die Analytikerin kann sich aus unterschiedlichen Motiven der Bearbeitung bestimmter Themen entziehen. Das komplexe Spiel von Übertragung und Gegenübertragung gewinnt seine Unübersichtlichkeit u. a. aus dieser Erkenntnis. Und auch von der Analytikerin gehen »rätselhafte Botschaften« aus, die bereits am Ort ihres Entstehens »kompromittiert« sind (Laplanche, 2006).

Vorliegend verstehe ich meine innere »Nicht-Reaktion« als ein genuin psychoanalytisches Interesse vor dem Hintergrund der *negative capability*, Freuds Annahme eines polymorph perversen Säuglings sowie der grundsätzlich erhalten gebliebenen psychischen Bisexualität des Menschen. So bleibe ich offen und nehme gleichzeitig eine »spezifisch analytische« Position in Form einer »Passivierung« (Grabska, 2014, S. 107) ein, was der Patientin eine grundsätzlich alternative Begegnung ermöglichen könnte.

Die Umsetzung der Forderung nach *no memory, no desire, no understanding* scheint allerdings – auch unter den Beschränkungen im Rahmen der Richtlinienpsychotherapie – kaum noch haltbar und zeigt einmal mehr ein konfligierendes Geschehen bei dem Wunsch, unvoreingenommen und fremd in jede psychoanalytische Stunde zu gehen und gleichzeitig nicht frei von den Erwartungshaltungen unterschiedlicher gesellschaftlicher Interessen zu sein. Dies schließt das Begehren der Patientin ein, einen trans*-positiven Raum vorzufinden, in dem jegliche Ressentiments gegenüber queeren Lebensentwürfen abwesend sind, das Fremde nicht eindringen und die infantile Phantasie des Unbeschädigt-Seins aufrechterhalten werden kann. Wir finden an dieser Stelle mithin ein zweifaches Begehren nach einem vollkommenen und somit mangellosen Raum – auf der Seite der Patientin sowie auf Seiten der Analytikerin –, den Wunsch nach einem Bereich, in dem die Realität keine Macht über uns entfalten kann und wir idealiter sein können – eine omnipotente Wunschvorstellung, die uns eint, die Gefahr einer Folie à deux in sich trägt und gleichzeitig trennt. Denn es gibt keine Wunscherfüllung. Die möglichen Befriedigungserlebnisse auf der Realebene erlösen uns nicht von dem ewig wiederkehrenden Begehren einer tatsächlichen Wunschlosigkeit. Da diese aber immer nur in der Phantasie oder als Halluzination erfolgen kann, transportiert sie mithin im täglichen Sein und Scheitern sowohl das Fehlen als auch die Enttäuschung darüber und – dem immanent – den erneuten Wunsch nach unmöglicher Befriedigung mit sich.

Mit Green (2017) gehe ich davon aus, dass unsere analytische Arbeit sich oft darin von einer psychotherapeutischen Motivation unterscheidet, dass ihre erste Priorität nicht dem Impetus, Leiden zu verringern, gilt, sondern dass wir behilflich sein wollen im Rahmen eines Selbsterkenntnisprozesses – und dies kann Leiden auch verstärken. Wenn nach Kant die Erkenntnis uns erst zu konflikthaften Subjekten macht, dann auch deshalb, weil wir in der Folge Verantwortungsbereiche ausdehnen, was unter Umständen als triebfeindlich erlebt wird. Erkenntnis, die emanzipatorisches Potenzial in sich trägt, ist also immer auch kompromittierend (Páramo-Ortega, 1996, S. 8).

Insofern wäre die Option dieser Bedürfnisbefriedigung (einer möglichen *Ersatzbefriedigung*) der Patientin – den Wunsch nach einer Veränderung ihrer Geschlechtsidentität nicht zu hinterfragen –, auch keine gangbare Intervention, weil sie etwas verspricht, was ich weder für sie noch für mich selbst, die ich ja auch unaufhörlich auf der Suche nach Befriedigung – eben auch im Rahmen meiner täglichen Arbeit – bin, leisten kann. Bereits früher in den »Bemerkungen über die Übertragungsliebe« weist Freud darauf hin, dass die Erfüllung eines manifest vorgetragenen Begehrens mitunter die Negation einer tatsächlichen Hilfestellung enthält, indem er auf das Surrogat (1915a [1914]), S. 313) verweist.

Die Situation gebiert eher eine Möglichkeit der Gefährdung des analytischen Prozesses, die Freud in »Wege der psychoanalytischen Therapie« formuliert, wenn er darauf hinweist, dass im Übertragungsgeschehen der Wunsch nach einer zumindest teilweisen Aufhebung der Versagung eingefordert wird und die Erfüllung gleichzusetzen mit der Symptombildung keinerlei Fortschritt im Rahmen einer unabhängigeren Subjektkonstituierung ermöglicht, sondern – im Gegenteil – das scheinbare Befriedigungserlebnis eine tiefergehende Auseinandersetzung mit eigener Begrenzung und phantasmatischer Wunscherfüllung verhindert.

> »Wer als Analytiker [...] dem Kranken alles spendet, was ein Mensch vom anderen erhoffen kann, der begeht denselben ökonomischen Fehler, dessen sich unsere nicht analytischen Nervenheilanstalten schuldig machen. Diese streben nichts anderes an, als es dem Kranken möglichst angenehm zu machen, damit er sich dort wohlfühlen und gerne wieder aus den Schwierigkeiten des Lebens seine Zuflucht dorthin nehme. Dabei verzichten sie darauf, ihn für das Leben stärker, für seine eigentlichen Aufgaben leistungsfähiger zu machen. In der analytischen Kur muß jede solche Verwöhnung vermieden werden. Der Kranke soll, was sein Verhältnis zum Arzt betrifft, unerfüllte Wünsche reichlich übrig behalten. Es ist zweckmäßig, ihm gerade die Befriedigungen zu versagen, die er am intensiven wünscht und am dringendsten äußert« (Freud, 1919a [1918], S. 189).

Nach wie vor sind diese Hinweise nicht trivial; auch wenn wir sie schon häufig gelesen und gehört haben mögen, lohnt es sich auch in diesem Zusammenhang, noch einmal genauer darüber nachzudenken, was Freud uns damit auf den Weg geben wollte. Es ging ihm nämlich gerade nicht um die Versagung eines empathischen Zuhörens. Was wir verweigern, könnte mit unserer eigenen Unfähigkeit konform gehen, Begrenzungen sowohl in den Patient:innen als auch in uns selbst wahrzunehmen, Aggressionen, Neid und Gefühle von Ohnmacht respektive Hilflosigkeit nicht tolerieren zu können und in der Folge gemeinsam in einer narzisstischen Kollusion das Wunscherleben aufrechtzuerhalten anstatt die Orte von Trauer, Trennung, Mangel und unwiderrufbar Verlorenem aufzusuchen, um dort die Auseinandersetzung zu suchen. Dabei ist es nicht Aufgabe der Patientin, die Gefahr einer Vermeidung der analytischen Arbeit (»Erinnern, Wiederholen und Durcharbeiten«) zu erkennen. Diese ist ja beschäftigt mit ihren Abwehrformationen und dem Widerstand gegen ein Durcharbeiten ihrer inneren Konstruktionen. Laplanche weist dementsprechend darauf hin (1997, S. 109f.), dass die Ziele des psychoanalytischen Prozesses bei Patient:innen und Analytiker:innen durchaus unterschiedlich zu verstehen seien. So sei die Patientin, die »dem Trauma der Kur unterworfen ist« permanent bemüht, »sich schnellstmöglich zu vernarben«, während er die Aufgabe der Analytikerin darin sieht, »keine Hilfeleistung bei diesen wiederholten Bindungsversuchen [zu] geben«. »Er [der Analytiker, S. W.] ist vor allem Fachmann der Entbindung, und er muß den Analysanden unaufhörlich auf den Weg der *Analyse* zurückführen.«

Wobei auch die Analytikerin nicht frei davon ist, in Momenten der eigenen Angreifbarkeit und Unsicherheit einer an sie gestellten Entwicklungsaufgabe aus dem Weg zu gehen. Auch wir regredieren ständig bewusst und unbewusst, ja wir benötigen die eigene Fähigkeit zur Regression, um den analytischen Prozess zu gestalten – wie könnte sonst die Kommunikation der Unbewussten ihren Raum bekommen –, und auch wir können uns unseren unbewussten Wünschen nicht entziehen, sie sind zeitlos, wollen immer aufs Neue Erfüllung, »ohne Rücksicht auf den Kontext, eigensinnig, partikular« (Kläui, 2017, S. 49). Im Zusammenhang mit unserem professionellen Sein als Psychoanalytiker:innen wäre die Frage der eigenen Bedürfnisbefriedigung sowie die immer wieder aufs Neue herzustellende *Fähigkeit, allein zu sein* in Verbindung mit der dafür notwendigen Autonomie mithin immer wieder aufs Neue zu befragen.

Gehen wir von Freuds Idee aus, dass das Subjekt sich anhand seiner innerpsychischen Konflikte und des damit unvermeidlichen Schuldigwerdens konstituiert und dies häufig eben nicht bewusstseinsfähig ist, sondern erst mittels freier Assoziation und gleichschwebender Aufmerksamkeit einen Weg vom Primärprozesshaften hin zu einer bewusstseinsfähigeren Auseinandersetzung finden kann, an deren vorläufigem Endpunkt allzu häufig keine »Lösung« oder gar »Heilung« steht, müssen wir uns mit dem Umstand auseinandersetzen, dass unsere Möglichkeiten auf dem derzeitigen Psychotherapie-»Markt« angemessen begrenzt sind. Gleichzeitig gebiert die menschliche Hybris täglich und schon immer permanente Hoffnung auf die nächste Grenzüberschreitung. Alles scheint mithin möglich und nur eine Frage der Zeit – der »Prothesengott« (Freud, 1930a [1929], S. 451) bezwänge die Aporie und die Götter wären dieses Mal wirklich tot.

Han (2020, S. 10) postuliert in diesem Zusammenhang: »Die Freiheit des *Könnens* erzeugt sogar mehr Zwänge als das disziplinarische *Sollen*, das Gebote und Verbote ausspricht. Das *Soll* hat eine Grenze. Das *Kann* hat dagegen keine. Grenzenlos ist daher der Zwang, der vom *Können* ausgeht.« Das psychoanalytische Nachdenken, das sich eben nicht aus affirmativer Bestätigung, sondern aus dem Analysieren unbewusster Wünsche und daraus entstehender Konflikthaftigkeit speist, scheint da nicht eben verführerisch. Neurotisches Leid in »bewusstes, würdiges Leid [...], das nicht die Augen vor sich selbst verschließt« (Páramo-Ortega, 1985, S. 24), umzuwandeln, ist demnach häufig nicht genug. Leupold-Löwenthal (1997, S. 56) konstatiert im Rahmen der Frage des *unmöglichen Berufs*,

»daß das, was wir anzubieten haben, zur Zeit wenig gefragt scheint. Ohne Zweifel liegt heute die Betonung mehr auf Triebbefriedigung und kindlichem Agieren und Interagieren. Die Meinung, daß Frustration und Versagung immer von Übel sei, herrscht vor.«

Wir könnten daraus folgern, dass der gesellschaftliche Diskurs die Analyse heutzutage weniger als jemals zuvor braucht – andererseits braucht der gesellschaftliche Diskurs die Analyse vielleicht aber auch wie zu jeder Zeit, als einen *Gegen*trend, mit der Kenntnis über den Wiederholungszwang, welcher auch über die Epochen hinweg die immer gleichen Wünsche gebiert. Diesen Vorteil hat die Analyse nämlich – sie hat sich schon immer auf den Konflikt des Subjekts im Rahmen seiner Enkulturation konzentriert und erkannt, dass der erzwungene Triebverzicht niemals ein vollständiger sein kann, sondern immer nur ein kompromisshafter, zeitlich begrenzter, der folglich auch immer das Risiko des Einbruchs in sich trägt und somit ein fortwährendes, nicht-auflösbares Spannungsfeld erzeugt, wenn eine Utopie an die Realität angepasst werden muss. Dem immanent die Ambivalenz, denn Kompromissleistungen befrieden eben nie endgültig (siehe Freuds Gleichnis von den »Schatten der odysseischen Unterwelt«, 1900a, S. 558).

In *Verstümmelung oder Selbstverwirklichung?* antwortet Bally, Psychiater und Psychoanalytiker, im Zusammenhang mit der Frage nach der Notwendigkeit einer operativen Geschlechtsangleichung (2012, S. 31):

> »Die Gefahr solch verstümmelnden Vorgehens besteht aber nun darin, daß es uns zu schnell zufriedenstellt. Ich meine, wir begnügen uns zu leicht mit der Genugtuung an den glänzenden diagnostischen und chirurgischen Kunststücken, die sie darstellen, und vergessen, daß sie ein Bekenntnis unserer Unzulänglichkeit sind. Wir haben das Wesen der (Zwangs)neurose noch nicht genügend erhellt, [...], um dort das Verhalten, [...] mit der Gesamtpersönlichkeit in Einklang zu bringen«

– wobei ich nicht meine, dass es nicht auch bestimmte Indikationen für operative Eingriffe im Rahmen von geschlechtsverändernden und/oder angleichenden Behandlungen geben kann, ich denke aber, dass dies nicht der Raum psychoanalytischer Expertise ist. Ein Mit-Agieren unsererseits kann immer auch eine Verstrickung im Rahmen des Wiederholungszwanges bedeuten und nährt die Kräfte des Todestriebes – die vielleicht einzige Position, die wir zumindest wissentlich nicht einnehmen möchten. Würde die Arbeit der Psychoanalytiker:innen nicht das Bemühen und den Wunsch postulieren, eben jene eigenen Präkonzeptionen und den Besitz eines objektiven Wissens infrage zu stellen respektive einer ständigen Reflexion zu unterziehen, könnten wir möglicherweise auch die verpflichtende Begutachtung sowie psychotherapeutische »Begleitung« im Rahmen einer leitliniengerechten Behandlung bei »geschlechtsangleichenden Maßnahmen« uneingeschränkt als nötig und unproblematisch affirmieren. Zumal im Rahmen einer angeordneten psychotherapeutischen Begleitung eben auch die Voraussetzungen für eine Psychoanalyse nicht vorliegen. Allerdings, und darauf weist Emcke (2018, S. 188) zu Recht hin, sind es immer auch historische »Umstände oder die kulturellen Zuschreibungen und Wertungen einer partikularen Sprech- und Handlungsgemeinschaft«, welche festlegen,

> »*was* als ›glaubwürdige‹ Darstellung einer Zugehörigkeit oder als ›glaubwürdige‹ Identität zu gelten hat. Ob dann die unglaubwürdige ›Darstellung einer Identität‹ schlicht missachtet wird oder ob sie belächelt wird oder gar verboten, ist dann die Folge dieser vorgängigen sozialen Konstruktion von Zugangsberechtigungen.«

»Ever tried. Ever failed. No matter. Try again. Fail again. Fail better.« (Samuel Beckett)

Im Verlauf beeindruckt mich der an Schärfe zunehmende Diskurs (siehe z. B. die Hansbury-Debatte) und resultiert in der Fragestellung, warum Psychoanalytiker:innen scheinbar ein so gesteigertes Interesse an der Frage der Transsexualität haben? Können wir dahinter möglicherweise eigene abgewehrte (Schuld-?)Konflikte (dem Wiederholungszwang unterworfen) ausmachen, die derzeit und vielleicht nie lösbar sind, wobei Patient:innen eine passende Projektionsfläche bieten, um im Rahmen einer zeitweilig Ruhe verschaffenden Kompromissbildung, z. B. den Verlust der eigenen phantasierten Potenz, die Angstabwehr eigener sexueller Triebhaftigkeit, Neid oder Schuld (siehe z. B. zur Frage der Homosexualität Heenen-Wolff, 2015; Quindeau, 2015; Pechriggl, 2013) nicht wahrnehmen zu müssen? Vielleicht können wir diese Überlegungen im Sinne unserer Patient:innen nutzbar machen, da sie die Option bieten, eine professionelle Haltung zu wahren und den unter Umständen regressiven selbstobjektalen Gebrauch unserer Patient:innen, einhergehend mit der Verhinderung der Möglichkeit einer innerpsychischen Reifung bei uns selbst als auch bei den bei uns Hilfesuchenden, selbstreflexiv zu hinterfragen. Löchel (2013, S. 1179) weist dementsprechend auch darauf hin, »dass Analysieren immer [...] an eigene unbewusste Konflikte des Analytikers rührt und per se eine angsterregende und unbequeme Haltung erfordert, die dazu tendiert, sich in Richtung einer bequemeren hin aufzulösen.«

Das hindert uns nicht daran, die immer wieder auftauchende Frage – die sich im Übrigen auch im Rahmen der *Zeitdiagnosen* auf den Prüfstand stellen lassen muss –, in den Blick zu nehmen, was denn eigentlich die Ziele des psychoanalytischen Prozesses sein können respektive sein sollten. Freud bezweifelt u. a. in »Über die Psychogenese eines Falles von weiblicher Homosexualität« (1920a) die Wirksamkeit der psychoanalytischen Methode, wenn ein Auftrag von außen die Patientin leitet. Dabei rekurriert er sowohl auf bewusstes als auch auf unbewusstes »Wissen«. Auch wies er bereits früh auf die Gefahr hin, Patient:innen zur Befriedigung des eigenen Narzissmus zu benutzen (1919a [1918], S. 190f.). Psychoanalytiker:innen täten möglicherweise gut daran, sich eben nicht zu sehr von dem jeweiligen Zeitgeist beeindrucken zu lassen, auch wenn Herrmann postuliert, dass die psychoanalytische Identität auch immer demselben »unterworfen ist« (2011, S. 620). Die Betrachtung aus der Distanz könnte es erleichtern, Umstände wahrzunehmen, die uns davor bewahren, als »Mitproduzenten von Unbewusstheit« (Erdheim, 1983, zit. n. Páramo-Ortega, 1996, S. 15) zu fungieren und somit unter Umständen wenig hilfreich für das innerpsychische Konfliktgeschehen unserer Patient:innen zu sein. Das heißt nicht, dass sich Psychoanalytiker:innen nicht gesellschaftskritisch äußern bzw. sein sollen – die Frage ist eher, inwiefern wir aufgrund eigener Anschauungen die Analyse des jeweiligen fremden Subjekts aus dem Blick verlieren. Das Singulare jede:r einzelnen Patient:in ist gefährdet, wenn wir, einem regressiven Moment folgend, »kollektive Identitäten« (Sartre) konstruieren, die die Gefahr in sich tragen, eine »problematische Eigendynamik von Anerkennungsdiskursen oder -praktiken […], zu entwickeln, »die zu einer repressiven Stabilisierung ungewollter Zuschreibungen und Identitäten führen kann« (Emcke, 2018, S. 275).

Im Fall meiner Patientin bedeutete dies für mich eine permanente Auseinandersetzung mit der eigenen Autonomie und dem Wunsch, die Patientin besser zu verstehen, sowie mit einem bedrängenden gesellschaftlichen Diskurs, der genau diese Autonomie immer wieder aufs Neue bedroht. Hier reinszeniert sich möglicherweise auch das Drama der Patientin. Sähe ich diese *nur* als »Opfer« einer trans*phoben Majorität, verließe ich den professionellen Raum des Verstehenwollens und verschlösse – dem immanent – einen relevanten Zugang zu ihren unbewussten Prozessen, in denen archaische Aggression und das Phantasma einer symbiotischen Beziehung zur Mutter weiterleben.

In der dargestellten Analyse stellte sich nach mehreren Jahren leise und ohne viel Aufhebens im Rahmen einer grundsätzlichen Stabilisierung der Wunsch bei der Patientin ein, zurückzukehren in ihre weibliche Identität. Sie begann, die Hormone abzusetzen, und leitete wiederum nach längerer Zeit im Rahmen ihrer Retransition die dafür nötigen Schritte ein. Konfliktlosigkeit erlebt sie weiterhin nicht, aber sie hat wesentlich mehr Möglichkeiten, mit sich selbst zu sein. Ihren Wunsch, das Geschlecht zu wechseln, verstehe ich – und dabei ist mir und den Leser:innen bewusst, dass dies eine gezwungenermaßen enorm verkürzte Darstellung der vermuteten Psychodynamik ist, als Phantasie, ihre Mutter vor ihrer archaischen Wut zu beschützen, wobei sie gleichzeitig als konkurrierende Frau verschwindet und der Mutter den männlichen Partner ersetzt. Das alles ohne von ihr gesehen zu werden, denn von der Mutter gesehen zu werden, bedeutet in der Welt meiner Patientin Auslöschung und endloses Fallen ohne Halt.

Ich schlage also vor, dass wir uns – auch konfrontiert mit Patient:innen, die u. a. vor dem Hintergrund sogenannter »Trans-Phänomene« unsere Praxen aufsuchen – auf eine genuin psychoanalytische Haltung besinnen, wobei die Idee des *Analysierens* (Freud, 1919a [1918], S. 184), nicht etwa die des medizinischen Behandelns, ihre ursprüngliche Bedeutung zurückbekommen sollte. Diese Intention wird immer auch die Verunsicherung auf beiden Seiten des *analytischen Paares* zunächst steigern und neurotische Ängste beflügeln, scheint mir andererseits aber unumgänglich, wenn mein professionelles Interesse darauf gerichtet ist, eine erste Hypothese des konflikthaften Erlebens, unter dem die Person leidet, und ein darauf gerichtetes Verständnis sie von mir erwartet – sie kann es nämlich nicht verstehen –, Ziel meines Engagements in dieser Form der Beziehung ist.

Dies impliziert in meinen Augen, dass ich mich grundsätzlich neutral und abstinent dem Übertragungsangebot nähere und die Bühne den Patient:innen überlasse, damit einhergehend nicht der regressiven Versuchung einer Political Correctness zu erliegen und mich von gesellschaftlich prävalenten moralischen Wertkategorien und Idealen leiten zu lassen, denn dann verlasse ich den Boden des Analysierens, dann begutachte ich möglicherweise innerhalb eines vorgegebenen Rahmens oder folge eigenem verstandenen und unverstandenen Begehren. Freud selbst war das dargestellte Spannungsfeld übrigens nicht fremd: »Weil ich Jude war, fand ich mich frei von vielen Vorurteilen, die andere im Gebrauch ihres Intellekts beschränkten, als Jude war ich dafür vorbereitet, in die Opposition zu gehen und auf das Einvernehmen mit der ‚kompakten Majorität' zu verzichten« (1926j, S. 52). Schulze (2018, S. 30) verweist darauf, dass sich auch hinter dem Wunsch nach Political Correctness – wenn dieser überstrapaziert scheint –, eine Abwehrformation (in diesem Fall auch die der eigenen Transphobie) verbergen kann.

Freud (1895d, S. 312) beantwortet die in diesem Zusammenhang immer wieder auftauchende Frage, ob das Leid denn nicht auch zu großen Teilen mit den jeweils vorherrschenden Verhältnissen und dem persönlichen »Schicksal« zusammenhängt, indem er gegenüber einer Patientin konzediert:

> »Ich zweifle ja nicht, daß es dem Schicksale leichter fallen müßte als mir, Ihr Leiden zu beheben: aber Sie werden sich überzeugen, daß viel damit gewonnen ist, wenn es uns gelingt, Ihr hysterisches Elend in gemeines Unglück zu verwandeln. Gegen das letztere werden Sie sich mit einem wiedergenesenen Seelenleben besser zur Wehre setzen können.«

Dem immanent ist die subversive Erkenntnis der Psychoanalyse, dass der Tod (manifestiert in der Unsterblichkeit des unbewussten Wunsches) sich von Beginn an durch das Leben zieht und eben nicht mittels Verdrängung und Leugnung negiert werden kann (wir haben es also immer auch mit einer Tendenz zu tun, die sich einem jeweils vorherrschenden gesellschaftlichen Diskurs widersetzt) – eine Annahme, die allem Anschein nach nicht vereinbar mit dem derzeitigen »psychotherapeutischen Optimismus« (Kläui, 2017, S. 54) ist, uns in unserem täglichen professionellen Zusammensein mit den Patient:innen jedoch auch immer wieder maximale Freiheit im Denken anbietet. Wie viel Autonomie in einer Beziehung jeweils toleriert werden kann, ist aber immer auch eine Frage der persönlichen Abhängigkeit und der dieser immanenten eigenen bewussten und unbewussten Wünsche. Eine (Zeit?-)Diagnose jedenfalls verweigert unserem Gegenüber immer auch die subjektive Anerkennung und gaukelt ein Wissen vor, welches nie gewesen sein kann. Ich schließe meine Darstellung mit einem Zitat, welchem ich hinzufügen möchte, dass auch das Schweigen in der Psychoanalyse das Gespräch der beiden Unbewussten nie unterbricht:

»Wir sind sprachliche Wesen. Wir verstehen uns nur im Gespräch mit anderen. Erzählend entwickeln wir unsere Vorstellung von uns selbst. Von unserer Herkunft erfahren wir durch die Geschichten, die erinnerten, die erfundenen, unserer Vorfahren, von uns selbst erfahren wir durch die Reaktionen der anderen« (Emcke, 2007).

Literatur

Bally, G. (2012). Beitrag »Rundfrage über ein Referat auf der 66. Wanderversammlung der südwestdeutschen Psychiater und Neurologen in Badenweiler«. In F. Töpfer (Hrsg.), *Verstümmelung oder Selbstverwirklichung. Die Boss-Mitscherlich-Kontroverse* (S. 30–38). Stuttgart-Bad Cannstatt: frommann-holzboog.

Bogner, A. (2018 [2012]). *Gesellschaftsdiagnosen. Ein Überblick.* Weinheim, Basel: Beltz.

Emcke, C. (2007). RAF: Stumme Gewalt. *ZEIT.* https://www.zeit.de/2007/37/Herrhausen -Emcke/seite-4 (02.01.2022).

Emcke, C. (2018). *Kollektive Identitäten. Sozialphilosophische Grundlagen.* Frankfurt a.M.: S. Fischer.

Freud, S. (1895d). *Studien über Hysterie. GW I,* S. 75–312.

Freud, S. (1900a). *Die Traumdeutung. GW II/III.*

Freud, S. (1908d). Die »kulturelle« Sexualmoral und die moderne Nervosität. *GW VII,* S. 143–167.

Freud, S. (1915a [1914]). Bemerkungen über die Übertragungsliebe. *GW X,* S. 306–321.

Freud, S. (1919a [1918]). Wege der psychoanalytischen Therapie. *GW XII,* S. 183–194.

Freud, S. (1920a). Über die Psychogenese eines Falles von weiblicher Homosexualität. *GW XII,* S. 271–302.

Freud, S. (1926j). Ansprache an die Mitglieder des Vereins B'nai B'rith. *GW XVII,* S. 51–53.

Freud, S. (1930a [1929]). *Das Unbehagen in der Kultur. GW XIV,* S. 419–505.

Freud, S. (1937c). Die endliche und unendliche Analyse. *GW XVI,* S. 59–99.

Grabska, K. (2014). Ganz Ohr. Zum Unerhörten der gleichschwebenden Aufmerksamkeit. In I. Bozetti, I. Focke & I. Hahn (Hrsg.), *Unerhört – Vom Hören und Verstehen. Die Wiederentdeckung der grundlegenden Methode der Psychoanalyse* (S. 99–117). Stuttgart: Klett-Cotta.

Green, A. (2017). *Illusionen und Desillusionen der psychoanalytischen Arbeit.* Frankfurt a.M.: Brandes & Apsel.

Habermas, J. (1988). *Erkenntnis und Interesse.* Frankfurt a.M.: Suhrkamp.

Han, B.-C. (2020). *Palliativgesellschaft: Schmerz heute.* Berlin: Matthes & Seitz.

Heenen-Wolff, S. (2015). Normativität in der Psychoanalyse – eine Kritik. *Psyche – Z Psychoanal, 69*(7), 585–602.

Herrmann, A. P. (2011). Psychoanalytische Identität. Anmerkungen zu einem schwierigen Begriff, auf den wir nicht verzichten können. *Psyche – Z Psychoanal, 65*(7), 617–645.

Kläui, C. (2017). *Tod – Hass – Sprache. Psychoanalytisch.* Wien: Turia + Kant.

Lacan, J. (2016). Funktion und Feld des Sprechens und der Sprache in der Psychoanalyse. In ders., *Schriften I* (S. 278–381). Wien: Turia + Kant.

Laplanche, J. (1997). Ziele des analytischen Prozesses. *Jahrbuch der Psychoanalyse, 39,* 93–113.

Laplanche, J. (2006). Die »Drei Abhandlungen« und die Verführungstheorie. *Psyche – Z Psychoanal, 60*(9–10), 1005–1017.

Leupold-Löwenthal, H. (1997). *Ein unmöglicher Beruf. Über die schöne Kunst, ein Analytiker zu sein.* Wien: Böhlau.

Löchel, E. (2013). Ringen um psychoanalytische Haltung. *Psyche – Z Psychoanal, 67*(12), 1167-1190.

Páramo-Ortega, R. (1985). Schuldgefühl und die Suche nach revolutionärem Prestige. In ders., *Das Unbehagen an der Kultur* (S. 21–41). München, Wien, Baltimore: Urban & Schwarzenberg.

Páramo-Ortega, R. (1996). Heilt die Psychoanalyse? *Jahrbuch der Psychoanalyse, 35,* 86–120.

Pechriggl, A. (2013). Homophobie und die Dialektik der Selbstaufklärung in der Psychoanalyse. In M. Bidwell-Steiner & A. Babka (Hrsg.), *Obskure Differenzen. Psychoanalyse und Gender Studies* (S. 83–99). Gießen: Psychosozial-Verlag.

Quindeau, I. (2015).»Recovering from Iatrogenesis ...«. Vom Umgang mit dem homophoben Erbe. *Psyche – Z Psychoanal, 69*(7), 648–660.

Schulze, S. (2018). Schwarz und Weiß im analytischen Raum. Über rassistische innere Objekte. *Psyche – Z Psychoanal, 72*(1), 24–49.

Die Autorin

Susen Werner, Dipl.-Psych., ist Juristin und Psychoanalytikerin (DPG/DGPT) in eigener Praxis, Dozentin sowie Lehr- und Kontrollanalytikerin.

Kontakt per E-Mail: pa-praxis-werner@posteo.de

Die neue Choreografie
der geschlechtlichen Ordnung

Überlegungen zur zeitdiagnostischen geschlechtlichen Identitätskategorie »non-binär«

Bernd Heimerl

> »So ist die normale Sexualität von allen Seiten umstellt, und in unaufhörlicher Bewegung wird sie von ihren Rändern her unterspült.«
> *Guy Hocquenghem (2019 [1972], S. 15)*

> »Dass das Geschlecht ›un-menschlich‹, das Begehren grundlegend undifferenziert ist und keine Unterscheidung zwischen Heterosexualität und Homosexualität kennt, drückt Freud mit dem Begriff des ›polymorph Perversen‹ aus.«
> *Guy Hocquenghem (2019 [1972], S. 45)*

> »Zeitdiagnosen sind wie Scheinwerfer: Sie akzentuieren die jeweilige Umgebung, tauchen sie vielleicht geradezu in ein gleißendes Licht und lassen andere dabei umso mehr im Dunkeln.«
> *Heiner Hastedt (2019, S. 11)*

> »[A]lles sieht so aus, als müßte sich die Sprache ab, das Unsagbare einzugrenzen und zu benennen.«
> *Guy Hocquenghem (2019 [1972], S. 16)*

Der Roman *Orlando* von Virginia Woolf erschien 1928: Geschildert wird das Leben Orlandos, der zu Beginn des Buches ein junger Adliger zur Zeit Elisabeths I. von England (1533–1603) ist. Nach diversen Abenteuern geht Orlando als Botschafter nach Konstantinopel, wo er als Dreißigjähriger eines Tages in einen sieben Tage dauernden Schlaf fällt, um dann als Frau wiederzuerwachen. Als weibliche Orlando kehrt sie nach England zurück, ist dort eine Dame der High Society, die – als Mann verkleidet – sexuelle Abenteuer sucht, im 19. Jahrhundert heiratet, im 20. Jahrhundert als erfolgreiche Schriftstellerin einen Literaturpreis erhält und am 11. Oktober 1928, an dem der Roman endet, 36 Jahre alt ist. Die Transgression vom männlichen zum weiblichen Geschlecht lehnt sich an Ovids *Metamorphosen* an.

Ein anderer Roman mit vergleichbarer Thematik zu dieser Zeit ist *The Well of Loneliness* von Radclyffe Hall (1928): Die Novelle erzählt die Geschichte von Stephen Gordon, weiblich geboren und zum Ende des Romans androgyn. Diese Novelle wurde jedoch verboten und unter den damaligen Gesetzen als sittenwidrig eingestuft.

Darüber hinaus aufschlussreich ist ein Blick in die Sage des Ödipus: In der Antike war der mythologische Fall des Sehers Teiresias weitreichend bekannt, der bei einer Begegnung mit einem kopulierenden Schlangenpaar in eine Frau verwandelt wurde, eine Zeitlang als Frau lebte und dann wieder in einen Mann zurückverwandelt wurde. Aufgrund der Erfahrung mit dem Leben sowohl als Mann als auch als Frau wurde er von Zeus und Hera gebeten, die Frage zu klären, welches Geschlecht, Mann oder Frau, bei der geschlechtlichen Liebe mehr Lust empfinde – Zeus hatte sich für die Frauen, Hera für die Männer entschieden. Als Teiresias Zeus' Meinung unterstützte und offenbarte, als Frau neunmal mehr Lust wie als Mann empfunden zu haben, ließ die wütende Hera Teiresias erblinden, weil er den Männern das Geheimnis der Frauen preisgegeben hatte. Da Zeus dies nicht rückgängig machen konnte, verlieh er Teiresias zum Ausgleich die Gabe des Sehers und die siebenfache Lebensdauer.

Es scheint ein uraltes Vergehen zu sein: der Verrat am Geschlecht und die Freigabe des Geheimnisses der geschlechtlichen Lust an das (fremde) Objekt. Die Sichtbarkeit und Preisgabe des Geheimnisses der sexuellen Lust im Körperlichen (und damit im Geschlecht) ist zu verschiedenen Zeitpunkten in der Geschichte des Subjekts sprachlich unterschiedlich mit Macht und Wissen belegt worden. Dies zeigt sich u. a. in der jeweiligen Definition von sexueller Normalität bzw. geschlechtlicher Normativität. Die Frage der Normativität und der sexuellen sowie geschlechtlichen Norm bzw. *Abweichung* ist für die Psychoanalyse eine metapsychologische Frage. Der Begriff der *Non-Binarität* in der aktuellen Diskussion um Geschlecht und Sexualität bezeugt diesen Foucault'schen Ansatz und ist ein zentrales Thema der *queer theory* und der *queer studies* – und damit auch der Psychoanalyse.

Eine kurze geschichtliche Einführung in die *queer theory*: *queer*, *sex* und *gender*

Der Begriff *queer* hat eine verwirrende Menge an Debatten und Neudefinitionen ausgelöst. Die Bezeichnung ist seit jeher mit Argwohn verbunden: Seit Mitte der 1980er Jahre gibt es jedoch eine starke Bewegung, das Wort *queer* neu zu definieren. *Queer* hat eine eigene akademische Disziplin hervorgebracht, die *queer studies*, die von einer *queer theory* gestützt werden. Es ist hier nicht möglich, sämtliche Definitionen, die *queer* in den letzten Jahren hervorgebracht hat, zu entschlüsseln, aber es herrschen drei Definitionen vor, die unabhängig von der jeweiligen Nutzung als allgemeingültig angesehen werden können:

1. *Queer* wird häufig als Oberbegriff (als sogenannter *umbrella term*) verwendet: ein Begriff, der alle Personen umfassen soll, die sich als lesbisch, schwul, bisexuell, asexuell, transsexuell, divers (im Sinne des dritten Geschlechts) oder als intersexuell bezeichnen. *Queer* bietet zudem eine griffige Alternative zu Abkürzungen wie »LGBTQIA+« (Dyer, 2018).

2. *Queer* bezeichnet für viele Personen in den westlichen Gesellschaften eine eigenständige (Geschlechts-)Identität.

3. Die dritte Bedeutung von *queer*, die ich hervorheben möchte, geht auf den ältesten Gebrauch des Wortes zurück: etwas als »seltsam« oder »merkwürdig« zu bezeichnen, eventuell auch als »unheimlich«. Wie diese Adjektive hat auch *queer* keine eigene Bestimmung. Es handelt sich nicht um eine spezifische Kategorie, sondern um eine Abweichung von dem, was als Norm wahrgenommen wird (siehe die Begriffe der »Abirrungen« und »Abweichungen« bei Freud in den *Drei Abhandlungen zur Sexualtheorie*, 1905d). Diese Bezeichnung für eine Abweichung macht *queer* sowohl zu einem schlüpfrigen als auch potenziell subversiven Begriff. *Queer* gibt dem, was das heteronormative Modell verschweigt, einen Namen: Unsere Geschlechter und unsere Sexualität haben eine in sich verankerte anarchische undifferenzierte Natur.

Die zentralen Vordenker:innen der *queer theory* sind wesentlich die Existentialist:innen zu Beginn des 20. Jahrhunderts: Jean-Paul Sartre kritisiert die *Idee einer fixen (sexuellen) Identität*; Simone de Beauvoir greift mit der *Idee der freien Wahl* in den Geschlechterdiskurs ein, und mit der Denkfigur *gender* als etwas, was wir im Verlauf *werden und nicht per se sind oder haben*.

In den 1960er Jahren ist es die amerikanische Psychologin Sandra Bem, die mit ihrer Parole »Let 1.000 categories of sex, gender, desire bloom!« Aufsehen erregte: Sexuelle Gesundheit heißt Androgynität, nicht Binarität. Ähnlich zentral ist die *black feminists* Aktivistin und Dichterin Audre Lorde mit ihrem 1984 publiziertem Werk *Age, Race, Class, and Sex: Women Redefining Difference*. Ihre Aufforderung ist es, Marginalität als Ort des Widerstands zu denken, nicht der Verzweiflung. Zu nennen ist ebenso die Feministin Adrienne Rich, die den Begriff der Zwangsheterosexualität *(Compulsory Heterosexuality and Lesbian Existence)* einführte. Sie betont den Aspekt, dass Heterosexualität eine Institution sei. Damit erhält der Begriff *queer* eine eindeutig politische Dimension. Sie fordert eine Beforschung aller Formen der Sexualität ein – dies war bereits eine Forderung Freuds!

Ab den 1980er Jahren kann ein akademischer Wandel beobachtet werden: In die Diskussion um *gender* und *sex* mischen sich poststrukturalistische Ideen von Jacques Derrida, Jacques Lacan und Michel Foucault, sowie auch (wieder) von Freud mit der inneren Struktur des Unbewussten und der infantilen polymorphperversen Sexualität. Der Versuch, Binaritäten aufzulösen und zu dekonstruieren, ist das Ziel. Als Geburtsstunde der *queer theory* kann die Konferenz zum selbigen Thema an der University of California, Santa Cruz, (1990) gelten, die von der Literaturwissenschaftlerin Teresa de Lauretis initiiert worden ist –, eine Konferenz mit den Forderungen der Zurückweisung der Heterosexualität als Standard und der neuen Normvorstellung, sexuelle Subjektivität sei multipel geformt: *race, gender* und *class*.

Queer ist ein Substantiv, ein Adjektiv und ein Verb – *queer* ist ein interdisziplinärer Begriff. Ein zentraler Untersuchungsgegenstand der *queer studies* ist die Dekonstruktion der *normativen* Binarität. Diesen sich als *cis-gender* bezeichnenden Personen, deren Geschlechtsidentität demjenigen Geschlecht entspricht, das ihnen bei der Geburt zugewiesen wurde und die sich damit heteronormativ verorten, soll eine weitere (gleichwertige) Identitatskategorie zugefügt werden.

Ab der 1990er Jahren sind es vor allem Michel Foucault und Judith Butler die den stärksten Einfluss auf das *queere* Denken im akademischen Raum einnehmen. Michel Foucaults Werk *Histoire de la sexualité* (*Sexualität und Wahrheit 1*, 1977) und Judith Butlers *Gender Trouble* (*Das Unbehagen der Geschlechter*, 1991) sind die zumeist verwendeten Standardwerke zum Thema *queer theory*. Zu nennen ist auch Butlers Konzept zum sogenannten »melancholischen Geschlecht« und ihre Theorie zur internalisierten Homophobie in Anlehnung an psychoanalytische Konzepte mit deutlichem Verweis auf Freuds »Trauer und Melancholie« (Butler, 2001).

Aktuell taucht ein weiteres und kontrovers diskutiertes Paradigma auf: die *gender fluidity* (Hines, 2018). *Gender fluidity* meint eine Auflösung binärer Geschlechterrollen in ihrer Fixierung und ihrer Beständigkeit über die Zeit hinweg – der Begriff »Identität« und auch die Geschlechtsidentität werden vollständig dekonstruiert und implizieren zumeist auch die politisch-gesellschaftliche Dimension des binären Normdispositivs. Auch der Begriff »pansexuell« wird von nonbinären Personen benutzt (anstelle von »Bisexualität«), um auszudrücken, dass jemand offen für alle Geschlechter ist. Der englische Begriff *gender* hat im Deutschen kein unmittelbares Äquivalent und wird als Bezeichnung für das durch Gesellschaft und Kultur geprägte soziale Geschlecht und in Abgrenzung zum biologischen Geschlecht definiert. Der Begriff *gender* meint zunächst einmal eine Unterscheidung bezogen auf den Begriff *sex*. Wenn wir uns mit der sexuellen Norm beschäftigen, ist es wichtig, die in den 1950er Jahren von dem amerikanischen Sexologen John Money eingeführte Unterscheidung zwischen einem biologischen Geschlecht *(sex)* und einem psychosozialen Geschlecht *(gender)* ins Bewusstsein zu holen (Money,

1995). Er unterscheidet außerdem die »Paraphilie« von der »Normophilie« und definiert letztere als den »Zustand der heterosexuellen Konformität mit der von den religiösen, gesetzlichen oder sittlichen Autoritäten vorgeschlagenen Norm« (ebd., S. 107). Mit den Abgrenzungen *sex, gender, paraphil* und *normophil* zeigt Money, dass mit dem Geschlecht einhergehende Vorstellungen von Frauen und Männern veränderbar sind: sowohl kulturell als auch individuell. *Gender* als Begrifflichkeit wurde erstmals in der Medizin bei der Forschung mit Intersexuellen in den 1960er Jahren verwendet, um die Annahme zu verdeutlichen, dass die Sozialisation der Individuen für die Geschlechterzugehörigkeit bzw. Geschlechtsidentität (mit)verantwortlich ist. In den 1970er Jahren hat der Begriff *gender* im feministischen Sprachgebrauch als Analysekategorie Einzug gehalten: Geschlechterrollen seien kein biologisches Phänomen, sondern stellten soziale Zuschreibungen dar. Sie würden in sozialen Interaktionen und symbolischen Ordnungen konstruiert und seien damit veränderbar. In den 1980er Jahren sind an deutschen Universitäten erste Frauen- und Geschlechterforschungszentren entstanden, die seit den 1990er Jahren verstärkt institutionalisiert wurden. Heute gibt es eigene Studiengänge im Bereich der *gender studies* (Geschlechterforschung).

Wesentlich ist, *gender* in einer Kombination dreier Aspekte zu formalisieren:

1. Körper und Verkörperung *(embodiment)* bzw. Materialität;
2. Identität (sich als männlich, weiblich, non-binär oder divers zu identifizieren);
3. Ausdruck bzw. Performanz (sich in der Welt zu präsentieren).

Die *queer theory* und die *queer studies* nehmen seit langem Einfluss auf die zeitgenössische psychoanalytische Praxis und die psychoanalytische Theoriebildung zur *Geschlechterfrage* (Hutfless & Zach, 2017; Giffney & Watson, 2017), auch als gesellschaftskritische Theorie und Methode (Bidwell-Steiner & Babka, 2013) und u. a. in der Dekonstruktion des Konzepts der *Binarität* als einem normativen Begriff der Geschlechtsidentität. Im Allgemeinen meint »Binarität« »Zweigliedrigkeit« und »Zweiteiligkeit«. Freud erwähnt die Zweigeschlechtlichkeit in einer Fußnote in den *Drei Abhandlungen zur Sexualtheorie* (1905d, S. 43) und verbindet sie mit der Idee der Bisexualität.

Zeitdiagnose »Non-binär«

»Binär« beschreibt ein Zahlenschema, bei dem es nur zwei Ziffern und zwei mögliche Zustände gibt: 0 und 1. Literaturwissenschaftlich im Sinne eines rhetorischen Stilmittels betrachtet, ist »non-binär« eine Antithese und als Negation zu verstehen. Es gibt genau eine Antithese zu einer These. Durch die Antithese »non-binär« kann u. a. eine Spannung und Zerrissenheit zu »binär« ausgedrückt werden. In diesem Sinne trennt auch der Bindestrich das »non« vom »binär«. In der Sprachwissenschaft verweist der Begriff der Binarität auf die Möglichkeit, komplexe sprachliche Systeme auf eine begrenzte Anzahl binärer Oppositionen (sogenannte »Minimalpaare«) zurückzuführen. An diesem Punkt setzt die poststrukturalistische Kritik an: Indem sie zeigt, dass das Denken in binären Oppositionen stets den einen Term des Paares gegenüber dem anderen privilegiert, sodass der andere immer als das Negative des ersten erscheint (Mann – Frau; Geist – Körper; Sprache – Schrift; Kultur – Natur; Frage – Antwort). Leticia Glocer Fiorini (2017) nennt dies die »binäre Logik«, welche eine starre psychoanalytische Konzeptualisierung der geschlechtlichen Identifizierungen zur Folge hat (siehe auch Dea, 2016). Einen Schritt weiter geht Ken Corbett (2020), wenn er schreibt: »Das ausschließende Binärsystem und seine spaltende Wirkung haben im Namen der normativen Ordnung oft Traumata geschaffen« (S. 249, Übersetzung B. H.).

Folglich zielt die Dekonstruktion der binär hierarchisierten Oppositionen nicht auf eine einfache Umkehrung ab, sondern auf eine Umkehrung und Verschiebung der Gegensätze, die das Denken in festen Identitäten und Oppositionen grundsätzlich untergraben.

Die binäre Ordnung stellt für Michel Foucault die grundlegende Ordnung im Subjekt dar, die sich in seinem Werk zur Wahrheit und Vernunft oder dem Diskurs mit Frage und Antwort, männlich und weiblich, Mensch und Tier, offenbart. Diese binäre Ordnung führt zu einer bestimmten Normativitätsauffassung, die sich historisch unterschiedlich zeigt und mit Macht aufgeladen wird. Diese Machtaneignung einer Normativitätsvorstellung durch einen bestimmten (sprachlichen) Diskurs wird durch Institutionen der Macht – wie z. B. der Psychoanalyse und radikal formuliert in der klinischen Praxis durch die Analytiker:innen – *fixiert*.

Binäre Differenz wird zumeist in einer Negation gedacht: »*non*-binär«. Für Judith Butler (1991) handelt es sich bei der *Non-Binarität* nicht um eine dritte Geschlechtsidentität, sondern eher »um eine interne Subversion, die die Binarität sowohl voraussetzt als auch bis zu dem Punkt vervielfältigt, dass sie letztlich sinnlos wird« (ebd., S. 188).

»Binär« und »non-binär« sind zentrale Begriffe der *gender* und *queer studies* und markieren kontrovers diskutierte Annahmen vor allem zum Begriff der Norm, der Normativität und Normalität: Begriffe wie *a-gender, cis-gender, gender confusion, gender fuck, gender dysphoria, gender euphoria, gender expression, gender identity, gender indifferent, gender neutral, gender nonconforming, gender roles, gender fluid, genderflux* und *gender queer* zeigen, in welcher Vielfalt *gender* gedacht und sprachlich fixiert wird (Dyer, 2018).

»Non-binär« meint jegliche Geschlechtsidentität jenseits von männlich und weiblich. Die *Geschlechtsidentität* wird in der *queer theory* als das innere Gefühl für das körperliche Geschlecht einer Person definiert und ist über die Lebensspanne veränderbar. Es geht um die empfundene Geschlechtsidentität einer Person, dass diese Person sich selber als etwas anderes fühlt als lediglich ein »Mann« oder eine »Frau« im heteronormativen Kontext – *genderqueer* ist der Oberbegriff für eine Person, deren Geschlechtsidentität nicht binär ist. So können *genderqueer* und »non-binär« synonym verwendet werden, wobei der Begriff »non-binär« explizit auf das Binäre verweist und *genderqueer* sich mehr im Performativen verortet.

Andere Aspekte von Geschlecht wie z. B. die Genderpräsentation über Kleidung, Schmuck und körperliche Bewegungen sowie auch die sexuelle Orientierung und die Objektwahl sind davon weitgehend *unabhängig*.

»Non-binär«: Die neue normative Geschlechterordnung?

Die sich als in ihrer geschlechtlichen Identität *genderqueer* oder »non-binär« bezeichnenden Personen treten in die normative *binäre* Geschlechterordnung ein. Das ist nicht neu, jedoch in der Ausprägung und Persistenz nicht mehr zu verleugnen. Sie treten sichtbar in die gesellschaftliche Realität ein und sie treten sichtbar in die heteronormative Auslegung der Geschlechterordnung ein, und zeigen, dass die kulturelle geschlechtliche Praxis *divers* ist. So wird es mit der fortschreitenden Digitalisierung international üblich, in der Signatur bei elektronischen Nachrichten oder bei Videokonferenzen nicht nur den Eigennamen oder Nachnamen, ein Pseudonym oder die Berufsbezeichnung, sondern auch das Pronomen der gewünschten Anrede anzugeben: *binary – non-binary; pronouns they – them; Pronomen er – sein* oder *sier*. Zudem weicht der *DUDEN* in seiner Online-Ausgabe seit 2021 vom generischen Maskulinum ab: Das sogenannte »generische Maskulinum« solle »schrittweise zurückgedrängt werden«.

Insofern treten non-binäre Personen auch *unüberseh-* und *unüberhörbar* in die psychoanalytische Behandlungspraxis ein: in der Körperinszenierung und im Sprechen sowie in der Dekonstruktion von bislang normativ geprägten Sprachregeln. Unausweichlich treten die Themen des Non-Binären in die psychoanalytische Kulturtheorie, in die psychoanalytische Ausbildungssituation und in die psychoanalytischen Überlegungen zu Geschlechtsidentität, zum Stellenwert des Ödipuskomplexes als dem Kristallisationspunkt für die geschlechtliche Identifizierung, zu den geschlechtlichen Identifikationsprozessen und zum geschlechtlichen Körper ein (Saketopoulou, 2020). Diese Bewegung ist eng mit dem Begriff *Queering Psychoanalysis* (Hutfless & Zach, 2017) verbunden.

Geschlecht und Formen der Sexualität – hier »non-binär« oder *genderqueer* – werden als eine kulturell konstruierte und codierte Markierung (sogenannte *tracer*) verstanden. Sie dienen etwa zur Sichtbarmachung von Grenzziehungen, Ein- und Ausschlüssen und Hierarchisierungen (siehe »Heteronormativität« bzw. »hegemoniale Männlichkeit«). Die *queer theory* und die *queer studies* untersuchen die *tracer* »Geschlecht und Sexualität« – mit deutlicher Verbindung zur Psychoanalyse – interdisziplinär, ideologiekritisch und dekonstruierend. *Genderqueer* und »non-binär« sind dabei Wortneuschöpfungen im Diskurs um Geschlecht und Sexualität, um einer sichtbaren Diversität gerechtzuwerden. Diese beiden Begriffe fixieren jedoch gleichzeitig etwas, um wiederum der Unordnung im Geschlecht und in der Sexualität zu *entkommen*. Aktuell wird diese *Unmöglichkeit* der Fixierung von der slowenischen Psychoanalytikerin Alenka Zupančič prominent und erhellend kritisch verfolgt: Sexualität ist die Unordnung im Subjekt selbst, die geschlechtliche Binarität täuscht illusionär eine sexuelle Ordnung vor, die so nicht existiert. Das Sexuelle ist die widerspruchsfreie, jedoch konfliktreiche Unordnung im Subjekt, und non-binäre Personen treffen den Kern der strukturellen Unordnung im Sexuellen. Sie machen die Unordnung sichtbar, viel radikaler als Homosexualität, Bisexualität oder Heterosexualität.

Hocquenghem (2019 [1972]) behauptet ebenso, »dass das Geschlecht ›unmenschlich‹, das Begehren grundlegend *undifferenziert* ist und keine Unterscheidung zwischen Heterosexualität und Homosexualität kennt« (S. 45, Kursivierung B.H.).

Das Ordnungssystem *binär* und eben auch *non-binär* ist der Versuch, eine Ordnung nicht nur im Geschlechtlichen, sondern auch im Sexuellen zu erlangen: ein erneuter Versuch, das polymorph Perverse zu fixieren. Ähnlich wie Zupančič – mit der Stimme der Psychoanalyse – und Hocquenghem – mit der Stimme eines betroffenen Aktivisten – argumentiert Judith Butler mit der Stimme der Philosophie. Butler (1991) beschreibt den Versuch, Ordnung in die Unordnung zu bringen: Das Geschlecht erklärt sie als nicht frei wählbar, sexuelle Identität entsteht vielmehr aus Prozessen der performativen Wiederholungen und Aneignungen, bei denen der unverfügbare Rest immer wieder neu definiert, aber keineswegs beseitigt wird. Es bleibt ein Rest Unordnung im Sexuellen in unendlicher Weise.

»Non-binär« ist ein Neologismus, der einen Diskurs um das Geschlecht und die Sexualität sprachlich verdichtet, aufruft, anreichert, dynamisiert und das Subjekt herausfordert sich im Geschlecht und der Sexualität zu positionieren.

Exemplarisch für eine spannende und erhellende Auseinandersetzung um den Ödipuskomplex und der Frage des Binären sei die theoretische Kontroverse zwischen Juliet Mitchell und Judith Butler dargestellt: Die britische Soziologin und Psychoanalytikerin Juliet Mitchell steht in Opposition zur postmodernen Unterscheidung von *sex* und *gender*, wie sie Judith Butler vertritt. Butler konstatiere – so Mitchell – lediglich das, was von vornherein offensichtlich und schon immer dagewesen sei: nämlich einen Begriff von *gender*, der dem Modell der sexuellen Differenz anhafte (siehe auch Heimerl, 2021). Mitchell verneint die Kernaussage aus Butlers *Unbehagen der Geschlechter* (1991): Während Butler davon überzeugt ist, dass *gender* eine Identifikation mit der Mutter oder dem Vater voraussetzt und mit ihrem Verständnis von *gender* in letztlich binären und reproduktiv orientierten ödipalen Gedankenbahnen verharren bleibt, versucht Mitchell herauszuheben, dass *gender* nicht binär, sondern polymorph pervers organisiert ist – also prä-ödipal (Mitchell, 2018 [1984]). Die ödipalen Identifizierungen sind Abwehrformationen, das polymorphe Sexuelle zu fixieren. Zeitgenössische Psychoanalytikerinnen wie Judith LeSoldat, Juliet Mitchell, Rosine Perleberg, Ilka Quindeau und Susann Heenen-Wolff reformulieren bzw. erweitern den Ödipuskomplex an der Frage der binären Identifizierungsprozesse, ohne den Kern des Ödipuskomplexes aufzugeben, d.h. *Binarität* als im Ödipalen begründet und über Identifizierungsprozesse erklärt (Butler)? Oder *Binarität* als Versuch die Unordnung im polymorph-perversen Sexuellen zu fixieren, also prä-ödipal? (siehe u.a. Becker, 2021; LeSoldat, 2015; Mitchell, 2018 [1984], 1985; Perelberg, 2018; Heenen-Wolff, 2018; Quindeau, 2019).

Ich möchte noch einmal Guy Hocquenghem zitieren, dessen Ideen und Konzeptionen zur Psychoanalyse des sexuellen Begehrens und der Stellung des Geschlechts in der Subjektivierung im Kontext der psychoanalytischen Welt leider größtenteils ungehört geblieben ist. Er schreibt 1972 in seinem Buch *Das homosexuelle Begehren*: »In der Welt der ödipalisierten Sexualität gibt es keine freien Verkoppelungen der Organe untereinander mehr, keine unmittelbaren Lustverhältnisse« (S. 72), und »Der paranoische Vater ödipalisiert den Sohn. Die Homosexualität beginnt im Kopf des Vaters« (ebd., S. 90).

Hier könnte die Psychoanalyse (auch) weiterdenken.

Fragen …

➢ Ist »non-binär« eine neue dogmatische Normativitätsauffassung? Wer nicht »non-binär« ist, ist abweichend. Verschleiert »non-binär« ein neues hegemoniales Männlichkeitsmodell? Machen wir es uns zu einfach, »non-binär« als dritte Geschlechtskategorie zu fixieren?

➢ Ist eine theoretische und klinische Unterscheidung zwischen »trans« als Zustand, Transition oder Metamorphose (erst Frau, dann Mann wie bei der literarischen Figur Orlando) oder »trans« als »non-binäre« Identität bzw. Transformation wie bei der literarischen Figur von Radclyffe Hall vonnöten?

➢ Was ist am *Trans-Körper* so bedrohlich, dass aktuell inflationäre Publikationen, hochemotional geführte Diskussionen und offene wie auch verdeckte Pathologisierungen blühen (siehe Saketopoulou, 2020)?

➢ Ist der Verrat Teiresias', die Preisgabe der Lust an das andere Geschlecht, die uns »trans« in psychoanalytischen Behandlungen unheimlich macht: neugierig, voyeuristisch und ängstlich bis verfolgend? Oder ist es – wie Hocquenghem 1972 formuliert – »der Abstieg zur Transsexualität durch das Verschwinden der Objekte und Subjekte, das Abgleiten in die Entdeckung,

dass im Sex alles kommuniziert« (S. 150), was »trans« zu denken bedrohlich macht?

➤ Auch die Sprache: *Gegendert* wurde schon seit jeher, eben männlich. Gender-
sternchen oder der Doppelpunkt? Eine Frage nach dem Korpus der Sprache
und des Wortes, eine Frage nach *gender* als Fußnote oder *gender* als Teil des
fließenden Satzes?

➤ Ist *gender* ödipal (Butler) oder polymorph-pervers, d.h. prä-ödipal (Mitchell) organisiert? Dies heißt auch: *Binarität* als im Ödipalen begründet und
über Identifizierungen erklärt (Judith Butler) oder *Binarität* als Versuch, die
Unordnung im polymorph-perversen Sexuellen zu fixieren, also prä-ödipal
erklärt (LeSoldat, Mitchell, Perelberg).

➤ Welchen Beitrag kann die Psychoanalyse leisten, um die verdrängten Ver-
zweigungen des *Binären* und *Non-Binären* sichtbar zu machen, eventuell
sogar zu entlarven?

Es würde der Psychoanalyse guttun, sich interdisziplinär mit *gender*, Binarität und
Geschlecht intensiver auseinanderzusetzen, d.h. mit den expliziten und impliziten
Normativitätsvorstellungen der Sexualität und dem Geschlecht, der Geschlechterordnung – und dies im analytischen Raum: also in den Behandlungen, in
der Theorie, in der Lehre, in der Öffentlichkeit, und dies nicht nur auf der
Grundlage einer entwicklungspsychologischen Herangehensweise, sondern auch
kulturtheoretisch im Gespräch mit den wissenschaftlichen Nachbardisziplinen.
Geschlechtergeschichte ist immer auch Körpergeschichte, Gesellschaftsgeschichte
und Beziehungsgeschichte. Die Geschichte der Psychoanalyse ist auch immer Geschlechtergeschichte.

Literatur

Becker, S. (2021). *Leidenschaftlich analytisch. Texte zur Sexualität, Geschlecht und Psychoanaly-
se.* Gießen: Psychosozial-Verlag.
Bidwell-Steiner, M. & Babka, A. (2013). *Obskure Differenzen. Psychoanalyse und Gender Studies.*
Gießen: Psychosozial-Verlag.
Butler, J. (1991). *Das Unbehagen der Geschlechter.* Frankfurt a.M.: Suhrkamp.
Butler, J. (2001). *Psyche der Macht: Das Subjekt der Unterwerfung.* Frankfurt a.M.: Suhrkamp.
Corbett, K. (2020). Gender Now. In L. Hertzmann & J. Newbigin (Hrsg.), *Sexuality and Gender
Now. Moving beyond heteronormativity* (S. 240–256). London: Routledge.
Dea, S. (2016). *Beyond the binary: thinking about Sex and Gender.* Ontario: Broadview Press.
Dyer, H. (2018). *The little book of LGBT terms.* London: Summersdale Publisher.
Fiorini, L.G. (2017). Sexual difference and binary logic. In L.G. Fiorini (Hrsg.), *Sexual Difference
in Debate. Bodies, Desires, and Fictions* (S. 135–148). London: Karnac.
Foucault, M. (1977). *Sexualität und Wahrheit 1: Der Wille zum Wissen.* Frankfurt a.M.: Suhrkamp.
Foucault, M. (2020 [1974]). *Die Ordnung der Dinge.* Frankfurt a.M.: Suhrkamp.
Freud, S. (1905d). *Drei Abhandlungen zur Sexualtheorie. GW V*, S. 33–145.

Freud, S. (1917g). Trauer und Melancholie. *GW X*, S. 428–446.

Giffney, N. & Watson, E. (2017). *Clinical Encounters in Sexuality. Psychoanalytic Practice & Queer Theory*. Santa Barbara: Punctum Books.

Hall, R. (2015 [1928]). *The World of Loneliness*. London: Penguin.

Hastedt, H. (2019). Deutungsmacht und Wahrheit als Qualitätskriterien von Zeitdiagnosen. In ders. (Hrsg.), *Deutungsmacht von Zeitdiagnosen. Interdisziplinäre Perspektiven* (S. 11–33). Bielefeld: transcript.

Heenen-Wolff, S. (2018). *Gegen die Normativität in der Psychoanalyse*. Gießen: Psychosozial-Verlag.

Heimerl, B. (2021). Die psychische Bisexualität in der Übertragung. *Forum der Psychoanalyse, 37*(1), 47–60. DOI: 10.1007/s00451-021-00424-x

Hines, S. (2018). *Is gender fluid? A primer for the 21st century*. London: Thames & Hudson.

Hocquenghem, G. (2019 [1972]). *Das homosexuelle Begehren*. Hamburg: Edition Nautilus.

Hutfless, E. & Zach, B. (Hrsg.). (2017). *Queering Psychoanalysis*. Wien: Zaglossus.

LeSoldat, J. (2015). Grund zur Homosexualität. Stuttgart-Bad Cannstatt: frommann-holzboog.

Mitchell, J. (1985). *Psychoanalyse und Feminismus. Freud, Reich, Laing und die Frauenbewegung*. Frankfurt a. M.: Suhrkamp.

Mitchell, J. (2018 [1984]). Freud und Lacan. Psychoanalytische Theorien des Geschlechtsunterschieds. In dies. (Hrsg.), *Frauen – die längste Revolution. Feminismus, Literatur, Psychoanalyse* (S. 163–190). Frankfurt a. M.: S. Fischer.

Money, J. (1995). *Gendermaps: Constructionism, Feminism ans Sexosphical History*. New York: The Continuum Publishing Company.

Ovid (1997). *Metamorphosen*. München: dtv.

Perelberg, R. (2018). Introduction: a psychoanalytic understanding of bisexuality. In dies. (Hrsg.), *Psychic Bisexuality: a british-french dialogue* (S. 1–57). London: Routledge.

Quindeau, I. (2019). Geschlechterspannung revisited. In I. Moeslein-Teising, G. Schäfer & R. Martin (Hrsg.), *Geschlechter-Spannungen* (S. 15–27). Gießen: Psychosozial-Verlag.

Saketopoulou, A. (2020). Thinking psychoanalytically, thinking better: Reflections on transgender. *The International Journal of Psychoanalysis, 101*(5), 1019–1030.

Woolf, V. (1996 [1928]). *Orlando*. Frankfurt a. M.: S. Fischer.

Zupančič, A. (2020). *Was ist Sex? Psychoanalyse und Ontologie*. Wien, Berlin: Turia + Kant.

Der Autor

Bernd Heimerl, Dr. rer. nat., Dipl.-Psych., Krankenpfleger, studierte Psychologie und Theaterwissenschaften, ist Psychoanalytiker (DGPT, DPG, IPA) sowie Gruppenanalytiker (D3G). Er ist Lehranalytiker für Einzel und Gruppe, Dozent und Supervisor am Berliner Institut für Psychotherapie und Psychoanalyse (BIPP). Er veröffentlichte zur Interdisziplinarität in der Psychoanalyse (Rezeption der Psychoanalyse in Philosophie, Literatur, Theater und Film). Geschlechterkonstruktionen, Darstellungspraxis und Wissensvermittlung in der Psychoanalyse.

Kontakt per E-Mail: drbernd.heimerl@t-online.de

Das vir-feminale Bewusstsein

Eine postpatriarchale Perspektive

Berthold König

Folgt man dem intellektuellen Zeitgeist seit den 1970er Jahren, so könnte man glauben, wir bewegten uns im Hinblick auf unsere kollektive Entwicklung in einer Art Post-Dasein. Ob als »postmodern«, »postödipal«, »postheroisch« oder eben als »postpatriarchal« bezeichnet – es wird darin eine Bewusstseinslage beschrieben, die sich in einem Übergang verortet. In dieser Entwicklungssituation scheint allerdings lediglich eine gewisse Klarheit daruber zu bestehen, was man hinter sich gelassen hat oder hinter sich lassen will; zugleich lassen sich jedoch die Entwicklungsperspektiven nur relativ vage fassen. Initial hatte sich forciert die studentische Jugend der 1960er Jahre für den Abschied vom Patriarchat und den Aufstand gegen die Obrigkeit eingesetzt. In diesem Geist stellte Ernest Bornemann (1979, Klappentext) seine umfangreiche Studie über das Patriarchat vor und bilanzierte mit Verve:

> »Kein Geschlecht kann sich befreien, ohne das andere Geschlecht gleichzeitig freizusetzen. Was die Frau im Patriarchat an ihrer Entfaltung hindert, ist genau das, was auch den Mann betrügt. Nur wer beseitigt, was beide frustriert, beseitigt die Frustration!«

Mit dieser Beziehungssetzung von Patriarchat und Geschlechtersituation ist bereits das entwicklungspsychologische Kernproblem angesprochen: Psychoanalytisch betrachtet, bewegen sich Frauen und Männer im Patriarchat unbewusst als Vatertöchter und Vatersöhne mit Fixierung an die elterlichen Vorgaben sowie allen damit verbundenen Sicherungen und Blockaden. Dies bedeutet, dass sich nun im vermeintlichen Postpatriarchat seit der 68er-Bewegung, der Frauenbewegung und der Friedensbewegung eine Bewusstseinslage etabliert hat, in der diese Fixierungen ansatzweise bewusst geworden sind, nicht zuletzt mithilfe der Psychoanalyse. Noch aber scheint ungewiss, wohin die Reise gehen soll. Im psychoanalytischen Denken ist damit die Frage aufgeworfen, wie sich eine Bewusstseinslage nach dem Untergang des Ödipuskomplexes definieren ließe – eben eine reife, mündige oder erwachsene Realität, auf die man sich zubewegen möchte, wie dies Alexander Mitscherlich (1971) bereits in seinem Klassiker als »Weg zur vaterlosen Gesellschaft« beschrieben hat.

Metatheoretischer Hintergrund

Eine perspektivische Kontur könnte nun vielleicht im »vir-feminalen« Bewusstsein aufscheinen, wie ich es im Folgenden zu umreißen versuche (*vir*, lat. »Mann«; *femina*, lat. »Frau«): Die beiden Bezeichnungen stehen dabei symbolisch für zwei geschlechtsspezifisch unterschiedliche erwachsene Individuen, die sich über eine unmittelbare wechselwirksame Bezogenheit stabilisieren, ohne externale Regulation über elterliche Dritte – seien es Väter oder Mütter. In dieser mündigen Bezogenheit ist jedoch neben der Lösung von den verinnerlichten patriarchalen Vorgaben insbesondere die Realisierung des bimorphen Sexus von Bedeutung – daher zunächst zusammengefasst die metatheoretischen Gehalte des bimorphen Sexus (König, 2019).

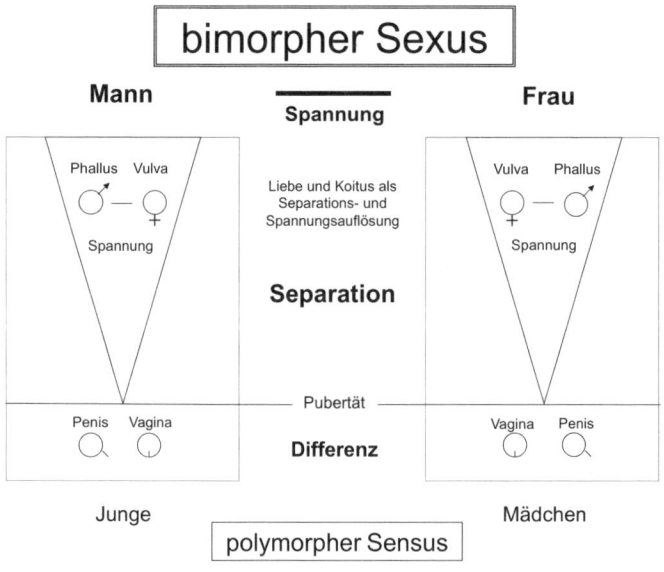

Unter »Sexus« wird das biologische Geschlecht einschließlich seiner *genitalen Sexualität* verstanden, wie sie sich trotz bereits zuvor existierender Anlagen letztlich erst in der Pubertät zu entfalten beginnt. Der Sexus wiederum tritt in zwei Gestalten in Erscheinung – als Mann und als Frau. Als Leitgedanke fungiert dabei die Vorstellung von einer Separation der Geschlechter. Die Begrenzung im eigenen Geschlecht hat zur Konsequenz, dass der komplette Lebens- und Erlebensraum durch das Prisma des eigenen Geschlechts wahrgenommen wird, und umgekehrt das andere Geschlecht als Objekt des eigenen Begehrens zwar erfahrbar ist, jedoch in seiner subjektiven Eigenart fremd bleibt.

Wegen dieser Separation, der die Sehnsucht nach Trennungsauflösung immanent ist, sowie unter der Macht des Geschlechtstriebs, etabliert sich eine stete *Geschlechterspannung* mit individuell sehr unterschiedlichen Kompensationsarrangements – sowohl in den äußeren Beziehungen als auch im intrapsychischen Raum, wie dies schon von Reiche (1990) beschrieben wurde.

Um nun die Brisanz oder das Spannungsmoment im bimorphen Sexus zu beschreiben, erscheint es naheliegend, das erigierte Glied und die Scheide als Abbilder des Sexuellen von Mann und Frau zu postulieren und diese in den Symbolbegriffen »Phallus« und »Vulva« zu fassen. Ich möchte daher auch den männlichen Sexus als »phallisch« und den weiblichen als »vulval« bezeichnen. Konsequent sehe ich somit den Phallus als Repräsentanz des Männlichen und die Vulva als Repräsentanz des Weiblichen im Psychischen an. Wegen der phallozentrischen Denktradition in der Psychoanalyse ist ersterer vertraut, der Begriff »Vulva« als Symbolisierung des Weiblichen mutet zunächst sehr fremd an, tauchte er doch bis dato im deutschsprachigen psychoanalytischen Diskurs nicht auf.

Beide Repräsentanzen für sich alleine zu postulieren, hieße jedoch, die Bedeutung der in ihnen symbolisierten Erregung zu vernachlässigen. In »Phallus« und »Vulva« verdichtet sich daher in der Erregungsdimension auch die Perspektive auf den Koitus hin, und daher müssen sie zusätzlich als im Unbewussten intergeschlechtlich aufeinander bezogen gedacht werden. Noch konsequenter ist diese Bezogenheit als steter innerer Spannungszustand zu beschreiben, als phallisch-vulvale Spannung im männlichen und als vulval-phallische Spannung im weiblichen Unbewussten.

Eine außergewöhnliche Seminarerfahrung

Heute lassen sich der bimorphe Sexus und die vir-feminale Perspektive relativ kurz und prägnant formulieren, auch wenn es sich dabei zunächst um Denkmodelle mit Projektcharakter handelt. Rückblickend stellen diese Überlegungen jedoch die Quintessenz einer Geschlechterreflexion dar, die mit dem Geschehen auf einer DGPT-Tagung in Lindau begann. Die eine oder der andere mag sich vielleicht an die Zeit vor 30 Jahren erinnern: Damals war nicht nur die Mauer gefallen, sondern in diesen Zeiten hatte auch schon die Mauer im Geschlechterbewusstsein zu bröckeln begonnen.

In diese Zeit fiel die Ankündigung der DGPT-Tagung 1992 in Lindau mit dem Rahmenthema »Das Fremde in der Psychoanalyse«, die einen befreundeten Kollegen und mich zu einem Angebot inspirierte. Das Seminar war dann unter dem Titel »Fremdes für Männer an Frauen« ausgeschrieben, und zu Beginn der Tagung standen 30 angemeldete Teilnehmer:innen auf der ausgehängten Liste. Bis zum Morgen des Samstags, an dem das Seminar nachmittags stattfinden sollte, hatten sich dann auf einem zusätzlichen Blatt noch etliche weitere eingetragen – fast ausschließlich Frauen. Unmittelbar vor Beginn des Seminars war dann klar, dass in dem vorgesehenen Raum nicht alle würden Platz finden können. Ein kleiner Trupp Kandidat:innen, der gerade im größten Saal des Kongresszentrums seine Versammlung startete, war mit Blick auf die Zahl der Interessent:innen an unserem Seminar zum Raumtausch bereit, und so fanden mein Kollege und ich uns unerwartet auf dem großen Podium der Inselhalle wieder. Im Verlauf dieser Improvisation hatten wir uns jedoch deutlich entspannt, und auch die vielen Kolleg:innen schienen ganz aufgeräumt.

Zunächst erläuterte dann mein Kollege das Wort »fremd« von seiner Ursprungsbedeutung her, die da lautet »von – weg« – ein dynamisches Motto, unter dem gerade auch der Beginn unseres Seminars stand. Als kundiger Kleinkindforscher verband er es mit den damals neuen Ergebnissen aus der Säuglingsforschung um Daniel Stern und mit der frühen Individuationsbewegung nach Margaret Mahler. Danach betrachtete ich in meinem Eingangsreferat die Unsicherheiten und Nöte von jungen Männern, wenn sie in die Pubertät kommen, sich für Frauen zu interessieren beginnen und mit dem Anblick des weiblichen Geschlechtsteils – der Vulva – konfrontiert sind. Es war auch von Neugier die Rede und dass junge Männer dabei zwischen scheuer Jungfrauen- oder Madonnenverehrung und dem Bedürfnis nach triebhaftem Sex hin- und hergerissen sein können. Darüber hinaus wurde angesprochen, mit welchen Bewährungsfantasien und Verlustängsten junge Männer dann in die Frauenwelt eintreten und wie gleichermaßen erleichtert und irritiert sie dann die Behutsamkeit von Frauen erfahren können. Es wurde aber auch deutlich, dass sie diese Tabuzone gerade wegen der beschriebenen Irritationen in der Regel nicht wirklich im Sinne eines unvoreingenommenen Kennenlernens betreten können.

Die Resonanz auf unsere Ausführungen war verblüffend: Unser Mut wurde gelobt, und es war zwar allseits Verunsicherung zu spüren, aber es etablierte sich auch eine offene, von Neugier getragene und beinahe euphorische Stimmung mit Raum für viele persönliche Geschichten und Anmutungen. Diese Art von befruchtendem Gespräch ohne Selbstinszenierungen und theoretische Dispute war in Fachveranstaltungen von Psychoanalytiker:innen bis dato kaum anzutreffen. Man war mit spielerischem Ernst bei der Sache und – bei diesem Thema verblüffend – die Atmosphäre war frei von Anzüglichkeiten und Geschlechterkampf. Es war, als hätte sich eine Hülle um alle gelegt, die das Ablegen von Formalismen, den offenen und neugierigen Austausch miteinander sowie einen sich selbst regulierenden Gesprächsablauf erlaubte. Später war von »Frühlingsstimmung« die Rede, und ein Kollege sinnierte gar: »Das war ein Paradigmenwechsel!«

Zunächst jedoch war etwas gar nicht so Neues geschehen, sondern etwas mit Menschen, mit jedem einzelnen, aber auch mit allen zusammen. Es hatte sich spontan eine Gruppenstimmung etabliert, die jeder kennt, wenn in einer Gemeinschaft oder Großgruppe eine Verbundenheit entsteht, die einen freien und tiefer gehenden Austausch erlaubt. Erst viel später wurde deutlich, dass nicht nur von der »Männerreaktion« auf den Anblick der Vulva gesprochen worden war; es war auch die Rede gewesen von einer »Weg-Scheide«, von der Geburt in das Mannwerden und von einer neuen Wirklichkeit oder Bewusstseinslage als Mann nach den Knabenjahren. Hatten sich die Irritation, das Prickeln und die Aufbruchsstimmung, mit denen der Gang in diese neue Wirklichkeit verknüpft ist, vielleicht auch in diesem Seminar ausgebreitet?

Rückblickend lassen sich diese Fragen klar bejahen, aber zur Standortbestimmung im Postpatriarchat, zur Benennung des paradigmatisch Neuen in der Bewusstseinslage des Seminars damals und zur Konkretisierung dessen, was ich heute unter »vir-feminalem Bewusstsein« verstehe, ist es nun erforderlich, sich einige Aspekte unserer Kultur- und Bewusstseinsentwicklung vor Augen zu führen.

Kollektive Bewusstseinsentwicklung

Diese beginnt mit dem Ursprungsmythos unsrer Kultur, der Genesis und wartet unmittelbar mit der Frage auf: Hat Gott den Menschen als sein Ebenbild geschaffen oder hat der Mensch Gott als überwertige Vaterfigur erschaffen?

In einer wissenschaftlichen Betrachtung kann dieser Übergang, der sich in der kollektiven Entwicklung über mehrere Jahrhunderte erstreckte, aber punktuell von Einzelnen vollzogen wurde, etwas deutlicher gefasst werden. Der amerikanische Psychologe Jaynes (1988) hat in seiner »Ursprungsgeschichte des Bewusstseins« eindrucksvoll nachgewiesen, dass die menschliche Psyche vor dem Gang in die Individuation durch eine halluzinatorisch erzeugte Identifikation, d. h. durch eine Verbundenheit mit ihren selbst kreierten Göttern, gesichert war. In einer Analyse der *Ilias* konnte Jaynes nun überzeugend herauskristallisieren, dass die Menschen damals noch über kein Ich-Bewusstsein in unserem heutigen Verständnis verfügten, sondern ihre Psyche in Konflikt- oder Entscheidungssituationen einem einfachen, angstfreien Muster von Aufforderung und Handlung folgte, aus einem ungetrennten, seelischen Götter-Ego-Verbund heraus. Eine Betrachtung der später verfassten *Odyssee* offenbart nun, dass die Helden später, in der Übergangszeit, im Ausgesetztsein des Bewusstwerdens zum Einzelwesen, mit psychophysiologischen Symptomen reagierten, mit Hitzewallungen, Darmkrämpfen, Herzrasen usw. In der letzten Verzweiflung des Alleinseins halluzinierten sie dann eine Gottheit umso gewaltiger herbei – eine kreative Leistung, die zugleich den bewährten Schutz zur Angstentlastung bot.

Die Genesis scheint nun in der gleichen Übergangszeit im Vorderen Orient geschrieben worden zu sein. Auch der Vatergott der christlich-abendländischen Tradition kann daher als letzte, allerdings allmächtige Halluzination der damaligen Menschenseele verstanden werden, die alle Funktionen der vorangegangenen Götter – der männlichen und der weiblichen – in sich verdichtete. Als Antwort auf die vielen auftauchenden Fragen nach dem Woher, Wohin, Wie, Wie lange, Wie oft usw. stellte sich die menschliche Psyche im Prozess des Bewusstwerdens und der Individuation unter seine alleinige, schützende Regie. Der Glaube an ihn bot Angstentlastung und er machte das Unbegreifliche vage fassbar. Zugleich bot er Orientierung und stand als solitäre Identifikationsfigur für das Individuelle schlechthin.

So wurde auch zugleich der Grundstein für alle Errungenschaften und Geißeln des Patriarchats gelegt, denn dieses gründet psychisch eben in diesem letzten Halluzinationsakt der Bewusstseinsentwicklung – der Gottesschöpfung. Dieser repräsentiert eine externale übermenschliche Instanz, die Gesetze und Regeln nach dem Motto »Du sollst ...!« entwirft – beginnend mit Moses als erstem patriarchalen Repräsentanten bis hin zu den heutigen Repräsentanten im Gemeinwesen. Die Wanderschaft in einer sippenverankerten, offenen Bewusstseinslage, ein Dasein nach dem Vorbild Abels, ist damit Geschichte; die Individuation ist zunächst ein Kind der Sesshaftigkeit und der Etablierung von Privatbesitz – nach Kains Vorbild. Sie wird gesichert durch leistungsbetontes Ackern, durch Umzäunung des eigenen Geheges sowie durch die Wahrung und Mehrung des Besitzstandes. Gier, Geiz und Neid werden daher zu Paten der Individuation und beherrschen von nun an mit ihren Zwisten das soziale Miteinander. In diesem grassierenden Egoismus verflüchtigte sich dann sukzessive das tragende Sippengefühl, das als ehemals elementare »Grundsicherung« verstanden werden kann, und es wird durch materiellen persönlichen Besitz in Gestalt von Grundbesitz, Versicherungen, Ersparnissen usw. ersetzt.

Doch damit nicht genug: Der mit der Individuation einhergehende Zwang zur persönlichen Sicherung über Besitzerwerb und Besitzstandswahrung übertrug sich offensichtlich auch auf das, was ursprünglich als selbstverständlich galt: das sichere Beziehungsgefühl in der Welt und ein basales Wir-Gefühl im sozialen Miteinander. Nach dem Motto »Alles meins!« etablierte sich nun auch in den Beziehungen ein Besitzstandsgefühl: mein Vaterland, meine Heimat, mein Verein, meine Familie und meine Frau bzw. mein Mann. So wurde potenziell auch die Angst in der persönlichen Individuation durch Paarbildungen mit Ausschließlichkeitsanspruch kompensiert. Und zusätzlich scheint die Individuationsproblematik in den Paardynamiken noch in spezieller Weise herausgefordert, sind doch gerade sie über die Gebote der halluzinierten Vatergestalt reglementiert. Denn wie der Adam-Eva-Mythos mit der Schlange und den Feigenblättern zeigt, hat dieser Individuationsschutz als Preis zunächst die Errichtung eines Scham- und Verleugnungsschutzes gegen die Geschlechtererkenntnis und das Sexuelle schlechthin.

Wie das geängstigte und ausgesetzte semitische Menschenkind zum Schutz des Aufbruchs in die Individuation eine individuelle Gottvatergestalt halluzinierte, die alle weiblichen und männlichen Funktionen der Traumzeitgötter in sich verdichtete, so wurde zugleich auch der Mensch als Geschöpf dieser allmächtigen Vatergestalt vereinheitlicht fantasiert unter Verleugnung der zweigeschlechtlichen Existenz. Über den Vatergott mit seiner Schöpfung einer eindimensional männlichen Bewusstseinswelt und das Verdecken der Geschlechterseparation hatte sich die Psyche so zumindest – trotz des sichtbaren Unterschieds – den Rest eines Einheitsgefühls bewahrt. Erst mit Jesus Christus trat eine Gestalt auf den Plan der Geschichte, die diesbezüglich die Bewusstseinsentwicklung im Abendland nachhaltig beeinflussen sollte.

Er wird als fleischgewordener Sohn Gottes bezeichnet, was in einer bewusstseinspsychologischen Sicht bedeutet: Er scheint der erste jüdische Mann gewesen zu sein, der sich nicht mehr über die tradierte halluzinierte Gottesgestalt definierte, sondern die Aufforderung »Du sollst Dir kein Bild machen!« auf das Gottesbild selbst anwandte und sich ein eigenes, unabhängiges Bild von sich und der Welt machte. Genau genommen, existierte bis dahin auch kein Gottesbild im Sinne einer umrissenen Gestalt: Die Väter des Alten Testaments scheinen in der tausendjährigen Übergangszeit vor dem Auftreten Jesu Christi in einer Bewusstseinslage existiert zu haben, die zwischen einem gleichschwebenden, offenen Bewusstsein und einem halluzinatorisch gottgestützten angesiedelt ist – personifiziert in den Gestalten von Jakob, dessen Gott man heute als intuitive innere Richtschnur verstehen könnte, und Moses mit seinen zehn Stimmenhalluzinationen. Nach Jesu Tod scheint nun wegen der Verunsicherung der Zeitgenoss:innen in der neuen Bewusstseinslage ein Jesus-Mythos entstanden zu sein, der ihn mit der überirdischen, außermenschlichen Gottesidee verschmolz. Jungfernempfängnis vom Heiligen Geist, Wunderheilungen, Wasserwandeln, allerlei Wandlungen und Zaubereien, außerirdische Aura mit Heiligenschein stellen eine Symbolisierungskette von Verarbeitungen des starken Eindrucks dar, den er hinterlassen zu haben scheint und den seine noch unbewussten Zeitgenoss:innen nicht anders fassen konnten. Mit der halluzinatorischen Auferstehung nach seinem Tod und seiner Himmelfahrt danach war dann jedenfalls die Verbindung zum tradierten Vatergott wiederhergestellt und auch seine Gestalt halluzinatorisch verdichtet: Jesus, der Menschliche und Selbstbewusste, war nun Gottes Sohn, die Jesus-Halluzination war mit der ursprünglichen Gotteshalluzination verbunden und die Irritation im neuen Bewusstsein aufgehoben. Seine zu Lebzeiten im Bewusstwerden wohl integrierende und selbstbewusste Gestalt wurde so zumindest halluzinatorisch gerettet.

Als »Alternative« zu Christi neuem Selbst-Bewusstsein wurde dann später sein Tod am Kreuz und seine nachfolgende Auferstehung im Jesus-Mythos totemistisch gebunden. Für alle, die ihm folgen wollten – oder im Patriarchat zwangsläufig mussten –, wurde von da an eine Kreuzigung der natürlichen Regungen bei gleichzeitiger Idealisierung aller harmonisierenden Tendenzen zur Lebensdevise. Die von

Moses notierten Zehn Gebote des gebietenden alttestamentlichen Vatergottes, gepaart mit dem idealistischen christlichen Harmonisierungs- und Selbstverleugnungszwang, kommen einer Absage ans natürliche Leben gleich – und konsequent steht am Ende die Aussicht auf das eigentliche Leben nach dem Tod.

Nun wird klar, woraus die menschliche Psyche die Energie für die Bewusstseinsentwicklung und die damit einhergehende gewaltige Kulturleistung schöpfte: Nach einer Existenz in Sippen mit archaischen Ordnungen, wie sie von Freud (1912–1913a) in *Totem und Tabu* beschrieben wurde, sah sich die Psyche im Bewusstwerden seiner Individualität in eine existenzielle Angst gestellt und schuf sich nach den Geistern der Traumzeit und den Göttern der frühen Matriarchate in letzten halluzinatorischen Akten einen Vatergott, der in seiner Erscheinung für das Individuelle schlechthin stand und daher zunächst das Bewusstsein für die zweigeschlechtliche menschliche Existenz unter sein schützendes Kuratel stellte.

Der Mensch hatte nun vom Baum der Erkenntnis gegessen und sah sich damit aus einer rückblickend paradiesisch anmutenden Bewusstseinslage vertrieben. Gleichermaßen als Relikt aus dem früheren sichernden Gefühl eines noch unbewussten Einsseins mit der Objektwelt nahm er diese halluzinierte Vatergestalt als externales Über-Ich und Ideal-Ich mit auf den weiteren Weg. In der Nachfolge der Matriarchate aus der Frühzeit mit vergleichsweise offenen Regulationsformen entwickelten sich nun im Patriarchat die uns bekannten rigiden Regulative. Neben ihrer regulierenden Funktion drängen diese als externale Dritte in eine Entfremdung aus den unmittelbaren Kontakten und behindern die Bildung von tragenden Bindungen.

Andererseits waren unmittelbare, offene Begegnungen und Bindungen zusätzlich aufgrund diverser schamgeschützter Tabuzonen nicht möglich – Tabuzonen, die sich letztlich von den göttlichen Geboten ableiten lassen und – verstärkt durch die christlichen Ideale – in allen Normen und Werten enthalten sind. Denn zur Wahrung der Einheitsvorstellung im Bewusstwerden zum Individuum forderte die halluzinierte Vatergestalt Mann und Frau auf, zusammen eins zu sein. Damit einher ging die Errichtung der schamgeschützten Tabuzone über dem Geschlechtlichen als Sicherung im nächsten Schritt des Bewusstwerdens: dem Individuationsschritt in die Geschlechterseparation als Mann und Frau. Die Kontaktentfremdung in der Individuation einerseits und die zusätzliche Tabuisierung des unmittelbaren zwischengeschlechtlichen Kontaktes andererseits sorgten für ein großes Potenzial an gebundenen Trennungs- wie auch Bindungskräften sowie für einen immensen Scham-Schuld-Angst-Komplex bezogen auf das Geschlechtliche. Beides, die Erschaffung des externalen, patriarchalen Korrektivs wie auch die Tabuisierung des Geschlechterkontaktes, leitete den kulturellen Fortschritt ein. Denn dieser kann vor dem beschriebenen Hintergrund als sublimierender Entlastungskanal für alle gebundenen Energien angesehen werden, aber zugleich auch als Humus für alle psychischen Störungen, denen wir tagtäglich begegnen.

Mann und Frau waren so zu einer patriarchal bestimmten Einheit verschmolzen und machten zusammen Kinder und Kultur – eine Kultur, die sich wegen der neurotischen infantilen Bindung lediglich regressiv in oraler Gier, analem Geiz und phallischer Dauererregung kompensatorisch zufriedenzustellen vermag. Das wirklich eigene, authentische und natürliche Wesen bleibt so hinter einer Maske aus Scham verborgen, beugt sich unter Schuldgefühl und ist einer fundamentalen Angst ausgesetzt.

Gegenwärtige Bewusstseinslage und Perspektiven

Vor dem Hintergrund dieser bewusstseinspsychologischen Entwicklungslinie lässt sich nun in etwa verorten, auf welchen entwicklungspsychologischen Leveln wir uns kollektiv gegenwärtig bewegen: In der gegebenen patriarchalen Gesellschaftsordnung mit ihren vaterstaatlichen Institutionen, ihrer Rechtsprechung mit Straf- und Vergeltungsprinzip, ihrem Besitz- und Wirtschaftswachstumsdenken, ihrer Obrigkeitsgläubigkeit und Gehorsamsorientierung, ihren Behörden, Verwaltungs- und Beamtenapparaten, Richtlinien, Formularen und Kontrollen lassen sich unübersehbar die Maßgaben der ursprünglichen Vater-Gott-Halluzination erkennen. Im gesellschaftlichen Miteinander hat dies einen enormen Verlust an Unmittelbarkeit in den Kontakten zur Konsequenz, ein Entfremdungs- und Vereinzelungserleben sowie den Zwang, sich individuell-abgeschottet in Besitztum und Versicherungen rückversichern zu müssen. Der Sicherheitsschutz im Wir-Gefühl einer Sippe oder eines Kollektivs erscheint jedenfalls verloren und Neues zwar modellhaft in Sicht, jedoch noch nicht nachhaltig kollektiv auf dem Weg.

Als Vatertöchter und Vatersöhne im Patriarchat werden unbewusst alle Regelungen und Zwänge in den Beziehungen und insbesondere auch im Geschlechterverhältnis reproduziert. Folgt man den Überlegungen im bimorphen Sexus, so wird deutlich, dass die Realisierung der Geschlechterseparation mitsamt den daraus erwachsenden Chancen und Ressourcen noch nicht sehr weit fortgeschritten ist. In der Öffnung für Geschlechterfragen, der Sondierung in »queeren« Sexualitäten und der Suche nach neuen Rollen- und Identitätsverständnissen lassen sich jedoch Ansätze erkennen, die Assoziationen zur aufregenden Phase der Geschlechterdifferenzierung am Beginn der Latenzzeit wecken.

Angesichts dieser Verortung in der Kollektiventwicklung wird deutlich, wie trügerisch, ja illusionär die Einschätzung ist, wir befänden uns in einer postpatriarchalen Situation. Alle Fakten sprechen dafür, dass wir nach wie vor tagtäglich zwangsneurotisch patriarchale Verhältnisse reproduzieren und der prospektiv ausgerichtete Intellekt uns lediglich in ein Postpatriarchat vorausfantasiert. Folgt man der Vorstellung des analytischen Psychohistorikers DeMause (1989), der kollektive Entwicklungen auch mit Schwangerschafts- und Geburtsvorgängen assoziiert, so könnte man diagnostizieren, dass wir zwar aus dem Matriarchat entbunden sind und gleichermaßen interessiert wie geängstigt in die Welt schauen, nun jedoch noch an der sichernden Plazenta des Patriarchats hängen und uns nicht trauen, die Nabelschnur zu durchtrennen. Denn sollen aus Vatertöchtern und Vatersöhnen Männer und Frauen werden, so würde dies die Auflösung der halluzinatorischen Elemente im matriarchalen *und* patriarchalen Erbe bedeuten sowie die sukzessive Etablierung eines tragenden Beziehungsfeldes von Frauen und Männern im Begegnungshorizont des bimorphen Sexus.

Auf der obersten und damit bewusstseinsnahen Ebene sind wir allerdings ganz unmittelbar in die Bewusstseinslage einer kollektiven Adoleszenzkrise gestellt: in die Spannung zwischen der Eröffnung neuer Horizonte einerseits – wie sie sich unter den Stichworten »Globalisierung«, »Internet« bzw. »Digitalisierung« neue Formen der Kommunikation und Organisation, aufregende neue Forschungshorizonte usw. auftun – und andererseits grassierenden Ängsten vor Überforderung im Einzelkämpferdasein bis hin zu apokalyptischen Ängsten, die sich an die Stichworte »Klimakatastrophe«, »Ausbeutung«, »Überbevölkerung«, »Migrantenströme« usw. heften. Dies ist insgesamt ein mächtiger Spannungsbogen, der auch Befürchtungen von kollektiven Regressionen in überwunden geglaubte ur-patriarchale Verhältnisse mit Führerkulten mobilisiert.

Diese entwicklungs- und bewusstseinspsychologische Verortung führt auch unmittelbar die Dynamik der Psyche zwischen Regression und Progression vor Augen, insbesondere in ihrer Verbindung von Individual- und Kollektivbewusstsein. Je nach Entwicklungslevel werden unterschiedliche angstinduzierte Fixierungen mobilisiert. Auf allen Stufen kann zur Wahrung der Bindungssicherheit ein dauerhaftes Arrangement die Folge sein – aber auch ein Drang nach Veränderung und Entwicklung.

Lösungsansätze und zukunftsweisende Perspektiven für das Kollektiv kamen bereits in den 1980er Jahren mannigfach zum Vorschein und firmierten unter der Überschrift »Bewusstseinswandel«. Gesellschaftspolitisch hatte sich die Obrigkeitsschelte der 68er erschöpft und man begann, den Marsch durch die Institutionen anzutreten. Die Umweltbewegung, die Friedensbewegung und die Frauenbewegung sensibilisierten für beklemmende Zustände im zwischenmenschlichen Miteinander. Flankiert wurde diese Veränderung von partiellen Fluchten aus der zwangsneurotischen Enge: Beispielsweise versprachen neue spirituelle und sexuelle Erfahrungen ein Entspanntsein im Hier und Jetzt, vor dem Jahrtausendwechsel machte sich ein New-Age-Denken breit und in vielen Bereichen des Geisteslebens wurden neue Sichtweisen generiert, die – auf einen Nenner gebracht – eine Abkehr von den fixierten patriarchalen Denkstrukturen proklamierten. So entwarf der Historiker Gebser (1973) eine »aperspektivische Weltschau«, in der sich Vergangenheit, Gegenwart und Zukunft zu einer kosmischen Allgegenwart verschränken – eine Bewusstseinslage, in der sich unsere Vorfahren noch bewegten, bevor sie mit der Vorstellung der ersten öffentlichen Uhr im Hof von Westminster 1283 zwar in der Zeitdimension klarer strukturiert, damit einhergehend jedoch auch sozusagen patriarchal verzeitlicht wurden. Denn die Fixierung in Zeittakten, Terminvereinbarungen und Termindruck erscheint tatsächlich als ein wesentlicher zwangsneurotischer Bestandteil unseres Alltags.

Auch der Physiker Capra (1982) verortete sich in einer Wendezeit, in der eine ganzheitliche, ökologische Anschauungsweise unser bankrottes Weltbild ablösen soll. Weiterleben könne die Menschheit nur, wenn sie von Grund auf anders denken lernt: komplex statt linear, in Netzen und Bögen statt in Zielgeraden, in Werten statt in Quantitäten – denn die Welt sei mehr als die Summe ihrer Teile.

Der Astrophysiker Jantsch (1982) machte die Selbstorganisation als Grundprinzip des Universums aus und zeichnete sie vom Urknall über die Evolution bis in die Organisation des zwischenmenschlichen Miteinanders nach. Wie auch später die Neurobiologen Maturana und Varela (1990) mit ihrem Konzept der »Autopoesis« lieferte er einen naturwissenschaftlichen Beleg für ein Organisationsprinzip, wie es in verschiedenen gesellschaftlichen Denkmodellen immer wieder gefordert wurde. Auch die Gaia-Theorie des Biophysikers Lovelock (1991) verdient an dieser Stelle eine Erwähnung. Die Bezeichnung nach der griechischen Muttergöttin ist irreführend, weil diese Theorie eben gerade keine »mütterliche oder übermütterliche« Dynamik beschreibt, sondern einen geobiophysikalischen Organismus, der nicht nur Leben schafft und reguliert, sondern insbesondere darüber hinaus die Lebensbedingungen erhält, indem er sie in ihrer ganzen Komplexität auf eine für uns nur rudimentär durchschaubare Weise im Gleichgewicht hält.

Und die Psychoanalyse? Was steuert sie zum Bewusstseinswandel bei?

Man könnte sagen, sie leistete und leistet ihren Beitrag durch Deutungen von unbewussten Fixierungen – in der Vorstellung, dass sich darüber eine freiere, reifere, realitätsnähere und Ich-starke Bewusstseinslage einrichtet. War dies zunächst auf den psychoanalytischen Prozess bei Individuen beschränkt, so widmete sich Sigmund Freud im Alter, in seinen kulturtheoretischen Schriften, auch mehr den dynamischen Vorgängen in den Kollektiven – in der Tendenz prospektiv eher skeptisch bezogen auf das Mündigerwerden.

Im deutschen Sprachraum war es in den 1970ern speziell Horst-Eberhard Richter, der in der Gruppe eine Hoffnung auf einen neuen Weg der Befreiung sah. Er rief die Solidarität als Lernziel aus, führte den Wahnsinn der Hochrüstung psychodynamisch vor Augen und engagierte sich aktiv in der Friedensbewegung.

Im gleichen Jahrzehnt machte Erich Fromm mit seinem Klassiker *Haben oder Sein* auf sich aufmerksam und zeichnete vom Alten Testament über Meister Eckhart bis in die Neuzeit den sukzessiven Verlust einer Bewusstseinslage in einem Modus des Seins nach, mit dem Einhergehen einer verstärkt zwangsneurotischen Orientierung im Modus des Habens – eben jene beiden Bewusstseinslagen, die schon im Kain-Abel-Dilemma aufgezeigt wurden.

Auch ein Kind dieser Zeit ist Hans Kilian (2011), der in Anlehnung an die Selbstpsychologie, die relationale Psychoanalyse und den aufkommenden Intersubjektivismus ebenso eine kulturelle Evolution und einen Bewusstseinswandel entwarf. Insbesondere müsse der Mensch aus dem Korsett einer Subjekt-Objekt-Verabsolutierung befreit werden, den Subjektivismus überwinden und sich in Abwendung von Freuds Triebtheorie alternativ auf das Ziel »Wo Es war, soll Wir werden!« hinbewegen.

Die Entwicklung geht weiter und bewegt sich aktuell tatsächlich auf ein neues Verständnis der Psyche zu. In diesem stellt sich die Seele als intrapsychisch im Individuum ausgebildetes Netzwerk dar, das jedoch zugleich im psychosozialen Raum mit anderen psychischen Netzwerken vernetzt ist und sich intersubjektiv weitestgehend selbstorganisatorisch reguliert. An dieser Stelle ist auch trotz unterschiedlicher Denkweisen und Terminologien eine interdisziplinäre Übereinstimmung von Kognitionswissenschaft und Psychoanalyse zu entdecken. So versteht zum Beispiel der Kognitionspsychologe Donald (2001) das menschliche Bewusstsein als ein hybrides Produkt, in dem sich Materie, nämlich unser Gehirn, mit einem unsichtbaren symbolischen Gefüge, nämlich der Kultur, verbindet und so ein über viele Individuen verzweigtes kognitives Netzwerk entstehen lässt. Und was sollte dieses unsichtbare symbolische Gefüge in der Sprache der Psychoanalyse anderes sein als jene vernetzte Seele, wie sie Altmeyer und Thomä (2006) als intersubjektive Wende in der Psychoanalyse aufgezeigt haben?

Erfahrungsinterpretation: Vir-feminales Labor

Mit den Facetten der beschriebenen Kulturentwicklung im Hintergrund und der Standortbestimmung in der aktuellen Bewusstseinslage lassen sich nun auch die dynamischen Abläufe im Lindau-Seminar 1992 deutlicher fassen. Zunächst wird deutlich, dass damals von Beginn an die patriarchalen Rahmenbedingungen der DGPT ausgehebelt waren: Der Andrang sprengte die begrenzte Teilnehmerzahl, es gab weder einen Regulierer noch eine Moderatorin und diese wurde auch nicht gesucht. Die Sippe der Interessierten traf sich, besprach sich miteinander über die Räumlichkeiten, verließ das zugewiesene Areal und machte sich selbstorganisatorisch auf den Weg. Sie probte also unbewusst und unmittelbar – dem Rahmenthema entsprechend – den Gang in die Fremde, regelte die neue Niederlassung friedlich mit den Nachbarn und richtete sich dort neu ein.

Allein schon über diese spontan selbstorganisierte kleine Wanderschaft etablierte sich ein Gruppengefühl, und es stellte sich eine zwanglose und aufgeräumte Stimmung ein. Auf diese Stimmung wiederum trafen die Ausführungen meines Kollegen und mir, die sich wiederum nicht in einem »patriarchalen« Reflexionszwang mit Wissenschaftlichkeitsanspruch bewegten, sondern eher den Charakter

von psychoanalytisch unterfütterten Erfahrungsberichten aus der Kindheitssphä-
re und dem männlichen Adoleszentenerleben hatten. Diese Gruppenstimmung
und der erlebnisnahe Charakter unserer Darstellung sorgten offenkundig für eine
Stimmung, in der alles – auch Intimstes – verbalisierbar erschien. Zugleich regelte
sich der Gesprächsverlauf wie von selbst: kein Melden, kein Anstehen, keine Ge-
sprächsmoderation – die Geschichten, Eindrücke und Anmutungen reihten sich
organisch aneinander. Und zum Ende ebbte alles genauso selbstorganisatorisch ab,
wie sich das nach dichten Analysesitzungen auch ereignet.

So weit, so gut. Man könnte sagen, das Patriarchat war in diesem Seminar aufgehoben, und es öffnete sich spontan und selbstorganisatorisch ein im guten Sinne
an-archischer Begegnungsraum, in dem man mit spielerischem Ernst und ohne
Beschämungsängste bei der Sache war. Solche Bewusstseinslagen wiederum sind
nicht neu, stellen sich punktuell in verschiedenen Gruppensettings so immer wieder ein und sind als Daseins-Sehnsucht in vielen Schriften und Liedern präsent.

Das paradigmatisch Neue in der Gruppensituation damals ist jedoch in der
im besten Sinne un-verschämt offenen Begegnungsweise im bimorphen Sexus
zu erkennen, und diese wiederum ist essenziell für die Begegnungskultur in der
vir-feminalen Bewusstseinslage. Völlig ungeplant und spontan war – quasi unter Laborbedingungen – das Klima einer offenen vir-feminalen Begegnung entstanden. Zunächst war im Rahmenthema »das Fremde« mit dem Loslösungs-
und Aufbruchsgedanken angesprochen. Dieses dynamische Motto wurde von uns
aufgegriffen und mit dem männlichen Aufbruch zum dunklen Kontinent, dem
Weiblichen, assoziiert. Die Tagung und unser Seminar wiederum waren in einem
Geschlechterklima angesiedelt, das von einer intensiven Beschäftigung der Psychoanalytikerinnen mit dem Weiblichen, heißt mit sich selbst, geprägt war – Männer
geduldet, aber nicht unbedingt gefragt, sowie umgekehrt Männer von sich aus
auch nicht forciert interessiert. Insofern mussten wir mit unserem Thema einerseits wie Aliens gewirkt haben, aber trotz aller Fremdheit auch interessant, verhieß
der Titel doch eine Auskunft über das eigene Erleben von Männern im Kontakt zum fremden anderen Geschlecht und keine Abhandlung über Frauen aus
Männersicht. Der Andrang, insbesondere von Frauen, bestätigt diese Sicht. In der
beschriebenen patriarchatsfernen Stimmung müssen meine offenen Beschreibungen der adoleszenten Männerpsyche eine starke zugleich irritierende, überraschend
interessierende und euphorisierende Wirkung gehabt haben – wie ich heute weiß,
vor allem wegen meiner selbstverständlichen Verwendung des Begriffs »Vulva«
zur Bezeichnung des äußerlich sichtbaren weiblichen Geschlechts. Denn im Ver-
laufe der Zeit, als ich im Zusammenhang mit der Entwicklung der Metatheorie
des bimorphen Sexus eine »Vulva«-Recherche in der psychoanalytischen Literatur unternahm, wurde mir bewusst, dass der Begriff »Vulva« zur Bezeichnung des
weiblichen Geschlechts nirgendwo zu entdecken war. Diese wirklich verblüffende
Nichtpräsenz der Vulva im psychoanalytischen Diskurs zeigt auf, wie umfassend

sich die Tabuisierung des wahrhaft Weiblichen an Frauen bis in die Gegenwart gehalten hat – trotz des Diskurses über die weibliche Sexualität, das weibliche Begehren, die Vagina, den Uterus, das Mütterliche im Weiblichen usw.

Einige Jahre später – nach einem Vortrag über die männliche Identitätsentwicklung, in dem die Auseinandersetzung mit der Vulva natürlich eine zentrale Rolle einnahm –, brachte eine andere Kollegin diese Tabuisierung auf den Punkt, als sie emphatisch meinte: »Du hast das Unaussprechliche in den Mund genommen!« Die Botschaft dieser Aussage war klar: Noch Anfang des dritten Jahrtausends scheint selbst den intensiv mit Geschlechterfragen befassten Psychoanalytikerinnen der Umfang der Tabuisierung ihres eigenen Geschlechts nicht bewusst zu sein. Damit bleibt natürlich auch die Wahrnehmung, Benennung und Gewichtung der originären weiblichen Potenzen verdeckt – und hinterlässt ein Gefühl des Ungefähren oder Unfassbaren.

Aber – und hier könnte sich auch eine hintergründige Bedeutung der Vulva eröffnen und eine Teilantwort auf Freuds Frage »Was will das Weib?« ergeben – möglicherweise will die Vulva ja schlicht im Verborgenen und ein Rätsel bleiben, und vielleicht will sie im wechselseitig sich ergänzenden Begegnungsmodus des bimorphen Sexus genau diesen Part einnehmen, nämlich phallisch ausfindig gemacht, wahrgenommen und beschrieben werden. Und vielleicht symbolisiert sie daher in der kollektiven Bewusstseinsentwicklung neben dem sexuellen Anreiz eben auch metatheoretisch im Sinne der Gaia-Theorie die Pforte zu den unerschöpflichen Rätseln der Schöpfung – quasi als Gaias Vulva.

Die »Pioniertat« in Lindau bestand daher – kulturgeschichtlich betrachtet – im phallischen Aufdecken des Feigenblatts über der Vulva, in der Befreiung vom Keuschheitsgürtel, im Ablegen der Scheuklappen oder schlicht in einer Enttabuisierung des Geschlechtlichen. Genau in dieser »Offenbarung« scheint im unmittelbaren und intimen Sinne die Befreiung von Frau *und* Mann zu bestehen, die Bornemann 1979 schon forderte, die er jedoch noch vorrangig auf den psychosozialen Status bezog. Ganz überraschend, zwanglos und selbstregulativ hatte sich hier für zwei Stunden eine Atmosphäre mit allen Qualitäten einer vir-feminalen Begegnungskultur eingerichtet. Wie selten sich diese Atmosphäre einer gleichermaßen heiter-lockeren wie assoziativ-reflektierten Atmosphäre ohne lauernde Über-Ich-Ängste oder Bewertungssorgen und vor allem ohne Schamgefühle einstellt, ist aus dem Praxisalltag bekannt. So gesehen können die analytische Situation und alle Selbsterfahrungsräume im Grunde als Möglichkeitsräume verstanden werden, sich aus dem Hoheitsgebiet des Patriarchats herausfallen zu lassen und in diesem Ansinnen zugleich zu entdecken, wie schwer dies vermeintlich Einfache fällt. Aber noch schwieriger, wenn nicht gar unmöglich, erscheint es, diese offene und zugleich enttabuisierte Atmosphäre im größeren Rahmen oder gar im Kollektiv zu etablieren und auf diese Weise einen Bewusstseinswandel zu initiieren. Dass sich daher das, was sich in Lindau überraschend ereignete, auch bewusst initiieren lässt, erscheint zunächst fast illusionär – die Perspektive weiterzuverfolgen, hat je-doch nicht weniger Reiz als vor Jahren der Aufbruch in die Fremde nach Lindau und die damit einhergehende »Entdeckung« der Vulva. Denn die Vulva und ihre tabuisierte Präsenz lassen sich nun auch als Symbol für alle tabuisierten Areale in der patriarchal organisierten Welt verstehen. Diese Be-zirke offen – quasi luziferisch – anzuschauen, in ihnen die regressiven Fixierungen zu erkennen und sie damit ihrer Tabus zu berauben, erscheint dabei als Grundvor-aussetzung für das In-Gang-Kommen einer dynamischen, sich selbst regulierenden kollektiven Entwicklung.

Literatur

Altmeyer, M. & Thomä, H. (2006). *Die vernetzte Seele.* Stuttgart: Klett-Cotta.

Bornemann, E. (1979). *Das Patriarchat.* Frankfurt a. M.: S. Fischer.

Capra, F. (1982). *Wendezeit.* München: Scherz.

Donald, M. (2001). *Triumph des Bewusstseins.* Stuttgart: Klett-Cotta.

DeMause, L. (1989). *Grundlagen der Psychohistorie.* Frankfurt a. M.: Suhrkamp.

Freud, S. (1912–1913a). *Totem und Tabu. GW IX.*

Gebser, J. (1973). *Ursprung und Gegenwart.* München: dtv.

Jantsch, E. (1982). *Die Selbstorganisation des Universums.* München: dtv.

Jaynes, J. (1988). *Der Ursprung des Bewusstseins durch den Zusammenbruch der bikameralen Psyche.* Reinbek b. H.: Rowohlt.

Kilian, H., Reulecke, J. & Straub, J. (2011). *Kulturelle Evolution und Bewusstseinswandel.* Gießen: Psychosozial-Verlag.

König, B. (2019). Der bimorphe Sexus. In I. Moeslein-Teising, G. Schäfer & R. Martin (Hrsg.), *Geschlechter-Spannungen* (S. 92–103). Gießen: Psychosozial-Verlag.

Lovelock, J. (1991). *Das Gaia-Prinzip.* Zürich, München: Artemis & Winkler.

Maturana, H. R. & Varela, F. J. (1990). *Der Baum der Erkenntnis.* München: Scherz.

Mitscherlich, A. (1971). *Auf dem Weg zur vaterlosen Gesellschaft.* München: Piper.

Reiche, R. (1990). *Geschlechterspannung.* Frankfurt a. M.: S. Fischer.

Der Autor

Berthold König, geb. 1950, Dr. phil., Diplom-Psychologe, ist als Psychoanalytiker, Lehranalytiker (DGPT), Supervisor und Coach tätig. Seine Interessenschwerpunkte sind Gesellschaft, Politik und Geschlechterverhältnisse.

Kontakt über die Homepage: www.psychoanalyse-koenig.de

Un-/Gleichzeitigkeiten im familialen Geschlechterverhältnis

Zur Dominanz und Marginalisierung des Ödipuskomplexes im psychoanalytischen und gesellschaftlichen Familien-Diskurs

Helga Krüger-Kirn

Einleitung

Wir leben in einer Zeit tiefgreifender geschlechtlicher Transformationen, die auch das Verständnis von vergeschlechtlichten Elternpositionen und Familienkonzepten herausfordert. Wenn wir psychoanalytische Zeitdiagnosen unter Berücksichtigung unbewusster Wirkfaktoren – wie im Einleitungstext zur Tagung formuliert – als eine Form der Kulturkritik verstehen, die Bewusstwerdung und Bewusstseinswandel fordert, dann sind mit Blick auf die Elternpositionen auch unsere psychoanalytischen Geschlechtertheorien angesprochen. Welche Theorien zum Einsatz kommen, ist für das Verständnis von vergeschlechtlichten Elternpositionen ebenso bedeutsam wie der Bezug zu geschlechterpolitischen Strukturen der Gesellschaft. In Anbetracht der Diversifizierung und Pluralisierung von Familienformen einerseits und der reproduktionstechnisch bedingten Veränderungen genealogischer Filiation andererseits sind diese Zusammenhänge Herausforderung und Auftrag zugleich, psychoanalytische Konzepte zur Bedeutung der Familie für die geschlechtliche Entwicklung kritisch zu überprüfen und zu fragen, welchen Beitrag die Psychoanalyse zum Verständnis der neuen Formen des Zusammenlebens im 21. Jahrhundert leisten kann? Welche Position nimmt die Psychoanalyse zu homosexuellen Ehen und gleichgeschlechtlichen Elternpaaren und den reproduktionsmedizinisch assistierten Möglichkeiten, Eltern zu werden, ein?

Das führt in einem nächsten Schritt zwangsläufig zu der Frage, inwieweit sich die Psychoanalyse seit Beginn des vergangenen Jahrhunderts in Theorie und Praxis verändert hat, um diesen Anforderungen Rechnung zu tragen. Nicht nur die dichotome Einteilung der Geschlechter mit allen damit verbundenen wechselseitigen Zuschreibungen in Bezug auf Elternschaft ist dabei angesprochen. Das Gleiche gilt für die damit einhergehenden Schatten des Ideals der »guten Mutter«. Basierend auf traditionellen Konzepten von Mutterliebe (Badinter, 1985) reichen sie bis in die Gegenwart und stellen im Zusammenhang mit aktuellen vergeschlechtlichten Familienvorstellungen einen bedeutsamen Knotenpunkt dar. Eingewoben in Familienideologien sind Vorstellungen um Mutterschaft, Mütterlichkeit und Mutterliebe bis heute mit bewussten und unbewussten Geschlechtsrollenvorgaben und biologisch begründeten Konzepten verknüpft und dienen im gesellschaftlichen Diskurs – wenn auch rhetorisch modernisiert – weiterhin als Bewertungsfolie für »mütterliches Handeln«, aber auch für die Positionierung des Vaters als Familienernährer.

Diese Beschreibung der Gegenwart werde ich im Folgenden mit einigen Ergebnissen unseres Forschungsprojekts zu Mutterschaft und Geschlechterverhältnissen (Krüger-Kirn & Tichy, 2020)[1] untermauern. Davon ausgehend wird der Ödipuskomplex als Dreh- und Angelpunkt psychoanalytischer Entwicklungstheorien und Referenz für damit verbundene Konzeptionen der Geschlechterordnung. Dieser erweist sich nicht nur in der psychoanalytischen Theoriedebatte als ein zentraler Knotenpunkt, sondern auch mit Blick auf gesellschaftliche Geschlechter- und Familienvorstellungen. Unter Rückgriff auf Laplanches Konzept der rätselhaften Botschaften erfolgt eine Vertiefung durch die Kulturabhängigkeit des Unbewussten und wird eine Kritik und Dekonstruktion der Hierarchie der Geschlechter, einschließlich der ödipalen Verortung von Mutterschaft, begründet. Dies führt zu einem Denken von Differenz und verortet Mütterlichkeit als geschlechterunabhängiges Konzept auf der Ebene des *doing gender*.

Zweifelhafte Selbstverständlichkeiten

Nicht nur die Psychoanalyse hält an den traditionellen Kategorien geschlechtlicher Identitäten fest. Diese kollektiv anmutende Grundüberzeugung haben wir auch in unserer Analyse im Rahmen des Forschungsprojekts »Mutterschaft und Geschlechterverhältnisse« wiedergefunden. In diesem Rahmen haben wir eine Analyse von drei Elternzeitschriften *(Nido; Eltern; Baby und Familie)* der Jahrgänge von 2010 bis 2017 durchgeführt sowie 17 Interviews mit Müttern (Krüger-Kirn & Tichy, 2020). Dabei wurde deutlich, dass Familie nach wie vor ein stark normatives und affektiv aufgeladenes Konstrukt darstellt. Immer dort, wo Familie konzeptualisiert wird, wird implizit oder auch explizit der psychoanalytische Entwurf von ödipaler Triade aufgerufen und bisweilen naturalisiert. Dieses Muster haben wir auch bei homosexueller Elternschaft entdeckt, deren Vorstellungen ebenfalls an der heterosexuellen Kleinfamilie orientiert sind und damit zwar anders, aber normal konstruiert werden (Tichy & Krüger-Kirn, 2020).

---

1 Die Forschungsergebnisse des Teilprojekts »Mutterschaft und Geschlechterverhältnisse« sind im interdisziplinären vom BMBF geförderten Projekt »REVERSE« (Krise der Geschlechterverhältnisse? Anti-Feminismus als Krisenphänomen mit gesellschaftsspaltendem Potenzial) angesiedelt. Für eine detaillierte Beschreibung und Diskussion der Ergebnisse siehe Krüger-Kirn & Tichy (2020).

Die Figur der Mutter und *Do-it-all-mother*

In den Elternzeitschriften richtet sich der inhaltliche Diskurs der Gestaltung des Familienlebens explizit auf die Möglichkeiten der »Vereinbarkeit« von Familie und Beruf. Das ist sowohl medial wie privat fester Bestandteil von Mutterschafts- und Elternschaftsdiskursen. Als herausragendes Ergebnis zeigt die Analyse der Zeitschriftentexte, dass über die gegenwärtige Rhetorik der Selbstbestimmung und Gleichberechtigung konservative Vorstellungen von Mutterschaft rezitierbar bleiben. Insbesondere über die Gestaltung der Mutter-Kind-Beziehung, Still- und Betreuungsfragen sowie den Zeitpunkt des beruflichen Wiedereinstiegs der Mutter werden normative Erwartungen an mütterliche Verhaltensweisen sichtbar. Wie sehr hierbei weibliche Rollenklischees und traditionelle Normen transportiert werden, wird allerdings meist erst auf den zweiten Blick deutlich. Denn auf manifester Ebene werden Selbstbestimmung und Liberalisierung orchestriert und rückt das Narrativ der »guten Mutter« im Handeln der Mütter als selbstverantwortlicher Einzelperson ins Zentrum. Die Rhetorik der Selbstbestimmung stellt hier die entscheidende Schnittstelle für geschlechterstereotype Anrufungen an Mütter. Dabei wird eine »Alles-ist-machbar-Haltung« zu einem prominenten Mythos, der vorgibt, dass es für eine Frau[*2] möglich sei, ein Kind zu bekommen und großzuziehen, dabei im Beruf erfolgreich und zudem schön und begehrenswert zu sein. Um diesen Tenor zu unterstreichen, werden in den Artikeln »Musterfrauen« portraitiert und dienen damit zugleich als Folie, andere Mütter an diesem Ideal zu messen. Auf diese Weise übernimmt der Fokus auf Machbarkeit die Funktion, »gelingende Mutterschaft einschließlich Vereinbarkeit« als »reine Privatangelegenheit« darzustellen. Zitate wie »Eine gute Mutter sorgt für sich selbst« (*Eltern*, November 2016) stellen einen Bezug zum modernen Konzept der »Work-Life-Balance« und dem Resilienz-Diskurs her. Eine hierüber assoziierte Professionalisierungsrhetorik ermöglicht, die Mutterposition an das Bild einer »emanzipierten Frau« anschlussfähig zu machen, die sich dann als »Familienmanagerin« (*Eltern*, Juni 2013) kaum mehr von einer erfolgreichen »Karriere-Mutter« unterscheidet. Psychologische Interventionen zur emotionalen Stressbewältigung und Selbstregulation richten sich in erster Linie an Mütter und weisen im Kern zurück auf ihre individuelle subjektive Verfasstheit –, schaffen damit weitreichende Voraussetzungen für Überforderung, aber auch Isolation und Konkurrenz unter Müttern und nicht zuletzt ein gegenseitiges *mother blaming* (Krüger-Kirn & Tichy, 2020, S. 219f.; Sommerfeld, 1989). Sozio-ökonomische Aspekte, wie prekäre finanzielle Verhältnisse von Familien, aber auch eine Re-

---

2 Der Gender-Stern (*) weist darauf hin, dass es sich um Personen handelt, die im Rahmen der Kategorien der Zweigeschlechtlichkeit als »Frauen« bzw. als »Männer« gelesen werden den.

flexion der Vaterposition, geraten auf diese Weise in den Hintergrund. Für die Mutterfigur, die durch diese Vorstellungen konstruiert wird, haben wir den Begriff *Do-it-all-mother* vorgeschlagen (Krüger-Kirn & Tichy, 2020), um im Gegensatz zum gängigen Begriff der *working mum* zu unterstreichen, dass die *Do-it-all-mother* alle an sie gerichteten Anforderungen und normativen Zuschreibungen proaktiv übernimmt.

Zwar wird in Bezug auf die Aufteilung der Familienarbeit und der Vereinbarkeitsdebatte sowohl in den Zeitschriften wie den Interviews das fehlende Engagement von Vätern bei Haushalt und Kinderpflege thematisiert, erfährt aber gleichzeitig eine relativierende Verharmlosung, da auch hier der Diskurs mütterlicher Selbstverantwortung dominant ist. Auf diese Weise wird das moderne Mutterbild der *Do-it-all-mother* zum Bumerang, indem eine unterstellte Übereifrigkeit der Mutter für das mangelnde väterliche Engagement verantwortlich gemacht wird: »Das Gelingen der Vater-Kind-Beziehung hängt entscheidend von der Mutter ab« (*Baby & Familie*, November 2010). Damit verlagert sich die Verantwortung für die familiale Lebensgestaltung, das Wohlergehen des Kindes, aber auch das Engagement des Vaters bzw. Partners in den Bereich des Privaten, hier explizit auf die Mutter. So bleiben trotz der häufigen Rede von »neuer Vaterschaft« und »selbstbestimmter Mutterschaft« die Rollen von Mutter und Vater geschlechtsstereotyp gebunden. Die Verschiebung auf die Mutterposition führt dazu, den Vater nicht nur als Verlierer der Gleichberechtigung und Flexibilisierung der Geschlechter darzustellen, sondern auch als »Opfer einer allmächtigen Frau als Mutter« (Krüger-Kirn & Tichy, 2020, S. 204). Ebenso wie in den Zeitschriften zeigt sich auch in Analysen von Elternratgebern (z. B. Rinken, 2012, S. 26), wie die hier aufgerufenen Mutterbilder die Wirkmacht gesellschaftlich tradierter und bis heute nicht aufgearbeiteter Muttermythen untermauern.

Dass dies auch für den psychoanalytischen Diskurs zutrifft, zeigen bis in die Gegenwart reichende Argumentationsweisen und Begründungsfiguren. Wenn Aigner (2009) feministische Bewegungen dafür verantwortlich macht, dass der »symbolische Vater Lacans [...] irgendwo in eine Konjunkturflaute geraten zu sein [scheint]« (S. 59), werden auch hier Frauen und implizit Müttern das Fehlen einer väterlichen Autorität angelastet.[3] Auch der Kinderanalytiker Hans Hopf (2009),

---

3 Hier handelt es sich jedoch um genau jene Verwechslung von biologischen Wirklichkeiten mit gesellschaftlichen Geschlechterkonstruktionen, die auch den Ansätzen der *gender studies* und der *queer theory* mit ihrer Kritik an der klassischen Konzeption des Ödipuskomplexes unterstellt werden. Umgedeutet als »Ablehnung der ödipalen Ordnung«, die »zur Schwächung von Bindungen, Angst vor Abhängigkeit und fehlender Sozialisierung der Aggression« führen (Metzger, 2015; siehe auch Hutfless, 2015), ginge die von der *queer theory* geforderte Dekonstruktion von Identitäten in eine Destabilisierung des Subjekts über.

der das Fehlen des Vaters als Triangulierungsobjekt für den Jungen klinisch relevant herausgearbeitet hat, analysiert mit Blick auf alleinerziehende Mütter und
die weibliche Dominanz in Kindergärten und Schulen in seiner Argumentation
nicht etwa das gesellschaftliche Versagen und fordert strukturelle Veränderungen
bzw. mehr Unterstützung für alleinerziehende Mütter, sondern belässt die Verantwortung bei den Müttern bzw. weiblichen Erziehungsverantwortlichen.[4] Diese
Argumentationsfiguren dienen letztendlich einer Zementierung und Herstellung
von Ungleichheit und Hierarchie zwischen Mutter und Vater. Insofern bieten gerade auch moderne Konzepte des »neuen Vaters« und der *Do-it-all-mother* über
eine Rhetorik von Wahlfreiheit zahlreiche Anschlussstellen für konservative Geschlechterrollen in der Elternschaft.

Zur Hartnäckigkeit der elterlichen Asymmetrie und Ungleichheit der Geschlechter

Vordergründig vermitteln die untersuchten Zeitschriften durchaus den Eindruck, eine Vielfalt von Familienformen und Elternkonstellationen zu würdigen,
obwohl es eine starke Unterrepräsentanz von nicht-heterosexuellen, alleinerzie-
henden, gering verdienenden und nicht-weißen Eltern gibt. Auf Grundlage
dieser Beobachtung und im Hinblick auf die Frage der Diskursivierung unterschiedlicher Familienformen wurde eine Feinanalyse von zwei Artikeln über
lesbische Elternschaft durchgeführt. Das Konzept »Familie« gewinnt auch hier
zentrale Bedeutung und wird ebenso wie bei heterosexuellen Elternpaaren als
Ort angerufen, an dem eine gesunde, kindliche Entwicklung stattfinden kann
und soll. Auch das Narrativ der Kleinfamilie als Sehnsuchtsort und Ort der
Liebe kann offenbar unabhängig von geschlechtlicher Orientierung angeeignet
werden. Diese Perspektive auf Familie setzt nicht unbedingt einen leiblichen
Vater voraus, wohl aber geschlechterbinäre Elternrollen. In den beiden Artikeln zu lesbischer Elternschaft zeigt sich, dass die Position des Vaters flexibel
besetzt werden kann, indem entweder ein »weiblicher Papa« (*Eltern*, November 2014) oder eine zweite Mutter zur angenommenen Mutter-Kind-Dyade
hinzukommt. Hier nimmt die biologische Mutter eine vergleichbare Position
ein wie in heterosexuellen Familienkonstellationen und wird als Begründungsfigur herangezogen, um elterliche Funktionszuschreibungen und Aufgaben zu
legitimieren. Der bisher herausgearbeitete Fokus auf die biologische Differenz

---

4   Auch die motorische Unruhe der Jungen versteht Hopf vor diesem Hintergrund als eine
    Form von Sexualisierung, die der Abwehr passiv erlebter Ängste vor inzestuöser Über-
    wältigung bei gleichzeitiger Verleugnung väterlicher Autorität entstamme (Hopf, 2009,
    S. 42).

innerhalb der heterosexuellen Kleinfamilie verschiebt sich nun auf die elterliche Relation in Bezug zur leiblichen Mutter. Damit bleibt die Position der biologischen Mutter als primärer Beziehungsfigur unangetastet, auch wenn um sie herum Pluralität affirmiert werden kann. Mit diesem Verständnis geht einher, dass die »Andere« in ihrem elterlichen Verhalten andere Funktionen übernimmt als die leibliche Mutter. Auf diese Weise wird das Geschlecht quasi überschrieben und auf der Ebene von elterlichem Gender heterosexuellen Vorstellungen angepasst. Im Rahmen dieser Figurationen von Elternschaft wird an traditionelle Lesarten ödipaler Entwicklungsstrukturen angeknüpft und eine Mutter-Kind-Beziehung entworfen, die die Mutter in symbiotischer Verwobenheit mit dem Kind als Hauptbindungsperson und den bzw. die »Andere« in der Vaterfunktion als rettende Figur konstruiert, die das Kind aus der mütterlichen Symbiose löst und den Weg in die Welt mit vergeschlechtlichten Entwicklungsvorstellungen verknüpft.

Einen weiteren entscheidenden Referenzrahmen im Rekurs auf vergeschlechtlichte Elternbilder bilden vergeschlechtlichte Lesarten der Bindungstheorie und untermauern, dass Bindungssicherheit und eine stabile emotionale Entwicklung exklusiv an die leibliche Mutter gebunden sei, der die notwendigen Fähigkeiten wie Feinfühligkeit, Liebe und Empathie »von Natur aus« zugeschrieben werden. Auf diese Weise gelingt es, die Position der Mutter zu naturalisieren und über alle Familienformen hinweg konstant zu halten. Auch hier lassen sich Querverbindungen zu psychoanalytischen Konzepten identifizieren, vor allem herausgearbeitete Perspektiven auf die Bedeutung der Biologie für die vergeschlechtlichten Mutter- und Vaterpositionen sowie die Mutter-Kind-Beziehung.

Vor dem Hintergrund familialer Transformationsprozesse liegt aus einer soziologisch gesellschaftlichen Perspektive daher der Schluss nahe, dass die Dominanz und Fortschreibung heteronormativer Geschlechterbilder eben jene Funktion verkörpern, »bestehende Normen festzuschreiben« (Butler, 2001, S. 189), oder anders formuliert: Durch Transformationen der Familienstrukturen und Forderungen nach einem geschlechterunabhängigen Verständnis von Mütterlichkeit wird eine potenzielle Gefährdung der bestehenden »harmonischen Ordnung« (Fröhlich, Hellwig & Spicker, 2018, S. 12) befürchtet. Die Erschütterung einer in die Tiefenstruktur der Gesellschaft eingeschriebenen geschlechterbinären Spaltung von Vaterschaft und Mutterschaft und damit verbundenen familiären Strukturen hat einen ideologischen Kampf um Deutungshoheit geschlechtlicher sowie elterlicher Stereotypien sowie deren Transformationen entfacht. Aus einer geschlechterkritischen Perspektive muss es im Gegenteil darum gehen, die mit den Körperdifferenzen einhergehende vergeschlechtlichte Begründungsfigur in Bezug auf Mütterlichkeit in einen historischen und gesellschaftspolitischen Kontext zu stellen und vom Körper zu lösen. Eine zentrale Voraussetzung für weiterführende Neuverhandlungen von Elternpositionen bestünde demnach darin, die normativen Prämissen einer unhinterfragten Verknüpfung von Mutterschaft und Mütterlichkeit, Vaterschaft und Väterlichkeit mit Geschlechtervorstellungen zu reflektieren.[5]

Zudem belegen zahlreichen Studien, dass das Aufwachsen in diversifizierten Familienkonstellationen keine negativen Auswirkungen auf die psychische und sexuelle Entwicklung und die Qualität der Bindungserfahrungen hat (Crowl, Ahn & Baker, 2008; Heenen-Wolff, 2018). Diese Ergebnisse legen nahe, dass andere Faktoren eine Rolle spielen und in den traditionellen Lesarten kindlicher Entwicklung verdeckt bleiben. Unterschiede anzuerkennen, zumal wenn sie sich auf die geschlechtliche Differenz und damit verbundene Potenziale beziehen, scheint überaus schwer aushaltbar. Vermutlich konnte auch Freud die augenscheinliche Differenz der geschlechtlichen Körper und ihrer unterschiedlichen Potenziale nur ertragen, indem er sie in eine patriarchale Hierarchie einschrieb.

Freud und der Ödipuskomplex

Freuds widersprüchliches (Laplanche & Pontalis, 1973 [1967], S. 106–108) Konzept der »konstitutionellen Bisexualität« (Freud, 1923b, S. 260) ist vielfach diskutiert und um neue Einsichten bereichert worden, etwa von Reimut Reiche (1990) und triebtheoretisch gewendet von Gsell und Zürcher (2011) sowie Gsell und Binswanger (2012). Weitere Untersuchungen haben sich maßgeblich mit dem namensgebenden griechischen Mythos beschäftigt und bei Freud bestimmte Auslassungen nachgezeichnet (Zepf et al., 2014). Sie zeigen Aspekte der von Freud herangezogenen Mythen auf, die er in seiner Konzeption des Ödipuskomplexes nicht berücksichtigt hat. Dieser erweiterte Blick entlarvt den Ödipuskomplex als ein Drama, dessen Entstehung nicht von den Kindern inszeniert wird, sondern durch eine transgenerationale Weitergabe bedingt ist: Nicht Sohn oder Tochter beginnen, mit Vater oder Mutter zu rivalisieren, es sind vielmehr die Eltern, die mit ihrem Kind um die Partner*in in Konkurrenz treten. Diese Erkenntnisse schließen an die von Laplanche formulierte Theorie der Allgemeinen Verführung an (Laplanche, 1988) und rücken zunächst die Frage in den Fokus, wie es Freud gelungen ist, in den Ödipuskomplex als allgemeiner Theorie der geschlechtlichen Entwicklung die patriarchale Geschlechterhierarchie einzuschreiben.

---

5 In diesem Zusammenhang wird deutlich, dass Überlegungen, die mit dem Topos Mutterschaft zusammenhängende Begriffe geschlechtsneutral zu ersetzen, Gefahr laufen, die in der Sprache niedergeschlagenen vergeschlechtlichten Eigenschaftszuschreibungen und tradierten Funktionalisierungen unangetastet zu lassen und zudem den Mutterkörper auszublenden.

Allianz- versus Sexualitätsdispositiv

Historischer Ausgangs- und Einsatzpunkt der Psychoanalyse zu Beginn des 20. Jahrhunderts ist die Thematisierung der Homosexualität als Kennzeichen einer Sexualpathologie. Die Homosexualität gilt als Prototyp einer Sexualität, die sukzessive die Möglichkeit eine Entkoppelung der Sexualität von der Fortpflanzung ermöglicht. Wolfgang Hegener (2005), der in seiner Analyse die Frage verfolgt, wie sich in den Freud'schen *Drei Abhandlungen zur Sexualtheorie* (Freud, 1905d) die Geschichte der Sexualität spiegelt und zugleich bricht, greift dabei auf die von Foucault (1976) in *Der Wille zum Wissen* vorgeschlagene Unterscheidung in Allianz- und Sexualitätsdispositiv zurück. In den bis 1924 immer wieder erweiterten und revidierten *Drei Abhandlungen zur Sexualtheorie* gilt die zweite Abhandlung »Die infantile Sexualität« als Referenztext für die psychoanalytische Geschlechtertheorie. Hier entwickelt Freud die Vorstellung einer eigenständigen kindlichen Sexualität und sucht nach Wegen, wie sich Psyche und Gesellschaft sexuell integrieren können. Er tut dies unter Rückgriff auf das Modell des Ödipalen, das er kulturhistorisch begründet (Hegener, 2001, S. 77ff.). Freud trägt in die anfänglich polymorph-perverse infantile Sexualität nachträglich das väterlich-ödipale Gesetz (der Allianz) ein und verpflichtet sie auf das Inzestverbot. Allein durch diese Einschreibung können eine auf Fortpflanzung ausgerichtete Sexualität und Geschlechterdifferenz entstehen. Knotenpunkt zu einer auf Fortpflanzung bezogenen Sexualität ist der Kastrationskomplex:

> »Der Hauptcharakter der ›infantilen Genitalorganisation‹ ist zugleich ihr Unterschied von der endgültigen Genitalorganisation der Erwachsenen. Er liegt darin, dass für beide Geschlechter nur ein Genitale, das männliche, eine Rolle spielt. Es besteht also nicht ein Genitalprimat, sondern ein Primat des Phallus« (Freud, 1923e, S. 294f.).

Die Geschlechterdifferenz, so wie Freud sie beschreibt, gelingt ihm in seiner Theorie des Ödipalen nur sehr bedingt. Die Anerkennung der Differenz ist eben keine wirkliche, sondern eine nur relative. Vermittels des Kastrationskomplexes wird die zuerst verleugnete Weiblichkeit vollständig am Gesetz des Männlichen ausgerichtet. Damit wird das ödipale Ideal der Anerkennung von Differenz und des Anderen aber gerade verfehlt.[6] Hier zeigt sich deutlich, dass Freud von Anfang an seine Theoriebausteine an einer Familienkonstellation orientierte, die entscheidend aus

---

6   Die damit einhergehende Essenzialisierung von Geschlecht wurde im Zuge einer feministisch orientierten Aufarbeitung vielfach kritisiert und gezeigt, wie sehr ideologische Mutter- und Weiblichkeitsbilder in die theoretischen Konzeptualisierungen eingehen (Horney, 1977; Benjamin, 1990; Chodorow, 1985; Irigaray, 1991; Butler, 1991).

Mutter, Vater und Kind (plus weitere Kinder) bestand. Nun beeindrucken sozio-
kulturelle Geschlechterbilder, die – ganz im Sinne des Konstruktivismus in die
Geschlechtsorgane eingeschrieben – fortan als natürlich gelten. Damit wird nicht
nur die Theorie der Bisexualität eingeschränkt, sondern zugleich auch eine hetero-
sexuelle Orientierung in eine Geschlechterhierarchie eingeordnet und anatomisch
begründet. Wenn geschlechtliche Entwicklung nicht weiterhin mit Familienmodellen, die 100 Jahre zurückliegen, erklärt und dabei Formen von weiblicher*
Körperlichkeit reproduziert werden sollen, die sich als subtile Fortschreibung traditioneller Weiblichkeitsbilder erweisen (Fiorini, 2019, S. 398), steht eine kritische
Überprüfung psychoanalytischer Entwicklungskonzepte auf normative und geschlechtsspezifisch bivalente Strukturen zur Disposition. Dies gilt besonders für
das Festhalten an traditionellen Konzepten des Ödipuskomplexes, deren Reichweite – wie in den herausgearbeiteten Interpretationsmustern in der Analyse der
Zeitschriften deutlich geworden – weit über eine theorieimmanente Debatte hinausgeht. Wenn Freud mit seinem Ausspruch »Das Ich ist nicht Herr im eigenen
Haus« (Freud, 1917a [1916], S. 11) auf die Wirkmacht des Unbewussten anspielt
und die Dezentriertheit des Subjekts nahelegt, wird die Dezentriertheit des Subjekts mit Lacans subjekttheoretischen Konzeptualisierungen (Lacan, 1966, 2008)
endgültig intersubjektiv gewendet. Auf diese Weise wird aus zwei Perspektiven auf
die kindliche Entwicklung geschaut und der Komplexität der zu erforschenden
Geschlechtlichkeit Rechnung getragen, indem die vielfältigen Wechselwirkungen
von Körper und hegemonialen Diskursen, die im elterlichen Bewusstsein sowie
dem Unbewussten repräsentiert sind, mitbedacht werden.

Das Subjekt radikal dezentrisch denken

Nach Laplanche versäumte es Freud, das elterliche Unbewusste und dessen frühzei-
tige Verführung in seine Theorie einzubauen (Laplanche, 1988, S. 217). Laplanche
konzeptualisiert einen konstitutiven Zusammenhang der Geschlechtlichkeit des
Kindes mit der bzw. dem Anderen als Mutter und Vater bzw. Gesellschaft. Mit seiner *Allgemeinen Verführungstheorie* wird die Perspektive umgedreht und das Kind
zunächst Objekt unbewusster elterlicher (Sexual-)Fantasien, bevor es überhaupt
eine eigene Sexualität entwickeln kann. Das Unbewusste stellt den zentralen Modus der Beziehungsdynamik dar und gewinnt subjektkonstituierenden Charakter.
Dabei bilden sich die rätselhaften Botschaften in den Mutter- bzw. Eltern-Kind-
Interaktionen nicht nur im Unterbewussten des Kindes ab. Laplanche stellt auch
das Kind als aktiven Übersetzer der Verhaltens- und Reaktionsweisen der Eltern
vor. Da dem Kind entsprechend seinem jeweiligen Entwicklungsstadium jedoch
die emotionalen und physiologischen Möglichkeiten der Selbstübersetzung fehlen,
kann es die an ihn gerichteten Botschaften nicht angemessen übersetzen und ver-

arbeiten (ebd., S. 138).[7] Der nicht-übersetzbare Rest bildet dann das Unbewusste. Die Fantasietätigkeit nimmt nach Laplanche eine strukturelle konstitutive Bedeutung im subjektbildenden Sinne ein und zeichnet das Kind bzw. den Menschen als »ein sich selbstübersetzendes, sich selbst theoretisierendes Wesen« aus (ebd., S. 228). In der Konsequenz führt die intersubjektive Theorie des unbewussten Begehrens eine sinnlich begehrende Mutter- und Vaterposition in den Diskurs der geschlechtlichen Entwicklung des Kindes ein und stellt eine Erweiterung und Veränderung im ödipalen Denken und bisheriger patriarchaler Deutungsmuster dar. Jean Laplanche hat deshalb in seinem Spätwerk den Ödipuskomplex als einen Code bzw. als ein narratives Schema bezeichnet, mit dem das Menschenkind versucht, die rätselhaften Botschaften des erwachsenen Anderen zu übersetzen und die dadurch bei ihm hervorgerufenen Erregungszustände so gut wie irgend möglich zu binden. Diese Kritik greift Heenen-Wolf (2017) auf und betont, dass der einfache Ödipuskomplex, wonach der Junge seine Mutter, das Mädchen seinen Vater liebt, schon von Freud als »Vereinfachung« bzw. »Schematisierung« bezeichnet wird. Bisexualität als ein unumgänglicher Referenzpunkt stellt auch in den gegenwärtigen Konzeptualisierungen einen zentralen Bezugspunkt dar, um im Sinne der Kritik der »heteronormativen Ordnung« und des damit einhergehenden »binären Denkens« die Psychoanalyse zu (post-)modernisieren, zu reformulieren und zu revidieren (Becker, 2019, S. 587; Hutfless & Zach, 2017). Die an dieser Stelle vorgeschlagene Lösung, nämlich Geschlechterdifferenzen gänzlich aufzulösen (Quindeau, 2019), kann allerdings nicht die Lösung sein. Nicht nur wird die von Freud – zumindest von seinem Ursprungsgedanken her – formulierte Dialektik von Körper und Psyche aufgelöst, sondern auch eine Beliebigkeit nahegelegt, dass es zwischen Körperrealität und Fantasie einen beliebig weiten und grenzenlosen Raum gibt. Demgegenüber unterstreicht die von Freud betonte Dialektik der Subjektivierung, dass die unhintergehbare Realität des Körpers, mit dem jeder geboren wurde, eine entscheidende Rolle spielt, wie sich die geschlechtlichen Vorstellungen, das eigene Begehren und die Fantasien entwickeln. So gesehen ist dabei die Tatsache, ob dies mit einem weiblich* oder einem männlich* codierten Körper geschieht, von Bedeutung. Es hat Folgen für die jeweiligen Möglichkeiten und Grenzen der Symbolisierung, ob man z.B. den Penis sehen kann und den weiblichen Innenraum ertasten bzw. erahnen muss, welche Worte und Erklärungsmuster angeboten werden usw. (Becker, 2005; Krüger-Kirn, 2015, S. 272ff.). Es kommt sicherlich selten vor, dass »die Penis-Metapher an eine Vase oder Behältnis erinnert und die Metapher der Vagina im Schwert oder Messer einen schlüssigen Vergleich fände« (Green, 1996 [1990], S. 143).

---

7 Laplanche schreibt: »Der praegenitalen Sexualität stehen die Wege der (immer nur teilweisen) Verdrängung und der Übersetzung offen« (Laplanche, zit. n. Aichhorn, 2009, S. 223).

Traditionelle Ödipus-Lesarten mit Mutterschaft[8] *queeren*

Um das (Spannungs-)Verhältnis von organisch-materiellen und somato-psychischen Verkörperungen zu untersuchen und klassische Lesarten des Ödipuskomplexes zu dekonstruieren, fordert der schwangere Körperzustand geradezu leibhaftig zu einer kritischen Reflexion der wechselseitigen Verknüpfung der Trias von Körper, Diskurs und Psyche bzw. Subjekt heraus. Sowohl in Bezug auf die bis dato ungekannten Körpererfahrungen als schwangere Person wie auch auf das heranwachsende Wesen rückt eine Interaktion zwischen Schwangerer und Infans[9] in den Blick, die nicht nur die mütterliche Subjektivierung, sondern auch die des werdenden Kindes in den Raum einer intrauterinen Zwischenleiblichkeit verschiebt. Die mit dem schwangeren Körperzustand einhergehenden Grenzverschiebungen als Zustand von »noch nicht Ich« des Kindes und »noch nicht Mutter« (Ettinger, 2006) zu konzeptualisieren, fokussiert einen *leiblichen Zwischenraum*, der nicht dem einen oder dem anderen gehört.[10] In dieser Perspektive stellt sich die kindliche wie mütterliche Subjektgeschichte als Begegnung in der Differenz gleichzeitig als Körpergeschichte dar, die bereits im und mit dem Mutterleib beginnt. Diese legt nicht nur eine Umdeutung bzw. Bedeutungserweiterung der hypostasierten schwangeren Passivität hin zu einer selbstbestimmten Subjektivierung nahe, sondern zudem eine Rekonstruktion des Begriffs der Selbstbestimmung. Um den Raum für Schwangerschaft und Mutterschaft aus der ödipalen Entführung einschließlich der patriarchalen Verortung in der symbolischen Ordnung zu erweitern, habe ich im Rahmen meiner Forschungen daher vorgeschlagen, Schwangerschaft als *zwischenleiblichen Prozess* zu denken (Krüger-Kirn, 2019). Damit kann die reproduktive Potenz von Mutterschaft kulturell und symbolisch sichtbar aus der Engführung von Passivität befreit und als Gabe der Natalität (Hannah Arendt) anerkannt werden. Gerade ein veränderter Blick auf Mutterschaft macht offensichtlich, dass es zu kurz greift, das Geschlechterverhältnis als primäres Problem von Geschlechternormen und -rollen zu verstehen, sondern rückt die verdrängte Position des Subjekts Mutter in den Fokus, die sich auf die reproduktive Differenz in der symbolischen Ordnung unserer Kultur und die patriarchale Position der Mütterlichkeit gleichermaßen bezieht. Ein solcher Blickwinkel öffnet darüber hinaus einen Raum für unterschiedliche, wenn nicht sogar gegensätzliche Erfah-

---

8 Der Begriff »Mutterschaft« bezieht sich auf die körperbasierte Erfahrung von Zeugung, Schwangerschaft und Geburt.

9 Der Begriff »Infans« bezieht sich auf das ungeborene wie das geborene, noch nicht sprechende Kind und betont seinen potenziellen Subjektstatus.

10 Mit Luce Irigaray meint dies zugleich die Wahrung der Grenzen, indem ein Zwischen markiert wird, das »die Mutter mit dem Kind [und] das Kind mit der Mutter verbindet« (Irigaray, 2010, S. 132).

rungen von Schwangerschaft (siehe dazu auch hinsichtlich der Leihmutterschaft Krüger-Kirn, 2019).

Dieser Perspektivwechsel, Mutterschaft aus einer Subjekt- und Begehrensposition zu konzeptualisieren, stellt nicht nur geschlechtliche Überzeugungen, sondern auch die gesellschaftliche Tiefendimension der Naturalisierung von Geschlecht einschließlich geschlechtlicher Entwicklung infrage. Die Sprengkraft eines Konzepts von *Mütterlichkeit, das kein Geschlecht braucht,*[11] untermauert daher nicht nur die Forderung nach einer elterlichen Verteilungsgerechtigkeit, sondern dekonstruiert die Referenz auf die »natürliche« Zuständigkeit der Mutter für das Kind als ideologische Verknüpfung von Mutterschaft und Mütterlichkeit (Krüger-Kirn, 2021, S. 97–120).

Fazit: Mütterlichkeit braucht kein Geschlecht

Ein zukunftsweisender Paradigmenwechsel in Bezug auf eine geschlechtergerechte elterliche Fürsorgeverantwortung und veränderte Familienkonstellationen bezieht sich daher auf verschiedene Ebenen. Für den psychoanalytischen Theoriediskurs stehen die natürliche Mutterliebe ebenso wie die hypostasierte mütterliche Symbiose und die damit verbundene dyadische Stagnation zur Disposition, die sich vor dem Hintergrund der Ausführungen nicht nur als patriarchale Begründungsfigur entlarvt, um dem Vater die Position des Retters zu sichern, sondern die Position der Mutter der patriarchalen Hierarchie einer klassischen Familienstruktur zu unterwerfen. Die hartnäckige Verklammerung und Gleichsetzung des Vaters als Garant des Eintritts in die symbolische Ordnung blockieren ein Denken, den Vater »nur« als einen Dritten vorzustellen, der metaphorisch nicht den entwicklungsnotwendigen Ausweg aus der Symbiose repräsentiert, sondern Fürsorglichkeit, Verantwortung und Pflege. Bis heute fehlt allerdings ein gesellschaftliches Verständnis, Mütterlichkeit nicht als Engführung auf vergeschlechtlichte Zuschreibungen und Einschränkung zu begreifen. Als Ideal gilt seit jeher, die menschliche Psyche geschlechtsspezifisch zu vereindeutigen, und Anteile, die eher dem Männlichen oder dem Weiblichen zugeordnet werden, geschlechtsspezifisch aufzuspalten. Es gibt allerdings durchaus psychoanalytische Konzepte wie beispielsweise das Konzept der primären Mütterlichkeit (Kestenberg, 1975), das eine Sicht auf Mütterlichkeit bietet, die grundsätzlich für Frauen und Männer gilt. In diesem Sinne spricht auch Chasseguet-Smirgel (1975) von einer Befähigung zur Mütterlichkeit, die sich durch das eigene Erleben des Bemuttertwerdens konstituiert und als lebenslanges Modell dient. Beim Kind entwickelt sich im Laufe der frühesten Interaktionen mit der Mut-

---

11 Der Begriff »Mütterlichkeit« umfasst jene Erfahrungs- und Lebensbereiche, die sich im weitesten Sinne auf Beziehung, Versorgung und Fürsorge beziehen.

ter bzw. den Eltern ein präverbales Beziehungswissen und eine intuitive mütterliche Kompetenz, die im prozeduralen Gedächtnis gespeichert und im Erwachsenenalter bei der Begegnung mit einem Säugling abrufbar ist. In der Konsequenz heißt das, dass wir auf kultureller Ebene eine Haltung benötigen, die Mutterschaft und Mütterlichkeit gleichermaßen wertschätzt und als emanzipatorische Positionierung im Lebensbereich um Elternschaft, Mutterschaft, Vaterschaft und Familie unterstützt. Bezogen auf (lebensgeschichtlich kontextualisierte) geschlechtliche Selbstentwürfe rückt auf der anderen Seite auch die Frage in den Vordergrund, welche unbewussten Konflikte sich artikulieren, wenn die Forderung nach »Mütterlichkeit braucht kein Geschlecht« die Abwehr der konstitutiven Abhängigkeit mobilisiert. Im Kontext der kulturellen Weiblichkeits- und Männlichkeitskonstruktionen stehen diese Verstrickungen eng mit einer unterschiedlichen, sprich geschlechterdifferenten Bezugnahme auf die in die Mutter-Kind-Beziehung eingelagerte konstitutive Abhängigkeit im Zusammenhang. Hier bekommt die psychische Herausforderung der Anerkennung der eigenen Begrenztheit und konstitutiven Abhängigkeit vom Anderen eine geschlechtsspezifische Wendung und lässt die Tragweite der geschlechterdifferenten Abwehrbewegungen spürbar werden. Gestützt durch gesellschaftlich binäre Geschlechterbilder wird die Anerkennung der Abhängigkeit vom bzw. von Anderen im Sinne der konstitutiven »Angewiesenheit« des Subjekts auf die weiblich-mütterliche Position verschoben. Kristeva (2001) macht hier auf den entscheidenden Zusammenhang aufmerksam, dass »der Andere« nicht (nur) als »ein Fremder« außerhalb von uns zu verstehen ist, sondern im Gegenteil als das Abgewehrte und »Fremde« im Subjekt selbst. Die Herausforderung und Fähigkeit, mit dem Fremden in uns wie mit »den Fremden von außen« umzugehen, verweist auf subjekt-, kultur- und geschlechterkritische Aspekte gleichermaßen. Ein Fokus auf eine »Mütterlichkeit, die kein Geschlecht braucht«, rückt daher einen kritischen Bezug auf bisher vergeschlechtlichte Vorstellungen von Abhängigkeit und Mütterlichkeit in den Fokus und konkretisiert sich in einer selbstreflexiven Praxis. Nur wenn es gelingt, das eigene Handeln immer wieder einer Reflexion zu unterziehen, lässt sich erkennen, dass sich Mütterlichkeit im Handeln und den Erfahrungen herstellt und auf der Ebene von Gender bewegt. Neben der zunehmenden rechtlichen Gleichstellung von verschiedenen Familienmodellen sind es maßgeblich elterliche Praxen, die an den diskursiven Verschiebungen von Familie mitwirken und identitätsstiftenden Modellcharakter bieten. Zu dieser Öffentlichkeit elterlicher Transformationsprozesse tragen auch wissenschaftliche Forschungsergebnisse, z. B. zur Co-Elternschaft bei. Hier untermauert der Blick in die gelebte Realität familialer Elternschaften, in der andere Bezugspersonen als die leibliche Mutter das Kind versorgen, dass die augenscheinliche Fähigkeit zu Mütterlichkeit eben nicht geschlechtsgebunden ist. Sowohl aus sozialwissenschaftlicher Perspektive (Flaake, 2014) wie anhand bindungstheoretisch und neurobiologisch orientierter Studien wurde gezeigt, dass fürsorgliche Beziehungs- und Verhaltensweisen mit dem Neugeborenen nicht durch biologische Zusammenhänge initiiert, sondern die hormonellen Gegebenheiten und neuronalen Strukturen des Gehirns durch die soziale Praxis mit Neugeborenen beeinflusst werden (Abraham et al., 2014; Feldman, 2015). Es kann nicht oft genug betont werden, dass eben nicht Hormone Verhalten und psychische Einstellungen steuern, sondern vielmehr umgekehrt eine intensive Zuwendung zu einem Neugeborenen eine gewaltige hormonelle Umstellung in Gang setzt. Genau an dieser Stelle lassen sich die notwendigen Veränderungsmöglichkeiten einer geschlechterunabhängigen Mütterlichkeit verorten. In diesem Sinne markiert *doing mothering* einen prominenten Ort emanzipatorischer Möglichkeitsräume für *geschlechterübergreifende Mütterlichkeit* und trägt zur Überwindung einer seit mehreren Jahrhunderten etablierten Arbeitsteilung mit entsprechenden Geschlechterzuordnungen bei. Dass beide Elternteile die Position des Dritten einnehmen können, bedeutet in der Konsequenz, die hartnäckige Verklammerung des Vaters mit der symbolischen Position des Dritten zu überwinden. Eine Theorie, um die symbolische Macht des Vaters zu zementieren, verfehlt zudem auch die Aufgabe einer Theoretisierung von Differenz. Die folgenschwere Ausblendung der Bedeutung der Mutter und der Faktizität der Geburt ist – um mit Otto Rank (1998 [1924]) zu sprechen – ein Trauma, das auch traumatische Folgen für eine psychoanalytische Theoriebildung geschlechtlicher Entwicklung hatte und hat. Die damit einhergehenden Spaltungsprozesse behindern nicht nur eine fundierte Auseinandersetzung mit und eine Integration feministisch-psychoanalytischer Erkenntnisse zu sexueller Differenz, sondern untermauern auch die gesellschaftliche Realität familialer und sozialer Ungleichheit. Auf Diamond (2009) bezugnehmend, ist daher eine wesentliche Voraussetzung, dass sich die Psychoanalyse auch metaphorisch vom Phallus als einzigem Organisator höheren geistigen Funktionierens trennen muss. Eine männliche Geschlechtsidentität, in die auch mütterliche Eigenschaften integriert werden, ist ein Gewinn. Dies gilt nicht nur für die subjektive psychische Identität, in der vereindeutigende geschlechtliche Zuordnungen den Freiraum für die Entwicklung der eigenen Geschlechtsidentität einschränken. Die damit verbundene Überwindung hierarchischer elterlicher Geschlechterbilder ist auch ein demokratischer Beitrag zur Geschlechtergerechtigkeit.

Literatur

Abraham, E., Hendler, T., Shapira-Lichter, I., Kanat-Maymon, Y., Zagoory-Sharon, O. & Feldman, R. (2014). Father's Brain is Sensitive to Childcare Experiences. *Proceedings of the National Academy of Sciences, 111*(27), 9792–9797.

Aichhorn, T. (2009). »Ich lag im Bett. Freud war auch da.«. Einige Bemerkungen zum Analysetagebuch der Anna Guggenbühl. In A. Koellreuter (Hrsg.), *»Wie benimmt sich der Prof. Freud eigentlich?« Ein neu entdecktes Tagebuch von 1921 historisch und analytisch kommentiert* (S. 217–236). Gießen: Psychosozial-Verlag.

Aigner, J. C. (2009). »Public Fathers«. Überlegungen zu Männern in der öffentlichen Erziehung (und in der öffentlichen Repräsentation). In F. Dammasch, H.-G. Metzinger & M. Teising (Hrsg.), *Männliche Identität. Psychoanalytische Erkundungen* (S. 53–64). Frankfurt a. M.: Brandes & Apsel.

Aigner, J. C. (Hrsg.). (2016). *Der andere Mann. Ein alternativer Blick auf Entwicklung, Lebenslagen und Probleme von Männern heute.* Gießen: Psychosozial-Verlag.

Badinter, E. (Hrsg.). (1985). *Die Mutterliebe. Geschichte eines Gefühls vom 17. Jahrhundert bis heute.* München: dtv.

Becker, S. (2019). You can always get what you want – Psychoanalyse in neoliberalen Zeiten (Kommentar zu Hansburys »Das männliche Vaginale«). *Psyche – Z Psychoanal, 73*(8), 585–596. DOI: 10.21706/ps-73-8-585

Becker, S. (2005). Weibliche und männliche Sexualität. In I. Quindeau & V. Sigusch (Hrsg.), *Freud und das Sexuelle. Neue psychoanalytische und sexualwissenschaftliche Perspektiven* (S. 63–79). Frankfurt a. M.: Campus.

Benjamin, J. (Hrsg.). (1990). *Die Fesseln der Liebe. Psychoanalyse, Feminismus und das Problem der Macht* (2. Aufl.). Basel, Frankfurt a. M.: Stroemfeld, Roter Stern.

Butler, J. (1991). *Das Unbehagen der Geschlechter* (2. Aufl.). Frankfurt a. M.: Suhrkamp.

Butler, J. (2001). Melancholisches Geschlecht/verweigerte Identifizierung. In dies., *Psyche der Macht. Das Subjekt der Unterwerfung* (S. 125–142). Frankfurt a. M.: Suhrkamp.

Chasseguet-Smirgel, J. (1975). Bemerkungen zu Mutterkonflikt, Weiblichkeit und Realitätszerstörung. *Psyche – Z Psychoanal, 29*(9), 805–812.

Chodorow, N. (Hrsg.). (1985). *Das Erbe der Mütter. Psychoanalyse und Soziologie der Geschlechter.* München: Frauenoffensive.

Crowl, A., Ahn, S. & Baker, J. (2008). A Meta-Analysis of Developmental Outcomes for Children of Same-Sex and Heterosexual Parents. *Journal of GLBT Family Studies, 4*(3), 385–407.

Dammasch, F., Metzger, H.-G. & Teising, M. (Hrsg.). (2009). *Männliche Identität. Psychoanalytische Erkundungen.* Frankfurt a. M.: Brandes & Apsel.

Diamond, M. J. (2009). Das Unbehagen an der Männlichkeit. Die Internalisierung und Anerkennung der »Mutter« im Mann – ein wesentlicher Schritt in der Entwicklung einer gesunden männlichen Geschlechtsidentität. In F. Dammasch, H.-G. Metzinger & M. Teising (Hrsg.), *Männliche Identität. Psychoanalytische Erkundungen* (S. 161–199). Gießen: Psychosozial-Verlag.

Ettinger, B. (Hrsg.). (2006). *The Matrixial Borderspace.* Minneapolis: University of Minnesota Press.

Feldman, R. (2015). The Adaptive Human Parental Brain: Implications for Children's Social Development. *Trends in Neurosciences, 38*(6), 387–399.

Fiorini, L. (2019). Das Weibliche dekonstruieren: Diskurse, Logik und Macht. Folgerungen für Theorie und klinische Praxis. *Psyche – Z Psychoanal, 73*(6), 397–413.

Flaake, K. (Hrsg.). (2014). *Neue Mütter – neue Väter. Eine empirische Studie zu veränderten Geschlechterbeziehungen in Familien.* Gießen: Psychosozial-Verlag.

Foucault, M. (1976). *Sexualität und Wahrheit. Der Wille zum Wissen.* Frankfurt a. M.: Suhrkamp.

Freud, S. (1905d). *Drei Abhandlungen zur Sexualtheorie. GW V.*

Freud, S. (1917a [1916]). Eine Schwierigkeit der Psychoanalyse. *GW VII,* S. 3–12.

Freud, S. (1923b). *Das Ich und das Es. GW XIII,* S. 237–298.

Freud, S. (1923e). Die infantile Genitalorganisation. *GW XIII,* S. 291–298.

Freud, S. (1933a [1932]). *Neue Folge der Vorlesungen zur Einführung in die Psychoanalyse. GW XV.*

Fröhlich, M., Hellwig, M. & Spicker, R. (2018). Geschlechterbilder sowie Familien- und Geschlechterpolitiken rechtspopulistischer bis extrem rechter Akteur*innen. In Bundesgemeinschaft kommunaler Frauenbüros und Gleichstellungsstellen (Hrsg.), *Antifeminismus als Demokratiegefährdung?! Gleichstellung in Zeiten von Rechtspopulismus* (S. 10–14). Berlin: [o. V.].

Green, A. (1996 [1990]). *Der Kastrationskomplex*. Tübingen: edition diskord.

Gsell, M. & Binswanger, R. (2012). Psychosexuelle Entwicklung und Geschlechtsidentität unter intersexuellen Konditionen. Überlegungen und Hypothesen aus psychoanalytischer Perspektive. In K. Schweizer & H. Richter-Appelt (Hrsg.), *Intersexualität kontrovers. Grundlagen, Erfahrungen, Positionen* (S. 371–392). Gießen: Psychosozial-Verlag.

Gsell, M. & Zürcher, M. (2011). Licht ins Dunkel der Bisexualität. *Psyche – Z Psychoanal, 65*(8), 699–729.

Heenen-Wolff, S. (Hrsg.). (2017). *Contre la normativité en psychanalyse. Sexe, genre, technique, formation: nouvelles approches comtemporaines*. Paris: Éditions in Press.

Heenen-Wolff, S. (Hrsg.). (2018). *Gegen die Normativität in der Psychoanalyse*. Gießen: Psychosozial-Verlag.

Hegener, W. (2001). *Wege aus der vaterlosen Psychoanalyse. Vier Abhandlungen über Freuds »Mann Moses«*. Tübingen: edition diskord.

Hegener, W. (2005). 100 Jahre »Drei Abhandlungen zur Sexualtheorie«. Sexualität im Zeitalter ihrer technologischen Reproduzierbarkeit. *Psyche – Z Psychoanal, 59*(11), 1081–1106.

Held, T. (2018). Das väterliche Gehirn. *Psyche – Z Psychoanal, 72*(2), 146–164.

Hopf, H. (2009). Philobatische Tendenzen bei Jungen. Mögliche Ursachen und die Folgen. In F. Dammasch, H.-G. Metzinger & M. Teising (Hrsg.), *Männliche Identität. Psychoanalytische Erkundungen* (S. 33–52). Frankfurt a. M.: Brandes & Apsel.

Horney, K. (1977). *Die Psychologie der Frau*. München: Kindler.

Hutfless, E. (2015). Vom Ankommen im Mainstream und dessen unangenehmen Antworten – zur aktuellen Gender-Debatte. https://queeringpsychoanalysis.wordpress.com/2015/09/23/vomankommen-im-mainstream-und-dessen-unangenehmen-antworten-zur-aktuellen-genderdebatte/#more-283 (23.09.2021).

Hutfless, E. & Zach, B. (Hrsg.). (2017). *Queering Psychoanalysis*. Wien: Zaglossus.

Irigaray, L. (1991). *Ethik der sexuellen Differenz*. Frankfurt a. M.: Suhrkamp.

Irigaray, L. (2010). *Welt teilen*. Freiburg, München: Karl Alber.

Kestenberg, J. S. (1975). Parenthood as a development phase. *JAPA, 24*, 213–251.

Kristeva, J. (2001). *Fremde sind wir uns selbst*. Frankfurt a. M.: Suhrkamp.

Krüger-Kirn, H. (2015). *Die konstruierte Frau und ihr Körper. Eine psychoanalytische, sozialwissenschaftliche und genderkritische Studie zu Körperpraktiken und Mutterschaft*. Gießen: Psychosozial-Verlag.

Krüger-Kirn, H. (2018). Care und Weiblichkeit. *Freie Assoziation, 21*(1), 68–73.

Krüger-Kirn, H. (2019). Somatisches Wissen artikulieren. Annäherungen an die leiblichen Erfahrungen von Schwangerschaft und von Leihmutterschaft. *feministische studien, 1*, 49–66.

Krüger-Kirn, H. (2021). Mütterlichkeit braucht kein Geschlecht. In dies. (Hrsg.), *Elternschaft und Gendertrouble. Geschlechterkritische Perspektiven auf den Wandel der Familie* (S. 97–120). Opladen, Berlin, Toronto: Barbara Budrich.

Krüger-Kirn, H. & Tichy, L. Z. (unter Mitarbeit von Elsässer, A.) (2020). Elternschaft und Gender Trouble. Inszenierungen moderner und tradierter Mutterbilder. In A. Henninger & U. Birsl (Hrsg.), *Antifeminismen. »Krisen«-Diskurse mit gesellschaftsspaltendem Potential?* (S. 193–230). Bielefeld: transcript.

Krüger-Kirn, H. & Tichy, L. Z. (Hrsg.). (2021). *Elternschaft und Gendertrouble. Geschlechterkritische Perspektiven auf den Wandel der Familie*. Opladen, Berlin, Toronto: Barbara Budrich.

Lacan, J. (1966). *Ecrits*. Paris: Editions du Seuil.

Lacan, J. (2008). *Meine Lehre*. Wien: Turia + Kant.

Laplanche, J. L. (1988). *Die allgemeine Verführungstheorie und andere Aufsätze*. Tübingen: edition diskord.

Laplanche, J. L. (2008). Gender, Geschlecht, Sexuelles. *Forum der Psychoanalyse. Zeitschrift für klinische Theorie und Praxis, 24*(2), 111–124.

Laplanche, J. L. & Pontalis, J.-B. (1973 [1967]). *Das Vokabular der Psychoanalyse*. Frankfurt a. M.: Suhrkamp.

Le Soldat, J. (1994). *Eine Theorie des menschlichen Unglücks*. Frankfurt a. M.: S. Fischer.

Metzger, H.-G. (2015). Conchita Wurst und die Illusionen in den Gendertheorien. *Psychoanalyse aktuell.* http://www.psychoanalyse-aktuell.de/artikel/detail/news/hans-geert-metzger-conchitawurst- und-die-illusionen-in-den-gendertheorien/ (23.09.2017).

Quindeau, I. (2019). Geschlechterspannung revisited. (Un-)doing Gender in Psychotherapie und Psychoanalyse. In I. Moeslein-Teising, G. Schäfer & M. Rupert (Hrsg.), *Geschlechter-Spannungen* (S. 15–27). Gießen: Psychosozial-Verlag.

Rank, O. (1998 [1924]). *Das Trauma der Geburt und seine Bedeutung für die Psychoanalyse*. Neuausgabe mit einem Vorwort von Ludwig Janus und einer Einführung von James Lieberman. Gießen: Psychosozial-Verlag.

Reiche, R. (1990). *Geschlechterspannung. Eine psychoanalytische Untersuchung*. Frankfurt a. M.: S. Fischer.

Rinken, B. (2012). Gender- und Familienbilder in Elternratgebern. Heterogene Sichtweisen auf Kindheit und Familie. Ergebnisbericht einer Diskursanalyse, München: Deutsches Jugendinstitut.

Rohde-Dachser, C. (2018). Wie sich die Geschlechterbeziehung in den letzten 100 Jahren verändert hat und warum es so schwierig ist, darüber innerhalb der Psychoanalyse ins Gespräch zu kommen. Über eine Geschichte von Verletzungsverhältnissen. *Psyche – Z Psychoanal, 72*(7), 521–548. DOI: 10.21706/ps-72-7-521

Sommerfeld, D. P. (1989). The Origins of Mother Blaming: Historical Perspectives on Childhood and Motherhood. *Infant Mental Health Journal, 10*(1), 14–24.

Tichy, L. Z. & Krüger-Kirn, H. (2019). The »Do-It-All Mother« – Discursive Strategies and Post-Feminist Alliances in Parenting Magazines. *Open Gender Journal, 75,* 1–14. DOI: 10.17169/ogj.2019.75

Tichy, L. Z. & Krüger-Kirn, H. (2020). Mama, Mami, Kind – Zur Diskursivierung homosexueller Elternschaft in Elternzeitschriften. In A. Peukert, J. Teschlade, C. Wimbauer, M. Motakef & E. Holzleithner (Hrsg.), *GENDER – Zeitschrift für Geschlecht, Kultur und Gesellschaft, Sonderheft 5: Elternschaft und Familie jenseits von Heteronormativität und Zweigeschlechtlichkeit* (S. 108–124). Opladen, Berlin, Toronto: Barbara Budrich.

Zepf, S., Zepff. D., Ullrich, B. & Seel, D. (Hrsg.). (2014). *Ödipus und der Ödipuskomplex. Eine Revision*. Gießen: Psychosozial-Verlag.

Die Autorin

Helga Krüger-Kirn, Prof. Dr. phil., Dipl.-Psych., Honorarprofessorin an der Philipps-Universität Marburg, Psychoanalytikerin für Kinder, Jugendliche und Erwachsene, Lehranalytikerin (DGPT) und Dozentin für analytische Paar- und Familientherapie sowie Körper-Psychotherapie. Sie arbeitet in freier Praxis in Marburg. Aktuell Forschungen und Veröffentlichungen zu Mutterschaft und Mütterlichkeit sowie zu Anti-Feminismus in der Gesellschaft, zuletzt *Elternschaft und Gendertrouble. Geschlechterkritische Perspektiven auf den Wandel der Familie* (Opladen, Berlin, Toronto, 2021).

Kontakt über Homepage: www.praxis-krueger-kirn.de

Herausforderungen für die Psychoanalyse

Psychoanalytische Zeit in einer beschleunigten Welt

Die 50-Minuten-Stunde und die Bedeutung der Uhr[1]

Herbert Will

Wenn man nach der Rolle der Zeit in der psychoanalytischen und tiefenpsychologischen Therapie fragt, dann fällt der Blick zu allererst auf die Uhr, die in jedem Behandlungszimmer steht. Die Uhr gibt den Sitzungen ihren Takt, sie bestimmt Anfang und Ende, und sie trägt eine äußere Strukturierung an die inneren Prozesse heran, die innerhalb dieses Rahmens entstehen. Die Zeit gestaltet sich dadurch als *Uhrzeit*, und darin liegt auch die Verbindung der psychoanalytischen Zeit mit der beschleunigten Welt, die sie umgibt. Die Zeit als Uhrzeit ist eine Präzisierung, die nicht selbstverständlich ist, sondern die auf die Taktung des Lebens verweist, in deren Zusammenhang die Psychoanalyse entstanden ist. Die Uhrzeit als ein Signum der Moderne tritt den Subjekten von Patient und Therapeut in der analytischen Situation als ein Drittes, und zwar als ein fremdes Drittes gegenüber, das sie herausfordert. Sie bietet Reibungspunkte, sie lädt zu Übertragungen ein, sie erscheint als relationaler Faktor in der Dreiecksbeziehung Patient-Analytiker-Uhr, und die Auseinandersetzung mit ihr wird zu einem wichtigen Organisator der psychischen Entwicklung.

Im Folgenden gehe ich zunächst auf den sozialpsychologischen Prozess ein, den Norbert Elias beschreibt: die Internalisierung der Uhr und deren Folgen. Dann kommt die Erfindung der 50-Minuten-Stunde zur Sprache, die zu einem wichtigen Element des psychoanalytischen Settings oder Rahmens wird. Schließlich soll anhand von Behandlungsvignetten diskutiert werden, in welcher Weise die Uhr zu einem kurativen Faktor in den analytisch orientierten Therapien wird.

Die Internalisierung der Uhr

»Jetzt ist die Stunde schon wieder vorbei! Das war doch gar keine richtige Stunde! Manchmal gehen die Uhren hier nicht richtig. Das waren vielleicht 10 Minuten oder so.« Etwas wütend und verzweifelt ruft das eine Patientin am Ende ihrer Sit-

---

1 Überarbeitung und Weiterentwicklung eines früheren Beitrags (Will, 2015).

zung aus, dann lacht sie. Ich denke mir: Wie gut sie ihren Wunsch wahrnimmt und wie sehr sie sich an der Rahmensetzung reibt, welche die Uhr herstellt. In diesem Moment ist sie innerlich nicht mit der Uhrzeit identifiziert, sondern mit ihrem Wunsch – die Zeitsetzung durch die Uhr ist externalisiert und tritt als störendes Drittes in ihre therapeutische Beziehung ein. Die genau gegenteilige Bewegung lässt sich bei einer Patientin beobachten, die die Analysestunde regelmäßig selbst beendet, indem sie sich exakt nach der Uhrzeit ihres Handys richtet. Sie zeigt, wie die Uhr zu einem Teil ihrer selbst geworden und sie unmittelbar damit identifiziert ist.

Viele solcher Phänomene lassen sich beim psychoanalytischen Arbeiten beobachten. Worauf weisen Sie hin? Bei ihnen – so ist mein Gedanke – wird greifbar, was Norbert Elias als Teil seiner großen Arbeit über den Prozess der Zivilisation herausgearbeitet hat (Elias, 1984): Erst im 19. Jahrhundert nahm die Uhrzeit in Mitteleuropa die Menschen in Besitz. Vorher gab ihnen die Tageszeit mit ihrem Hell und Dunkel die Orientierung; wenn die Sonne am höchsten stand, war Mittag. Dann übernahm die Kirchturmuhr diese Orientierung, wobei jeder Ort seine eigene Uhrzeit hatte. Erst durch die Erfindung der Eisenbahn musste man beginnen, die Uhrzeiten zu koordinieren, weil man einen einheitlichen Fahrplan brauchte. Immer mehr Uhren wurden installiert: die Rathausuhr, die Bahnhofsuhr, die Schuluhr. In jedem Klassenzimmer begann die Schulglocke unerbittlich zu läuten: 7:30 Uhr oder 8:00 Uhr Schulbeginn. Wehe, wer zu spät kommt! Dementsprechend zu Hause der Wecker: Um 6:00 Uhr oder 6:30 Uhr schrillt er und beginnt den Kindern, vermittelt durch ihre Eltern, beizubringen, dass das Großwerden damit verbunden ist, das eigene Leben unter das Diktat der Uhr zu stellen. Innerhalb dieses Rahmens erhält die Uhr jedoch auch die erleichternde Funktion, Pausen einzuläuten, in denen man nicht lernen oder arbeiten braucht. Norbert Elias zeigt, wie die Uhrzeit eine zwingende Kraft entwickelt und die psychische Struktur des modernen Menschen in Besitz nimmt. Die Uhrzeit dringt in die Subjekte ein und wird zum Teil ihres Überichs oder Ichs. Aus einem Fremdzwang wird schließlich ein Selbstzwang und daraus das Zeitgewissen. Sowohl sozialpsychologisch als auch in der individuellen Entwicklung kommt es zu einer Internalisierung der Uhr, indem diese in die Charakterstruktur eingebaut wird – und wenn diese Internalisierung nicht gelingt, bekommen die Betreffenden ein Problem mit ihrer Umwelt. Vermutlich ist dies einer der Gründe, weshalb nicht selten aus fröhlichen Kindern traurige Erwachsene werden.

»Ich lebe in einem andauernden Stress und Druck. Ich muss Leistung bringen, pünktlich sein, mich abhetzen. Jetzt arbeite ich schon 50 Stunden die Woche, aber das ist es ja noch nicht. Der Sport muss sein, das Einkaufen, das Putzen, die Wäsche, die Freundinnen, mein Freund. Warum muss ich denn immer müssen? Mein Freund macht noch viel mehr. Deswegen genieße ich das hier so. Das ist ein fester Punkt, wo ich einfach Ruhe habe und Zeit für mich. Irgendwie beruhigt mich das total.«

Dieses Lebensgefühl, das eine junge Patientin so klar auf den Punkt bringt, prägt heute viele Menschen. Man spürt förmlich die Internalisierung der Uhr und den Druck von Leistung und Selbstoptimierung (King, Gerisch & Rosa, 2021).

Und ausgerechnet diese Uhrzeit, diesen Quälgeist der Moderne, ziehen Analytiker und Psychotherapeuten heran, um die Behandlungsstunde zu strukturieren? Das klingt ziemlich paradox. Doch am Ende meines Zitats sagt die Patientin noch etwas Anderes, etwas sehr Interessantes. Offenbar erlebt sie den Zeitraum der 50 Minuten, den die Uhr definiert, gerade nicht als Druck, sondern als Entlastung. Es scheint, als schneide die Psychoanalyse mithilfe der Uhr gewissermaßen die 50 Minuten der Sitzung heraus aus einem Zeiterleben voller Beschleunigung und Anspannung und bewirkt dadurch einen genau gegenteiligen Effekt. Die Therapeuten verwenden die Uhr als etwas völlig Außeranalytisches, um damit dem Unbewussten Raum und Zeit zu geben, sich zu entfalten.

Hartmut Rosa, der Soziologe der Beschleunigung, beschwört Situationen der Resonanz, um der beschleunigten Moderne etwas entgegensetzen zu können (Rosa, 2012). Man könnte sagen, dass es ein pfiffiger Schachzug der Psychoanalyse ist, die Behandlungsstunde durch die Uhr eingrenzen zu lassen und die Uhr dadurch zu einem Bezugspunkt zu machen, weil sie einerseits ihren Patienten den Raum öffnet, zur Ruhe, zu sich selbst und zur Wahrnehmung ihres Unbewussten zu kommen, und damit Resonanzfelder bietet, andererseits aber kein zeitloses Paradies offeriert, sondern zur Auseinandersetzung mit der Uhr einlädt. Dieser pfiffige und nachdenkliche Umgang mit der Uhr ist in der Psychoanalyse zunächst zufällig entstanden; darauf wollen wir nun eingehen. Denn erst allmählich wird heute deutlich, welche produktiven Folgen die Externalisierung der Uhrzeit durch die Erfindung der 50-Minuten-Stunde mit sich gebracht hat.

Die Erfindung der 50-Minuten-Stunde

Es ist schon erstaunlich, dass wir sagen können: Die Psychoanalyse konnte erst entstehen, nachdem sich die Uhr durchgesetzt hat. Ein Quälgeist der Moderne wurde zu einem Rahmenfaktor der psychoanalytischen Arbeit und zu einem Organisator des Psychischen. Doch auf welchem Weg geschah das?

Sigmund Freud hat Vieles erfunden, auch die 50-Minuten-Stunde, was Historiker überzeugend zeigen konnten (Schröter, 2001; Will, 2003). Er war der Erste, der einen festen äußeren Rahmen für die psychotherapeutische Arbeit entwickelte. Die Geschichte ist bekannt, wie Freud als junger Nervenarzt in Wien unterwegs war und bei den Damen aus besseren Familien seine Hausbesuche machte. Die ärztliche Visite fand in der Regel täglich statt, daraus entstand Freuds Modell der täglichen psychoanalytischen Stunde. Zunächst war er zu Fuß unterwegs, und als er mehr Geld verdiente, mit dem Fiaker. Nachdem er sich einen guten Ruf als Arzt erworben hatte, konnte er die Situation umkehren: Die Damen mussten nun zu ihm in die Ordination kommen, in seine eigene Praxis. Das Regelmaß der ärztlichen Visite führte er nun durch die tägliche Behandlungsstunde weiter, sodass seine Patienten üblicherweise eine feste Uhrzeit hatten, zum Beispiel 10 Uhr oder 16 Uhr, zu der sie jeden Tag zu ihrer Stunde kamen. Von Freuds Interessen aus betrachtet, spielte sein eigenes riesiges Arbeitspensum eine große Rolle, weil er keine Zeit verschwenden und seinen Arbeitstag offensichtlich so rational wie möglich organisieren wollte.

So kann man sagen, dass er den regelmäßigen Stundenrhythmus aus pragmatischen und egoistischen Gründen einführte. Die 50-Minuten-Stunde entsteht als Nebenprodukt seiner eigenen Arbeitsorganisation. Freuds Schüler machen es ihm nach, und die neue Struktur bewährt sich in ihren Praxen und in den neu entstehenden psychoanalytischen Ambulanzen. Wenn Freud (1913c, S. 458) selbst davon spricht, seine Arbeitsstunde an den Patienten zu vermieten, dann vertritt er damit deutlich die Rationalität der modernen Arbeitswelt, die besagt: »Zeit ist Geld.«

Doch zur Arbeitsstunde gehört auch die Pause: Ferenczi sucht in Budapest eine neue Wohnung mit Praxisräumen, wie es damals üblich ist. Freud schreibt an ihn: »Ich wünsche Ihnen eine schöne Wohnung, so dass sie, lieber Freund, auch jedes Mal zwischen zwei Stunden hinüber gehen können, wo ihre Frau wirtschaftet« (zit. n. May, 2007, S. 593). Wo die Frau wirtschaftet, konnte man in Wien und Budapest offenbar gut Pause machen. So wird verständlich, weshalb die Rede nicht von einer 60-Minuten-Stunde ist, sondern von der 50-Minuten-Stunde – wegen des Erholungswertes der Pause. Doch wenn wir einen Sprung in die angelsächsische Welt machen, dann stoßen wir auf einen kurzen Artikel Ralph Greensons aus dem Jahr 1974, in dem er beklagt, dass in England und den USA immer mehr Analytiker die Pause wegließen und richtiggehende Fließbandarbeit machten, um noch mehr Sitzungen in ihren Arbeitsalltag zu pressen und noch mehr Geld zu verdienen. Greenson tritt für den Wert der Pause ein.

Von den 1960er Jahren an beginnt man, die Bedeutung des *Rahmens* zu erkennen und darüber zu schreiben. Besonders einflussreich werden die Arbeiten von Leo Stone (1961) und Joaqin Bleger (1967). Das Konzept des Rahmens wird entwickelt, und die Uhrzeit bekommt ihren Platz als wichtiges Rahmenelement der psychoanalytischen Situation. Der Rahmen, so wird herausgearbeitet, gibt Sicherheit und ermöglicht Regression; er lädt zur Übertragung auf den Rahmen ein, die sich deuten lässt; er präsentiert eine symbolische Ordnung und führt ein Drittes ein, das in Frankreich als »Gesetz des Vaters« bezeichnet wird. Doch gibt es zugleich den Trend, den Rahmen und die 50-Minuten-Stunde zu verfestigen und eine erstarrte Auffassung davon zu entwickeln.

Die Flexibilität der Freudianer geht verloren: In Freuds Behandlungszimmer etwa finden sich keine sichtbaren Uhren, keine Standuhr oder Armbanduhr (Michael Molnar, ein Londoner Freud-Spezialist, hat diese Beobachtung bestätigt); nur seine Taschenuhr konnte er gelegentlich herausziehen. Die wichtigste Ansage des Stundenendes machte in der Regel Jofi, seine Chow-Hündin. Sie pflegte gegen Ende der Stunde als erste aufzustehen und damit das Signal zum Aufbruch zu geben. Demgegenüber meint Leo Stone (1961), dass der Rahmen eine gewisse Rigidität brauche, und Bleger (1967) spricht von Normen und von dem Rahmen als Institution und als Bollwerk gegen Angriffe des Patienten. Es ist deutlich zu spüren, dass hier der Geist der 1950er und 1960er Jahre weht, und es verwundert nicht, wenn eine derart erstarrte Auffassung infrage gestellt wird: Jacques Lacan ist es, der sich dagegen wendet. Er führt die Praxis der variablen Stundendauer ein und radikalisiert sie noch zu Kurzsitzungen, den *séances scandées*, wie er sie nennt (Langlitz, 2005). Er beendet die Sitzung nicht nach einer festgelegten Zeit, sondern dann, wenn der Signifikant im Sprechen von Analysant oder Analytiker aufgetaucht ist – seine Kurzsitzungen sind in einen überlegten theoretischen Zusammenhang eingebettet. Nicht zuletzt mit dieser Praxis verursachte Lacan heftige internationale Diskussionen, und es kam zu Spaltungen der psychoanalytischen Gesellschaften in Frankreich.

Vom Lacan-Schüler Pierre Rey gibt es ein schönes Buch darüber, wie er diese Praxis Lacans erlebte (Rey, 1995). Rey berichtet darin auch von einer Diskussion im Fernsehen, in der er Lacan verteidigte und eine Schweizer Psychoanalytikerin ihn angriff:

»Mit weißem Haar, angesehen, grau, dozierend, dogmatisch: ›Bei mir ist das ganz einfach‹, sagt sie. ›Die Sitzungen dauern 45 Minuten. Ich stelle eine Sanduhr auf meinen Arbeitstisch. In dem Moment, wo das letzte Sandkorn durchgefallen ist, ist Schluss.‹«

Rey bebt vor Empörung:

»Wie kann man beim Beenden der Sitzung die Wirkung der Signifizierung der Willkür eines Sandkorns überlassen? [...] Von den Höhen ihrer vierzigjährigen Gewissheit weist sie mich mit dem Ton verärgerter Geringschätzung auf meinen Platz zurück – den geringsten« (ebd., S. 85f.).

Ich habe diese Episode wiedergegeben, weil sie die Annahme nahelegt, dass die Frage der Stundendauer – und wie man sie handhabt –, starke Affekte nicht nur bei Patienten, sondern auch bei Analytikern auslösen kann. Tatsächlich scheint es so zu sein, dass beide Beteiligte des analytischen Paares heftige Übertragungen auf die Uhr entwickeln können: die Schweizer Analytikerin in diesem Fall eine Übertragung der Autorität, indem sie der Sanduhr die Entscheidungsgewalt über das Ende der Stunde übergibt und sich damit identifiziert, und Pierre Rey seinerseits in Form einer Übertragung der Rebellion gegen diese Autorität.

Übertragungen auf die Uhr

Dies ist nun ein interessanter Punkt: Denn solche Übertragungen auf die Uhr sind nur möglich, weil diese in der psychoanalytischen Stunde auf dem Tisch steht oder auf dem Fensterbrett, und weil sie sich dadurch als ein sicht- und spürbares Übertragungsobjekt anbietet. Nun ließe sich einwenden, dass die Uhr an vielen Orten präsent ist. Doch in der psychoanalytischen Sitzung entsteht dadurch eine besondere Situation, weil die Uhrzeit die Funktion eines Rahmenfaktors bekommt und die 50 Minuten ansagt. Dies gibt ihr eine dynamische Bedeutung: Sie wird re-externalisiert. Wenn wir die Uhrzeit im Laufe des von Norbert Elias beschriebenen Zivilisationsprozesses internalisiert haben, wenn sie zum Selbstzwang und Zeitgewissen in uns geworden ist – dann wird sie in der psychoanalytischen Auffassung der Sitzung wieder nach außen gesetzt, re-externalisiert, und es entsteht eine produktive Spannung zwischen den unbewussten Dynamiken von Patient und Analytiker einerseits und der Uhr andererseits.

Seit ich mich mit derlei Fragen beschäftige, formuliere ich manchmal am Ende der Stunde: »Die Uhr spricht, dass es Zeit ist.« Damit verbinde ich nicht eine derart autoritative Auffassung wie die Schweizer Analytikerin, halte aber doch fest, dass es um eine Dreiecksbeziehung zwischen Patient, mir und der Uhr geht, und dass ich nicht die Verfügungsgewalt über die Zeit habe, wie manche Patienten-Übertragungen oder Analytiker-Grandiositäten es nahelegen. Eine klinische Vignette aus meiner Praxis soll das illustrieren.

Als ich kürzlich eine Stunde mit den Worten beende: »Die Uhr spricht, dass es Zeit ist«, antwortet der Analysand: »Die Uhr spricht immer gegen einen. Die Uhr ist mein unerbittlicher Gegner.« Ist es nicht genial, wie er mit wenigen Worten das Problem auf den Punkt bringt? Dabei gehört er zu den Jüngeren, die keine Armbanduhr tragen und gegen das Diktat der Uhrzeit eine gewisse Widerspenstigkeit zeigen. Doch scheint es ihm nicht wirklich zu helfen. Spontan denke ich: Muss ich ihm nicht recht geben? Geht es mir nicht genau so, dass die Uhr mein unerbittlicher Gegner ist? Andererseits – denke ich – ist die Uhr aber auch mein Freund und seiner ebenfalls – weil sie die Dauer der analytischen Stunde festlegt, der Willkür von Analytiker und Analysand entzogen ist, ein Drittes als Bezugspunkt in die analytische Begegnung einführt und eine Sicherheit setzt, die das emotionale Einlassen beider Beteiligten erst ermöglicht. In der nächsten Stunde sage ich, mich hätte beschäftigt, wen er wohl mit dem unerbittlichen Gegner gemeint hat. Die Uhr macht zwar ihre Ansage, aber ich habe die Botschaft ausgesprochen. Wer spricht, dass es Zeit ist? Ist es die Uhr oder der Analytiker? Wem gilt die plötzliche feindselige Übertragung, der Uhr oder mir? An wen dachte ich, als ich ihm innerlich recht gab? An meine eigene Erfahrung als Analysand? An die Vergänglichkeit und Begrenztheit des Lebens, an der ich mich stoße?

Und überhaupt: Wer bin ich, wenn ich sage: Es ist Zeit? Bin ich mit der Uhrzeit identifiziert? Bin ich froh, dass die Stunde zu Ende ist? Viele Fragen tauchen auf und rücken die Relationen zwischen Analysand, Analytiker und Uhr in den Blick.

Es kann eine interessante und wichtige Frage sein, unsere eigene Haltung am Stundenende zu hinterfragen und zu analysieren (Heimerl, 2017). Sind wir mit der Uhr identifiziert? Rebellieren wir offen oder heimlich gegen sie? Was tun die Analytiker, deren Stunden 45 und nicht 50 Minuten lang sind? Oder diejenigen, die am Anfang immer ein bisschen später beginnen? Oder die anderen, die am Schluss immer wieder überziehen und kein Ende finden können? Oder verbünden wir uns mit dem Zeitgewissen und versuchen, unsere Patienten beispielsweise zur Pünktlichkeit zu erziehen? Und wenn wir gerne »wir« sagen – »wir sind am Schluss« oder »für heute müssen wir aufhören« – stilisieren wir uns damit gemeinsam mit den Patienten zu Opfern der Uhr? Oder überspielen wir die Asymmetrie, die zwischen uns, den Patienten und auch der Uhr gegeben ist? All diese Fragen können wir uns nur deshalb stellen, weil die Uhr in der Stunde externalisiert ist und wir dadurch unser unbewusstes, emotionales, sehr persönliches Verhältnis zu ihr zu greifen bekommen. Das Dreieck von Patient, Analytiker und Uhr kann seine Dynamik entfalten und analysiert werden.

Die Auseinandersetzung mit der Uhr als kurativem Faktor

Am Beispiel unserer ersten Patientin hatten wir gesehen, dass allein die freie Zeit und der Wegfall des Leistungsdrucks im analytischen Setting das Erleben von Ruhe in ihr auslöst. Doch das ist nicht alles. Viel interessanter ist, wie die Auseinandersetzung mit dem externalisierten Zeitgeber als kurativem Faktor wirken und die Psyche strukturieren kann.

Norbert Elias (1984) hat bedauert, dass die deutsche Sprache zum Substantiv »Zeit« kein Verb hat, so wie die »Liebe« »lieben« und der »Hass« »hassen« kennt und das Englische to time und timing. Ein solches Verb, das wahrscheinlich »zeiten« heißen müsste – »die Uhr zeitet das unbewusste Feld der Sitzung« –, würde den Prozess des zeitlichen In-Beziehung-Setzens viel besser erfassen. Was machen wir, wenn wir die psychoanalytische Begegnung »zeiten«, d. h. mit einem äußeren Zeitgeber verbinden? Wir stellen Relationen her. »Zeiten« heißt »In-Beziehung-Setzen«. Wir stellen zwei Subjekte und ihre Begegnung in Beziehung zu einer Uhr und führen die Uhr als relationalen Faktor in die Stunde ein.

Mit der folgenden Vignette aus meiner Praxis möchte ich zeigen, auf welchem Weg das Dritte, das Externe der Uhr die Auseinandersetzung der Patientin mit ihr stimulieren kann und zu ihrer psychischen Strukturierung beiträgt.

Eine junge Patientin erzählt einen Traum: »Wir kommen von einer Analysestunde und sind im Auto unterwegs. Sie sagen mir, dass die Freitagsstunde nur noch zehn Minuten dauert. Ich protestiere und meine: >Ja, wie soll das denn gehen?< Sie sagen: >Ja, reden Sie darüber, das ist wichtig!< Ich sage: >Aber das ändert doch nichts daran, wenn ich darüber rede!<« Die Patientin meint, das sei doch so gut mit den 50 Minuten, dass sie sich darauf verlassen könne, und diese Sicherheit ist im Traum weg. Wir kommen darauf, dass die nächste Stunde eine Freitagsstunde ist und zugleich die letzte vor den Weihnachtsferien, vor denen sie große Angst hat. Die Ferientrennung ist für sie hochproblematisch. Sie fühlt sich beschämt und verunsichert, dass ihre Bedürftigkeit so elementar spürbar wird. Angesichts der drohenden Ferien trennt sie träumend ihr Bild von mir auf in einen, der sie im Auto in sein Privatleben mitnimmt, und einen, der ihr die Zuwendung in der letzten Stunde radikal von 50 auf zehn Minuten kürzt.

Zwei Monate später träumt sie Folgendes: »Ich treffe mich mit lauter Bekannten, die kommen mit in die Analysestunde. Das ist mir gar nicht recht, aber ich traue mich nicht, etwas zu sagen. Sie sind etwas überrascht, aber machen die Stunde wie normal. Irgendwie schaffen Sie es zehn Minuten vor Ende taktvoll, dass die rausgehen. Ich kann Ihnen alles erklären, sodass wir uns wieder ganz gut verstehen. Schließlich sagen Sie, dass wir noch so viel zu besprechen haben, dass Sie 25 Minuten überziehen, mir zuliebe. Das war so gut dann zwischen uns.« Was bedeutet hier die Relation zur Uhr?

In beiden Träumen sind die zeitlichen Grenzen der Stunde bekannt, werden aber vom Analytiker überschritten – einmal durch einen feindlichen Analytiker, der die Stundenzeit auf zehn Minuten kürzt, dann durch einen zugewandten Analytiker, der 25 Minuten zugibt. Das Unbewusste der Patientin kennt die 50 Minuten. Es unterscheidet deutlich zwischen Uhr und Analytiker und verleiht diesem die Eigenart eines grandiosen Akteurs. Sie selbst kann versuchsweise Einfluss auf ihn nehmen: im ersten Traum, indem sie protestiert, und im zweiten Traum, indem sie ihn freundlich stimmt.

Die Uhr und die 50-Minuten-Stunde geben ihrem Unbewussten einen Rahmen, anhand dessen sie ihre Trennungsangst und ihren Nähewunsch figurieren kann. Das Zeiten der Stunde, das In-Beziehung-Setzen zur Uhr, ermöglicht die Figuration unbewusster Konflikte, mit denen sie beschäftigt ist (Will, 2012). Die Patientin erlebt jedes Ende der Stunde als ein Trennungstrauma im Mikroformat. Die Uhrzeit erweist sich als uneinfühlsame abstrakte Größe gegenüber ihren Beziehungswünschen. Dadurch bietet die Uhr sich für negative und grandiose Übertragungen geradezu an. Und da das unbewusste Denken dazu neigt, abstrakte Größen zu personalisieren, verschmilzt es die Uhr mit dem Analytiker. Die Uhr wird zur Projektionsfläche für Trennungsängste. Hier zeigt sich die Verbindung des »Zeitens« mit dem Tod, denn der Beziehungstod ist eine der elementarsten Ängste, die das Unbewusste mit Trennung und Verlust verbindet. Die Zeit wirkt als Trennendes (Zimmermann, 1997).

Diese Vignette illustriert aus meiner Sicht, wie die Auseinandersetzung mit der Uhr und ihrer Uhrzeit der psychischen Strukturbildung dient. Hans Loewald (1986 [1971]) und Jean Laplanche (2003 [1992]) haben gezeigt, wie sehr die Konfrontation mit den Zeitgrenzen die integrativen Fähigkeiten der Patienten stimuliert. Loewald nennt die Auseinandersetzung mit der Zeit eine bindende Aktivität, weil sie Erfahrungen neu gestaltet und ein Gefühl für Gegenwart, Vergangenheit und Zukunft entstehen lässt. Die zeitliche Strukturierung unserer Erfahrung in das, was wir jetzt gerade erleben, das, was war, und das, was wir für die Zukunft erwarten –, diese Differenzierung ist eine der wichtigsten strukturbildenden Maßnahmen, die die Psychoanalyse anbieten kann. Laplanche spricht von der Verzeitlichung unserer Erfahrung, wenn wir es erleben, wie sich unser Selbst in immer neuen Anläufen der Nachträglichkeit und der Übersetzung von Altem in neu Aufgefasstes zeitlich strukturiert. Auf derartigen Wegen werden die Uhr und ihre Zeit zu einem wichtigen Organisator der psychischen Entwicklung.

Schluss

Das psychoanalytische Verfahren lässt sich auffassen als eine der zeitgenössischen Kulturtechniken, die dem Hamsterrad der Beschleunigung und dem zunehmenden Druck des Zeitgewissens Momente der Entschleunigung entgegensetzen (Rosa, 2012). In dieser Hinsicht ist sie der Meditation oder dem Yoga nicht unähnlich, und vielleicht auch dem Joint vergleichbar? Immerhin hat sie nichts Eskapistisches, weil sie kein zeitloses Paradies propagiert, sondern die Auseinandersetzung zwischen dem Subjekt und der Uhrzeit anregt. Sie reproduziert einen aktuellen gesellschaftlichen Konflikt, dem Viele ausgeliefert sind, in einem therapeutischen Rahmen und macht ihn konkret erlebbar und handhabbar – sodass in kleinen, aber wirksamen und nachhaltigen Schritten psychisches Wachstum stimuliert und das Ich gestärkt wird.

Ich habe versucht zu zeigen, wie die rationale Uhrzeit in den letzten 200 Jahren von uns Besitz ergriffen hat und wie wir uns mit ihr identifizieren – und wie die Arbeitsabläufe der psychotherapeutischen Praxis so quasi als Nebeneffekt bewirkt haben, dass die Uhr und ihre Zeit als Bestandteil des Settings oder Rahmens externalisiert oder vielmehr re-externalisiert wurden. Dadurch konstituierte sich im unbewussten Feld der Sitzung ein Beziehungsdreieck von Patient, Analytiker und Uhr, mit dem wir nun arbeiten können.

Literatur

Bleger, J. (1967). Psycho-Analysis of the Psycho-Analytic Frame. *Int J Psychoanal, 48*, 511–519.

Elias, N. (1984). *Über die Zeit.* Frankfurt a. M.: Suhrkamp.

Freud, S. (1913c). Zur Einleitung der Behandlung (Weitere Ratschläge zur Technik der Psychoanalyse, I). *GW VIII*, S. 454–478.

Greenson, R. G. (1974). The Decline and Fall of the 50-Minute Hour. *JAPA, 22*, 785–791.

Heimerl, B. (2017).»Wir müssen für heute schließen«. Zum Beendigungssatz einer analytischen Sitzung aus literaturwissenschaftlicher und psychoanalytischer Perspektive. *Psyche – Z Psychoanal, 71*(3), 214–234.

King, V., Gerisch, B. & Rosa, H. (2021). *Lost in Perfection. Zur Optimierung von Gesellschaft und Psyche.* Frankfurt a. M.: Suhrkamp.

Langlitz, N. (2005). *Die Zeit der Psychoanalyse. Lacan und das Problem der Sitzungsdauer.* Frankfurt a. M.: Suhrkamp.

Laplanche, J. (2003 [1992]). Zeitlichkeit und Übersetzung. In ders., *Die unvollendete kopernikanische Revolution in der Psychoanalyse* (S. 66–88). Gießen: Psychosozial Verlag.

Loewald, H. (1986 [1971]). Das Zeiterleben. In ders., *Psychoanalyse* (S. 120–129). Stuttgart: Klett-Cotta.

May, U. (2007). Neunzehn Patienten in Analyse bei Freud (1910–1929). Teil I: Zur Dauer von Freuds Analysen. Teil II: Zur Frequenz von Freuds Analysen. *Psyche – Z Psychoanal, 61*(6), 590–625; 686–709.

Rey, P. (1995). *Eine Saison bei Lacan.* Wien: Passagen.

Rosa, H. (2012). *Weltbeziehungen im Zeitalter der Beschleunigung: Umrisse einer neuen Gesellschaftskritik.* Frankfurt a. M.: Suhrkamp.

Schröter, M. (2001). Psychoanalyse und ärztliche Psychotherapie. Zur Geschichte eines schwierigen Verhältnisses. *Psyche – Z Psychoanal, 55*(7), 718–737.

Stone, L. (1961). *The Psychoanalytic Situation. An Examination of its Development and Essential Nature.* New York: International University Press.

Will, H. (2003). *Was ist klassische Psychoanalyse?* Stuttgart: Kohlhammer.

Will, H. (2012). Die Suche nach Darstellbarkeit: Primärprozess-Denken in der analytischen Stunde. *Psyche – Z Psychoanal, 66*(4), 289–309.

Will, H. (2015). Das Konzept der 50-Minuten-Stunde. Zur Rahmung des Unbewussten durch die Uhrzeit. *Forum Psychoanal, 31*, 267–281.

Zimmermann, F. (1997). Die Bedeutung der Zeit als Determinante des psychoanalytischen Rahmens. *Psyche – Z Psychoanal, 51*(2), 156–182.

Der Autor

Herbert Will, Dr. med., Psychoanalytiker in eigener Praxis, Supervisor, Lehranalytiker und Dozent (DGPT, DPG, DPV, IPA). Veröffentlichungen zur Konzeptgeschichte, Krankheitslehre, Praxis und Technik der Psychoanalyse und zu interdisziplinären Fragestellungen. Bücher über Georg Groddeck, klassische Psychoanalyse, Depression, psychoanalytische Kompetenzen und Freuds Atheismus. Einer der Herausgeber der *Psyche.* Organisator des jährlichen Symposions Religion & Psychoanalyse und der DPG-Schreibwerkstatt.

Kontakt: E-Mail: herbert.will@gmx.de; Homepage: www.herbert-will.de

Die Hütte brennt!

Psychoanalyse der Zukunft der Psychoanalyse – Wiederaufnahme unter alarmierenden Bedingungen

Michael B. Buchholz

Zukunft der Psychoanalyse? Zu viel Ignoranz!

Im schönen Jahre 1999 war ich eingeladen, zum 50-jährigen Bestehen der DGPT einen Hauptvortrag zu halten, worüber ich mich sehr gefreut hatte. Ich gab meinem Vortrag den Titel »Die Psychoanalyse der Zukunft der Psychoanalyse« und stellte die Frage, wie wir uns die Zukunft der Psychoanalyse vorstellen könnten (Buchholz, 1999a). Optimistisch machte ich damals ein paar Vorschläge zur Entwicklung der Profession. Heute muss ich allerdings ausrufen: DIE HÜTTE BRENNT!

Die Hütte brennt – und wie! Wir, Psychoanalytikerinnen wie Psychoanalytiker[1], haben – wie andere Umweltkatastrophen auch – eine gewaltige Umweltkatastrophe durch Umwelt-Ignoranz erzeugt. Einige haben es deutlich ausgerufen. Die Sirenen haben nicht geschwiegen, die Alarmsysteme haben funktioniert. Wir können uns nicht darauf berufen, dass uns keiner was gesagt hätte. Mit dem Dritten Ohr allein allerdings waren die Sirenen nicht zu hören. Hier liegt die Quelle der Umwelt-Ignoranz.

Zuviel Ignoranz für Umwelten

Einige dieser Stimmen können leicht aufgelistet werden. Zweifel, welche Zukunft die Psychoanalyse habe, nicht nur ihre institutionelle Verfassung in Lehr- und Ausbildungssystemen, sondern auch über »den« Menschen waren wegen des weit überzogenen Anspruchs einer solchen universellen Anthropologisierung weit übertrieben. Bei neun Milliarden Menschen auf dieser Erde immer noch Annahmen zu machen über »den« Menschen und als Belege ein paar kasuistische Beispiele zu präsentieren, hat noch nie gereicht. Kernberg hatte in seinen 30 Methoden, die mit dem Ziel der Zerstörung der Psychoanalyse angewendet werden könnten,

---

1 Im Folgenden verwende ich zumeist das generische Maskulinum und traue den Leserinnen und Lesern damit zu, sich jeweils sämtliche Personen aller Geschlechter mitzudenken.

ironisch, wenn nicht sarkastisch, die Lebenswirklichkeit vieler Institute beschrieben (Kernberg, 1996). Darunter war auch diese universelle Behauptung, die uns noch nie jemand geglaubt hat – wie auch hätte man das glauben können? Es gab Arnold Goldbergs Buch *The prisonhouse of psychoanalysis* (1990), aus dem ich am Ende eine Episode zitieren werde. Es gab die tiefe Verzweiflung von Robert Holt (Holt, 1989) mit dem Titel *Freud Reappraised*, in dem er tief darüber resignierte, dass er ein Forscherleben für die Freud'sche Metapsychologie aufgewendet habe, um schließlich zu dem Schluss zu kommen, dass sie die Anstrengung nicht wert gewesen sei. Es gab die Auseinandersetzung über Idee und Wirklichkeit der Lehranalyse (Beland, 1992; Thomä, 1991a, 1991b, 1992a, 1992b, 1993) und die Auseinandersetzung mit der unzureichenden Spiegelmetapher (Thomä, 1981), die im englischen Sprachraum zu einer relationalen Spielart der Psychoanalyse immerhin gedeihen konnte und in diesem Rahmen die Idee einer unverrückbaren »Autonomie« dekonstruierte (Mitchell, 1997).

Als ich 2015 in einem anderen DGPT-Hauptvortrag über die Probleme des Identitäts-Begriffs zu sprechen eingeladen war, fragte mich eine mir bekannte, gescheite Psychoanalytikerin, warum ich denn uns Psychoanalytikern »unsere Identität« wegnehmen wolle? Offen gestanden, ich hatte nicht erwartet, für Begriffsklärungen unter Diebstahlverdacht zu geraten, sondern dass solche schein-stabilen Begriffe einer sozialtheoretischen Reflexion (Buchholz, 1993, 2013) fähig sein müssten.

Eine ähnliche Resignation findet man in George Makaris *Revolution der Seele* (Makari, 2011)[2] oder bei Paul Stepansky (2009), der die Psychoanalyse nur noch *at the margins*, also ganz am Rande sieht, und ihren Niedergang – Vertreibung von Lehrstühlen und Klinikleitungen – deprimierend aufklärend beschreibt (ebd.).

Hinzu kommen etwas andere Erfahrungen: Andreas Peglau dokumentierte in einem reichhaltigen Buch die vielfach vollzogene, aber in der historisierenden Erinnerung abgeblendete *Anpassung* der Psychoanalyse an den Nationalsozialismus (Peglau, 2013), und Knuth Müller beschrieb die Verstrickungen namhafter Psychoanalytiker in die Entwicklung von Verhörpraktiken der CIA während und nach dem Zweiten Weltkrieg (Müller, 2012). Solche unangenehmen Wahrheiten sind auch von Harris und Botticelli (2010) bestätigt worden. Aber wurden diese Irritationen gelesen? Sie hätten das Potenzial, das schöne Selbstbild von der aufgeklärt-aufklärenden Psychoanalyse nachhaltig zu stören, aber die Psychoanalyse als Zunft erweist sich irritierend irritationsresistent.

Solange man Hören mit dem Dritten Ohr für den einzig richtigen Umweltbezug hält, kann man warnende Sirenen nicht vernehmen. Wenn ich auf dieser Tagung über »Zeitdiagnostik« die Aufgabe habe, auch etwas über den Selbstbezug dieses Themas zu sagen, dann kann ich nur feststellen: Wir unterschätzen

---

2   Siehe meinen Psycho-News-Letter (PNL) 89, der das Buch von Makari zusammenfasst. Er kann beim Autor angefordert werden.

die normalen Ohren als umweltsensitive Organe. Oder verallgemeinert: Es gibt knüppeldicke Probleme mit unseren psychoanalytischen Lieblingsüberzeugungen, Andere kennen die, wir auch? Eher nicht. Es gibt Untersuchungen (Krivzov et al., 2021), die nicht nur den Mangel an Berichten und Diskussionen über therapeutische Misserfolge beklagen, sondern auch, dass Psychoanalytiker ebenso wie Psychoanalytikerinnen meist Autoren nennen, die seit mehr als 50 Jahren verstorben sind. Mit Zeitgenossen und deren Auffassungen tauscht man sich kaum aus – und wenn, dann meist unter dem Blickwinkel der vergangenen Autorinnen und Autoren. Das innovative Potenzial, das auch in neuer Terminologie aus anderen, aber verwandten Theorien und Forschungen eingespielt wird, wird verspielt – weil das ja »keine Psychoanalyse« sei. Dazu später noch etwas mehr.

Positive Forschungsbefunde – und dunkle Seiten

Auflisten möchte ich aber auch einige positive Anstrengungen seit meinem Vortrag von 1999.

➤ 2001 gab es den Forschungsüberblick »Open Door Review« mit einer kritischen Sichtung internationaler psychoanalytischer Forschungsstudien (Peter Fonagy et al., 2001). Die Methodenkritik am Ende dieses Berichts zum Forschungsstand kann nur zur Lektüre empfohlen werden.

➤ Die dritte Auflage von 2015 unter der Federführung von Marianne Leuzinger-Bohleber (Leuzinger-Bohleber & Kächele, 2015) zeigte vor allem, dass die Psychoanalyse empirisch besser dastand, als von Gegnern behauptet. Dazu trug das Forschungsengagement der Fachgesellschaften bei, Cord Benecke und Falk Leichsenring sind hier stellvertretend für Andere zu nennen. Ich habe von 2001 bis 2014 auf Vorschlag der damaligen Vorsitzenden Anne-Marie Schlösser die Aufgabe übernommen, monatlich Entwicklungen – sowohl in der empirischen Forschung als auch in kulturwissenschaftlicher Ausrichtung – resümierend als »Psycho-News-Letters« (PNL) zu schreiben. Diese Texte sind auf der Website der DGPT auffindbar.

➤ Unbedingt zu nennen ist die segensreiche Errichtung der IPU in Berlin 2009 durch die großzügigen Initiativen von Christa Rohde-Dachser und durch den Einsatz der dort arbeitenden Professoren sowie der Mitarbeiter. Die IPU findet internationale Beachtung, der erfolgreiche Aufbau eines englischsprachigen MA-Studiengangs durch Aleksandar Dimitrijevic war die erfolgreiche Antwort auf die weltweite Aufmerksamkeit.

➤ Es gibt freilich ein verdecktes Problem mit diesen Themen; solche Initiativen konnte man als »Auslagerungen« oder als »Ausgliederungen« verstehen. Jeder konnte sich in dem Glauben wiegen, die Fragen der Forschung würden von den dafür Zuständigen schon besorgt. Sie wurden auch verantwortlich bewältigt, insbesondere unter knappen finanziellen und Zeitkontingenten. Aber die übrigen Mitglieder unserer Profession konnten sich in dem Glauben wiegen, dass alles weitergehen könne. Die Irritation, dass Forschung keineswegs nur bestätigt, was Kliniker tun, sondern andere theoretische Zuschnitte für ratsam befindet und Omnibus-Begriffe wie »Übertragung« und »Widerstand« buchstäblich kleinarbeitet, wurde mit bewährter Irritationsresistenz behandelt.

➤ Etwas Ähnliches begegnet einem im Feld der Berufspolitik: Die berufspolitischen Fragen wurden an die Zuständigen überantwortet und sie haben erfolgreich für Honorar-Erhöhungen gekämpft. Jedoch klagen manche Institutsleiter, dass es schwieriger ist, Leute zu finden, die sich am Ausbildungsbetrieb beteiligen oder Lehranalysen übernehmen – denn dafür sind die Honorare nun zu niedrig!

Unsere Erfolge haben dunkle Seiten, die wir ignorieren

Die Folge beider Auslagerungen – von Forschung und Berufspolitik – war, dass der Sinn für die Profession als Ganze auszudünnen droht. Es gibt ja die dafür Zuständigen. Die Ausrichtung der Profession auf individuelle Fortbildungen, Supervisionskurse, Intervisionsgruppen usw. ist ausgeweitet, aber der Sinn für die Profession als Ganze fällt aus: Was braucht die Psychoanalyse? Welche ihrer Theorien und Praktiken, ihrer Grundüberzeugungen gelten noch, welche müssen ausgemistet werden? Wie verhalten sich moderne Befunde zu antiquierten Traditionen? Was können, was müssen wir lernen von wissenschaftlicher Kognitionsforschung, Neuropsychologie, Sozialtheorie usw. Das alles wird in individuellen Interessen bearbeitet, die notwendige Konfrontation mit unseren Traditionen fällt aus, sie findet einfach nicht statt. Man kann heute immer noch mit Konzepten und Begriffen argumentieren, die erwiesenermaßen »tot« sind. Nachdem wir vor mehr als 25 Jahren über den »kompetenten Säugling« (Dornes, 1993, 1998; Greenspan & Shanker, 2007; Tronick, 2007) so viel erfahren haben, leben die falschen Säuglingstheorien der Kleinianer wieder auf.

In den Fachgesellschaften gibt es eine Art Wiederkehr des Erledigten – Klassiker-Lektüren dominieren. Nachdem die IPA 2018 die Stundenfrequenz einer Analyse auf drei bis fünf Sitzungen pro Woche freigegeben hatte, hat sich die DPG bis heute nicht entschließen können, diese Freigabe zu begrüßen. Vergleichende Studien über Zitationen in psychoanalytischen und in Journalen anderer Fächer zeigen, dass in *unseren* Journalen die Zitierung jener Autoren, die schon seit 50 Jahren verstorben sind, überwältigend ist. Texte der *Zeitgenossen* hingegen werden nur sehr selten zitiert. Das bedeutet, es findet kein wirkliches Gespräch, keine Auseinandersetzung, keine Entwicklung statt.

Auch hier, wie bei den Honoraren, zeigt sich eine dunkle Seite – im Windschatten erfolgreicher Outcome-Kämpfe und Honorar-Erhöhungen bildet sich eine Zone, in der man zu glauben verführt wird, das Hören mit dem Dritten Ohr allein sei schon alles.

Weitere Sirenen-Töne

Nachdem ich in Hildesheim ein Promotionsprogramm vier Jahre lang mitgeleitet hatte, konnte ich als Leiter des Promotionsprogramms an der IPU die Erfahrung machen, dass Psychoanalytiker mit der Idee promovieren wollten, den reichen Schatz der klinischen Erfahrung literarisch zusammenzustellen. Sie rechneten einfach nicht damit, dass das von keinem Fachbereich mehr anerkannt wird; darauf wären aber Promotionen an der IPU, die sich eigenes Promotionsrecht erst noch erwerben wollte, angewiesen. Den Älteren riet ich, lieber ein interessantes Buch zu veröffentlichen, um sich von methodischen Zwangsjacken zu befreien. Das haben einige auch gemacht. Manche Jüngere aber haben akzeptieren müssen, dass sie sich an den Wissenschaftsbetrieb annähern müssen, und entdeckten dabei, wie weit sie sich unbemerkt von diesem entfernt hatten. Dieser Schock war für Einige buchstäblich heilsam, für Andere furchterregend.

In manchen Ausbildungsinstituten wird hingegen jüngeren Leuten von einer Promotion abgeraten, es würde den analytischen Prozess stören! Das Freud'sche Junktim von Heilen und Forschen bekommt so eine Bedeutung, als forsche man bereits, wenn man hinter der Couch sitzt. Juristen setzen sich für uns ein (Neyses, 2021), dass die Lehre in den neuen Studiengängen in *allen* Verfahren von kompetenten Fachvertretern in der ganzen Breite sichergestellt werden *muss* – aber zu wenige bestürzt, dass wir zu wenig Leute haben, die in der Wissenschaft anerkannt würden, nämlich promoviert sind. Die mangelnde Beunruhigung darüber beunruhigt mich zutiefst. Die Freud'sche Formel wird als Rationalisierung einer ungerechtfertigten Einbildung verwendet. Die Erforschung des Unbewussten wird mystifiziert, es gibt in dieser Welt dann einige »Seher«, die die anderen belehren können – das aber ist eine mythisch-religiöse Welt, die zu dem oft prophetenhaften Gestus passt, mit dem Psychoanalytiker die Menschen vor dem »Bösen« in sich warnen, weil der Firnis der Zivilisation »dünn« sei. Dabei kann man doch deutlich sehen, dass dort, wo der Firnis »dünn« ist, also rechtliche Vorschriften und zivile Umgangsformen nicht durchgesetzt werden, das »Böse« sich zeigt. Daraus folgt aus meiner Sicht nicht die prophetisch-resignative Warnung »des« Menschen vor sich selbst, sondern das zivile Engagement!

An Universitäten jedenfalls versteht man unter Forschung Anderes als literarische Fallgeschichten, und wir sollten davor weder Ohren noch Augen verschließen, *wir* – als Profession insgesamt, nicht nur als Einzelpersonen. Und wir können es nur, wenn Promovierte zeigen, dass sie die Regeln der Wissenschaft kennen.

Andere Alarmsirenen: Es gibt einen eingefrorenen Konflikt mit der Verhaltenstherapie (VT). Es gibt produktive Praxis-Initiativen, die neue Medien nutzen und neue Preise ausschreiben, es gibt neue Online-Journale und Zusammenschaltungen von Arbeitsgruppen per Zoom. Die VT scheint kein Hauptgegner mehr, in Kliniken und Praxisverbünden arbeiten viele zusammen. Verhaltenstherapeuten schätzen psychoanalytische Supervision, Psychodynamiker schätzen eine gewisse hemdsärmelige Praxeologie.

Die friedlich scheinende Kohabitation verdeckt freilich, wie hart die VT Psychoanalytiker von Lehrstühlen verdrängt und sich gleichzeitig dann die theoretische Beute aus den psychoanalytischen Beständen angeeignet hat. Die Verhaltenstherapie hat von der Psychoanalyse viel übernommen, und wenn sie ins »Outcome-Rennen« geschickt wurde, schien sie auch *deshalb* erfolgreicher zu sein. Wir finden in Lehrbüchern der VT viele alte Bekannte, Begriffe wie »Übertragung« oder »Widerstand« und Übernahmen aus der systemischen Therapie, etwa die Techniken der zirkulären Befragung, ohne Herkunftsangaben – Quellen werden nie genannt. In der Psychoanalyse regt sich kaum jemand so recht darüber auf; das Fehlen einer Stellungnahme ist jedoch auch eine. In einer Zeit, in der Politiker wegen ein paar Plagiaten zurücktreten müssen, ließe sich sicher Einiges ausrichten. Die Traditionen, die von der VT offiziell als »total veraltet« diffamiert werden, scheinen für diese Leute auf eigenem Territorium Offenbarungen zu sein!

Medizinalisierung – ein Brandbeschleuniger

Ich habe gelernt, dass die VT keineswegs der wichtigste Gegner ist. Die dramatischste Gefahr für die Existenz der Psychoanalyse geht aus von einer technologischen Medizinalisierung der Psychotherapie. Die Berufsverbände haben nachgeben müssen gegenüber der Forderung, dass Einheitlichkeit mit der Medizin erreicht werden solle. Resultat: Staatsexamina und Approbation am Ende eines neuen Studiums der Psychotherapiewissenschaft.

Die Reaktion auf diese politisch erzwungene Situation scheint vor allem das »Bewahren«-Wollen zu sein. Ja, die Psychoanalyse bewahren – aber wer? Wir haben Freudianer, Kleinianer, Kohutianer, Bionianer, Winnicottianer – und die sind sich keineswegs alle »grün«. Nebenbemerkung: Warum haben wir eigentlich keine Balintianer? Oder Ferenciander, obwohl diese Autoren reiche Schätze hinterlassen haben (Dimitrijevic, Cassullo & Frankel, 2018)? Welchem Stamm all dieser »Indianer« (so spöttelte Horst Kächele) soll das Bewahren gelten? Ich ziehe den Schluss: *Wer persönliche Loyalität als obersten Wert ansetzt, macht sich professionelle*

Innovation schwer. Wollen wir Zukunft gewinnen, müssen wir erkennen: Loyalität ist strukturell rückwärtsgewandt. Würde sie als oberster Wert in Anspruch genommen, könnte sich niemals Zukunft öffnen. Darin hängen wir fest seit den Londoner *controversial discussions.* Entweder war man loyaler Freudianer oder man war Wissenschaftler und entdeckte hin und wieder Neues, das »anders« war, als Freud es sah; aber war man dann noch »FreudianerIn«? (Brühmann, 1996) Der verzweifelte Ausruf »We don't need more confessionals!« (Geller, 2005) sollte mehr Anhänger finden, so möchte ich paradox intervenieren.

Ein Kollege meinte, was jetzt alles über Freuds Autoritarismus, die Beziehung zu seiner Schwägerin, über die Widersprüchlichkeiten seiner eigenen Auffassungen bekannt geworden sei, laste schwer auf uns, der vierten oder fünften Generation. Ich verstehe diese Haltung, teile sie aber nicht. Sie konstruiert uns als Opfer und wirkt als Arbeitsstörung: Man wäre dauernd mit Aufarbeitung der Vergangenheit von Vorfahren beschäftigt, mit den britischen Debatten, Grabenkriegen und teils ja auch mit Auseinandersetzungen, deren Relevanz wir kaum noch nachvollziehen mögen, wie etwa manche Feinheiten der Differenzen zwischen Freud und Jung. Vor allem wären wir dauernd mit Texten beschäftigt, nicht aber mit eigenen Wirklichkeiten, Problemen und Lösungen. Aufarbeitung der Vergangenheit ist eine in der *klinischen* Situation höchst erfolgreiche und sinnvolle Devise, aber sie kann nicht universalisiert werden. Das Leben spielt sich in Echtzeit ab, wir müssen lernen, zukünftige Entwicklungen zu antizipieren, uns darauf einstellen und unsere Ignoranz (insbesondere) gegenüber der akademischen Umwelt aufgeben. Und natürlich riskieren, dass wir manchmal falsch liegen. Eine Entwicklung, die auf uns zukommt, ist die Medizinalisierung. Unsere Ohren werden Augen machen!

Medizinalisierung ist ja nicht nur von Freud (1926e), Lebovici (1988), Newberger und Bourne (1986 [1978]) oder Parin (1978) alarmiert beobachtet worden. Sie ist Hauptgegner in den gegenwärtigen strukturpolitischen Umwälzungen. Gleich zur Klarstellung: Ich meine *nicht* die Medizin und schon gar nicht die Ärzte, sondern die Technologisierung des Gesundheitswesens als jene Vorstellung, man könne die »Person« durch technologische Lösbarkeit von Problemen ersetzen. Das ist andernorts sehr heiß umkämpft worden. Manche (wie etwa Woolfolk, 2015) sprechen von den *Psychotherapy Wars* oder von den *Civil Wars.* Andere sprechen von einem »Erdbeben« (Neimeyer & Taylor, 2014) Bei uns blieb es seltsam windstill, selbst als wir (Buchholz, 2017; Buchholz & Kächele, 2019) laute Alarmschreie ausstießen.

Was bedeutet Medizinalisierung in der Praxis? – Beispiele

1. Es gibt verstörende Beobachtungen: Ein Arzt fragt seinen Patienten, seit wann seine Beschwerden bestehen. Auf die Antwort »seit zwei Jahren«

folgt eine Pause, dann fügt er an: »seit dem Tod meiner Frau«. Diese biografisch wichtige Information wird ins Datenblatt jedoch nicht eingetragen, weil sie für die Diagnose-Erhebung als irrelevant gilt und es kein Feld dafür gibt. Der Grund für diese Vernichtung von relevanten Daten ist, dass eine Krankheit behandelt werden soll, die als *bei jedem gleich* angesehen wird (Kanwischer, 2021) – eine Krankheit, nicht: eine Person!

2. Ärzte fragen im Erstgespräch ihre Patienten, weshalb sie kommen. Deren Schilderung wird nach etwa 25 Sekunden unterbrochen, um »gezielte Fragen« besser stellen zu können. Das Ergebnis ist, dass Patienten schnell verstummen. Lehrt man Ärzte das Zuhören, bis Patienten zum Abschluss eines ersten Erzählstrangs kommt, dann dauert das etwa 90 Sekunden; alle notwendigen Informationen sind darin enthalten oder können leicht nachgefragt werden. Vor allem aber gehen Patienten zufriedener und äußern sich positiver über den Arzt; der habe sich Zeit genommen (Heritage & Maynard, 2007).

3. In einer berühmten englischen Studie (Heritage & Robinson, 2011) wurde beobachtet, wie Ärzte Gespräche beenden – manche mit der Frage »Some more problems?«, andere mit »Any more problems?«. Das macht im Englischen einen großen Unterschied, auf den Patienten reagieren: An 3.000 medizinischen Erstgesprächen wurde beobachtet, dass mit *some* gefragte Patienten weitere Probleme mitteilen – das ist gesundheitspolitisch von großer Bedeutung. *Any* ist die negativere Form, hier teilen Patienten in Nachbefragungen mit, der Arzt sage ja, dass er keine Zeit habe.

4. In medizinischen Zeitschriften (Veen, Skelton & La Croix, 2020) zerbricht man sich den Kopf darüber, wie man feststellen könne, ob ein junger Arzt-in-Ausbildung tatsächlich Empathie für einen Patienten habe und nicht nur das *Verhalten* des anleitenden Arztes kopiere? Der Unterschied zwischen Einstellungsänderung und Verhaltensänderung – ein wesentlicher Aspekt beim Erwerb *professioneller* Kompetenz – wird unter weit ausgreifender Berücksichtigung philosophischer Texte, nicht aber psychoanalytischer Kenntnisse, diskutiert. Das Problem wird ernstgenommen, es reicht über traditionelle medizinische Denkweisen weit hinaus.

Der Dreischritt der Medizinalisierung: Diagnose – Treatment – Outcome

Medizinalisierung – das ist die erfolgreiche Idee, dass man Klassen von Erkrankungen diagnostizieren und dann einheitlich behandeln könne, um behandelte von unbehandelten Verläufen zu unterscheiden. Das Schema ist in der Psychotherapieforschung über Jahrzehnte als derselbe Dreischritt von »Diagnose – Definition des Treatments – Outcome« behandelt worden, es galt als Inbegriff des Wissenschaftlichen schlechthin. Das ändert sich aber derzeit!

Psychoanalytiker und angesehene Psychotherapieforscher (Westen, Novotny & Thompson-Brenner, 2004) hatten zu Beginn dieses Jahrhunderts mit anderen darauf hingewiesen, dass im Bereich der Psychotherapie medizinisches Denken nicht praktikabel sei. *Die Anfangsdiagnose sei einfach nicht entscheidend für die folgende therapeutische Behandlung* – das hatten auch schon konservative Psychiater wie Weitbrecht oder Helmchen betont. Westen und Kollegen illustrierten diesen Punkt an einem Beispiel, das auch der deutschen OPD-Entwicklung hätte entstammen können – auf die gehe ich allerdings hier nicht ein. Hier das Beispiel: Die Depression ist durch Zusammenstellung einiger Merkmale definiert: Schlafstörungen bei erheblicher Müdigkeit, grübelnde Gedankentätigkeit, somatische Äquivalente wie entweder Verstopfung oder Durchfall, sexuelle Appetenzminderung usw. Die Autoren fragen nun, was man davon halten solle, wenn ein 20-jähriger junger Mann, der daran leide, keine Freundin zu haben, weil er sich seiner latenten Homosexualität nicht zu stellen wagt, die gleichen Symptome ausbilde wie eine Mit-Vierzigerin, die als Migrantin in den düsteren Vierteln von New York oder Los Angeles gelandet sei, nachdem sie von verschiedenen Männern Kinder bekommen habe, und der die sozialen Stützen weggebrochen sind. Symptomatisch betrachtet, haben beide die gleiche Störung – aber sie brauchen ganz offensichtlich völlig verschiedene Formen der Hilfe.

Die Überwindung eines sehr sehr alten Gegensatzes

In der Psychotherapieforschung sind diese Überlegungen sehr stark gemacht worden, vor allem durch Bruce Wampold, einem exzellenten Statistiker, der eine vollständige Übersicht aller verfügbaren Meta-Analysen vorgelegt hat. Für die Behandlung entscheidend war nicht die Anwendung dieser oder jener Technik, sondern ob sie in einem Rahmen stattfand, der entweder als »medizinisches Modell« oder als »kontextuelles Modell« identifizierbar ist.

> »Die in diesem Buch zusammengestellte wissenschaftliche Evidenz zeigt, dass Psychotherapie mit dem medizinischen Modell unvereinbar ist und dass die Konzeptualisierung der Psychotherapie auf diese Weise das Wesen des ganzen Unternehmens verzerrt. Dringlicher ausgedrückt, könnte die Medikalisierung der Psychotherapie die Therapie-durch-Gespräch als nützliche Behandlung psychologischer und sozialer Probleme zerstören« (Wampold, 2001, S. 2, Übersetzung M. B. B.).

Diese in der empirischen Befundlage gründende Überzeugung wird in der zweiten Auflage des Buches forciert und wiederholt:

»The intervention we discuss in this book is still mostly a human conversation – perhaps the ultimate in low technology. Something in the core of human connection and interaction has the power to heal« (Wampold & Imel, 2015, S. 2).

Die Unterscheidung zwischen dem medizinisch-technologischen und dem kontextuellen Modell hatte Wampold schon vor 20 Jahren getroffen, das Buch wurde in der *Psyche* 2003 rezensiert – und ignoriert. Jetzt kommt es noch deutlicher von der empirischen Forschung:

»Mit anderen Worten: Psychotherapeuten bemühen sich, für jeden Patienten eine neue Therapie zu entwickeln. Sie tun dies, indem sie sich sowohl die *nomothetische als auch die idiografische Tradition* zunutze machen: Sie stimmen die Psychotherapie auf die Besonderheiten des Individuums ab, entsprechend den Allgemeinheiten der Forschungsergebnisse« (Norcross & Wampold, 2018, S. 1891, Übersetzung und Kursivierung M. B. B.).

Der alte Positivismus-Streit zwischen hermeneutischen Traditionen und nomothetischer Wissenschaftsauffassung wird *empirisch* überwunden. Beste *empirische* Forschung zeigt uns das! Nun, deutschsprachige psychoanalytische Autoren im Jahr 2006 formulierten das fast gleichbedeutend beim Versuch, bei 155 Patientinnen die eigenen Behandlungsentscheidungen zu rekonstruieren:

»Mit einer Settingvereinbarung wird anerkannt, dass der Patient ein Wissen über die für seine Ichfunktionen günstigsten Bedingungen hat. Es werden aber auch die Bedingungen im Analytiker anerkannt, unter denen er sich vorstellen kann, diesen Patienten zu erreichen und zu halten« (Döll-Hentschker et al., 2006, S. 1128).

Hier also formulieren erfahrene Kliniker, wenn auch in anderen Worten, das Gleiche wie es die Forscher eben taten – man schneidet seine Behandlung auf jeden Patienten zu.

»Es ließen sich keine diagnostischen Kriterien ausmachen, die zwingend zur Behandlung mit einer bestimmten Frequenz geführt hätten. Patienten mit neurotischem Konflikt wurden sowohl hochfrequent als auch niederfrequent behandelt; ebenso wurden früh gestörte Patienten, traumatisierte Patienten oder Patienten mit Denkstörungen teils in hochfrequente Analysen genommen, teils in niederfrequente Psychotherapien. Auch spezielle Kompetenzen wie Ichstärke, Einsichtsfähigkeit, die Möglichkeit, mit Deutungen umzugehen, oder Icheinschränkungen wie konkretistisches Denken und eine Neigung zur Somatisierung waren nicht eindeutig einem bestimmten Setting zuzuordnen, wobei sich allerdings Patienten dieser letztgenannten Kategorie unter den einstündig Behandelten häuften« (ebd., S. 1135).

Belegt wird: *Weder haben Diagnosen die Einheitlichkeit, wie sie im medizinischen Modell postuliert wird, noch haben es Therapieverfahren!* Professionell ist nicht ein diagnostisches Schema, sondern eine prozessuale Suchbewegung der gemeinsamen Passung. Der Patient weiß, was ihm guttäte – auch wenn er nicht weiß, dass er das weiß, so könnte man Freud (aus der *Traumdeutung*) paraphrasieren. Und er weiß das aus der Interaktion mit dem Therapeuten während der Vorgespräche.

Nun muss man hier etwas über *unsere* eigenen Traditionen sagen: Wir haben lange die Spaltung von Nomothetik und Hermeneutik für der Weisheit letzten Schluss gehalten. Wir haben dabei ignoriert, dass es längst wissenschaftliche Arbeiten gab wie die von Terence Deacon (1997, 2012) oder die Arbeiten von Michael Tomasello (2019), die diesen Gegensatz, der für uns in Stein gemeißelt schien, überwanden. Auch ein Frankfurter Philosoph (Detel, 2011) zwingt uns dazu, anzuerkennen, dass *empirische* Arbeiten die *hermeneutische* Frage, wie *das Verstehen zu verstehen* sei, besser gelöst haben. Hermeneutiker sind gut darin, etwas zu verstehen; aber ihr zentrales Problem, das Verstehen zu verstehen, führt sie in den bekannten Zirkel. Folglich gehören diese Autoren zur Pflichtlektüre!

Es galt uns als hip, sich auf das berühmte Habermas-Zitat (Habermas, 1968) zu beziehen, dass die Psychoanalyse die einzige methodisch Selbstreflexion in Anspruch nehmende Wissenschaft sei, und man fühlte sich *ausgezeichnet* – im doppelten Wortsinn. Lassen wir mal dahingestellt, ob Habermas überhaupt recht hatte mit dieser Behauptung von der Einzigartigkeit. Alfred North Whitehead würde Selbstreflexion durchaus für die Mathematik beanspruchen wollen, auch Physiker wie Thomas Görnitz (B. Görnitz & T. Görnitz, 2005; T. Görnitz & B. Görnitz, 2016) und Astronomen wie Harald Lesch halten es für wertvoll, mit Psychoanalytikern über spirituelle Erfahrungen zu kommunizieren. Sie haben freilich völlig andere Formen der methodischen Selbstreflexion – und wir müssen lernen, dass es Selbstreflexion nicht einzigartig gibt, sondern *nur* im Plural! Für uns freilich hatte die Habermas'sche Seligsprechung den Sinn, dass wir uns auf der richtigen, wenn auch verkannten Seite fühlen und zugleich Abwehr gegen Mathematik und Statistik kultivieren konnten.

Jetzt habe ich vorgeführt, wie empirisch-*nomothetische* Forschungen mit empirisch-*praktischen* Untersuchungen zu schönster Übereinstimmung gelangen. Die einen haben die Zahlen bevorzugt, wir eher die Imagination, das bildhafte Denken. Jetzt erkennt man, dass es die je andere Seite *derselben* Münze ist. Nur ein Nacheinander scheint möglich. Aber es kann überwunden werden, wenn wir die Münze aufstellen und in eine schnell kreisende Bewegung versetzen – meine epistemische Metapher (Buchholz, 2014). Dann sehen wir ein Kugelwesen, und das ist wahrscheinlich das vollständige Bild. Die andere Seite der Münze ist nicht dunkel. Wir ignorieren sie.

Kontextualisierung ist erforderlich

Meine Schlussfolgerung lautet: Therapeuten sind keine *tooligans*, sie sind professionell. Sie kennen dunkle Seiten. Als Profession müssen wir auch die dunklen Seiten unserer eigenen Überzeugungen von Zeit zu Zeit revidieren. Psychotherapie ist kein *tool*, mit dem wir ein kaputtes Seelenleben reparieren könnten, wir *reparieren* überhaupt nicht (Hildenbrand, 2020).

Das gibt neue Freiheiten: Freuds rigoroser Determinismus nimmt an, dass spätere Konstellationen aus früheren hervorgehen. Balint hatte zurecht polemisiert, dass wir so irgendwann bei Samenzelle und Ei würden landen müssen. Wie kommt ein solcher Determinismus damit zurecht, dass viele Eltern glückliche Kleinkinder aufziehen, aber spätestens ab der vierten oder fünften Klasse schockiert miterleben, wie sehr ihre Kinder durch schulische Gewalt, durch Verführung zu Drogen und durch das Internet ihnen unwiederbringlich entfremdet werden? Was sagen wir zum Tsunami der Pornografie (Buchholz, 2006), den schon Zehnjährige kennen?

Meine Folgerung heißt: Die deterministische Idee ist unzureichend, wenn nicht falsch. Wir brauchen kontextuelle Theorien. Was kann unsere Profession einer hilflosen Öffentlichkeit zu weiteren Erosionsprozessen des Zivilen sagen? Keine Ignoranz mehr gegen Kontexte, dafür mehr Rezeption solcher Theorien aus unseren eigenen Reihen (Frie & Coburn, 2010). Wir müssen Psychotherapie als »Profession« bestimmen (Buchholz, 1999b).

»Profession« – was damit gemeint ist

Was ist gemeint mit dem Stichwort der Profession? Zunächst können wir damit die Hermeneutik-Szientismus-Debatte überwinden. Ich stelle der Verdeutlichung halber zwei Definitionen von »Profession« vor. Die erste, psychologische Definition umfasst

> »specialized knowledge involving intensive training; high standards of practice, usually supported by a code of ethics; continuing education so that practitioners stay current with the latest developments in the profession; and provision of service to the public« (Benjamin, 2007, S. 155).

Die Profession wird hinsichtlich der *Art ihrer Leistungserbringung* definiert: mit speziellem Wissen und personengebundener Ausbildung, hohen Standards orientiert an einem ethischen Code, fortlaufender Fortbildung und Leistungserbringung gegenüber dem Publikum. In diese Hinsichten passt die Psychoanalyse ganz gut hinein. Das gilt auch für die zweite, eher soziologische Definition:

»Zusammengefaßt sind Professionen in der Moderne solche Berufsgruppen, welche lebenspraktische Probleme von Klienten im Kontext einzelner Funktionssysteme wie dem System der Krankenbehandlung, dem Rechts-, dem Religions- und dem Erziehungssystem in Interaktionssituationen mit Klienten stellvertretend deuten und bearbeiten« (Kurtz, 2003, S. 101)

Diese stärker soziologische Definition sieht die professionelle Leistungserbringung in Interaktionssituationen, durch Deuten und Bearbeiten, innerhalb auch *anderer* gesellschaftlicher Systeme – Justiz, Erziehung, Krankenbehandlung, Religion. So einzigartig ist die Situation mit der der Psychoanalyse nicht, auch sie erbringen professionelle Leistungen und kennen die dazugehörigen Formen der Selbstreflexion. Das bestimmt also unseren sozialen Ort, wie Siegfried Bernfeld (1974 [1929]) gesagt hätte. Leistungserbringung geschieht wesentlich durch das Gespräch – Wampold hätte von *low technology* gesprochen. Also keine Hierarchie zwischen Profession und Wissenschaft! Aber ein Nebeneinander!

Die psychotherapeutische Profession hat die Wissenschaft »zur Seite«, (Stein, 1979) so, wie sie auch das Recht, vor allem das Kassenrecht, zur Seite hat. Andere Systeme wie Ökonomie, Technologie und kulturelle Zusammenhänge kann man leicht anfügen. Jedoch muss die *Differenz* zu diesen Systemen bis ins Behandlungszimmer hinein erhalten bleiben, weil sich sonst die Profession in einem der anderen Systeme »auflöst«. Mit der Festlegung auf medizinanaloge Diagnosen ist die Politik bereits *ins* Behandlungszimmer *vorgedrungen*.

Professionalität kann sich gegenüber Wissenschaft abgrenzen, das hatte schon John Bowlby so gesehen. Professionen folgen anderen Grundsätzen, manchmal müssen sie etwas *glauben*, auf dessen Beweis sie nicht warten können. Wissenschaft ist langsamer, hat anhaltende Prüfverfahren und höhere Präzisionsansprüche, sie muss ihre Aussagen mehrfach prüfen (wir erleben das gerade in der Pandemie); professionelles Handeln hingegen muss auf *aktuelle* Umstände reagieren, Lehrer müssen Schülern begegnen, Anwälte ihren Klienten, Politiker ihren Wählern – sie alle können wissenschaftliche Erkenntnisse in Anspruch nehmen. Ja, sie müssen sogar wissenschaftliche Erkenntnisse in Anspruch nehmen.

Ich nenne als Beispiel den Ödipus-Komplex, von dem Mark Solms uns kürzlich (Jahrestagung der DPG im Mai 2021) gezeigt hat, dass der *nicht* historisch universalisierbar und auch nicht genetisch bestimmt ist; das hatten Andere – Ethnologen, Archäologen, Literaturwissenschaftler – auch schon gesagt. Jetzt haben wir die neurowissenschaftliche Beglaubigung, dass die Ödipussianer im Irrtum sind. Eine zwingende Folgerung ist zu erkennen, dass es andere Eifersuchtsdramen und andere Formen triadischer Beziehungen gibt, wie z. B. das Eifersuchtsdrama zwischen Othello und Jago um Othellos Braut Desdemona. Das aufreizend Interessante daran ist, dass wir eine Dimension der *Intrige* studieren können, die ein ganz wesentlicher Teil menschlicher, sozialer Kontexte ist und insofern unverzichtbar zum

Realitätsprinzip gehört – es aber keine psychoanalytischen Texte zur Intrige gibt! Obwohl sie doch, *entre nous*, erfahrbares Element jedes Ausbildungsinstituts ist. Auch hier, muss man feststellen, ignorieren wir zuviel.

Als zweites Beispiel nenne ich viele falsche Annahmen über kindliche Entwicklungen, die in kleinianischen Texten immer wieder angenommen werden. Ich will diesen *Auffassungen* durchaus auf die Füße treten, nicht aber den *Personen*, die sie vertreten. Denn wir sollten endlich die Auseinandersetzungen führen können, die seit mehr als 50 Jahren überfällig sind.

Und drittens nenne ich die Auffassung, dass das Unbewusste nicht in der Kommunikation erscheine. Ich habe keine Ahnung, ob das Unbewusste wie eine Sprache strukturiert ist (wie jemand mal behauptet hat), weil eine solche Behauptung in keiner Weise überprüfbar wäre. Wäre das Unbewusste wie eine Sprache, könnte man sie vernehmen und sie wäre nicht das Unbewusste. Ich bin mir umgekehrt ziemlich sicher, Sprechen teilt uns allerlei Unbewusstes mit; Freud war dem mit den Fehlleistungen und dem Witz auf dem Weg, Reik und Ferenczi haben das verfeinert, und meine Arbeitsgruppe an der IPU hat empirische Befunde (Brandstetter et al., 2018) dazu vorbringen können, die bei Linguisten Beachtung finden – und erfreulicherweise auch bei Psychoanalytikern.

Freud hatte von der »Hexe Metapsychologie« gesprochen, um zu verdeutlichen, wie Professionen über ihre Theorien hinausgehen. Freilich ist das ein schiefes Bild, denn Metapsychologie ist Theorie! Wie könnte sie menschliche Eigenschaften annehmen, wie die zu hexen? Die Besen der Theorie entnehmen auch Hexen genauso der Reinigungskammer wie jeder Zauberlehrling, der damit etwas aufräumen und säubern, also »klären« wollte. *Hexen* können fliegen – auf Besen. Fliegen – das ist die Metapher für Begeisterung. Theorie wird erst in den Händen eines integren professionellen Therapeuten zu einem flugfähigen Besen. Ohne professionelles Können taugen Besen zum Kehren (Gödde & Buchholz, 2012).

Fliegen kann nur, wer die geheimen Kräfte, die in Besen schlummern, zu entfalten vermag. Lehrlinge brauchen dann ab und an einen Meister, damit der Besen wieder in die Kammer gestellt werden kann, um unsere *gewöhnlichen* Aufgaben ordentlich zu erledigen. Es wäre ungut, wenn wir *immer* durch die Lüfte fliegen *wollten*, und noch unguter, wenn wir es dauerhaft *täten*.

Was ich also sagen will ist, dass wir als Gruppe der professionellen Therapeuten in unseren Theorien, Praktiken und Diskursen in der Gegenwart ankommen müssen, weil wir nur so Zukunft mitgestalten können. Das schließt ein, dass wir darüber diskutieren, welche brauchbaren Theorien wir verteidigen, und für welche es Zeit wird, dass sie über Bord gehen. Ich hoffe, dass das, was ich von der Wissenschaft hier vorgestellt habe, mehr Mut und Zutrauen dazu verschaffen mag, über den Tellerrand der Profession zu gucken und sich trotz der Tagesbelastungen der Praxis der Wissenschaft wieder zu nähern. Wie hört es sich an, wenn einer den Besen ergriffen hat und zum Fliegen nutzt?

Jesse Geller (2005) hat einen Bericht über seine lehrtherapeutischen Erfahrungen mit fünf (!) verschiedenen psychoanalytischen Ausbildungs-Therapien beschrieben. Von allen habe er profitiert. Später bemerkt er, wie er sich gewundert habe, wenn er gefragt werde, ob er mehr nach dem einen oder dem anderen, mehr nach Freud oder nach Ogden oder nach Bion usw. arbeite. Er habe schließlich gesagt: »I am a Gellerian.« So spricht einer, der den Besen zum Fliegen nutzt, er hat *sich* gefunden. Dieser Haltung kann man sich gut anschließen, so erwächst das Neue. Wenn ich mich hier als Buchholzianer oute, rechne ich nicht damit, gleiche von *diesem* Stamm zu finden, aber andere Indianer durchaus.

Allerdings, dieser gellende Ausruf stößt in der Community der psychoanalytischen Institutslebenswelten durchaus auf Ecken und Kanten:

»Zudem bettet sich die private Theorie in die psychoanalytische Gruppe ein, innerhalb derer wir uns bewegen. Das ist ein sehr wichtiges Faktum. Denn es besagt, daß auch die psychoanalytische Gruppe, der wir uns zugehörig fühlen oder der wir zugeschrieben werden, aus der Quelle der privaten Überzeugungen mit Affekten und mit einem *idiosynkratischen und antipluralistischen* Geist aufgeladen werden. Das ist nun für das Selbstverständnis der freien Institute wie aller anderen Gruppierungen ein zentraler Punkt. Denn was für unsere klinische Arbeit mit den Analysanden unabdingbar ist: daß wir unsere persönliche Eigenart ausbilden, das erweist sich als schwere Bürde und großes Hindernis, sobald wir das Behandlungszimmer und unsere *peer-group* verlassen und es darauf ankommt, darüber hinaus mit anderen zu kommunizieren und die Psychoanalyse zu organisieren. Aus Quellen der privaten Theorien und der Gruppenloyalitäten wird die öffentliche Psychoanalyse in einem Übermaß affektiv geladen. Von daher erkläre ich mir einen Gutteil der unerfreulichen und hemmenden Reibungen, mit denen wir in den psychoanalytischen Institutionen so oft zu kämpfen haben.«

»Man kann von einem *Konstruktionsfehler* sprechen. Er besteht in der Unverträglichkeit zwischen den affektiven und idiosynkratischen Erfordernissen der klinisch-praktischen Psychoanalyse einerseits und den objektiven Anforderungen der psychoanalytischen Organisation und Wissenschaft andererseits. Dieser Konstruktionsfehler wird wahrscheinlich niemals verschwinden. Deshalb dürfte es günstig sein, ihn nicht zu ignorieren und die je eigene Position zur allgültigen zu erklären, sondern mit dem Zusammenstoß unterschiedlicher Überzeugungen zu rechnen und nach Wegen zu suchen, ihn zu bewältigen« (Will, 2010, S. 17).

Die Idee, die Psychoanalyse *psychoanalytisch* zu organisieren, ist nicht so hübsch, wie sie sich anhört. Außerhalb des Behandlungszimmers treffen wir auf andere kommunikative Systeme, deren Regeln wir kennen und beachten müssen. Dann können wir eine weitere Aufgabe bewältigen: Wenn es in der deutschen Studie von Döll-Hentschker und Kolleginnen hieß, dass Patienten ein unbewusstes Wissen von dem haben, was ihnen helfen könnte, also etwas, was Freud (1909b) den »unbewussten Heilungswunsch« genannt hatte, dann kann die Behandlung eigentlich kaum etwas Anderes sein, als dieses Wissen zu vernehmen, es zu artikulieren und nach Möglichkeiten die Bedingungen dafür zu erwirken, dass es in therapeutischen Interaktionen entsteht. Dazu müssen weder Patient noch Ausbildungskandidat »mitgenommen« werden (das wäre ja »unsere« Reise); es reicht vielmehr, sie zu *begeistern* – mit ihrem Geist die Profession zu erneuern.

Ist das dann noch Psychoanalyse?

Wir dürfen und müssen dann durchaus auch *unseren* Geist ins interaktive Spiel bringen und manchmal klarmachen, dass manche Ziele entweder sehr einseitig sind und dass *vor* allem Fliegen die handwerkliche Handhabung des Besens kommt.

Weil wir als professionelle Kliniker individualisiert arbeiten und für jeden eine neue Therapie »erfinden« (wie die Empiriker uns lehren), ist die Frage, ob das dann noch Analyse sei (Blass, 2010), zu bitterernst genommen worden. Der mahnend oder drohend erhobene Zeigefinger bei dieser Art zu fragen, ergibt keinen Sinn! Es gehört zu unseren kollegialen Unsitten, solche Behauptungen aufzustellen, und ich empfehle, gelassen zurückzufragen, ob der Betreffende, bitte sehr, *seine Definition* der Psychoanalyse nennen könne? Nach der Antwort, sofern sie denn gewährt wird, kann man immer darauf verweisen, dass es andere gäbe, die das ganz anders sehen. Warum erwähne ich diese Unart? Weil hier neben dem machtpolitischen ein intellektuelles Problem zutage tritt, auf das ich hier eingehen möchte. Wir haben gedacht, wir müssten Psychoanalyse *definieren* können, weil wir angenommen haben, andere könnten das in ihren Gebieten auch. Stimmt aber nicht. Pädagogen haben keine einheitliche Definition, Physiker auch nicht. Sie haben einzelne Fachspezialitäten. Sie definieren sich durch *Können, professionelles Können.* Wenn ein Mathematiker mit einem anderen vor der Kreidetafel steht und Formeln anschreibt, erkennt der beim kollegialen Blick über die Schulter, ob da einer was kann oder nicht. Dasselbe ist der Fall, wenn ein Musiker einem anderen zuhört. Wir sollten uns also viel, viel mehr über die Schulter blicken lassen. Nicht nur, indem wir kasuistisch *erzählen* von unseren therapeutischen Heldentaten und unser windelweiches, weil so kompromittierbares Gedächtnis unterstützen mit Protokollen, in denen 50 Sitzungsminuten auf fünf bis sieben Minuten Verlesung reduziert werden, sondern indem wir audiografieren, Gespräche in echt aufzeichnen. Dann könnten wir uns eine profunde Überzeugung davon verschaffen, wie reichhaltig professionelle Praxis ist. Wir würden endlich *unsere Empirie*, die des Gesprächs, als eine *non-positivistische Empirie* gewinnen (Buchholz, 2015b)! Canestri (2006) hatte darauf hingewiesen, dass wir dieser Konfrontation mit der Wirklichkeit unseres klinischen Tuns *ausweichen*, und Tuckett, der sich in den 1990er Jahren in klassischen Aufsätzen dazu äußerte, hat an der Abwehr gegen die Forderung nach Öffnung resigniert und sich anderen Themen zugewandt. Dass es sich um eine Abwehr handelt, hatte Treurniet schon 1995 ausgesprochen:

> »Die bereits genannte Steifheit und Hölzernheit haben unmittelbar mit dieser Angst und Scham zu tun. Die Scheinanpassung in vielen Supervisionssituationen und klinischen Besprechungen ebenfalls. Man muß dann ja auch etwas verbergen und außerdem noch verbergen, daß man etwas verbirgt! Ich vermute zudem, daß hier die größten Widerstände herrühren, welche die Benutzung eines Tonbandes zum analytischen Tabu erklärt haben« (Treurniet, 1996, S. 19f.).

Das Tabu, ein Tonband zu benutzen, gehört zu den Dogmatiken; auch dieses Dogma ruft »Das ist keine Psychoanalyse!« aus, wie es die ansonsten verehrte Anne-Marie Sandler auf einer DGPT-Tagung einmal getan hat. Auch, dass sie sich auf demselben DGPT-Kongress gegen die kassenfinanzierte Psychoanalyse ausgesprochen hatte, ist nichts anderes als Dogmatik. Dass diese Dogmatik irrt, ist längst erbracht. Angst und Scham müssen abgewehrt werden – und wie das geschieht, will ich noch in ein paar kurzen Bemerkungen ansehen.

Die Psychoanalyse hat viele Kulturen und Systeme in ihrer Umwelt, deren Differenzen entwickelt werden müssen. Der Ursprung aller psychoanalytischen Theorie ist das Behandlungszimmer – dort findet sich die non-positivistische Empirie, nämlich das Gespräch. Auch die Kultur einer »Steifheit und Hölzernheit«, wie Treurniet es nannte, gehört zu diesen Umwelten. Deren andere Seite ist die Idee, dass es vor allem auf »Gefühle« ankomme. Herbert Will hatte die affektive Aufladung angesprochen.

Damit meine ich, dass wir uns nicht auf eine und nur eine Differenz, etwa die zur Wissenschaft, beschränken sollten. Wir sollten uns aber auch nicht auf die uns geläufigen *internen* Differenzen beschränken, etwa den Lacanianismus und den Kleinianismus oder die Feld-Theorie der Barangers gegen die Theorie des »Dritten« von Thomas Ogden ausspielen. Nein, das wären interne Debatten. Wir brauchen einen eigenen Pool von echten Gesprächsdaten! Weil wir sonst den Vorwurf, dass wir ja allerlei Interessantes *erfinden*, kaum glaubwürdig abwehren können.

Hier ein drastisches Beispiel, auch eines dafür, was jetzt »noch Psychoanalyse« sei:

> »Winnicott says patients need to regress; Melanie Klein says they must not regress; I say they are regressed« (Bion, zit. n. Kenny, 2013, S. 35).

Wie können wir solche Auffassungsgegensätze, die die Behandlungsführung und unser Denken darüber extrem beeinflussen, anders klären? Wir brauchen die Analysen von Gesprächen auf der Basis von echten Aufnahmen!

»Emo-Talk«

Sich nur auf »Gefühle« zu beziehen, birgt ganz eigene Gefahren. In der Abwehr wissenschaftlicher Erkenntnisse und Anforderungen hat sich eine professionseigene Sprachwelt entwickelt, die ich als »Gefühlsdiskurs«, oder auch, weil ich manchmal meinen Spott nicht beherrschen mag, als »Emo-Talk« bezeichne. Odo Marquard hätte das als »zunehmende Penetranz der negativen Reste« bezeichnet. Das, was im je tagesaktuellen Diskurs keinen Platz hat, muss sich als »Rest« artikulieren. Wir feiern diese Reste, haben es entwickelt und gefördert. Der »Emo-Talk« kommt in manchen Artikulationen der Fernsehwerbung nahe, denkt man etwa an die Werbung für ein Shampoo: »Weil ich es mir wert bin!« Und das Ausrufezeichen sagt immer: »Basta!« Kein Widerspruch würde hier geduldet.

Illustrierungen finden sich allenthalben: Als in Winnenden vor mehr als 15 Jahren ein bewaffneter Schüler 15 seiner Mitschüler tötete, war das befremdliche »Wunder«, dass Angehörige noch am gleichen Tag auf Reporter-Fragen, wie sie sich »fühlten«, tapfer die Tränen bekämpften und antworteten, sich also solche Peinlichkeiten zumuten ließen. Oder: Jeden Abend in der Tagesschau wird ein Reporter vor Ort aus Mariupol oder einer anderen ukrainischen Stadt zugeschaltet, der dann gefragt wird, was er heute »erlebt« habe. Das ist etwa der Gehalt von Fragen an Fußballtrainer, die bei Niederlagen oder auch Siegen ihrer Mannschaften antworten.

»Emo-Talk« erscheint als Ultima Ratio und schafft eine Vollbremsung in jedem Gespräch

Der »Emo-Talk« arbeitet mit der Leitdifferenz von Gefühl und Rationalität; er kann ganz leicht imitiert oder kopiert werden. Er wird zu einem Gesprächsstereotyp. Die Leitdifferenz der Psychoanalyse ist aber nicht die von Gefühl versus Rationalität, sondern die von bewusst und unbewusst – das kann *nicht* kopiert werden. »Emo-Talk« hat seinen Ursprung in der Abwehr der wissenschaftlichen Sprachwelt. In einer gruppentherapeutischen Sitzung zu sagen, »Ich habe das Gefühl, nicht zu Wort zu kommen«, ist eine Beobachtung, bräuchte also die Berufung auf Gefühle gar nicht. Sie müsste sich nur dem aussetzen, dass Beobachtungen auch irren können. Warum beruft sich jemand auf sein Gefühl? Weil Gefühle stillschweigend als Ultima Ratio gelten. Gegen ein Gefühl kann man nichts sagen, es behauptet von selbst, richtig zu liegen. Wer das Gefühl angreift, steht als jemand da, der die Person nicht respektiert, während man über eine Meinung, ein Werturteil, eine Sichtweise usw. ja durchaus reden könnte. Nur unter den Rahmenbedingungen einer Therapie ergibt das extensive Reden über Gefühle Sinn, aber auch dort nicht ausschließlich. Jeder Anfänger merkt früh, dass man damit etwa 30 Sitzungen weit kommt, dann aber braucht es andere Behandlungs-register.

Wer auf einer Lehranalytiker-Konferenz sagt »Ich habe das Gefühl, der neue Kandidat würde gut zu uns passen«, gibt kein Gefühl wieder, sondern ein Wert-urteil. Der Gefühlsbezug wirkt jedoch als diskursive Vollbremsung. Würde jemand nun sagen »Ich habe aber das Gefühl, dass es auch schwierig werden könnte mit dem neuen Kandidaten«, steht das eine gegen das andere – wie könnte es geklärt werden? Ähnlich, wenn über einen neuen Ausbildungskandidaten »Ich habe das Gefühl, der kann was« gesagt wird – weiter käme man doch, indem man über-legt, welche Maßstäbe werden benutzt, welche Erfahrungen liegen dem zugrunde usw. Denken wird ausgeschlossen. Der »Emo-Talk« schafft Komplexitätsredukti-on dort, wo wir Anreicherung von Komplexität durch Differenzierungen dringend brauchen. »Emo-Talk« legt sich wie Mehltau auf solche Differenzierungen.

Intellektualität ist *nicht* Intellektualisierung

Der »Emo-Talk« begründet sich stillschweigend damit, dass Denken eine Intellek-tualisierung, also Abwehr, also nicht echt sei. Diesen Fehler müssen wir überwinden! Intellektualität ist nicht Intellektualisierung! Der »Emo-Talk« will glauben ma-chen, dass unsere Gefühle klüger wären – ach ja! Das wäre schön! Es gilt jedoch leider nur unter sehr besonderen Umständen und dann auch nicht treffsicher, etwa wenn alt Gewordene für sich Weisheit in Anspruch nähmen. Das ist *mein* Risiko gewor-den. Deshalb halte ich es lieber mit der Intellektualität. Und ich schließe gleich an, dass ich natürlich positive Erfahrungen mit Austausch, Brainstormings, Gesprächen, Ideensammlungen etc. habe, aber die Phrase, dass man »gemeinsam denken« wolle, für falsch halte. Denken ist eine einsame Sache, es *macht* traurig, wie der Philosoph George Steiner (2006) schrieb. Aber es *ist* nicht traurig! Man kann freilich miteinan-der sprechen. Bei *Entscheidungen* macht Denken verantwortlich – das Beschwören des Gemeinsamen wäre dann Abwehr, nämlich Entfaltung von Verantwortungs*dif-fusion*, während es eine Illusion von gemeinschaftlicher Loyalität erzeugt.

Schluss

Ich will »Schlussfolgerung« ganz deutlich sagen, und dann gebe ich noch eine Geschichte zum Abschluss wieder. Meine Schlussfolgerung ist anders, als ich noch 1999 geglaubt hatte, ich kann sie in einem Satz wiedergeben:

> »The entire psychoanalytic project, despite its thriving more than a century, faces extinction« (Karbelnig, 2021, S. 9).

Manche werden abwinken; die Psychoanalyse sei schon oft totgesagt worden und habe dann doch immer weitergelebt. Stimmt, aber unser derzeitiger Fall ist anders. Das Zitat spricht nicht vom Ableben der Psychoanalyse oder dass sie, wie schon Marcuse behauptete, »veraltet« sei. Die Rede ist von *extinction*, also von »Auslöschung«. Es muss also etwas geben, das sie auslöscht. In all dem, was ich hier genannt habe, ist das dokumentiert: Es ist der Prozess der technologischen Medikalisierung der Psychotherapie. Die empirische Forschung hat das vorhergesagt, mehrfach wurde darauf hingewiesen – wurde es überhört, weil es von der »falschen« Quelle kam? Von den Empirikern?

Man könnte fast auf die verwegene Idee kommen, dass das von guten Honoraren und empirischen Anerkennungen flankiert wurde. Wir scheinen ja zu blühen. Unsere Substanz aber verdorrt. Die Verlage geben ihre psychoanalytischen Bestände ab, die Psychoanalyse ist keine Stimme mehr im öffentlichen Gespräch, die Zeitschriften schrumpfen und die wenigen leben mit halbierten Abonnementszahlen und lechzen nach guten Manuskripten. Dies alles wächst aus einem Geist, den nichts besser wiedergeben könnte als die folgende Geschichte aus dem Buch von Arnold Goldberg (1990, S. 47), die ich hier in meiner Übersetzung anfüge:

>»Ich sitze in einem großen Vortragssaal auf einer psychoanalytischen Konferenz. Neben mir sitzt ein Freund, den ich nur auf solchen Tagungen sehe. Wir sind keine intimen Freunde, aber wir mögen einander, obwohl wir in einigen Dingen nicht einer Meinung sind, vor allem in Bezug auf Fragen und Ideen der Psychoanalyse. Wir haben unterschiedliche psychoanalytische Vorbilder. Der Redner ist gut, aber er vertritt eine ziemlich einseitige und voreingenommene Position zu seinem Thema und verurteilt bestimmte Standpunkte, die mit seinen eigenen nicht übereinstimmen; ein anderer Führer wird verherrlicht. Ich kann seine Position nachvollziehen und sammle meine eigenen Argumente, die nicht mit seinen übereinstimmen, während ich in meinem Kopf eine Gegenreaktion formuliere. Ich schaue meinen Freund an und sehe, dass er dasselbe tut. Er ist zwar auch anderer Meinung als der Sprecher, aber aus anderen Gründen, und ich kann mir vorstellen, wie mein Freund seinerseits seine eigenen Beweise ordnet, um seine eigene imaginäre Antwort zu formulieren. Ich kann fast vorhersagen, was er sagen wird, und es überrascht nicht, dass ich auch für meinen Freund eine Reihe von Antworten parat habe. Aber meine Grübeleien nehmen kein Ende, denn ich kann auch sehen, dass mein Sitznachbar ebenso gut weiß, was ich sagen könnte, und dass er es zu widerlegen weiß. Das Paket scheint komplett zu sein. Die Rede endet. Mein Freund und ich sehen uns an und lächeln. Wir beschließen, eine Tasse Kaffee zu trinken.«

Diese Geschichte – vor mehr als 30 Jahren niedergeschrieben – hat sich seitdem tausendfach ereignet, deshalb erkennen wir uns in ihr. Sie lehrt uns, dass wir de facto schweigen, während wir miteinander so viel zu besprechen hätten. Wenn das stimmt, wäre die Psychoanalyse in der Tat tödlich bedroht, mir macht das ernsteste Sorgen.

Literatur

Beland, H. (1992). Kritischer Kommentar zu Helmut Thomäs Aufsatz über »Idee und Wirklichkeit der Lehranalyse«. Psychoanalyse. Klinik und Kulturkritik, 46(2), 99–114.

Benjamin, L. T. J. (2007). A brief history of modern psychology. Malden, MA: Blackwell.

Bernfeld, S. (1974 [1929]). Der soziale Ort und seine Bedeutung für Neurose, Verwahrlosung und Pädagogik. In L. von Werder & R. Wolff (Hrsg.), Antiautoritäre Erziehung und Psychoanalyse. Band 2 (S. 39–56). Frankfurt, Berlin, Wien: Ullstein.

Blass, R. B. (2010). Affirming »That's not psycho-analysis!« On the value of the politically incorrect act of attempting to define the limits of our field. Int J Psychoanal, 91, 81–99.

Brandstetter, G., Buchholz, M. B., Hamburger, A. & Wulf, C. (Hrsg.). (2018). Balance – Rhythmus – Resonanz. Sonderheft der Zeitschrift Paragrana. Internationale Zeitschrift für Historische Anthropologie, 27(1). Berlin: de Gruyter.

Brühmann, H. (1996). Metapsychologie und Standespolitik. Die Freud/Klein-Kontroverse. Luzifer – Amor, 9(17), 7–48.

Buchholz, M. B. (1993). »Person« und »Identität« in Luhmanns Systemtheorie. System Familie, 6, 110–122.

Buchholz, M. B. (1999a). Die Psychoanalyse der Zukunft der Psychoanalyse. Forum der Psychoanalyse, 15, 204–223.

Buchholz, M. B. (1999b). Psychotherapie als Profession. Gießen: Psychosozial-Verlag.

Buchholz, M. B. (2006). Die »VerPuffung« der Gesellschaft. Metaphern der Sexualität. Forum der Psychoanalyse, 22, 268–286.

Buchholz, M. B. (2013). Identitäten – kann man sie haben? Muss man sie zuschreiben? Lassen sie sich verhandeln? Psychosozial, 36(133), 97–111.

Buchholz, M. B. (2014). Hermeneutik oder Szientismus? Unterwegs zu einer triadischen Epistemologie. Forum der Psychoanalyse, 30, 257–274.

Buchholz, M. B. (2015a). Identität? Individualisierung, Intimität, Interaktion! In S. Walz-Pawlita (Hrsg.), Identitäten (S. 90–109). Gießen: Psychosozial-Verlag.

Buchholz, M. B. (2015b). Non-»positivistische« Empirie der Konversation – wie die Psychoanalyse dabei ist, endlich wieder Beobachtungswissenschaft zu werden. Psyche – Z Psychoanal, 69(5), 452–463.

Buchholz, M. B. (2017). Zur Lage der professionellen Psychotherapie. Forum der Psychoanalyse, (3), 289–310. DOI: 10.1007/s00451-017-0260-4

Buchholz, M. B. & Kächele, H. (2019). Verirrungen der bundesdeutschen Diskussion – Eine Polemik. Psychotherapeutenjournal, 18(2), 156–162.

Canestri, J. (Hrsg.). (2006). Psychoanalysis. From practice to theory. Chichester, England, Hoboken, NJ: John Wiley and Sons.

Deacon, T. W. (1997). The symbolic species: The co-evolution of language and the brain. New York: W. W. Norton.

Deacon, T. W. (2012). Incomplete Nature. How Mind Emerged from Matter. New York, London: W. W. Norton.

Detel, W. (2011). Geist und Verstehen. Historische Grundlagen einer modernen Hermeneutik. Frankfurt a. M.: Vittorio Klostermann.

Dimitrijevic, A., Cassullo, G. & Frankel, J. (Hrsg.). (2018). *Ferenczi's Influence on Contemporary Psychoanalytic Traditions. Lines of Development – Evolution of Theory and Practice over the Decades*. Milton: Routledge.

Döll-Hentschker, S., Reerink, G., Schlierf, C. & Wildberger, H. (2006). Zur Einleitung einer Behandlung: Die Frequenzwahl. *Psyche – Z Psychoanal, 60*(11), 1126–1144.

Dornes, M. (1993). *Der kompetente Säugling*. Frankfurt a. M.: S. Fischer.

Dornes, M. (1998). Müssen wir Margaret Mahlers Theorie revidieren? In W. Burian (Hrsg.), *Der beobachtete und der rekonstruierte Säugling* (S. 7–21). Göttingen: Vandenhoeck & Ruprecht.

Fonagy, P., Jones, E. E., Kächele, H., Krause, R., Clarkin, J., Perron, R. & Allison, E. (2001). *An open door review of outcome studies in psychoanalysis*. DOI: 10.13140/2.1.3458.0160

Freud, S. (1909b). Analyse der Phobie eines fünfjährigen Knaben (»Der kleine Hans«). *GW VII*, S. 241–367.

Freud, S. (1926e). *Die Frage der Laienanalyse*. Unterredungen mit einem Unparteiischen. *GW XIV*, S. 207–286.

Frie, R. & Coburn, W. J. (Hrsg.). (2010). *Persons in context. The challenge of individuality in theory and practice*. New York: Routledge.

Geller, J. D. (2005). My Experience as a Patient in Five Psychoanalytic Psychotherapies. In ders., J. C. Norcross & D. E. Orlinsky (Hrsg.), *The Psychotherapist's Own Psychotherapy. Patient and Clinician Perspectives* (S. 210–235). New York: Oxford University Press.

Gödde, G. & Buchholz, M. B. (Hrsg.). (2012). *Der Besen, mit dem die Hexe fliegt. Wissenschaft und Therapeutik des Unbewussten. Band 1: Psychologie als Wissenschaft der Komplementarität*. Gießen: Psychosozial-Verlag.

Goldberg, A. (1990). *The Prisonhouse of Psychoanalysis*. Hillsdale, NJ: The Analytic Press.

Görnitz, B. & Görnitz, T. (2005). Das Unbewusste aus Sicht einer Quanten-Psycho-Physik – ein theoretischer Entwurf. In M. B. Buchholz & G. Gödde (Hrsg.), *Das Unbewußte in aktuellen Diskursen. Anschlüsse. Band II* (S. 347–398). Gießen: Psychosozial-Verlag.

Görnitz, T. & Görnitz, B. (2016). *Von der Quantenphysik zum Bewusstsein. Kosmos, Geist und Materie*. Berlin: Springer.

Greenspan, S. I. & Shanker, S. G. (2007). *Der erste Gedanke. Frühkindliche Kommunikation und die Evolution menschlichen Denkens*. Weinheim: Beltz.

Habermas, J. (1968). *Erkenntnis und Interesse*. Frankfurt a. M.: Suhrkamp.

Harris, A. & Botticelli, S. (Hrsg.). (2010). *First do no harm. The paradoxical encounters of psychoanalysis, warmaking and resistance*. New York: Routledge.

Heritage, J. & Maynard, D. W. (Hrsg.). (2007). *Communication in Medical Care. Interaction between primary care physicians and patients*. Cambridge: Cambridge University Press.

Heritage, J. & Robinson, J. D. (2011). »Some« versus »Any«. Medical Issues: Encouraging Patients to Reveal Their Unmet Concerns. In C. Antaki (Hrsg.), *Applied conversational analysis. Intervention and change in institutional talk* (S. 15–32). Basingstoke, New York: Palgrave Macmillan.

Hildenbrand, B. (2020). »Hast Du Hammer, Zange, Draht, kommst du bis nach Leningrad« oder: Das Werkzeug und die praktische Urteilskraft – ein Essay zur Lage der Rezeption von Fachliteratur im aktuellen Feld von Beratung und Therapie. *Kontext – Zeitschrift für Systemische Therapie und Familientherapie, 51*(4), 354–366.

Holt, R. R. (1989). *Freud Reappraised: A fresh Look at Psychoanalytic Theory*. New York: The Guilford Press.

Kanwischer, H. (2021, 1. Februar). Wenn das Leben zum Überleben verkleinert wird – Über Risikoeinschätzung in der Dynamik von Angsterkrankungen. https://1bis19.de/wissenschaft/wenn-das-leben-zum-ueberleben-verkleinert-wird/ (01.02.2021).

Karbelnig, A.M. (2021). Laying the death drive to rest. *International Forum of Psychoanalysis*, 1–11. DOI: 10.1080/0803706X.2021.1905179

Kenny, D.T. (2013). *From Id to Intersubjectivity. Talking about the Talking Cure with Master Clinicians*. London: Karnac.

Kernberg, O.F. (1996). Thirty Methods to Destroy the Creativity of Psychoanalytic Candidates. *Int J Psychoanal, 77*, 1031–1040.

Krivzov, J., Notaerts, L., van Nieuwenhove, K., Meganck, R., Truijens, F.L. & Goossens, A. (2021). The lack of failure reports in published psychotherapy case studies: Implications for dis-»illusioning« of research and practice. *European Journal of Psychotherapy & Counselling*, 1–17. DOI: 10.1080/13642537.2021.1923051

Kurtz, T. (2003). Gesellschaft, Funktionssystem, Person: Überlegungen zum Bedeutungswandel professioneller Leistung. In H. Mieg & M. Pfadenhauer (Hrsg.), *Professionelle Leistung – Professional Performance* (S. 89–110). Konstanz: UVK Verlagsgesellschaft.

Lebovici, S. (1988). Die ärztliche Orthodoxie und der Beruf des Analytikers. *Jahrbuch der Psychoanalyse, 23*, 26–36.

Leuzinger-Bohleber, M. & Kächele, H. (2015). *An open door review of outcome and process studies in psychoanalysis* (3. Aufl.). ResearchGate.

Makari, G.J. (2011). *Revolution der Seele: Die Geburt der Psychoanalyse*. Gießen: Psychosozial-Verlag.

Mitchell, S.A. (1997). *Influence and Autonomy in Psychoanalysis*. Hillsdale, NJ: The Analytic Press.

Müller, K. (2012). Im Auftrag der Firma. US-Nachrichtendienste und die »Psychoanalytic Community« 1940–1953 – ein Werkstattbericht. *Jahrbuch der Psychoanalyse, 64*, 51–91.

Neimeyer, G.J. & Taylor, J.M. (2014). Ten Trends in Lifelong Learning and Continuing Professional Development. In W.B. Johnson & N.J. Kaslow (Hrsg.), *The Oxford handbook of education and training in professional psychology* (S. 214–236). Oxford: Oxford University Press.

Newberger, E.H. & Bourne, R. (1986 [1978]). The Medicalization and Legalization of Child Abuse. In A.S. Skolnick & J.H. Skolnick (Hrsg.), *Family in Transition* (5. Aufl., S. 317–337). Boston, Toronto: Little, Brown and Company.

Neyses, J. (2021). Reform der Psychotherapeuten-Ausbildung. Verpflichtung und Chance für Vielfalt. https://www.wissenschaftsmanagement.de/news/reform-der-psychotherapeutenausbildung (12.04.2022).

Norcross, J.C. & Wampold, B.E. (2018). A new therapy for each patient: Evidence-based relationships and responsiveness. *Journal of Clinical Psychology, 74*(11), 1889–1906. DOI: 10.1002/jclp.22678

Parin, P. (1978). Gesellschaftskritik im Deutungsprozeß. In ders. (Hrsg.), *Der Widerspruch im Subjekt. Ethnopsychoanalytische Studien* (S. 188–212). Frankfurt a.M.: Syndikat.

Peglau, A. (2013). *Unpolitische Wissenschaft? Wilhelm Reich und die Psychoanalyse im Nationalsozialismus. Bibliothek der Psychoanalyse*. Gießen: Psychosozial-Verlag.

Stein, H. (1979). *Psychoanalytische Selbstpsychologie und die Philosophie des Selbst*. Meisenheim: Anton Hain.

Steiner, G. (2006). *Warum Denken traurig macht. Zehn (mögliche) Gründe*. Frankfurt a.M.: Suhrkamp.

Stepansky, P.E. (2009). *Psychoanalysis at the margins*. New York: Other Press.

Thomä, H. (1981). *Schriften zur Praxis der Psychoanalyse. Vom spiegelnden zum aktiven Psychoanalytiker*. Frankfurt a.M.: Suhrkamp.

Thomä, H. (1991a). Idee und Wirklichkeit der Lehranalyse. Ein Plädoyer für Reformen (I). *Psyche – Z Psychoanal, 45*(5), 385–433.

Thomä, H. (1991b). Idee und Wirklichkeit der Lehranalyse. Ein Plädoyer für Reformen (II). *Psyche – Z Psychoanal*, *45*(5), 481–505.

Thomä, H. (1992a). Stellungnahme zum kritischen Kommentar Hermann Belands zu meinem Aufsatz »Idee und Wirklichkeit der Lehranalyse«. *Psychoanalyse. Klinik und Kulturkritik*, *46*(2), 115–144.

Thomä, H. (1992b). Die unendliche Lehranalyse als Supertherapie. In U. Streeck & H.-V. Werthmann (Hrsg.), *Lehranalyse und psychoanalytische Ausbildung* (S. 98–134). Göttingen: Vandenhoeck & Ruprecht.

Thomä, H. (1993). Über einige therapeutische und wissenschaftliche Sackgassen im Zusammenhang mit Freuds Gold-Kupfer-Metapher. *Z Psychosom Med Psychother*, *39*, 238–245.

Tomasello, M. (2019). *Becoming human. A theory of ontogeny*. Cambridge, MA: The Belknap Press of Harvard University Press.

Treurniet, N. (1996). Über eine Ethik der psychoanalytischen Technik. *Psyche – Z Psychoanal*, *50*(1), 1–31.

Tronick, E. Z. (2007). *The Neurobehavioral and Social-Emotional Development of Infants and Children*. New York, London: W. W. Norton.

Tuckett, D. (2007). Ist wirklich alles möglich? – Über die Arbeit an einem System zur transparenten Einschätzung psychoanalytischer Kompetenz. *Forum der Psychoanalyse*, *61*, 44–65.

Veen, M., Skelton, J. & de La Croix, A. (2020). Knowledge, skills and beetles: Respecting the privacy of private experiences in medical education. *Perspectives on Medical Education*, *9*, 111–116. DOI: 10.1007/s40037-020-00565-5

Wampold, B. E. (2001). *The Great Psychotherapy Debate – Models, Methods and Findings*. Mahwah, NJ/London: Lawrence Earlbaum.

Wampold, B. E. & Imel, Z. E. (2015). *The great psychotherapy debate. The evidence for what makes psychotherapy work* (2. Aufl.). New York, London: Routledge.

Westen, D., Novotny, C. M. & Thompson-Brenner, H. (2004). The Empirical Status of Empirically Supported Psychotherapies: Assumptions, Findings, and Reporting in Controlled Clinical Trials. *Psychol Bull*, *130*(4), 631–663. DOI: 10.1037/0033-2909.130.4.631

Will, H. (2010). Freie Assoziation und das psychoanalytische Institut der Zukunft. *Psychoanalyse im Widerspruch*, *22*(44), 9–25.

Woolfolk, R. L. (2015). *The value of psychotherapy: The talking cure in an age of clinical science*. New York: The Guilford Press.

Der Autor

Michael B. Buchholz, Prof. Dr., promoviert bei Prof. Argelander (Frankfurt 1980), habilitiert für Sozialwissenschaften in Göttingen 1990; nach Leitung einer Forschungsabteilung in einem psychotherapeutischen Krankenhaus verschiedene Professuren und Gastprofessuren; dann bis 2020 Professor für Sozialpsychologie und Leiter des Promotionsprogramms an der IPU in Berlin. Dort jetzt als Seniorprofessor und als Direktor des An-Instituts an der IPU »Junktim – empirische Gesprächsforschung in therapeutischen Interaktionen« tätig. Klinisch-praktische Tätigkeit als Leiter einer Beratungsstelle und als Psychoanalytiker seit mehr als 40 Jahren. Zahlreiche Veröffentlichungen zu Psychoanalyse, Metapherntheorie, Familientherapie, Konversationsanalyse.

Kontakt per E-Mail: Buchholz.mbb@t-online.de

»Tiefenpsychologisch«, »psychodynamisch«, »analytisch«, »psychoanalytisch« – welche Unterscheidungen ergeben heute eigentlich noch Sinn?

Cord Benecke

Übersicht

Fragen, denen ich hier nachgehen möchte, sind die, ob Analytische Psychotherapie (AP) und Tiefenpsychologisch fundierte Psychotherapie (TfP) als zwei separate Psychotherapieverfahren angesehen werden können, ob und wie sich die unterschiedlichen Behandlungsformen unterscheiden lassen und wie sie sinnvoll gruppiert werden könnten. Zudem wird das oftmals ambivalente Verhältnis zwischen Psychoanalyse und deren »Modifikationen« betrachtet und ein Vorschlag zu den neuen Weiterbildungsgängen skizziert, der aus meiner Sicht sowohl den Bedarfen nach versorgungsrelevant ausgebildeten Psychotherapeut:innen als auch den Wünschen psychoanalytischer Fachgesellschaften Rechnung tragen kann. Wie der Vortrag, auf dem der hier vorliegende Text basiert, gliedert sich der Beitrag in vier Abschnitte:

- ➢ Zeitdiagnose 1: Welche Unterscheidungen gibt es und wie sinnvoll sind diese begründet?
- ➢ Empirie: Lassen sich die unterschiedlichen Formen empirisch überhaupt finden?
- ➢ Zeitdiagnose 2: Wozu haben die Abgrenzungen und Gewichtungen in der Aus- und Weiterbildung geführt?
- ➢ »Therapie-Empfehlung«: Wie könnte eine zukünftige Weiterbildung aussehen?

Wikipedia definiert »Zeitdiagnose« folgendermaßen:

> »Soziologische Zeitdiagnose oder Soziologische Gegenwartsdiagnose bezeichnet ein Genre von soziologischen Publikationen, mit dem versucht wird, zugespitzt und vereinfacht grundlegende Charakteristika der jeweils zeitgenössischen Gesellschaft herauszuarbeiten. Uwe Schimank weist darauf hin, dass der spekulative Charakter soziologischer Gegenwartsdiagnosen Irrtumsrisiken berge. Jede soziologische Gegenwartsdiagnose sei ›eine starke Vereinseitigung‹«.

Mit anderen Worten: Ich werde also *zuspitzen, vereinfachen* und stark *vereinseitigen* ...

Zeitdiagnose 1: Welche Unterscheidungen gibt es und wie sinnvoll sind diese begründet?

Zuvorderst soll noch einmal daran erinnert werden, was eigentlich ein Psychotherapieverfahren ausmacht. Laut Wissenschaftlichem Beirat Psychotherapie (WBP, 2010) liegt einem *Psychotherapieverfahren* »ein umfassendes Theoriesystem der Krankheitsentstehung zugrunde«, aus dem sich die Behandlungsstrategien für ein breites Spektrum psychischer Störungen ableiten lassen, für deren Wirksamkeit empirische Belege vorliegen. Dabei kann durchaus verfahrensinterne Heterogenität existieren, es sollten sich aber noch einige grundlegende Konzepte finden lassen, auf die sich alle einigen können. Betrachtet man die Heterogenität in den Störungstheorien der Freudianer, Jungianer, Adlerianer, Kleinianer, Kohutianer, Kernbergianer, Lacanianer und sonstigen »Indianer«, wie Intersubjektivisten, Relationalisten, Feld-Theoretiker usw., die sich alle selbstverständlich der Psychoanalyse zuordnen, dann scheinen die Unterschiede zwischen AP und TfP nicht gerade ins Auge zu fallen.

Vor Kurzem erschien ein Heft der Zeitschrift *Psychodynamische Psychotherapie* zu »Stand und Zukunft der psychodynamischen Psychotherapie« (1/2020). In diesem Heft mit vielen namhaften Autor:innen finden sich etliche Beschreibungen der Unterschiede in Setting und Technik zwischen AP und TfP, aber faktisch nichts über unterschiedliche Störungstheorien.

Die Abgrenzungsversuche wirken meines Erachtens sehr bemüht. Hier einige Zitate aus dem erwähnten Themenheft:

➤ »Während das klassische psychoanalytische Verständnis bei einer aktuellen Erkrankung von einer Reaktualisierung eines frühkindlichen Konflikts ausgeht, dessen Bearbeitung auch im Mittelpunkt einer Behandlung stehen soll, hat die Tiefenpsychologie ein erweitertes pathogenetisches Krankheitsverständnis. [...] Denn nach Heigl-Evers et al. aktualisiert sich in der Regel hier nicht der infantile Konflikt in seiner ursprünglichen Form; dieser hat bereits eine sekundäre Bearbeitung in Pubertät und jungem Erwachsenenalter erfahren« (Rüger, 2020, S. 8).

➤ »Damit fokussiert die tiefenpsychologisch fundierte Psychotherapie vornehmlich auf die Behandlung der sekundären Abwehrkonfigurationen und habituellen Lösungsversuche des infantilen Grundkonflikts« (ebd., S. 8f.).

➤ »Damit berücksichtigt das Verfahren [TfP, C. B.] die vielfältigen Interdependenzen zwischen intrapsychischen, interpersonellen und psychosozialen Konfliktkonstellationen« (ebd., S. 9).

➤ »[...] sind Affektdifferenzierung und Affektklarifizierung wesentliche Bestandteile der tiefenpsychologisch fundierten Psychotherapie, einschließlich einer Klarifizierung von deren beziehungsregulierender Funktion« (ebd., S. 12).

Es stellt sich die Frage, ob diese vorgebrachten Gegensätze zwischen AP und TfP überhaupt in der Klarheit existieren – mir scheint das recht konstruiert.

Die scharfe Abgrenzung weicht Rüger dann selbst wieder etwas auf, wenn er schreibt: »Eine erfolgreiche Behandlung ist aber nur gewährleistet, wenn die aktuelle konflikthafte Krisensituation vor dem Hintergrund der Lebens- und Persönlichkeitsentwicklung des Patienten psychodynamisch verstanden wird« (ebd., S. 14).

Andere Autoren im gleichen Heft stellen klar: Psychoanalyse (PA), AP und TfP haben eine

> »gemeinsame theoretische Basis. Als grundlegende psychoanalytische Konzepte gelten in beiden Fällen die Bedeutung von unbewussten Prozessen und Motivationen, die Rolle der Emotionen, die Bedeutung von Abwehr-, Entwicklungs-, intersubjektiven und interkulturellen Prozessen, die Rolle der Bindung sowie die Bedeutung von Fantasien und inneren Bildern« (Wöller & Kruse, 2020, S. 24).

Hier wird also das Gemeinsame der Störungstheorien hervorgehoben. Wenn das so stimmt (und daran gibt es ja wenig zu rütteln), dann ist schon hier ein wesentliches Kriterium, um von separaten Verfahren sprechen zu können, nicht erfüllt: Separate Verfahren bräuchten klar abgrenzbare Störungstheorien.

Schon hier wird deutlich: AP und TfP haben keine substanziell unterschiedlichen Störungstheorien, und auch keine substanziell unterschiedlichen Veränderungstheorien. Unterschiedliche Techniken und Settings für unterschiedliche Indikationen begründen ja noch keine separaten Verfahren, allenfalls Methoden.

Der Sinn, in Psychotherapie*verfahren* auszubilden, besteht ja gerade darin, dass die Beherrschung eines Psychotherapieverfahrens in die Lage versetzt, die ganze Bandbreite der psychischen Störungen kompetent zu behandeln, inklusive der üblicherweise anzutreffenden komplexen Störungen (also Patient:innen mit einer hohen Komorbidität und/oder schweren strukturellen Beeinträchtigungen). Dies gelingt, weil sich das behandlungstechnische Vorgehen aus einer in sich halbwegs stringenten und umfassenden Theorie über die menschliche Psyche und den Bedingungen der Entstehung und Aufrechterhaltung von psychischen Störungen ableitet und je nach differenzieller Indikation ein für die jeweiligen Patient:innen passendes Setting sowie Haltung und Technik ausgewählt werden. Eine solche umfassende Behandlungskompetenz erlaubt es dann auch, eventuell auftauchende Komplikationen im Behandlungsverlauf in ihrer Komplexität zu verstehen und darauf, wiederum basierend auf einem Gesamtverständnis, angemessen zu reagieren – unter Umständen dann eben auch mit Wechseln in Haltung, Setting und Technik.

Die psychoanalytisch begründeten Therapien in den Psychotherapie-Richtlinien (PT-Richtlinien) werden differenziert entlang von Setting-Variablen:

➢ Die *Analytische Psychotherapie im Couchsetting* (APC) ist eine Langzeittherapie mit in der Regel 160 bis 300 Stunden. Diese finden zwei- bis dreimal, manchmal auch viermal pro Woche, im liegenden Setting statt.

➢ Die *Analytische Psychotherapie* im *face-to-face-Setting* (APF) ist eine Langzeittherapie mit etwa 160 bis 300 Stunden. Diese finden eher zweimal pro Woche im Gegenübersitzen statt.

➢ Die *Tiefenpsychologisch fundierte Psychotherapie* (TfP) hat 25 bis 100 Stunden. Sie findet ein- bis zweimal in der Woche im sitzenden Setting statt.

➢ Die psychodynamische *Kurzzeittherapie* (KZT) beschreibt eine Therapieform mit bis zu 24 Stunden, welche ein- bis höchstens zweimal pro Woche im Gegenübersitzen stattfindet.

Die Formen sind nach Setting (und etwas auch nach Techniken bzw. Foki) unterschieden, nicht nach unterschiedlichen Störungstheorien. Alle beziehen sich auf unbewusste Konflikte, Abwehr, dynamisch-unbewusste Prozesse, Struktur usw.

Die Psychoanalyse (PA) hingegen war nie eine Richtlinienbehandlung. Zwar entspricht das Couch-Setting der APC dem der PA, aber die PA kennt keine Stundenbegrenzung, und bis vor Kurzem galt eine mit drei Wochenstunden durchgeführte Behandlung gemäß IPA nicht als Psychoanalyse. Zudem können sich die Ziele einer PA von denen einer APC durchaus unterscheiden.

Im *Feld A* der Abbildung 1 sind die gegenwärtigen Formen und Abgrenzungen dargestellt: die Trennung zwischen AP und TfP in den PT-Richtlinien, und getrennt davon wiederum die Psychoanalyse.

Wenn aber – wie Wolfgang Mertens schreibt – die AP »in der Öffentlichkeit sowie in offiziellen Deklarationen nunmehr an die Stelle der ›klassischen‹ Psychoanalyse zu rücken« (Mertens, 2020, S. 75) scheint, dann droht die APC aus dem Spektrum der Richtlinienbehandlungen zu verschwinden *(Feld B)*. Als Folge bliebe dann die Tiefenpsychologische Psychotherapie (TP) alleine übrig, angereichert um die APF *(Feld C)[1]*.

Der Wissenschaftliche Beirat Psychotherapie (WBP) hat bereits im Jahr 2004 die verschiedenen psychoanalytisch begründeten Richtlinienbehandlungen unter dem Begriff »Psychodynamische Psychotherapie« zusammengefasst (WBP, 2004)[2] –, diese beinhaltet auch die APC *(Feld D)*. Dies entspricht auch der international gebräuchlichen Nomenklatur, die zwischen *psychoanalysis* und *psy-*

---

1 Im Sprachgebrauch etlicher verhaltenstherapeutischer Kolleg:innen existiert schon seit längerem nur noch die »Tiefenpsychologische Psychotherapie – TP«.

2 »Es wird abschließend nochmals darauf hingewiesen, dass der WBP die Auffassung vertritt, dass die gemeinsame theoretische Basis der tiefenpsychologisch fundierten und der psychoanalytischen Psychotherapie eine einheitliche Aus- und Weiterbildung in dem Verfahren der Psychodynamischen Psychotherapie erfordert« (WBP, 2004, S. 4).

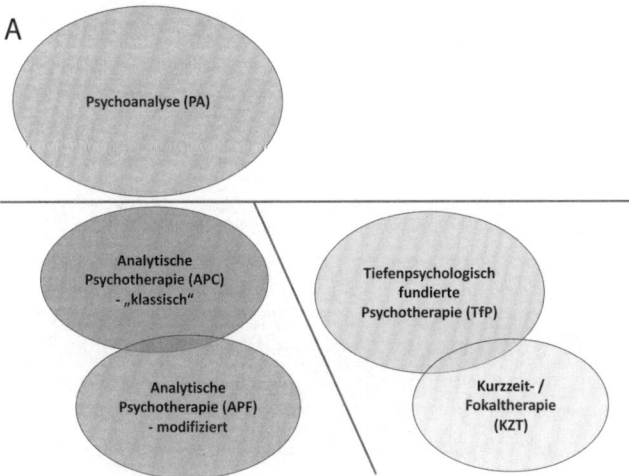

Abbildung 1a: Gegenwärtige Formen und Abgrenzungen

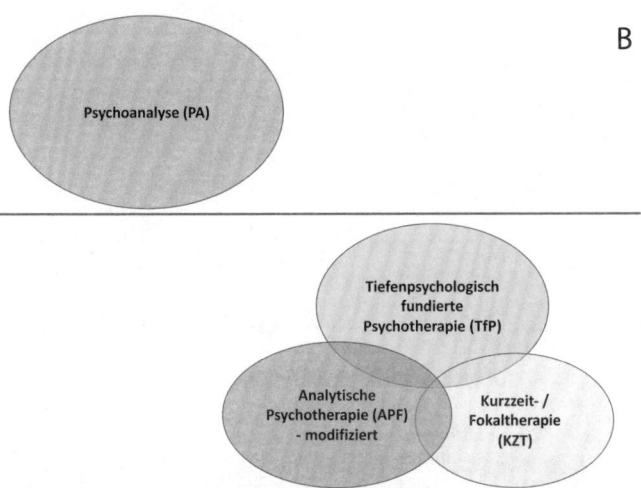

Abbildung 1b: Bei Gleichsetzung von AP mit PA

chodynamic psychotherapy unterscheidet (letztere allenfalls noch in *short-term* und *long-term* aufteilt). Ich halte dies für eine vernünftige Lösung.

Es gibt also keine unterschiedlichen Störungstheorien von AP und TfP, sondern es stehen unterschiedliche Störungsaspekte im Vordergrund, und je nach Vorherrschen dieser oder jener Aspekte ergibt sich die differenzielle Indikation für diese oder jene Haltung-Setting-Technik-Kombination.

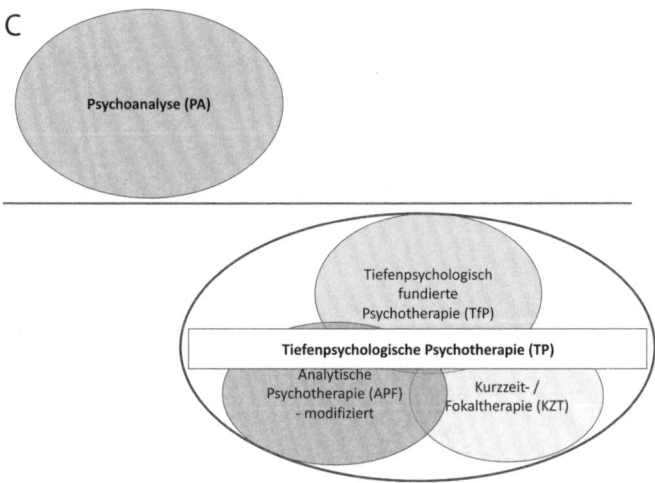

Abbildung 1c: TP (mit integrierter APF) als einziges Richtlinien-Verfahren

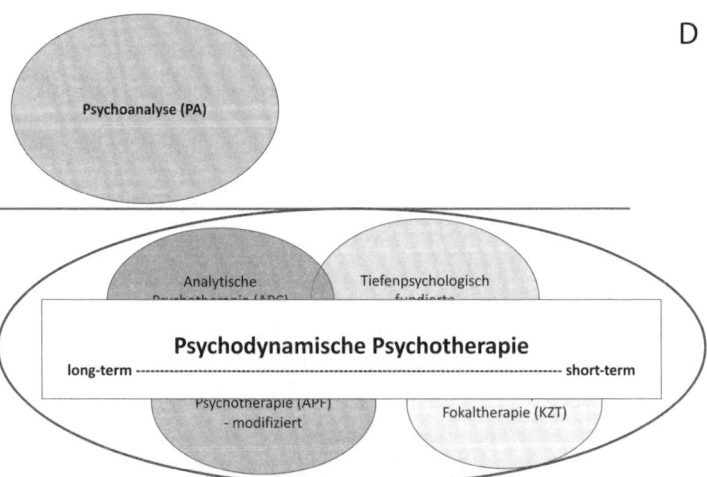

Abbildung 1d: Vorschlag des Wissenschaftlichen Beirat Psychotherapie (2004)

Die Aufteilung von AP und TfP wird auch von anderen Autoren kritisch gesehen:

»Doch betont die Aufteilung [AP vs. TP, C. B.] zu Unrecht die Differenzen, während die Gemeinsamkeiten leicht aus dem Blick geraten« (Wöller & Kruse, 2020, S. 32).

»Die seit vielen Jahren gebräuchlichen Definitionen von Psychoanalyse (PA), Analytischer Psychotherapie (AP) und Tiefenpsychologisch fundierter Psychotherapie (TfP) sind viel zu global und enthalten zudem veraltete Auffassungen. Aus diesem Grund führen sie zu missverständlichen Abgrenzungen zwischen diesen Therapieverfahren v. a. hinsichtlich differenzial-diagnostischer und behandlungstechnischer Optionen« (Mertens, 2020, S. 73).

»Der WBP sieht keine wissenschaftliche Grundlage für eine Unterscheidung zwischen tiefenpsychologisch fundierter und analytischer Psychotherapie als zwei getrennte Verfahren« (WBP, 2004).

Empirie: Lassen sich die unterschiedlichen Formen überhaupt finden?

Hier lohnt sich ein Blick in Studien, die psychotherapeutische Techniken in unterschiedlichen Behandlungsformen analysiert haben. Es liegen etliche Instrumente zur Erfassung psychoanalytischer bzw. psychodynamischer Techniken vor, z. B. PQS (Psychotherapy Q-Sort) (Ablon & Jones, 1998, 2005), COPPS-AS (The Comparative Outcomes in Psychotherapy and Psychoanalysis Study Adherence Scale) (Caligor et al., 2012), Adherence of Psychoanalytic and Psychodynamic Therapy Scale (Ratzek, Huber & Klug, 2019), PTQ (Psychoanalytic Technique Questionnaire) (Henkel, Zimmermann & Benecke, 2018).

In der Studie von Caligor und Kolleg:innen (2012) wurden *psychoanalyses* (»three or four times weekly on the couch for five years«) mit *supportive expressive therapy* (»once or twice weekly for up to forty sessions«) mittels der COPPS-AS verglichen.

In Bezug auf die COPPS-PSA-Skala findet sich *kein* Unterschied zwischen PSA-Sitzungen und SE-Sitzungen. Die in der COPPS-SE-Skala angegebenen Techniken finden sich nur tendenziell stärker in SE-Sitzungen als in PSA-Sitzungen. Die Autor:innen resümieren: »The lack of significant differences between the SE and PSA sessions on the COPPS-PSA subscale, and to a lesser extent the COPPS-SE, could be due to both conceptual and technical overlap of these treatments« (ebd., S. 353).

Ratzek und Kolleg:innen (2019) entwickelten die Adherence of Psychoanalytic and Psychodynamic Therapy Scale (APP-Skala), um analytische von tiefenpsychologisch fundierten Psychotherapien anhand von Audio-Aufnahmen voneinander unterscheiden zu können. Die insgesamt 14 Items sind polarisierte Gegensatzpaare, z. B. »Der Therapeut ermutigt zur freien Assoziation« (psychoanalytisches Item) vs. »Der Therapeut wirkt durch explorierende Fragen lenkend auf den Therapieprozess ein« (tiefenpsychologisches Item). Zwar finden sich mit diesem Instrument

COPPS-AS

Psychoanalytisch (COPPS-PSA):	Supportiv-expressiv (COPPS-SE):
Der Therapeut / die Therapeutin...	**Der Therapeut / die Therapeutin...**
1. ... war neutral; er enthielt sich der Äußerung seiner eigenen Meinungen und Ansichten über Themen, die der Patient bearbeitete.	3. ... ermutigte den Patienten, seine Gefühle in der Sitzung zu erleben, zu erforschen und auszudrücken.
6. ... ermutigte den Patienten spontan und unstrukturiert zu sprechen und alles, was ihm durch den Kopf geht, zu sagen, um möglichst frei zu assoziieren.	5. ... explorierte die Gefühls- oder Affektschwankungen des Patienten.
9. ... sprach die Vermeidung des Patienten von wichtigen Themen an oder von Mechanismen, die der Patient benutzt, um sich bedrohliche Gedanken oder Gefühle nicht bewusst zu machen.	8. ... fokussierte auf die Bearbeitung der Beziehung zwischen sich und dem Patienten (ohne spezifische Verbindungen zu signifikanten Anderen aus der Vergangenheit zu ziehen).
14. ... lenkte die Aufmerksamkeit des Patienten auf sein unbewusstes Erleben (z. B. auf Gefühle, Gedanken oder Impulse, die ihm möglicherweise nicht klar bewusst waren).	11. ... ermutigte, wertschätzte und bestärkte ausdrücklich die anpassungsgerechten Veränderungen des Patienten.
16. ... ermutigte die Bearbeitung und Exploration von Träumen und Fantasien des Patienten.	12. ... fokussierte auf Ähnlichkeiten zwischen den Beziehungen des Patienten.
17. ... überließ es dem Patienten mit der Bearbeitung des Stundeninhalts zu beginnen; sie / er gab den Ablauf der Stunde nicht vor.	15. ... entdeckte wiederkehrende Muster in den Handlungen, Gefühlen und Erfahrungen des Patienten.

Abbildung 2: Die psychoanalytischen und supportiv-expressiven Items der Comparative Outcomes in Psychotherapy and Psychoanalysis Study Adherence Scale (Caligor et al., 2012). Die COPPS-AS enthält auch noch kognitiv-behaviorale Items, die hier nicht aufgeführt werden.

Unterschiede zwischen analytischen und tiefenpsychologisch fundierten Sitzungen, aber drei analytische Items konnten nicht reliabel eingeschätzt werden, und es ist zu vermuten, dass die Unterschiede wesentlich auf der Polarisierung der Items basieren. Günther Klug, der weit über zehn Jahre an diesem Instrument gearbeitet hat, meint: »Es ist supermühsam ja, aber doch möglich, denken wir« (persönliche Mitteilung per Mail, September 2021). In einer ganz aktuellen Studie differenzierte die durch Therapeut:innen selbst eingeschätzte APP-Skala gut zwischen den vier Behandlungsformen (Henkel et al., 2022).

Henkel, Zimmermann und Benecke (2018) analysierten die Faktorenstruktur des Psychodynamic Technique Questionnaire (PTQ). Die 15 Items beschreiben unterschiedliche psychotherapeutische Techniken und stammen ursprünglich aus der Göttinger Psychoanalyse-Studie (Leichsenring et al., 2005). In der Kasseler Online-Studie wurden Therapeut:innen gebeten, an eine *besonders gute Phase* einer beliebigen ihrer Therapien denken und dann anzugeben, welche der Techniken sie wie oft (Skala von 1 bis 5) in dieser Phase angewendet haben. 124 Psychoanalytiker:innen machten Angaben zu idealen Therapiephasen aus 295 Behandlungen. Eine Faktorenanalyse ergab drei klar abgegrenzte Technikfaktoren (Tabelle 1):

»Klassisch« analytische Techniken	Klärende Techniken	Aktiv-supportive Techniken
Förderung der Regression	Konfrontieren	Förderung des Arbeitsbündnisses
Arbeit an der Übertragung	Klären	Zentrierung auf Fokus
Arbeit in der Übertragung	Affektklarifizierung	Als Therapeut:in aktiv
Arbeit am Widerstand		Arbeit an Außenobjekten
Deuten		Selektives Mitteilen der Gegenübertragung
		Ermutigungen
		Ratschläge

Tabelle 1: Technikfaktoren und die zugehörigen Items des PTQ (siehe ausführlich dazu Henkel, Zimmermann & Benecke, 2018)

Anschließend wurde geprüft, wie häufig die jeweiligen Techniken in den unterschiedlichen Settingformen angewendet wurden (Abbildung 3).

Wie in Abbildung 3 ersichtlich, unterscheidet sich der Einsatz »klassischer« und »supportiver« Technik je nach Setting: Erwartungsgemäß wird *klassische* Technik am häufigsten in der APC eingesetzt, *supportive* Techniken am häufigsten in der KZT. Der Einsatz von *klärender* Technik hingegen ist überall fast gleich hoch: Klärung scheint so etwas wie eine psychoanalytisch-psychodynamische Kern-Technik zu sein.

Dieser Befund wird durch eine zweite Studie bestätigt: Henkel und Kolleg:innen (2020) werteten die Angaben von 355 psychoanalytisch begründeten Behandlungen aus, die im Rahmen der DPG-Praxisstudie durchgeführt wurden. Die Therapeut:innen füllten den PTQ ein Jahr nach Behandlungsbeginn aus. Es ergab sich fast identisches Bild wie in Abbildung 3 für die »idealen« Behandlungen – allerdings waren hier in den realen Behandlungen die Unterschiede von »klassisch« und »supportiv« geringer als in der Online-Studie. Der Einsatz von »klärend« war im Vergleich zu »klassisch« und »supportiv« insgesamt noch höher und wieder in allen Setting-Varianten fast gleich hoch. Auch in den real durchgeführten Behandlungen scheint »Klärung« also eine psychoanalytisch-psychodynamische Kern-Technik zu sein.

Die unterschiedlichen Behandlungsformen unterscheiden sich also im Setting, und in den diesen Settings werden die unterschiedlichen Techniken in unterschiedlichem Ausmaß eingesetzt. Aber alle Techniken kommen in allen Behandlungsformen vor, und wir können wohl von einer individuellen (»personalisierten«) Haltung-Setting-Technik-Kombination ausgehen. APC, APF, TfP und KZT sind also *nicht gleich*, aber die Unterschiede begründen *keine separaten Verfahren!*

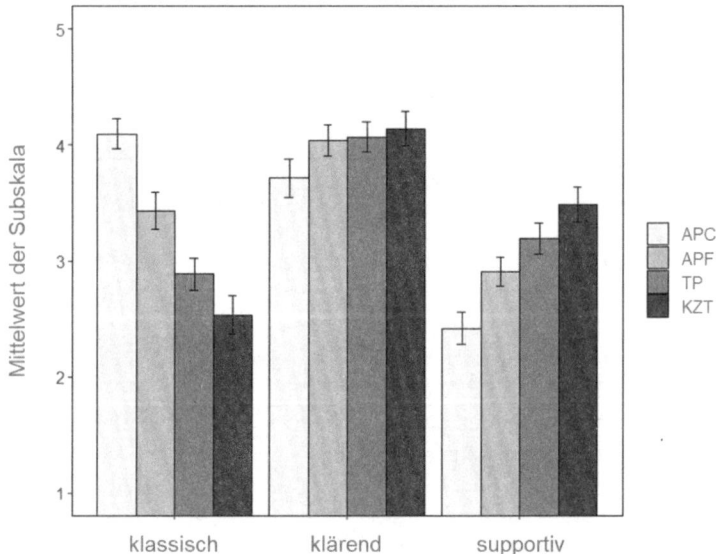

Abbildung 3: Verwendung der Techniken in den unterschiedlichen Settings (siehe Henkel, Zimmermann & Benecke, 2018): APC (Analytische Psychotherapie im Couchsetting), APF (Analytische Psychotherapie *face-to-face*), TP (Tiefenpsychologisch fundierte Psychotherapie), KZT (Kurzzeittherapie), klassisch (PTQ-Technik-Cluster »klassisch analytische Techniken«), klärend (PTQ-Technik-Cluster »klärende Techniken«), supportiv (PTQ-Technik-Cluster »aktiv-supportive Techniken«).

Zeitdiagnose 2: Wozu haben die Abgrenzungen und Gewichtungen in der Aus- und Weiterbildung geführt?

Im Mai 2021 hielt Johanna Naumann im Rahmen einer berufspolitischen Veranstaltung der DPG einen Vortrag mit dem Titel: »Warum soll(t)en wir als AnalytikerInnen und als DPG an der neuen Weiterbildung teilnehmen?« (Naumann, 2021). Ich fasse die darin geäußerten Thesen kursorisch zusammen:

➤ Kritik an »Psychologisierung« und »Therapeutisierung« der PA im Versorgungssystem;

➤ »Gefürchtet wird, dass [...] die Psychoanalyse noch viel weitgehender als Behandlungsmethode vereinnahmt wird, als rein therapeutische Krankenbehandlung in der Reihe anderer Therapien [...]«;

➤ »Gestützt wird diese Ansicht durch den Fokus auf die Anwendungen der Psychoanalyse: TP, KZT, Gruppentherapie, Therapie in Kliniken sowie der Tendenz zu zeitlich engeren Rahmen von Behandlungen, in denen es um Persönlichkeitsentwicklung schon gar nicht mehr geht«;

➤ *Postgraduierten-Modell:* »Attraktiv daran wäre, ein Kreis von an der PA wirklich sehr Interessierter zu sein, die sich institutionell nicht mit all den oft belastenden System-Fragen befassen müssten, vielmehr postgraduierte Fortbildungen für wieder etwas ältere, berufserfahrene Kolleg/Innen relativ frei gestalten könnten. Der Wunsch, den es vielleicht in vielen von uns gibt, die >reine<, >tendenzlose< PA weitergeben zu können«;

➤ *Interims-Modell:* »Alternativ dazu wäre das Interims-Modell, das schon jetzt häufig bei der DPG-IPV-Ausbildung genutzt wird: Wir würden uns, mit Bauchschmerzen und Wut über so viel Anpassungsleistung, beteiligen und uns darum bemühen, Kandidat/Innen für Standards und Inhalte über den staatlichen Abschluss hinaus zu interessieren«;

➤ »Wir haben viel zu betrauern, wie die Entscheidungen auch ausfallen werden«.

Hier wird also eine klare Grenze gezogen zwischen der »reinen, tendenzlosen Psychoanalyse« und allen anderen Anwendungen, die der Versorgung psychisch Kranker dienen. Nur mit Wut, Angst und Trauer könne sich eine psychoanalytische Fachgesellschaft an einer solchen, auf Krankenbehandlung ausgerichteten Weiterbildung beteiligen.

Angesichts solcher Statements aus der psychoanalytischen Community möchte ich doch fragen: *Was ist nochmal die Aufgabe der psychotherapeutischen Aus- und Weiterbildungen?*

Die gesellschaftliche Aufgabe ist es, Psychotherapeut:innen auszubilden, die die *Kompetenz* besitzen, ein möglichst breites Spektrum von *Menschen mit psychischen Störungen* erfolgreich psychotherapeutisch *zu behandeln.* Das heißt eben auch, dass in psychotherapeutischen Aus- und Weiterbildungen ein *breites Spektrum an Methoden und Techniken kompetent vermittelt werden muss.*

Dieses Ziel wird aktuell an etlichen psychoanalytischen Ausbildungsinstituten nicht erreicht. Weder findet sich ein breites Störungs-, noch ein breites Methoden-Technik-Spektrum, denn erstens werden immer noch viele Patient:innen für »nicht geeignet als Ausbildungsfall« angesehen, und zweitens liegt der Fokus auf dem Erlernen der Psychoanalyse (und die versorgungsrelevanten »Modifikationen« werden vielerorts immer noch eher stiefmütterlich behandelt). Damit wird de facto nicht in einem Psychotherapie*verfahren* ausgebildet (geschweige denn in zwei Verfahren ...).

Etwas pointiert und polemisch ausgedrückt, haben Studien-Absolvent:innen, die sich für das Erlernen einer psychoanalytisch begründeten Therapie interessieren, aktuell daher die Wahl zwischen dem Beitritt in eine »obskure Sekte« oder dem Erlernen einer »minderwertigen Therapieform«. Beides stimmt natürlich nicht, wirkt aber dennoch oft so: »Die Psychoanalyse« gefällt sich immer wieder in dem Bild, dass sie über eine Art »Geheimwissen« verfüge, das auch nicht wirklich kommunizierbar, sondern nur *erfahrbar* sei – was eben dazu führt, dass sie von vielen eher als Glaubensgemeinschaft denn als wissenschaftliche Behandlungsform wahrgenommen wird. Die TfP als die »kleine Analyse« hingegen wird von etlichen Psychoanalytiker:innen nach wie vor als zwar praktikable, aber gleichwohl eben doch *nicht vollwertige* Form angesehen.[3] Beide Haltungen sollten endlich abgelegt werden. Wenn man es etwas böse ausdrücken will, hat die psychoanalytische Community das deutsche Versorgungssystem jahrelang ausgenutzt, indem sie formal in AP ausgebildet, aber »eigentlich« doch (eher fast nur) Psychoanalyse gelehrt hat. Dabei scheinen mir die Haltungen völlig widersprüchlich: Einerseits wurde immer dafür eingetreten, dass die AP möglichst nah an der PA dran ist (Lehranalyse, Stundenanzahl und Frequenz), und andererseits ist man aber nicht müde geworden, zu betonen, dass AP eben *keine* Psychoanalyse ist. Meines Erachtens sollte die psychoanalytische Community sich *ehrlich* machen.

»Therapie-Empfehlung«: Wie könnte eine zukünftige Weiterbildung aussehen?

Bisher lag der Fokus der Aus- und Weiterbildungen an psychoanalytischen Instituten überwiegend auf der hochfrequenten *Einzel-Psychoanalyse*. AP, besonders APF, und TfP oder auch Gruppentherapien gelten als »Modifikationen« und werden vielerorts eher unsystematisch und nachrangig gelehrt, was dazu führt, dass auf die reale Praxis oftmals nur unzureichend vorbereitet wird.

Zukünftig sollten sich die *Prioritäten umkehren*: Oberste Priorität sollte sein, gute *Psychodynamische Psychotherapeut:innen* auszubilden, die bestens auf die Gegebenheiten in der Versorgungslandschaft vorbereitet sind und eine *breite Palette von psychischen Störungen inklusive der häufigen Komorbiditäten und schweren strukturellen Beeinträchtigungen kompetent behandeln* können.

Der Schwerpunkt sollte also auf der Vermittlung von *Kompetenzen in APC, APF, TfP, KZT und Gruppentherapie* liegen. Im Rahmen der Weiterbildung können diese Psychodynamischen Psychotherapeut:innen *auch* Psychoanalyse lernen.

Damit das ganze Patient:innen-Spektrum kompetent behandelt werden kann, sollte in der psychodynamischen Weiterbildung *fest verankert* sein:

➤ KZT als echte Fokaltherapie
  ➤ Psychoanalytische Fokaltherapie (Balint, Ornstein, Malan, Klüver)
  ➤ ISTDP (Intensive Short-Term Dynamic Psychotherapy) (Davanloo, Abbass)

---

3 Diese Aspekte (»obskure Sekte« und »minderwertige Therapie«) hatten nach dem Vortrag einigen Widerspruch in der Diskussion hervorgerufen, weshalb ich das hier durch zwei Sätze erläutert habe. Um es deutlich zu sagen: Ich halte weder die psychoanalytische Community für eine obskure Sekte noch die TfP für eine minderwertige Therapie.

➤ Störungsbezogene Behandlungsformen, z. B.
    ➤ z. B. orientiert an der Buchreihe »Praxis der Psychodynamischen Psychotherapie« (Beutel, Doering, Leichsenring und Reich)
➤ Behandlungsformen für Patient:innen mit Traumafolgestörungen
    ➤ z. B. Trauma-Focused Psychodynamic Psychotherapy (Busch und Milrod)
➤ Behandlungsformen für strukturell schwer beeinträchtigte Patient:innen, z. B.
    ➤ Übertragungsfokussierte PT (Kernberg)
    ➤ Mentalisierungsbasierte Therapie (Bateman und Fonagy)
    ➤ Strukturbezogene Psychotherapie (Rudolf)
➤ Psychodynamische Psychosen-Therapie
    ➤ z. B. Psychodynamische Psychotherapie der Schizophrenien (Lempa, von Haebler, Montag und Dümpelmann)
➤ Psychodynamische Gruppentherapie
    ➤ z. B. Psychoanalytisch-interaktionelle Gruppenpsychotherapie (Staats, Bolm und Dally)

Die Absolvent:innen einer solchen Weiterbildung würden mit dem Abschluss über fundierte Kompetenzen und Erfahrungen in allen Settingformen (APC, APF, TfP, KZT, Gruppe) und mit der Behandlung von Patient:innen aus dem gesamten Störungsspektrum verfügen. Es wären die psychodynamischen »Super-Shrinks für alle Schweregrade« – insbesondere auch für die Behandlung von Patient:innen mit schweren strukturellen Beeinträchtigungen.

Innerhalb einer solchen Weiterbildungseinrichtung für Psychodynamische Psychotherapie sollten dann verschiedene Wege oder *tracks* angeboten werden, die Weiterbildungsteilnehmer:innen (WBTs) einschlagen können (Benecke & Krause, 2020):
➤ Weiterbildung gemäß den von der Muster-Weiterbildungsordnung geforderten Minimalanforderungen (z. B. bzgl. Selbsterfahrung und Supervision),
➤ Weiterbildung mit paralleler wissenschaftlicher Qualifikation und universitärer Laufbahn (Promotion, Forschung, Publikationen, Lehre),
➤ Weiterbildung, die *auch* die Standards psychoanalytischer Fachgesellschaften erfüllt (z. B. DGPT, DPG, DPV, VAKJP).

Für ganz zentral halte ich, dass sich die Weiterbildungsstätten zu Forschungseinrichtungen entwickeln und enge Verbindungen zu den Universitäten aufbauen und pflegen (ausführlich dazu ebd.). Die Ambulanzen sollten öffentlich wahrnehmbare Versorgungseinrichtungen werden (manche sind das bereits), in denen regelhaft und systematisch Forschung betrieben wird – die dort erhobenen Daten könnten für Masterarbeiten und Dissertationen zur Verfügung stehen.

Es sollte eine möglichst vollständige Durchlässigkeit für verschiedene Wege innerhalb der Weiterbildung bestehen, also Wechsel von einem *track* in den anderen jederzeit möglich sein, unter vollständiger Anerkennung der bisher absolvierten Weiterbildungselemente. Dazu ist es notwendig, dass das Ganze von gegenseitigem Respekt und Anerkennung getragen ist.

Im Idealfall wären diese Weiterbildungseinrichtungen gemeinsam getragen von verschiedenen psychoanalytischen bzw. psychodynamischen Fachgesellschaften. So können sich die WBTs auch noch im Laufe der Weiterbildung überlegen, ob und wenn ja welchen Fachgesellschaftsabschluss sie machen wollen. Dies wird sich dann mehr an den konkreten Erfahrungen in den Supervisionen, Seminaren und Kasuistiken orientieren als an vorab bestehenden Fantasien über diese oder jene Fachgesellschaft.

Im Ergebnis hätten wir attraktive und florierende psychodynamisch-psychoanalytische Weiterbildungs- und Forschungseinrichtungen, die sowohl in der Versorgungs- als auch in der wissenschaftlichen Landschaft fest verankert sind.

Schließen möchte ich mit einem Satz von Hans Kruse: »Wenn die Psychoanalyse überleben will, muss sie die Psychodynamische Therapie stärken!« (Hans Kruse, mündliche Mitteilung, September 2021)

Literatur

Ablon, J. S. & Jones, E. E. (1998). How expert clinicians prototypes of an ideal treatment correlate with outcome in psychodynamic and cognitive-behavioral therapy. *Psychotherapy Research, 8,* 71–83.

Ablon, J. S. & Jones, E. E. (2005). On analytic process. *JAPA, 53,* 541–568.

Benecke, C. & Krause, R. (2020). Zükünftige Zusammenarbeit von Universitäten und Weiterbildungseinrichtungen. *Forum der Psychoanalyse, 36*(1), 27–38. DOI: 10.1007/s00451-020-00380-y

Caligor, E., Hilsenroth, M. J., Devlin, M., Rutherford, B. R., Terry, M. & Roose, S. P. (2012). Will patients accept randomization to psychoanalysis? A feasibility study. *JAPA, 60*(2), 337–360.

Henkel, M., Huber, D., Ratzek, M., Benecke, C. & Klug, G. (2022, i. D.). Can we differentiate between psychoanalytic and psychodynamic psychotherapy? – An empirical investigation of therapists' self-reports. *JAPA.*

Henkel, M., Zimmermann, J. & Benecke, C. (2018). Psychoanalytic Techniques in Different Psychoanalytically Oriented Psychotherapies – An Analysis of Therapists' Self-Reports. *Z Psychosom Med Psychother, 64,* 237–249.

Henkel, M., Zimmermann, J., Huber, D., Staats, H. & Benecke, C. (2020). Predictors of psychoanalytic technique: Results from a naturalistic longitudinal study. *Psychoanalytic Psychology, 37*(2), 128–135. DOI: 10.1037/pap0000279

Leichsenring, F., Biskup, J., Kreische, R. & Staats, H. (2005). The Göttingen study of psychoanalytic therapy: First results. *Int J Psychoanal, 86,* 433–455.

Mertens, W. (2020). Anmerkungen zu gängigen, aber veralteten Abgrenzungen. *PDP – Psychodynamische Psychotherapie, 19*(1), 73–85. DOI: 10.21706/pdp-19-1-73

Naumann, J. (2021) Warum soll(t)en wir als Analytikerinnen und Analytiker und als DPG an der neuen Weiterbildung teilnehmen? Einladung zu einer kritischen Diskussion. Vortrag auf der DPG-Onlinetagung »Die Zukunft der Psychoanalyse an den Instituten und die neue Weiterbildungsordnung – eine Zerreißprobe?« https://dpg-psa.de/bericht-von -der-onlinetagung-zur-zukunft-der-psychoanalytischen-ausbildung-an-den-instituten -der-dpg.html (02.05.2022).

Ratzek, M., Huber, D. & Klug, G. (2019). Können analytische und tiefenpsychologisch fundierte Psychotherapie reliabel voneinander getrennt werden? *Psychotherapie, Psychosomatik und Medizinische Psychologie, 70*(2), 72–79. DOI: 10.1055/a-0901-7829

Rüger, U. (2020). Herkunft und Entwicklung der tiefenpsychologisch fundierten Psychotherapie als psychoanalytisch begründetes Verfahren. *PDP – Psychodynamische Psychotherapie, 19*(1), 4–20. DOI: 10.21706/pdp-19-1-4

WBP (2004). Stellungnahme zur Psychodynamischen Psychotherapie bei Erwachsenen. https://www.wbpsychotherapie.de/fileadmin/user_upload/downloads/pdf-Ordner/ WBP/Stellungnahme_zur_Psychodynamischen_Psychotherapie_bei_Erwachsenen.pdf (24.03.2022).

WBP (2010). Methodenpapier des Wissenschaftlichen Beirats Psychotherapie nach §11 PsychThG. Verfahrensregeln zur Beurteilung der wissenschaftlichen Anerkennung von Methoden und Verfahren der Psychotherapie. Version 2.8. http://www. wbpsychotherapie.de/ (24.03.2022)

Wöller, W. & Kruse, J. (2020). Stand und Zukunft der tiefenpsychologisch fundierten Psychotherapie. *PDP – Psychodynamische Psychotherapie, 19*(1), 23–35. DOI: 10.21706/pdp-19-1 -23

Der Autor

Cord Benecke, Prof. Dr. phil. Dipl.-Psych., Psychologischer Psychotherapeut, Psychoanalytiker (DPG, DGPT). Studium der Psychologie an der Universität des Saarlandes; 1994-2001 Wissenschaftlicher Mitarbeiter in der dortigen Abteilung für Klinische Psychologie und Psychotherapie bei Rainer Krause. 2009-2017 Leiter der Forschungskommission der DPG. Seit 2010 Professor für Klinische Psychologie und Psychotherapie am Institut für Psychologie der Universität Kassel. Seit 2016 Leiter des Arbeitskreises Operationalisierte Psychodynamische Diagnostik (OPD). Seit 2020 Mitglied der Wissenschaftlichen Leitung der Lindauer Psychotherapiewochen.

Kontakt: Prof. Dr. phil., Dipl.-Psych. Cord Benecke, Institut für Psychologie, Universität Kassel, Holländische Straße 36–38, 34127 Kassel; E-Mail: benecke@uni-kassel.de

DGPT-Jahresbände im Psychosozial-Verlag

Ulrich Streeck (Hrsg.). *Das Fremde in der Psychoanalyse. Erkundungen über das »Andere« in Seele, Körper und Kultur.* 1993 (Neuaufl. 2000).

Ulrich Streeck & Karin Bell (Hrsg.). *Die Psychoanalyse schwerer psychischer Erkrankungen. Konzepte, Behandlungsmodelle, Erfahrungen.*1994 (Neuaufl. 2002).

Karin Bell & Kurt Höhfeld (Hrsg.). *Psychoanalyse im Wandel.* 1995 (2. Aufl. 1998).

Karin Bell & Kurt Höhfeld (Hrsg.). *Aggression und seelische Krankheit.* 1996 (2. Aufl. 2000).

Kurt Höhfeld & Anne-Marie Schlösser (Hrsg.). *Psychoanalyse der Liebe.* 1997 (2. Aufl. 2000).

Anne-Marie Schlösser & Kurt Höhfeld (Hrsg.). *Trauma und Konflikt.* 1998 (2. Aufl. 2000).

Anne-Marie Schlösser & Kurt Höhfeld (Hrsg.). *Trennungen.* 1999.

Anne-Marie Schlösser & Kurt Höhfeld (Hrsg.). *Psychoanalyse als Beruf.* 2000.

Anne-Marie Schlösser & Alf Gerlach (Hrsg.). *Kreativität und Scheitern.* 2001.

Anne-Marie Schlösser & Alf Gerlach (Hrsg.). *Gewalt und Zivilisation. Erklärungsversuche und Deutungen.* 2002.

Alf Gerlach, Anne-Marie Schlösser & Anne Springer (Hrsg.). *Psychoanalyse mit und ohne Couch. Haltung und Methode.* 2003.

Alf Gerlach, Anne-Marie Schlösser & Anne Springer (Hrsg.). *Psychoanalyse des Glaubens.* 2004.

Anne Springer, Alf Gerlach & Anne-Marie Schlösser (Hrsg.). *Macht und Ohnmacht.* 2005.

Anne Springer, Alf Gerlach & Anne-Marie Schlösser (Hrsg.). *Störungen der Persönlichkeit.* 2006.

Anne Springer, Karsten Münch & Dietrich Munz (Hrsg.). *Psychoanalyse heute?!* 2007.

Anne Springer, Karsten Münch & Dietrich Munz (Hrsg.). *Sexualitäten.* 2008.

Karsten Münch, Dietrich Munz & Anne Springer (Hrsg.). *Die Fähigkeit, allein zu sein. Zwischen psychoanalytischem Ideal und gesellschaftlicher Realität.* 2009 (2. Aufl. 2011).

Karsten Münch, Dietrich Munz & Anne Springer (Hrsg.). *Die Psychoanalyse im Pluralismus der Wissenschaften.* 2010.

Anne Springer, Bernhard Janta & Karsten Münch (Hrsg.). *Angst.* 2011.

Anne Springer, Bernhard Janta & Karsten Münch (Hrsg.). *Nutzt Psychoanalyse?!* 2012.

Bernhard Janta, Beate Unruh & Susanne Walz-Pawlita (Hrsg.). *Der Traum.* 2013.

Bernhard Janta, Susanne Walz-Pawlita & Beate Unruh (Hrsg.). *unzeitgemäßes.* 2014.

Susanne Walz-Pawlita, Beate Unruh & Bernhard Janta (Hrsg.). *Identitäten.* 2015.

Susanne Walz-Pawlita, Beate Unruh & Bernhard Janta (Hrsg.). *Körper-Sprachen.* 2016.

Beate Unruh, Ingrid Moeslein-Teising & Susanne Walz-Pawlita (Hrsg.). *Grenzen.* 2017.

Beate Unruh, Ingrid Moeslein-Teising & Susanne Walz-Pawlita (Hrsg.). *Rebellion gegen die Endlichkeit.* 2018.

Ingrid Moeslein-Teising, Georg Schäfer & Rupert Martin (Hrsg.). *Geschlechter-Spannungen.* 2019.

Ingrid Moeslein-Teising, Georg Schäfer & Rupert Martin (Hrsg.). *Generativität.* 2020.

Psychosozial-Verlag · Walltorstr. 10 · 35390 Gießen · www.psychosozial-verlag.de
bestellung@psychosozial-verlag.de · Tel. 0641-969978-18 · Fax 0641-969978-19